"中国新闻学丛书"编辑委员会

主　任：李　彬　赵月枝

委　员：（按姓氏笔画顺序）

王君超　王润泽　王维佳　史安斌　吕新雨　李　珮
李　彬　李希光　杨萌芽　吴　玫　吴　靖　张　垒
张　桐　赵月枝　胡　钰　俞　凡　洪　宇　程曼丽

"中国新闻学丛书"出版委员会

主　任：杨国安　杨萌芽

委　员：（按姓氏笔画顺序）

马　龙　王鹏飞　纪庆芳　杨　波　杨国安　杨萌芽
陈建恩　郑　鑫　胡玲霞　姜　畅　谌洪波　薛建立

XINZHONGGUO TIYU XINWEN CHUANBO FAZHAN YANJIU
新中国体育新闻传播发展研究

薛文婷 著

河南大学出版社
HENAN UNIVERSITY PRESS

·郑州·

图书在版编目（CIP）数据

新中国体育新闻传播发展研究 / 薛文婷著 . -- 郑州：河南大学出版社, 2021.5

ISBN 978-7-5649-4688-3

Ⅰ.①新… Ⅱ.①薛… Ⅲ.①体育－新闻学－传播学－研究－中国 Ⅳ.① G219.2

中国版本图书馆 CIP 数据核字 (2021) 第087292号

责任编辑　林方丽
责任校对　陈　巧
装帧设计　翟淼淼　高枫叶

出版发行　河南大学出版社
　　　　　地址：郑州市郑东新区商务外环中华大厦2401号　　邮　编：450046
　　　　　电话：0371-86059715（高等教育与职业教育出版分社）
　　　　　　　　0371-86059701（营销部）
　　　　　网址：hupress.henu.edu.cn

排　版　河南大学出版社设计排版部
印　刷　河南瑞之光印刷股份有限公司
经　销　全国新华书店
版　次　2021年6月第1版　　　　　　　　　印　次　2021年6月第1次印刷
开　本　710 mm×1010 mm　1/16　　　　　　印　张　30
字　数　596 千字　　　　　　　　　　　　　定　价　90.00 元

（本书如有印装质量问题，请与河南大学出版社营销部联系调换。）

总序：新时代　新征程　新闻学　新探索

李　彬　赵月枝

中国共产党成立一百年前夕，酝酿有年的"中国新闻学丛书"开始问世。

所谓"中国新闻学"自然指立足中国的新闻学，离不开中华民族5000多年源远流长的文明史、中国人民近代以来180余年屡挫屡奋的斗争史、中国共产党100年来艰苦卓绝的奋斗史、中华人民共和国70多年正道沧桑的发展史，以及其中蔚为大观的新闻与传播实践史，包括新闻学与传播学的学术传统。同时，由于主流传统同马克思主义道统水乳交融，中国新闻学又始终心系天下，关注人类命运共同体及其新闻传播实践，离不开《国际歌》寄寓的国际主义情怀——"英特纳雄耐尔"(international)。充分展现这些学术内涵，不是一篇总序而是全套丛书的工作。而说明丛书的缘起，至少可以彰显"中国新闻学"的立意与定位。

早在2002年，范敬宜甫任清华大学新闻与传播学院首任院长之际，高瞻远瞩，身体力行，大力倡导以马克思主义为指导，具有"中国特色、中国气派、中国作风"的新闻学及其学科体系与教育体系，一时风起云涌，得到广泛响应。2008年，由于金融危机爆发以及全球资本主义体系危机加剧，"马克思归来"成为汇聚中外前沿学术思想的时代强音，而如何赓续中国新闻学的马克思主义中国化传统，进而创新网络时代的新闻学，愈发成为中国新闻学人迫在眉睫的时代使命。

党的十八大后，随着新时代的气息春风徐来，新闻学也迎来前所未有的良机。2016年，习近平主持召开全国哲学社会科学工作座谈会并发表讲话，明确提出要着力构建中国特色的哲学社会科学及其学科体系、学术体系和话语体系，与此同时要加快完善对哲学社会科学具有支撑作用的学科，其中引人注目地包括新闻学，令新闻传播学界无不倍感鼓舞。

为了响应新时代召唤，中信改革发展研究基金会于2014年成立，聚焦了一批各学科守正创新的一流学者，致力于推进中国特色、中国气派、中国风格的哲学社会科学建设。2017年，中国特色新闻学研究会在清华大学成立伊始，就与中信基金会密切合作，举办了首届"中国特色新闻学高级研讨班"。其间，我们同来自五湖四海的青年学者一起，从不忘本来、吸收外来、面向未来的视角，畅谈了理论逻辑、历史逻辑、实践逻辑有机统一，普遍意义与中国特色若合一契的中国新闻学构想。

在此基础上，基金会将"中国新闻学丛书"作为重点项目列入研究计划。之所以亮出"中国"的旗号，既不是以本土主义对抗西方中心主义，也不可能是"囊括四海，并吞八荒"，而是旨在凸显梁启超所谓"中国之中国、亚洲之中国、世界之中国"的自觉意识，表明更自觉地从全球史视野的高度，面向中国实践、更深入地扎根中国大地、更自信地践行中国道路的学术追求，也就是中信改革发展研究基金会的宗旨——坚持实事求是，践行中国道路，发展中国学派。

——坚持实事求是。丛书作者术有专攻，各抱地势，但无论深入历史，还是透视现实，无论穷究学理，还是钻研实务，无不遵循实事求是的治学精神，如一代马克思主义新闻学家甘惜分晚年希冀的："立足中国土，请教马克思。"

——践行中国道路。坚持实事求是为的是践行中国道路，正如解释世界为的是改变世界。何谓中国道路？一句话，就是中国共产党领导的革命、建设、改革所开辟的道路。而这条道路的灵魂在于社会主义，即习近平总书记所言，中国特色社会主义不是别的什么主义而是社会主义。中国新闻学说到底也是为社会主义新闻业立魂、立言、立心。

——发展中国学派。随着中国道路日渐开阔，以及文化自觉与学术自觉日益醒悟，中国学派也呼之欲出。近代以来，特别是新中国成立七十余年来，中国新闻学已经取得长足进展，从梁启超到邵飘萍，从邹韬奋到范长江，从邓拓到穆青，从延安窑洞人民广播的手摇发电机到数字时代融媒体，一代代中国记者以及学者以其辛勤耕耘和开创性工作奉献了无数心血和智慧，也为中国新闻学及其学派奠定了厚实基础。现在的关键在于我辈是否具有足够自信，摆脱某种制约中国新闻学想象力与创造力的"学术殖民"心态以及学术话语，用中信基金会理事长孔丹的话说，将"他信"变为"自信"，将著书立说的立足点从"彼岸"转到"此岸"。

19世纪初，西方文脉俨然在欧陆，德国洪堡大学等更是文化圣地，吸引着东西南北的欧美知识精英，而在立国不过半个世纪、偏处海角天涯的美国，哈佛文人 R. W. 爱默生（Ralph Waldo Emerson），却提出了美国文化走自己路的主张，发表了美国文化的独立宣言《美国学者》（*American Scholar*）。如今，经过七十余年锻造的中华人民共和国，已经开启了全面建设社会主义现代化国家的新征程，发展中国学派以审视中国经验、提炼中国理论、贡献中国方案，更可谓名正言顺，水到渠成。

2019年立春时节，河南大学新闻与传播学院和河南大学出版社同意将这套丛书纳入河南大学献礼中华人民共和国成立70周年的重点图书，2020年这套丛书又入选国家出版基金资助项目。中州自古英雄气，"逐鹿中原，问鼎天下"一向激荡人心。作为百年名校，河南大学也是文脉悠长，俊采星驰，包括名记者邓拓等校友。"中国新闻学丛书"能够落户河南大学出版社，也是得其所哉。

大鹏之动，非一羽之轻也；骐骥之速，非一足之力也。十多年来，我们一直勉力耕耘，与各方有生力量一道共同推进中国特色、中国气派、中国风格的新闻学建设，这套丛书就是一批阶段性成果。我们深知，如同伟大的中国革命与社会主义事业，我们的社会主义学术事业包括中国新闻学也不可能一蹴而就，更不可能凭少数人埋头苦干，而是需要持之以恒的扎实工作，更需要一批又一批、一代又一代的同道共襄此举。

2021年6月

（李　彬，清华大学新闻与传播学院教授、博士生导师，曾任河南大学黄河学者，兼任澳门科技大学博士生导师）

（赵月枝，加拿大皇家学会院士，西门菲莎大学全球传播政治经济学加拿大国家特聘教授，兼任清华大学新闻与传播学院卓越访问教授）

序 一

赵玉明

初秋九月，新中国成立70周年前夕，薛文婷将她的新作书稿寄赠，望我写一序言。盛情难却，勉力为之。

回想十年前，我曾为她博士论文《中国近代体育新闻传播史论（1840—1949）》的出版作序。序中谈及该书有三个特点：领域创新，填补空白；方法创新，论证严谨；理论创新，勇于探索。这本新作也可以说是上述三创新的继续和发展。它填补了新中国体育新闻传播史的研究空白，论证了新中国体育新闻传播史的分期及特点，探索了新中国体育新闻传播的规律和模式。

翻阅书稿并得知即将出版的信息，不禁欣喜连连：

欣喜之一，本书乃中国近代体育新闻传播史的续作。两书连读，可以使有志于从事体育新闻传播业的学生和业者了解我国近代以来体育新闻传播业从无到有、从弱到强的发展历程，从而增加专业知识，坚定从业信心，为投身体育新闻传播业，发展和繁荣新时代的体育事业做出新的贡献。

欣喜之二，本书在酝酿写作和成书的过程中，不但有薛文婷全力投入，还有她指导的硕士生、博士生参与其中。凡欲成其事者，必须后继有人。本书的写作和出版也是培养体育新闻传播人才的过程和使命所在。

欣喜之三，经清华大学李彬教授热心推荐，本书被列入"中国新闻学丛书"，由河南大学出版社出版。多年来，河南大学新闻与传播学院热心支持中国新闻传播史的教学研究工作，2004年还倾力主办了中国新闻史学会年会暨全国新闻传播史教学学术研讨会，并由河南大学出版社出版了专辑，即《新闻春秋》论文集第四辑，对推动我国新闻传播史研究发展做出了贡献，令人怀念。

最近，党中央号召开展学习党史和新中国史的活动。本书的出版无疑为党史和新中国史的学习提供了一本专业方面的参考书。

如果提建议，那就是对于一部涉及70年、达50多万字的书籍来说，为方便读者阅读和参考，建议再版时书末增加新中国体育新闻传播大事年表和若干专题索引以及参考书目。

本序结束之际，祝愿薛文婷和她的学术团队不忘初心，为编著体育新闻传播史再立新功；牢记使命，为培养体育新闻传播人才尽心竭力。

2019年国庆前夕

（作者系中国新闻史学会原会长，原北京广播学院副校长、教授，本书作者博士生导师，2020年8月驾鹤西去）

序 二

易剑东

中华人民共和国走过70余年征程,体育新闻传播是这一历史诗篇的重要一行,也是时代洪流中的一朵浪花。还将阔步前行的中国体育和中国新闻,将要以怎样的姿态书写新的壮美史诗?我们必须认真审视过去70余年的非凡历程。要理解社会和时代,需要向后回看历史,这样才能更好地稳步前进和持续发展。

中华人民共和国70余年体育的历史征程中,新闻传播始终如一地书写、见证、映衬着共和国走过的旅程,成为时代的重要坐标系。以1950年《新体育》杂志诞生和1958年《体育报》创立为代表,新闻传播让我们见证了"人生能有几回搏"的豪情和"敢笑珠峰不高,定叫红旗上飘"的气魄,领略了"心怀祖国,放眼世界"的气度。改革开放的到来,陈肖霞的第一个跳水女世界冠军吹响了"冲出亚洲,走向世界"的时代号角,中国男排反败为胜的壮举激发了"团结起来,振兴中华"的时代强音。女排精神、铿锵玫瑰、国球荣耀、羽球辉煌……这些鲜活、具体的时代精神标杆,无一不是新闻传播助推体育精神融入时代洪流的产物。

与此同时,与国际体育组织断交、乒乓外交、奥运模式、黑色三分钟、两票之差、百年圆梦这些激荡人心的特殊景象,也是新闻传播留给人们的体育记忆。

是新闻传播赋予体育鲜活、生动的样貌和大众的热捧,还是体育给了新闻传播展示非凡、独特魅力的良机和时代的偏爱?

是社会生活从根本上提供了体育发展的动力,还是体育的国际竞争成绩体现出来的精神推动了时代的进步?

是竞技体育的突破性展示还是群众体育的规模化升级塑造了当今中国体育的样态?

是对日韩竞技体育的赶超还是对欧美体育的借鉴成就了中国当代竞技体育的辉煌?

是举国体制的集中力量办大事优势还是顺应社会和市场需求改革让中国体育的面貌焕然一新并持续发展？

这些显然难以取舍和判定的时代命题，或多或少地呈现在体育新闻发展的历程中，成为新闻传播界审视、阐释和描述体育发展的内在逻辑乃至心中律令，从而为我们展示了丰富多彩、多元共生的体育文化形态。

薛文婷教授的《新中国体育新闻传播发展研究》就是阐述、解释体育新闻发展过程与成果的优秀作品。作者在高质量完成《中国近代体育新闻传播史论（1840—1949）》的基础上，再次被激发起书写波澜壮阔的中华人民共和国体育新闻传播史的强劲动力和持续冲动。在十多年努力爬梳史料和对话体育新闻工作者的扎实工作基础上，薛文婷教授发挥她数学背景积攒的逻辑思维能力、历史学功底支撑的史料史论阐释能力、历史学和新闻传播学研究造就的客观公正平衡的专业主义精神，为我们呈现出一部厚重而坚实的新闻传播史专著。《新中国体育新闻传播发展研究》是一部中国体育70余年历程的回顾史，也是一部中国体育与社会变迁的关系史，更是一部中国体育内在发展逻辑和矛盾的演进史。

今天，中国的竞技体育成就已经镌刻在历史的荣誉册中，那些为了这一伟业奋斗的人们以及他们留下的精神遗产定将在历史长河中继续生发出时代伟力，成为体育强国建设中最耀眼的体育力量。而这，多数是新闻传播工作者的业绩写照。

今天，中国的群众体育成果已经以激越、壮观的方式在社会生活中徐徐铺开，成为健康中国序列中最美的时代风景线和体育产业发展之路上最鲜活的线下消费场景。而这，正在每个个体和大众传媒的直播和转发中燎原。

今天，中国的体育产业政策以前所未有的态势和力度在经济生活里活跃着，成千上万的体育产业创业者们激情澎湃地投身体育产业洪流中。体育产业在成为国民经济支柱性产业的漫漫长路上，新闻传播工作者的鼓与呼，注定会写入中国体育贡献和服务社会的史册。

然而，笔者对于中华人民共和国新闻传播史的希冀，更多地集中于我们的体育文化发展历程与逻辑。

笔者在自身阅历和研究经历的基础上，高度关注并忧虑于我们体育文化演进过程中的问题和矛盾。这至少包括下列几个我们无法回避的内容：

我们的体育人在走向世界的征途中给中国人的国际形象带来了怎样的影响？换句话说，这种直观鲜明的竞技体育交往形式，在不同的历史阶段，塑造了怎样的中国人形象？其中的积极要素和消极因素是什么？新闻传播工作者在其中的作用和影响如何？

中国体育的社会地位在不同的时代背景下虽然存在着差异，但总体上并不高。这是体育自身发展逻辑导致的，还是我们重文轻武的文化传统决定的？其中，新闻传播工作者的作品起了怎样的作用，他们在和其他新闻传播工作者的交往和互动中留下了怎样的故事和有着怎样的心路历程？中国体育的社会地位还将如何演进？有可能脱胎换骨、焕然一新吗？

多年来球场辱骂和非理性冲动充斥着中国体育看台史和观众史、观赏史，以至于主队球员因为失利被主队球迷辱骂已经成为常态，这是一种怎样的体育观赏文化和心态？我们什么时候才能真正学会如何看待胜利，如何对待失败？新闻传播工作者，尤其是新闻传播史学工作者，对此问题不可不察。

拉拉杂杂写了这些有些散乱的文字，只是表达了本人对中国体育新闻传播史的一些杂感和散论，构不成系统书写中国体育新闻传播史的观念和思想。但愿对薛文婷教授继续深入研究中国体育新闻传播史有所启发，对广大读者了解和理解中华人民共和国70余年历程中的体育景象有所帮助。

历史是昨天的新闻，新闻是明天的历史。这深刻说明历史学和新闻传播学内在的一致性和持续性，也提醒我们：书写好今天中国体育人的日常生活世界和惯常思维模式，必须立足于我们对过往的开掘，必然助益于我们对未来的创造。

2021年6月

（作者系北京体育大学体育人文社会学专业博士生导师，温州大学教授）

自 序

从1949年"中国人民从此站起来了"的庄严宣告,到2019年喜迎新中国70周年华诞的盛大庆典,再到2021年庆祝中国共产党建党100周年大会,中华人民共和国走过了披荆斩棘、砥砺奋进、波澜壮阔的70余年历程。其间,既有惊涛拍岸,也有波光潋滟;既有乌云压城,也有丽日当空。

伴随着政治、经济、文化等国内外社会环境的嬗变,新中国体育新闻传播经历了规模从小到大、地位从附属到独立、功能从单一到多元、作用从可有可无到不可或缺等发展变迁,可纵向划分为初创与摸索(1949—1956)、开拓与初兴(1956—1966)、顿挫与复苏(1966—1978)、调整与探索(1978—1992)、转型与勃兴(1992—2002)、繁荣与激荡(2002年至今)六个发展阶段。

这期间,新中国体育新闻传播经历了从政治的一维叙事到政治、经济、文化、本体等多维叙事的演变,呈现出"宣传模式—专业模式—娱乐模式—人文模式"的历时性变迁和"宣传模式+专业模式+娱乐模式+人文模式"的共时性存在。新中国体育新闻传播在建构国家认同、凝聚民族精神、塑造国家形象、传播体育文化、促进新闻传播业发展、推动社会现代化进程等方面发挥了重要作用。

本研究以媒介社会学理论为依据,通过文献资料、归纳综合、史料考证、文本分析、口述历史、比较研究等方式方法,既从内部考察新中国体育新闻传播者队伍、媒介格局、报道内容、受众需求、功能效果的历史变迁,也从外部考察新中国体育新闻传播与政治、经济、文化等社会环境之间的互动关系,以揭示新中国体育新闻传播的发展脉络、阶段特征,分析新中国体育新闻传播的功能作用、叙事模式,总结新中国体育新闻传播的内在规律、经验教训等。

历史学应该注重经验事实,同时还应该致力于探索逻辑事实,为人类生活提供知识和真理。[1]正如马克思所说,"现代历史著述方面的一切真正进步,都

---

[1] 张荣明.浅谈历史研究的三种范式[J].史学月刊,2013(10):128.

是当历史学家从政治形式的外表深入到社会生活的深处时才取得的"[1]。为此，本研究希望能兼具描述性与解释性，即既注重史料的翔实、丰富和准确，也注重对史料的归纳、分析和解读；既有对新中国体育新闻传播发展脉络的宏观把握，对体育新闻传播媒介格局的中观考察，也有对媒体体育报道、重大赛事报道的微观分析；既有全景式扫描，也有细节性考证；既有对新中国体育新闻传播阶段划分及阶段特征的阐述，也有对新中国体育新闻传播功能作用、叙事模式的分析；既有对"新中国体育新闻传播是怎样的"的梳理，也有对"新中国体育新闻传播为什么这样和是否应该这样"的思考。

---

[1] 施杨.全球史观与中共历史研究[J].新视野，2014（2）：126.

目 录

绪 论 ··· 001

第一章　初创与摸索期（1949—1956） ································· 007

第一节　社会环境 ··· 007

第二节　媒介体育报道 ··· 015

第三节　重大体育赛事报道 ··· 028

第四节　初创与摸索期体育新闻传播的特点 ························ 032

第二章　开拓与初兴期（1956—1966） ································· 041

第一节　社会环境 ··· 041

第二节　媒介体育报道 ··· 047

第三节　重大体育赛事报道 ··· 067

第四节　开拓与初兴期体育新闻传播的特点 ························ 078

第三章　顿挫与复苏期（1966—1978） ································· 098

第一节　社会环境 ··· 098

第二节　媒介体育报道 ··· 100

第三节　重大体育赛事报道 ··· 111

第四节　顿挫与复苏期体育新闻传播的特点 ························ 115

第四章 调整与探索期（1978—1992） ... 121

    第一节 社会环境 ... 121

    第二节 媒介体育报道 ... 126

    第三节 重大体育赛事报道 ... 157

    第四节 调整与探索期体育新闻传播的特点 ... 176

第五章 转型与勃兴期（1992—2002） ... 197

    第一节 社会环境 ... 197

    第二节 媒介体育报道 ... 203

    第三节 重大体育赛事报道 ... 244

    第四节 转型与勃兴期体育新闻传播的特点 ... 267

第六章 繁荣与激荡期（2002年至今） ... 289

    第一节 社会环境 ... 289

    第二节 媒介体育报道 ... 295

    第三节 重大体育赛事报道 ... 329

    第四节 繁荣与激荡期体育新闻传播的特点 ... 389

结　语 ... 416

主要参考文献 ... 450

后　记 ... 458

绪 论

在70余年的历程中,新中国体育新闻传播的发展之路时而迟滞、时而迅疾、时而曲折、时而平坦。那么,新中国体育新闻传播究竟走过了一条怎样的道路?在中国的现代化进程中发挥了怎样的功能?呈现出怎样的规律?在经历了北京奥运会的报道高峰后,在传播科技日新月异和媒介融合的时代背景下,新中国体育新闻传播又将何去何从?

盛世修史,是一种传统,更是一种责任。在新中国体育新闻传播已走过70余年历史的今天,让我们带着上述问题,打开尘封的岁月,去踏寻新中国体育新闻传播的足迹,触摸新中国体育新闻传播的脉搏,关注新中国体育新闻传播的时下,思考新中国体育新闻传播的未来。

一、研究缘起

(一) 中国近代体育新闻传播史研究的自然延伸

自2003年底开始有意识地搜集体育新闻传播史料开始,到2007年底完成博士学位论文——《中国近代体育新闻传播历史研究(1840—1949)》,2010年初出版学术专著——《中国近代体育新闻传播史论(1840—1949)》,笔者历时6年,运用新闻传播学、体育学、历史学的基本理论与方法,较为全面、系统地勾勒了中国近代百余年间体育新闻传播的发展脉络和演进路径。

从鸦片战争到新中国成立,中国近代体育新闻传播走过了曲折而坎坷的一个世纪。这期间,中国近代体育新闻传播经历了发轫、初兴、发展、繁荣、衰落、停滞几个发展阶段,内容可谓丰富:综合性报刊的体育报道从无到有、从少到多、从分散到集中、从依附到独立,逐渐形成了栏目化的报道模式;体育专业期刊经历了从单一到多元,从难以为继到长期出版的变化;赛事报道也从数量寥寥过渡到特刊报道的模式;体育广播虽然历时不长,却形成了赛事报道、体育新闻、体育专题、体育健身这样的节目格局；体育新闻传播者开始逐渐向职业化、专业化、组织化方向发展；体育新闻传播不但在传播体育知识、改变"重文轻武"传统观念、提高国人体育意识、促进国人参与体育运动方面居功甚伟，而且在国家体育事务中发挥着越来越重要的舆论作用。总之，虽然中国近代体育新闻传播和政治新闻传播、经济新闻传播的中心地位相比略显边缘，但其同样是中国近代新闻传播事业的有机组成部分，是中国近代体育事业的一部分，也是中国近代历史的一部分。

当然，在体育新闻传播蓬勃发展的今天，在2008年北京奥运会成功举办的今天，回顾那段历史，我们也应该清楚地看到，中国近代体育新闻传播归根结底是由中国近代社会的政治、经济、文化、新闻、体育的发展状况决定的。在半殖民地半封建的近代中国，在帝国主义、封建主义、官僚资本主义的重重压迫下，中国近代体育新闻传播只能在夹缝中求生存，不可能得到充分发展。正如新闻史学者所言："中国的私营报业，在帝国主义和封建军阀的双重压迫之下，在夹缝中挣扎，求生存，求发展，其艰难程度是可以想象的。"因此，在中国近代内忧不断、外患频仍的历史背景下，中国近代体育新闻传播的"繁荣"是相对的，"启蒙"是不彻底的，"救国"是不切实际的。只有在独立、民主、富强的当代中国，体育新闻传播才能真正充分、蓬勃地发展。[1]

在完成了对中国近代体育新闻传播史的初步研究之后，笔者自然将目光转向了对中国当代体育新闻传播史的研究。其实，早在研究近代体育新闻传播史的时候，笔者就对中国近代和当代体育新闻传播之间的关系进行了简短阐述：

中国近代体育新闻传播上承中国古代体育传播，下启中国当代体育新闻传播，在中国体育新闻传播的历史链条中是至关重要的一环。当毛泽东在天安门城楼上向世界庄严宣告中华人民共和国成立时，中国近代体育新闻传播走完了自己的百年历程，开始了向中国当代体育新闻传播的转变，并从实践、理念、人才队伍等方面对中国当代体育新闻传播产生深远影响。纵观中国近、当代体育新闻传播，我们可以发现二者之间的深层联系："体育强国"作为中国当代体育新闻传播的主题，是中国近代体育新闻传播"体育救国"主题的延续和演变；"金牌至上"作为中国当代体育及体育新闻传播的核心理念，则表明，中国近代体育新闻传播未完成的体育领域的思想启蒙的任务，在当下依然繁重而

---

[1] 薛文婷. 中国近代体育新闻传播史论（1840—1949）[M]. 北京：北京体育大学出版社，2010：332.

艰巨。[1]

  显然，这样的阐述还只是建立在对中国当代体育新闻传播初步观察基础上的一种判断。有学者说："历史的连续性、继承性、断裂性和创新性是辩证统一的，它们统一于任何一个重大的历史变革之中。"[2] 那么，中国当代体育新闻传播究竟呈现出怎样的发展脉络？中国当代体育新闻传播和中国近代体育新闻传播之间的关系究竟如何？这需要对中国当代体育新闻传播进行系统梳理、深入思考后方能准确回答。

  中国当代体育新闻传播史指的是1949年中华人民共和国成立后的体育新闻传播史，是中国近代体育新闻传播史的延伸，也是笔者中国体育新闻传播史研究的重要组成部分。与中国近代体育新闻传播史不同，中国当代体育新闻传播史是正在进行并不断延展的中国体育新闻传播断代史，是中国体育新闻传播史的当代部分，即新中国体育新闻传播史。

（二）对新中国体育新闻传播的观察与思考

  新中国体育新闻传播在改革开放前后有显著变化。改革开放前，除中华人民共和国体育运动委员会（简称"国家体委"）下属的"一报一刊"（《体育报》和《新体育》）、晚报类报纸、中央人民广播电台外，体育在中国媒体新闻报道中的比重很小，功能也较单一。改革开放后，体育新闻传播发展迅猛：体育新闻被列入新华社重点发稿项目，综合性报纸纷纷设立体育栏、体育版，体育专业报刊创造发行奇迹，体育电视频道纷纷开播，体育广播频率悄然诞生，体育新媒体后来居上。

  不可否认，新中国体育新闻传播也存在很多问题，如竞技体育报道和群众体育报道失衡，"金牌至上"报道理念突出，政治功能过于凸显，娱乐化现象严重，体育组织和媒体机构时起冲突等。这些问题不但给体育新闻工作者、体育从业人员和体育爱好者带来困扰，也对体育事业和体育产业、体育新闻传播业的发展形成阻碍。

  以"金牌至上"报道理念为例。20世纪八九十年代，重回国际赛场的中国运动员在奥运会、世锦赛和世界杯赛上争金夺银，激发了国人的爱国热情，振

---

[1] 薛文婷. 中国近代体育新闻传播史论（1840—1949）[M]. 北京：北京体育大学出版社，2010：332-333.

[2] 郭春生. 历史的连续性和继承性、断裂性和创新性：评张建华博士著《俄国史》[J]. 廊坊师范学院学报，2007（5）：37.

奋了国人的民族自豪感，金牌随之成为衡量体育事业发展的重要标准甚至唯一标准。但随着中国的快速发展，展现国家实力和提升民族自豪感的方式、手段日趋多元，体育的政治功能逐渐淡化。尤其是在经历了北京奥运会上中国代表团金牌数位居第一的洗礼之后，金牌在国人心中逐渐褪色，人们开始反思并追问体育的精神、文化及其本质。2010年，当中国代表团在广州亚运会开幕首日狂扫19金后，新华通讯社（简称"新华社"）记者杨明在一篇题为《一骑绝尘引发的思考》的评论中指出："一家独大看似可以独领风骚，但会导致亚洲体育失衡，使其他参与者感到成为陪衬……另外，这会引导本来就畸形的中国竞技体育走向极端。多年来，我们一直把体育等同于金牌，把体育当作强国符号，这其实是扭曲了真正的体育精神和本质。"一石激起千层浪。除民间热议外，中国亚运代表团副团长在接受媒体采访时，针锋相对地发出一连串诘问：竞技体育争金牌有什么错？不争第一那还谈什么"体育精神""奥运精神"？竞技体育争金牌和发展群众体育有什么矛盾？[1] 这种公开的剑拔弩张，引来众多围观者、参战者。CCTV（中国中央电视台）体育主持人张斌认为，杨明的言论是反思金牌，并不是不要金牌，"看看三大球，你就会知道，传统的体制已无法解决中国竞技体育遇到的所有问题了，而中国体育怎么可能仅仅是竞技体育呢！"[2] 中国新闻社（简称"中新社"）在题为《非激烈无以警醒，"金牌第一讽刺说"刺痛了什么？》的评论中指出："作者真正讽刺的并非'金牌第一'，而是在中国作为体育强国符号的'唯金牌论'面子工程，是扭曲的体育发展理念和机制，是对体育'里子'全民健身的重视不足，甚至是永远提不起来的中国足球。"[3] 曾担任中国奥林匹克委员会（简称"中国奥委会"）秘书长、国际排球联合会主席的魏纪中则表示，杨明的观点"有片面性"，不能派业余运动员参加亚运会，否则"会产生很坏的国际影响"。[4]《北京日报》发表了题为《对竞技体育少些讽刺为好》的评论，认为"争金夺银，本身就是竞技体育

---

[1] 本报特派记者组. 亚运会中国"一骑绝尘"该不该？：代表团官员抨击新华社记者：简直是颠倒黑白 [N/OL]. 扬子晚报，2010-11-16[2018-08-02].http：//www.cnr.cn/2010zhuanti/gzyyh/yygdxw/201011/t20101116_507325862.html.

[2] 张斌. 金牌数量就是体育总局的 GDP [N/OL]. 东方早报，2010-11-18[2018-08-02].https：//sports.qq.com/a/20101118/001697.htm.

[3] 翁阳. 非激烈无以警醒，"金牌第一讽刺说"刺痛了什么？[OL].2010-11-16[2017-08-08]. http：//www.chinanews.com/ty/2010/11-16/2658814.shtml.

[4] 唐扬科. 中国不能派业余队员参加亚运会 [N]. 体坛周报，2010-11-19.

最鲜明的特征。以反对'唯金牌论'为借口来否定中国体育这么多年奋斗的成果，忽略中国体育成长对亚洲体育甚至世界体育发展所做出的贡献，显然有失公允"[1]。可见，在关于中国体育的一些关键问题上，体育人、体育媒体人之间还存在诸多分歧。这种分歧必然会体现在体育报道中，进而对受众产生影响。

要想准确、客观地思考、回答体育新闻传播领域的这些问题，有必要对新中国体育新闻传播的发展历程进行梳理和分析，因为"历史是现在与过去之间永无止境的问答交谈"[2]。

二、研究意义

70余年来，新中国的政治、经济、文化和社会生态几经变化，每一次变化都会对体育新闻传播产生或积极或消极，或推动或阻滞的影响。在体育新闻传播日趋成熟理性发展的今天，对新中国的体育新闻传播进行系统的梳理和总结、深入的分析与思考，具有重要的理论价值和现实意义。

（一）理论价值

1. 拓展研究领域，弥补中国新闻传播史、中国体育史的研究缺失

作为专门史，新中国体育新闻传播史既是中国体育史、中国新闻传播史的有机构成，也是中国历史的组成部分，关涉到上述历史研究的全面性、完整性和丰富性。作为第一本真正意义上的新中国体育新闻传播史专著，本研究是对中国新闻传播史、中国体育史乃至中国历史研究的拓展，具有弥补研究缺失的重要意义。

2. 借鉴多学科理论及研究成果，探索体育新闻传播史研究的新路径

改革开放以来，中国新闻传播史和中国体育史研究取得了丰硕成果，但研究的视野狭窄、深度不足、范式单一、方法缺乏创新等问题也引起了学者们的关注和讨论，并希望能找寻到研究的新路径。作为跨学科和交叉性研究，本研究积极汲取新闻传播学、体育学、历史学、社会学、叙事学等多学科理论及研究成果，努力挖掘史实的新意义，力求使研究兼具描述性与解释性：以史学形态理论来指导和反思体育新闻传播史的研究及书写，以传播过程理论为指导系

---

[1] 毛晓刚. 对竞技体育少些讽刺为好 [N/OL]. 北京日报，2010-11-19[2018-08-02]. http://sports.qq.com/a/20101119/001161.htm.

[2] 卡尔. 历史是什么？[M]. 吴柱存，译. 北京：商务印书馆，1981：28.

统梳理各时期体育新闻传播的特征，以媒介社会学理论为依据进行体育新闻传播与社会环境的互动分析，以新闻建构理论和政治认同理论分析体育新闻传播的政治功能，以叙事学理论来分析体育新闻传播叙事模式的嬗变等。

(二) 现实意义

1. 总结规律、经验、教训，为体育新闻传播实践提供借鉴、参考和启示

"以史学为根据，而推之于当世之务。"历史研究与"当世之务"的真正结合，才能使史学逐渐从脱离现实的故纸堆中走向经世致用。迈克尔·埃默里在《美国新闻史》一书的序言中指出："当本书把美国新闻事业的发展同美国人民的进步联系到一起时，所有这一切便真正具有了深刻意义。"本研究试图梳理新中国体育新闻传播发展变迁的历史脉络，并分析规律，总结经验教训，以为时下和今后的体育新闻传播实践提供借鉴、参考和启示。

2. 奠定史学基础，促进体育新闻传播学学科发展

截至2015年底，我国共有681所院校开设了新闻传播类相关专业，在校生约23万人，这既说明新闻传播学已成为"显学"，也意味着新闻传播教育面临着严重的同质化问题。为此，很多新闻传播院系在着力探索新闻传播教育的特色化和差异化。体育新闻传播自然成为体育院校新闻传播类专业的突出特色，也成为一些综合性院校的选择。中国的体育新闻传播教育起始于1985年上海体育学院的体育新闻写作专项班。目前，国内已有12家本科体育院校设置了新闻学专业并凸显体育特色。一些院校还培养体育新闻传播类专业或方向的硕士、博士研究生。和体育新闻传播教育的跨越式发展相比，建立体育新闻传播学学科体系的问题虽已提出多年，但其合理性和合法性尚未建立，支撑研究也相对匮乏。历史研究、理论研究、应用研究，历来被视为新闻传播学的基础构成。体育新闻传播史无疑是体育新闻传播学学科体系的有机组成部分，是体育新闻传播理论研究、应用研究的依据和基础。从这一意义上来说，本研究将为体育新闻传播学学科的未来发展夯实史学基础。

第一章　初创与摸索期（1949—1956）

1949年是中国历史上划时代的一年。这一年，新生的中华人民共和国巍然屹立在世界东方，这是中国人民100多年来流血牺牲、不懈奋斗的胜利成果，是中国人民彻底推翻帝国主义、封建主义、官僚资本主义"三座大山"，夺取新民主主义革命胜利的伟大成果。伴随着旧时代的结束、新时代的开始，中国近代体育新闻传播事业成为历史，新的具有社会主义性质的体育新闻传播事业逐步创建起来。

第一节　社会环境

1949年至1956年间，中国各族人民在中国共产党领导下，承接新民主主义革命胜利成果，巩固新生的人民政权，创造性地实现了从半殖民地半封建的旧社会到民族独立、人民当家做主的新社会，从新民主主义到社会主义的两个历史性转变，建立起社会主义基本制度，完成了中国历史上最深刻、最伟大的社会变革。新民主主义革命的胜利和社会主义基本制度的确立，为当代中国一切发展进步奠定了根本政治前提和制度基础。[1] 在此期间，计划经济体制、公营新闻事业和新体育思想也相继确立，和社会主义基本制度一道决定着新中国体育新闻传播事业的基本面貌和根本特征。

一、确立社会主义政治制度

面对新中国成立初期的严峻形势，中国共产党和人民政府为巩固新生的人民共和国进行了多方面斗争，最终初步完成祖国统一大业。随着社会主义经济建设的大规模展开，加强社会主义政治建设和法制建设，进一步调动广大人民

---

[1] 当代中国研究所. 新中国70年 [M]. 北京：当代中国出版社，2019：3.

的积极性成为迫切需要解决的问题。1954年，第一届全国人民代表大会的召开和人民代表大会制度的正式实行、共产党领导的多党合作和政治协商制度的发展、少数民族地区民族区域自治制度的实施等，标志着中华人民共和国社会主义政治制度得以确立。[1]

就国际环境而言，新中国面对的是以苏联为首的社会主义阵营同以美国为首的帝国主义阵营互相对峙的冷战局面。新中国的成立，在得到苏联和东欧社会主义国家、亚洲人民民主国家以及民族独立国家承认、同情和支持的同时，也遭到了以美国为首的帝国主义阵营的政治孤立、军事包围和经济封锁。为建立独立自主的新型外交，毛泽东和中共中央在外交政策上做出了"另起炉灶""打扫干净屋子再请客""一边倒"的重要决策，即"我们在国际上是属于以苏联为首的反帝国主义战线一方面的，真正的友谊只能向这一方向去找，而不能向帝国主义战线一方面去找"。[2]至1951年5月，中国同苏联、保加利亚、朝鲜、蒙古、越南等19个国家建立了外交关系。1953年，中国政府又提出了"和平共处五项原则"的外交政策，在国际社会产生了深远影响。

社会主义政治制度与"一边倒"外交政策的确立，对新中国体育新闻传播的性质和内容产生了决定性影响。

二、确立社会主义公有制经济主导地位

刚刚建立的中华人民共和国在经济方面遇到了困难：因帝国主义的掠夺、国民党的腐朽统治，国民经济千疮百孔，严重影响了工农业生产的正常进行和人民生活的安定，直接威胁着新生的人民政权。为此，新政权采取没收官僚资本、建立国有经济，稳定市场物价、统一全国财经，恢复工农业生产、合理调整工商业等措施，于1952年取得了恢复国民经济的巨大成就。此后，中央政府又制定了"逐步实现社会主义工业化""逐步实现对农业、手工业和资本主义工商业的社会主义改造"的过渡时期的总路线，并于1956年取得了初步胜利。社会主义改造的胜利使中国社会经济结构发生了根本变化：在国民经济中，全民所有制和集体所有制这两种形式的社会主义公有制经济占绝对统治地位。"一五"计划（1953—1957年国民经济发展计划）期间，高度集中统一的计划经济体制也逐步形成。

---

[1] 当代中国研究所. 新中国70年 [M]. 北京：当代中国出版社，2019：47-48.

[2] 杨先材. 中国历史：中华人民共和国卷 [M]. 北京：高等教育出版社，2001：11-12.

经济基础决定上层建筑。社会主义公有制经济和计划经济体制的确立，决定了新中国体育新闻传播事业的属性，即由国家创办，归国家所有，为国家服务。

三、建成公营新闻事业网

新中国成立初期，中共中央和人民政府通过调整和充实共产党新闻事业，利用被没收的国民党及其他反动新闻机构的机器设备，改造进步私营新闻机构，建立起一个社会主义性质的公营新闻事业网，即以《人民日报》为中心、以党报为主体的公营报刊网，以新华社为主体的国家通讯社网，以中央人民广播电台为中心的国营人民广播网。

在通讯事业方面，党和国家通过一系列调整，迅速将新华社组建为国家通讯社：1950年3月，中共中央发出《关于改新华社为统一集中的国家通讯社的指示》；1950年4月，新闻总署通过《关于统一新华通讯社组织和工作的决定》；1950年11月，新华社召开第一次全国社务会议，标志着改组为一个集中统一的国家通讯社的任务基本完成。随即，党和国家又提出新华社要成为"消息总汇"的要求，即将新华社建设成为反映各方面有价值信息的、具有权威性的信息采集与发布中心。1953年3月，新华社召开编委扩大会议，明确了要成为"消息总汇"的总任务和国内外并重的方针。据此，新华社集国内报道、对外报道、国际报道等多功能于一身。1952年9月，为便于向海外华人、华侨介绍新中国，中共中央成立了以对外宣传为主要任务的中国新闻社。中新社编辑机构最初隶属于新华社地方新闻编辑部，对内称华侨广播组，后扩大为部，1957年脱离新华社。

报刊是新中国成立初期最普及、最重要的新闻宣传工具，因此，建设公营报刊网是当时党和政府的一项重要任务。中共中央机关报及各级党委机关报组成的党报系统，是公营报刊的主体。1950年时，全国各级党的机关报共151种，约占全国报纸总数的59%，在各类报刊中占优势地位。其中，中共中央机关报《人民日报》迅速发展成为全国最大的报纸，并向国外发行。工会、农民、青年团以及民主党派、社会团体、人民军队、少数民族和政府职能部门主办的报纸，也是公营报刊的一部分，如《光明日报》《工人日报》《中国青年报》《解放军报》等。

中央人民政府十分重视广播事业的发展。1949年10月，中央广播事业管理处改组为中央广播事业局，直属新闻总署。1950年4月，新闻总署规定广播宣传报道的任务是发布新闻、传达政令、社会教育、文化娱乐。广播事业建设方面，一个从中央到地方的国营人民广播电台网，以解放区广播干部为骨干，在利用国民党广播电台设备的基础上迅速建成。[1] 为解决收听广播的工具问题，新闻总署于1950年4月发布《关于建立广播收音网的决定》，促使全国各地设立很多收音站或建设有线广播电台，对人民群众的政治、文化生活发挥了重要作用，使人民广播事业具有了鲜明的群众基础和中国特色。[2]

四、建设"新体育"

1949年以前，民弱国穷的中国被世界列强讥讽为"东亚病夫"。中华民族为摘掉这顶帽子一直不懈努力，但因政治腐朽、军事溃败、经济落后和文化孱弱，旧中国难以完成改善民族体魄和重塑民族形象、国家尊严的历史重任。

中华人民共和国甫一成立，中央人民政府就在继承、发扬根据地和解放区体育传统，接收、改造旧体育，学习苏联体育经验的基础上，开始"新体育"的建设工作，初步形成以"为人民服务"为核心，以"为劳动生产和国防建设服务"为目标，以"发展体育运动，增强人民体质"为基本任务，以"普及与经常化"为基本方针的体育发展思路，并成立中华全国体育总会、体育运动委员会等体育组织机构，初步建立涵盖群众体育、学校体育、竞技体育和军事体育的新的体育事业，开始形成新中国体育管理体制与基本发展模式。

（一）提出"新体育"思想

1949年9月通过的《中国人民政治协商会议共同纲领》规定"提倡国民体育"。1949年10月，中央人民政府副主席朱德在全国体育工作者会议上向体育界发出号召，要求"努力发展体育事业，把我们国民锻炼成身体健康、精神愉快的人……担当起繁重的新中国的建设任务"。1950年7月，毛泽东为《新体育》题写刊名，这是"新体育"思想确立的重要标志。"新体育"思想是指导新中国成立初期我国体育发展的重要理论依据，为我国社会主义体育方针的确立打下了基础。

"为人民服务"是"新体育"思想的本质和核心，是毛泽东"为人民服务"

---

[1] 方汉奇，丁淦林，黄瑚，等. 中国新闻传播史 [M]. 3版. 北京：中国人民大学出版社，2014：243-245.

[2] 吴廷俊. 中国新闻史新修 [M]. 上海：复旦大学出版社，2008：399.

思想和新民主主义文化"大众性"特征在体育上的体现。[1]1949年10月，朱德在中华全国体育总会筹备大会成立时说："过去的体育是和广大人民群众脱离的。现在我们的体育事业，一定要为人民服务。"青年团中央书记冯文彬在报告《新民主主义的国民体育》时也指出："国民党反动派把体育为少数人服务，供少数人玩赏，同广大人民脱离，我们的体育，是要普及于广大群众中去，为人民服务，使体育成为人民的体育运动。"之后，"为人民服务"成为全国体育工作最重要、最根本的指导思想，是新体育区别于旧体育的最重要的因素和标志。[2]

"发展体育运动，增强人民体质"是体育工作的基本任务。"增强人民体质"在毛泽东体育思想中占据着重要地位：1918年，毛泽东在《新青年》上发表《体育之研究》一文，概述了体育"强筋骨、增知识、调感情、强意志"的作用；1952年，他为中华全国体育总会成立题词"发展体育运动，增强人民体质"，明确了中国体育发展的性质、任务与方向，对中国体育的发展及中国特色体育道路的形成产生了深远影响。[3]1954年1月，中共中央在批转中央体委党组《关于加强人民体育运动工作的报告》时强调："改善人民的健康状况，增强人民体质，是党的一项重要政治任务。"[4]

"为国民健康、生产、国防服务"是新中国体育的目标。新中国成立之初，面对曾被辱为"东亚病夫"的民族体质状况，面对急需大批体质健康、充满活力的建设者和劳动者的事实，面对需要大批强有力保卫者的局面，体育责无旁贷地担负起增强国民体质、为劳动生产和国防建设服务的重任。根据新民主主义体育的方针，冯文彬于1950年7月在题为《关于开展人民体育的几个问题》的报告中，正式提出新体育的目标是"为了增进国民的健康，为了发展中国的建设和巩固新中国的国防"。[5]1952年6月，"为国防与生产服务"被写进《中华全国体育总会章程》。1953年11月，中央体委党组在呈报中共中央的《关于

---

[1] 傅砚农，曹守和，赵玉梅，等.中国体育思想史：现代卷[M].北京：首都师范大学出版社，2008：14.

[2] 毕世明.50年代中国新体育思想和受到的干扰[J].体育文史，1998（6）：4.

[3] 郝勤.论中国特色体育发展道路的历程、核心内涵及基本经验[M]//国家体育总局政策法规司.新中国体育60年理论研讨会文集.北京：北京体育大学出版社，2009：13.

[4] 国家体委政策研究室.体育运动文件选编（1949—1981）[M].北京：人民体育出版社，1982：3.

[5] 傅砚农.中国体育通史：第五卷，1949—1979年[M].北京：人民体育出版社，2008：7-8.

加强人民体育运动工作的报告》中指出，要"广泛地开展人民体育运动，使之为人民的健康、经济建设和国防建设服务"[1]。

"使体育运动普及和经常化"是新中国体育的方针。为保证新体育任务和目标的实现，中央政府确立了"使新中国的体育运动成为经常的广泛的运动"的工作方针。毛泽东为中华全国体育总会题词的侧重点显然是增强人民体质，于是发展体育运动理当侧重发展群众体育运动，而非竞技体育运动。荣高棠在1952年题为《为国民体育运动的普及和经常化而奋斗》的工作报告中进一步阐述说："我们今后的工作方针应该是：在现有基础上，从实际出发并与实际相结合，使体育运动普及和经常化，积极地'发展体育运动，增强人民体质'，为加强生产建设、国防建设而服务。"[2]1954年，经中央批复的《关于加强人民体育运动的报告》作了如下表述："当前开展体育运动的方针应当是：开展群众性的体育运动，使体育运动普及和经常化。"[3]

（二）成立体育管理组织

中华全国体育总会（简称"全国体总"）和中华人民共和国体育运动委员会的成立，为新中国体育事业的发展奠定了组织基础，是新中国体育管理走向规范化的重要标志。

全国体总的成立，标志着新中国体育事业逐步走向正轨。新中国成立伊始，党和政府就把建立体育组织、发展体育事业摆上议事日程。1949年10月，中华全国体育总会筹备会议在北京召开并成立筹备委员会，担负起了新中国成立初期开展国民体育的领导工作。1952年6月，中华全国体育总会宣告成立。1952年2月，"中央国防体育俱乐部"组建，在组织上与全国体总合一。作为新中国第一个也是唯一一个全国性体育组织，全国体总在领导、协调、监督体育工作，建设新民主主义体育，普及体育运动，参加国际体育事务等方面发挥了重要作用。

国家体委的成立，确立了以政府为主体的体育管理体制。1952年11月15日，中央人民政府委员会第19次会议决定设置中央人民政府体育运动委员会（简称

---

[1] 国家体委政策研究室.体育运动文件选编（1949—1981）[M].北京：人民体育出版社，1982：5.

[2] 荣高棠.为国民体育运动的普及和经常化而奋斗[J].新华月报，1952（7）：153.

[3] 国家体委政策研究室.体育运动文件选编（1949—1981）[M].北京：人民体育出版社，1982：5.

"中央体委"），接管全国体总和中央国防体育俱乐部，并任命贺龙为委员会主任。1954年9月28日，国务院成立，中央人民政府体育运动委员会改称中华人民共和国体育运动委员会。国家体委是中央人民政府主管体育的部门，负责统一领导、协调、监督全国的体育事业，是中国历史上第一个部级国家体育行政机关。在地方，全国县以上政府逐步设立了各级体育运动委员会，受同级人民政府及上级体委领导。国家体委的成立，确立了以政府为主体的体育管理体制，对中国体育的发展产生了决定性影响。

（三）渐次开展体育工作

新生人民政权将体育工作的战略重点放在了群众体育上。毛泽东认为，体育是关系人民健康的大事，要把增强人民体质视为一项政治任务。新中国成立之初，简便易行的广播体操在全国广为普及。1954年5月，中央体委借鉴、学习苏联经验，颁布实施"准备劳动与卫国"体育制度（简称"劳卫制"）的暂行条例和项目标准，并在中等以上学校、职工、军队中迅速推行，掀起了群众体育的高潮。同年，国家体委公布了基层体育协会示范章程。到1956年底，全国有21个产业系统建立了全国性体育协会和筹备委员会，还成立了3.6万多个基层体育协会，拥有会员430万人。[1] 为给群众提供体育活动场所，党和政府还投资兴建了一些体育设施。

竞技体育兴起。相比作为重要政治任务的群众体育而言，新中国成立初期的竞技体育处于从属地位，起步晚且主要是为了推动群众体育的发展。但由于参加国际体育比赛对提高我国国际地位、增进新中国同各国人民的相互了解和友谊、打破帝国主义的国际封锁有特殊意义，我国竞技体育也得到了初步发展。第一，积极与友好国家进行体育竞技交流。1950年，全国体总筹委会组建了新中国第一个赴苏体育访问团，到苏联进行了为期3个月的考察和学习。1950年，苏联体育代表团访问我国，其篮球队与我国各地球队进行了友谊比赛。第二，积极参与重要的国际体育活动。1951年，全国体总应邀参观在新德里召开的第一届亚运会。1952年，全国体总派代表团赴赫尔辛基参加第15届奥运会。第三，为加入国际体育组织不懈努力。1952年2—3月，全国体总先后致函国际奥林匹克委员会（简称"国际奥委会"）及国际业余篮球、田径等联合会，声明中华全国体育总会是代表中华人民共和国的唯一合法体育组织，愿继续参加该国际体育组织及相关会议与体育活动。1954年5月，国际奥委会第四十九届委

---

[1] 卢元镇. 中国职工体育全书 [M]. 北京：红旗出版社，1997：32.

员会通过了承认中华全国体育总会为中国奥委会的决议。到1956年，已有国际业余游泳联合会、国际业余篮球联合会、国际足球联合会等13个国际单项体育组织接纳中华全国体育总会为会员。第四，围绕中华人民共和国在国际奥委会的合法地位进行有理、有利、有节的斗争。第五，尝试建立竞技体育体制。为参加国际体育赛事，国家体委成立后迅速组建各单项协会组织，如中国篮球协会、中国足球协会、中国排球协会、中国乒乓球协会、中国田径运动协会、中国举重协会等，积极推动各项目的技术提高和运动发展。第六，举办全国性单项比赛。1951年5月在北京举办的全国篮排球比赛大会，是新中国成立后举行的第一个大型全国性体育比赛，成果是组建了"中央体训班"（国家篮球队的前身），招纳了59名运动员。此外，还有1951年第一次全国足球比赛大会，1952年全国游泳比赛大会，1953年的全国篮、排球比赛和网、羽毛球表演大会，1954年的全国游泳竞赛大会等，旨在提高各运动项目技术水平，同时发现和培养国家级优秀体育选手。第七，组建国家队。在1951年组建国家篮球队的基础上，国家体委先后组建了国家田径队（1953）、乒乓球队（1954）、游泳队（1954）、羽毛球队（1954）、体操队（1955）、排球队（1956）等，目的是贯彻"在适当范围内提高"的精神，以尽快形成优势运动项目，努力在竞技体育上有所突破。[1]

　　1952年的赫尔辛基奥运会，是新中国竞技体育的重要里程碑。1952年11月中央体委成立后，逐步加强对提高运动技术水平的领导，运动训练与运动竞赛发展较快。1956年1月，国家体委按国际惯例公布1955年102项全国纪录，这是我国第一次正式公布全国纪录，标志着我国运动竞赛工作进入一个新的发展阶段。到1956年底，我国运动员共打破全国纪录659次，比1953年增加416次。其中，举重运动员陈镜开分别于1956年6月、11月三次打破最轻量级双手挺举世界纪录，使中国举重运动跻身世界先进行列。这一时期，新中国的竞技运动有了一定发展，但因国际体育交往主要局限在以苏联为首的社会主义阵营之中，参加的又多半是友谊赛并具有一定教学性质，发展规模较小且水平不高。国内体育竞赛以单项运动为主，多属于表演、测验、冠军赛之类，参加面较广。

　　学校体育关系着青少年的健康成长，受到党和国家领导人的高度重视。1950年6月，毛泽东在给教育部部长马叙伦的信中提出了"健康第一，学习第二"的方针。1951年7月，政务院通过《关于改善各级学校学生健康状况的决

---

[1] 傅砚农. 中国体育通史：第五卷，1949—1979年[M]. 北京：人民体育出版社，2008：102-117.

定》，要求"各级学校应切实改进体育教学，尽可能地充实体育娱乐的设备，加强学生体格的锻炼"。1952年和1953年，毛泽东提出"要使青少年身体好、学习好、工作好""要充分兼顾青年的工作、学习和娱乐、体育、休息两个方面"。

国防体育有所发展。中央国防体育俱乐部于1952年组建，先是隶属于全国体总，继而和全国体总一同并入中央体委。为更有利于国防体育的发展，1956年3月，国务院常务会议批准成立中国人民国防体育协会。各级国防体育协会在行政、组织上归各级体委领导，但保持工作和对外名义上的独立。[1]

第二节 媒介体育报道

新中国成立初期，为贯彻落实党的体育方针、政策，宣传、普及体育运动，增强人民体质，综合性媒体开始关注体育赛事和体育活动，体育专业刊物也陆续创办，社会主义体育新闻传播事业逐渐发端。

一、通讯社发布重要体育消息

新中国成立后，被改组为国家通讯社并被赋予"统一发布"重要新闻责任和"消息总汇"定位的新华社，积极配合党和国家宣传、普及体育运动的要求，发布了一系列重要体育消息。

新中国举办的重要体育赛事、体育活动是新华社体育报道的重要内容。1949年10月，为庆祝中华人民共和国成立，也为了给开展新体育运动作一次号召，北京市人民体育大会（又称"首都体育大会"）顺利召开。10月15日，新华社发布了题为《北京市人民体育大会正加紧筹备》的电讯，这是新中国成立后该社发布的第一条体育报道。之后，新华社相继播发了《首都体育大会明日开幕》《首都人民体育大会闭幕》等相关报道。首都体育大会期间，中华全国体育总会筹备会议在京召开，新华社也播发了相关报道，如《中华全国体育总会筹备会议揭幕》等。此后，新华社对在北京、天津、南京、杭州、上海等地召开的人民体育大会，全国篮排球比赛大会、全国足球比赛大会、全国游泳比赛大会、全国乒乓球比赛大会、全国冰上运动大会、全国民族形式体育表演及竞赛大会等全国性赛事，以及各大区、各省市的体育赛事、体育活动进行了报

---

[1] 李秀梅. 中华人民共和国体育史简编[M]. 北京：北京体育大学出版社，2001：34-39.

道。1952年8月，为纪念建军25周年，中国人民解放军举行"八一"体育运动大会（后被称为"第一届全军运动会"）。围绕这次大会，新华社共发布80多篇文字报道和70多幅新闻图片。1955年10月，全国第一届工人体育运动大会在北京召开，这是对新中国成立后职工体育运动成果的一次大检阅。对此，新华社给予重点报道，共播发60余篇文字报道和10余幅新闻图片，其中既有关于各行各业进行选拔赛的报道，也有关于大会各类比赛的报道，既有贺龙等在会上的讲话，也有《人民日报》等媒体发表的社论。

新中国体育代表团参与重大国际赛事也是新华社体育报道的重点。围绕1952年赫尔辛基奥运会，新华社播发了40余条图文报道。此后，新华社又播发了我国运动员参加国际排球联合会代表大会（1954）、世界学生夏季运动会（1954）、第二届国际青年运动会（1955）等报道。

中外体育交流是新华社体育报道的重要内容之一。1950年12月至1951年2月，苏联体育代表团首次来华访问。对此，新华社播发10余条消息，如《教育部等单位举行宴会欢迎苏联体育代表团》《苏联体育代表团离哈尔滨归国》等。此后，匈牙利国家足球混合队、罗马尼亚国家男子排球队、苏联田径队、缅甸国家足球代表团等先后来华访问，中国体育代表团也先后访问苏联、匈牙利、波兰等，新华社都及时发布了消息。

对苏联和东欧社会主义国家的体育事业，新华社也较为关注，发布了《苏联各民族运动大会开幕》等消息。

二、综合性报刊开始关注体育

（一）日报报道重大体育赛事、体育活动

《人民日报》《光明日报》等综合性报纸这一时期没有设置专门的体育栏和体育记者，但偶尔会在要闻版、文教版等版面刊登新华社体育消息。逢全国体总成立和北京市人民体育大会、全国篮排球比赛大会、第一届全军运动会等重大体育活动或赛事，《人民日报》等媒体通常会派记者进行采访并给予重要版面，《光明日报》甚至推出特刊报道。《中国青年报》《工人日报》等全国性对象类报纸及地方日报，也都将重大赛事作为报道内容。上海《文汇报》还辟有经常性的体育专栏。[1]

---

[1] 本社资料室. 介绍几种体育宣传方式 [J]. 新体育，1952（总20）：12.

1.《人民日报》图文并茂地报道重大赛事

《人民日报》这一时期设有4或6个竖排版。一般情况下，国内体育新闻刊登在文教版，国际体育新闻刊登在国际版，重要体育新闻则刊登在要闻版，大多采用新华社稿件。遇有重大体育赛事，《人民日报》除在要闻版、文教版进行连续报道外，还会刊登整版或半版赛事图片。

《人民日报》首次进行重点报道的体育赛事是1949年10月召开的首都体育大会。据统计，《人民日报》共刊登20多条相关报道，其中既有对大会节目、参会单位、竞赛成绩的介绍，也有领导演讲词、代表观感和冠军心声。开幕式次日，《人民日报》除在头版和第4版刊登大会报道外，还在第6版的《人民画刊》刊登半版大会照片，足见对首都体育大会的重视。1950年10月，北京市再次召开人民体育大会，《人民日报》除刊登10余条报道外，还在《人民画刊》版刊登一整版体育大会图片，共计12幅，题为《提倡国民体育，保卫世界和平》。

1951年5月全国篮排球比赛大会期间，《人民日报》每日报道比赛情况。大会闭幕后，还刊登整版比赛图片，共计10幅，题为《广泛开展人民的体育运动！——一九五一年全国篮排球比赛大会》。

围绕1952年8月的全军体育运动大会，《人民日报》刊登了几十条相关报道，内容涉及准备工作、开幕盛况、志愿者服务、竞赛赛程、文化活动、有突出表现的团队和个人等。其中，10余条报道刊登在头版，仅8月2日就刊登了《朱德总司令在"八一"体育运动大会开幕典礼上的讲话》等4篇重要新闻。8月9日，《人民画刊》刊登了整版赛事图片，共计12幅，题为《发展体育运动，增强人民体质——祝"八一"体育运动大会的胜利》。

1955年10月，第一届全国工人运动会在北京先农坛体育场隆重举行。《人民日报》除刊发新闻、社论外，还以《锻炼身体，建设祖国——全国第一届工人体育运动大会》为题，刊登了整版图片，共计11幅。

围绕全国体育总会的筹备和成立，《人民日报》以刊发新华社消息的方式进行了报道。

2.《光明日报》推出赛事特刊

作为以知识分子为读者对象、以文教工作为报道重点的全国性报纸，《光明日报》的日常体育报道较少，但逢重大赛事会推出特刊或给予重要版面。

《光明日报》对1949年10月首都体育大会的报道力度很大。开幕式当天，除在头版刊登开幕新闻外，还在第3版设置《首都人民体育大会特刊》，在第5版的《生活与学习》栏刊登《建立新的体育观点》等3篇文章，在第6版的《朝阳》栏刊登散文《祝体育大会成功》。次日，在第3版再次推出《首都人民体育大会特刊》(见图1-1)。

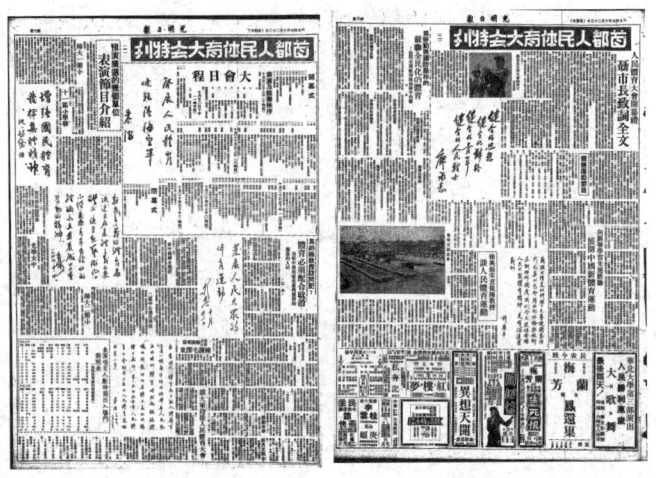

图1-1　1949年10月,《光明日报》设置两期《首都人民体育大会特刊》

1951年全国篮排球比赛大会开幕式当日,《光明日报》在第3版推出了半版的《一九五一年全国篮排球比赛大会特刊》。临近大会闭幕,又在第3版以《一九五一年全国篮排球比赛大会》为题,刊登了2/3版的大会图片。

1952年全军体育运动大会期间,《光明日报》除在头版刊登大会新闻外,还在第3版设置"开展文化体育运动,为加速建设现代化国防军而奋斗"专题,并于闭幕式当日在第5版刊登整版的《八一体育运动大会画刊》。

(二)晚报设置体育栏和赛事特刊

因发行时间和面对读者不同,晚报在编辑方针、报道内容、版面安排等方面更灵活,更贴近读者,也更强调知识性和趣味性,从而为体育新闻提供了生存空间。

这一时期,我国主要有两家晚报,一是1946年5月1日创办的上海《新民报晚刊》(《新民晚报》前身),一是1949年3月复刊的天津《新生晚报》。两份晚报都设立了体育栏,《新民报晚刊》还成立了体育组。

1952—1953年,在经历了公私合营和与《亦报》[1]合并后,《新民报晚刊》成立了新的编委会,并确定了新的编辑方针,即"以开展与提高人民文化生活为主,报道市政建设与进行时事教育为辅"。为此,《新民报晚刊》成立了文艺

---

[1] 注:创办于1949年7月25日的《亦报》办有体育版。

组、市政建设组、体育组、副刊组等。1953年，上海各报再次进行分工，联系民政局、文化局、卫生局、体委、建委和文联成为《新民报晚刊》的新任务。与《亦报》合并出版、"以开展与提高人民文化生活为主"编辑方针和联系体委任务的确立，促进了《新民报晚刊》的体育报道。

《新民报晚刊》于1952年增设体育栏。1952年11月21日，《新民报晚刊》与《亦报》合并出版。在保持1—4版内容不变的前提下，《新民报晚刊》从4版增至6版，并在第6版设置体育栏。开栏首日，体育栏刊登了8条新闻，如《苏联先进经验给我的帮助》《上海工人篮球联赛江宁区赛今日开赛》等。1953年1月，《新民报晚刊》改版，第3版除在下方刊登"读者来信"外，全部刊登体育新闻，近似体育版。

《新民报晚刊》的体育报道以上海本地新闻为主，兼顾国际新闻和国内新闻，并设置了一些不定期版块，如"国际体育""简讯""体育漫谈""里弄体育""体育信箱"等。其中，"简讯"主要报道上海的学校体育活动或比赛，"体育漫谈"重点谈体育技术，"里弄体育"关注上海居民体育组、里弄体育队举行的比赛或活动。《新民报晚刊》图文并茂，除随文配发体育图片外，还曾于1954年4月刊登整版运动图片，题为《春天——锻炼身体的好季节》。

遇到重要赛事，《新民报晚刊》会推出特刊和图片专版。1953年2月6—10日，《新民报晚刊》推出了《一九五三年华东区足球比赛大会特刊》。大会首日，特刊刊登了《短评：祝华东区足球比赛大会开幕》《再度来沪的山东队》《足球运动对身体的益处》等文章。特刊图文并茂，除随文刊登照片、技术动作简图、速写、素描外，还刊登整版大会摄影图片。1953年2—3月间的"全国足球赛、青年足球锦标赛"和4月的"一九五三年华东区篮、排球比赛和网、羽毛球选拔赛大会"期间，《新民报晚刊》除在头版和体育版刊登比赛新闻外，也曾刊登整版比赛图片。

天津《新晚报》（由《新生晚报》于1952年夏更名而来）会在头版刊登中外体育交流、全国体育赛事等重要体育新闻，在文教新闻版则刊登本地体育新闻。1956年1月，《新晚报》设置了不定期的《体育圈》专栏，通常刊登几则体育简讯。

三、《新体育》开启新中国体育专业期刊先河

1950年7月1日，新中国第一本综合性体育专业期刊《新体育》正式创刊（见图1-2），标志着新中国体育新闻传播开始步入专业报刊时代。

图 1-2 《新体育》杂志创刊号

《新体育》由团中央领导下的全国体总筹委会创办。1949年10月27日,全国体总筹委会在北京成立,随即开始着手体育宣传工作,任务之一就是筹办体育刊物。1950年1月8日,筹委会召开第二次常务委员会,决定设立宣传编译委员会,该委员会除负责宣传新民主主义国家的体育动向外,还要编辑一本体育杂志。[1]同年2月21日,筹委会第三次常务委员会通过了宣传编译委员会工作条例和负责人名单,并决定出版《新体育》月刊,以宣传新民主主义体育、介绍苏联和新民主主义各国的体育经验为主要内容。[2]1950年4月,经北京市人民政府新闻出版处调查研究,《新体育》呈军管会批准登记并发给临时登记证。[3]

为办好《新体育》,全国体总筹委会从各地召集数名体育专家参与筹办。《新体育》第一任主编为林启武,编辑有管玉珊、苏竞存、阎维仁、轲犁、郝克强等。除郝克强为专职外,其他都是兼职。

万事开头难。刚刚成立的新中国,几乎没有专业运动员,体育活动少,比赛场地也没有几处。创办杂志遇到的最大困难是组稿困难。除翻译材料外,作者主要是大、中学体育教师,内容多是体育教学、技术介绍及批判旧体育的文章。即便如此,创刊号所需的十几篇文章也用了大半年时间才凑齐。为解决稿件问题,《新体育》在创刊号上刊登了征稿启事,内容包括新民主主义国民体育的理论论著、对旧体育的批判、苏联及新民主主义国家体育介绍研究、体育专门问题及技术的研究、人民解放军中开展体育的经验、体育教材及教学法、

---

[1] 北京讯. 全国体育总会筹委会举行常务会议 设秘书处、研究、宣传编译、全运设计四个委员会 [N]. 人民日报, 1950-01-10 (3).

[2] 新华社. 全国体育总会筹委会决定各部门机构人选,将出版《新体育》月刊 [N]. 人民日报, 1950-02-21 (3).

[3] 京市新闻处. 新报刊十七种京军管会批准出版 [N]. 人民日报, 1950-05-05 (3).

开展新体育运动的经验、体育活动报道特写等。[1]

1950年7月1日,《新体育》正式创刊,16开本,40页左右,由青年出版社发行,刊名由毛泽东题写,封面设计采用古希腊奥林匹克雕塑"掷铁饼者"形象。创刊号刊有朱德、郭沫若、马叙伦、李维汉的题字,朱德在全国体育总会筹备会议上的讲话,冯文彬在全国体总筹备会议上的报告,全国体总筹委会副主任徐英超撰写的《改造旧体育的两个问题》,以及体育界人士的文章和"通讯集锦""各地报道"等。

《新体育》在《发刊词》中指出:"体育是发扬人体劳动能力和培养革命精神的科学。在革命胜利的条件下,全国人民已经或将投入伟大的生产建设的高潮和随之而起的文化建设高潮中去。我们体育工作者,应该认清历史所交托给我们的任务,组织起来,高度地掌握这一科学武器,把它推动到人民群众中去,尽可能地创设条件,经常举办各种体育活动,通过具体的活动,进行宣传教育,达到普及的目的。"

初创时期,《新体育》的内容主要包括体育会议上的讲话、报告、文件,本刊社论、短论,理论性文章,体育赛事,体育教学,体育工作经验,体育运动与生理卫生知识,运动项目及规则介绍,锻炼生活,各地通讯,国际体育简讯,读者来信,等,是宣传方针政策、交流思想、沟通信息、推动工作开展的重要窗口和阵地。

1952年6月,全国体总成立后决定将《新体育》作为总会的机关刊物继续出版,并进一步明确其定位:"《新体育》的读者对象,应为各学校、部队、工厂、机关等广大的体育运动的参加者和爱好者、运动员、体育干部和体育教师。《新体育》的文章和图片要求简洁生动,浅显易懂,做到具有初中文化水平的人能够阅读。""《新体育》的主要任务和内容为:宣传体育运动为增强人民体质、加强国防和生产建设而服务的重要意义,宣传新中国体育运动的各种成就。介绍基本的科学的体育知识、运动方法和生理卫生常识。指导各地的体育组织和体育运动工作,并交流工作经验。介绍苏联和人民民主国家先进的体育。"[2]

1955年开始,《新体育》试图增强杂志的可读性,如增设《杂谈与漫画》专栏,刊登体育题材的小说等。1956年第3期,《新体育》发表社论,指出许多读者来信反映"《新体育》不通俗,有些文章太长,有些问题也太深,不适合广大群众的要求",为更好地宣传党和政府的体育方针政策,帮助大家进行锻

---

[1] 本刊征稿[J]. 新体育,1950(创刊号):40.

[2] 中华全国体育总会关于《新体育》的决定[J]. 新体育,1952(总21):7.

炼，决定把《新体育》改成更加通俗的刊物。为此，《新体育》计划提高思想性和战斗性，如表扬好人好事，批评坏人坏事，鼓舞广大群众积极参加体育锻炼，鼓舞运动员努力提高技术为祖国争取荣誉，批判体育运动中的资产阶级思想；增加初级技术知识和生理卫生知识，增加基层活动的经验介绍，增加照片和图画；文章要短，多设些群众喜爱的栏目，排版方式尽量活泼些等。[1] 为了"通俗化"，《新体育》设立了《评论员的话》《特写》《新人物》《文艺园地》《读者来信》《漫画》等栏目。[2] 其中，《五花八门 奇形怪状》专门发表各种体育小故事，旨在揭露资本主义体育运动中的丑事。这一"通俗化"计划并没有真正落实，很多栏目不久就消失了。

《新体育》这一时期的政治性较强，侧重介绍苏联体育、批判美国体育，建设新体育、批判旧体育。《新体育》还紧跟时代步伐，刊登主题性文章。如配合抗美援朝，发表《体育工作者和运动员们团结起来加强抗美援朝》等社论；配合"三反""五反"，刊登《反对体育界的贪污腐败现象》等文章；围绕斯大林去世，刊登《全国体育工作者和运动员痛悼伟大导师斯大林同志》等文章；围绕批判"胡风反革命集团"，设立《坚决、彻底、干净、全部地肃清一切反革命分子》专题等。

《新体育》图文并茂，老少咸宜，迅速成为当时很有影响力的全国性体育期刊。创刊号首印1万册，随即被一抢而空，后来又加印5000册。1950年，由月刊改为半月刊，每期发行近2万册。1951年春天，北京图书馆阅览股的一次调查显示，"在期刊方面，综合性的《新华月报》《时事手册》，文艺性的《人民文学》《文艺报》和《新体育》最受欢迎"。[3] 1952年5月25日，出版3万册。[4] 1954年，发行量达到101,700份。[5]

《新体育》收到很多读者来信，其中既有表示得到很大帮助的，也有提出建议和意见的，如"我很爱《新体育》，因为它对于我们体育工作者的工作与学习和对各地体育运动的开展上都有很大帮助"[6] "《新体育》使我健康

---

[1] 社论. 加强通俗化 [J]. 新体育，1956（3）：4.

[2] 本刊专栏介绍：答读者问 [J]. 新体育，1956（4）：51.

[3] 隋树森. 北京图书馆新书阅读调查 [N]. 人民日报，1951-04-15（6）.

[4] 新体育，1952（18/19）：4.

[5] 谢武申，王鼎华. 共和国体育元勋 [M]. 北京：人民体育出版社，1990：340.

[6] "信箱"：《新体育》上的文章应再加强联系实际 [J]. 新体育，1951（9）：40.

了"[1]"《新体育》内容不够丰富多彩,一般性的号召和报道太多,有些技术文章也太专门,不容易看懂"[2]"《新体育》对武术注意得不够"[3]"陈镜开同志打破世界纪录,这在我国体育运动史上还是第一次。全国人民尤其是体育爱好者,都很想看到他举重时的姿态,但你刊却很少刊载他的照片或插画"[4]"希望以后《新体育》在采用纸张和印刷上,能注意改进"[5]。

新体育杂志社还出版了"新体育小丛书"和"新体育丛书",前者如《足球规则》《篮球规则》,后者如《人民体育运动的方针与任务》等。

新体育杂志社还承担了一些体育宣传工作,如在1950年底苏联篮球队访问中国时出小册子,为《人民日报》《光明日报》写报道等。1951年全国篮排球比赛大会期间,宣传部每天要出一张8开铅印小报,[6]《新体育》曾有"本社工作人员全体参加了全国篮排球比赛大会的工作"的记载。[7]抗美援朝期间,《新体育》动员体育工作者通过办赛增加收入的方式捐献"体育号"飞机,受到各地积极响应。

地方体育组织还出版了《体育通讯》《体育简讯》等刊物。《新体育》曾介绍说,"北京、广州、锦州等城市的体育分会出刊了定期或不定期的小型体育报"[8]。

四、体育广播得到初步发展

这一时期的体育广播发展得较为顺畅,拥有了体育新闻报道、体育专题栏目、赛事实况广播、广播体操节目四种节目形态。

(一)新闻节目报道体育赛事或活动

这一时期,每逢重大体育赛事或活动,中央人民广播电台都会在新闻节目

---

[1] 王初健.《新体育》使我健康了 [J]. 新体育,1951(12):24.

[2] 田守仲.把《新体育》办得更加丰富多彩 [J]. 新体育,1956(16):33.

[3] 胡潜之.应该重视武术 [J]. 新体育,1956(20):15.

[4] 杨丙华.建议把陈镜开的照片作封面 [J]. 新体育,1956(17):34.

[5] 汪锋.改进《新体育》的纸张和印刷 [J]. 新体育,1956(17):34.

[6] 黄卫.笔锋疾走半世纪,《新体育》里写沧桑 [N]. 城市快报,2005-11-26(8).

[7] 编者的话 [J]. 新体育,1951(总11):6.

[8] 本社资料室.介绍几种体育宣传方式 [J]. 新体育,1952(总20):12.

中给予报道。如1949年10月，中央人民广播电台曾在《市政之声》和《青年节目》中播放有关首都体育大会的内容，参看表1-1。

表1-1　中央人民广播电台报道首都人民体育大会

日期	时间	栏目	内容
1949-10-06	20：00—20：15	市政之声	北京市人民政府教育局关于北京市人民体育大会的预告
1949-10-19	20：00—20：15	市政之声	北京市人民政府教育局关于本市人民体育大会节目的介绍
1949-10-26	18：15	青年节目	播送中国青年第23期社论《发展新中国的体育》和一篇首都人民体育大会的速写

1955年8月的"八一"军人运动会期间，中央人民广播电台每天的三档新闻节目、两档部队节目，都会及时报告前一天和当天的比赛、表演情形，并预告当天及第二天的比赛、表演项目。中央人民广播电台还在部队节目、少年儿童节目、文化生活节目、全国各地人民广播电台联播节目中，详细报道大会情形，并介绍参加比赛和表演的优秀单位和人物。[1]

（二）赛事实况广播受到听众欢迎

赛事实况广播充分发挥广播媒体即时迅捷、形象生动的优势，用解说语言和现场音响把正在进行的比赛信息及时传达给全国听众，使听众产生身临其境之感，深受欢迎。

1. 新中国第一次体育实况广播

1950年12月至1951年1月，苏联体育代表团先后访问北京、天津、南京、上海、广州、汉口、沈阳、哈尔滨等城市。其篮球队先后与我国各地篮球队进行了20多场友谊赛。这是新中国第一次接待外国体育代表团，不但推动了中国体育事业的发展，也开启了新中国体育实况广播的先河。

1951年1月，苏联国家男子篮球队与上海篮球队在上海卢湾体育馆进行了3场比赛。民众观赛热情很高，将门票一抢而空。无法进场观看的民众纷纷致电上海人民广播电台，希望电台能像转播国庆游行、大型文艺演出那样转播体育比赛。为满足民众要求，上海人民广播电台决定由播音员张之负责解说并转播这3场比赛，还邀请陈述与张之搭档。转播的第一场比赛于1月8日在苏联男篮与上海学联队之间展开，其中，陈述解说第一、二、四节，着重活跃

---

[1] 本报讯. 中央人民广播电台将转播"八一"运动会实况 [N]. 人民日报, 1952-07-30（1）.

场上气氛；张之解说第三节，偏重介绍技、战术。这3场转播在听众中产生极大反响。一段时间内，电台每天都会收到十几封听众来信。听众对电台的转播给予高度评价，说听清楚了比赛，也感受到了赛场气氛，渴望以后能经常收听到体育转播。

2. 新中国第一次面向全国的体育实况广播

1951年5月，全国篮排球比赛大会在北京举办。这是新中国第一次举办全国性体育比赛。经中华全国体育总会筹委会建议，中央人民广播电台广播了3场男子篮球比赛实况。这是中央人民广播电台历史上第一次广播体育比赛实况，也是新中国成立后第一次面向全国的体育实况广播。

为保证转播质量，中央人民广播电台将张之借调到北京解说了这次比赛。听众的肯定和领导的鼓励，使张之以极大的热情投入转播工作中。他参加参赛队的训练和赛前准备会，结识教练员、运动员，努力捕捉他们的个性，了解他们的绝招，不仅使解说工作进行得比较顺利，还在解说紧张的比赛的同时向听众介绍了一些关于教练员、运动员的花絮故事。[1]

3. 体育实况广播成为最受欢迎的体育报道形式

全国篮排球比赛大会的成功转播促进了我国体育实况广播的发展。此后，体育实况广播逐渐成为中央人民广播电台经常性的节目。1952年"八一"全军体育运动大会期间，中央人民广播电台除进行新闻报道外，还实况转播了开幕式和篮球、足球、军事体育项目（含马术、摩托车）等比赛。1952年8月3日，电台成功广播了中波（波兰）男篮比赛实况。这是中央人民广播电台第一次广播国际球类比赛实况。各地听众反映，广播好像把他们带进了赛场，希望以后多做实况广播。1953年5月，利用从天津到北京的电话线路，中央人民广播电台实况广播了全国篮排球比赛、网球羽毛球表演赛大会中3场男子篮球比赛的实况。[2]1954年，匈牙利国家足球混合队到访时在北京、上海、武汉等地进行了11场友谊赛和3场表演赛，除有近30万观众到场观战外，更多的足球爱好者收听了实况广播。[3]1955年夏天，中国体育代表团去波兰首都华沙参加青年友谊运动会，中央人民广播电台广播了开幕式上举行的中波两国青年足球队的友

---

[1] 张之. 做听众的眼睛 [M]// 中国体育记者协会. 百名中国体育记者自述. 北京：人民体育出版社，2000：455.

[2] 中央人民广播电台将广播全国篮球比赛实况. 新华社，1953-05-03.

[3] 张其华. 从和匈牙利足球队的比赛看我国足球运动的发展 [N]. 人民日报，1954-03-14(3).

谊比赛。当时没有卫星传送技术，是通过飞机把录音送回国内播放的。[1]1955年，电台于10月2日实况广播了全国第一届工人体育运动大会开幕式，[2]于10月9日下午播送了大会闭幕式以及中央体育学院足球队和八一足球队表演赛实况。[3]1956年，中央人民广播电台共转播11场赛事，如于2月5日实况广播南斯拉夫青年足球队和北京足球队的友谊比赛，[4]次日南斯拉夫青年足球队领队勃·彼希契还在电台发表了广播演说。[5]

（三）体育广播专题栏目开始创办

1951年5月全国篮排球比赛大会期间，中央人民广播电台曾于7∶15—7∶30和19∶15—21∶30两个时间段播送不固定节目《全国篮排球比赛情况报道》，播报前日或当日球赛情况，还于赛后播出人物故事《介绍全国篮排球比赛大会的几位工农运动员》。[6]4年之后，中央人民广播电台推出了一档正式的体育栏目。

1. 中央人民广播电台创办《体育谈话》栏目

中央人民广播电台《体育谈话》栏目于1955年4月正式开播，是新中国广播史上第一个体育栏目。

《体育谈话》是新闻性的专题栏目，每周播出两次（周一18∶30—18∶45，周四6∶50—7∶00），基本方针是面向工农兵，为增强人民体质服务；对象是广大人民群众，主要是青少年、体育爱好者和体育工作者。栏目最初集中报道国内外体育运动消息和各种比赛的录音报告、体育运动的基本技术知识和生理卫生知识、体育工作者和著名运动员的讲话，并回答听众提问。[7]后因我国竞技体育水平较低，参与的国际高水平比赛较少，《体育谈话》节目内容逐渐转变为以群众体育为主，可归为4类：开展群众体育活动，增强人民体质，振奋

---

[1]《当代中国》丛书编辑部.当代中国的广播电视[M].北京：中国社会科学出版社，1987：160-161.

[2] 全国第一届工人体育运动大会定今天开幕[N].人民日报，1955-10-02（2）.

[3] 中央人民广播电台将播送工人体育运动大会闭幕情况.新华社，1955-10-09.

[4] 新华社.蔡树藩接见南斯拉夫青年足球队领队等人[N].人民日报，1956-02-05（1）.

[5] 新华社.南斯拉夫青年足球队离京回国[N].人民日报，1956-02-10（1）.

[6] 中央人民广播电台下周节目.新华社,1951-05-05；中央人民广播电台下周节目.新华社，1951-05-11；中央人民广播电台下周节目.新华社，1951-05-17.

[7] 之.中央人民广播电台定期播送体育运动节目[J].新体育，1955（总53）：17.

革命精神,为生产建设服务;宣传体育锻炼和医疗卫生相结合,宣传祛病强身的经验体会和科学知识;介绍各种体育常识,指导青少年积极参加体育活动;报道国内外体育比赛,宣传新中国运动员创造的优异成绩和为国争光的先进事迹。[1]《体育谈话》推动了我国体育事业发展,丰富了群众的体育文化生活。

2. 中国国际广播电台推出《体育爱好者》栏目

1956年,中国国际广播电台推出了《体育爱好者》专题栏目,对内介绍国外体育项目、国外体育比赛情况;对外宣传新中国体育事业发展的成绩,以及国外代表团在中国比赛的成绩等,并通过专线向来访国做专题广播。《体育爱好者》开阔了广大群众特别是体育爱好者的视野,促进了中外体育交流和中国体育事业的发展。

《体育爱好者》的诞生,与这一阶段中国体育国际交往增多以及广播媒体加强国际合作有密切联系。如在1953—1956年间,我国与捷克斯洛伐克、匈牙利、波兰、罗马尼亚、保加利亚、苏联、阿尔巴尼亚、蒙古和朝鲜等国签订了广播合作协议,为我国发展对外广播奠定了基础。[2]

(四) 广播体操节目推动群众体育发展

开展职工体育活动,促进职工体质增强,是新中国成立初期党和人民政府高度重视的一件大事。针对中共中央提出的职工体育要面对基层、方式灵活、活动经常的要求,全国体总筹委会与新闻总署广播事业局联合决定,在中央和各地人民广播电台开设广播体操节目。1951年11月24日,全国体总筹委会和教育部、卫生部等9个单位发出"关于推行广播体操活动的通知",规定每天早晨、上下午各抽出10分钟作为广播操时间。次日,《人民日报》发表《大家都来做广播体操》《广播体操图解》和社论《推广体操运动,发展人民体育事业!》,强调广播体操有着广泛的群众性,是使体育普及化和经常化的一个重要步骤。

1951年12月1日,中央人民广播电台开始播出广播体操节目。各省、市、自治区广播电台也随之开播广播体操节目。至1952年6月,全国有40座广播电台播送广播体操节目。在半年多的时间里,人民广播器材厂为满足收听不便或收听设备不够完善的地方的需要,先后供应3800张广播体操唱片。据北京、上海、广州、重庆等13个城市的不完全统计,参加广播体操的约有105万人,尤

---

[1] 杨波. 中央人民广播电台简史[M]. 北京:北京广播学院出版社,2000:89.

[2] 张矛矛. 新中国体育广播发展研究:北京奥运会视野下的回顾与展望[D]. 北京:北京体育大学,2009:45-46.

以各校学生参加得最为踊跃。很多人向广播电台反映：由于每天坚持做广播体操，健康情况有显著进步，大大提高了学习和工作效率。[1]1954年，国家体委又编制、发布了第二套广播体操。

作为新中国的特色体育广播形式，广播体操是"发展体育运动，增强人民体质"这一思想的产物，是对广播媒体宣传、号召和教育功能的充分利用。此后很长一段时间，广播体操作为最基本、最简单的群众性体育活动，成为普及群众体育的一个重要步骤，改善了国人的健康状况和身体素质，激发了人们参与体育活动的热情。

第三节　重大体育赛事报道

赫尔辛基奥运会，是新中国参与重大国际体育赛事的起点，也是新中国国际体育报道的重要里程碑。

一、1952年第15届（赫尔辛基）奥运会报道

新中国成立不久，就遇到了"是否参加1952年赫尔辛基奥运会"的问题。1951年3月，芬兰向新中国外交部表示，希望新中国参加赫尔辛基奥运会。因正值抗美援朝期间，参加奥运会一事很难被提上议事日程。1952年2月初，苏联驻中国大使罗申告知当时负责全国体育工作的团中央书记冯文彬：台湾已经报名参加7月份的赫尔辛基奥运会。罗申想知道新中国的态度，并希望新中国派人参加。既有主办国芬兰的热情邀请，又有友好国家苏联的支持帮助，再加上"台湾要参加"的现实刺激，新中国决定参加赫尔辛基奥运会。[2]

1952年2月5日，全国体总致函国际奥委会，声明将派运动员参加第15届奥运会，同时声明中华全国体育总会是代表中华人民共和国的唯一合法体育组织，任何其他团体不能作为中国的代表加入国际奥委会及参加其活动。按照《奥林匹克宪章》，国际奥委会在一个国家只承认一个全国性的奥林匹克组织——国家奥委会，但当时中华全国体育总会和台北"中华全国体育协进会"都宣称自己是中国的唯一合法代表。因以美国为首的西方国家拒不承认中华人

---

[1] 新华社．广播体操在全国各地普遍推行 [N]．人民日报，1952-06-21（3）．

[2] 曹守和，赵玉梅．新中国60年参与奥运的心路历程探索 [M]// 国家体育总局政策法规司．新中国体育60年理论研讨会文集．北京：北京体育大学出版社，2009：197-198．

民共和国，加之台湾还占据着联合国席位并被大多数西方国家承认，国际奥委会中的部分人拒绝并阻止中华全国体育总会以合法席位参与奥运会。对此，全国体总强烈抗议并据理力争。

几经周折，在奥运会开幕前夕的7月18日晚（赫尔辛基奥运会于19日当地时间下午1点正式开幕），中国终于接到了赫尔辛基奥组委主席欢迎中国代表团参加奥运会的邀请信。去，还是不去？高瞻远瞩的周恩来当机立断：去。他对代表团说："重要的不在于是否能取得奖牌，在奥运会上升起五星红旗，就是胜利。"23日，40人的中国奥运代表团宣告成立。[1]29日，代表团抵达赫尔辛基，在奥运村升起了鲜艳的五星红旗。由于奥运会已接近尾声，代表团中只有游泳选手吴传玉参加了百米仰泳比赛。[2]因旅途劳顿，吴传玉没有进入决赛，但他却是新中国第一个正式参加奥运会比赛的运动员。中国体育代表团在赫尔辛基奥运会上没有取得惊人的运动成绩，但却展示了新中国体育的形象，表达了中国爱好和平的愿望，赢得了世人称赞。

对新中国的第一次奥运会之行，国内媒体通过刊发新华社通稿的方式给予了报道。

赫尔辛基奥运会时，中国代表团中只有一名随团记者，即新华社记者胡骐。[3]在"新华社多媒体数据库"中，以"奥运会"为关键词，可检索到3张关于赫尔辛基奥运会的图片，其中一张的作者署名为胡骐。以"奥林匹克"为检索词（时间段为1952年），可以检索到39篇和赫尔辛基奥运会相关的文字报道，如2月13日播发的《中华全国体育总会电国际奥林匹克委员会》，8月24日播发的《荣高棠：中国体育代表团关于参加第十五届国际奥林匹克运动会的报告》。这些文字报道的电头分别为"新华社＊日电""新华社莫斯科＊日电""新华社赫尔辛基＊日电""[新华社＊日讯]据塔斯社讯""[新华社＊日讯]据塔斯社莫斯科讯"等。其中，电头为"新华社赫尔辛基＊日电"的有11条。

《人民日报》在1952年2月至8月间刊登了40多篇奥运会报道，除个别没有标注消息来源外，其余全部来自新华社。赛前，主要就全国体总争取国际奥委会成员和参加奥运会资格以及抗议台湾参赛等进行报道。比赛期间，重点报道

---

[1] 伍绍祖. 中华人民共和国体育史（1949—1998）：综合卷[M]. 北京：中国书籍出版社，1999：216-221.

[2] 注：代表团中的足球队、篮球队等3支球队在赫尔辛基和其他城市同芬兰球队进行了4场友谊赛。

[3] 新华社. 我国参加国际奥林匹克运动会代表团启程[N]. 人民日报，1952-07-26（1）.

我国奥运会代表团的活动和苏联奥运会代表团的成绩，如《我参加奥林匹克运动会代表团抵赫尔辛基》《苏联优胜运动员介绍》等。赛后，主要刊登中国代表团参加友谊比赛的消息及代表团回国后的汇报材料。8月27日，还以《第十五届国际奥林匹克运动会》为题，刊登了整版摄影图片（见图1-3）。

图1-3　《人民日报》赫尔辛基奥运会图片报道

因都是采用新华社电讯，《光明日报》的奥运会报道与《人民日报》大同小异。

二、1956年第16届（墨尔本）奥运会报道

第16届夏季奥运会于1956年11月22日至12月8日在澳大利亚的墨尔本举行。

围绕墨尔本奥运会，新中国和国际奥委会进行了针锋相对的斗争。1954年5月，国际奥委会第四十九届委员会通过了承认中华全国体育总会为中国奥委会的决议，但国际奥委会主席布伦戴奇未经讨论把台湾的体育组织也列为国家奥委会，企图制造"两个中国"。1955年6月，中国奥委会副主席兼秘书长荣高棠等参加了国际奥委会执委会与各国奥委会代表联席会议，坚决反对在国际体育组织中制造"两个中国"。1956年10月，为备战墨尔本奥运会，国家体委组织了中国奥林匹克运动队选拔赛，并组成了涵盖田径、举重、游泳、体操、射击、篮球、足球7个运动队140多人的代表团。但因国际奥委会邀请台湾派运动员参赛，全国体总在反复交涉无效的情况下被迫放弃参赛，已组建的中国奥林匹克运动队到武汉、上海、杭州等地进行了表演。1958年，中国奥委会退出国

际奥委会，并与之中断一切关系。

墨尔本奥运会前后，新华社共发布近百条有关奥运会的报道，主要包括三方面内容：针对中国奥委会抗议"两个中国"阴谋并和国际奥委会进行斗争的局面，发布一系列新闻，严正表明中国立场；报道中国奥林匹克运动队选拔赛；报道表演赛。

因在中国奥委会发布弃赛声明之前已派记者前往墨尔本，中国媒体也报道了奥运会开幕、美苏争夺篮球冠军、苏联赢得足球冠军等少数奥运会消息。[1]

《人民日报》以"新华社电"为主，以"本报讯"为辅，刊登了约百条关于奥运会的报道。中国奥林匹克运动队选拔赛期间，《人民日报》除在第4版逐日报道比赛情况外，还曾在头版以《创造更高的新纪录》和《一个政治阴谋》为题发表社论，前者预祝奥林匹克运动队选拔赛取得成功，后者抨击国际奥委会企图制造"两个中国"的妄想。

《新民报晚刊》体育版也刊登了很多有关墨尔本奥运会的报道，还开设了不定期的"奥林匹克运动会杂谈""奥运会的前夕"等版块，介绍奥运会历史和各国报名参赛情况。

《新体育》完整记录了中国从选拔备战到被迫弃赛的过程。自1956年第6期（3月21日出版）刊登社论《到奥林匹克运动会去！》后，《新体育》陆续刊登了《古代奥林匹克轶事》《近代奥运会点滴》《准备参加16届奥运会》《迎接奥林匹克选拔》《奥运会问答》《奥运会篮球赛展望》等报道，传播奥林匹克知识，介绍各国参赛准备，预测各项目竞争态势。1956年11月6日出版的《新体育》第21期则推出了"到奥林匹克运动会去"专号，全面报道了中国奥林匹克运动队选拔赛的情况，介绍了举重、射击、田径、游泳等代表队及其技术水平，刊登了郭沫若、艾青为中国奥运会选手撰写的诗歌，也揭露了国际奥委会邀请台湾运动员参赛的"政治阴谋"。中国奥委会宣布弃赛后，《新体育》第22期刊登了《愤怒的抗议》《为什么我们目前不能去参加16届奥运会》等文章，解释了中国不能参赛的原因，并对国际奥委会的行径表示愤慨。第24期则刊登了《苏联运动员的辉煌成就》《墨尔本奥运会点滴》《第16届奥运会成绩表》等报道，对奥运会的各项成绩尤其是苏联运动员的优异成绩进行了报道。其中，陈庆楣撰写的《墨尔本三周记》，描述了记者在墨尔本逗留期间关于奥运会的所见所闻。

---

[1] 新华社. 董守义到达墨尔本，中澳新闻工作者联欢 [N]. 人民日报，1956-11-06（6）.

第四节　初创与摸索期体育新闻传播的特点

这一时期，体育报道尚未成为一个独立的、重要的新闻品种，新中国体育新闻传播总体上还处于初创与摸索阶段。

一、体育新闻工作者数量寥寥

新中国成立初期，百废待兴，专职体育记者、编辑寥若晨星，兼职体育记者、编辑（指不仅仅承担体育报道、编辑任务）也数量有限。

这一时期，设有专职体育记者、编辑的媒体仅有中央人民广播电台、《新体育》和《新民报晚刊》等少数媒体。

中央人民广播电台于1953年迎来了它的第一个体育记者张之。张之原是上海人民广播电台播音组副组长，于1951年1月实况解说了苏联国家男子篮球队与上海篮球队的3场比赛，深受好评。1951年5月，张之被中央人民广播电台借调到北京实况解说全国篮排球比赛大会，再获成功。1953年4月，张之被正式调入中央人民广播电台时政组，主要从事体育报道和体育实况解说工作，成为名副其实的新中国体育解说的第一人和奠基人。1953年，复旦大学新闻系毕业生黄继辰被分配到时政组，同张之搭档采访体育和时政新闻。[1]

《新民报晚刊》是这一时期较少设有体育组并拥有知名体育记者的媒体。其体育组成立于1953年，其知名体育记者是冯小秀。冯小秀早在新中国成立前就是上海著名体育记者，曾任香港《南华早报》、上海《辛报》和《东南日报》体育记者。[2]1949年，冯小秀到《亦报》任记者，1952年随报社合并到《新民报晚刊》任体育记者，[3] 曾任体育组副组长，并辟有《场边谈球》等栏目。冯小秀对体育竞赛及球类、田径、举重、体操、拳击、棋类以至武术无不熟悉，被称为"全能型"体育记者。冯小秀注重采访。他通常上午到报社写稿、发稿，

---

[1] 薛文婷.体媒人物：新中国体育新闻传播口述史：下 [M].北京：清华大学出版社，2015：6-7.

[2] 注：1946-1949年，冯小秀与桑榆主持《东南日报》的体育版《东南体育》，声誉鹊起，并设有《小秀评球》专栏。1948年旧中国第七届全运会时，《东南日报》出版体育丛书，其中包括冯小秀的一册。

[3] 富晓春.60年前的报人题签本 [J].温州人，2010（1）：75.

下午和晚上则到赛场，或观看比赛，或进行采访。20世纪50年代，中国不仅被排斥在国际体育赛场之外，也很少举办全国性比赛，只有一些市、区级的体育比赛，具有新闻性的体育活动也很少。不管赛事大小，冯小秀都深入现场，仔细观察，认真采访，决不道听途说、敷衍了事，写出了很多引人入胜的报道。他还乐于在体育界交朋友，几乎在每个体育项目中都有"知交"。冯小秀博览群书，知识深厚，其报道有素材，有趣味，现场感强，让读者有身临其境之感。[1]

冯小秀的报道还有深度，有观点，有见解，令行家和读者信服。1954年3月，匈牙利足球队访问上海并进行3场比赛和1场表演，引起轰动。冯小秀全程跟踪采访，以《新颖的战术，精彩的表演》为总题发表7篇述评，让球迷大呼过瘾，也给足球专业人士以启发。冯小秀曾用笔名"魏航"撰写棋类报道。棋类比赛原是冷门项目，但冯小秀深入钻研，把棋赛写得静中有动、跌宕起伏、通俗易懂，让不谙此道的读者也乐于阅读。围棋国手陈祖德曾在自传中说："以章回小说的形式报道围棋比赛是上海《新民晚报》的记者冯小秀创造的，冯小秀是个难得的人才，直至如今，当我捧起《新民晚报》时还经常联想起这位出色的记者。"[2] 社长赵超构非常赞赏冯小秀没日没夜泡在球场上的敬业精神，并夸奖其体坛述评独具一格。[3]

20世纪50年代，作为"消息总汇"的新华社，也仅有一两名兼职体育记者。其中，国内体育报道由文教组记者负责，国际体育报道由苏联东欧组记者负责。体育报道初由组长临时委派记者采访报道，后逐渐固定由专人采访。其中，文教组的兼职体育记者是王元敬，国际东欧组从事体育稿件编辑的是陈克敏。[4] 外地重要比赛大都由分社记者承担，因对体育较为外行，分社记者通常在接受赛事报道任务后临时补充相关知识。

二、新华社是国内媒体体育报道的重要新闻来源

由于体育新闻尚没有成为重要的、独立的新闻品种，除少数媒体外，这一时期国内报社、广播电台大多没有设置专门的体育部门，体育新闻采写力量有

---

[1] 曹刚. 奔跑在赛场 眼光很独到：记新民晚报体育新闻老记者徐世平 [N/OL]. 新民晚报，2012-01-19[2018-08-03]. http：//xmwb.xinmin.cn/html/2012-01/19/content_23_1.htm.

[2] 陈祖德. 超越自我：二 [J]. 当代杂志，1985（4）：143.

[3] 张循. 媒体老将赵超构 [J]. 炎黄春秋，2007（8）：63.

[4] 冯健，李峰. 通讯名作100篇 [M]. 修订版. 北京：新华出版社，2009：159.

限。承担向国内媒体提供国内外体育新闻的媒体是新华社。

新华社之所以成为新中国体育报道的重要来源，源于其国家通讯社"统一集中"发布重要新闻的责任和"消息总汇"的定位。1950年2月，新闻总署提出"全国性与全世界性的重要新闻，报纸与广播（电）台均应以新华社为主要来源""任何外国通讯社稿件，均须经新华社才能发表，各报纸及广播电台均不得自行抄收与采用"。由此，新华社不仅成为国内外重大新闻的发布者，也成为其他媒体主要的甚至是唯一的信息来源。为规范报纸对新华社稿件的采用，新闻总署还于1950年发布《关于报纸采用新华社电讯的规定》。1951年底，在新华社第二次全国社务会议上，社长吴冷西在《进一步建设国家通讯社》的报告中指出："新华社应当而且也可能成为我国唯一的全国消息总汇。"1952年，新华社提出新闻摄影报道要成为"新闻图片总汇"。[1]

根据新闻总署的规定，《人民日报》等媒体的国外体育报道主要来源于新华社。新中国成立初期，因国外分社建设缓慢和"一边倒"的外交政策，新华社国外体育报道的来源主要是塔斯社或其他友好国家通讯社。

三、国内报道侧重重大体育赛事，国外报道侧重苏联体育

这一时期，通讯社、报刊、广播对全国体总筹备以及成立，中国参加赫尔辛基奥运会、备战墨尔本奥运会，全国篮排球比赛大会等国内外重大体育活动、体育赛事进行了报道。但囿于新中国体育事业刚刚起步的现实，媒体体育报道的数量总体较少，体裁多为消息，篇幅短小且多为比赛结果报道，缺少过程和细节。

就报道项目而言，由于新中国成立初期体育事业发展不充分，体育报道主要局限于篮球、足球、排球、游泳、田径、体操等几个项目，内容比较单一。

新中国成立初期，体育像其他领域一样主要是学习、借鉴苏联的模式和经验。1952年苏联在赫尔辛基奥运会上取得的突出成就，促使中国体育进一步全方位地学习苏联，也形成了我国在国际体育交往中"一边倒"的局面。虽然新中国也和其他东欧社会主义国家进行体育交往，但在交往的次数与人数方面，苏联均占绝大部分。[2] 关于中外体育文化交流，我国媒体侧重报道代表团成员

---

[1] 新华通讯社.新华社80年辉煌历程[M].北京：新华出版社，2011：82.

[2] 郭贤成，孙葆丽.新体育对外交往的起点：纪念新中国首次参加奥运会50周年[J].体育文化导刊，2002（3）：24-25.

之间的友好交往及两国人民的深厚友谊，对运动队友谊比赛的过程与结果着墨不多。在早期苏联体育代表团来访时，《人民日报》通常会发一组报道，如围绕苏联体育代表团第一次访问新中国，发表14篇相关报道，仅在苏联体育代表团抵京次日就发表4篇文章，包括1500多字的《苏联篮球队介绍》。此后，随着苏联体育代表团频繁来访，《人民日报》的报道数量相对减少，但依然会撰文介绍运动队，如《苏联田径队简介》《学习苏联先进的篮球技术》等。[1]1954年2—3月，匈牙利国家足球混合队访华，并在北京、上海、武汉等地和我国各足球队举行了10余场友谊赛、表演赛。《人民日报》除刊登新闻外，还发表两篇评论文章——《匈牙利的体育运动》和《从和匈牙利足球队的比赛看我国足球运动的发展》，将匈牙利体育运动取得重大发展的原因归结为人民民主制度的优越性、学习苏联体育运动的经验。中国媒体也很关注中国到苏联等社会主义国家进行体育交流的情况。

出于学习、借鉴苏联体育经验的需要，中国媒体刊登了一些关于苏联体育事业发展的文章。1950年12月，《人民日报》刊登《苏联体育——共产主义的重要部分》一文，对苏联体育的成绩、组织机构、体育教育、"劳动卫国"制等进行全面介绍。1953年9月，《人民日报》发表来华访问的苏联体育代表团团长撰写的《苏联的体育和运动》一文，介绍了苏联的体育经费、体育协会、体育项目、体育成就及中苏运动员之间的友谊等；次日，又发表《学习苏联先进体操运动》一文，宣扬苏联体育事业的成就和社会主义的优越性。1956年8月，苏联各民族运动大会在莫斯科举行，新华社先后播发数条报道，如《中国体育代表团到莫斯科》《苏联各民族运动大会新闻简报》等。

四、受众对体育信息有一定需求

新中国成立初期，国人的体育意识总体还比较淡薄，但对一些重大赛事信息的需求颇为强烈。1951年，上海人民广播电台对苏联国家男子篮球队与上海篮球队比赛的转播就是应民众需求，并收到良好反馈。

专业体育杂志颇受读者欢迎。曾有读者致信《新体育》，称赞杂志内容较为丰富，帮助同学们改正了对体育的旧看法，进一步认识到体育是为人民健康、国防和生产建设服务的；还说，同学们认为《新体育》是最好的体育教科书，

---

[1] 薛文婷，徐子齐，程亚利. 冷战背景下《人民日报》苏联体育报道的阶段特征研究[J]. 北京体育大学学报，2015（7）：3.

要求学校订阅，学校已答应学生们的要求，为每班订阅一份《新体育》，并计划组织阅读小组，开展新体育的理论与技术学习。[1]

体育媒体也逐渐树立起受众意识，如设置《读者来信》专栏、刊登《征求意见表》等。1951年3月，《新体育》曾广泛征求通讯员，除希望他们撰写稿件外，还希望能帮助推广刊物、反映意见。[2] 为更好地服务读者，《新体育》还刊登《读者意见表》，就"你对本刊有什么希望，你要求本刊以后多登哪些文章？你在体育活动或工作中有什么问题与困难？"等问题征求意见。[3] 读者也积极来信，除投稿外，还反映自己怎样锻炼身体，怎样从孱弱变得健康等，有的还提出意见和建议，如"希望介绍些教材"[4] 等。

五、体育报道着力宣扬"新体育"和社会主义国家体育

新中国成立初期，为巩固新生政权、体现社会主义制度优越性，人民政府进行了一系列包括体育事业在内的破立改革。在此背景下，新中国的体育新闻传播带有强烈的政治宣传意味，突出表现为党和政府高度重视体育宣传工作，并通过体育报道批判旧中国和资本主义制度，赞美新中国及社会主义制度。

（一）党和政府高度重视体育的宣传普及工作

1951年，团中央书记冯文彬指出："必须经常宣传体育的重要性、体育运动的方针任务和各项运动的性能、内容和方法。这是使广大人民群众经常地正确地参加体育运动的重要工作。要用一切可能采用的方法进行宣传，如利用各地报纸编辑体育栏，利用各地电台广播、电影、画片及编辑出版书籍、杂志、挂图等。"[5] 1952年通过的《中华全国体育总会章程》，规定总会的任务之一是"编审体育运动的书刊""向广大人民群众进行体育运动的宣传教育工作"。国家体委于1953年设立编审司，于1954年将其改为宣传司。[6] 1954年3月，政务院在"关于在政府机关中开展工间操和其他体育运动的通知"中也指出："必

---

[1] 孟庆念.《新体育》在我校所起的作用 [J]. 新体育, 1951（总11）: 41.

[2] 编者的话 [J]. 新体育, 1950（总3）: 16.

[3] 读者意见表 [J]. 新体育, 1952（总20）: 附.

[4] 编者的话 [J]. 新体育, 1950（总3）: 16.

[5] 冯文彬. 把新中国的体育运动成为经常的广泛的运动 [J]. 新体育, 1951（总12）: 3.

[6] 谢武申, 王鼎华. 共和国体育元勋 [M]. 北京: 人民体育出版社, 1990: 124.

须切实做好体育运动的宣传教育工作。"1955年1月,国家体委副主任蔡树藩在全国体育工作会议上再次强调体育宣传和出版的作用:"各地通过报纸、刊物、电影、广播等方式……宣传了党中央关于体育运动的指示和政府对体育运动的领导和关怀,宣传了体育运动对于增强人民体质的科学价值和对于生产、国防的重要意义,介绍了一些初级运动技术和生理卫生知识……介绍了苏联和各人民民主国家先进的体育理论和经验。"[1]《新体育》也曾对体育报道进行指导:"要办好小型体育报和报纸上的体育栏,要注意在宣传的内容上,不能单纯地报道体育动态,而重要的是要多介绍一些体育工作的经验、锻炼方法和常识,以及刊载一些指导性的短篇论文等,同时必须吸收当地的体育积极分子参加写稿等工作。"[2]

体育组织的领导对体育宣传工作非常重视。虽然兼管团中央和全国体总工作,但荣高棠还是坚持审阅《新体育》每期的重要言论和目录,且看得非常仔细,从观点到文字都亲自修改。他反对空洞、浮夸、啰唆,强调要宣传党的体育方针政策,宣传体育对生产、国防和增进国民健康的意义。

赛事组织方也非常重视宣传工作。1949年的北京市第一届人民体育大会筹备委员会(简称"筹委会")专门设立了宣传部,积极组织各参加单位的通讯报道。为了取得报馆和电台在宣传上的配合,筹委会多次召集记者招待会,使得在报纸上能常看到筹备工作的进行情况,在电台能常听到人民体育大会的声音。[3]1951年全国篮排球比赛大会设立了宣传部,并在报刊上发表文章。

(二)破旧立新,赞美"新体育"和社会主义国家体育

新中国成立初期,面对以美国为首的西方资本主义国家的政治孤立和台湾国民党当局的反攻图谋,中国媒体对"旧体育"和资本主义国家的体育进行了批判,对"新体育"和社会主义国家的体育则大力宣扬。

1. 批判"旧体育",肯定"新体育"

由于时代的需要,新中国成立初期的体育宣传工作主要集中在对"旧体育"的批判和对"新体育"的宣传上。《新体育》在《发刊词》中指出:"要系统地研究和总结旧体育,严格地批判它们,摒弃一切体育理论上、技术上、作

---

[1] 熊晓正,钟秉枢. 新中国体育60年 [M]. 北京:北京体育大学出版社,2010:69.

[2] 本社资料室. 介绍几种体育宣传方式 [J]. 新体育,1952(总20):12.

[3] 北京市第一届人民体育大会筹备会. 北京市第一届人民体育大会筹备工作总结 [J]. 新体育,1950(创刊号):30-32.

风上不合理的部分,细心地去发掘人民中已有的丰富的民族体育,扫清新体育发展道路上的障碍,切实改造我们体育界本身,使之能担负起建设新体育的重任。"[1]《新体育》还公开征求"对旧体育的批判""新民主主义国民体育的理论论著"及"开展新体育运动的经验"类稿件,[2]并刊发《论改造旧体育的两个问题》《创编新体育教材》等文章,以图破旧立新。

媒体也时常借体育赛事或体育活动批判"旧体育",宣传"新体育"。譬如"国民党政府对于最大多数人民的健康是根本漠不关心的……我们所提倡的体育是民族的、科学的、大众的体育,就是新民主主义的体育"[3]"在这个大会上,没有国民党统治时代体育会中那些可鄙的明争暗斗,为争夺锦标而闹不团结的现象,虽然大家也在十分积极地争取优胜,但这是在一个共同的崇高远大的目标下进行着,这目标就是'大会口号'中所提的:'锻炼体格,捍卫我们伟大的祖国!''培养坚强的体格,迎接伟大的经济建设高潮和文化建设高潮!'"[4]

围绕"为国民健康、生产、国防服务"这一体育目标,新华社和《人民日报》等媒体进行了较为充分的宣传。1949年10月,《人民日报》发表团中央书记冯文彬在全国体总筹备会议上的报告——《新民主主义的国民体育》,指出"人民的体育运动,是发扬人体劳动能力和培养革命精神的科学""人民的体育训练与体育运动,对于国防事业、生产劳动及其他各种建设事业都有重大的积极意义与作用"。[5]《人民日报》还刊登聂荣臻市长在首都体育大会开幕典礼上的讲演词:"新的体育与新民主主义的工业建设和国防建设是分不开的。它应当为培养大量的身体健康、坚强勇敢的工人、农民和陆海空军人员和增进现在各种劳动人民的健康而服务。"[6]在《提倡新民主主义的国民体育》的评论中,《人民日报》更是大力宣传体育"为人民健康、生产和国防服务"的思想:"人民共和国各方面的建设工作正在开始,我们的任务是伟大而艰巨的,我们就必须积极提倡国民体育,使我们的国民,有健康的体格和强壮的体力来参加

---

[1] 发刊词 [J]. 新体育,1950(创刊号):6.

[2] 本刊征稿 [J]. 新体育,1950(创刊号):40.

[3] 新华社. 新民主主义的国民体育:冯文彬在全国体育总会筹备会议上的报告 [N]. 人民日报,1949-10-27(4).

[4] 林韦. 人民的体育大会 [N]. 人民日报,1949-10-23(4).

[5] 新华社. 新民主主义的国民体育:冯文彬在全国体育总会筹备会议上的报告 [N]. 人民日报,1949-10-27(4).

[6] 北京讯. 体育大会开幕典礼上聂荣臻市长讲演词 [N]. 人民日报,1949-10-23(1).

国家的建设事业。"[1]1951年全国篮排球比赛大会期间,《人民日报》刊登大会宣传部的文章,强调"要在群众中宣传和贯彻大会精神,动员群众在爱国主义旗帜下重视体育,参加经常的体育锻炼,使人人都成为体魄坚强的祖国保卫者和建设者"[2]。

2. 批判资本主义国家体育,赞美社会主义国家体育

我国媒体于这一时期还展开了对资本主义国家体育的批判,同时积极报道苏联等社会主义国家体育事业的发展和突出成就。

作为体育专业期刊,《新体育》杂志对资本主义体育的批判和对社会主义体育的赞扬比较直接。在介绍苏联体育方面,《新体育》曾在《发刊词》中明确指出:"建设新体育,必须向苏联及各人民民主主义国家学习,根据我们国家的实际情况吸取他们成功的经验,来充实我们的体育内容和启发我们的创造,使我们的体育,成为世界进步体育的一个构成部分。"为此,《新体育》刊登了《今日苏联的体育》《苏联的滑冰运动》等文章,全面介绍苏联体育的历史、制度、组织、师资培养、体育标准等。1951年,围绕苏联体育代表团来访,《新体育》连续发表《欢迎苏联体育代表团》《苏联体育的几点介绍》等文章。1953年,新体育杂志社还出版12辑"体育译丛",介绍苏联等社会主义国家的体育经验、理论和成果。在全面学习、介绍苏联体育的同时,《新体育》先后发表《美国体育界真相》《美帝国主义在中国"提倡"体育的本质》等文章,批判美国体育的商业性、欺骗性、剥削性和虚伪性,希望能彻底肃清美国体育对中国体育的影响。

作为中共中央机关报的《人民日报》,对苏联等社会主义国家体育的报道是正面的、赞扬的,对美国等资本主义国家体育的报道是负面的、批判的,以此来建构社会主义制度的优越性。就数量而言,《人民日报》这一时期的国际体育报道主要关注的是苏联等社会主义国家,对资本主义国家体育的报道很少,且或者是作为批判对象,或者是作为赛场上的失败者。这种"扬苏抑美"的报道基调在赫尔辛基奥运会报道中最为明显。1952年,首次参加奥运会的苏联队成绩优异,与美国并列总分第一,但在金牌榜上则落后于美国。面对美苏争霸赫尔辛基奥运会这一事实,《人民日报》援引新华社消息,刊登《奥林匹克运动会苏联选手得分继续占先》《国际奥林匹克运动会闭幕,苏联运动员得

---

[1] 提倡新民主主义的国民体育 [N]. 人民日报,1949-10-22(1).

[2] 全国篮排球比赛大会宣传部. 大力开展群众性的体育活动:祝全国篮排球比赛大会闭幕 [N]. 人民日报,1951-05-18(3).

分最多荣获第一名》等报道，凸显苏联运动员获胜和总分第一，强调社会主义制度的优越性。对美国运动员获胜和美国金牌数量第一，我国媒体则有意"忽略"。媒体还将美国描述为不遵守体育精神和体育道德的一方，如"以美国人为主席的裁判委员会及某些裁判就曾故意以不正确和不公平的裁判来减低苏联及其他国家运动员的成绩，并故意抬高某些国家运动员的成绩，以使之取得优胜。这种违反诚实和公平精神的卑劣做法，表现了那些国家的道德和体育精神的堕落"[1]"有些美国运动员，特别是在运动会的最后几天内，被评得了不应得的胜利"[2]。《人民日报》还刊登国际奥委会委员董守义的文章，批评"美帝国主义的体育，在政治上的表现是麻醉青年，模糊他们的阶级意识；在经济上的表现是商品化、赌博；在文化教育上的表现是锦标主义、风头主义。总起来说，它是落后的、腐朽的"[3]。

这种"扬苏抑美"的报道，受到一些读者的批评。读者曾致信《新体育》："在报道国外活动方面，我感觉对苏联的情况介绍得较多面，对其他的国家（包括资本主义国家）的体育消息则很少刊登，只知道一些'五花八门''奇形怪状'的暴露资本主义国家的体育状况而已。"[4]"希望《新体育》广泛地详细地介绍各国准备参加奥运会的情况。现在看到的只是一部分国家如我国、苏联及一些人民民主国家的情况，而且很简略，没有对这些国家的实力作分析，看了很不满足；其他更多的国家尤其是资本主义国家则介绍很少，有时创造了世界纪录我们也不知道。"[5]

---

[1] 国际述评 [N]. 人民日报，1952-08-14（4）.

[2] 新华社. 苏联代表团团长罗曼诺夫向《真理报》《消息报》记者发表谈话：苏联运动员在奥林匹克运动会获优异成就 [N]. 人民日报，1952-08-08（4）.

[3] 董守义. 参加十五届国际奥林匹克运动会的感想 [N]. 人民日报，1952-08-25（3）.

[4] 田守仲. 把《新体育》办得更加丰富多彩 [J]. 新体育，1956（16）：33.

[5] 广东广雅中学高三乙班一群同学. 多发表关于16届奥运会的文章 [J]. 新体育，1956（17）：34.

第二章 开拓与初兴期（1956—1966）

1956年至1966年，是新中国积极探索社会主义建设道路的时期，有挫折，有调整，也有发展。新中国体育新闻传播既经历了曲折，也拓展了业务。

第一节 社会环境

一、探索社会主义建设道路

1956年9月，中国共产党第八次全国代表大会（简称"中共八大"）召开，明确提出了在新的生产关系下保护和发展生产力是国家主要任务的基本论断。中共八大是中国共产党探索适合中国国情的社会主义建设道路的良好开端。1957年，在全党整风运动中，因有极少数人趁机发表错误言论，中共中央发出组织力量"反击右派分子"进攻的指示，出现了严重扩大化，干扰了中共八大提出的对社会主义社会主要矛盾的论断，但尚未严重影响社会主义建设进程。

20世纪60年代前后，国际形势处于大动荡时期。中国共产党在领导新中国维护国家主权的斗争中，挫败了美国分裂中国的图谋。同时，由于苏联共产党与中国共产党在重大原则问题上存在严重分歧，导致了中苏两国关系恶化。[1]

二、国民经济出现困难与调整、复苏

"一五"计划的提前完成，极大鼓舞了中国共产党人和中国人民的建设热情。同时，由于缺乏经验、脱离实际，急于求成的情绪滋长起来，导致了"大

---

[1] 当代中国研究所.中华人民共和国简史（1949—2019）[M].北京：当代中国出版社，2019：34-39，56.

跃进"运动的发生，继而催生了人民公社化运动，给国民经济造成了损失。[1]
再加上连年自然灾害与苏联突然撕毁经济援助合同、撤走专家的影响，中国国民经济于1959年至1961年间出现严重困难。[2]

严重的形势和惨痛的教训教育了全党。1961年1月，中共八届九中全会正式决定对国民经济实行"调整、巩固、充实、提高"的八字方针。经过调整，经济形势逐步复苏。

三、新闻传播事业在曲折中发展

在"反右"扩大化中，中国新闻事业受到严重伤害，一些报人受到批判或被错划为右派。在"大跃进"运动中，新闻界进行了一些反科学的宣传报道，起了推波助澜的不良作用。1960年下半年至1962年上半年，在国民经济实施全面调整的大局中，新闻界对1958年以来的新闻宣传进行了全面检查，总结经验教训，改革新闻业务，在典型宣传、爱国主义宣传、树立社会主义新风尚宣传方面取得了较大成绩。

新闻传播事业在这一时期也取得了一些进展。新华社基本建成了自己国内和国际的广播通讯网，其中国外分社于1966年初发展到51个。北京电视台（中央电视台前身）于1958年5月1日开始试播，于9月2日正式播出，标志着中国电视事业的诞生。《红旗》等理论刊物创办，形成了一个从中央到地方的政治理论刊物宣传网。《羊城晚报》《北京晚报》的创刊使晚报有较大发展。杂文在报纸版面上勃兴，《北京晚报》的《燕山夜话》、北京市委理论刊物《前线》的《三家村札记》、《人民日报》的《长短录》等，都是当时颇有影响的杂文专栏。雷锋、焦裕禄等典型报道更是影响了几代人。

四、体育方针、工作重点的调整和转移

这一时期，体育方针经历了从"普及和经常化"到"普及与提高相结合"的调整，工作重点发生了从群众体育到竞技体育的转移，体育事业呈现出高低高的"马鞍形"发展态势。

---

[1] 当代中国研究所. 中华人民共和国简史（1949—2019）[M]. 北京：当代中国出版社，2019：41-43.

[2] 杨先材. 中国历史：中华人民共和国卷 [M]. 北京：高等教育出版社，2001：109-136.

（一）体育方针调整

体育方针的调整和改变，是为了缩小中国体育与国际体育运动水平的差距。在新中国成立初期的国际体育交往中，我国体育代表团的运动技术水平和其他国家差距较大，刺激了国人的民族自尊心，提高竞技体育运动水平的呼声日渐高涨。

参加赫尔辛基奥运会后，新中国将提高竞技体育运动技术水平提上议事日程。1952年2月，中共中央组织部和共青团中央在联合发出的《选拔各项运动选手集中培养的通知》中说："体育工作如果只有普及而不在适当范围内加以提高，就不能完全适应当前需要，必须使普及与在适当范围内提高体育运动水平相结合，以取得进一步发展。"[1] 这是我国第一个正式提到"普及与提高相结合"思路的体育文件。

1956年后，随着社会主义建设的全面展开，体育工作任务的内涵有所扩大。1956年1月，国家体委在全国体育工作会议上确定了"加速开展群众性体育运动，在广泛的群众运动的基础上努力提高运动技术"的方针，争取两三年内在若干项目上接近或赶上世界水平。提高运动技术水平被提上重要议事日程。1956年9月，周恩来在《关于发展国民经济的第二个五年计划的建议的报告》中指出："我们应该在广大群众中进一步开展体育运动，有效地增强人民的体质，并且提高我国体育运动的水平。""提高体育运动水平"第一次与"增强人民体质"并列。1958年，国家体委提出要"继续贯彻开展群众性的体育运动和加速提高运动水平的方针，争取更多运动项目的成绩分达到或接近国际水平"。1959年，中央批转的国家体委的报告指出："开展群众性的业余体育运动和培养少数优秀运动队伍相结合，实行在普及基础上的提高和在提高指导下的普及，这是当前体育工作中一项重要的原则。"[2] 这就对普及与提高的内涵做了明确界定："普及"是"开展群众性的业余体育运动"，"提高"是"培养少数优秀运动队伍"。1959年4月，周恩来在向二届人大所作的《政府工作报告》中明确、完整地提出了新的体育方针："在体育工作中，应当贯彻执行普及和提高

---

[1] 熊晓正，林登辕. 从"普及提高相结合"到"各类体育协调发展"[J]. 体育文史，1997(5)：16-20.

[2] 国家体委政策研究室. 体育运动文件选编（1949—1981）[M]. 北京：人民体育出版社，1982：30，35.

相结合的方针,广泛开展群众性的体育运动,逐步提高我国的体育水平。"[1]"普及与提高相结合"的体育方针正式出台。

遗憾的是,受三年困难时期影响,新中国体育方针从"普及与提高相结合"开始走向"普及"与"提高"分离。第一,国家体委和省、市、自治区体委工作重心转移,重点抓"提高"。第二,调整运动竞赛着眼点,重在提高运动技术水平。这些变化反映出"普及"与"提高"已开始分离:实施主体分为省以上体委侧重抓"提高",省以下体委主要抓"普及";活动主体分为专业与业余,专业队伍在训练、竞赛与人才选拔方面自成系统,并逐步与业余拉开距离,与一般群众体育脱钩;任务主体也分为提高运动技术、为国争光与增强人民体质、促进生产建设。尽管政府一再强调二者的结合,并在乒乓球等运动项目的发展中取得成效,但在实践中总的趋势是"提高"与"普及"的距离越来越大,业余训练越来越向"提高"靠近甚至与"提高"接轨。[2]

(二)工作重点转移

随着体育方针的调整,体育工作的重点也发生了转移。20世纪50年代,国家组织体育竞赛的目的,主要是扩大体育宣传,推动群众体育。1959年第一届全运会举办时,中共中央在给国家体委的批示中指出:"运动会的目的,是推动群众体育运动的发展,把体育运动的提高和普及密切结合起来。"可见,群众体育是新中国成立初期至1960年体育工作无可争议的战略重点所在。群众体育在新中国成立10周年之际也达到了一个高潮。[3]1960年后,因财力、物力匮乏,我国体育工作的战略重心被迫向竞技体育、重点项目转移和调整。1961年初,国家体委提出要在深入调查研究、认真总结经验的基础上,贯彻执行党中央"调整、巩固、充实、提高"的方针,对现有事业进行调整、充实、巩固已有成就,着重提高质量。在1961年底的全国体育工作会议上,国家体委要求大力加强运动训练工作,在调整运动队时必须贯彻"缩短战线,保证重点"精神,并继续以田径、体操、游泳、足球、篮球、排球、乒乓球、射击、举重、速度滑冰10个运动项目为重点,同时要求切实开展群众性体育活动,适当控制群众

---

[1] 周恩来.政府工作报告[N].人民日报,1959-04-19(2).

[2] 熊晓正,林登辕.从"普及与提高相结合"到"各类体育协调发展"[J].体育文史,1997(5):16-19.

[3] 夏成前,田雨普.新中国体育60年发展战略重点的变迁[J].武汉体育学院学报,2010(1):17-18.

体育活动的规模、运动量和竞赛次数。[1]此后几年，国家体委延续了"缩短战线，保证重点"这一竞技体育战略发展思路。

竞技体育比赛在新中国成立初期就开始了，但作为制度稳定下来是在1956年，主要是受备战墨尔本奥运会的影响。1956年4月，国家体委公布了《中华人民共和国运动竞赛制度的暂行规定（草案）》《中华人民共和国运动员等级制度条例（草案）》和《中华人民共和国裁判员等级制度条例（草案）》，将全国的竞技体育比赛及运动员、教练员纳入一个有序的管理系统之中。次年3月，国家体委又公布了《关于如何审查与承认省（自治区）、市最高纪录的几点规定》。至此，竞技运动体制初步形成。[2]

（三）体育事业呈"马鞍形"发展

这一时期，新中国体育事业呈现出高潮、低潮、恢复的"马鞍形"发展态势。1958年，在"大跃进"精神鼓动下，各行各业掀起了群众体育的高潮，竞技体育在鼓足干劲力争上游，以实际行动迎接第一届全运会胜利召开的背景下也飞速发展。随着三年困难时期和中苏关系紧张，体育事业经费捉襟见肘，体育系统无力举办大型的群众体育和竞技体育活动，体育事业进入低潮。1961年开始，随着国民经济形势好转，体育系统在控制群众体育规模、缩短竞技体育战线、保证重点项目发展的前提下，在乒乓球、举重、登山等领域率先取得突破。

1. 群众体育的起落

社会主义改造的全面完成为体育事业的发展奠定了良好的经济基础，因此全面建设社会主义初期，群众体育呈现出良好的发展势头。但"反右"扩大化和"大跃进"运动影响了群众体育的正常发展，一些地方的群众体育活动只求轰轰烈烈，不求扎扎实实，带有一定的盲目性和狂热性。三年困难时期更使我国群众体育的活动规模和水平急速下降。

1960年底，国家体委贯彻八字方针，及时纠正工作中的错误，并采取一系列措施，如把工作重点放到提高质量上，强调从实际出发，根据民众的生产和生活水平，有步骤地开展群众性体育活动。指导思想也由主张扩大声势宣传群

---

[1] 国家体委政策研究室.体育运动文件选编（1949—1981）[M].北京：人民体育出版社，1982：59-64.

[2] 郭贤成,孙葆丽.新体育对外交往的起点：纪念新中国首次参加奥运会50周年[J].体育文化导刊，2002（3）：24-25.

众运动的活动原则转变为尊重群众意愿、讲究实效的小型多样原则。在十分困难的形势下，群众体育有所恢复：农村结合民兵训练开展的体育活动逐步推广，工厂的"钢铁工人操""纺织工人操"也开始推广施行。1964年，国家体委在全国提倡开展"游泳、射击、通讯、登山"四项活动，千百万群众横渡江河，登高行远。1965年，国家体委发布《青少年体育锻炼标准条例（草案）和青少年体育锻炼标准少年级、一级、二级项目标准（草案）》，推动了新一轮的群众体育活动。[1]

2. 竞技体育初见成效

随着"普及与提高相结合"体育方针的出台以及体育工作重点的转移，我国竞技体育形成了以各级体委为主体的管理体制，以县级业余体校、省级体工队、国家集训队为架构的三级训练体制，以全运会为中心的国内竞赛体制。竞技体育的主要任务也进一步明确，即赶超国际体育运动的先进水平，为国争光。"国内练兵，一致对外""三从一大"[2]等对中国体育发展影响深远的思想与观念也在这一时期形成，对提高我国运动技术水平起到了重要作用。

依照"缩短战线，保证重点，猛攻尖端"的发展思路，各级体委结合各地实际情况，集中精力主攻在3—5年内可能攀上世界高峰的项目，兼顾几个在一定时期内可能赶上世界水平的项目。经过努力，我国竞技体育取得了一些较为突出的成绩：1956年，陈镜开3次打破挺举世界纪录——这是我国运动员第一次打破世界纪录；1957年，戚烈云打破男子100米蛙泳世界纪录，郑凤荣打破女子跳高世界纪录；1958年，我国运动员刷新了新中国成立前所有项目的全国纪录；1959年，我国成功举办第一届全运会，容国团荣获第25届世界乒乓球锦标赛（简称"世乒赛"）男子单打冠军——这是我国运动员首次获得世界冠军；1960年，中国登山队从北坡顺利登顶珠穆朗玛峰，创造了人类历史上从未有过的奇迹；1961年，我国成功举办第26届世乒赛，并夺得3项世界冠军和4项亚军，开启了乒乓球的中国时代；1963年，中国体育代表团参加第一届新兴力量运动会（简称"新运会"）并取得优异成绩；1965年，中国乒乓球代表团在第28届世乒赛上获得5项冠军，第二届全运会在北京召开。遗憾的是，因被迫退出国际奥委会及大多数单项国际体育组织，中国体育远离了国际体育界和国际体育赛场。

这一时期，我国体育事业初步建立了计划经济体制下的竞技体育发展模

---

[1] 夏成前，田雨普. 新中国体育60年发展战略重点的变迁 [J]. 武汉体育学院学报，2010（1）：18-19.

[2] 注：三从一大，是指从难、从严、从实战需要出发，进行大运动量训练。

式,即"举国体制",为后来竞技体育的发展奠定了基础。[1]

3.学校体育的改进

1958年10月,国家体委发布《"劳动卫国"体育制度条例和项目标准》(简称"《标准》")。《标准》的实施对学校体育起到了一定的促进作用,但因为没有根据学生的兴趣、年龄特征和身体实际状况,没有考虑各地区、各学校的具体状况,用统一的军人标准要求学生,对学生身心造成了一定伤害,偏离了学校体育的主旨。1964年,"劳卫制"被《青少年体育锻炼标准》代替。

这一时期,学校体育初步形成了以增强学生体质为教育目的,以《高教六十条》等规定为政策依据,以毛泽东"全面发展"教育思想为思想基础,以实施"一课两操"和《青少年体育锻炼标准》为途径,以规范教学和发展业余训练为标志的学校体育思想,对后来的学校体育工作产生了深刻影响。[2]

第二节 媒介体育报道

随着社会主义建设的全面展开,体育新闻传播事业有了长足进步,尤其在体育专业报纸、体育电视报道、体育电影纪录片方面有开拓性进展。

一、通讯社日益重视体育报道

因为竞技运动的发展,体育报道日益受到通讯社重视。

新华社关注的大都是比较重要的体育赛事、体育活动。1956年8月,全国第一届少年体育运动大会在青岛召开,新华社地方分社派出两位记者对此进行了报道。[3]1956年9月,全国乒乓球比赛在武汉举行,新华社分社派记者进行了报道,播发了10篇左右的消息、通讯、花絮和评论。[4]1960年5月,中国登山队集体从北坡登顶珠穆朗玛峰,新华社西藏分社记者郭超人随队攀登到海拔6600米的高度,将这一消息及时、详细地报道给全国、全世界人民,引起巨大反响。1961年4月第26届世乒赛期间,新华社成立了10多人的"国内乒乓球报

---

[1] 熊晓正,钟秉枢.新中国体育60年[M].北京:北京体育大学出版社,2010:113-118.

[2] 程一军.新中国60年学校体育思想研究[D].苏州:苏州大学,2010.

[3] 王影,傅洪德.给记者的一次考验:记全国第一届少年体育运动大会的报道[J].新闻业务,1956(7):14-18.

[4] 徐奔.我们怎样报道全国乒乓球比赛[J].新闻业务,1956(7):6-9.

道组"，对赛事进行了全方位报道。1961年11月的全国举重锦标赛期间，新华社国内部体育记者和一名摄影记者赴哈尔滨进行报道，黑龙江分社也派出记者进行辅助报道，共播发12篇文字报道（消息、见闻、特写和常识）、4幅图片报道。[1]1964年5月，中国登山队征服了世界上最后一座8000米以上的高峰——希夏邦马峰，在世界登山史上又写下光辉一笔。新华社记者在整整6个月的时间里，和登山队员们同吃、同住、同训练、同行军，报道了登山运动员们征服希夏邦马峰以及科学考察队的野外考察活动。摄影记者还在登山大本营搭建了"高山暗房"，冲洗了五六百个胶卷，并将400多张底片和一部分照片发往总社。[2]1965年第28届世乒赛期间，新华社派出6名文字、摄影记者和4名工作人员，发回2000多场比赛的全部比分，并详细报道重要场次比赛的情况。在团体赛及5个单项决赛的新闻时效方面，新华社比西方通讯社快1—18分钟。抢时效的重要意义在于扩大对外宣传，争取国外读者。新华社还充分报道亚非拉各国乒乓球队的每一场比赛，用发展的眼光看待他们的成绩，歌颂他们的精神面貌及球艺上的进步。通过采访，新华社记者同亚非拉各国的乒乓球教练员、运动员建立了友谊。新华社记者也采访了一些欧洲乒乓球选手。[3]

1956年起，中新社逐渐改变了附设于新华社等有关单位的状态，开始统一采编和播送业务。1961年第26届世乒赛期间，中新社发出大量报道，赛后还在香港出版报道集。这是中新社首次组织大规模体育报道。1963年11月，中新社首次派记者出国采访在印尼雅加达举行的第一届新兴力量运动会，由副社长领队，4名记者分别来自广播部、摄影部和上海分社。稿件受到国内同行的称赞和海外华文报纸的欢迎。[4]

二、综合性报刊增加体育报道

（一）《人民日报》尝试推出不定期体育栏目

《人民日报》于这一时期两次进行改版，并尝试推出体育栏目，但都只维持了一段时间。1956年7月1日，为扩大报道范围，《人民日报》由6版增至8版。

---

[1] 王煌彦.采访全国举重锦标赛的体会[J].新闻业务，1962（2）：23.

[2] 王敬德.登山摄影报道散记[J].新闻业务，1964（8）：39-41.

[3] 杨穆俊，李郁文.二十八届乒乓球赛采访侧记[J].新闻业务，1965（6）：29-31.

[4] 郭招金，章新新.中国新闻社五十年史稿[M].香港：香港中国新闻出版社，2003：157.

改版后，《人民日报》的报道数量大增，报道题材也变得广泛，[1] 还设置了不定期的《体育新闻》专栏。[2]《体育新闻》栏主要刊登国内体育报道，稿件部分来自新华社，部分来自"本报讯"，也有少数署名文章。国际体育报道、中外体育交流则分别刊登在国际新闻版和中外交流版，主要采用新华社稿件。不久，《体育新闻》栏消失，《人民日报》的国内体育报道数量迅速减少。1961年11月1日起，《人民日报》由8版缩减为6版，同时推出不定期《体育》栏，偶尔还会刊登《评球》版块。但自1962年1月报道全国滑冰赛后，体育报道日益减少，《体育》栏再度消失。

《光明日报》偶尔会刊登体育报道，主要采用新华社稿件。

（二）各地晚报着力报道体育

1956年之前，新中国只有两份晚报：上海《新民报晚刊》和天津《新晚报》。1956年之后，晚报有了新发展：《羊城晚报》和《北京晚报》分别于1957年和1958年创刊；1958年4月，《新民报晚刊》更名为《新民晚报》；1960年7月，《新晚报》和《天津工人日报》《天津青年报》合并为《天津晚报》。至此，新中国最初的"四大晚报"阵容形成。1959年5月，全国记者协会（简称"记协"）在北京举办新中国第一次晚报座谈会，确定了晚报主要是当地日报的辅助和补充力量的办报方针。[3] 这次会议上，4家晚报建立了互传稿件的协作关系。[4]1961年后，因经济困难，一些省城的市委机关报陆续由日报改为晚报，如《长沙晚报》《武汉晚报》《成都晚报》《郑州晚报》《西安晚报》等，晚报家族再次扩大。因为强调知识性和趣味性，晚报大都比较重视体育报道。

1.《新民晚报》依然重视体育报道

《新民晚报》将体育报道纳入"文化生活"领域并给予重视："(《新民晚报》)是偏重文化生活报道的报纸，文化体育报道必须给以适当的固定版面。"[5]《新

---

[1] 方汉奇.中国新闻传播史[M].北京：中国人民大学出版社，2002：361-362.

[2] 注：栏目名称有时为《体育新闻》，有时为《体育消息》，有时为《体育运动》，有时不出现。

[3] 黄瑚.中国新闻事业发展史[M].2版.上海：复旦大学出版社，2009：298-299.

[4] 张攻非.构筑立体报道的几根支柱：晚报体育新闻特色析[J].新闻记者，2001(8)：29-32.

[5] 新民晚报新闻编辑组.有限的版面无限的天地：新民晚报缩减版面后的一些做法[J].新闻业务，1962（3）：8-10.

民晚报》记者曾撰文介绍晚报的体育报道："文化生活，分为体育、文化两系统，体育中横有项目竞赛、基层活动两个方面，纵有球、棋、国防、武术、体操、游泳、田径等类别。球类里又有足、篮、排、网、乒乓等球种。拿足球来说，又有场内、场外、球员、观众、教练、裁判各个角度。如此从粗到细，经常轮番反映，报道面也就跟着推广了。"[1]

20世纪50年代末，《新民晚报》的体育新闻仍以群众性体育竞赛为主，如工人运动会、四城市划船赛和高校篮球赛等。以1957年中日举办围棋友谊赛为契机，《新民晚报》开始增加棋类报道，先后于1958年、1961年增设《象棋集锦》和《怎样走围棋》专栏，图文并茂地讲解象棋、围棋的走法和技巧。《新民晚报》还设有《围棋征答》专栏，读者解开棋局可获赠一本《围棋月刊》。

1961年2月，《新民晚报》由6版缩减为4版，体育报道数量和所占版面有所减少。随着中国乒乓球在世界乒坛异军突起，《新民晚报》也不惜篇幅地大力报道乒乓球运动，如重点报道1963年和1964年的全国乒乓球锦标赛等。

2.《新晚报》设置体育新闻专版

1956年1月，天津《新晚报》设置了不定期的《体育圈》专栏，通常刊登几则体育简讯。大约半年以后，《体育圈》专栏消失，但体育新闻经常性地刊登在第4版，日均二三条。

1958年9月1日起，为适应"文教事业飞跃发展"的形势需要，《新晚报》决定加强文教、卫生、体育和妇女工作的报道，每逢星期二、四、六增刊8开一张。[2]此后的《新晚报》，每周一、三、五在第4版刊登文教新闻和体育新闻，二、四、六则将第4版作为体育新闻专版。除天津体育外，《新晚报》还关注河北省体育赛事、全国体育赛事及国际体育赛事，有时还设置《各地体讯》《国际体坛》《劳卫辅导》《体育漫谈》《体育信箱》等小版块。国际体育方面，重点报道苏联、罗马尼亚等国取得的体育成绩及参与的社会主义国家友好运动会，信息来源主要为新华社和《苏联体育报》。重要体育消息会刊登在《新晚报》头版，如《大力士陈镜开又打破世界纪录》等。

3.《羊城晚报》设置《体育》栏

自1957年10月1日创刊起，《羊城晚报》即在第4版设立《体育》栏，主要刊登本省、本市体育新闻，国内体育新闻和国际体育新闻，并设有《体育趣谈》《羊城棋坛》《体育知识》《国际体育简讯》《周末球讯》《体坛动态》等版块。《羊

---

[1] 周执.思想广阔，题材广阔[J].新闻业务，1961（10）：27.

[2] 新晚报增加篇幅启示[N].新晚报，1958-09-02（2）.

城棋坛》版块由象棋名家杨官璘、陈松顺、覃剑秋主编,刊登棋局或对局评注、残局征答、棋类比赛信息等。

4.《北京晚报》设置文化、体育新闻版和《体育》专刊

作为"办给广大城市居民看的"小型通俗晚报,《北京晚报》每天会简短地刊登当天的国内外大事和本市要闻,包括体育新闻。[1] 除一些重要体育新闻刊登在头版外,晚报通常在第4版刊登体育新闻和文化新闻。

创刊初期,《北京晚报》还将第3版设为专刊,其中周三是《体育》专刊。专刊内容丰富,图文并茂,注重趣味性、知识性、文学性,属于副刊性质。因版面调整,《体育》专刊于1958年7月16日刊载完第18期后结束。

1958年7月24日起,《北京晚报》将第2版辟为文化、体育新闻版,体育新闻的数量有所增加。逢重大赛事,《北京晚报》还会在第4版进行整版报道或重点报道。1958年10月的北京市运动会期间,《北京晚报》第4版全部刊登大会新闻,其中连续3天刊登通栏标题《市运会上显身手,政治挂帅争上游》。1959年5月,《北京晚报》在第4版重点报道了在北京举行的全军运动会。1959年7月1日,文化、体育新闻调整至第4版。

5. 小结

四大晚报的体育报道内容大都包括本地(本市、本省)、国内其他地区和国际体育新闻。其中,国际体育新闻采用"新华社电",本地体育新闻大多采用"本报讯",国内其他地区体育新闻则采用"新华社电"或"本报电"。1961年后创刊的晚报也都很重视体育报道,如《武汉晚报》在第4版刊登本市体育报道。[2]

晚报体育报道的形式较为多样,除赛事消息,还出现了连载以及融新闻、知识、历史、人物、趣闻等于一体的章回体报道方式。如1962年1月,《新民晚报》连载了冯小秀撰写的章回体式报道《围棋好手斗阵记》,文采斐然,深受读者喜爱。《新民晚报》在刊登长篇连载《访嵩山少林寺》时配有插图,生动介绍了少林拳发源地的历史、文物和传说。晚报还刊登了怎样走围棋、什么叫弧圈形上旋球等知识性文章,推动了群众性体育活动的开展。《新民晚报》将这种报道和写作的多样化称为副刊化。[3]

---

[1] 第一封信:代发刊词 [N]. 北京晚报,1958-04-01.

[2] 新创刊的晚报 [J]. 新闻业务,1961(6):30.

[3] 新民晚报新闻编辑组. 有限的版面无限的天地:新民晚报缩减版面后的一些做法 [J]. 新闻业务,1962(3):8-10.

三、《体育报》创刊翻开新中国体育专业报刊新篇章

随着新中国体育事业尤其是竞技体育的发展，体育爱好者们不满足仅有的《新体育》杂志，纷纷要求创办更及时、更丰富的体育专业报纸。与此同时，国家体委也亟须创办一份专业报纸，宣传体育政策，促进体育发展。1958年9月1日，《体育报》正式创刊，这是新中国第一份全国性体育报纸。

（一）《体育报》创刊带动体育专业报纸创办热潮

1.《体育报》的筹备、试刊

1954年，国家体委继创办《新体育》杂志、成立人民体育出版社后开始酝酿创办一份体育专业报纸。1955年底，国家体委组建《体育报》筹备机构，由国家体委宣传司报刊管理科负责。筹备机构主要讨论、制订工作计划，选编政治、业务学习资料，调集干部，联系印刷发行等。

1956年7月，国家体委干部司为《体育报》调集五六十人。8月，《体育报》机构设置初具规模，业务方面设有总编室、竞赛报道组、群众体育组、科学技术组、国际报道组、摄影报道组等，行政方面设有人事科、出版财务组、总务组等。

1956年7月26日至12月3日，《体育报》在北京试刊，共计16号。为做好报道，业务组纷纷去各地采访。因正逢中国体育界为备战墨尔本奥运会进行全国选拔赛，《体育报》刊登了大量有关选拔赛的新闻。试刊也注重社论，几乎期期刊发。

当筹备组等待正式出版《体育报》时，中共中央宣传部指出，由于纸张供应紧张，短时间内不宜出版《体育报》。国家体委研究决定，不再保留筹备机构和人员。随后，一半干部被分配到国家体委各部门，一半去了各省市。

筹备出版《体育报》历时一年，虽然没有正式出版，但积累了办报经验，培养了专业干部，为《体育报》的正式出版创造了条件。[1]

2.《体育报》正式创刊

1958年，在"大跃进"运动中，全国体育事业快速发展。国内尚无一家专业性体育报纸，显然不适应形势需要。国家体委于年初向中共中央宣传部递送了创办《体育报》的请示报告，于6月下旬获得批准。8月1—14日，为广泛征求意见，《体育报》推出了5期试版。

---

[1] 毕世明. 四十二年前的一段往事：第一次筹备出版体育报[J]. 体育文史, 1998(4)：42-43.

1958年9月1日,《体育报》正式创刊,周双刊(周一、周四出版),对开4版,零售每份4分。创刊号(共8版)非常活泼。头版不但套红使用了毛泽东题写的报头,还套红刊出了毛泽东"发展体育运动,增强人民体质"的题词,此外还有朱德的题词、陆定一的祝词、李济深和郭沫若的赋诗等(见图2-1)。

图2-1 《体育报》创刊号

《发刊词》明确提出了《体育报》的主要任务是"指导体育工作":"(《体育报》将)报道国内外重大政治事件,宣传党和政府关于体育运动的政策、指示和体育工作的成就;报道国内外体育活动,提倡技术革新,推广先进经验;宣传体育运动的科学价值,介绍各项运动技术和生理卫生知识。版面力求清晰、活泼、大方,文字通俗易懂,图文并茂。使这张面向广大群众的报纸,真正成为指导体育工作,促进全民体育大跃进的有力工具。"中国共产党中央委员会宣传部(简称"中宣部")部长陆定一在《祝〈体育报〉创刊》一文中进一步明确了《体育报》的作用:"人民的体育运动前途无量,敬祝《体育报》在发展我国的体育运动中起到很好的指导作用。"

《体育报》基本沿袭了试刊时的版面安排:头版除体育要闻和社论外,还刊登时政要闻;第2版主要反映各地体育动态,包括群众体育;第3版刊登运动技术知识和文艺作品,设有《百花园》《小知识》《问事处》等专栏;第4版刊登国际体育和中外体育交流报道,设有《人物志》等专栏。

1964年7月1日,《体育报》由周双刊改为周三刊,于每周一、三、五出版。毛泽东还重新为《体育报》题写了报头。改刊后,《体育报》除继续办好《百花园》等专栏外,又增设了《体育研究》《农村俱乐部》《学习园地》等栏目。

《体育报》既是业务报，也是党报。

作为业务报，《体育报》及时报道国内外重大体育比赛和群众体育活动，报道中国运动员创造佳绩、为国争光的事迹，介绍国内外体育明星、优秀教练员和体育界知名人物，刊登各项体育比赛的好成绩和新纪录等，并开辟有关学校体育、群众体育的研究专栏等，为宣传与普及体育运动、推动中国体育事业的发展做出了突出贡献。《体育报》注重传播体育知识。在对创刊4年来的工作进行总结时，编委会成员指出："《体育报》作为人们业余文化生活的精神食粮，它的新闻更应当富于知识性，通过体育报道告诉人们有关体育活动的各种知识，使他们感到体育运动是一种有益身心健康的、富有乐趣的活动，从而吸引他们参加到体育锻炼的行列中来。"《体育报》副刊"也因为不断增强知识性和趣味性而深受读者欢迎"[1]。《体育报》也注重刊登体育图片。为更好地发挥摄影艺术在体育宣传中的作用，提高图片质量，《体育报》于1963年举办了"优秀体育运动摄影作品"评奖活动。[2]

作为党报，《体育报》大量刊登时政新闻，并在体育报道中体现政治性。1962年开始，《体育报》时常在头版报眼位置刊登《时事要闻》或重大时政新闻。1963年9月至1964年6月，《体育报》陆续刊登了《人民日报》编辑部、《红旗》杂志编辑部的"九评苏共中央的公开信"，其中几期以增刊方式刊发。1964年1月开始，《体育报》上的时政内容越来越多，除《时事要闻》外，还设有《讲时事》专栏，并先后发起学习和宣传解放军、优秀教练员刘兴福教学方法、"高举毛泽东红旗，活学活用毛主席著作"的热潮。对在头版刊登重大时政新闻，《体育报》内部意见并不一致。反对意见认为，读者订《体育报》，是为了看体育消息，不是为了看时政新闻。1962年，编委会对刊登时政新闻进行过反思："《体育报》作为专业报，它的绝大部分篇幅都应当用于体育宣传，不宜过多刊登时事政治消息""《体育报》的政治思想性是通过体育活动的宣传来反映的""国内外体育活动是广大读者最关心、最感兴趣的东西，它对于吸引、指导群众参加体育锻炼，鼓舞群众提高运动技术，丰富群众业余文化生活，都有很大的作用，应当成为《体育报》的最主要内容"。[3]

---

[1] 贺邈. 找准定位，向服务型报纸转型：《中国体育报》50年变迁引发的思考 [D]. 北京：中国人民大学，2009.

[2] 素静. 体育报举办"优秀体育运动摄影作品"评奖活动 [J]. 新闻业务，1963（4）：26.

[3] 贺邈. 找准定位，向服务型报纸转型：《中国体育报》50年变迁引发的思考 [D]. 北京：中国人民大学，2009.

作为国家体委机关报,《体育报》这一时期努力做到政治统帅业务,业务体现政治。其中之一就是挖掘体育事件中的政治意义和思想内容,融政治思想和趣味性为一体。如在关于中国登山队、中国乒乓球队的报道中,用生动事例来颂扬党的领导、人民的力量和集体主义的光辉。《体育报》重视竞赛通讯和人物特写,并通过运动场上的变化莫测来揭示辩证法的哲理,给人以启迪。根据贺龙元帅关于反对娇骄二气的意见,《体育报》发表多篇社论、消息,还在副刊开辟《横扫篇》专栏,刊登尖锐泼辣的短文,引起强烈反响。1965年初,针对运动训练中的教条主义和保守思想,《体育报》推出《运动周期》专栏,发表社论、消息和文章,有力促进了技术革新。[1]

为及时报道各地体育活动,《体育报》在各地设有记者站,如在上海设立华东记者站等。1963年1月,《体育报》召开地方记者站工作会,讨论全国体育工作会议的精神,并就竞赛报道题材的多样化、群众体育活动的报道面等交流经验。[2]

《体育报》的目标受众是广大工人、农民、部队官兵、机关干部、学生、运动员和体育工作者[3],创刊号印行35万份[4]。1963年新兴力量运动会期间,《体育报》改出日刊,增加了零售份数和部分订户。[5]《体育报》还在《答谢读者》的文章中表示:要努力办好读者感兴趣的《体育知识》《科技近闻》《读者来信》等园地,恢复和增设《讲时事》《教学笔谈》《农村俱乐部》《体育研究》等专栏,增加和改进有关国际方面和教练员、运动员写的文章,尽量更加平衡地反映各地区的体育动态。[6]1966年,《体育报》平均每期发行105,000份。[7]

3. 各地体委纷纷创办体育报纸

在全国上下的"体育热潮"和《体育报》的带动下,一些地方体委相继出

---

[1] 贺邈. 找准定位,向服务型报纸转型:《中国体育报》50年变迁引发的思考 [D]. 北京:中国人民大学,2009.

[2] 体育报召开地方记者站工作会 [J]. 新闻业务,1963(2):11.

[3] 请订阅体育报 [J]. 新体育,1958(23):34; 请订阅体育报 [N]. 体育报,1958-11-20(4).

[4] 体育报今天创刊 [N]. 北京晚报,1958-09-01(2).

[5] 体育报启事 [J]. 新体育,1963(11):8.

[6] 贺邈. 找准定位,向服务型报纸转型:《中国体育报》50年变迁引发的思考 [D]. 北京:中国人民大学,2009.

[7] 体育报 [M]// 中国社会科学院新闻研究所. 中国新闻年鉴1982. 北京:中国社会科学出版社,1982:205.

版体育报纸,掀起了新中国体育报刊的第一个小高潮(见表2-1)。

表2-1 1949—1966年地方体育报纸统计

序号	报纸名称	主办单位	创办时间	备注
1	《贵州体育报》	贵州省体委	1954-06	初名《贵州体育通讯》,月刊,内部刊物。1956年7月更名为《贵州体育报》,内部发行。1957年4月改为公开发行。出版至1963年7月7日。
2	《江苏体育报》	江苏省体委	1955-07-10	
3	《四川体育报》	四川省体委	1956	初为《四川体育》,1959年1月更名为《四川体育报》。出版至1960年。
4	《江西体育报》	江西省体委	1957-04-05	出版至1960年9月30日。
5	《吉林体育报》	吉林省体委	1958-01	出版至1959年。
6	《安徽体育报》	安徽省体委	1956-06	初名《安徽体育通讯》,1957年1月更名为《安徽体育报》。出版至1966年,期间两度停刊、复刊。
7	《云南体育报》	云南省体委	1958-01	4开4版,周报。出版至1959年5月。
8	《辽宁体育报》	辽宁省体委	1958	出版至1962年。
9	《山东体育报》	山东省体委	1958-02	初名《山东体育》,1959年3月更名,出版至1960年。
10	《甘肃体育简讯》	甘肃省体委	1958	出版至1961年。
11	《河北体育报》	河北省体委	1959	

注:资料主要来源于《中国新闻年鉴》和国家图书馆网站。

受体育资源和办报力量的局限,地方体育报纸这一时期的报道内容比较简单,发行量和社会影响力都不大,但为改革开放后地方体育报纸的发展奠定了基础。

(二)《新体育》等体育专业期刊的发展

1.《新体育》

《新体育》这一时期设有很多栏目,如《社论》《大家谈》《体育教学》《球赛述评》《技术辅导站》《锻炼生活》《漫画》《小说》《大家来谈劳卫制》《医生的话》《世界著名运动员介绍》《体育史话》《问事处》等,既有常设栏目,也有短期栏目。如《大家来谈劳卫制》专栏设置于1956年8月至1957年7月,其间编辑部收到近200篇来稿。[1]1957年开始，为满足读者需求，《新体育》每期增加4版彩色图片插页[2]，刊登一些体育题材的摄影或绘画作品，封面纸张也有所改进。

在1957年的整风运动和"反右"扩大化中，《新体育》紧跟形势，发表了一些批判文章。

20世纪60年代的《新体育》依然重视运动队及运动员的思想政治教育，除紧随时代发表一些评论外，还设有《运动员思想修养讲话》《五好运动员的话》《向雷锋同志学习》《到江河湖海去游泳》《大家活学活用毛泽东思想》《一切为了无产阶级的革命事业》《向困难作斗争》《敢于革命、不断革命》《为革命锻炼身体》等专栏或专题。

2. 其他体育专业期刊

1956年5月，由广东省棋类协会主办的国内第一本棋类刊物《象棋》在广州创刊，杨官璘、陈松顺任正、副主编。该刊至1966年5月停刊，共出121期。

1957年3月，新中国第一个体育学术性刊物《体育文丛》创刊，其宗旨是坚持"百家争鸣"方针，鼓励"发表不同意见"，以"开展学术性问题的自由讨论和自由争辩"。其主要任务是从理论上阐述、宣传党和政府的体育工作方针、政策；交流体育教学、运动技术和训练、运动生理等先进经验；组织学术讨论，发表体育科学研究成果。[3]

1957年4月，新中国第一份英文体育期刊《中国体育》创刊。该刊面向100多个国家和地区发行，旨在向国外读者介绍中国体育发展情况，让世界了解新中国的体育成就。

1959年，国家体委科研所创办《体育科学技术资料》，介绍各国先进体育运动技术等，为我国运动员、教练员及时了解世界体育科技动态提供了信息资源。

1960年，新中国最早的围棋刊物《围棋》于上海创刊，陈毅副总理两次为该刊题词。

这一时期的普及性体育期刊没有生存和竞争压力，主要任务是提高内容质量，在发行方面普遍采取"邮发合一"模式。[4]

---

[1]《大家来谈劳卫制》专栏结束了 [J]. 新体育，1957（12）：28.

[2] 注：1956年8月开始，《新体育》尝试在期刊中部插入4版单色插页。

[3]《体育文丛》征求订户 [J]. 体育报，1959-01-05（4）.

[4] 唐文玲，鲍芳. 制约我国普及性体育期刊发展的主要因素与对策 [J]. 上海体育学院学报，2010，（6）：38.

四、体育广播稳步发展

1959年，中央人民广播电台成立了体育组，隶属于文教部。体育组的基本任务包括采访国内外重大体育赛事和群众体育活动，为新闻节目、体育节目提供新闻和专稿；编制日常的体育专题节目；进行体育比赛的实况广播；负责《广播体操》节目等。[1]

（一）体育新闻广播

体育新闻广播节目的特点在于时效性。这一时期，中央人民广播电台的体育记者开始把在首都和各地采写的重要体育新闻，作为"刚刚收到的最新消息"广播出去，深受好评。1961年第26届世乒赛期间，我国选手胡道本3：0淘汰巴西选手考斯塔。[2] 比赛结束之际，中央人民广播电台正在播送《第26届世乒赛特别节目》。为把胡道本得胜的消息及时广播出去，记者利用播放节目的空隙进入播音室，直播了这条消息，距离比赛结束仅仅几分钟。

中央人民广播电台还发挥优势，根据比赛进程进行连续报道。1963年4月，第27届世乒赛在捷克布拉格举行，中、日两国的男子团体决赛在北京时间的清晨举行，中央人民广播电台先是在6点30分的《新闻报摘》节目中播出了我国男队以3：1领先的消息，接着又在7点的《新闻报摘》节目中报道了我国男队再夺世界冠军的消息。当天上午，全国一片欢腾，各地群众都把收听到的球赛消息作为话题。有听众在来信中说："连续性的报道能扣人心弦，能满足听众的要求。"

（二）体育广播专题节目

1. 中央人民广播电台的《体育谈话》

1955年开播的《体育谈话》节目在这一时期多次调整播出的次数和时间，具体如表2-2所示：

---

[1] 杨波. 中央人民广播电台简史 [M]. 北京：北京广播学院出版社，2000：88-97；魏伟. 国际广播电视体育史 [M]. 北京：中国广播电视出版社，2012：66-70，77-79.

[2] 注：在上一轮男子单打比赛中，考斯塔击败了世界冠军容国团，被外国记者认为是有可能从中国选手手中夺走奖杯的"黑马"。

表 2-2　中央人民广播电台体育专题节目调整情况

时间	节目名称	周播次数	播出时长/期	播出时间
1955.4—1957.5	《体育谈话》	2	15 分钟 10 分钟	周一 18：30—18：45； 周四 6：50—7：00
1957.5—1958.5	《体育运动节目》	3	20 分钟	星期一、三、五
1958.5—1963.5	《体育运动》	6	20 分钟	其中有 3 次基本上是重播
1963.5—1967.2	《体育运动》	7	15 分钟	第一套节目星期一、三、五、日； 第二套节目星期二、四、六， 基本上是重播

《体育运动》节目里有新闻和通讯，其中群众性体育活动报道占很大比重。在报道群众体育时，记者注意发现新生事物，反映社会主义新风尚。如 1960 年，节目播出录音报道《中国铁路为人民》，介绍旅客列车组织旅客在站台上做广播体操的事迹，引起有关部门的重视。

逢重大体育赛事，《体育运动》栏目都会做重点报道。如 1964 年 10 月，其详细报道了北京国际乒乓球邀请赛，内容包括比赛特写、各国运动员讲话、友好交往花絮、比赛评论等。[1]

《体育运动》节目是向全国报道体育新闻最快捷的信息渠道，也是全国体育迷最喜爱的体育节目，为推动我国体育事业发展、丰富群众文化生活发挥了较大作用。

2. 中国国际广播电台的《体育节目》

中国国际广播电台对外部新闻编辑部的《体育节目》非常重视重大赛事报道。

1961 年，围绕第 26 届世乒赛，新闻编辑部专门制定了宣传报道计划，做出了具体要求："新闻部三、四月份的《体育节目》将以介绍这次比赛为中心，有些语言组过去很少采用这个节目，希望从三月份起作为固定节目采用。"编辑部对节目的具体要求是：①报道准确、迅速；②宣传我国人民和运动员同各国运动员、来宾之间的友谊；③宣传我国乒乓球运动的开展和水平的提高、运动员的成长和良好的体育道德；④多谈专业，多谈友谊，以此来扩大我国的政治影响，达到宣传目的；⑤对参加比赛的各国代表队，在报道中既要一视同仁，又要有所区别；⑥对各国运动员的球艺一般不作评论，如需评论时务须谨慎。报道内容分为会前报道、赛间报道，主要包括新闻和专稿两种形

---

[1] 新华社. 北京国际乒乓球邀请赛比赛期间，中央人民广播电台将介绍情况 [N]. 人民日报，1964-10-18（3）.

式。为保证任务完成，对外部派3位同志参加了中央人民广播电台报道组，由报道组统一领导。[1]

（三）体育实况广播

从1956年开始，因为全国性体育比赛和中外体育交流增多，中央人民广播电台体育实况广播的次数和涉及项目不断增多，并在实践中逐渐走向成熟。

1959年，恰逢新中国成立10周年，外国球队来我国访问较多，中央人民广播电台除实况广播23场比赛外，还实况广播了第一届全运会的开幕式和大型团体操表演。

1961年，第26届世乒赛在北京举行。中央人民广播电台、北京人民广播电台和北京电视台进行了多次实况广播，及时、真实、生动地报道了精彩的球赛和动人的场面。对此，《人民日报》记者进行了细致的观察和描写："实况广播台设在球赛现场，从这里，十个乒乓球台上同时进行紧张比赛的情况，通过强大的电波发射出去。坐在广播台上的广播员，眼快、口快地一边看，一边说，向听众和观众介绍现场的实际情况和各国选手的战略战术特点，并且及时地对比赛情况做出分析和报告出各场比赛的结果，还穿插介绍一些运动员的背景材料。"负责中央人民广播电台世乒赛实况广播解说的是张之、黄继辰、宋世雄和曹玉琨。世乒赛期间，中央人民广播电台收到上千封热情洋溢的来信和祝贺胜利的电报。[2]

1964年10月的北京国际乒乓球邀请赛期间，中央人民广播电台第二套节目转播了两次比赛实况，一次是部分项目的半决赛实况，一次是5个项目的决赛实况。[3]

1965年第二届全运会期间，中央人民广播电台进行了多次实况转播，包括开幕式和团体操表演盛况，次轻量级举重比赛，乒乓球男女团体决赛、5个单

---

[1] 中国国际广播电台对外部新闻编辑部关于第26届世界乒乓球锦标赛的宣传报道计划（1961年2月25日）[G]// 中国国际广播电台史志办公室．中国国际广播电台内部文件资料汇编：第一集．内部资料，2000：353-355．

[2] 傅军．如临其境：第二十六届世界乒乓球锦标赛的实况广播 [N]．人民日报，1961-04-16（6）．

[3] 新华社．北京国际乒乓球邀请赛比赛期间，中央人民广播电台将介绍情况 [N]．人民日报，1964-10-18（3）．

项决赛,以及篮球、排球、足球比赛。[1]

在实践中,中央人民广播电台体育组的记者、编辑逐渐认识到了体育实况广播的规律:首先,明确体育运动是党和国家对人民进行爱国主义、共产主义教育的重要组成部分,从而加强体育实况广播的思想性、目的性,提高宣传质量;其次,体育实况广播是新闻性广播,必须遵循真实性原则;再次,实况广播是给听众听的,体育记者要善于把比赛场上的紧张场面和观众的热烈情绪传达给听众,要提高解说的艺术性,要客观公正,要通俗易懂、生动活泼、富有趣味,要丰富内容、创新形式。

中央人民广播电台还尝试了新的实况解说模式。第26届世乒赛期间,记者黄继辰参与了世乒赛的现场转播工作。他坐在中国队教练员傅其芳身旁,一边观看比赛,一边关注教练对运动员的指导,当听到重要的战术布置时,或者转告解说员张之,或者直接参与直播,解说词是"根据我们最新了解的情况,中国队将在下一局(或下一盘)比赛中采取××战术"。这种别开生面的广播直播,是"解说员+专家"转播模式的雏形。[2]

各地人民广播电台也纷纷尝试实况广播赛事。天津人民广播电台于1956年9月1日转播了罗马尼亚国家篮球队与天津市男子篮球队的比赛,由体育记者王兆德进行现场解说。[3]1957年7月14日,北京人民广播电台首次进行体育实况转播,转播的是匈牙利国家足球队和我国联二队的比赛,由体育记者赵世良担任解说。[4]1957年8月25日,阿尔巴尼亚足球队到长春访问比赛,吉林人民广播电台转播了比赛实况,这是该台的第一次体育实况转播。1957—1966年间,吉林人民广播电台进行了近80场体育实况广播。凡外国运动队来长春比赛,电台都会进行转播。1964年5月13日,全国篮球甲级联赛最后一场比赛在长春进行,吉林人民广播电台进行了实况转播,吸引了大量听众。1965年起,吉林人民广播电台还经常与长春人民广播电台、长春电视台合作转播篮球、足球、排

---

[1] 新华社.中央人民广播电台将举办第二届全运会特别节目[N].人民日报,1966-09-09(2).

[2] 中央人民广播电台台史编写组.中央人民广播电台台史资料汇编(1949—1984)[G].内部资料,1985.

[3] 天津市地方志编修委员会办公室,等.天津通志·广播电视电影志(1924—2003)[M].天津:天津社会科学院出版社,2004:124.

[4] 北京市广播电视局《当代》编辑组.北京市广播电视历史资料汇编[G].内部资料,1986:29.

球和冰球比赛。[1]

五、体育电视报道开始起步

1958年5月1日，北京电视台试验播出，中国电视事业迈出了第一步，体育电视报道也随之起步。和体育广播相似，这一时期的体育电视报道主要包括体育电视新闻、体育电视专题栏目和体育电视实况转播。

（一）体育电视实况直播掀开新中国体育新闻传播崭新的一页

作为体育电视的重头戏，赛事直播在电视初创时期就受到重视。1958年6月19日，北京电视台实况直播了八一男女篮球队和北京男女篮球队在北京体育馆举行的友谊比赛。第一场比赛，北京女篮以88∶70战胜八一女篮。北京电视台当晚6∶30播出测试画面，6∶55播电视台台标，7∶00开始转播比赛。直播使用的是日本在北京举办展览时留下的一辆两讯道转播车，担任现场解说的是中央人民广播电台播音员张之。[2] 这是中国历史上第一次体育电视实况直播，也是中国电视史上第一次实况直播。1958年7月20日，北京电视台直播了匈牙利足球队对北京足球队的比赛实况。[3]

中国电视机构第一次实况转播的综合赛事是1959年9月的第一届全运会。全运会期间，北京电视台转播了开幕式及足球、篮球、排球等重要场次的比赛实况，在新闻节目中报道了比赛消息，还在闭幕后播放了纪录片，反映了党和国家对体育运动的重视与关怀，以及我国体育战线取得的成绩。

1961年第26届世乒赛期间，北京电视台集中全台力量对其进行了大规模报道，转播了开、闭幕式和一些重要场次的比赛，共计14场35小时。[4] 这是北京电视台第一次实况转播世界级体育赛事，直播场次的解说员是张之。1963年4

---

[1]《当代中国的广播电视》编辑部. 中国的广播节目[M]. 北京：北京广播学院出版社，1987：214-215.

[2] 注：1982年以前，因电视尚未普及，电视技术还比较薄弱，中央电视台（1978年以前叫北京电视台）没有专职体育播音员，每逢重大赛事都要借助中央人民广播电台的解说信号。解说员初期主要是张之，后期主要是宋世雄。

[3] 赵化勇. 中央电视台发展史（1958—1997）[M]. 北京：中国广播电视出版社，2008：16.

[4] 唐世鼎. 中央电视台的第一与变迁（1958—2003）[M]. 北京：东方出版社，2003：52-66.

月,北京电视台转播了第27届世乒赛实况,图像是由中央新闻电影制片厂的两名记者拍摄的。1965年5月,北京电视台派记者前往南斯拉夫,报道了第28届世乒赛。

相继开播的地方电视台也开始转播一些重要的体育赛事和活动。1958年12月27日,上海电视台实况转播了上海市体委举办的《迎接1959年元旦体育晚会》,这是该台第一次实况转播体育活动。之后,随着上海举办全国性比赛及各国体育代表团来访、友谊比赛日益增多,每年体育比赛实况转播约25场。[1]因没有专职体育播音员,遇体育赛事转播任务时,上海电视台或者请新闻播音员现场解说,或者请上海市运动队的教练员、运动员现场解说。广东电视台(时名广州电视台)最早直播的赛事是20世纪60年代日本乒乓球队来访。当时,主要转播的是越秀山体育场的足球比赛、广州体育馆的篮球和乒乓球等项目的比赛,电视解说与广播解说一体,通常由电台记者覃剑秋用广州话解说。[2]1961年,辽宁电视台创办了《体育实况转播》栏目,受技术设备条件限制,转播次数很少。[3]1962年,天津电视台开办《体育转播》节目,转播了一场由北京演员队和天津演员联队进行的篮球比赛,这是该台首次直播体育比赛。[4]1962年1月,武汉电视台(湖北电视台前身)实况转播了中南地区优秀乒乓球选手表演赛,这是该台首次实况转播体育比赛。[5]江西人民广播电台电视实验广播于1962年4月转播了在南昌举行的第8届乒乓球锦标赛,这是江西电视的首次室外转播。[6]长春电视台(吉林省电视台前身)于1960年8月13日在演播室内直播了武术表演,于1965年3月在长春市体育馆转播了吉林与黑龙江男女篮

---

[1]《上海广播电视志》编辑委员会.上海广播电视志[M].上海:上海社会科学院出版社,1999:438.

[2]《广东电视台卷》编委会.当代中国广播电视百卷丛书:广东电视台卷[M].北京:中国广播电视出版社,1999:64-65.

[3] 辽宁省地方志编纂委员会.辽宁省志·广播电视志[M].沈阳:辽宁科学技术出版社,1998:181.

[4] 天津市地方志编修委员会办公室,等.天津通志·广播电视电影志(1924—2003)[M].天津:天津社会科学院出版社,2004:410.

[5] 武汉地方志编纂委员会.武汉市志·新闻志[M].武汉:武汉大学出版社,1991:321.

[6]《江西省体育志》编纂委员会.江西省体育志[M].北京:方志出版社,2003:292.

球比赛的实况，于1966年2月转播了吉林队与波兰冰球队的比赛等。[1]

（二）体育电视新闻报道

新中国的第一条体育电视新闻是上海电视台播出的。1958年10月，刚刚开播的上海电视台播出了《上海市第一届农民运动会开幕式》。这是该台自己拍摄制作的第3条新闻片，也是该台和中国大陆的第一条体育新闻片。[2]1964年5月，陈镜开在上海参加举重比赛并第9次打破世界纪录，上海电视台记者用16毫米摄影机记录了这一时刻并向全国进行报道。[3]

北京电视台对全运会、世乒赛、新兴力量运动会等重要赛事进行了新闻报道。1959年第一届全运会期间，北京电视台在新闻节目中报道了比赛。1961年第26届世乒赛期间，北京电视台拍摄、编辑了100余条新闻片、专题片。[4]北京电视台于1963年以《新运会简报》的形式报道了新兴力量运动会。

广东电视台除报道广东地区的体育活动外，有时也去外省采访全国性比赛。1963年，该台记者赴广西南宁采访、拍摄了全国游泳跳水比赛。[5]

1960年至1962年，成都电视台（四川电视台前身）对成都地区的重大体育比赛和活动进行了报道（采用黑白胶片摄制）。[6]

（三）体育电视栏目

1960年元旦，北京电视台试播了第一个体育电视栏目《体育爱好者》，受

---

[1] 吉林省地方志编纂委员会. 吉林省志：卷四十二　新闻事业志·广播电视 [M]. 长春：吉林人民出版社，1991：165-166.

[2]《上海广播电视志》编辑委员会. 上海广播电视志 [M]. 上海：上海社会科学院出版社，1999：437.

[3] 沈健，李辉. 体育魅力尽显荧屏：与世界体育同步发展的上海电视台体育报道 [M]// 广播电视体育传播研究委员会. 全国优秀电视体育记者论文集. 北京：中国广播电视出版社，2000：297-298.

[4] 唐世鼎. 中央电视台的第一与变迁（1958—2003）[M]. 北京：东方出版社，2003：52-66.

[5]《广东电视台卷》编委会. 当代中国广播电视百卷丛书：广东电视台卷 [M]. 北京：中国广播电视出版社，1999：64.

[6] 四川省地方志编纂委员会. 四川省志·广播电视志 [M]. 成都：四川科学技术出版社，1996：234.

众主要是青少年、体育爱好者和体育工作者。栏目的宗旨是宣传"发展体育运动，增强人民体质"的体育方针，宣传体育事业的突出成就和先进典型，推动民众参加体育锻炼，提高运动技术水平，为提高中华民族的健康水平和丰富人民的文化生活服务。受体育发展方针、运动技术水平和电视制作技术限制，《体育爱好者》播出的主要是时效性不强的群众体育报道和体育知识类节目，如《怎样做广播体操》《怎样学游泳》《怎样练长跑》《怎样下象棋》等，还报道了一些关于民族传统体育、国防体育的内容，较为全面地反映了中国体育的状况，为广大观众进行体育锻炼和娱乐活动提供了帮助。[1]

一些地方电视台也开办了体育节目。1960年，天津电视台开播《体育与健康》节目，主要是介绍体育知识、举办体育讲座等，初期由文艺组负责。[2] 广东电视台于1960年7月1日起不定期播出《体育俱乐部》节目。沈阳电视台（辽宁电视台前身）于1961年开办《体育节目》专栏，周播，每次10—20分钟。哈尔滨电视台（黑龙江电视台前身）于1961年开始不定期播出《体育之花》栏目。

六、体育纪录片塑造了中国体育的崭新形象

在电视普及以前，电影纪录片是宣传、报道体育的重要手段。

1953年，中央新闻纪录电影制片厂（简称"新影厂"）在北京成立，开始用纪录影片的方式记录共和国的发展进程，其中不乏体育题材的纪录片，如《八一运动大会》《第一届新兴力量运动会》《青春万岁》《第26届世界乒乓球锦标赛》《征服世界最高峰》《拼搏——中国女排夺魁记》等，涉及世界大赛、全国性比赛、群众体育等，记录了新中国体育的发展，振奋了民族精神。

全运会是电影纪录片的重点题材。围绕第一届和第二届全运会，新影厂分别拍摄了大型体育纪录片《青春万岁》和《中华人民共和国第二届运动会》，以宏大的场面和较高的艺术水平受到观众好评。其中，《中华人民共和国第二届运动会》长约一个半小时，记录了庄严的开幕式、雄伟的团体操、热烈紧张的竞赛及赛场内外的动人情景，反映了运动会的盛况和体育事业的成就，体现了我国体育为生产劳动和国防建设服务的特色，宣扬了我国运动员努力攀登运动技术高峰的雄心和踏实苦干的精神。

---

[1] 赵化勇.中央电视台发展史（1958—1997）[M].北京：中国广播电视出版社，2008：18.

[2] 天津市地方志编修委员会办公室，等.天津通志·广播电视电影志（1924—2003）[M].天津：天津社会科学院出版社，2004：412.

世乒赛也是这一时期新影厂重点记录的赛事。1959年第25届世乒赛上，容国团荣获男子单打冠军。赛后，新影厂从国外购买了视频资料，制作了10分钟的纪录片《夺取世界冠军》，在全国放映。1961年第26届世乒赛期间，新影厂摄制了新闻纪录片《第26届世界乒乓球锦标赛》（上下集），除在全国放映外，还向国外出售。纪录片介绍了世乒赛赛况、比赛场馆、门票销售等，也体现了党和国家领导人对世乒赛的关注、对国际友人的热情接待。1963年第27届世乒赛期间，新影厂用西德的"阿莱"16毫米摄影机拍摄完成了一部9本长纪录片《第27届世界乒乓球锦标赛》。1965年，新影厂制作了《第28届世界乒乓球锦标赛》（上下集，共18本），对赛况的报道更加细致专业，如在记录男单决赛（庄则栋对阵李富荣）时，不仅介绍了两人的交手记录，还对比赛的重点局、重点球进行了解读。[1]

1963年，中国和印度尼西亚联合摄制了大型彩色纪录片《第一届新兴力量运动会》，在国内外引起强烈反响，仅在沈阳就创造了放映超千场、观众过百万的影片记录。

新影厂摄制的《体育简报》，是集中报道体育运动的新闻纪录片，内容以推广和普及群众性的体育锻炼为主，每月一号放映，深受欢迎。《体育简报》1956年共摄制8号。摄影师曾随中苏登山队爬上7540多米的慕士塔格山顶，拍摄了《冰山之父》——这是中国第一部登山运动影片。1961年6月24日的电影创作会议期间，张燮林、邱钟惠、庄则栋、李富荣等乒乓球国手，和白杨、赵丹、谢添等著名电影演员欢聚一堂并进行友谊比赛。《新闻简报》以《愉快的联欢》为题报道了这次会见。

新影和科影等电影厂还拍摄了大量反映我国运动员取得成绩和付出努力的纪录片，如记录我国登山健儿大无畏英雄气概的《冰山之父》（1956）、《雪山找宝》（1958）、《踏破冰川万年雪》（1958）、《踏雪穿云上冰山》（1959）、《征服世界最高峰》（1960）等；反映乒乓健儿奋勇拼搏、为国争光的《乒乓球赛》（1955）、《争夺世界冠军》（1959）等；记录足球、篮球、排球比赛的《第二个回合》（1957）、《中苏篮球赛》（1960）、《中苏排球激战》（1962）等；反映冰雪运动的《冬天里的春天》（1959）、《冰雪健儿》（1961）、《滑进世界先进行列》（1962）等。1963年，在第二届国产影片"百花奖"评奖活动中，《中国武术》获得科教片荣誉奖。这些纪录片开阔了人们的眼界，鼓舞了人们的精神。

---

[1] 曾磊.CCTV世乒赛报道的发展阶段研究[D].北京：北京体育大学，2015.

第三节　重大体育赛事报道

新中国的竞技体育事业在1956年至1966年间实现了重大突破。其中，从北坡集体登顶珠穆朗玛峰、举办第26届世乒赛、参与组织新兴力量运动会、召开全运会，是这一时期中国体育事业的重要成就，也是媒体报道的重点。

一、1960年攀登珠穆朗玛峰报道

1960年5月25日凌晨，在苏联撕毁合作协议、缺少设备和技术的情况下，中国登山队队员集体登上被人们称为"第三极"的海拔8882米的世界最高峰——珠穆朗玛峰。这是人类首次战胜珠峰北坡天险，也标志着仅有5年历史的中国登山运动跨入世界先进行列，在国际上引起巨大震动。

新华社文字记者景家栋、郭超人，摄影记者陈宗烈，《体育报》编辑夏小友，《新体育》记者陈雷生，新影厂摄影师牟森和王喜茂，随队进行了采访。两个多月的时间里，他们"背起登山背包，拿起冰镐，走过漫长的冰川，跨过茫茫的雪原，在冰峰雪塔间拍摄过登山队员英武的雄姿，在低矮的高山帐篷中采访过他们动人的事迹"[1]。

其中，新华社文字记者郭超人凭着强烈的政治责任感和坚毅的革命意志，和登山队员们一起跨越冰川雪岭，攀缘岩壁冰坡，冒着生命危险获得了宝贵的第一手资料，满怀激情地写下了一系列登山报道，记录了登山队员不畏艰险、团结互助、将五星红旗插上珠穆朗玛峰的战斗过程，被《人民日报》等很多媒体采用，产生了重大、深远的政治影响。5月27日北京时间0:30，郭超人在珠穆朗玛峰下5120米登山队大本营的无线电收发报机里收到了北坡6400米营地传来的喜讯[2]：中国登山队员王富洲、贡布（藏族）、屈银华从北坡登上珠穆朗玛峰。含着喜悦的泪水，郭超人立即以"新华社珠穆朗玛27日电"的电头发出了中国运动员征服世界最高峰的第一条电讯。随后，他以"新华社珠穆朗玛电"的电头分7次播发了长篇通讯《红旗插上了珠穆朗玛峰》，[3]还于6月2日发布了

---

[1] 景家栋，郭超人. 在珠穆朗玛的日子里：新闻记者的笔记 [J]. 人民文学，1960(8)：92.
[2] 25日北京时间4:20，中国登山队登顶珠峰；26日，登山队员安全返抵海拔7007米的营地；27日，登山队员回到海拔6400米的营地。
[3] 注：7次播发的时间分别为5月的29日、30日、31日和6月的3日、5日、7日、9日。

对3名登顶英雄的专访《英雄登上地球之巅》。在这一系列报道中,郭超人以炙热的感情、细腻的笔触详细报道了中国登山队员战胜困难、勇攀高峰的英雄气概和爱国主义、集体主义的崇高精神。

新华社关于登顶珠穆朗玛峰的报道有力鼓舞了当时正处于三年困难时期的中国人民。清华大学李彬教授曾这样评价登顶珠峰报道:这些文字同"两弹一星""红旗渠""大庆""大寨"等报道一同构成艰苦奋斗、奋发图强的时代象征,鼓舞了一代中国人的精神。[1] 可以说,这些通讯已经超出了体育报道的范畴,因为这次登顶不仅是体育,也是政治——中国和苏联原已达成联合登山协议,后苏联单方面撕毁协议,并扬言中国在一段时间内不可能独立登顶珠峰。

国内报纸大都在重要版面刊登了新华社稿件,有的还配发评论文章。

在北京,最早报道中国队登顶珠穆朗玛峰的报纸是《北京晚报》。5月27日,《北京晚报》发挥时间优势,在头版刊登《我登山队登上世界最高峰》《贺龙副总理电贺我国登山队——中国人民面前没有克服不了的天险》《登山英雄榜样》等文章。

《人民日报》则以多数量、高规格彰显了中国登山队登顶珠峰的重大意义,给人留下深刻印象。说其多数量,是指自5月28日至6月27日刊登了60余篇有关中国队登顶珠峰的报道,其中5篇刊登在头版。5月28日,《人民日报》头版以《我登山队登上世界最高峰》为题刊发了郭超人发自珠峰的消息,在第2版刊登了社论以及贺龙副总理的贺电、登顶队员简介等。郭超人的《红旗插上了珠穆朗玛峰》(5月31日—6月13日,分5次连载)、《英雄登上地球之巅》、《珠穆朗玛山中的日日夜夜》等通讯,均占据了较大版面。说其高规格,是指《人民日报》刊登了两篇社论:《祝贺攀登世界第一高峰成功》和《无高不可攀》。前者重在阐明登顶的政治意义:"它生动地证明了在伟大的党和毛泽东同志领导下,中国人民是无往不胜的。"后者重在号召国人学习中国登山队的精神:"我们要学习中国登山队大无畏的革命英雄主义精神,在战略上藐视困难,在战术上重视困难,像攀登珠穆朗玛峰一样,奋力攀登工业、农业和科学文化等各项事业的尖端顶峰,更快地把我们的国家建设成一个具有现代工业、现代农业和现代科学文化的社会主义强国。"《人民日报》还根据贺龙的建议,印发了创刊以来的第一份套红《号外》。人们争相阅读,奔

---

[1] 李彬. 中国新闻社会史 [M]. 2版. 北京:清华大学出版社,2009:308.

走相告，群情振奋，轰动一时。[1]

《体育报》于5月28日用整个头版刊登登顶珠峰报道，其中不仅有贺龙副总理的贺电，还有郭沫若的贺诗；第2版和第3版则介绍了登顶英雄、各地庆贺活动及登山知识，还刊登了随队记者撰写的《登山随记》；第4版的图片报道则更加直观、生动。[2] 此后，《体育报》除刊登新华社的消息、通讯、图片外，还刊登全苏工会中央理事会书记、印中友好协会等国内外机构、社会各界发给登山队的贺信、贺电，以及社论、国家体委要求体育界"学习登山英雄高尚风格"的号召、本报记者采写的稿件、登山队员来稿、登山知识、诗歌等。其中，《登山随记》至6月20日共连载8期。

中央人民广播电台和北京人民广播电台于6月26日联合转播了"庆祝中国登山队胜利征服珠穆朗玛峰大会"。[3]

新影厂非常重视这次活动，特地派出两位摄影师，带着15,000尺胶片和10台轻便手提摄影机、1台中型电动摄影机，随同中国登山队前往珠峰进行拍摄（见图2-2）。为支持影片拍摄，登山队党委专门召开会议，并指定屈银华、石竞、王富洲、许竞、刘大义等运动员组成拍摄小组，协助摄影师完成拍摄任务。期间，摄影师和队员同甘共苦，密切合作，记录了登山队的英雄业绩。[4] 最终，新影厂制作完成了彩色纪录片《征服世界最高峰》，记录了登山运动员在海拔5120米的大本营"安家落户"、在奇异的冰雪世界行军、攀登北坳险坡以及和狂风搏斗等珍贵场景。[5] 该片于1962年获得第一届百花奖最佳纪录片摄影奖。

---

[1] 谢武申，王鼎华. 共和国体育元勋 [M]. 北京：人民体育出版社，1990：232.

[2] 贺遐. 找准定位，向服务型报纸转型：《中国体育报》50年变迁引发的思考 [D]. 北京：中国人民大学，2009.

[3] 新华社. 祝贺征服珠穆朗玛峰的胜利，首都今天举行庆祝大会 [N]. 人民日报，1960-06-26（4）.

[4] 王喜茂. 拍摄《征服世界最高峰》散记 [OL].2010-10-18[2018-08-03].http：//www.cnd-film.com/20101018/101440.shtml.

[5] 新华社. 描写登山英雄彩色纪录影片《征服世界最高峰》今天上映 [N]. 人民日报，1960-09-10（4）.

图 2-2　新影厂摄影师在工作

二、1961 年第 26 届世乒赛报道

1952年10月,第一次全国乒乓球比赛大会在北京召开,掀开了新中国乒乓球运动的崭新一页。与此同时,中华全国体育总会乒乓球部顺利加入国际乒乓球联合会(简称"国际乒联")。1953年,中国乒乓球队首次亮相世界舞台——出征罗马尼亚第20届世乒赛。1958年8月,为抗议国际奥委会在国际体坛制造"两个中国"的局面,中国奥委会被迫中断了与国际奥委会和国际体坛大多数体育组织的联系。因台湾不是国际乒联成员,中国乒乓球组织得以继续与国际乒联保持正常联系,并在世界赛场取得了辉煌成绩:1959年4月,在第25届世乒赛上,中国男单选手容国团一路过关斩将,赢得了永载史册的一枚金牌——这是中国人第一次获得世界冠军。1961年4月,第26届世乒赛在北京举行。这不但是新中国承办的第一个世界性体育赛事,也是国际乒坛进入"中国时代"的标志:这届世乒赛上,中国乒乓球队一举夺得男子团体、男子单打、女子单打3项冠军和女子团体、男子单打、女子双打、男女混合双打4项亚军,改变了日本运动员称雄世界乒坛的局面,震惊了世界。[1]

为成功举办第26届世乒赛,也为了彰显新中国的成就,处于经济困难时期的中国政府投入了相当的财力、物力和人力。对于这场在家门口举办的国际赛事,中国媒体更是高度关注。

为迅速、全面、准确、生动地把比赛情况报道给全国乃至全世界,新华社

---

[1] 注:1965年世乒赛上,中国队荣获5项冠军,取代了日本队的世界乒坛霸主地位。

专门成立了"国内乒乓球报道组",并通过比赛消息、成绩公报、人物资料、通讯、特写、述评、访问记、花絮、集纳等体裁,从不同角度、不同方面对世乒赛进行报道。[1] 报道组还安排两位记者专门为晚报播发上午比赛的综合消息。[2] 单项(男女单打、男女双打、男女混合双打)决赛当天,针对上午复赛、晚上决赛的赛事安排,新华社做出了尽快播发上午复赛综合消息和成绩公报、重点报道晚上决赛的安排。当晚,报道组中的15个成员投入了战斗。其中,2人审稿,7人写决赛特写,1人写闭幕式消息,3人写成绩公报和负责电话传稿,1人掌握主席台上情况和访问各项世界冠军,1人写闭幕式和发奖特写。报道组还聘请中国乒乓球队两名队员做顾问,帮助分析比赛进展。[3]

《人民日报》刊登了二三百条关于第26届世乒赛的报道。1961年4月1日起,《人民日报》还开辟了《第二十六届世乒赛》专栏,对国际乒联官员及各国代表队陆续到京,场馆、门票等赛事组织情况,乒乓球基本技术及观赛礼仪等进行报道和介绍,如《各路英雄厉兵秣马准备上阵》《世界锦标赛入场券一售而空》等。世乒赛期间,《人民日报》除用整版报道赛况外,还在头版刊发世乒赛要闻和评论,如《祝贺第二十六届世界乒乓球锦标赛开幕》《第二十六届世界乒乓球锦标赛的巨大成功》等。

一向重视体育报道的《新民晚报》派出3位记者、编辑前往北京,并用两个版面刊登世乒赛新闻。为克服下午出报的不利条件,《新民晚报》采取"上午争速度,下午和晚上抓详细",有时速度和详细并举的做法,"化被动为主动,变不利为有利"。为避免和日报重复,《新民晚报》还研究新华社和日报的发稿计划、发稿特点,努力抓取新的采写角度。其世乒赛报道以消息与特写为主:讲速度时,写消息;讲详细时,用特写,并要求有现场感与读者感。《新民晚报》注重点面结合、重点为主,其中综合性报道大多采用新华社稿件,重点报道则采用本报特写并努力写出比赛特点。《新民晚报》还注意题材的多样化,努力做到"一只眼睛看场外,两只眼睛看场内"。[4]

---

[1] 方辉盛. 赛场内外的日日夜夜:第二十六届世界乒乓球锦标赛报道琐记 [J]. 新闻业务,1961(5):18-20.

[2] 注:除《北京晚报》有时采用自己撰写的稿件外,其他五家晚报大都刊载新华社消息。

[3] 王元敬. 在决赛的那一天:第二十六届世界乒乓球锦标赛采前纪 [J]. 新闻业务,1961(5):19-21.

[4] 新民晚报体育组. 配合日报报道,发挥晚报特点:二十六届世界乒乓球锦标赛报道的回顾 [J]. 新闻业务,1961(7):18-22.

第26届世乒赛也是《北京晚报》的报道重点。赛前，《北京晚报》即设立"优秀乒乓球选手介绍""迎接第26届世界乒乓球锦标赛"等专题。赛事期间，《北京晚报》除在头版刊登新闻外，还在第4版进行整版报道，有时还在副刊《五色土》上发表和乒乓球有关的文章，如《谈球》《从红绿球到"红双喜"》等。为凸显报道的时效性，报纸在赛事期间还设立了《昨日赛场集锦》和《今晨赛场剪辑》专栏。

《体育报》自1961年1月起开始陆续刊登有关世乒赛的史料、第26届世乒赛的筹备情况，如分5期连载《历届世界乒乓球锦标赛追述》，发表本报编辑部评论《迅速发展的中国乒乓球运动》等。3月2日，《体育报》用3版篇幅报道了世乒赛抽签仪式，并详尽介绍了各项目抽签结果和种子选手。为让读者及时获得比赛消息，《体育报》于世乒赛期间改出4开2版的日报。

《新体育》于赛前设立了《迎接第26届世界乒乓球锦标赛》专栏，介绍赛事组织、乒乓球技术、竞赛规则、观赛礼仪等。赛后则刊登了社论和郭小川等人的诗歌，以及赛事综述、赛事分析、赛事观感、获奖运动员介绍、观众议论、技术统计和赛事照片等，图文并茂地展现了世乒赛的成功举办及中国运动员的突出表现。

广播媒体在第26届世乒赛期间充分发挥了及时、生动、形象的传播优势。中央人民广播电台除对赛事进行及时报道外，还实况转播了男、女团体等9场重要比赛，由张之、黄继辰、宋世雄和曹玉琨解说。其中，张之对徐寅生和星野"十二大板扣杀"的解说，成为体育广播解说的杰作。[1] 无法到场观赛的民众，大都守候在收音机前收听中央人民广播电台的实况广播。国际广播电台《体育节目》栏目也非常重视第26届世乒赛，其负责人在批改报道计划时指出：各国人民都很关心这次比赛，电台应当做好这次比赛的宣传报道工作，争取更多听众，以扩大我政治影响。[2]

第26届世乒赛使国人第一次感受到电视赛事转播的魅力。北京电视台非常重视这次在家门口举办的国际赛事，专门成立了由新闻部副主任夏之平任组长、文教组长王化南任转播指挥的报道组，不仅实况转播了开幕式、闭幕式和一些重要场次的比赛，拍摄、编辑了71条新闻片、46条专题片，还制作、播出

---

[1] 杨波.中央人民广播电台简史[M].北京：北京广播学院出版社，2000：95.

[2] 中国国际广播电台对外部新闻编辑部关于第26届世界乒乓球锦标赛的宣传报道计划（1961年2月25日）[G]//中国国际广播电台史志办公室.中国国际广播电台内部文件资料汇编：第一集.内部资料，2000：353-355.

了4个关于乒乓球的专题节目，并安排庄则栋、李富荣等优秀运动员和观众见面。这些节目还拷贝送到一些地方电视台播出，并寄送或出售给10余个国家，扩大了比赛和中国的影响。世乒赛期间，每台电视机前都是一个小型体育看台，观众随着银球的上下翻飞时而惋惜，时而雀跃。因中国运动员在比赛中节节胜利，小小银球连接了千万颗中国人的心。3000多封电报、信件和几千个电话，盛赞电视台的实况转播。体育电视报道的影响力第一次显得如此巨大。值得注意的是，北京电视台在转播比赛时，贯彻了"对等"原则，而不是"以我为核心"，即不论大国、小国，弱队、强队，都注意不畸轻畸重、有冷有热。[1]

三、1963年新兴力量运动会报道

1963年新兴力量运动会是国际政治的产物。1962年，第4届亚运会在印度尼西亚（简称"印尼"）举办。出于和中国以及阿拉伯国家的友好关系，印尼决定不邀请台湾地区和以色列参赛，引起国际奥委会等体育组织的不满。1963年4月，国际奥委会宣布不承认第4届亚运会，并不定期终止对印尼奥委会的承认。为回击这种"无耻挑衅和粗暴干涉"，印尼总统苏加诺发起、组织了"没有帝国主义分子和殖民主义分子参加的新的运动会"，即新兴力量运动会。这一倡议立即得到中国政府和第三世界国家的支持。

新兴力量运动会于1963年11月在印尼首都雅加达举行，亚洲、非洲、拉丁美洲及世界各地52个国家、地区的2400余名运动员参加了20个项目的比赛。[2] 新兴力量运动会冲破了西方的垄断，鼓舞了亚非拉新取得独立国家争取平等权利的斗志，显示了新兴国家人民拥有发展体育文化事业的卓越才干，在世界体坛引发震动。[3]

这一冲破重重阻力召开的、符合我国体育外交战略的国际体育赛事，是新中国1963年体育报道的重点。其中，10余名新闻摄影工作者拍下了数以千计的照片，反映了新兴力量运动会的成就，体现了反帝反殖民主义的意识。[4]

《人民日报》自1963年4月开始陆续刊登新运会新闻，对印尼政府给予舆论

---

[1] 张家成.记现场直播第二十六届世界乒乓球锦标赛[M]//于广华.荧屏岁月记.北京：人民出版社，1993：229-230.

[2] 荣高棠.当代中国体育[M].北京：中国社会科学出版社，1984：394-397.

[3] 李辉."新兴力量运动会"的发起、终结及其历史意义[J].体育与科学，1998（4）：7-9.

[4] 许必华.灿烂的第一页：第一届新运会摄影报道片断[J].新闻业务，1964（2）：35-37.

支持，与国际奥委会等国际体育组织进行斗争，同时关注新运会筹备和参赛国情况，报道中国体育代表队选拔赛等。新运会期间，《人民日报》除在头版刊登开、闭幕新闻和开幕社论外，还专门设置版面，全面报道新运会，内容包括赛事综述、赛事日程、中外运动员创造佳绩、中国运动员成绩公报、参与各国盛赞新运会、各国运动员友谊等。为配合国际体育界的舆论斗争，《人民日报》在赛前刊登了多篇评论性文章，如《谴责国际奥委会的专横行为》《对新兴力量运动会最实际的支持》等。赛中，《人民日报》刊发了多篇"雅加达通讯"，如《空前的盛会——记第一届新兴力量运动会开幕式》等，除评论性文章和两篇由本报记者发回的"雅加达通讯"外，全部采用新华社稿件。在报道和评论中，《人民日报》积极阐释新兴力量运动会的意义，如"新运会所显示的这种民主团结、平等互助、相互学习、共同提高的新精神，必将对国际体育界产生深远的影响"[1]。

为及时报道运动会消息，体育报社派出了几位随团的文字和摄影记者。《体育报》于9—25日改出日报，主要采用新华社电讯稿，也刊登少量本报记者的电讯稿和日记、通讯、社论、短评、读者来稿等。

《新体育》对新兴力量运动会进行了重点报道，刊发了社论、诗歌、通讯、照片等。

中央人民广播电台除在《体育运动》节目和新闻节目中及时播送新运会消息外，还于8—23日22:15—22:30开办新兴力量运动会"特别节目"。听众可以从"特别节目"中听到电台记者陈文清和新华社记者当天从雅加达发回的报道。[2] 北京人民广播电台也在每天中午12:15的新闻节目中，播送新运会消息。[3]

北京电视台派记者随中国代表团进行采访报道，这是该台第一次走出国门报道体育赛事。前方记者拍摄了大量胶片空运回国，以"新运会简报"的形式向国内观众连续报道了比赛情况。

---

[1] 丰硕的果实，锦绣的前程：祝贺第一届新兴力量运动会胜利闭幕. 人民日报，1963-11-23（4）.

[2] 新华社. 中央人民广播电台将举办新运会"特别节目"[N]. 人民日报，1963-11-07（2）.

[3] 广播电台举办特别节目 [N]. 体育报，1963-11-07（2）.

四、全运会报道

(一) 1959年第一届 (北京) 全运会报道

为庆祝新中国成立10周年,检阅我国体育运动10年来的成就,促进群众性体育运动的开展,新中国第一届全运会于1959年9月13日至10月3日在北京举行。第一届全运会规模宏大,成绩优良,在36个正式比赛项目、6个表演项目中,打破4项世界纪录,创造106项全国纪录。

第一届全运会是我国体育史上的一件大事,受到党和政府、社会各界、人民群众的重视,也受到媒体的极大关注。据介绍,参与全运会报道的首都文字、摄影记者有300多名。[1] 京外媒体也派出少数记者进京采访,如广州日报社于8月下旬到9月底派一名记者前往北京,这是该报社第一次派记者到外地采访重大体育活动。[2]

新华社组织了专门的报道队伍,以文字、图片方式对全运会赛程做了充分报道。[3]

《人民日报》自8月中旬开始设立不定期的《迎接首届全运会》专栏,自23日第一项竞赛(赛艇)开始后加大全运会报道力度。据统计,自8月24日至10月4日,《人民日报》刊登了约160篇有关全运会的报道。报道以新华社稿件为主,"本报记者报道"为辅,图文并茂,体裁和题材也比较多样:图有照片、图表、漫画、速写、装饰画等;体裁有消息、述评、预测、特写、社论、诗歌、讲话稿等;题材除赛事报道外,还有体育常识、场外报道和运动会史话等。

从8月中、下旬到全运会闭幕,《北京日报》和《北京晚报》发表自采的有关全运会的稿件400多篇,约30万字,全面、充分地宣传了第一届全运会的重大意义,对体育项目则采取全面和重点相结合的办法。《北京晚报》先后设立《全运会》《全运会前夕》《全运会竞赛区巡礼》《全运会项目介绍》等版块,报道大部分采用"本报讯"。

《体育报》于赛前相继推出《全运会项目介绍》《积极迎接全运会》《全运

---

[1] 谭权蕴.给关心全运会的人们 [J]. 新体育,1959 (16):11.

[2] 广州日报大事记(1952—2012)[M]// 汤应武,李婉芬.广州日报60年.广州:花城出版社,2012:193.

[3] 新华通讯社.新华社80年辉煌历程 [M]. 北京:新华出版社,2011:113.

会服务台》等栏目，于全运会期间打破一周两刊的惯例，改出了日报。

中央人民广播电台除在新闻节目和全国电台联播节目中报道全运会重要新闻外，还于9月13—28日在第一套节目中设置《第一届全国运动会特别节目》。除新闻、通讯、评论外，特别节目还有精彩比赛的录音报道、运动员谈话等。中央人民广播电台、北京人民广播电台和北京电视台还实况转播了开、闭幕式以及足球、篮球等精彩比赛场次。[1]

新影厂专门组成了全运会摄制组，拍摄的彩色纪录片《青春万岁》真实反映了新中国体育事业取得的成绩，引起了广大观众和运动员、体育工作者的兴趣。[2] 新影厂还制作了快报式的《全运会新闻简报》，记录了紧张、热烈的比赛场景。[3]

（二）1965年第二届（北京）全运会报道

1965年9月1—28日，第二届全运会在北京召开，破9项世界纪录和130项全国纪录，显示了自贯彻"调整、巩固、充实、提高"八字方针后体育事业取得的成绩，标志着新中国成立后第二次体育高潮的形成。[4] 借助第二届全运会，沉寂已久的新中国体育报道掀起了一个小高潮。

新华社在会前、会中、会后三个阶段的一个多月时间里，发国内文字报道200篇以上，30万字左右，不仅宣传了全运会的主要精神，反映了各项比赛成绩，对改进体育报道也作了一些尝试。[5]

自开幕式当天至闭幕式次日，《人民日报》刊登了约百条全运会报道。除开、闭幕式和破世界纪录报道刊登在头版外，报纸每天均辟出一定版面刊登全运会新闻，少则2/3版，多则整版。新闻主要采用新华社稿件，也有少数几篇来自《体育报》和《中国青年报》。《人民日报》此次加强了评论，除在开幕式当日和闭幕式次日发表"社论"外，平日还刊登多篇"本报评论员"文章、"短评"和"编后"（见表2-3）。

---

[1] 新华社. 广播电台举办全运特别节目 [N]. 人民日报，1959-09-09（3）.

[2] 优秀运动员谈"青春万岁"[N]. 人民日报，1960-02-01（8）.

[3] 谭权蕴. 给关心全运会的人们 [J]. 新体育，1959（16）：11.

[4] 熊晓正，钟秉枢. 新中国体育60年 [M]. 北京：北京体育大学出版社，2010：117.

[5] 华文. 体育报道一定要突出政治：第二届全运会报道回顾 [J]. 新闻战线，1965（12）：32-36.

表 2-3 《人民日报》第二届全运会期间刊登的评论目录

日期	类型	标题
9.11	社论	高举毛泽东思想红旗推动体育运动的更大发展——祝第二届全国运动会开幕
9.12	本报评论员	赞《革命赞歌》
9.13	短评	争取"人人破纪录"
9.14	短评	"从零开始"
9.15	编后	革命的竞走
9.16	短评	不利和有利
9.18	短评	田径健儿赛得好
9.19	短评	比赛并没有结束
9.20	短评	得和失
9.22	本报评论员	积极开展国防体育运动
9.23	本报评论员	坚决贯彻"三从一大"的训练原则
9.24	编后	打得准
9.24	编后	勇敢者的胜利
9.25	编后	联得上
9.26	编后	发挥独创风格
9.27	本报评论员	坚定不移地走自己的道路
9.28	本报评论员	向兄弟民族运动员致贺
9.28	短评	游得快些再快些
9.29	社论	政治与技术相结合就能无往不胜——祝第二届全运会胜利闭幕

《体育报》于9月9日至10月3日改出日报，并将头版部分标题套红出版。《体育报》也非常注重评论，或者刊登本报评论员文章和社论，如《高举毛泽东思想伟大旗帜，开展比学赶帮的革命竞赛——祝第二届全国运动会开幕》，或者刊发短评，如《以祖国荣誉为重》，重在凸显中国体育"政治思想技术全面丰收"。9月16日，《体育报》在头版头条位置刊登特写《毛主席来了》。

《新体育》1965年第7期刊登了"本刊评论员"文章《以革命精神迎接第二届全运会》，并在封面刊登了宣传画，在第9期主要刊登了毛主席在开幕式上的照片，贺龙的开幕词，朱德、宋庆龄、董必武、陆定一的题词，罗瑞卿的祝词，本刊编辑部文章，团体操《革命赞歌》介绍等。第10期全部是有关第二届全运会的内容，主要有"毛主席来到体育场"的图片、通讯、诗歌，陆定一的闭幕词，本刊评论员文章，《革命赞歌》创编体会，冠军感言，赛事综述，赛事照片等。

中央人民广播电台除在《各地人民广播电台联播》《体育运动》和各新闻节目里随时报道全运会重要新闻外，还设置了《第二届全运会特别节目》。特别节目于9月10—28日在第一套节目中播送,重点报道我国运动员在各项竞赛活动中创造的优异成绩,在比赛场上表现出的比学赶帮超的革命精神及优良作风,还邀请一些优秀运动员发表广播谈话。中央人民广播电台还实况转播了开幕式和团体操表演,以及举重、乒乓球、篮球、排球、足球等比赛。[1]

北京电视台转播了第二届全运会的开幕式和多场比赛实况,并推出了全运会特别节目。[2]

第四节　开拓与初兴期体育新闻传播的特点

一、知名体育新闻工作者涌现

因体育事业发展及人们对体育信息的需求增多,一些综合性媒体开始设立体育组,配备专职体育记者。

中央人民广播电台《体育谈话》栏目初由时政组创办,由张之、黄继辰负责编辑、制作。1959年,体育组成立,隶属于文教部,张之任负责人。此后,高中毕业的宋世雄、北京广播学院新闻系毕业的陈文清先后于1960年和1963年加入体育组。在很长一段时间内,体育组的成员主要是这4人,承担着编辑、制作体育专题栏目和实况转播重要体育赛事等工作。[3]

上海电视台新闻部门1963年配备了分管体育报道的记者。[4]1965年,上海体育学院毕业生奚源昌被分配到上海人民广播电台担任体育记者,他是该台第一位专职体育记者。随后,陈乾年、宋洪仁也先后参与体育采访,上海人民广播电台播出的体育消息开始增多。[5]

1965年,上海文汇报社总编办主任和一位体育记者到上海体育学院招收体

---

[1] 新华社. 中央人民广播电台将举办第二届全运会特别节目 [N]. 人民日报,1965-09-09(2).

[2] 魏伟. 国际广播电视体育史 [M]. 北京:中国广播电视出版社,2012:159.

[3] 薛文婷. 体媒人物:新中国体育新闻传播口述史(下)[M]. 北京:清华大学出版社,2015:6-7.

[4]《上海广播电视志》编辑委员会. 上海广播电视志 [M]. 上海:上海社会科学院出版社,1999:437.

[5]《上海广播电视志》编辑委员会. 上海广播电视志 [M]. 上海:上海社会科学院出版社,1999:307.

育记者,相中了"能跳""能写"的宋丽珍。[1]

1955年4月起,《新体育》由月刊改为半月刊,工作人员逐渐增加,最多时有20多人。

这一时期,很多媒体的体育报道由文教记者承担。若文教记者人数较多,或许会有相对固定的兼职体育记者。若文教记者较少,那就要兼顾科学、教育、文艺、体育、卫生等报道。[2] 新华社也只有兼职体育记者,分社体育报道由文教记者承担,除体育外还要兼顾科学、教育方面的报道。[3] 考虑到体育报道的专业性,新华社曾提出培养专业体育记者的设想:"在总社编辑和分社记者中抽调二十到三十个有工作的人员,作为直属于总社采访部的机动记者……在这些机动记者中,应该培养一些专业的名记者,如体育记者、外交记者、科学记者等,由他们负责全国性的、世界性的重大新闻。例如中国运动员出国比赛时,体育记者就可以随同出国报道。"[4]

新闻理论家梁衡曾提出"名记者的四条标准",即有一篇或数篇在社会上产生广泛影响的代表作、熟悉某一领域的报道并有权威性、有一定的新闻理论修养、有一本以上的专著。虽然当时号召淡泊名利,作品一般不署个人名字,只署"本报记者"或"本报讯"[5],但随着体育报道的影响力增大,一些体育记者、体育编辑渐为人所知,如新华社的王元敬,《新民晚报》的冯小秀、赵雨、张向潮、吴崇文,《北京晚报》的何礼荪[6]等。这一时期,因体育报道而声名鹊起、拥有全国影响力的则是中央人民广播电台的张之和新华社的郭超人。

(一)张之:新中国体育广播解说的奠基人

作为新中国第一位体育解说员兼评论员,张之的体育解说在这一时期日臻成熟,并逐渐形成自己的风格。其中,最具有代表性的是他对1961年第26届世乒赛的解说,最让人津津乐道的是他对徐寅生和星野"十二大板扣杀"的解说。

---

[1] 欧阳浩倩.体育记者青春常驻:记《文汇报》记者宋丽珍[M]//《中国女记者》编辑委员会.中国女记者(3).北京:新华出版社,1993:174-179.

[2] 方实,郑伯亚.文教记者的活动:文教报道采写的特点[J].新闻业务,1957(5):16-17.

[3] 李正杰.我是怎样由大学生学做记者的[J].新闻业务,1957(4):33-34.

[4] 张家炽.我们的第八方案:既要办好通讯社,又要办好报纸[J].新闻业务,1957(7):5.

[5] 鲁光.我的笔名叫鲁光[M].北京:人民体育出版社,2008:25.

[6] 注:贺龙很欣赏何礼荪,认为他的文章生动活泼,善于抓住问题。

实况转播第26届世乒赛是中央人民广播电台重要的政治任务。为报道好世乒赛，张之早在一年前就找机会去接触乒乓球队的教练员、运动员，和他们一起生活，了解他们的技术风格、特点及生活经历，同时想方设法搜集各国优秀选手的资料。世乒赛期间，张之共转播了8场比赛。他用准确生动的语言，不仅介绍了场上情况，还将容国团的机智、李富荣的顽强、邱钟惠的泼辣，以及徐寅生重打轻吊、力胜星野的十二大板，都深深印在了听众的脑海中。[1] 徐寅生对阵星野的"十二大板"发生在男子团体决赛中：第一局，徐寅生输给星野，场上气氛颇为紧张；第二局，徐寅生战胜星野；第三局，星野多次放旋转高球，徐寅生一板一板打过去，场上喝彩声、掌声不断。解说员张之不禁数了起来："徐寅生跳起抽第五板，星野退到板障边回高球，徐寅生换角度扣第六板，星野跑到角上接了回来！……"双方一直打到第十二板，星野回球出界。这就是有名的"十二大板扣杀"。借助世乒赛的影响力，"十二大板扣杀"的冲击力和广播的传播力，张之的生动解说和中国乒乓球运动员的业绩一道被传为美谈，成为体育广播解说中的杰作，[2] 并奠定了中国体育解说的时代风格。毛泽东收听了实况广播，并说"广播好紧张，让人听得心都快要跳出来了"。[3]

关于张之的解说风格，有论者将之归纳为：捕捉赛场信息，描述场面细节；注重文学修养，强调语言功底；抒发饱满感情，还原赛场气氛；塑造英雄人物，激发民族自豪；弘扬拼搏精神，引发爱国热潮等。[4]

（二）郭超人：因《红旗插上了珠穆朗玛峰》一举成名的新华社记者

郭超人（1934—2000），湖北人，1956年从北京大学中文系新闻专业毕业后被分配到新华社，并主动要求到条件艰苦的西藏做驻站记者，见证并报道了西藏民主改革、中印边界反击战等历史事件。郭超人不是体育记者，却于1960年和1964年两次跟随国家登山队采访，曾登抵海拔6600米的高度，顺利完成攀登珠穆朗玛峰和希夏邦玛峰的报道任务，撰写了《红旗插上了珠穆朗玛峰》《珠

---

[1] 张之. 做听众的眼睛 [M]// 中国体育记者协会. 百名中国体育记者自述. 北京：人民体育出版社，2000：457-458.

[2] 杨波. 中央人民广播电台简史 [M]. 北京：北京广播学院出版社，2000：95.

[3] 张之. 做听众的眼睛 [M]// 中国体育记者协会. 百名中国体育记者自述. 北京：人民体育出版社，2000：458.

[4] 张矛矛. 新中国体育广播发展研究：北京奥运会视野下的回顾与展望 [D]. 北京：北京体育大学，2009.

穆朗玛山中的日日夜夜》《希夏邦玛征服记》等长篇体育通讯，歌颂了时代英雄与中国人民的豪情壮志，演绎了一幅谱写生命奇迹与国家荣誉的不朽画卷，彰显了中国记者不畏艰难险阻、深入一线的职业精神，成为一个时代的标杆。

郭超人采写登山活动的经验是：与登山队员一起行动，随行采访，尽可能掌握第一手材料。1960年3月19日，郭超人随登山队主力队员来到珠穆朗玛峰海拔5120米的登山队大本营。面对狂风翻滚、大雪飘飞的恶劣环境，记者或者坐守大本营依靠材料作报道，虽然省力、容易，但材料是二手的、间接的、枯燥的；或者与登山队员一起行军宿营，一起体尝征服大自然的胜利喜悦，虽然艰苦甚至可能要付出很大代价，但会获得丰富的材料。郭超人毅然选择了后者，[1]他知道，只有深入现场，才能写出有感染力的报道。经过争取，郭超人参加了登山队的第一次和第二次适应性行军。在第一次行军到达海拔6400米的第三号营地后，他还跟随观察组登抵海拔6600米处，近距离观察了侦察组为侦察行军路线和冰雪搏斗的场景。因出现严重的高山反应，他的第二次行军只抵达海拔5900米的第二号营地。两次高山行军为登山报道奠定了坚实基础。其间，郭超人看到了珠穆朗玛峰神奇壮丽的自然景色和瞬息万变的高山气象，感受到了登山队员不畏艰险、勇往直前的大无畏精神和英雄气概，了解了登山队员的思想感情和精神风貌，获取了大量第一手资料。此后，他只能留在大本营参加会议、收集资料、翻看日记、等待消息，并撰写稿件。强大的工作压力和严重的高山反应让郭超人寝食难安，头晕眼花，甚至全身肿胀到连眼睛都看不清写字，常常需要用左手扒开眼皮。同时，钢笔的墨水也会因为低温结冰。[2]当因严重缺氧而思路受阻、反应迟钝时，他不得不借助"咖啡因"片提神。5月27日，郭超人终于等到了中国登山队成功登顶的消息，立即向北京发出了征服世界最高峰的第一条电讯。28日，3名登顶英雄顺利返回二号和三号营地。30日，全体登山队员安全返回海拔5120米的登山队大本营。为了解攀登路上那些鲜为人知的故事，郭超人拟定了详尽的采访提纲，利用登山队员在医务室进行简单包扎和治疗的点滴时间，见缝插针地进行了2个小时的采访。结合事前的资料准备和采访日记，郭超人于5月29日至6月9日分7次播发了约15,000字的长篇通讯《红旗插上了珠穆朗玛峰》，写出了中国登山队敢于压倒一切困难、无高不可攀的时代主题和甘当人梯的献身精神。6月2日，他还发布了专访《英雄登上地球

---

[1] 郭超人. 和英雄的登山队员们在一起——从珠穆朗玛峰归来后写给《新闻业务》的一封信 [M]// 郭超人. 向顶峰冲刺. 北京：新华出版社，1983：200-206.

[2] 郭超人. 在写作技巧的背后——谈记者的基本素质 [J]. 新闻业务，1985（10）：7-10.

之巅》。

《红旗插上了珠穆朗玛峰》在全国引起极大反响，被新华社予以通报表扬，并成为共和国新闻史上的名篇。郭超人的名字也随着《红旗插上了珠穆朗玛峰》等通讯的广泛传播为人所熟知。

二、体育专业报纸和体育电视诞生

这一时期，新华社电讯依然是国内媒体体育报道的重要信息来源。

1957年10月，新华社和人民日报社就两单位加强合作的问题写了报告，并得到中央批准。为加强统一指导，《人民日报》和新华社编委会定时举行联席会议，制定统一的宣传报道计划，报社与新华社互相交换内部业务刊物及其他重要情况。[1] 因双方加强合作，除评论性文章外，《人民日报》这一时期的体育报道大部分采用新华社稿件。

即便是拥有专业体育记者的晚报和体育报，新华社稿件也是其体育报道的重要支柱，更是其国际体育新闻的唯一来源。如在《新民晚报》关于容国团1959年世乒赛夺冠的20多篇报道中，只有2篇没有标注"新华社"字样。第26届世乒赛期间，《新民晚报》虽然派出3位记者、编辑到北京采访，但面对世乒赛这样庞大而复杂的场面，依然要依靠和运用新华社稿件。譬如中日两队18名选手第一天在单打中交手，考虑到新华社可以而且一定会全面报道，《新民晚报》便只挑选9场比赛中的重点写了2篇特写。第二天，晚报刊出新华社关于中日选手9场比赛的综合消息和前方记者的2篇特写，点面结合，发挥了新华社和报社的特色。[2]

因此，每当有重大赛事或体育活动，新华社通常会派出兼职体育记者王元敬进行报道，必要时分社记者也会参与报道。1961年11月，全国举重锦标赛在哈尔滨市举行。新华社派出总社记者王元敬和黑龙江分社记者王煌彦进行报道。刚从摄影记者转行做文字记者的王煌彦对当时的工作状态进行了描述："这次采访，我们两人作了分工。一人在台上了解运动员状况，即运动员的年龄、出身、体重、从事这一运动的时间，及赛前的准备活动，等等，同时还要观看比赛。另一人在台下，既观看比赛、计算成绩，又要抽空写稿，这样在比赛结

---

[1] 黄瑚. 中国新闻事业发展史 [M]. 2版. 上海：复旦大学出版社, 2009：301.

[2] 新民晚报体育组. 配合日报报道, 发挥晚报特点：二十六届世界乒乓球锦标赛报道的回顾 [J]. 新闻业务, 1961（7）：18-22.

束后，我们便能很快排出名次，这比到总裁判处要现成的统计要快得多。在稿子写出之后，我们仍速回分社用电话传出，这样每天的两场比赛（下午和晚上）在结束后一个半小时内便可发出（包括吃饭和走回分社传稿的时间），争取了时效。"除每天发两次赛事消息外，两位记者还利用上午时间撰写举重常识、特写、见闻、评述等稿件。[1]

体育专业报纸的创刊增强了体育报道的专业性和信息来源的多元性。自《体育报》创刊后，《人民日报》多次采用《体育报》记者的文字稿和摄影图片，如在第二届全运会报道中采用来自《体育报》的文字稿，在中国登山队登顶珠峰的报道中采用《体育报》记者的摄影图片等。

体育广播尤其是赛事直播凭借及时性、形象性、传情性拥有了相当的影响力。

体育电视尚处于起步阶段，影响力仅局限于北京、上海等大城市。当时的转播技术还比较落后。比赛时，电视技术人员要开电视车去现场安装电视转播的全套技术设备，还经常要爬到高大的建筑物顶端架微波天线。[2]

三、竞技体育报道内容日渐丰富

这一时期，随着我国体育发展的方针、重点、任务发生改变，以及竞技体育事业的飞速发展，中国媒体的竞技体育报道内容日渐丰富。

新华社、《人民日报》和《体育报》等全国性媒体体育报道的重点包括：第一，报道国内重要体育赛事和体育成就，如中国登山队登顶珠峰，全运会，篮、排、足球联赛等；第二，报道中国承办或参与的国际体育赛事，如世乒赛、新兴力量运动会、亚洲新兴力量运动会等；第三，报道中外体育交流；第四，报道人民民主国家的体育成就。《北京晚报》等地方媒体，除刊登上述报道外，还关注本省市的体育赛事和活动。就国际体育报道而言，新中国媒体对中国和苏联等社会主义国家没有参与的国际体育赛事很少报道。

就体育项目而言，乒乓球报道尤其是中外在乒乓球领域的交流是这一时期中国媒体体育报道的重点。乒乓球报道的一枝独秀，源于国际乒联在一段时间内是少数和中国保持正常联系的国际体育组织之一。1959—1965年间，我国连续四次参加世乒赛并取得辉煌成绩。1964年10月18—21日，我国还在北京工人体育馆举行了北京国际乒乓球邀请赛。9、10月间，《人民日报》仅在标题中出

---

[1] 王煌彦. 采访全国举重锦标赛的体会 [J]. 新闻业务，1962（2）：23.

[2] 柏生. 电视之家：访北京电视台 [N]. 人民日报，1961-10-19（4）.

现"北京国际乒乓球邀请赛"的报道就有30篇。中央人民广播电台除在18—22日的《体育运动》节目中播放有关邀请赛的特写、各国运动员讲话、友好交往花絮及有关评论外,还在新闻节目中及时报道当天的比赛新闻,并转播半决赛(部分项目)和决赛(全部5个项目)实况。[1] 在报道中,我国媒体一方面强调亚洲各国乒乓球运动的进步,一方面强调亚洲运动员之间的团结和友谊,认为这是"一次技术和友谊双丰收的盛会"[2],且"友谊高于锦标"[3]。

就新闻业务而言,除消息、通讯、特写、述评、访问记、花絮等常见体裁外,一些媒体记者还尝试突破一般性的写法。1962年10月的全国篮球甲级队联赛中,有记者采用章回特写的方式,以上届全国冠军"八一"男子篮球队为中心进行采写。为了写得生动活泼、引人入胜,作者侧重写胜败关键、人的活动、高级技术、比赛气氛和场外活动。记者还非常重视赛前赛后的采访和赛中的观察,注意写细节,因为细节能吸引读者,能让人产生身临其境之感。[4]《新民晚报》的体育报道还强调现场感与读者感,要求写出比赛的特点,并注意题材的多样化和角度的新颖。[5] 一些体育记者在实践中意识到,体育记者要做好赛前、赛中、赛后的调查研究工作,要善于写出各场比赛的特点;体育竞赛报道应当内容丰富、形式多样、描述生动、通俗易懂;在报道国际比赛时,不但要注意比赛本身,还要注意观众反应,运动员之间热情友好、互相学习等场外情况;对一些应该加以评论的比赛进行评论;克服行家术语或陈词滥调,以免使读者感到晦涩难懂等。[6] 新华社记者提出体育新闻在具体写作上要做到"数字、现场、背景"的结合。[7]

国际体育报道依然以苏联等社会主义国家(人民民主国家)的体育为报道

---

[1] 新华社.北京国际乒乓球邀请赛比赛期间中央人民广播电台将介绍情况 [N].人民日报,1964-10-18(3).

[2] 本报评论员.技术和友谊双丰收:北京国际乒乓球邀请赛胜利闭幕 [N].人民日报,1964-10-22(2).

[3] 华文.友谊高于锦标:北京国际乒乓球邀请赛侧记 [N].人民日报,1964-10-25(3).

[4] 黄河.球赛特写的新尝试 [J].新闻业务,1963(3):21-22.

[5] 新民晚报体育组.配合日报报道,发挥晚报特点:二十六届世界乒乓球锦标赛报道的回顾 [J].新闻业务,1961(7):18-22.

[6]《体育报》国际组.体育竞赛的报道 [J].新闻业务,1961(4):31-32.

[7] 华文.体育报道一定要突出政治——第二届全运会报道回顾 [J].新闻战线,1965(12):32-36.

重点。1959年8月8日,第二届全苏运动会在莫斯科开幕。8月10日,《体育报》在头版头条位置刊登了《第二届全苏运动会隆重开幕》的新华社电讯稿,并发表社论《祝全苏运动会丰收》。《体育报》国际版上刊登的也都是苏联、民主德国、朝鲜、波兰、保加利亚、匈牙利等社会主义国家的体育赛事报道。

四、受众渴望及时得到更多体育信息

这一时期,因为体育事业的稳步发展,民众渴望得到更多、更及时的体育信息。

《人民日报》的体育报道就曾因报道数量少,报道内容不够丰富、全面而受到批评。例如,"我们的报纸对于体育活动宣传得太少,而且不应该长期间只限于宣传打破纪录。报纸要注意到体育的群众性,把日趋活跃的基层体育活动生动地反映出来"[1] "我是个体育爱好者,我很喜欢看体育运动方面的报道和文章。但是每当拿起《人民日报》的时候,我就失望了。《人民日报》这方面的报道少得可怜!"[2] "我希望你报今后能够多登一点体育消息,如国内的重要比赛,国际的锦标比赛等"[3]。北京市体育工作者也对《人民日报》的体育报道表示失望:"《人民日报》的体育报道是象征性的报道,只点缀一下版面,希望报纸今后加强体育的宣传。""体委不重视普及,单在竞赛上下很大功夫,只注意挑选跳高能跳二公尺的人物。报纸杂志也只是轰轰烈烈地宣传竞赛。"[4]

《新体育》编辑部非常重视和读者、作者的联系,并于1958年1月恢复《读者·作者·编者》专栏。读者在来信中希望《新体育》能多介绍优秀运动员,多报道基层体育活动经验,并打破北京的作者圈子,如《新体育》上基层互动的经验不够多,某些专门的技术文章多了些,报道也太集中于北京、上海、天津等先进地区,不少经验对一般地区来说作用不大。建议多报道各地和基层的活动情况和经验,开辟一些专栏"[5]。《新体育》非常重视读者意见,随即开辟了《国际体坛》和《世界著名运动员》两个专栏:"今后将在这两栏内,经

---

[1] 梁. 加强对体育活动的宣传 [N]. 人民日报,1956-07-13(8).

[2] 邢福祺. 体育爱好者的希望 [N]. 人民日报,1958-05-07(8).

[3] 黄欢新. 体育报道面再广些 [N]. 人民日报,1958-07-30(8).

[4] 本报讯. 体育工作中的矛盾在哪里:本报编辑部邀请北京市体育界座谈 [N]. 人民日报,1957-05-21(7).

[5] 读者·作者·编者 [J]. 新体育,1958(2):14.

常不断地报道国际体育活动情况和世界著名运动员的运动技术和锻炼生活。文章应尽量通俗一些,多反映些农村体育活动。"[1]1958年6月,因陆续收到各地小学体育教师要求刊载小学体育方面文章的来信,《新体育》又增辟《小学体育》栏,主要刊登小学体育教学的经验介绍,适合儿童生理、心理特点的小游戏等。[2]

国家体委于1956年出版《体育报》试刊时,曾将报纸分送国家体委各部门及各级各地体委和北京的一些单位征求意见。上海、山东、广东、北京等地读者也来信,赞成出版《体育报》及其版面内容安排,有的还提出一些具体建议和采访线索。[3]《体育报》创办5周年之际,贺龙副总理曾指示说:"《体育报》现在的发行面还太窄些,应当考虑《体育报》怎么适应广大群众的需要,如何使小学生、大学生、干部、工人、农民各有所得,外行看得懂,内行也爱看。办好了,几万份报纸就等于几十万份甚至更多万份的力量。"[4]为加强和读者的联系,《体育报》设置了《读者来信》专栏,既有读者"读报有感",也有"答读者",还有"读者编者"交流。1964年6月15日,《体育报》刊登《致读者》,为改周三刊征求读者的意见和建议。读者也对体育报道提出了期望,如"《体育报》今后能否开辟一个指导基层开展业余体育活动的专栏,多发表一些消息和指导性的文章"等。[5]

《新民晚报》则要求记者在采写体育新闻时有"读者感":"记者每天每场在看比赛,看到的多了,一切也熟悉和习惯了,便以为读者也跟自己一样,知道一切'内幕情况',使许多现场的情况和读者需要知道的东西,都轻易地忽略过去。这样的报道,就很难使读者得到满足。""我们要求自己在报道中,多少能理解一些读者的心理,使新闻与特写中增添现场感与读者自己最感兴趣的东西。"[6]

这一时期,体育广播彰显了自己"无远弗届"的优势,并深受听众欢迎。1957年6月2日,中国足球队在第6届世界杯亚非区第一小组预选赛第二场比赛

---

[1] 读者·作者·编者 [J]. 新体育,1958(3):34.

[2] 本刊编辑部. 本刊增加小学体育的内容 [J]. 新体育,1958(10):22.

[3] 毕世明. 四十二年前的一段往事:第一次筹备出版体育报 [J]. 体育文史,1998(4):42-43.

[4] 谢武申,王鼎华. 共和国体育元勋 [M]. 北京:人民体育出版社,1990:128.

[5] 古田沃写作小组. 一些部队同志对报纸工作的意见 [J]. 新闻业务,1965(3):31.

[6] 新民晚报体育组. 配合日报道,发挥晚报特点:二十六世界乒乓球锦标赛报道的回顾 [J]. 新闻业务,1961(7):18-22.

中主场以4∶3战胜印尼足球队,取得新中国成立以来国际足球比赛的首场胜利。中央人民广播电台进行了实况转播,之后陆续收到400多封听众来信,有些来信甚至有几十人签名。解放军某部的海防战士在信中写道:"我们聚精会神地听着……屋子里静得连掉一根毫毛都能听见……我们胜利了,我们高兴地跳呀、喊呀,用最响亮的声音把胜利的消息传到四面八方。"[1]1961年第26届世乒赛期间,举办赛事的北京工人体育馆座无虚席。决赛和闭幕那天,工人体育馆更是人山人海,不能到场的民众则聚集在收音机前,"鼓掌、欢呼、拥抱、歌唱,为了成就,为了友谊,为了和平,为了进步……沉醉在欢乐而兴奋的春潮里"。[2]赛后,中央人民广播电台收到国内外近5000封信件和电报。很多听众在信中说,我国运动员的胜利又一次显示了社会主义制度的优越性。不少听众还要求电台给乒乓球选手转送贺信和礼物。电台则把听众来信、来电和礼品送到中国乒乓球代表团驻地,办了个展览会。[3]1964年5月13日,全国篮球甲级联赛最后一场决赛在吉林省长春市体育馆举行。比赛当晚,体育馆前挤满了几千名没有门票的球迷。比赛开始后,体育馆门前的广播喇叭传出了吉林人民广播电台记者解说的比赛实况,人群顿时安静下来,围坐在一起,秩序井然地收听广播,直到深夜。[4]

  媒体也开始利用自身的影响力组织活动。1956年和1957年,新华社、中央人民广播电台和《人民日报》《光明日报》《工人日报》《大公报》《中国青年报》《新体育》等联合主办"北京市春节环城赛跑"活动,每次都吸引1000多名运动员参加。[5]1962年秋季,在全国足球甲级队联赛第二阶段北京赛区比赛期间,《体育报》和《北京晚报》分别举办"优秀足球运动员"和"优秀足球射手"评选活动,受到足球爱好者的欢迎。[6]

---

[1] 杨兆麟.关于体育竞赛实况广播[J].新闻战线,1959(6):9.

[2] 收音机前的欢呼[N].新民晚报,1961-04.

[3] 张之.体育宣传[G]//中央人民广播电台台史编写组.中央人民广播电台台史资料汇编(1949—1984).内部资料,1985:122.

[4]《当代中国》丛书编辑部.当代中国的广播电视[M].北京:中国社会科学出版社,1987:161-162.

[5] 本报讯.群众性环城赛跑定春节期间举行[N].人民日报,1957-01-17(4).

[6] 新华社.优秀足球运动员评选揭晓[N].人民日报,1962-10-19(2).

五、塑造时代英雄，建构政治认同

经过社会主义改造，这一时期的新闻事业已不复20世纪50年代初的公营、私营共存局面。由国家财政拨款的国营体制，决定了我国新闻事业是党和政府的"喉舌"，是舆论宣传的"工具"。"政治家办报"理念于1957年的提出，更强化了新闻报道的政治功能和宣传色彩。

体育，尤其是竞技体育具有激发国民自信心、提升民族凝聚力、扩大国际影响力等重要功能。20世纪50年代末60年代初，内有"三年经济困难"，外有中苏关系紧张，党和政府迫切需要振奋全国人民的士气。恰在此时，吴传玉、陈镜开、容国团、穆祥雄、中国登山队等杰出运动员和优秀运动队，在游泳、举重、乒乓球、登山等项目中取得了令人瞩目的成绩，成为鼓舞全国人民克服困难、投身建设的重要力量源泉。可以说，在困难时期"勒紧裤带搞体育"，既反映了中华民族战胜困难的决心，也反映了国家领导层提升大国地位的政治愿望。国务院副总理陈毅就曾说过："我们是伟大的国家，有着伟大的人民，应该站在世界的先进地位，体育在世界上应该是前五名，或者是前三名。"[1]

在"政治家办报"和希望通过体育成就振奋国人精神等思想影响下，这一时期的体育新闻传播既注重报道新闻、沟通信息、启蒙文化，又注重引导舆论和建构认同，既强调体育新闻的专业性，也强调体育报道的政治性。《体育报》在1958年创刊时就明确了两条办报思想：这张报纸是办给广大体育爱好者看的，要有体育特色；这是一张社会主义体育报纸，要有政治思想内容。中央人民广播电台体育组也通过实践认识到，体育新闻节目要通过宣传开展体育活动的意义、作用，体育事业的成就和优秀人物以及群众体育活动的先进典型，鼓舞人们积极参加体育锻炼，使体育为振奋民族精神、提高民众健康水平、丰富人民文化生活、实现四个现代化服务。[2]《北京晚报》则指出，文化、体育、卫生报道，要特别注意讲目的，讲思想性，要讲体育工作者的思想，讲观众的风格。[3] 篮球记者也意识到，在篮球报道中，除了以胜败原因、精彩场面为主题外，还应该通过对运动员们勇敢顽强、快速灵活、胜不骄败不馁等精神面貌、

---

[1] 田雨普.新中国60年体育发展战略重点的转移的回眸与思索[J].体育科学,2010(1)：4.

[2] 中央人民广播电台台史编写组.中央人民广播电台台史资料汇编（1949—1984）[G].内部资料，1985.

[3] 北婉.北京晚报讨论进一步加强思想性等问题[J].新闻业务，1961（1）：34-35.

意志品质的描绘,来宣传新生力量不断成长、共产主义风格得以发扬的主题,以起到对读者、观众以及运动员进行教育的作用。[1]

政治性在第二届全运会报道中表现得尤为突出。赛前,有关部门提出宣传报道要"全力反映我国体育队伍高举毛泽东思想红旗,不断革命、奋勇前进,为加速提高我国体育运动水平,发展我国体育事业,攀登世界高峰而作的努力和取得的成果"。新华社和《体育报》也都指示要做到"四个突出",即突出政治、突出思想、突出集体、突出群众。为此,新华社着力宣传了我国运动员高举毛泽东思想红旗所取得的巨大胜利;宣传了体育运动为生产劳动和国防建设服务的思想,并和当时的国内外形势适当结合;宣传了运动员的革命的精神面貌,反映了赛场内外的许多好人好事。[2]《体育报》则努力在开幕式团体操报道中突出中国人民的英雄气概和革命精神,突出人们对毛主席的敬爱,并热情歌颂毛泽东思想;[3]在田径报道中,则突出表现运动员们高昂的斗志、冲天的干劲和"为祖国创成绩"的风格,突出运动员们以祖国荣誉为重,互相激励帮助的思想风格和克服困难、坚持不懈的顽强意志。[4]

总体来说,在党和政府的高度重视下,这一时期的体育新闻传播在塑造时代英雄、建构政治认同方面有较为突出的表现。

(一)党和政府高度重视体育宣传

随着体育事业的发展及其在国际政治、国内建设中的作用显现,党和政府越来越重视体育宣传工作。

作为唯一的全国性体育报纸,《体育报》的创办得到了党和国家领导人的支持。1958年初,在国家体委创办《体育报》的请示报告没有及时得到中宣部回复的情况下,国家体委主任贺龙直接请示周恩来,并得到支持。1958年创刊和1964年改版时,毛泽东两次为《体育报》题写报头,极大鼓舞了体育新闻工作者。

---

[1] 潘超.采访篮球赛要注意些什么[J].新闻业务,1961(8):10-12.

[2] 华文.体育报道一定要突出政治:第二届全运会报道回顾[J].新闻战线,1965(12):32-36.

[3] 体育报全运会综合报道组.跳出就操写操的圈子:《宏伟壮丽的革命赞歌》一稿诞生记[J].新闻业务,1965(11):28.

[4] 体育报全运会田径报道组.田径报道是怎样体现"四个突出"的思想的?[J].新闻业务,1965(11):26-28.

国务院副总理、国家体委主任贺龙非常关注《体育报》的创办和宣传工作。在报社组建过程中，从物色领导班子到解决印刷问题，贺龙都参与研究并给予帮助。他曾向蔡树藩等全面、详细地阐述办报意见，指出《体育报》既要贯彻中央的方针政策，又要有体育特色，要组织好通讯网，要有特邀通讯员，还出题目请体委各级领导写文章。中央批准办报后，贺龙曾3次把《体育报》总编辑李凯亭叫到驻地，研究如何办好《体育报》。创刊次日，贺龙给报社打电话表示祝贺，并指示："要大胆地办报，把《体育报》办成6亿人民的报纸。""报纸是喉舌，要走在前面，鞭策我们的工作。"此后，数年如一日，贺龙每期《体育报》必读，一旦发现有了进步或缺点、错误，就及时打电话予以表扬和指导。中国体育报社现存贺龙1963—1965年的电话记录（含信函）有54次之多，摘要3万字以上。贺龙还常到报社检查工作。1964年4月5日（星期天），贺龙到报社办公室检查工作，表示支持报社关于由每周两刊改为每周三刊的报告，并要亲自到中宣部催促落实。

　　贺龙非常强调新闻的监督作用。在《体育报》创刊5周年庆祝会上，他指出："报纸既要敢于表扬，又要敢于批评。"[1] 他还说："报纸这把'剑'不利了，要磨一磨。报纸一定要发挥旗帜、鼓励、激励、推动、批判的五大作用。"

　　在办报过程中，贺龙反复强调，要依靠群众办报纸，要建立通讯网，发展通讯员。1963年8月31日，在《体育报》创刊5周年庆祝会上，贺龙指示报社"建立通讯网，要在全国各省、各体育学院发展通讯员；运动队中也可以建立通讯网；要组织体院院长写文章。"为把《体育报》办得生动活泼，贺龙要求体委领导、各运动队、教练员和运动员都为《体育报》写文章。马约翰的《乒乓球双打的技术和战术》、徐宝臣的《千万不能满足》、徐寅生的《看解放军练兵的感想》等文章，受到贺龙称赞。在贺龙的号召下，国家体委的负责人荣高棠、李梦华、张彩珍等都写了大量文章。

　　贺龙经常向体育报社推荐《人民日报》《解放军报》《北京日报》等报刊上的好文章，要求编辑人员"阅读多种报纸，以便学习和吸取各报的好东西，充实《体育报》"。他还谆谆嘱咐编辑和记者们"要眼看、耳听、手写、嘴讲、腿走，善于发现问题，大胆提出见解""写东西要推敲，不要焦急，不要急于求成。要动脑子，要想，要讲质量，不然容易出废品"。贺龙很重视体育理论的研究工作，强调"体委研究室、宣传司、《体育报》搞理论的人应该结合在一起，把理论搞起来"。

---

[1] 谢武申，王鼎华. 共和国体育元勋[M]. 北京：人民体育出版社，1990：128.

贺龙对其他体育宣传形式也极为关注。1953年，他从收音机中听到张之对全国四项球类运动会的解说，大为赞赏，逢人便讲："过去有说书的。现在有人会说球。这个办法好，生动活泼，引人入胜，使四面八方的群众了解比赛情况，仿佛身临其境，可以普及体育，应当推广。会说球的，也是专家呀！"在他的倡导下，中国的体育实况广播逐渐发展起来。他也很支持体育摄影、体育新闻纪录片的摄制工作，多次夸奖《女篮五号》《小足球队》拍得好。他看过多次《女篮五号》，还指示体委组织运动员看，从中了解新旧社会两代运动员的命运，激发他们的爱国主义思想。[1]

各地体委也以各种形式宣传体育。1957年10—12月，安徽省体委组织了一个包括篮球队、乒乓球队、排球队、电影放映组等组成的体育宣传队，到11个市、县作巡回表演，宣传国家的体育政策、体育运动的好处和科学的锻炼方法，以推动群众性体育运动的开展。[2]1958年，为组织民众参加冬季锻炼，各地都大力进行宣传、组织工作。其中，江苏省体委印制了423万套印有篮球、排球、举重等项目介绍的彩色体育宣传画，并赠送给火柴厂作为火柴盒的封面使用。[3]广西壮族自治区体委等单位开展了全民性的体育运动宣传月，宣传群众体育和国防体育的目的、意义，普及与提高相结合的体育方针等。[4]

（二）塑造民族英雄

新中国创建初期，因对国民党时期锦标体育和西方资本主义国家体育商业化的批判，我国体育组织和媒体崇尚的是集体主义，而非英雄主义。1949年10月的北京市体育大会明确提出，"提倡集体活动，反对个人英雄主义的选手制度"。[5]但随着体育方针的转变和竞技体育事业的发展，一些在国际赛场上取得佳绩的运动员成了民族和国家的英雄，如1956年第一次打破世界纪录的举重运动员陈镜开、1959年获得第一个世界冠军的乒乓球运动员容国团、1960年成功从北坡登顶珠峰的中国登山队等。

---

[1] 谢武申，王鼎华.共和国体育元勋[M].北京：人民体育出版社，1990：130.

[2] 本报讯.推动群众性体育运动广泛开展，安徽体委组织宣传队巡回表演[N].人民日报，1957-11-17（8）.

[3] 本报讯.火柴盒上的体育宣传画[N].人民日报，1958-07-28（7）.

[4] 本报讯.广西大规模宣传体育[N].人民日报，1958-08-17（2）.

[5] 本报讯.人民体育大会节目部公布表演项目原则及分组办法[N].人民日报，1949-09-21（4）.

陈镜开（1935—2010），是新中国第一个打破世界纪录并被国际认可的运动员，被称为新中国第一力士。1956年6月7日，在中国人民解放军和上海市举重联队同苏联举重队举行的一场友谊赛中，陈镜开以133公斤的成绩打破了美国运动员温奇创造的最轻量级双手挺举132.5公斤的世界纪录。全国体总按照规定，把材料寄给国际举重和健身联合会申请批准，[1]并于1956年7月18日收到联合会秘书长古路（法国）的回信，获知陈镜开最轻量级双手挺举133公斤的成绩被批准为世界纪录。[2]这是中国运动员第一次打破世界纪录。这一壮举振奋人心，一洗中国人一个多世纪以来被称作"东亚病夫"的耻辱。陈镜开由此成为国家英雄。此后，他又连续8次打破世界纪录。《人民日报》充分报道了陈镜开破纪录的新闻，仅标题中含"陈镜开"的报道就有20篇左右，其中大部分是消息，如《陈镜开第九次破世界纪录》等，此外还有特写、赛后采访及陈镜开会议讲话。

1959年，在第25届世乒赛上，容国团战胜多国乒坛名将，夺得乒乓球男子单打世界冠军。这是中国人第一次获得世乒赛冠军，也是中国人第一次获得世界冠军。对这一佳绩，《人民日报》《光明日报》《体育报》《北京日报》《新民晚报》等媒体及时刊发新华社稿件。1959年4月6日，《人民日报》在头版刊登题为《容国团荣获世界冠军》《祝贺我国乒乓球运动员的胜利》的消息和评论，还配发了容国团的照片和"击球姿势"图片。次日，《人民日报》又刊登了一篇3000字的题为《容国团争夺世界冠军决战记详》的通讯，称赞容国团"为祖国争取的高度的荣誉"。《体育报》相继刊登了本报评论员文章《百尺竿头更进一步》《容国团的成长》《人民情谊重，祝贺容国团——读者来信情况简报》《向为国争光的运动员致敬！》等报道。

中国登山队成功登顶珠穆朗玛峰正值三年困难时期，对内极大鼓舞了中国民众克服困难的决心，对外有力抗击了苏联撤援带给国家建设方面的困难，正如贺龙所说"中国人民能战胜大自然也能战胜帝国主义"。[3]因此，中国媒体对中国登山队的壮举给予了充分报道。从1960年5月28日刊登《人类第一次战

---

[1] 注：按照联合会规定，任何国家的运动员创造的新的世界纪录，都必须经过这个联合会的审查认为合格并且被批准后，才能列为正式的世界纪录。

[2] 新华社.陈镜开创造的最轻量级挺举世界纪录被列为正式世界纪录[N].人民日报，1956-07-19（4）.

[3] 学习无限忠于党和人民的高贵品质，发扬不屈不挠克服困难的英雄气概[N].人民日报，1960-06-27（1）.

胜珠穆朗玛峰北坡天险，我登山队登上世界最高峰》，到9月22日刊登《登山英雄王富洲屈银华到京》，《人民日报》刊登了数十条有关中国登山队勇攀高峰的报道。其中，"英雄""胜利""征服""革命""祖国""集体""精神""信念"是报道的关键词和核心词，如"登山队员们凭着他们的勇敢和智慧，凭着他们为祖国争取荣誉的坚强信念，凭着革命的集体主义精神，把这一切都征服了"[1]"让我们学习登上世界第一高峰——珠穆朗玛峰的登山队同志们的那种大无畏的英雄气概，在各个建设战线上掀起一个更大的跃进高潮！"[2]

值得注意的是，在关于陈镜开、容国团的报道中很少使用"英雄"一词，但在报道中国登山队登顶珠峰的报道中却多次出现"英雄"字样。无论是否使用"英雄"一词，经过媒体的报道，陈镜开、容国团、中国登山队员都成了那个时代的中国英雄。

（三）建构政治认同

随着中国竞技体育水平提升和运动员在国际赛场上崭露头角，中国媒体的体育报道开始承担起建构政治认同的功能，主要表现为对国家、制度、政党、领袖及政策的认同建构。

国家认同包括异同感、归属感、忠诚感、理想感和立场感等。[3] 新中国成立初期，中国媒体对"旧体育"和资本主义国家体育进行批判，对"新体育"和社会主义国家体育进行宣扬，就是国家异同感的体现。这一时期，中国媒体的体育报道主要从归属感和忠诚感两方面建构了对新中国的认同。

关于归属感的建构在"破纪录"报道中体现得较为明显。

1956年1月，国家体委公布了1955年的102项全国纪录，这是新中国第一次正式公布全国纪录。此后，国家体委不断提出破纪录或创造新纪录的要求，我国运动员也不断向世界纪录发起冲击，并取得了成功。继1956年陈镜开创造男子举重世界纪录后，1957年，戚烈云破男子100米蛙泳世界纪录，郑凤荣破女子跳高世界纪录。[4] 陈镜开、戚烈云、郑凤荣的成功增强了国人破世界纪录的信心。1958年开始的"大跃进"使体育界对世界纪录、全国纪录的渴望更加强

---

[1] 立志攀上最高峰 [N]. 人民日报，1960-05-29（8）.

[2] 祝贺攀登世界第一高峰成功 [N]. 人民日报，1960-05-28（2）.

[3] 苏晓龙. 当代中国国际意识的变迁与国家认同的重构 [D]. 济南：山东大学，2009.

[4] 夏成前，田雨普. 新中国体育60年发展战略重点的变迁 [J]. 武汉体育学院学报，2010（1）：18-19.

烈："我们在体育运动上已获得的这点成就，同我们六亿多人民的伟大国家和我们崇高的国际地位是很不相称的。再看一看目前全国'大跃进'的形势，我国体育事业更必须快马加鞭赶上去。"[1] 同年，因国际奥委会图谋制造"两个中国"，中国奥委会被迫与其和多个国际单项体育组织中断联系，新中国被排斥在国际赛场之外。因无法在国际赛场一较高下，新中国只能以"破纪录"的方式与西方国家展开体育竞争，树立大国形象。1958年，贺龙副总理在全国体育工作会议中指出，第一届全运会要开得好，要有一批新纪录、新人才。[2] 1965年，全国体育工作会议确定的体育工作方针是要"在体育运动广泛开展的基础上提高技术水平，不断地创造新纪录"。[3]

对应体育界对破纪录的追求和国人对破纪录的期许，《人民日报》等媒体关于破纪录的报道从1956年开始增多。

中国媒体最关注的是中国运动员创造的世界纪录。《人民日报》关于郑凤荣1957年创造跳高纪录的系列报道，透露出国人对世界纪录的渴望，如《郑凤荣创女子跳高新纪录——比世界纪录低四公分》《郑凤荣再创女子跳高新纪录》《郑凤荣跳过1.74公尺——比女子跳高世界纪录只差二公分》《再向世界纪录迈进一步——郑凤荣跳过1.75公尺》《跳过一公尺七十七公分——郑凤荣创女子跳高世界纪录》等。1965年，中国媒体关于破纪录的报道数量最多，这和该年召开的第二届全运会有关。全运会前夕，一代表队的负责同志说："在这次全运会上，我们准备尽最大努力出好成绩。破不了世界纪录，就破国家纪录；破不了国家纪录，就破省纪录；破不了省纪录，就破运动员自己的纪录，争取人人破纪录。"《人民日报》则指出："'人人破纪录'，鼓舞着每个运动员树雄心，立壮志，创纪录，出成绩；激励着每个运动员用实际行动向党向人民汇报自己思想革命化和艰苦锻炼的成果，用实际行动为祖国的体育事业做出自己的贡献。"[4]

中国媒体也非常关注西方媒体对中国运动员打破世界纪录的报道。《郑凤荣创跳高新纪录扬名国外，西方通讯社承认我田径运动进步惊人》一文，介绍了美联社、路透社的评论，说郑凤荣的纪录是中国在田径方面创造的第一个世

---

[1] 曹弟.体育工作要快马加鞭赶上去[N].人民日报，1958-02-27（7）.

[2] 新华社.普及体育运动，赶上世界水平[N].人民日报，1958-03-19（5）.

[3] 国家体委政策研究室.体育运动文件选编（1949—1981）[M].北京：人民体育出版社，1982：100.

[4] 争取"人人破纪录"[N].人民日报，1965-09-13（3）.

界纪录，也是1936年以来亚洲人创造的第一个田径世界纪录，说明了中国田径运动有了惊人的全面提高，中国很可能成为今后奥林匹克运动会上的一支巨大力量等。[1]

在建构国家忠诚感方面，媒体关于"为国争光"的话语表述和对徐寅生《关于如何打乒乓球》一文的报道颇具典型性。

这一时期，媒体除通过国旗、国歌等国家象征物的媒介再现建构对国家的忠诚感外，主要通过"为国争光"等典型话语建构对国家的忠诚感。国家体委负责人荣高棠曾在第二届全国人民代表大会第一次会议上发言指出："只有使运动员了解到创造优秀成绩、为祖国争取荣誉的重大意义，才能更好地学习和掌握技术，也才能充分发挥技术。"[2] 媒体也发表《勤学苦练，为国争光》《我体委、体总、奥委会号召运动员、教练员在明年奥运会上大显身手为国争光》等报道。关于陈镜开、穆祥雄等破世界纪录的报道，也处处彰显"为国争光"的主旋律，如"陈镜开已经在他的岗位上为国家、为人民争得了光荣"[3] "突破世界纪录，为祖国争取荣誉，这已经是莫国雄长久以来的愿望"[4]。

在1963年的第27届世乒赛中，庄则栋及中国男队蝉联了男子单打和男子团体冠军，女队却只获得了团体和单打第三名的成绩。为打好翻身仗，女队领队孙叶青于1964年4月邀请徐寅生做了一次讲话。徐寅生坦率地剖析了自己，讲了如何克服弱点，树立雄心，为国家荣誉拼搏的经验和教训，并分析了女队存在的主要问题。其讲话亲切中肯、深刻尖锐，深深触动了队员们。讲稿经整理、修改后形成了《关于如何打乒乓球》一文，由中国乒乓球协会主席陈先写了批语并推荐给其他项目国家队学习。10月10日，贺龙收到了徐寅生讲话的记录稿，大为赞赏，并送给了毛泽东。毛泽东读后于1965年1月12日做出批示，要求广泛印发、宣传，认为"讲话全文充满了辩证唯物论，处处反对唯心主义和任何一种形而上学。多年以来，没有看到过这样好的作品。他讲的是打球。我们要从他那里学习的是理论、政治、经济、文化、军事"。周恩来将毛泽东的批件转给贺龙，认为这是"千军万马的力量"。贺龙立即召开国家体委党委会议，

---

[1] 郑凤荣创跳高新纪录扬名国外，西方通讯社承认我田径运动进步惊人 [N]. 人民日报，1957-11-19（6）.

[2] 在普及基础上，迅速提高我国的体育运动水平：荣高棠代表的发言 [N]. 人民日报，1959-05-04（11）.

[3] 甸义. 世界纪录不是高不可攀的 [N]. 人民日报，1956-07-19（4）.

[4] 周祖佑，李世义. 为祖国争取荣誉 [N]. 人民日报，1960-09-03（2）.

学习毛泽东的批示和周恩来的指示，让各项目运动队"要学徐寅生，要赶徐寅生，超徐寅生"。围绕毛泽东对徐寅生及其《关于如何打乒乓球》一文的肯定，媒体进行了广泛宣传。1965年1月17日，《人民日报》全文登载《关于如何打乒乓球》一文，并发表编者按语："徐寅生同志讲的是打球。可是，所有从事理论工作、政治工作、经济工作、文化工作、军事工作的同志们，都可以从中学到许多东西，学到辩证唯物论，学到领导人思想。"随后，首都各报都以显著位置转载了徐寅生讲话全文和《人民日报》编者按语。《光明日报》《解放军报》《体育报》《中国青年报》《工人日报》《北京日报》等各大报纸也相继发表社论、学习体会、座谈发言及读后文章。[1] 媒体还强调了徐寅生讲话对体育界的影响："徐寅生《关于如何打乒乓球》的讲话以及我国乒乓球队的为革命而打球的精神，在广大运动员中产生了巨大的影响。他们进一步明确了锻炼的目的，坚持进行从难、从严、从实战需要出发的大运动量的训练，从而使运动成绩有了显著的提高。"[2]

中国媒体的体育报道非常强调社会主义制度的优越性，如"这项具有世界意义的成功，不但是我国体育界的光荣，同样也是我们全国人民的光荣……也是我们社会主义制度优越性的巨大胜利"[3]。其中，"破纪录"报道尤为重视宣扬社会主义制度的优越性。如时任国家体委副主任的荣高棠在谈体育运动大跃进时指出："我们在运动上出现世界纪录，这是我们社会主义制度的巨大优越性的又一个有力的证明。"[4]

作为党和政府的"耳目喉舌"，中国媒体在体育报道中时常强调共产党领导的重要性。如当莫国雄于1960年9月1日创造新的男子一百米蛙泳世界纪录时，媒体指出："他在游泳方面的成就，完全是新中国成立后经过党的培养和教育，以及他多年刻苦锻炼后才获得的。"[5] 当中国登山队于1960年6月登顶珠

---

[1] 首都各报显著刊登徐寅生同志的讲括《关于如何打乒乓球》和人民日报的编者按语 [J]. 新闻业务，1965（1/2）：10.

[2] 为革命锻炼 树雄心壮志：我国运动员上半年创十七项世界纪录 [N]. 人民日报，1965-07-08（1）.

[3] 祝贺攀登世界第一高峰成功 [N]. 人民日报，1960-05-28（2）.

[4] 力争十年左右在主要运动项目上赶上世界水平：体育运动委员会副主任高棠谈体育运动大跃进 [N]. 人民日报，1958-02-11（10）.

[5] 周祖佑，李世义. 为祖国争取荣誉：莫国雄打破男子百米蛙泳世界纪录 [N]. 人民日报，1960-09-03（2）.

峰时，媒体强调："中国登山队胜利地走完了'横亘在珠穆朗玛峰山坡上最长的里程'，把党的战无不胜的红旗插上了世界最高峰，这个永不褪色的红旗闪耀着党的光芒，它永远引导着全国人民从胜利走向胜利。"[1] 中国媒体在体育报道中也大力颂扬毛泽东思想，如"我们深深体会到毛泽东思想是马克思列宁主义普遍真理同中国革命和建设的具体实践相结合的典范，也是胜利地发展体育运动的指针。它深刻地解决了体育与革命、体育与生产和国防建设、体育与教育等等的关系问题"[2]。

---

[1] 祝贺攀登世界第一高峰成功 [N]. 人民日报，1960-05-28（2）.
[2] 培养身体康强朝气蓬勃的建设者：荣高棠代表的发言 [N]. 人民日报，1960-04-08（9）.

第三章 顿挫与复苏期（1966—1978）

第一节 社会环境

一、"文化大革命"时期的曲折发展

1966年至1976年，中国经历了一场历时10年的"文化大革命"。它的发生，使党、国家和人民遭到新中国成立以来的最大挫折，国家一度面临严重的政治和社会危机。"文化大革命"时期，中国共产党和人民对极左错误的抵制，以及和林彪、江青集团的斗争，一直没有停止。正是这种抵制和斗争，使中国共产党能够领导全国人民在困难的环境中坚持进行各种建设，使"文化大革命"的破坏受到一定程度的限制，社会主义建设仍然在一些重要领域取得一定进展。1976年，中国人民经受了政治风波和自然灾害方面的严重考验，最终以粉碎"四人帮"为转折点，结束了"文化大革命"这场内乱。

1977年至1978年的两年里，新旧冲突、徘徊前进成为最大特点。一方面，旧的思想和制度仍在束缚着人们的头脑；另一方面，拨乱反正对旧的思想和制度的否定，孕育着新的探索，一场思想解放运动即将喷薄而出。[1]

二、新闻传播事业遭受挫折

"文化大革命"时期，我国新闻机构受到冲击，新闻事业的优良传统遭到破坏。至1968年底，全国报纸总数仅42种，全国性报纸只剩下《人民日报》《解放军报》和《光明日报》。1967年12月至1973年1月，中央广播事业局被军事管制。1967年初，全国13家电视台中有11家被迫停播，刚刚起步的中国电视事业

---

[1] 当代中国研究所. 新中国70年[M]. 北京：当代中国出版社，2019：121-144.

遭受挫折。

"文化大革命"后期，新闻事业得到一定程度的发展。报纸数量于1971年增加到195种，1976年"文化大革命"结束时为182种。[1]至1976年底，全国有32座电视台、144座1千瓦以上电视转播台，建成县有线广播站2503座，安装有线喇叭11,300万只。[2]

三、体育事业受到冲击

"文化大革命"初期，各级体育组织遭到冲击，运动队解散，体育干部下放，竞技体育工作几近停顿。

1970年后，竞技体育工作逐渐得到恢复。1970年春，周恩来报请毛泽东批准，邀请朝鲜乒乓球队访华。1971年，根据毛泽东的意见，周恩来肯定了新中国成立头17年的体育工作是正确路线占主导地位，体育事业开始恢复和发展。1973年，全国体育工作会议确定了大力抓业余训练，迅速提高运动技术水平的目标，开始建立层层衔接的业余训练网、重点项目基地和重点业余体校。体育运动一经恢复，就取得了令世人瞩目的成绩。1974年，中国代表团第一次参加亚运会即位列金牌榜第三名，显示了强劲实力。1975年，中国召开第三届全运会，掀起了竞技体育的一个小高潮。

"文化大革命"期间，中外体育交流工作一波三折。初期，中外体育交流一度停顿。后期，由于党和国家领导人的重视，体育成为中国外交的重要手段之一。1970年春，以邀请朝鲜乒乓球队访华为契机，中国开始恢复对外体育交往，如中国乒乓球队访问罗马尼亚、瑞典、南斯拉夫，越南乒乓球代表团、罗马尼亚乒乓球队、阿尔巴尼亚男女篮球队访华等。1971年是中国体育外交乃至整个外交工作的转折点：4月，毛泽东、周恩来把握第31届世乒赛期间出现的机遇，顺势邀请美国乒乓球队访华，打开了关闭20余年的中美关系的大门，开创了"乒乓外交"的良好局面；10月，联合国大会恢复了中华人民共和国在联合国的一切合法席位，由此拉开了新中国参与联合国正常事务的序幕，[3]也为新中国全面重返国际赛场扫清了障碍。此后，我国积极争取在国际体育组织中的合法席位，加强与友好国家、地区的体育交往。

---

[1] 黄瑚．中国新闻事业发展史 [M]．2版．上海：复旦大学出版社，2009：323．

[2] 赵玉明．中国广播电视通史 [M]．新1版．北京：中国广播影视出版社，2014：279, 280．

[3] 当代中国研究所．新中国70年 [M]．北京：当代中国出版社，2019：126．

群众体育和学校体育在"文化大革命"初期曾遭遇低谷，但自1970年后开始复苏。期间，最盛行的是乒乓球、篮球、足球等球类运动。因为毛泽东"你们应该到大江大海中锻炼"的号召以及国家体委的要求，群众性游泳活动也不断掀起高潮。[1]

第二节 媒介体育报道

一、通讯社体育报道

"文化大革命"时期，新华社的新闻业务、队伍建设、技术更新都受到了影响和干扰。

1967年至1969年，因体育工作几乎停滞，新华社的体育报道数量很少。

自1970年8月朝鲜乒乓球代表团应邀访华开始，新华社关于乒乓球的报道显著增多，大部分是关于中外乒乓球队交流的。

这一时期，在新华社内部，从事体育报道的主要有国内新闻编辑部（简称"国内部"）文教编辑室、国际新闻编辑部（简称"国际部"）苏联东欧组、对外新闻编辑部（简称"对外部"）和摄影新闻编辑部（简称"摄影部"）。在这些部门内部，通常只有一两位体育记者，因体育报道数量少，他们通常要兼顾其他文教新闻，还不是严格意义上的专职体育记者。其中，国内部体育记者负责向国内媒体提供国内体育报道，对外部体育记者负责用英文向国外发布体育新闻，国际部体育记者负责编译国外体育新闻和接收国外分社发回的体育报道。

二、综合性报刊体育报道

"文化大革命"初期，《人民日报》的体育报道几乎停滞。自1970年朝鲜乒乓球代表团应邀访华开始，《人民日报》的体育报道逐渐增多。1971年后，两度缺席世乒赛的中国乒乓球代表队参加了在日本举行的第31届世乒赛，并以"小球转动大球"的方式开启了中美双方的友好交往。《人民日报》的体育新闻

---

[1] 傅砚农，曹守和，赵玉梅，等．中国体育思想史：现代卷[M]．北京：首都师范大学出版社，2008：121-145．

也以乒乓球报道为起点，逐渐拓展到羽毛球、足球、篮球、排球、田径等项目。体育报道逐渐复苏。

中外体育交流是这一时期的体育报道重点。1969年，《人民日报》刊登了几篇体育报道，大都是关于中外体育交流的，如《北京市革委会邀请外宾观看体育表演》等。有些中外体育交流报道刊登在《外事往来》专栏，如1974年9月21日的《外事往来》专栏刊登了两条体育简讯，一为《中国中学生体育代表团离京》，一为《"八一"男女排球队回到北京》。

三、体育专业报刊

（一）《体育报》的停刊与复刊

"文化大革命"初期，《体育报》除刊登少数中外体育交流报道外，还刊登了大量有关"文化大革命"的重要文件和时政新闻。

1966年7月16日，73岁高龄的毛泽东最后一次畅游长江。《体育报》于7月25日用两版篇幅报道了这一事件，此后又连续刊登多篇相关报道，既有消息、通讯，也有社论、编者按、纪实、读者文章等。

1966年11月4日，《体育报》在出版了第998期之后停刊。

1971年"乒乓外交"的成功，使人们对体育的独特作用有了新的认识。1973年初，周恩来亲自审阅、修改并批准了《〈体育报〉复刊报告》。1973年7月1日，《体育报》出版复刊试刊号，至12月28日共出试刊52期。

1974年1月1日，《体育报》正式复刊（期号为第999期），每周二、五出版，对开4版。复刊后的《体育报》头版刊登时政和体育要闻；第2版为国内体育和群众体育；第3版侧重体育科技和体育知识服务，设有《体育研究》《答读者》《运动力学》《体育知识》《体育与卫生》等专栏；第4版主要刊登国际体育新闻和中外体育交流。

1975年7月1日起，为适应体育形势发展的需要，《体育报》由周二刊改为周三刊，每周一、三、五出版。[1]

在"以阶级斗争为纲"的政治氛围中，复刊后的《体育报》刊登了大量时政报道，除在头版刊登毛主席语录、时政要闻、毛主席参加外事活动的新闻和大幅照片外，也时常在其他版面刊登"批林批孔""回击右倾翻案风""以阶级

---

[1]《新体育》为增页，《体育报》为改周三刊：致读者 [J]. 新体育，1975（6）：29.

斗争为纲"等政治理论文章。体育报道也具有鲜明的政治色彩，如《沿着正确的政治方向前进——记"八一"女子篮球队》《友谊花盛开——记朝鲜体育代表团访华》等。

1977年，《体育报》的体育报道比重有所提升，并增设《答读者》《体育知识》《武术问答》《体育教学》《体育与健康》等知识类、服务类栏目；增加军事体育报道，设置《军体简讯》《军事体育知识》栏目；开始刊登诗歌、散文等；恢复《国际体坛》等栏目。1978年，除时政要闻外，《体育报》刊登的大都是有关体育的内容，包括体育系统内部揭批"四人帮"的文章。《体育报》还增设《运动生理基础知识讲座》《国际体育之窗》等专栏，以及《学习·思想·生活》副刊。

复刊后的《体育报》受到读者关注与喜爱，平均每期发行231,000份。[1]

（二）《新体育》的停刊与复刊

"文化大革命"开始后，《新体育》（见图3-1）杂志与《人民日报》等主流媒体保持一致，除刊登毛主席语录、各种会议报告、决议，转载"两报一刊"的社论、摘要和一些重要文章外，还组织并刊登体育界的学习体会和批判文章。

1966年10月出版当年第10期后，《新体育》停刊。

图3-1　《新体育》1966年第10期封面

1972年10月，《新体育》在停刊6年之后复刊，初为32页。为"更好地宣传

---

[1] 中国社会科学院新闻研究所．中国新闻年鉴1982[M]．北京：中国社会科学出版社，1982：205．

毛主席的革命路线，适应体育形势发展的需要"，自1975年7月起增至48页。[1]复刊后的《新体育》紧跟政治形势，刊登会议报告、领导人讲话和思想政治性文章，主题是学习毛泽东思想、反对锦标主义、向工农兵学习、为战备加强体育锻炼等。

就内容而言，除"毛主席语录"和"两报一刊"社论外，《新体育》还设置了"把批林批孔的斗争进行到底""学习一分为二的辨证方法""学习毛主席的革命体育路线的体会""工农兵谈体育锻炼""认真贯彻执行'友谊第一，比赛第二'方针""积极开展农村群众体育活动"等专题，刊登了《我是怎样为革命锻炼身体的》《体育必须为巩固无产阶级专政服务》等文章。

《新体育》也刊登一些竞技体育内容。1973年，第32届世乒赛在萨拉热窝举行，《新体育》刊登了特派记者撰写的《随团日记》，介绍了路上见闻和选手比赛情况。此外，也设有《体育信箱》《小知识》等专栏，还刊登了少量体育技术类文章，如《谈谈怎样对付弧圈球》《怎样教太极拳》等。1974年和1975年，因中国参加亚运会、举办全运会，《新体育》的竞技体育内容有所增加。围绕亚运会，《新体育》刊登了《第七届亚洲运动会资料》《从亚运会选拔赛看体育战线新生力量迅速成长》《"友谊第一，比赛第二"方针结硕果》等文章及《从亚运会归来》等专栏。围绕全运会，《新体育》设置了"学理论，抓路线，迎接第三届全运会""第三届全运会介绍"等专题，较为充分地报道了全运会，体裁有人物报道、采访散记、比赛评述、观赛体会、项目介绍、成绩公报、赛事照片等。1975年，《新体育》还重点报道了中国登山队再次胜利攀登珠穆朗玛峰和第三届军运会。围绕登顶珠峰，《新体育》刊登了两篇"本刊记者"采写的通讯：《再登世界最高峰——记中国登山队胜利攀登珠穆朗玛峰》和《英姿傲珠峰——记女登山运动员潘多》。

1975年，随着竞技体育的复苏，《新体育》增加了《小评论》《思想通信》《医生的话》《故事》《新风俗画》《体育锻炼信箱》等栏目。

（三）"文革"体育小报

"文革"前期，中国兴起了一种特殊的宣传品——"文革小报"。其中，还出现了两份体育"文革"小报：广州的《红体兵》和"上海市体育战线革命造反司令部"（简称"上体司"）的《体育战报》。

《体育战报》由"上体司"主办，创刊于1967年1月13日，停刊于1969年5月，

---

[1]《新体育》为增页，《体育报》为改周三刊：致读者[J]. 新体育，1975（6）：29.

共出版107期。该报内容大多是对无产阶级革命的报道,如《体育革命的春雷》等。[1]1967年2月,《体育战报》刊登了"上体司"鲁迅兵团东方红战斗队的一张大字报——《我们鲁迅兵团向何处去?》,提出了一边战斗一边整风的号召,并配发评论员文章《为"东方红"小将的一张大字报叫好》。[2]2月26日,《人民日报》和《红旗》杂志刊登了这张大字报和评论员文章,并分别发表"编者按"和短评《推荐两篇好文章》。中央人民广播电台广播了战斗队的大字报及《红旗》杂志的短评和《人民日报》的编者按。[3]

四、体育广播

"文化大革命"初期,体育广播一度中断。直到1970年中国开始恢复国际体育交往和体育比赛后,中央人民广播电台的体育报道才又重新打开局面:1970年,恢复赛事实况广播和体育组建制;1972年,恢复体育专题节目。[4]

(一)"乒乓外交"推动体育实况广播的恢复

1967年起,中央人民广播电台的体育实况转播受到批判,被迫中止。

1970年7月,为欢迎西哈努克亲王,中国政府在首都体育馆举行体育表演赛。周恩来总理指示中央人民广播电台恢复中断的体育实况转播。这是"文化大革命"后第一次进行体育实况转播。

1970年8月,朝鲜乒乓球队应邀访华,并与中国乒乓球运动员进行两场友谊赛。周恩来批示要转播中、朝乒乓球比赛。8月16日,中央人民广播电台和北京电视台转播了开幕式和友谊表演赛实况。这是"文化大革命"后第一次转播中国队与外国队的体育比赛实况。为"突出政治",当时的体育转播形成了"三讲二不讲"的特色,即"讲历史,讲政治,讲友谊""不讲比分,不讲结果"。

1971年,第31届世乒赛在日本举行。中央人民广播电台派专人到新华社,

---

[1] 杜非. 中国体育报纸发展史论[D]. 长春:吉林大学,2008.

[2] 上海《体育战报》评论员. 为"东方红"小将的一张大字报叫好[N]. 人民日报,1967-02-26(1).

[3] 鲁迅兵团东方红战斗队. 跟着毛主席闹一辈子革命[N]. 人民日报,1967-03-17(4).

[4] 杨波. 中央人民广播电台简史[M]. 北京:北京广播学院出版社,2000:89-90;中央人民广播电台台史编写组. 中央人民广播电台台史资料汇编(1949—1984)[G]. 内部资料,1985:112-124.

编译新华社记者发回的英文电讯,及时在新闻节目中播发。此后,美国、哥伦比亚等国乒乓球队顺道访华,中国组织了亚非乒乓球友好邀请赛、亚非拉乒乓球友好邀请赛等一系列友谊比赛。在体育专题节目尚未恢复的情况下,中央人民广播电台主要通过实况转播和临时开辟的赛事专题报道进行宣传。

1972年,由于举行全国五项球类运动会和国际体育交往增多,中央人民广播电台全年共广播47场体育比赛实况。在全国五项球类运动会期间,中央人民广播电台和北京电视台、北京人民广播电台转播了乒乓球团体预赛、决赛和单项决赛,羽毛球团体决赛,足球、篮球、排球决赛等实况。[1]第一届亚洲乒乓球锦标赛期间,上述三台实况转播了开、闭幕式和团体、单项比赛。[2]

1973年8月,为向全国人民介绍亚非拉乒乓球友好邀请赛的情况,中央人民广播电台、北京电视台、北京人民广播电台转播了邀请赛的开、闭幕式和男女团体赛、单项比赛部分场次的实况。[3]

1975年第三届全运会期间,中央人民广播电台和北京电视台转播了开、闭幕式及部分比赛、表演的实况。[4]

1972年7月,吉林人民广播电台开始恢复体育转播,在之前的基础上又增加了乒乓球、花样滑冰等项目。[5]

(二)《体育节目》恢复播出

1967年2月,《体育运动》节目停播。1972年5月17日,体育专题节目恢复,并更名为《体育节目》,每周广播3次,每次15分钟,安排在第一套节目星期三、日和第二套节目星期五播出。1973年,节目增加到每周播出6次,每次15分钟,其中第一套节目4次,第二套节目2次。1974年,节目增加到每周7次,

---

[1] 新华社. 更好地向全国人民介绍全国五项球类运动会进行情况 [N]. 人民日报,1972-06-04(3).

[2] 新华社. 中央人民广播电台、北京电视台、北京人民广播电台将转播第一届亚洲乒乓球锦标赛实况 [N]. 人民日报,1972-08-29(3).

[3] 新华社. 中央人民广播电台、北京电视台、北京人民广播电台将举办亚非拉乒乓球友好邀请赛专题广播和实况转播 [N]. 人民日报,1973-08-23(3).

[4] 新华社. 中央人民广播电台将举办第三届全国运动会专题节目 [N]. 人民日报,1975-09-10(4).

[5] 《当代中国的广播电视》编辑部. 中国的广播节目 [M]. 北京:北京广播学院出版社,1987:214-215.

每次15分钟。1975年，节目增加到每周14次，每次15分钟，其中第一套节目（12:15—12:30）7次，第二套节目（19:15—19:30）7次（重播）。1976年，节目增加到每周21次，每次15分钟，其中第一套节目每天2次，每次15分钟，第二套节目每天1次，每次15分钟。体育节目报道方式越来越多，除新闻、通讯、评论外，还经常采用录音新闻、录音通讯、配乐广播、现场报道、录音访问、现场解说录音剪辑、记者答听众提问、座谈会录音等。[1]

重大赛事期间，中央人民广播电台还会增加《体育节目》播出时间，或者增设赛事专题广播。1972年，为更好地介绍全国篮、排、足、乒乓、羽毛五项球类运动会，中央人民广播电台《体育节目》在每周播送3次的基础上，于比赛期间又增加3次节目时间。[2]1972年8月30日至9月15日，中央人民广播电台在《体育节目》中设置了《第一届亚洲乒乓球锦标赛专题广播》，每天3次，每次15分钟。[3]1973年亚非拉乒乓球友好邀请赛期间，中央人民广播电台设置了《亚非拉乒乓球友好邀请赛专题广播》，原有的《体育节目》也临时改为友好邀请赛专题广播。[4]

"文革"后期，一些地方人民广播电台也设置体育专题节目并进行实况转播。如上海人民广播电台于1975年开播以新闻报道为主的《体育与卫生》节目，于1978年将之改为知识性节目，体育消息则在新闻节目中播发。[5]

1971年，为贯彻落实毛泽东关于"发展体育运动，增强人民体质"的体育方针，适应"抓革命，促生产，促工作，促战备"的需要和工农兵群众的要求，国务院和中央军委发出《关于在全国试行新广播体操的通知》。各级各地人民

---

[1] 北京市地方志编纂委员会. 北京志·新闻传播广播电视卷·广播电视志[M]. 北京：北京出版社，2006：198.

[2] 新华社. 更好地向全国人民介绍全国五项球类运动会进行情况[J]. 人民日报，1972-06-04（3）.

[3] 新华社. 中央人民广播电台、北京电视台、北京人民广播电台将转播第一届亚洲乒乓球锦标赛实况[J]. 人民日报，1972-08-29（3）.

[4] 新华社. 中央人民广播电台、北京电视台、北京人民广播电台将举办亚非拉乒乓球友好邀请赛专题广播和实况转播[J]. 人民日报，1973-08-23（3）.

[5]《上海广播电视志》编辑委员会. 上海广播电视志[M]. 上海：上海社会科学院出版社，1999：307.

广播电台于当年9月1日起开始播送广播体操节目。[1]

五、体育电视

1967年1月6日，北京电视台停止播出包括体育节目在内的所有电视节目。直到1970年，体育电视节目才开始恢复，体育电视实况转播也有了新发展。

（一）体育电视新闻

北京电视台对1971年的亚非乒乓球邀请赛、1972年的第一届亚洲乒乓球锦标赛、1973年的亚非拉乒乓球邀请赛进行了报道，充分反映了赛场内外的友谊和团结。北京电视台在新闻节目中还报道了1974年的第七届亚运会和1975年的第三届全运会。1976年，北京电视台于4月派2名记者赴朝鲜采访报道在平壤举行的第三届亚洲乒乓球锦标赛，于5月9日陆续播出《中国乒乓球代表团到达平壤》《第三届亚乒赛男女团体赛》等6条新闻。

1975年5月，美国田径队访问广州并与中国田径队进行友谊比赛。广州电视台新闻组派七八名记者到现场进行采访拍摄。

（二）体育电视专题

北京电视台的《体育爱好者》节目一度停播，后于1970年7月30日恢复播出，当天转播的是在首都体育馆举行的花样滑冰表演。转播前，有人提出女运动员应该穿上长裤。[2]

北京电视台于1973年5月15日播出彩色纪录片《中国乒乓球代表团访问美国》，于1974年制作播出两集《中国武术》。

河南电视台于1974年12月18日播出大型电视纪录片《河南省第三届运动会》。

（三）体育赛事转播

1970年8月16日，朝鲜乒乓球队同中国乒乓球队举行友谊赛，宋世雄负责解说。赛前，解说员接到的任务是"技术的东西可以讲一点，主要是讲政治"[3]。

---

[1] 新华社.国务院和中共中央军委发出关于在全国试行新广播体操的通知 [J].人民日报，1971-09-01（1）.

[2] 赵化勇.中央电视台发展史（1958—1997）[M].北京：中国广播电视出版社，2008：77.

[3] 宋世雄.宋世雄自述：我的体育世界与荧屏春秋 [M].北京：作家出版社，1997：217.

赛后，周恩来总理指出："告诉广播电台电视台，注意不要只讲我们，把人家放在一边。"[1]

从1971年开始，随着全国性竞赛活动的增加和国际体育交往的日益频繁，体育电视转播场数有所增加。1971—1978年，北京电视台实况转播的体育比赛达300多场。北京电视台的首播体育节目，占全台首播节目总量的11%。1971年4月12日，北京电视台转播了哥伦比亚队、加拿大乒乓球队访华的欢迎仪式和友谊赛；4月13日，转播了美国乒乓球队访华的欢迎仪式和友谊赛实况。这一时期，还有尼日利亚、澳大利亚和英国乒乓球队访华，北京电视台都进行了实况转播。当年的重要赛事还有11月的亚非乒乓球友好邀请赛，北京电视台转播了11场实况，包括开、闭幕式和预赛、半决赛、决赛等，制作新闻片37条，向22个国家和地区寄送电视片14条，拷贝247个。[2]1972年6月，第一届亚洲乒乓球锦标赛在北京举行，北京电视台进行了全面报道。1973年八九月间，北京电视台转播了亚非乒乓球友好锦标赛的开、闭幕式和10场比赛，还拍摄了10条电视片。1975年，北京电视台于5月转播了第三届全军运动会的开、闭幕式实况，于6月播出了新闻专辑《中国人民解放军第三届体育运动会》。1977年7月，北京举办国际足球友好邀请赛，北京电视台用彩色和黑白电视转播了开、闭幕式和决赛等5场比赛实况。决赛当晚，邓小平出现在看台上，转播产生了体育与政治两方面的轰动效应。

北京电视台于这一时期实现了对异地体育赛事的实况转播。1971年，全国微波传输干线初步建成，电视节目实现了从北京到20个省、自治区、直辖市的微波传送，为全国电视联网创造了条件。1973年10月，全国乒乓球锦标赛在湖北武汉举行。此前，北京电视台不能实况转播在北京以外地区举行的比赛。21日和27日，北京电视台和湖北电视台技术人员合作，第一次把全国乒乓球锦标赛男、女团体决赛和5个单项决赛的信号，通过微波线路从武汉回传北京，然后向全国转播，图像清晰，效果良好，观众反映强烈。这次转播开创了我国异地体育赛事电视实况转播的先河，使我国体育电视转播进入一个新阶段。[3]

地方电视台的体育赛事转播也有发展。济南电视台（山东电视台前身）于

---

[1] 中华人民共和国史广播电视编辑部.当代中国广播电视回忆录：第3集：周恩来与广播电视[M].北京：中国广播电视出版社，1994：258.

[2] 中央电视台研究室.1955—1983年中央电视台大事记[G].内部资料，1984：83-91.

[3] 赵化勇.中央电视台发展史（1958—1997）[M].北京：中国广播电视出版社，2008：77-78.

1970年5月组装了一台黑白转播车，开始实况转播一些重要赛事。[1]1970年6月，广州地区举行羽毛球比赛，广州电视台进行现场直播，普通话播音员偏正中担任现场解说员。1971年，王泰兴加入体育解说行列，他的第一次转播是日本中学生女篮对广州中学生女篮。1978年底，世界网球名将博格和康纳斯在东校场进行网球表演赛，广东电视台参与转播。[2]1970年6月，石家庄电视台（河北电视台前身）实况转播了河北男、女乒乓球队和篮球队的表演比赛实况；此后，还全面转播了全国五项球类运动会的比赛实况。[3]1970年北京至成都的微波线路开通后，成都电视台（四川电视台前身）开始转播北京电视台播放的国内外体育比赛实况。1972年起，成都电视台由文艺部临时抽调编导、摄像人员组成转播组，使用转播车现场直播在成都地区举办的重要体育比赛。如1973年9月直播朝鲜乒乓球代表团、越南乒乓球代表团分别与四川省乒乓球代表队的友谊比赛实况，1974年6月直播四川省第三届运动会开幕式，1975年6月直播第三届全运会成都赛区排球预赛开幕式和男、女排球表演赛实况，1976年3月直播全国足球联赛第一阶段成都赛区的3场比赛实况，1977年10月直播日本乒乓球队与四川乒乓球队友谊赛实况等。[4]1971年5月，西安电视台（陕西电视台前身）首次进行体育实况转播，比赛是刚果（布）人民军足球队与陕西队的比赛，受到观众欢迎。随后，凡重大体育比赛在西安举行时，电视台均有实况转播或消息报道。[5]1973—1977年，上海电视台平均每年转播32场次体育赛事，如缅甸网球、羽毛球队，朝鲜排球队，几内亚男、女篮球队，阿尔巴尼亚青年排球队等同上海队的比赛，解说员大都是上海本地的播音员和体育专业人员。[6]河南

---

[1] 山东省地方史志编纂委员会.山东省志·广播电视志[M].济南：山东人民出版社，1993：215.

[2] 广东省地方史志编纂委员会.广东省志·广播电视志[M].广州：广东人民出版社，1999：191.

[3] 河北省地方志编纂委员会.河北省志：第82卷　新闻志[M].北京：中华书局，1995：366.

[4] 四川省地方志编纂委员会.四川省志·广播电视志[M].成都：四川科学技术出版社，1996：236-237.

[5]《陕西电视台卷》编委会.当代中国广播电视台百卷丛书：陕西电视台卷[M].北京：中国广播电视出版社，1998：141.

[6]《上海广播电视志》编辑委员会.上海广播电视志[M].上海：上海社会科学院出版社，1999：438.

电视台第一次进行体育比赛实况转播，是1971年10月17日在河南省体育场直播湖南队对天津队的足球赛。此后，河南电视台于1971年11月转播了塞内加尔乒乓球代表团与河南乒乓球队友谊赛实况，于1973年转播了索马里足球队与河南省足球队、阿尔巴尼亚国家青年男子排球队与河南男子排球队、日本乒乓球队与河南省乒乓球队的友谊赛实况，于1974年7月转播了索马里国家男子篮球队和河南省男子篮球队比赛实况。[1]1971年8月，云南电视台购置1辆黑白电视转播车，对一些在昆明举行的重要赛事进行实况转播，开始了自制体育节目的播出；1973年，转播了全国篮球分区赛。1973年起，山西电视台利用电视转播车对省内举办的国际国内重大体育赛事进行现场直播，如1973年的全国少年乒乓球赛、1974年的全国男子篮球联赛、1975年的全国乒乓球赛、1978年的中日女子排球对抗赛等。[2]

受技术限制，这一时期体育电视报道的范围较小。一般而言，地方电视台局限在本地，北京电视台也主要关注在北京举办的体育赛事。

六、体育电影纪录片

新影厂这一时期陆续摄制了一些体育题材的纪录片，反映了我国体育运动开展的情况（见表3-1）。

1973年8月，亚非拉乒乓球邀请赛在北京举行。彩色纪录影片《万紫千红》生动记录了这次邀请赛的盛况。[3]

1974年，新影厂摄制的彩色纪录影片《第七届亚运会》反映了亚运会盛况，讴歌了亚洲各国人民和运动员的友谊，对我国运动员的精神面貌也作了别具匠心的刻画。[4]曾在德黑兰亚运会上为中国代表团摘得亚运史上首枚金牌的苏之渤回忆说："当时有电影厂的同志去了德黑兰，回来后将第七届亚运会赛况制作成电影。我们都去电影院看了片子，挺有意思……用电影来宣传亚运会，倒

---

[1] 周绍成.跨越之路：河南电视台发展史（1969—2009）[M].郑州：河南人民出版社，2009：37.

[2] 山西省史志研究院.山西通志：第四十三卷 新闻出版志·广播电视篇[M].北京：中华书局，1998：332.

[3] 徐寅生，胡玉兰，郗恩庭.亚非拉人民心连心：彩色纪录影片《万紫千红》观后[N].人民日报，1974-08-19（3）.

[4] 鲁光.团结战斗的赞歌：评彩色纪录影片《第七届亚运会》[N].人民日报，1975-01-31（3）.

是现在比不了的'待遇'。"[1]

表 3-1　中央新闻记录电影制片厂摄制的体育电影纪录片目录（1971—1976）

年份	片名
1971	《银球传友情——欢迎六国乒乓球队访问中国》
1971	《中国乒乓球代表团访问日本》
1971	《乒坛盛开友谊花——第三十一届世界乒乓球锦标赛》
1972	《亚非乒乓球友好邀请赛》
1972	《第一届亚洲乒乓球锦标赛》
1972	《亚非乒坛传友谊》
1973	《中国乒乓球代表团访问加拿大》
1973	《中国乒乓球代表团访问秘鲁》
1973	《中国乒乓球代表团访问墨西哥》
1973	《中国乒乓球代表团访问美国》
1973	《第 32 届世界乒乓球锦标赛》
1974	《第七届亚运会》
1974	《山乡小体操》
1975	《再次登上珠穆朗玛峰》
1975	《红旗颂——第三届全运会团体操》
1975	《第三届全国运动会》
1976	《碧波传友谊》
1976	《冰上新花》
1976	《冰上运动会》

第三节　重大体育赛事报道

一、亚运会报道

20世纪70年代初，随着冷战坚冰的熔化，中国逐渐融入国际社会，并走进国际赛场。1973年11月16日，亚运会联合会理事会确认了中华全国体育总会的合法权利，并取消了台湾体育组织的会员资格。1974年，中国代表团第一次参加亚运会并取得优异成绩。我国媒体对亚运会的关注程度陡然提升。

---

[1] 薛原.1974德黑兰第一枪[N].人民日报，2002-09-29（8）.

（一）1974年第7届（德黑兰）亚运会报道

1974年9月1—16日，中国代表团参加了在伊朗德黑兰举行的第7届亚运会，名列金牌榜第3位，对日本、韩国作为亚洲体育强国的地位构成了挑战。

新华社承担着向国内媒体全面提供第七届亚运会信息的任务。1974年1月至9月，新华社共播发文字报道约260篇、图片报道约170幅。

亚运会期间，《人民日报》除于开、闭幕式次日在头版刊登消息外，还在第5版设置《第七届亚运会》专栏，共刊登60余篇亚运会报道。因为中国刚刚获得亚运会联合会会员身份并第一次参赛，《人民日报》非常重视中国与其他亚洲国家的团结和友谊，仅标题中含有"友谊"或"团结"词语的报道就达10余篇，如《友谊花朵处处开》《友谊重于胜负》《团结和友谊的盛会》等。《人民日报》还刊登多篇关于亚洲举重联合会、亚洲羽毛球联合会等亚洲单项体育组织恢复中华人民共和国合法权利的新闻。此外，还刊登了《亚洲运动会》《第七届亚运会会标》等资料性文章，介绍了亚运会的性质、项目、领导机构、历史及中国参与亚运会的曲折历程等。

《体育报》除于开幕式次日出版增刊外，还改每周两刊为每周三刊，除在头版报道重要赛事新闻外，还在第3版和第4版刊登有关亚运会的消息、特写、通讯、集锦或项目介绍等。报道以新华社电讯为主，也刊登了少数本报记者、通讯员的"德黑兰通讯"或"德黑兰航讯"。

中央广播事业局派出中央人民广播电台、中国国际广播电台和北京电视台报道组到德黑兰参与报道，[1] 这是国内广播电视记者第一次大规模出国报道。为报道亚运会盛况，中央人民广播电台设置了《第七届亚洲运动会专题节目》，播送了亚运会消息、录音报道、实况录音剪辑、运动员讲话录音、比赛特写等。专题节目每天广播两次，时间是12：45—13：00（第一套节目）和19：15—19：30（第二套节目）。[2] 受经费和设备条件限制，北京电视台只派了一个随团摄制组，虽在新闻节目中报道了比赛消息，但没能对比赛进行实况转播。[3]

---

[1] 刘桂兴.两个重放的慢镜头[M]// 中国体育记者协会.百名中国体育记者自述.北京：人民体育出版社，2000：147.

[2] 新华社.中央人民广播电台将举办《第七届亚洲运动会专题节目》[N].人民日报，1974-08-30（4）.

[3] 赵化勇.中央电视台发展史（1958—1997）[M].北京：中国广播电视出版社，2008：77.

（二）1978年第8届（曼谷）亚运会报道

1978年，第8届亚运会于12月9—20日在泰国首都曼谷举行。中国队共获得56枚金牌，从金牌榜第3位升至第2位，对日本的亚洲体坛霸主地位产生了极大冲击。

1000多名记者参与了曼谷亚运会报道。其中，中国记者70多人，名列第3。[1] 新华社派出包括李贺普、赵克敏等在内的文字记者和官天一、刘东鳌等在内的摄影记者。《人民日报》则派出胡思升、史宗星、王士芳3位记者。[2]

关于曼谷亚运会，新华社于1978年12月播发了170余篇文字报道和80余幅图片报道。除常规的动态新闻外，文字报道还有资料、特写、通讯、侧写、述评、综述等体裁。

《人民日报》于亚运会期间推出了《第八届亚运会》专栏，设有《亚运会特写》和《曼谷通讯》版块。专栏主要采用新华社电讯稿和摄影图片，也有少数几篇由该报记者采写的通讯。

《体育报》于亚运会期间除在头版刊登关于夺冠、破纪录、获奖的报道、评论外，还在第2版或第4版刊登一些侧记、消息、特写、花絮、小知识等，新闻来源主要是新华社曼谷电和该报曼谷专电。

中央广播事业局派出联合报道组。中央人民广播电台和中央电视台（1978年5月1日由北京电视台更名为中央电视台，英文简称CCTV）联合广播了排球等几个项目的比赛实况，这是中央人民广播电台第一次通过卫星在境外进行实况广播。[3] 中央人民广播电台还开办了《第八届亚运会专题节目》。[4] CCTV派出10余名记者、编辑、解说员和技术人员，除直播一些比赛场次外，还拍摄了赛事新闻，制作了3部电视纪录片。12月8日18时，在曼谷中心体育场亚运会开幕式看台上出现了CCTV的评论席，这是CCTV第一次在国外赛场租用评论席，也是CCTV第一次派人在海外进行现场直播。通过国际通信卫星，CCTV直播了开幕式、闭幕式（包括足球决赛）和女排、男篮的决赛。[5]

---

[1] 胡思升，史宗星．火炬点燃了[N]．人民日报，1978-12-10（4）．

[2] 胡思升，史宗星，王士芳．从北京到曼谷[N]．人民日报，1978-12-9（5）．

[3] 杨波．中央人民广播电台简史[M]．北京：北京广播学院出版社，2000：96．

[4] 中央人民广播电台和中央电视台将播送亚运会专题节目[N]．体育报，1978-12-8（4）．

[5] 唐世鼎．中央电视台的第一与变迁（1958—2003）[M]．北京：东方出版社，2003：52-66．

二、全运会报道

1975年9月12—28日，第三届全运会在北京举行。

新华社围绕全运会刊登了比赛公报和赛事消息，还有述评、通讯、资料等。新华社非常注重全运会成绩，尤其是破纪录的情况，仅题目中出现"纪录"一词的就有10余篇，如《第二届全运会破世界纪录和全国纪录捷报》等。

全运会期间，《人民日报》设置了《第五届全运会》专栏，刊登了约60篇全运会报道。开幕式当日、次日与闭幕式次日，《人民日报》分别在头版头条位置刊登社论和开、闭幕式消息，并在报眼位置刊登毛主席语录"发展体育运动，增强人民体质"。

《体育报》在赛前设有《迎接第三届全运会》《全运会竞赛项目》等专栏，还举办了"征集体育歌曲"等活动。全运会期间，《体育报》在正常出报的基础上，于开幕式次日出版6版增刊，全面报道了开幕式盛况。除刊登赛事消息、成绩公报外，报纸还设置《赛场新风》《全运会竞赛项目》《看球札记》等专栏。《体育报》非常重视评论，除在头版刊登评论外，还设有《工农兵评论》专栏。

除在体育节目中广播全运会新闻外，中央人民广播电台还在比赛期间设置了全运会专题节目。[1]

北京电视台除每天播出比赛消息外，还转播开幕式和足球、篮球、排球、乒乓球、羽毛球、手球以及体操、艺术体操的比赛实况，并把开幕式转播当作一项重要的政治任务。[2]

广东电视台派记者随广东体育代表团赴京采访，这是该台第一次派记者采访全运会。记者拍摄了许多珍贵镜头，回到广州冲洗、剪辑、制作播出了3集纪录片，每集15分钟。[3]

---

[1] 新华社. 中央人民广播电台将举办第三届全国运动会专题节目 [N]. 人民日报, 1975-09-10（4）.

[2] 赵化勇. 中央电视台发展史（1958—1997）[M]. 北京：中国广播电视出版社, 2008：78.

[3]《广东电视台卷》编委会. 当代中国广播电视百卷丛书：广东电视台卷 [M]. 北京：中国广播电视出版社, 1999：65.

第四节　顿挫与复苏期体育新闻传播的特点

一、体育新闻工作者数量出现少量增长

20世纪70年代，随着国际体育交往的恢复和体育事业的发展，体育记者、编辑的数量出现了少量增长。

作为向国内媒体提供国内外体育新闻的重要机构，新华社的体育记者队伍在这一时期有所扩充。1971年，文教编辑室的李贺普成了国内部唯一的体育记者；国际部苏联东欧组的年轻记者蔡君清参与了第31届世乒赛报道，从此加入体育记者行列；摄影部的年轻摄影记者官天一将体育摄影确立为自己的方向。1976年7月，国际部的体育记者有肖振荣、赵克敏、王道源、蔡君清、刘大恩等。[1]

《体育报》和《新体育》停刊后，记者、编辑大都被下放到山西屯留"五七干校"。[2]1972年后，随着《新体育》《体育报》先后复刊，体育记者、编辑逐渐回归岗位。

1974年，《光明日报》调入一名体育记者，使体育记者增至两名。这一时期，《浙江日报》的体育新闻由文教组负责，只有一名记者兼管，每月难得有几块"豆腐干"见报。[3]

中央人民广播电台体育组先是和其他组被合并为工人广播组，继而于1970年恢复建制。1976年和1977年，先后有3名年轻人调进体育组从事实况广播。[4]

二、媒体体育报道从顿挫到复苏

"文化大革命"期间，晚报等综合性报纸被迫停刊，体育专业报刊、体

---

[1] 王宪举.我在莫斯科当外国记协主席[OL].2008-01-16[2017-03-13]. http://news.xinhuanet.com/book/2008-01/16/content_7429873_3.htm.

[2] 鲁光.我的笔名叫鲁光[M].北京：人民体育出版社，2008：30-32.

[3] 周守瑾.改革开放打开"体育新闻窗"：回顾钱江晚报体育报道的创立之路[J].新闻实践，2008（12）：20-21.

[4] 杨波.中央人民广播电台简史[M].北京：北京广播学院出版社，2000：97.

育广播和体育电视节目则经历了停刊（播）、复刊（播），新华社成为国内媒体体育报道重要的甚至是唯一的新闻来源，但也一度陷于停滞，于1970年后逐渐复苏。

综合性报刊这一时期大多没有体育栏目，也没有专职体育记者，其体育报道主要来源于新华社电讯稿，体裁主要是消息和通讯，只有少数几篇本报记者撰写的评论。

《体育报》复刊后，因为大量刊登时政新闻和理论性文章，体育报道并不充分。

体育实况转播和体育专题节目恢复后，中央人民广播电台的体育报道成为国人了解体育讯息的又一重要渠道。体育实况广播以其收听的便捷性、信息的及时性和声音的现场感，成为当时人们十分喜爱的广播形式。

北京电视台一度中断体育转播，于1970年后开始转播亚洲乒乓球锦标赛、全运会和北京国际足球友好邀请赛等大型体育赛事。但由于电视普及率低、信号覆盖范围有限，能收看到北京电视台实况转播的受众很少。

三、中外乒乓球交流是报道重点

"文化大革命"初期（1967—1969），因体育系统瘫痪，体育交流中断，中国媒体的体育报道几乎停滞。1970年后，随着中国恢复对外体育交往并开展"乒乓外交"，体育报道开始复苏，但数量依然较少。

中国媒体这一时期的体育报道视野较为狭窄，很少走出国门，对没有中国参与的国际赛事很少进行报道。宋世雄曾经回忆说："过去采访世界比赛，不用说兄弟台，就是中央人民广播电台、中央电视台要去一个记者，都是难上加难。我1960年参加工作，一直到1978年才第一次出国。"[1]

因为乒乓球是当时新中国极少数能参与国际赛事的项目之一以及"乒乓外交"的广泛开展，中外在乒乓球领域的交流是这一时期中国媒体体育报道的重点。

1970年，中国乒乓球队恢复训练并开展对外交流。6月9日，新华社播发了中国乒乓球队参加尼泊尔国王五十寿辰庆祝活动的消息，距离上次报道中国乒乓球队已有3年之久。围绕这次出访，新华社共播发10余条消息。同年8月，朝鲜乒乓球队应邀来我国进行友好访问，《新华社》相继播发17条文字报道和14

---

[1] 岑传理, 宋世雄. 金话筒的诉说：电视体育节目的解说与主持 [M]. 北京：中国经济出版社, 2000：29.

幅照片,如《中朝人民亲如兄弟——记朝鲜乒乓球队访问中国》等。1970年底,新华社又报道了中国乒乓球代表团出访罗马尼亚、瑞典、丹麦、阿尔巴尼亚的消息。

1971年4月,第31届世乒赛在日本名古屋举行。中国乒乓球队在时隔多年之后重返国际赛场,并引发了"小球转动大球"的佳话。新华社是第31届世乒赛报道的主力军。魏纪中曾在书中介绍新华社的世乒赛报道:"乒乓球锦标赛代表团出发后,我马上被借到新华通讯社协助这届乒乓球赛的统一报道工作,中文稿和英文稿都统一由我们这个四人组成的报道组发出,随团去的记者的稿子也都要首先集中到新华社处理。""除了报道外,我还负责编写向中央上报的每日赛况和对比赛前景的分析。"[1] 据统计,1月至5月,新华社共播发200多条文字报道和160余幅图片报道:赛前,主要是关于中国乒乓球协会和日本乒乓球协会的会谈纪要及日本民众欢迎中国乒乓球代表团的报道;赛间,主要是赛况报道;赛后,主要是各国代表团访华以及中国代表团在日本各地访问的消息。《人民日报》采用新华社稿件,较为全面地报道了第31届世乒赛。

"乒乓外交"的成功使体育交流成为我国对外交往的重要渠道。此后,中国以乒乓球为媒,加大中外体育交流力度,并在北京举行一系列乒乓球友谊赛,如亚非乒乓球邀请赛、亚洲乒乓球锦标赛和亚非拉乒乓球邀请赛等,为打破封锁,推动亚非拉人民的团结事业做出了重要贡献,也促进了乒乓球运动的普及、发展和提高。1973年至1977年,中国乒乓球代表团相继参加三届世乒赛。这些富有外交使命的乒乓球赛事自然成为新华社、《人民日报》、中央人民广播电台、北京电视台、《体育报》等媒体的报道重点。

四、受众重新被重视

1970年后,体育工作逐渐复苏,民众的体育热情很高,媒体的受众意识也有所恢复。

《新体育》和《体育报》深知读者的重要性:"报纸和刊物,要依靠群众来办,《体育报》《新体育》自复刊以来,得到广大工农兵和运动员、教练员、体育工作者的关心、支持,给我们踊跃来稿和提出宝贵意见。"[2]《新体育》恢复了《体育信箱》《答读者问》《读者·作者·编者》等专栏。《体育报》也恢复

---

[1] 魏纪中. 我的体育生涯 [M]. 北京:新华出版社,2008:47.
[2]《新体育》为增页,《体育报》为改周三刊:致读者 [J]. 新体育,1975(6):29.

了《答读者问》等专栏。1977年9月24日,《体育报》用半版篇幅刊登了《改进文风,努力搞好体育竞赛报道——读者来信摘登》,指出"我们的报纸要靠大家来办,靠全体人民群众来办,靠全党来办,而不能只靠少数人关起门来办",并选摘了读者要求"肃清'帮八股'的流毒和影响,改进文风"的意见,如"报道比赛实况,增加体育内容""希望敢于报道竞赛""恢复党的优良学风和文风""多介绍体育知识和运动技术""要有体育特色""改进体育竞赛报道""反映运动员的精神风貌"等。

五、体育报道服从服务于国家需要

在这一特殊历史时期,在"舆论一律""阶级斗争工具"等理论指导下,体育报道主要服从服务于国家的政治与外交需要。

(一) 国内体育报道积极宣扬毛泽东思想

随着各行各业掀起"活学活用毛主席著作"、学习"毛泽东思想"的热潮,"高举毛泽东思想伟大红旗""显示了毛泽东思想的伟大胜利"等话语便频频出现在体育报道中。

媒体还积极刊登报道,纪念毛泽东横渡长江和发表"发展体育运动,增强人民体质"题词。

毛泽东酷爱游泳。1956年6月1—4日,他先后3次畅游长江,并写下《水调歌头·游泳》,尽显豪迈之情。此后,他又多次畅游长江,并向全国人民发出"到江河湖海中去游泳,到大风大浪中去锻炼"的号召。毛泽东最后一次横渡长江是在1966年7月16日。这一天,共有5000人参加武汉市第十一届横渡长江活动。73岁高龄的毛泽东乘舰检阅并畅游15公里,历时1小时零5分。此后,"7.16"被确定为毛泽东畅游长江纪念日。从1967年起,全国各地纷纷举行以纪念毛泽东"7.16"畅游长江为主题的游泳活动。对1966年毛泽东最后一次畅游长江,新华社等国内媒体给予了充分报道。其中,新华社7月25日播发的通讯《毛主席畅游长江》,详细报道了毛泽东横渡长江的情况及其给人们带来的"巨大的鼓舞和力量",被《人民日报》等多家媒体采用。次日,《人民日报》《解放军报》和《体育报》相继刊登社论《跟着毛主席在大风大浪中前进》《沿着毛主席开辟的革命航道奋勇前进》《在毛主席指引下乘风破浪奋勇前进!》,并被新华社转发,在全国引起极大反响。此后,每年7月16日,新华社都会刊登相关报道。

为纪念毛泽东"发展体育运动,增强人民体质"题词,体育系统时常于每年6月举行相关活动，《人民日报》等媒体也会刊发新华社播发的新闻。新华社还曾播发多期《发展体育运动，增强人民体质》专栏。

（二）国际体育报道为体育外交服务

随着中苏关系破裂和中苏体育交往中断，中国媒体关于苏联体育的报道数量大为减少，且多是批评性报道。抨击苏联在体育领域推行霸权主义是这一时期《人民日报》苏联体育报道的主题，主要涉及两个领域：国际体育赛场和国际体育事务。中国媒体这一时期关于美国体育的报道数量很少，初期都是批评性报道，1971年后多为中美体育交流方面的报道，也有少数关于美国体育的消息，语言趋于客观平实。

20世纪70年代，中国不但与美国缓和了关系，还努力与亚非拉等第三世界国家开展体育交往。这一时期的体育对外交往及报道主题是"友谊第一，比赛第二"。以"友谊第一，比赛第二"为关键词，对"新华社多媒体数据库"（1971年至1976年）进行检索，可得到近500条报道，分布如表3-2所示。

表3-2 新华社"友谊第一，比赛第二"报道数量

	1971	1972	1973	1974	1975	1976
文字报道	75	72	76	100	83	49
图片报道	11	1	8	7	9	0

1971年，新华社播发约200篇有关世乒赛的报道，"友谊第一，比赛第二"的基调贯穿始终，着重突出中日友谊，特别是中国乒乓球代表团在日本受到的热烈欢迎。其中，含"友谊"一词的报道103篇，如《乒坛盛开友谊花——中外运动员畅叙友谊》《银球传友谊——中国乒乓球队在名古屋》等。1971年亚非乒乓球友好邀请赛期间，新华社和《人民日报》等中国媒体对体育比赛成绩大多一笔带过，更多的是关于"友谊第一，比赛第二""加强友谊，促进团结"的描写和渲染。如在《参加友好邀请赛的各国朋友盛赞亚非乒乓球友好邀请赛圆满成功》一文中，50个参赛代表团团长发言都谈到"友谊"。[1]1974年是媒体中出现"友谊第一，比赛第二"次数最多的一年，这和第二届亚洲乒乓球锦标赛、第七届亚运会的召开有关，如《人民日报》中出现"友谊第一，比赛第二"的报道共计80条。

"友谊第一，比赛第二"是周恩来总理在1971年中国代表团出席第31届世

---

[1] 新华社.参加友好邀请赛的各国朋友盛赞亚非乒乓球友好邀请赛圆满成功[N].人民日报，1971-11-20（2）.

乒赛前提出的对外体育工作方针,在加速中国体育走向世界、开拓中国国际政治局面方面发挥了积极作用。但"友谊第一,比赛第二"的报道原则,使体育报道的重心从赛事本身转向对赛事功能之一的友谊的过度渲染,有失科学性、全面性和专业性,很难让受众感受到体育的魅力。正如新华社国内部体育记者李贺普所言:"有好几年时间,体育报道是不播报比分的,只说和谁进行了友谊比赛,双方运动员表现了良好的精神面貌等。体育比赛不报比分,不是记者本身的意愿,也不是新华社的意愿,是当时宣传要求的。那个时候,受宣传思想禁锢,体育报道不像是体育新闻,倒成了一种政治外事消息,只有空话、套话。"[1]

随着国际局势的改变,"友谊第一,比赛第二"这一方针在20世纪70年代末80年代初引发了质疑和讨论,逐渐远离了主流话语。[2]

---

[1] 薛文婷. 体媒人物:新中国体育新闻传播口述史(上)[M]. 北京:清华大学出版社,2015:16.

[2] 薛文婷. 论《人民日报》亚运会报道中亚洲叙事的嬗变[J]. 北京体育大学学报,2011(11):21.

第四章　调整与探索期（1978—1992）

国运盛，体育兴。改革开放后，体育事业蓬勃发展，新闻事业突飞猛进，体育新闻传播也随之在调整与探索中焕发勃勃生机。

第一节　社会环境

1978年至1992年，是中国改革开放的起步阶段。这一时期，中国大的社会背景是拨乱反正、改革开放，实行政治体制与经济体制改革，中国共产党明确提出了"建设有中国特色的社会主义"的科学命题。在此背景下，中国各项事业都步入了快车道。

一、改革开放与中国特色社会主义的开创

中共十一届三中全会的召开，是新中国成立以来，党和国家历史上具有深远意义的伟大转折。它标志着中国共产党从根本上冲破了长期"左"的错误思想的严重束缚，重新确立了正确的思想路线、政治路线和组织路线，开启了以改革开放为鲜明特征的社会主义现代化建设新时期。在中国共产党领导下，经济体制改革从农村到城市全面展开，政治体制改革逐步推进，对外开放格局初步形成，外交、国防不断开创新局面，祖国统一大业取得新进展。从总体上来说，这一时期，中国共产党确立了"一个中心、两个基本点"的基本路线，开创了有中国特色社会主义的道路，并沿着这条道路阔步前进。[1]

改革开放使中国各行各业的思维理念和运作模式都发生了巨大变化，为体育新闻传播的调整与探索奠定了思想基础。

---

[1] 当代中国研究所.新中国70年 [M].北京：当代中国出版社，2019：147.

二、实行有计划的商品经济

十一届三中全会后,党和政府的主要精力日益集中到经济建设上来。

1984年10月,中共中央十二届三中全会通过了《中共中央关于经济体制改革的决定》,突破了把计划经济和商品经济对立起来的传统观念,提出了"社会主义计划经济必须自觉依据和运用价值规律,是在公有制基础上的有计划的商品经济"的论断,为经济体制的全面改革奠定了理论基石,并成为社会主义市场经济转变过程中认识论上的一个飞跃。之后,以城市为重点的整个经济体制改革全面展开,增强了企业活力,发展了城乡多种经济成分,使国民经济走上持续发展的道路。到1988年,我国国民生产总值已上升到世界第8位。

快速发展的社会经济为体育新闻传播奠定了较好的物质基础。

三、新闻传播事业迅猛发展

随着在真理标准讨论中的"漂亮亮相",中国媒体逐渐摆脱"左"的束缚,开始发挥发布新闻、引导舆论、传播文化、服务社会、娱乐身心等功能,在社会主义现代化建设中发挥了重要作用。

新闻传播观念的改变对新闻界至关重要。改革开放后,新闻工作者在恢复、坚持与发展无产阶级新闻事业的党性原则和中国共产党新闻工作优良传统与作风的同时,大胆借鉴西方新闻学和传播学的理论与方法,使社会主义新闻传播学的理论体系与思维方式日趋丰富,具有中国特色的社会主义新闻观逐步成型。吴廷俊在《中国新闻史新修》中,从四个方面谈到了这一时期新闻观念的转变:公开报道观念被提出,新闻的商品性观念受到关注,新闻自由观念被提出并获得"争论"的自由,舆论导向观念被提出。此外,"信息""反馈""把关人""受众""效果""意见领袖""双向传播"等概念、观念被广大新闻工作者接受,并带来了前所未有的冲击。

新闻业务的改革也取得成效。首先,媒体的信息功能得到重视,信息量明显增加。其次,报道样式推陈出新。再次,舆论监督报道初显威力。

随着改革的深入,我国新闻管理体制也发生了变化。1978年,财政部批准首都几家报社试行"事业单位企业管理"体制,确立了新闻单位的事业法人地位。中国媒体开始在市场中找寻出路,并越来越重视媒介经营,也逐步建立了竞争机制、激励机制和约束机制。就报刊管理体制而言,1987年新闻出版署、新闻出版局的成立标志着从"党管新闻"到政府部门管理新闻出版事业的转变。

新闻出版署成立以来，先后颁布了十多项法规，其中最重要的是1990年颁布的《报纸管理暂行规定》。就广播电视管理体制而言，1982年，中央广播事业局撤销，成立广播电视部，1986年又改成广播电影电视部，为全国广播电视电影事业的统一管理，更好地协调中央与地方、有线与无线、宣传与技术、广播与电视电影之间的关系创造了条件。1983年，第十一次全国广播电视工作会议提出了"四级办广播、四级办电视、四级混合覆盖"的发展思路，加快了我国广播电视事业建设的步伐，但也出现了无序竞争、自制节目少、侵犯知识产权等问题。

我国新闻事业于这一时期发展迅猛。到1988年底，全国正式公开发行的报纸由1978年的186种增加到1579种。这期间，中国报业逐步形成了以党报为主的多层次、多种类的结构，而党报在报业中所占的比例呈下降趋势。我国广播电视业也得到长足发展。到1990年底，全国共有广播电台555座，广播发射台、转播台1253座；电视台489座，电视发射台、转播台22,724座。新闻教育也有极大发展。1978年，中国人民大学、复旦大学、中国社会科学院研究生院首次招收我国第一批新闻学硕士研究生。1985年，中国人民大学、复旦大学开始招收新闻学博士生。到1992年，全国设有新闻学类专业教学点的普通高等院校达到52所，共设新闻学类专业77个，全国新闻学类专业在校生达1.7万人。[1]

四、体育事业突飞猛进

20世纪80年代，为满足参与奥运竞争和实现奥运争光的目标，我国体育事业发展的方针由"普及和提高相结合"调整为"侧重抓提高"，并逐渐形成了"国家统一部署、管办结合"的"举国体制"，形成了竞技体育以体委为发展主体、群众体育以各部门为发展主体的分工负责制。[2] 在"侧重抓提高"的精神指导下，我国体育事业得到了恢复和发展，竞技体育发展尤其迅猛。此间，国家体委还提出了建设"体育强国"的目标：1983年，国家体委在《关于进一步开创体育新局面的请示》中第一次正式提出了"体育强国"的目标；1984年10月5日，中共中央发出《关于进一步发展体育运动的通知》，指出要"在本世纪

---

[1] 吴廷俊. 中国新闻史新修 [M]. 上海：复旦大学出版社，2008：519.

[2] 熊晓正，钟秉枢. 新中国体育60年 [M]. 北京：北京体育大学出版社，2010：294.

内把我国建设成为体育强国，以增强全民族的体质，强国强民"[1]。随着竞技体育的腾飞和体育强国目标的提出，国内掀起了一股"体育热"。可以说，这是中国竞技体育在国际赛场崭露头角、实现崛起的时期，也是"举国体制"开始发挥显著作用的时期。

（一）竞技体育从"适度超前"到"优先发展"

1979年中国重返国际奥委会后，"全面参与以奥运会为最高层次的国际体坛竞争"成为我国体育事业最紧迫的任务。为迅速提高运动成绩，国家体委全面调整了竞技体育发展战略。

1979年2月，国家体委在全国体育工作会议上提出了"国家体委和省一级体委要在普及与提高相结合的前提下，侧重抓提高"的战略方针。在给中共中央的请示中，国家体委提出将加速提高我国运动技术的整体水平作为今后一个时期的主要任务，确立了"竞技体育适度超前"的战略指导思想。1984年8月，国家体委召开全国体育发展战略及体育改革会议，正式提出实施"奥运战略"，即"在奥运会上获得优异成绩，为国争光"。为实现体育工作重点的顺利转移，全国体育工作开始"一边调整，一边前进"：按照有利于在奥运会上取得好成绩的原则，调整了运动项目布局，将13个项目列为全国重点；根据"国内练兵，一致对外"原则，调整全运会设项；为增强我国竞技体育发展的后劲，逐步建立健全按比例发展、层层衔接的训练网，完善后备力量培养体系；动员社会力量办体育。[2]

"优先发展"的战略方针、"举国体制"的强化和发展，使中国竞技体育激情迸发，凯歌频奏。1981—1986年，中国女排5次夺得世界冠军，率先奏响"冲出亚洲，走向世界"的号角，使国人备受鼓舞。"女排精神"被誉为一种新的民族精神。1982年，在印度新德里举行的亚运会上，中国代表团荣获金牌总数第一，首次超越亚洲体育强国日本。1984年，在第23届奥运会上，中国代表团实现了奥运会金牌"零"的突破，并以15枚金牌荣登金牌榜第4位，在全国掀起了前所未有的体育热和爱国主义热潮，成为这一时期中国人民"团结起来，振兴中华"的强大动力与旗帜。1990年，北京成功举办第11届亚运会。1991年，中国广州成功举办第一届女足世界杯赛。当然，这一时期，中国竞技体育也曾

---

[1] 国家体委政策研究室. 体育运动文件选编（1982—1986）[M]. 北京：人民体育出版社，1989：5，17.

[2] 熊晓正，钟秉枢. 新中国体育60年[M]. 北京：北京体育大学出版社，2010：163-164.

在1988年汉城奥运会上遭遇"滑铁卢"。

(二) 群众体育从"伴随发展"到"协调发展"

相对于竞技体育的"优先发展",群众体育走上了一条"伴随发展"的道路,即伴随改革开放所带来的经济生活水平的明显提高和竞技体育不断取得重大突破,群众中形成了持续增加的体育热情。这一时期的群众体育表现出很强的"自发性"和"随动性",如乒乓热、排球热以及因洛杉矶奥运会的巨大成功引发的"体育热"。

国家体委出台了一些促进群众体育的意见和措施,如发布《关于进一步加强群众体育工作的意见》(1979年)和《关于加强县级体育工作的意见》(1984年),举办以乡镇为基本单位的"亿万农民健身活动"(1990年开始)等,有力促进了基层群众体育活动的开展。[1]

尽管竞技体育的适度超前、优先发展带动了群众体育的平稳攀升,但总体而言,这一阶段国家体委的战略重点是竞技体育,加之受国家财力、物力所限,逐渐形成了竞技体育和群众体育"一手硬、一手软"的局面。

竞技体育过热,加之竞技体育的巨大投入和效益产出之间的显著落差,使社会各界对竞技体育与群众体育发展中的失衡现象提出批评,并呼唤两者的协调发展。1987年,国家体委第一次提出了"以青少年为重点的全民健身战略和以奥运会为最高层次的竞技战略协调发展"的战略方针。1989年,全国体委主任会议又提出了群众体育和竞技体育协调发展的战略要求。但事实上,各级体委实行的仍然是"以竞技体育为先导,带动群众体育发展"的战略,"一手硬、一手软"的状况基本没有改变。[2]

(三) 学校体育回归"以增强体质为主"

改革开放后,学校体育得到全面恢复,制度建设不断完善。1979年,国家教育委员会(简称"国家教委")与国家体委联合发布《中小学体育工作暂行规定(试行草案)》和《高等学校体育工作暂行规定(试行草案)》。此后,国家教委、国家体委、卫生部、财政部等又共同拟定《学校体育工作条例》和《学

---

[1] 夏成前,田雨普. 新中国体育60年发展战略重点的变迁 [J]. 武汉体育学院学报,2010 (1):20.

[2] 熊晓正. 从"普及与提高相结合"到"各类体育协调发展"[J]. 体育文史,1997(5):19.

校卫生工作条例》。这些规定和条例的颁布，标志着我国学校体育工作进一步走向法治化、制度化和规范化，推动了我国学校体育的发展。

这一时期，新中国成立头17年的学校体育指导思想重新得到肯定，并强调学校教育质量要德、智、体全面衡量。学校体育的目标体系包含增强体质、传授知识和思想品德三方面内容。在处理目标体系的内在关系问题上，主张以增强学生体质为主，以普及为主，以经常锻炼为主，面向全体学生，贯彻普及与提高相结合的方针。

第二节　媒介体育报道

20世纪80年代，体育事业与新闻事业的快速发展推动体育新闻传播业有了长足进步，体育报道逐渐成为媒体吸引受众的重要内容。

一、通讯社体育报道迈上新台阶

早在1955年10月，毛泽东就向新华社提出要"把地球管起来，让全世界都听到我们的声音"。这是党中央向新华社发出的建设世界性通讯社的"进军令"。1982年，美国《世界新闻年鉴》将新华社与路透社、法新社、美联社、塔斯社等共同列为Ａ级"主要的国际通讯社"。[1] 新华社也于20世纪80年代初提出建设具有中国特色的社会主义现代化的世界性通讯社的宏伟目标，[2] 并将加强体育报道当作建设世界级通讯社的一项重要内容。其中，成立体育部、加大体育报道力度、积极筹划奥运会等重大赛事报道，使新华社体育报道登上新的台阶。

虽然承担着向国内媒体提供国内外体育新闻的重任，但在1984年以前，体育报道只占新华社日常对内、对外报道中的一小部分。

1984年1月1日，新华社正式成立体育新闻编辑部（简称"体育部"）。体育部的成立是新华社体育报道的一个重要里程碑，标志着新华社正式把体育报道作为其承担的主要报道任务之一，极大促进了新华社和我国体育报道水平的提升。

体育部的成立，使新华社得以在奥运会、亚运会、全运会、世界杯足球赛、

---

[1] 刘笑盈，唐艾华．新华社：世界五大通讯社之一 [J]．对外传播，2010（6）：59-60.

[2] 高殿民．记录"零的突破"[M]//中国体育记者协会．百名中国体育记者自述．北京：人民体育出版社，2000：618.

世界大学生运动会等重大赛事报道中发挥集团作战优势和资源优势，从竞赛新闻、非竞赛新闻等各方面进行全方位报道，成为诸多媒体的稿件来源，树立了新华社体育报道的权威性。1984年洛杉矶奥运会时，新华社30人的奥运会报道组播发中文稿件484条、英文稿件866条、图片1200余幅，并早于美联社、路透社发布中国夺得首金的消息。1990年北京亚运会时，新华社抽调146名报道业务熟练的编辑、记者，投入这场战役性报道。新华社也很重视群众体育报道。

新华社体育部在体育报道的市场运营方面也做了有益尝试。1986年前后，考虑到地方报纸经常需要一些特别的体育稿件，体育部成立了专稿组，由新分配来的大学生从国内外报纸中选材，为地方媒体撰写体育专稿。[1]

中新社也日益重视体育新闻，每年面向海外和中国台、港、澳地区播发重要体育消息。

二、综合性报纸加大体育报道比重

20世纪80年代，由于体育事业的发展和新闻改革的深入，体育新闻逐渐成为报纸的主要报道类型和支柱性内容，体育报道的版面也不断扩大。

（一）综合性日报大多设置体育栏

《人民日报》《光明日报》等全国性和《南方日报》《广州日报》等地方性综合性日报，逐渐认识到体育新闻在受众中的影响力，开始将体育新闻作为重要的报道内容之一，并增设体育栏或体育版。

《人民日报》体育栏经历了从无到有、从不定期到每日一期的变化。1980年1月和7月，《人民日报》先后于国际版、科教版增设了不定期的国际体育新闻栏《国际体坛》和国内体育新闻栏《体育之角》。1981年12月，《人民日报》将每周六的副刊改为《体育》副刊，每期刊登七八篇文章，既有竞技体育动态，也有群众体育活动；既有消息、通讯，也有来信、杂谈。1983年2月16日，《人民日报》在文教新闻版（第3版）推出了每天一期的《体育》新闻栏，体育报道从此成为《人民日报》的有机组成部分。1987年1月，《人民日报》开始在报眉上标注版面内容，体育栏通常刊登在《科教·文化·体育》版。

其他综合性日报也普遍设置了体育栏。《光明日报》于1980年9月创办了

---

[1] 薛文婷. 体媒人物：新中国体育新闻传播口述史（上）[M]. 北京：清华大学出版社，2015：83.

每周一期的《体育场》专栏。1981年1月出版的《中国青年报·星期刊》设置了《体育爱好者》栏目。《广州日报》于1981年前后恢复了体育栏,[1] 后来又创办了体育版。上海《解放日报》于1981年1月创办每周一期的《体育》专栏。1984年12月,《解放日报》创办《周末增刊》,《体育》专栏纳入增刊第3版。上海《文汇报》于1981年创办《体育场》专刊,每周五刊出一次。[2]《南方周末》于1984年正式创刊后设置《体育场》专栏,于1992年1月扩版后在《寰宇》版设置《体育之窗》专栏。[3]

(二) 晚报普遍设置体育版

1979年起,在"文革"期间被迫停刊的晚报相继复刊,[4] 同时不断有新的晚报创办。晚报在组织架构上虽然附属于市级党报,但在编辑方针、内容取向和营销方式上与机关报有明显差异,拥有较大发行量和较高的自费订户比例。

20世纪八九十年代,晚报数量不断递增,无论是复刊还是新创办的晚报,无不把体育新闻视为报道支柱。《新民晚报》《羊城晚报》《北京晚报》《成都晚报》等都在20世纪80年代前期成立了独立的体育新闻部,有了固定的体育版。

作为中国晚报界的"老大哥"和成功典范,《新民晚报》向来重视体育新闻。1982年元旦复刊初期,体育新闻便是《新民晚报》的四大拳头产品之一,占据了4开6版中的整整一版。逢重大活动,体育版甚至扩为两版。在《新民晚报》社长赵超构眼里,晚报是"晚"上的读物,是业余休息时间阅读的,必须着重体育。他说:"我想送给体育版一个匾额,叫作'跃如也',古人说'引而不发,跃如也'。要把体育版编得生动活泼,好像运动员都在版面上跳起来的样子,都在摩拳擦掌,跃跃欲试,在运动,在争斗。让读者看着也紧张万分,大叫精彩精彩精彩!上海报纸只有我们一家每天都有体育版,我们应该有所作为。"[5]1984年,《新民晚报》体育部记者率先走出国门,赴洛杉矶奥运会现场,写出了众多精彩稿件,《新民晚报》的国际体育报道从此获得了较大发展。除

---

[1] 注:1979年时,每天4版的《广州日报》通常两个星期才能有半版或者两栏的体育报道。

[2] 杜友君.三十而立:中国体育新闻教育30年[M].上海:上海交通大学出版社,2016:4.

[3] 洪兵.转型社会中的新闻生产:《南方周末》个案研究(1983年—2001年)[D].上海:复旦大学,2005.

[4] 注:如《南昌晚报》(1979年11月)、《北京晚报》(1980年2月)、《羊城晚报》(1980年2月)、《新民晚报》(1982年1月)等。

[5] 赵超构.我们怎样办新民晚报?[J].新闻战线,1982(2):19.

奥运会、亚运会、世界杯足球赛、世乒赛、中日围棋擂台赛外，世界大学生运动会、国际象棋大赛、亚足联杯等，都进入了《新民晚报》的报道视野。[1]

新创刊的晚报从一开始就确立了体育报道的地位。1985年5月创刊的《重庆晚报》非常重视体育报道，专门设置了文体版。[2]1987年创刊的《钱江晚报》从一开始就设立了体育新闻组，负责采写、编辑半个版的体育新闻。考虑到体育赛事的国际性，《钱江晚报》体育报道的定位是"立足浙江，面向全国，放眼世界"。1987年5月20日，中国队与香港队在广州争夺汉城奥运会的出线权。从读者需要出发，《钱江晚报》专门派记者去现场采访，这是浙江日报社第一次为一场足球赛派记者出省采访。这次尝试非常成功，那几天，不仅晚报栏前挤满读者，零售报也被一抢而空。受此启发，11月的第6届全运会时，《钱江晚报》体育组干脆在广州建立了工作室，在报道的广度和深度上得到了读者肯定。《钱江晚报》还实现了出国采访体育新闻。1990年中国体育记者代表团赴泰国执行两国友好交流计划时，《钱江晚报》体育记者被列入代表团名单。这是浙江体育记者首次参加国家级代表团出访。[3]

三、体育专业报刊出现创办热潮

随着我国体育事业的振兴和"体育热"的升温，体育专业报刊于20世纪80年代如雨后春笋般涌现出来。截至1988年，我国以宣传体育竞赛、训练、健身、体育人物为主要内容的新闻性报刊达80余家，每期发行总量达1000多万份。[4]其中，体育报纸从1978年的7份增加到1986年的21份，[5]后一度增加到35种左右，且发行量猛增。[6]在这些体育报纸中，影响力较大的除《中国体育报》外，还有广州日报社创办的《足球》报和天津日报社创办的《球迷》报。代表性体育

---

[1] 新民晚报七十年史：走出国门 交游海外[OL].2004-08-30[2017-08-08].http://news.sohu.com/20040830/n221800991.shtml.

[2] 赵文丹.重庆都市报发展史[M].北京：法律出版社，2014：9.

[3] 周守瑾.改革开放打开"体育新闻窗"：回顾钱江晚报体育报道的创立之路[J].新闻实践，2008（12）：20-21.

[4] 张德胜.体育媒体通论[M].广州：广东人民出版社，2006：40.

[5] 中国社会科学院新闻研究所.中国新闻年鉴1987[M].北京：中国社会科学出版社，1987：3.

[6] 赵善性，郑志林.近代现代体育报纸概况[J].体育文史，1992（3）：20.

报纸平均期发行量见表4-1。

表 4-1 1980—1992 年间代表性体育报纸平均期发行量统计（万份）

年份 报刊	1980	1981	1982	1983	1984	1985	1986	1987	1988	1989	1990	1991	1992
中国体育报	42.9	49.7	67.2	67.6	71.3	59.5	58.15	64.69	65.12	31.9	32.2	33.2	32.2
足球	26	20			80	85	65	120	80	75	68.7	103	103
球迷	——	——	——	——	——	——	40.69	65	12.73	42	16	39	52
体坛周报	——	——	——	——	——	——	——	——	2.7	6	4.7	4.2	8

注：表中数据主要来自《中国新闻年鉴》，空白处表示没有记录，"——"表示尚未创刊。

（一）体育报纸

1.《体育报》迎来黄金时期

作为国家体委机关报，《体育报》这一时期不再刊登时政新闻，成了名副其实的体育专业报纸。凭借独一无二的资源优势和人才优势，《体育报》及时报道国内外重大体育赛事，介绍群众体育活动经验，传播体育科技知识，倡导健康娱乐，唱响"冲出亚洲，走向世界""为祖国荣誉拼搏"等主旋律，振奋了民族精神，弘扬了爱国主义，产生了巨大影响力。

1979年，为适应形势需要，满足读者需求，《体育报》对原有的一些栏目进行了调整。譬如，《登攀》由文艺副刊改为综合副刊，每周一期，主要刊登思想杂谈、文艺、美术、知识小品等，作品力求短小精悍、生动活泼、风格多样、题材新颖；[1] 在头版开辟《理想，情操，精神生活》专栏，希望"以生动的故事、多样的体裁，从不同的侧面，去反映广大体育战士对待事业、生活、训练的态度和思想境界"[2]。这时，《体育报》的版面安排大致如下：头版为体育要闻；第2版为国内体育报道，设有《群体漫谈》《体育教学》等栏目；第3版为副刊，包括《登攀》《体育与卫生》专刊，平时则设有《体育研究》《体育知识》《答读者》《你知道么？》等专栏；第4版为国际体育报道，设有《国际体坛》《外国体育项目介绍》《场地与器材》《友好往来》等栏目。

---

[1] 读者·作者·编者：迈步现代化，携手共登攀 [N]. 体育报，1979-01-01（3）.

[2] 致读者 [N]. 体育报，1979-02-26（1）.

1980年后，中国竞技体育逐渐回归国际赛场，新闻领域的改革不断走向深入，《体育报》也不断在内容和版面上做出调整。1980年，将《学习、思想、生活》专刊改为《体坛生活》专刊，以便向读者介绍我国优秀运动员、教练员的兴趣爱好、成长道路等；[1]副刊版逐渐形成了《登攀》《体育科学》《足球天地》《体育教学》等专刊单独组版或两两组版的模式。[2]1981年，因为读者需要"健康的、有益的、高尚的娱乐"，推出《娱乐》专刊。[3]1982年，增设《花边新闻》《记者来信》《电视机前评球》等栏目。1983年，增设周六出刊的《周末版》，旨在为读者的体育生活和精神生活提供有益知识。[4]1984年1月，将《登攀》和《珍珠雨》合并为《珍珠雨》专刊，主要发表文艺作品、知识趣话等。1985年，开辟《腾飞论坛》栏目，旨在为读者、作者提供一个探讨、促进我国体育腾飞的园地。[5]1986年，开辟《读者点题采访》《周末文摘》《知识窗》等栏目，除加强指导性外，更注重知识性、趣味性和可读性。

1988年7月1日，在创刊30周年之际，《体育报》更名为《中国体育报》（报名由邓小平题写），并改为日报。更名是为了和"雨后春笋般创立起来"的各地体育报刊有所区别。[6]改出日报的目的在于提高时效性、增加信息量，并致力于"信息的通达，内容的开掘，思想的升华，人物的深化，权威性的增强"等。[7]改版后的《中国体育报》分为普通刊和星期刊。周一到周六为对开4版的普通刊：第1版是要闻版，第2版是国内体育新闻版，第3版是各类副刊版，第4版是国际体育版。周日为4开8版的套红星期刊，设有《环球》《武术气功》《健身健美》《娱乐》《摄影美术》《读者之友》《明星》等版面，旨在以"丰富的知识性、引人的可读性、健康的趣味性"接近读者。[8]

此后几年，《中国体育报》在内容、版面和栏目方面相对稳定，但在重

---

[1] 致读者 [N]. 体育报，1980-01-02（3）.

[2] 注：《登攀》专刊设有《体育史话》《杂谈》《名人体育》《小品文》等栏目；《体坛生活》专刊设有《思想随笔》《运动员说英语》等栏目；《体育与卫生》专刊设有《运动处方》《气功讲座》《健身跑漫谈》等栏目；《体育教学》专刊设有《外国教学》《工作研究》等栏目。

[3] 余十. 娱乐新解 [N]. 体育报，1981-01-30（3）.

[4] 体育报1983年将增出周末版 [N]. 人民日报，1982-12-29（4）.

[5] "腾飞论坛"说腾飞 [N]. 体育报，1985-01-05（1）.

[6] 鲁光. 我的笔名叫鲁光 [M]. 北京：人民体育出版社，2008：113.

[7] 本报编辑部. 就体育报更名并出日报告读者 [J]. 体育报，1988-06-18（1）.

[8]《中国体育报》的新打算 [J]. 体育报，1988-06-20（1）.

大赛事期间会有所调整，如于1991年首届女足世界杯期间设置女足世界杯专版等。

20世纪80年代是《中国体育报》的黄金时期。作为国家体委机关报，《中国体育报》因其体制优势、资源优势、人力优势，获取信息十分方便，在当时信息属于严重稀缺资源的环境中占据着得天独厚的优势，并因报道的及时性、全面性、权威性、专业性而深受读者喜爱。

《中国体育报》这一时期的发行形势很好。1980年8月1日起，为满足读者需要，《体育报》取消限额，扩大发行。[1]1981年11月报道中国女排夺得世界杯赛冠军的那期《体育报》，发行量高达861,000份。因体育信息的稀缺性，除单位订阅外，《中国体育报》吸引了很多普通体育爱好者购买，据统计，订户多半是自费订阅。[2]上海邮局在做好《体育报》收订工作的同时，还增加零售数，受到读者欢迎。1981年10月世界杯亚太区预选赛中国足球队3∶0战胜科威特队时，上海邮局的2万份《体育报》很快销售一空。[3]在由北京新闻学会发起的对北京市居民1982年读报、听广播、看电视的情况调查中，《体育报》以13%的拥有量与《人民日报》《参考消息》《中国青年报》《工人日报》《光明日报》一起排行前6位。[4]据《中国新闻年鉴1988》统计，《中国体育报》1988年的发行量达到每期65万份，在体育报纸中占据领先地位。1989年，《中国体育报》售价由5分提到2角，发行量有所降低但仍保持在30万份以上。1990年，因为北京亚运会的召开，《中国体育报》在日间正常出报的基础上又推出了晚报，发行量比前一年有了明显上升，达到48万份。这一时期，《中国体育报》还将广告科升格为广告部，广告收入也相继突破100万元、200万元、300万元大关。

体育报社在20世纪80年代还出版了《棋牌周报》《世界体育周报》《健与美》《五环》《体育画报》等多个子报子刊。其中，《健与美》适应了"健美热"的需要，发行量每期达七八十万份。《体育画报》由中国奥委会新闻委员会和体育报社于1986年创办，显示出强大的生命力，当年底发行量已达十余万

---

[1] 体育报取消限额扩大发行 [J]. 体育报，1980-08-01（1）.

[2] 中国社会科学院新闻研究所. 中国新闻年鉴1982[M]. 北京：中国社会科学出版社，1982：205.

[3] 李秀云，何近兰. 上海邮局零售《体育报》工作做得好 [J]. 体育报，1981-11-11（1）.

[4] 中国社会科学院新闻研究所. 中国新闻年鉴1983[M]. 北京：中国社会科学出版社，1983：272.

份。[1]1981年，体育报社还编辑出版了《世界体育与娱乐》增刊，内容广泛，图文并茂。[2]

2.《足球》报异军突起，带动足球类报刊创办热潮

紧随改革开放的脚步，一份以市场为主导的体育报纸《足球》在改革开放的前沿广州市创办，由此开始了体育报纸市场化发展的道路：1979年11月7日，《足球》报试刊，5万份很快销售一空；1980年1月1日，《足球》报正式创刊，4开4版，半月刊，初期仅在广州市内零售，后发行至广东省内各地；1983年1月，改为双周刊，隔周二出版，面向全国发行；1984年1月，扩版增刊为4开8版的周报，每周二出版；1987年，平均期发行量高达120万份。作为新中国第一份足球专业报纸、第一份地方党报创办的体育专业报纸、第一份体制外运作的市场类体育报纸，《足球》报迅速成长为国内发行量最大的体育专业报纸，取得了良好的社会效益和经济效益。这一成绩的取得离不开当时我国特殊的媒介生态，正如创办人严俊君所说，《足球》报的创刊，"天时地利人和，三大因素缺一不可"[3]。

《足球》报由《广州日报》和广州市体委（足球协会，简称"足协"）联合创办，[4]负责人是时任《广州日报》政法科教部体育组组长的严俊君。创办之初的《足球》报一无资金、二无人员，但依靠体制外的资金投入、信息渠道、编辑记者、激励机制、社会资源，摸索出了一条依靠发行和广告维持出版并实现盈利的市场化道路。

《足球》报诞生于广州，宗旨是"立足广州，面向全国"。最初，《足球》报主要是在广州本土发行，除对全国足球联赛各赛区形势进行总结外，很少关注外省足球。1983年开始面向全国发行后，全国足球联赛及国家足球队开始成为《足球》的报道重点，上海、北京、辽宁等足球强省的新闻也日渐增多。为了将报纸销往全国并让报纸不断发展壮大，《足球》报非常注重足球报道队伍的建设，还从中央、地方媒体的体育记者中招揽人才，为他们开专栏，付稿费。经过努力，这份诞生于广州的足球专业报纸很快得到中国足协、国家体委和中国体育界的认可，得到广大读者的肯定，拥有了全国市场。

---

[1] 鲁光.1986年我国体育报纸事业发展概况 [M]// 中国社会科学院新闻研究所.中国新闻年鉴1987.北京：中国社会科学出版社，1987：18.

[2]《世界体育与娱乐》增刊出版 [N].人民日报，1981-01-31（3）.

[3] 严俊君.一个时代的产物 [N].足球，2009-01-03.

[4] 汤应武，李婉芬.广州日报60年 [M].广州：花城出版社，2012：195.

《足球》报还适时提出了"胸怀全国，放眼世界"的口号。1981年第12届世界杯亚太区外围赛中，为报道一场在科威特举行的对中国队能否出线关系重大的比赛，《足球》报借助国际长途电话及时获得了信息。1982年，《足球》报借助"鱼骨"天线接收香港电视的世界杯直播节目，出版了33期共148版的《82年世界杯特刊》。编辑部还通过直接收听马德里西班牙语广播的方式，在球王贝利现场评球4小时后发售的《足球》报上对球赛状况给予刊登，一时传为佳话。国内的很多足球名宿也纷纷在《足球》报上开设专栏，如年维泗的《世界杯纵横谈》、苏永舜的《观战手记》、容志行的《我看世界杯》。1983年，《足球》报采访报道了墨西哥世界青年足球锦标赛，开创了地方媒体出国采访世界大赛的先例。1984年，《足球》报开始每期用2个版面报道国际足球。1986年，《足球》和《广州日报》派出3位记者采访、报道了墨西哥世界杯，并增出19辑世界杯特刊（出刊日有5期正刊），严俊君还进入决赛新闻发布会现场并提问。《足球》由此成为中国大陆第一家现场采访世界杯的报纸。1990年世界杯期间，《足球》与《广州日报》联合派出特约记者队伍，采用图文传真的方式，为读者带来了每个比赛日4开4版的世界杯特刊。[1]

　　作为新中国第一份足球专业报纸，《足球》报甫一诞生就和中国足球紧密联系在一起。首先，《足球》是由《广州日报》和广州市体委（广州市体委通过广州市足协申办）联合创办的一份报纸。其次，《足球》得到了中国足协和体委系统的支持。《足球》报也积极为中国足球献计献策，如呼吁进行足球体制改革，为足球职业化出谋划策等。

　　《足球》报非常注重和读者、球迷进行互动，同读者建立起了朋友般的亲密关系，并培养了很多忠实球迷。1983年1月，《足球》报开辟《球迷园地》专栏，刊登读者的观点及读者关心的话题。1984年1月，《足球》报设置《球迷之友》专栏，回答读者的各种问题。《足球》还时常举办大型活动，如1986年最受球迷喜爱的"国脚"评选活动，1988年关于"中国足球落后的主要原因是否是运动员的素质差"的专题辩论赛等。

　　《足球》报的成功带动了足球类报纸以及体育类报纸创办的热潮。例如，1985年，天津日报社创办《球迷》；1988年，辽宁日报社创办《美报·球刊》（1993年更名为《球报》），湖南省体委创办《体坛周报》，等。[2]《球迷》报

---

[1] 白国华.6岁那年就已经惊动世界[N].足球，2009-01-01.

[2] 薛文婷，吕莎，李倩雯.拓荒·辉煌·转型：媒介生态学视野下的《足球》报发展阶段分析[J].北京体育大学学报，2014，37（2）：26-32.

1985年7月2日创刊于天津,虽然只有4版,但内容丰富,视角独特,受到读者喜欢。《球迷》报注重挖掘独家新闻。1986年底,中国国家足球队远赴巴西进行训练和比赛,受财力等条件限制,没有媒体随队采访。《球迷》报经过多方打探获知了中国队的行踪,继而通过电话对主教练进行了采访,并凭借这一"独家途径"连续7期刊载中国队"留学"巴西的独家报道。《球迷》报善于通过专访和评论提升报纸的权威性、客观性。1985年,在各界对"5·19"失利的责骂声中,《球迷》报连续刊登对国家队主教练、领队、中国足协副主席等的数篇专访,让读者了解了"5·19"事件的前因后果以及国家队的未来出路。[1]

3.《体坛周报》蓄势待飞

改革开放后,各省体委纷纷复刊或创刊机关报。湖南省体委也不甘落后,于1981年创办了机关报《湖南体育报》,并在1984年将之更名为《体育周报》。1987年2月,《体育周报》因故停刊。

1988年7月1日,湖南省体委以《体育周报》原班人马为基础创办了《体坛周报》。报纸为4开4版,头版是要闻,第2版是体坛资讯,第3版是足球新闻,第4版是体育趣闻和名人逸事等,铅字平版印刷,首期印数为5000份。

《体坛周报》很快便明确了办一份全国性体育报纸的定位,也确定了以报道竞技体育赛事为主的原则。1988年9月22日,《体坛周报》用全部4个版面报道汉城奥运会。1989年,《体坛周报》除套红出版外,开始致力于增加独家新闻,用最精练的文字报道每周发生的体坛大事。1990年6月25日,为提供世界杯足球赛信息,《体坛周报》推出4开8版,树立了为读者服务的良好形象。同年7月19日,《体坛周报》首次对足球赛事做进球图解,在方便读者感受进球线路的同时,增强了视觉冲击力。同年9月17日,《体坛周报》派记者赴京采访亚运会,这是《体坛周报》第一次派记者采访国际大赛。1991年,《体坛周报》对版面设置进行调整,内容更为丰富翔实。

在竞技体育项目中,足球报道尤其是国际足球报道是《体坛周报》的着力点。其中,意大利世界杯和欧洲足球联赛是它的突破口和侧重点。1990年1月,为抓住意大利世界杯契机,《体坛周报》开辟了《纵横世界杯》专版,对参赛球队进行全方位、立体化报道。4月,《纵横世界杯》扩为2版,并推出强队专辑,举办世界杯竞猜,为读者创造了参与机会。世界杯开始后,《体坛周报》由4版

---

[1] 武婷.《球迷》报的历史变迁与影响因素研究(1985—2013)[D]. 北京:北京体育大学,2014.

扩为8版，并依托前方特约记者和评论员的撰稿、国外通讯社电讯等，连续推出5期《罗马大战》特辑，发行量一举突破10万份。1990年12月，以中央电视台播出意大利足球甲级联赛为契机，《体坛周报》推出《欧洲各国联赛速报》，及时报道意甲、德甲、英超信息，开创了国内媒体系统报道欧洲足球联赛的先河。《欧洲各国联赛速报》成为最吸引读者的王牌栏目，报纸发行量也从年初的4万份跃升到年底的9万份。1992年欧洲杯期间，《体坛周报》设置了8版的欧洲杯特刊，并于赛后推出《欧洲杯特辑珍藏版》，受到读者欢迎。《体坛周报》逐渐确立了在欧洲足球报道领域的领先和权威地位。

《体坛周报》注重技术更新，如于1990年6月改铅字印刷为胶印技术，于1991年下半年成为全国第一家拥有电脑排版制版系统的地方体育报纸。[1]

4. 其他体育报纸

在众多体育报纸中，地方体委创办报纸占大多数。和由综合性媒体创办的《球迷》《足球》拥有全国市场并具有几十万甚至上百万的发行量不同，除《体坛周报》外，各省市体委创办的机关报发行量较小，且大都局限在省市内发行。1972—1992年间复刊或创刊的体育报纸见表4-2。

表4-2　1972—1992年间复刊或创刊的体育报纸统计

序号	报纸名称	主办单位	复刊或创刊时间	备注
1	《体育报》	国家体委	1974-01-01	1988年更名为《中国体育报》。
2	《黑龙江体育报》	黑龙江省体委	1977-01	4开4版，半月刊。
3	《云南体育报》	云南省体委	1977-02	月刊。
4	《重庆体育报》	重庆市体委	1978-09	半月刊。
5	《足球》	广州日报社，广州市足协	1980-01	初为半月刊，后改为双周刊、周刊。
6	《安徽体育报》	安徽省体委	1980-03	1993年更名为《体育信使报》，2001年更名为《东方体育报》，2007年更名为《今日生活报》。
7	《四川体育报》	四川省体委	1980-03	约1984年底停刊，1989年复刊，2002年改为《21世纪体育报》。
8	《体育信使报》	山西省体委	1980-03	初为《山西体育报》，1985年1月更名。
9	《甘肃体育报》	甘肃省体委	1980-04	初为《甘肃体育简讯》，1984年6月更名，4开4版，半月刊。

---

[1] 向敦厚.十年沧桑一瞥惊鸿:《体坛周报》发展史侧记[J].新闻天地,2001(1):24-25.

续表

序号	报纸名称	主办单位	复刊或创刊时间	备注
10	《垂钓报》	无锡市体委	1981-05	1984年12月底停刊，共出版13期。
11	《吉林体育报》	吉林省体委	1981-07-18	1984年10月至1987年更名为《周末体育报》。
12	《江西体育报》	江西省体委	1981-07	1993年7月更名为《五环时报》。
13	《体育周报》	湖南省体委	1981	初为《湖南体育报》，1984年1月更名，1987年停刊。
14	《山东体育报》	山东省体委	1982-07-05	4开4版，月刊，后改为半月刊，2000年7月更名为《体育晨报》。
15	《内蒙古体育报》	内蒙古自治区体委	1982-09	半月刊，1986年更名为《民族体育报》。
16	《辽宁体育报》	辽宁省体委	1983-07-01	周报，1985年4月更名为《体育天地》。
17	《象棋报》	广州棋艺社，羊城晚报社	1983-08-01	4开4版，半月刊，20世纪90年代停刊。
18	《世界体育参考》	新华社《参考消息》编辑部	1984-01-04	4开4版，周二报，1986年12月底停刊。
19	《体育之声》	河北省体委	1984-07	前身为《河北体育报》，周报，4开4版，1995年更名为《体育生活报》。
20	《武术报》	吉林日报社	1984-10-01	4开4版，周报。
21	《登攀》	广西壮族自治区体委	1984	画页，对开版面，发行3期。
22	《体坛报》	浙江省体委	1984	月刊，后改为半月刊、周刊。
23	《拼搏报》	江苏省体委	1985-01	前身为《江苏体育报》，周刊，1987年7月4日更名为《体育时报》，2006年停刊。
24	《河南体育报》	河南省体委	1985-01	4开4版，周刊。
25	《球迷》	天津日报社	1985-07-02	
26	《中国篮球报》	中国篮球协会，吉林省体委	1985-07-05	4开4版，周刊，1987年停刊。
27	《棋牌周报》	中国体育报社	1985-07	周刊，出版至2000年。
28	《少年体育报》	广西	1985	试办5期，当年7月停刊。
29	《少年体育报》	湖北	1985-01-01	
30	《田径报》	中国田径协会，天津市体委	1988-01-30	4开4版。
31	《体坛周报》	湖南省体委	1988-07-01	前身为《体育周报》。

续表

序号	报纸名称	主办单位	复刊或创刊时间	备注
32	《围棋报》	湖北省鄂州市职工围棋协会	1988-03-14	双周刊。
33	《气功报》	贵州省气功科学研究会	1988	1998年停刊。
34	《珠江体育报》	广州市体委	1989-01-01	
35	《棋牌报》	四川日报社	1989-02-28	周刊，初为内部发行，1992年5月正式在国内公开发行。
36	《体育导报》	上海市体委	1990-01-01	周刊，2002年5月更名为《东方体育日报》。
37	《贵州体育报》	贵州省体委	1990-01	周刊，2000年4月1日更名为《新世纪体育报》，隶属于贵阳日报传媒集团。

注：资料主要来源于《中国新闻年鉴》。

（二）体育期刊

1.《新体育》进入发展巅峰期

1978年开始，《新体育》的时政色彩开始减弱，体育专业特色显著增强。譬如第1期开篇就刊登了鲁光、王丁撰写的通讯《飘扬吧，五星红旗》，第6期开篇则刊登了特约记者理由撰写的报告文学《扬眉剑出鞘》。《扬眉剑出鞘》发表后，各地读者纷纷来信，赞扬栾菊杰的崇高献身精神，并表示要向她学习。[1] 除《人民日报》转载和新华社播发外，《扬眉剑出鞘》还被全国多家报纸刊载，轰动全国。

改革开放初期，我国运动员开始在国际大赛崭露头角，《新体育》也将关注焦点转移到国际大赛，除派随团记者对大赛和运动员进行采访外，也加大了对美国、日本等国家体育教学和训练经验的介绍，受到读者欢迎。借助中国女排取得的"五连冠"佳绩，《新体育》迎来了黄金时代。其中，女排第一次夺冠后那期的发行量是80多万份，最高发行量则达到130多万份，成为当时国内发行量最多的两份杂志之一。这一时期，《新体育》封面多是国内外优秀运动员，栏目设置主要有《竞赛述评》《明星生活》《大家谈》《国际之窗》《健康顾

---

[1]《读者、作者、编者》编者按[J]. 新体育，1978（8）：24.

问》等，涉及评论、通讯、特写等报道形式。

20世纪80年代后期，随着综合性报刊体育报道的加强和体育专业报刊的增多，《新体育》开始调整定位，在综合报道体育的基础上，强化了对竞技体育的关注，并逐步确立了竞技体育的报道体系，包括赛事纪实、项目述评、人物传记、言论等。报道范围涵盖所有的奥运会项目，并围绕奥运会、世锦赛、世界杯等重大赛事展开。为满足读者了解外部世界的愿望，《新体育》加大了对国际体育的关注，除定期刊登国际体育动态和趣闻外，还曾约美国篮球国家队主教练为中国篮球爱好者写信。

《新体育》培养了一批知名记者和撰稿人。改革开放前，《新体育》杂志在刊登本社记者作品时，仅署名"本刊记者"，直到1978年才开始在"本刊记者"后面署上记者姓名。如在1978年第5期的《新体育》上有两篇文章署名，其中一篇署名为"本刊记者傅溪鹏"。此后，又有了"本刊记者何慧娴""本刊记者饶广平"等的署名文章。借助20世纪80年代的体育热和《新体育》的影响力，傅溪鹏、何慧娴、饶广平等成为闻名一时的体育记者。《复兴随笔》的主笔肖复兴则是优秀撰稿人的代表。肖复兴自20世纪70年代末开始写体育方面的文章，是新时期最早进行体育题材创作并卓有成绩的作家之一。《新体育》也培养了大批优秀的体育摄影记者。陈雷生、杨昌忠、高明、唐禹民等老一辈体育摄影工作者都为《新体育》拍摄了大量独家、生动的体育照片。

这一时期也是《新体育》出版专刊、特辑、增刊最多的时期，如奥运会专刊、世界杯足球赛专刊、亚运会专刊、全运会专刊、女排荣获世界冠军特辑等。杂志还分别在创刊35周年和40周年时，出版创刊纪念特辑，邀请有关体育工作者和读者谈一路走来的感受。增刊方面，《新体育》曾于1980年7月推出《健康之友》，向读者介绍保健方法，尤其关注老年和青少年读者的需求。

《新体育》杂志的定位是"体育爱好者的良友"，故很注重与体育爱好者进行互动。通过提高办刊质量和成功举办多项有影响的体育活动，《新体育》杂志拉近了与全国体育爱好者的距离，形成了一定规模的读者群。[1]

2. 自负盈亏类体育期刊大量涌现

改革开放后，各省市体委纷纷创办机关报刊。后因各级政府逐步压缩对体育的财政投入，体育机关报刊的出版经费日显紧张，地方体委提出了"以刊养报"的思路，即通过创办营利性体育期刊"养活"机关报纸。由此，一批以赢利为目的的自收自支、自负盈亏的普及性体育期刊应运而生，引发了我国普及

---

[1] 刘蒙.《新体育》杂志不同发展时期的报道研究[D].上海：上海体育学院，2009.

性体育期刊界的第一次革命。因袭"以刊养报"的潮流,后来又出现了"以副刊养主刊"的思路,一些已经创办综合性体育期刊的单位,又相继推出体育专项期刊,体育期刊开始走向细分之路。

面对地方体委来势汹涌的办刊热潮,隶属于国家体委的出版单位及各单项体育协会也相继投身其中。其中,新体育杂志社创办了《武术健身》《围棋天地》《世界体育大观》和《健康之友》,并与中国排球协会联合创办了《中国排球》。人民体育出版社联合各单项运动协会创办了《乒乓世界》《中华武术》《足球世界》《篮球》《中国钓鱼》《体操》和《健康顾问》。中国体育报社则创办了《健与美》《体育画报》等杂志。

体育期刊这一时期的生存状况普遍较好,综合性体育期刊和体育专项期刊各有生存之道。一些体育专项期刊自创刊起便赢得读者喜爱,如《武术健身》创刊号的发行量高达195万册;《精武》创刊号的发行量为83万册,第2期猛升至105万册;《围棋天地》的发行量则达到20万册;《中国排球》也达到几十万册。[1]

新创刊的体育期刊强调以赢利为目的,十分注重杂志售价和广告。如《当代体育》创刊时定价为0.38元,相当于同期《新体育》定价的两倍。[2]

1972—1992年间复刊、创刊的体育期刊见表4-3。

表4-3　1972—1992年间复刊、创刊的体育期刊概览

序号	期刊名称	主办单位	复刊或创刊时间
1	《新体育》	国家体委	1972
2	《贵州体育》	贵州省体委	1972
3	《象棋研究》	黑龙江省哈尔滨市体委	1977
4	《体育博览》	北京市体委	1978
5	《上海象棋》	上海文化出版社	1978-05
6	《中国体育》	国家体委	1979-01
7	《象棋》	广东省体委	1979-02
8	《体育世界》	陕西省体委	1979-07
9	《北方棋艺》	黑龙江省体委	1979
10	《冰雪运动》	黑龙江省体委	1979
11	《新疆体育》	新疆维吾尔自治区体委	1979

---

[1] 张艳娟.我国大众体育期刊的历史、现状及发展对策[D].北京:中国人民大学,2004.

[2] 唐文玲,鲍芳.制约我国普及性体育期刊发展的主要因素与对策[J].上海体育学院学报,2010(6):38.

续表

序号	期刊名称	主办单位	复刊或创刊时间
12	《足球世界》	中国足球协会	1980-01
13	《健与美》	体育报社	1980
14	《健康顾问》	人民体育出版社	1980
15	《田径》	中国田径协会	1981-02
16	《乒乓世界》	中国乒乓球协会	1981-03
17	《武术健身》	新体育杂志社	1981
18	《健康之友》	新体育杂志社	1981
19	《篮球》	中国篮球协会	1981
20	《武林》	广东省武术协会	1981-07
21	《中华武术》	中国武术协会	1982
22	《体育春秋》	广西壮族自治区体委	1983
23	《武当》	武当山武当拳法研究会	1983
24	《精武》	黑龙江省武术协会，《当代体育》杂志社	1983
25	《游泳》	中国游泳协会	1983
26	《柔道与摔跤》	山西省体委	1983
27	《搏击》	山西省体委，山西省体育报刊社	1984
28	《中州武术》	河南省体委	1984
29	《中国钓鱼》	中国钓鱼协会	1984
30	《当代体育》	黑龙江省体委	1984
31	《围棋天地》	新体育杂志社，中国围棋协会	1985
32	《中国排球》	中国排球协会，新体育杂志社	1985
33	《西藏体育》	西藏自治区体委	1985
34	《竞技与健美》	上海体育学院	1985
35	《气功与体育》	国际气功科学联合会	1985
36	《桥牌》	中国桥牌协会	1985
37	《武魂》	北京武术院，北京市体委	1985
38	《体育爱好者》	四川省体育总会	1985
39	《体育大观》	深圳市体育局，深圳市体育发展中心	1985
40	《青年体育画报》	中国青年报	1985
41	《体育画报》	中国奥委会新闻委员会，体育报社	1986
42	《拳击与格斗》	吉林省体委	1987
43	《国际象棋》	蜀蓉棋艺出版社，中国国际象棋协会	1989

四、体育广播发挥优势

改革开放初期,体育广播充分发挥"先声夺人""即时传播"的优势,成为人们文化生活中不可或缺的一部分,对弘扬爱国主义、凝聚民族力量、传播体育文化、丰富社会生活起到了至关重要的作用。

(一) 中央人民广播电台体育报道迎来黄金时期

这一时期,中央人民广播电台体育组(部)的工作任务没有大的变化,依然是为新闻节目提供重要赛事和群众性体育活动报道,制作《体育节目》,实况转播重大体育赛事。

1. 体育新闻广播

随着中国运动员竞技水平的提高及在国际赛场上不断取得突破,中央人民广播电台在《全国新闻联播》等新闻节目中增加了体育方面的内容,尤其注重准确、及时地赶发重大体育赛事新闻。1981年,世界大学生运动会在罗马尼亚举行,邹振先创造了男子三级跳远当年世界最好成绩,李月久、李宁等体操选手也争金夺银,全国听众为之振奋。前方记者打破十多年来广播不能自己发消息的禁令,每天把最新赛事消息报道给听众。此后,每遇重大赛事,中央人民广播电台都立足于先声夺人。中国女排首次夺冠,中国乒乓球队包揽第36届世乒赛7项冠军,朱建华、吴数德在第五届全运会上打破世界纪录等消息,都在记者、编辑、播音员的紧密配合下第一时间向全国播发,满足了全国人民获知最新体育消息的要求。

对国内外重大竞赛活动,中央人民广播电台都力争派出记者或采访组,编发具有广播特点、能发挥电台优势的报道,甚至设置特别节目。对未派记者出国采访的体育活动,电台也尽力发挥优势。1982年第12届世界杯足球赛决赛阶段,电台派专人收看国际通信卫星的电视转播画面并编写新闻。比赛于北京时间深夜和凌晨进行,《新闻报摘》节目每日都能播出凌晨4点刚刚结束的比赛消息,成为全国报道世界杯消息最快的媒体。

1987年后,面对媒体竞争,中央人民广播电台采取了一些有效措施。第一,采用插播方式随时报道重大体育新闻。第六届全运会期间,运用这种方式,所有重要赛事新闻都在几分钟内播出。第二,在早间《新闻和报纸摘要》后增设10分钟体育新闻,保证赛事消息的时效、深度和广度。第三,对重要赛事进行连续报道。每当有重大国际比赛,电台就根据比赛进程,在新闻节目、体育节目中进行连续报道，保证报道的快、新、活，激发听众持续关注。

2.体育专题广播

《体育节目》这一时期依然是体育爱好者获取体育消息的重要渠道（见表4-4）。

表4-4 中央人民广播电台体育专题节目调整情况

时间	节目名称	周播次数	播出时长	播出时间
1978	《体育节目》	14	15	第一套节目：每天1次 第二套节目：每天1次 其中一次是重播
1979.11	《体育节目》	12	15	第一套节目：周一至周六，每天1次 第二套节目：周一至周六，每天1次
1982	《体育节目》	14	15	第一套节目：每天1次， 21：45—22：00，周日为《体育信箱》 第二套节目：每天1次， 12：15—12：30，周日为《体育信箱》
1987	《体育节目》	21	15	第一套节目：每天2次， 10：30—10：45，21：20-21：35 第二套节目：每天1次， 19：15—19：30，每周有2次重播

1987年，中央人民广播电台对节目布局进行调整，在《新闻和报纸摘要》节目后增设10分钟的《体育节目》，播出时间为7：00—7：10，使《体育节目》由原来的每天2次增加到每天3次。遇有重要比赛，体育部昼夜值班，保证重要赛事新闻首先在《新闻和报纸摘要》中播出，继而在《体育节目》中详细报道。这一调整，在听众和新闻界引起很好反响。一些报纸、电台甚至收录早间《体育节目》，供自己版面或节目使用。1987年世界田径锦标赛（在意大利罗马举行）期间，因时差关系，最后一个项目通常在北京时间凌晨三四点钟结束。为抢夺先机，体育部每天凌晨4：30—5：00和前方联系，保证在早晨的《体育节目》中播出最新消息。

《体育节目》很受欢迎。1983年，在中央人民广播电台的收听率抽样调查中，《体育节目》位列听众喜欢的节目第3位，仅在《新闻和报纸摘要》《各地人民广播电台联播节目》之后。1984年底到1985年初，96,000名听众评选出10个优秀广播节目,《体育节目》依然位列第3位。[1]1986年,《体育节目》收到来信7380件,比1985年增加31%。[2]

20世纪80年代是中国广播的黄金时期,也是中国广播的变革时期。《体育节目》也进行了很多尝试:1986年,正式确定"国际体育漫谈""体育与健康""体育信箱"3个专题,并以主持人节目形式(由体育记者担任主持人)出现在听众面前。体育记者自己采访,自己播讲,说起来生动亲切,听起来真实可信。

中央人民广播电台还加强了体育评述。1982年第九届亚运会快要结束时,中国代表团内传出消息,说中国有可能创造历史——登上亚运会金牌榜第一位。后方编辑部当即编发一条述评,及时解开听众心底疑团,反响很好,后被评为全国好新闻。1986年第十届亚运会期间,中韩金牌之争成为赛会焦点。我国在有些项目上发挥出色,在有些项目上则意外失手,对此,听众不仅要了解比赛结果,还要了解胜负原因。汲取上届亚运会报道经验,电台在20天内播发11篇述评,解答听众疑点,丰富节目内容。听众在来信中说,这些评论性文章恰到好处,使他们能及时了解汉城战况,做到"心中有数",也能理解、谅解失利的运动员。1987年第六届全运会期间,报道组基本能对主要项目的实际水平和存在问题做出合乎情理的分析和判断,并做到言之有物、言之有理。

3. 体育实况广播

"文革"结束后,体育实况广播逐渐活跃起来。在1978年11月于曼谷召开的第八届亚运会期间,中央人民广播电台和中央电视台一起广播了排球等几个比赛项目的实况。这是中央人民广播电台第一次在境外进行实况广播。1981年3月20日,世界杯排球赛亚洲地区预选赛男子组争夺第一名的比赛在中国队同南朝鲜队间进行,电台转播了比赛实况。1983年,中央人民广播电台实况广播了约30场体育赛事,并尝试进行交叉广播——于同一天晚上交叉广播冬运会冰球决赛实况和在北京举行的中国同朝鲜的一场篮球赛实况。1984年,电台进行了41场比赛的现场直播,包括北京国际女篮邀请赛、全国足球甲级队联赛等,受到听众欢迎。1985年,电台增加在外地现场直播比赛实况的场次,如在昆

---

[1] 康荫.中国人民广播事业四十五年[M]//《中国广播电视年鉴》编辑委员会.中国广播电视年鉴1986.北京:中国广播电视出版社,1987:33.

[2] 中央人民广播电台听众工作部.中央人民广播电台1986年听众来信情况综述[M]//《中国广播电视年鉴》编辑委员会.中国广播电视年鉴1987.北京:中国广播电视出版社,1988:490.

明、上海、沈阳、天津、抚顺等地广播10场比赛，去日本广播日本杯女排比赛。1987年，电台实况广播了37场体育赛事，包括第39届世乒赛、世界冰球锦标赛B组比赛、奥运会足球预选赛、全运会比赛等。1990年北京亚运会时，中央人民广播电台首次推出多点直播节目《亚运会赛场实况》，充分展现了广播迅速、灵活的特点。

这是我国广播赛事转播最辉煌的时期。其中，最具代表性的是1981年中央人民广播电台对世界杯女子排球赛的解说。对于这场在日本举行的赛事，电台派记者独立进行采访报道，并转播中苏、中古、中美之间的3场关键对决以及中日之间的夺冠之战。中央人民广播电台的实况广播受到全国听众的热烈欢迎。1800多封来信表达了听众对中国女排的敬佩，同时也是对电台实况广播的褒奖。

中央人民广播电台体育报道也存在一些问题和不足，如体育记者队伍的政治素质和业务素质不适应形势需要；有些节目质量不高，有时追求了"快"却没做到"准"和"好"；群众体育报道深度和广度不够；实况广播水平需要进一步提高；等等。[1]

（二）中国国际广播电台体育报道

1979年底，中国国际广播电台国际新闻部正式成立体育组，设专职体育记者5人，任务是报道中国体育事业的发展和成就，介绍中国运动员在国内外体育竞赛中取得的优异成绩以及日益广泛的群众性体育活动，报道中国与世界各国的体育交往与合作等。

体育组的成立，改变了此前国际台只采编体育专稿，消息大都依赖新华社的局面。体育组发稿内容主要包括：消息；专题节目《体坛集锦》《体育爱好者》和《中国体育之星》；年度性专题节目《中国少数民族体育》《中国古代体育》《中国武术》和《中国民间体育》等；为国内外重大体育赛事开设临时专题节目，如《奥运会专稿》《亚运会专稿》等；一般体育专稿。

体育组成立后，中国国际广播电台加强了国际体育报道。1980年，记者程志明现场报道了普莱西德湖冬奥会。[2]1981年4月，由体育组1人和驻南斯拉夫记者站1人报道第36届世乒赛。比赛期间，每天综发1条战报，专稿共发10篇。

---

[1] 杨波. 中央人民广播电台简史 [M]. 北京：北京广播学院出版社，2000：91-97.

[2] 注：于1979年恢复了国际奥委会合法席位的中国，派出28名男女运动员参加普莱西德湖冬奥会，并参与滑冰、滑雪、现代冬季两项的18个单项比赛。这是新中国第一次参加冬奥会。

1981年7月,第11届世界大学生运动会在罗马尼亚首都布加勒斯特举行,中国国际广播电台派出由体育组、罗语组和驻南记者组成的3人报道小组,播发19条消息、13篇专稿。其中,开、闭幕式,中国女排夺冠等消息均在现场通过国际长途电话传回。1982年,中国国际广播电台派记者采访国际羽毛球团体锦标赛,通讯《不畏艰险攀高峰》被国内多家媒体采用。此后的洛杉矶奥运会、汉城奥运会、北京亚运会,中国国际广播电台都派记者进行了采访。[1]

1982年4月,中国国际广播电台对台湾广播推出《体育天地》栏目。

1983年起,各语言部组设立兼职体育记者,约40人。到1987年,有32个语言部组开办了专题体育节目。其中,体育部注重口播体育新闻;印尼语组除开办专题体育节目外,每周还办有3次体育新闻节目;1986年,德语和斯瓦希里语开办专题节目。各语言部组除在体育节目中播出通稿外,还积极采写有针对性的稿件,对来访的体育代表团进行报道。

为提高报道时效,国际台采用卫星传送、国际长途电话传真,迅速将节目从国外或地方省市传回电台,对提高传稿质量和加快发稿速度起到了促进作用。[2]

(三)地方电台的体育报道

20世纪80年代,地方电台纷纷创办体育节目。

1984年4月,北京人民广播电台开办《体育爱好者》栏目,每周播出6次,每次1小时,内容包括新闻综述、赛场通讯、体育人物、体坛动态、体育史话、运动知识等。[3]

1984年,上海人民广播电台在早新闻节目中设立《体育之声》栏目,内容以体育消息为主。洛杉矶奥运会期间,电台临时开设10分钟的奥运会专栏。1986年4月,上海人民广播电台推出综合性体育专题节目《空中体坛》,每天播出4次,每次10分钟。这是该台历史上第一个独立的体育专题节目。1987年6月,

---

[1] 中国国际广播电台史志办公室. 中国对外广播史上的新篇章:改革开放中的中国国际广播电台 [M]. 北京:中国国际广播出版社,2000:106-110.

[2] 刘经哲. 体育报道工作 [M]// 中国国际广播电台台史编辑组. 中国国际广播史料简编(1947—1987) [M]. 北京:中国国际广播出版社,1987:282-285.

[3] 北京市广播电视局《当代》编辑组. 北京市广播电视历史资料汇编 [G]. 内部资料,1986:116-164.

该台又于早晨6∶00—6∶20设立《新闻、体育和气象》节目。[1]

1986年,天津人民广播电台成立体育组,专门从事体育新闻报道。[2]

五、体育电视报道快速增长

电视机在中国的逐渐普及及电视的符号优势,使体育电视在20世纪80年代迅猛发展。中央电视台《体育新闻》栏目的开播、各地电视台体育专题节目的创办、重大赛事的电视实况转播,是新中国体育电视传播走向独立发展的重要标志,为之后体育电视频道的开播和体育电视传播的跨越式发展奠定了基础。

(一)中央电视台体育报道开始起飞

因为竞技体育的腾飞和群众体育的兴起,体育电视报道的重要性与日俱增。中央电视台开始了体育报道的组织和节目建设。1978年,新闻部成立体育组,成员只有3人。1979年,新闻部体育组和社教部从事体育转播的人员合并,组建专题部体育组。1983年2月,专题部体育组升格为体育部,共10余人。[3]体育部成立,带来的是体育报道的显著增加。就内容而言,体育新闻、体育专题、体育转播是CCTV体育报道的三大支撑。

1.《体育新闻》栏目的创办使中国体育电视新闻实现质的飞跃

伴着新闻部体育组的成立以及中国体育"冲出亚洲,走向世界"的步伐,体育新闻逐渐成为CCTV《新闻联播》的重要组成部分。1982年,CCTV的体育新闻播出总数达到300多条。

1983年以前,CCTV的体育新闻节目是用16毫米电影摄影机拍摄的。由于电影胶片的洗印加工周期较长,《新闻联播》只能报道当天上午和前一日的国内赛事新闻。受卫星技术和财力所限,国外赛事新闻只能通过国际航班把记者拍摄的胶片带回北京冲洗制作后播出,通常要在三四天之后。

1984年开始,CCTV全部使用电子采录设备,并在《新闻联播》节目中增

---

[1]《上海广播电视志》编辑委员会.上海广播电视志[M].上海:上海社会科学院出版社,1999∶307-308.

[2] 齐宝庆.绝知此事要躬行[M]//中国体育记者协会.百名中国体育记者自述.北京:人民体育出版社,2000∶83.

[3] 薛文婷.体媒人物:新中国体育新闻传播口述史(下)[M].北京:清华大学出版社,2015∶65.

加体育新闻版块，为体育电视新闻带来了革命性变化——体育记者可以更快甚至同步报道比赛结果，体育电视新闻的影响越来越大。

1985年，CCTV开播《晚间新闻》栏目，使体育电视新闻有了更加广阔的天地。1986年，体育新闻的播出量增加到1000多条，是1982年的3倍。

1989年元旦，CCTV开办第一个体育新闻栏目《体育新闻》，于每周一至周六的21：55—22：00播出，每次5分钟，宗旨是第一时间为体育爱好者提供全面、准确、客观、专业的体育消息。《体育新闻》栏目的创办，是CCTV体育新闻从量变到质变的一个飞跃，对中国体育电视的发展具有重要意义：第一，使CCTV体育部有了固定的新闻栏目，提高了CCTV在体育界的地位，扩大了CCTV在体育受众中的影响；第二，锻炼了体育电视报道队伍，为后来的发展奠定了基础；第三，加强了与地方电视台在体育报道方面的合作。

1990年北京亚运会极大地推动了中国体育电视新闻的发展。距亚运会500天时，《体育新闻》栏目打出倒计时字幕。距亚运会300天时，《体育新闻》栏目推出60集的"亚运纵横"专题，介绍亚运会历史和北京亚运会的筹备情况。距亚运会100天时，《新闻联播》播出33集亚运会场馆介绍节目。从亚运火炬点燃仪式起，《新闻联播》推出《亚运之光》版块，报道亚运火炬在各地的传递情况。

1978年至1992年，CCTV的体育新闻从少到多，从分散到集中，最终出现了专门栏目，体现了CCTV对体育新闻的重视。

2. 体育电视专题节目的改革

CCTV的体育专题节目也得到长足发展：第一阶段（1978—1984），以知识性为主；第二阶段（1985—1990），以深度报道为主；第三阶段（1991年开始），以杂志型栏目为主。

新闻部体育组的成立激发了体育记者的工作热情和积极性。1978年5月2日，体育组推出时长15分钟的《体育之窗》栏目，播出了《猴拳与猴棍》《双人技巧》《体育邮票》《义务消防运动会》4个专题片，得到观众认可。《体育之窗》开始为每月一期，1980年改为两周一期，每期15分钟。《体育之窗》在体育电视栏目的规范化方面起到了示范作用，还和地方电视台、部分国外电视台交换播出：CCTV新闻部国际组将之发往我国40多个驻外使馆和与我国有节目交换协议的国外电视机构，在对外交流和对外传播方面发挥了作用；一些地方电视台也播出《体育之窗》节目，并学习体育电视节目的制作方法。《体育之窗》最初以知识性、教学性节目为主，后逐渐增加赛事欣赏和深度报道内容。1981年，中国足球队虽然冲击世界杯失败，却给人们留下深刻印象，特别是队长容志行，不但球艺高超，还具有振兴中国足球的远大理想和高尚的体育道德。《体育之窗》栏目曾播出专题片《志行风格》，受到观众好评。《志行风格》还获得当年全国电视专题节目一等奖。

此后到1984年间，CCTV又先后创办由国外节目缩编的《世界体育》（每周15分钟）和《体坛纵横》（每周50分钟）栏目，虽然时效性较差，但角度新颖、制作精良，受到观众喜欢。

北京亚运会报道的成功，鼓舞了CCTV体育部的全体人员，同时也向他们提出了更高要求。为提高日常节目质量，体育部于1991年5月停播《体育之窗》《世界体育》和《体坛纵横》栏目，推出新的杂志型栏目《体育大世界》（每周50分钟）和《赛场纵横》（每周90分钟）。改革的原因在于：首先，增加自制节目分量；其次，观众期望日常体育节目也像亚运会节目一样精彩、及时，而单纯的专题节目或国外节目缩编难以满足观众需求；第三，中国的体育赛事越来越多且逐渐和国际接轨，为自制体育节目提供了丰富资源。《体育大世界》在1套黄金时间播出后，深受观众和同行好评，当年即获评全国电视专题节目一等奖。

3. 体育现场直播彰显声画兼备优势

先睹为快是人们的普遍心理，而现代化的电视转播能最迅速、最准确地报道比赛实况，使观众产生身临其境之感。

1978年，是CCTV奠定自己重大赛事转播优势的一年。6月25、26日，CCTV向全国现场直播了第11届世界杯足球赛的半决赛和决赛（播音员看着画面配加解说），这是中国电视机构第一次转播世界杯足球赛，也是中国电视机构首次通过国际通信卫星传送国际体育比赛实况。12月，CCTV通过国际通信卫星直播第8届亚运会的开幕式和女排、男篮决赛。这是CCTV第一次派记者赴海外进行现场直播。

此后，CCTV的赛事直播越来越多，对在北京举行的重要比赛几乎都进行了现场直播。1979年，现场直播第四届全运会的开幕式和一些重要场次的决赛。1982年，通过卫星转播第九届亚运会开幕式和足球决赛。

1981年，CCTV对女排夺冠的实况转播第一次彰显了体育电视转播的影响力。当年11月，中国女排异军突起，在第三届世界杯女子排球赛中一举夺冠。CCTV通过卫星直播了中日、中美、中苏、中古等多场比赛实况，反映了中国运动员为国争光、奋勇拼搏的精神面貌。CCTV还在首都机场直播了欢迎女排凯旋的盛况。这期间，CCTV接到4000多封电报、信件和大量电话，观众对中国女排表示祝贺，对电视直播表示赞扬。此后，CCTV又派出报道组直播了第

9届和第10届世界女排锦标赛的一些重要场次。

　　CCTV对洛杉矶奥运会的报道是这一阶段电视转播的高潮。1984年，CCTV与香港电视台合作，通过卫星直播了开幕式、闭幕式和女排决赛等10场实况，无论是转播的质量和数量，还是引起的反响，都达到了这一阶段CCTV体育转播的顶点。1988年汉城奥运会期间，CCTV完成了72场现场直播、35场录像转播。

　　1982—1990年间，CCTV分别报道了第12届、13届和14届世界杯足球赛的比赛实况。1982年，CCTV通过亚洲-太平洋广播联盟（简称"亚广联"）购买了在西班牙举行的第12届世界杯足球赛的报道权，并派宋世雄等4人赴香港，通过卫星收录52场比赛。其中，以根据画面配加解说的方式直播24场比赛实况，以后期配音方式编制19个赛事特辑。1986年墨西哥世界杯足球赛期间，CCTV派出6人报道组赴香港，克服距离远、比赛日程确定晚、通讯联络困难等不利因素，借助香港电视台的力量，通过国际通信卫星和微波干线第一次向全国完整播送52场比赛实况，其中直播24场，引起很大反响，也为以后的世界杯足球赛转播确定了基本模式。[1]1990年第14届世界杯足球赛期间，CCTV在紧张筹备亚运会之余，转播全部52场比赛，其中直播18场，效果良好。这次，宋世雄和孙正平在意大利的世界杯新闻中心完成了解说。

　　马拉松比赛被认为是最难转播的体育项目之一，因为规模大、距离长、地形复杂、人力物力多、技术要求高。从1981年第一届北京国际马拉松赛开始，CCTV每年都转播这项比赛。1981年9月27日，CCTV与日本东京广播公司联合直播了北京国际马拉松赛。参加转播的人员近200人，动用摄像机16台、各种车辆30多部。这是当时CCTV投入力量最大的一次体育现场直播，并大获成功。

　　CCTV也非常注重转播国内重要比赛。1986年8月，CCTV派出20多人的报道组奔赴乌鲁木齐，配合新疆电视台报道第3届全国少数民族传统体育运动会。除通过通信卫星现场直播开幕式和3000米速度赛马外，CCTV还每晚利用通信卫星播出从新疆传回的运动会专题节目。1988年，全国首届农民运动会在北京举行，CCTV不仅现场直播开、闭幕式以及重要场次的比赛，还以新闻、专题的形式进行报道，反映了农村体育的发展。

　　1990年北京亚运会的成功举办促进了我国体育电视的快速发展，也提升了

---

　　[1] 唐世鼎.中央电视台的第一与变迁（1958—2003）[M].北京：东方出版社，2003：52-66.

CCTV 的电视公用信号制作能力。

(二) 地方电视台体育报道

1. 体育新闻有所增加

1978年10月25日至11月9日，河南电视台播出了河南省第四届运动会的新闻和专题节目，详细报道了田径、摔跤、武术等比赛。[1]

四川电视台于1979年共报道体育新闻17条，如3月报道了四川省第四届运动会，8月报道了第四届全运会火炬在四川的接力情况。1980年以后，体育新闻逐年增多，至1983年底，共报道体育新闻390条。[2]

2. 体育电视栏目纷纷设立

在地方电视台中，毗邻港澳的广东电视台得风气之先，在体育电视栏目创办、体育专题节目制作、国外体育赛事转播方面发挥了排头兵作用。1979年9月，第四届全运会在北京举行，广东电视台组织了一支前方报道团队。全运会结束后，广东电视台新闻部筹建了体育组。1979年12月30日，广东电视台创办了《体坛内外》栏目，于每周日晚黄金时间播出，时长一小时，除报道广东体育外，还播出一些国外赛事，并有广告特约播映。这是广东电视台创办的第一个体育栏目，也是地方电视台创办的第一个体育栏目。1981年，广东电视台在《体坛内外》栏目内增加了《体坛集锦》版块，主要播放国外体育比赛的精彩片断。《体坛内外》于1983年3月在星期三晚上增播一次，介绍国内外精彩球赛；于1989年开辟了《体坛雷达网》《热门话题》《运动缤纷录》《名人轨迹》等小栏目。《体坛内外》深受观众欢迎，在1980年的收视率调查中位列第3，仅次于故事片和电视剧。[3] 广东电视台又于1982年开办了《国际体育新闻》和《球赛大观》节目。[4] 广东电视台在体育电视专题制作方面也不断探索，先后制作《走马体坛两万里》（10集）、《塞外体坛风情录》（6集）、《六运前奏》（20集）等，受到观众好评。围绕1982年第12届世界杯足球赛，广东电视台编辑了《进军西班牙》

---

[1] 周绍成. 跨越之路：河南电视台发展史（1969—2009）[M]. 郑州：河南人民出版社，2009：37.

[2] 四川省地方志编纂委员会. 四川省志·广播电视志 [M]. 成都：四川科学技术出版社，1996：235.

[3] 肖焕禹. 我国体育新闻传媒30年回眸与前瞻 [J]. 上海体育学院学报，2008（4）：6-7.

[4] 薛文婷. 体媒人物：新中国体育新闻传播口述史（下）[M]. 北京：清华大学出版社，2015：279.

和《世界杯特辑》。1985年，受广播电视部委托，广东电视台联合联邦德国的"自由柏林电台电视培训中心"举办了一期电视体育杂志节目培训班，讲授了体育电视杂志节目的结构、制作方法及相应技术手段等。[1]

北京电视台于1980年1月28日创办第一个综合性体育专题节目《体坛巡礼》，于1981年1月增设《体育欣赏》节目。

1980年7月，四川电视台开办《体育节目》，由总编室负责汇编，不定期播出新闻部、专题部摄制的体育专题，以及和各省、市、港澳地区电视台交换的部分体育专题节目。1982年7月，四川电视台开播《体坛集锦》节目，播出从港澳地区购进的世界体育竞技的精彩片段，每周五播出，每期15分钟。

上海电视台于1982年创办《体育大看台》节目，于1984年创办《拳操节目》，于1985年创办《赛场大观》，于1988年创办《环球体育》。[2] 因内容丰富、题材广泛、形式多样，《体育大看台》深受体育爱好者喜爱，1985年被评为上海最受群众欢迎的十大精神产品之一，1991年被评为上海电视台最受观众欢迎的专栏节目之一。

1978年，天津电视台恢复播出《体育与健康》节目，兼具知识性和趣味性。天津电视台还于1982年开办20分钟的《体坛集锦》节目，主要播放外国赛事集锦；于1984年开播《体育爱好者》栏目，主要播放国内外重大体育赛事的实况录像，介绍体育人物和有关知识；于1989年开办《体坛广角》栏目，主要播出自制体育新闻。

1982年1月，山西电视台设立月播的《体育节目》，每次15—20分钟。1989年4月，山西电视台推出《体坛大观》，每周一20点播出，时长30分钟。节目融知识性、趣味性、时效性于一体，为观众提供一个了解全球体育动态的窗口。节目来源主要有3个渠道：从兄弟台购买、与兄弟台合作制作、自制。

1982年12月，重庆电视台开办周播体育栏目《体坛集锦》，此外还不定期播出自制的体育专题节目，如《短跑运动在山城》等。

福建电视台于1983年9月开办周播的《体育集锦》栏目，集省内、国内、国际体育竞技比赛于一身，融新闻性、知识性、欣赏性于一体，每期约40分

---

[1] 卢晓峰. 对电视体育杂志型节目的认识和实践 [J]. 中国广播电视学刊，1989（5）：72.

[2]《上海广播电视志》编辑委员会. 上海广播电视志 [M]. 上海：上海社会科学院出版社，1999：439-440.

钟；[1]于1986年4月创办周播杂志型栏目《体育世界》，以报道国际体育见闻、国外体育赛事为主，每期50分钟。逢全国性和国际重大赛事，福建台还会设置临时性专栏。

1984年，江苏电视台创办《体育天地》节目，报道重大体育赛事或活动，普及体育知识，介绍优秀运动员、教练员及群众体育先进工作者，有时录像或实况转播重大体育活动。

1985年7月，山东电视台推出周播的《体育天地》专栏，内容丰富，形式多样，受到观众喜爱。

黑龙江电视台开播的《北方体坛》专栏，体现了祖国边陲冰雪活动的特点，每次20分钟。1984年洛杉矶奥运会后，《北方体坛》播出自制的10集电视片《巨人的崛起》，提高了栏目声誉。1985年5月，《北方体坛》推出以新中国体育发展为背景的9集体育专题片《奋起呀！中华》，受到肯定。1985年7月，《北方体坛》改版为《体坛大观》。

1986年，安徽电视台设置《体育大观》节目，介绍国内外体育动态，普及体育知识。

1986年10月，广西电视台推出每周30分钟的《体坛星云》栏目，介绍国内外体育赛事，宣传优秀运动队、运动员，反映群众体育等，融新闻性、知识性、娱乐性于一体。

1987年，湖南电视台文艺台于每周六设立30分钟的《体育世界》节目，主要播放国内外体育赛事的精彩片段。

1989年3月，云南电视台推出周播的《体育系列专辑》，每期约15分钟。

1990年10月，浙江电视台将《体坛大观》改为《大赛场》，每周两期。[2]

一些市级电视台也创办了体育栏目，如成都电视台于1987年1月至9月播出39集《体坛集锦》，每次10—20分钟；广州电视台于1988年开播后推出每周半小时的《体育天地》栏目等。

截至20世纪90年代初，全国共有16家省级电台、22家省级电视台辟有体育专题节目，月播出时间达667小时。体育节目在各电视台的播出时间呈逐年增加趋势。1982年至1988年，北京电视台、上海电视台、广东电视台3家的年体育信息总播出时间由21,900分钟增至386,797分钟；CCTV1990年播出的体育节

---

[1]《中国广播电视年鉴》编辑委员会.中国广播电视年鉴1986[M].北京：中国广播电视出版社，1987：439.

[2] 钟桂松.浙江电视台简史（1960—2000）[M].北京：中国华侨出版社，2000：22-23.

目量比1985年增加2倍。[1]

3. 体育赛事转播的发展

1978年后，各地方电视台加大了体育赛事转播力度，许多省级电视台第一次把体育转播信号输送到全国乃至走出国门。

广东电视台一马当先，率先将意大利、德国、英国等国的高水平足球联赛引进国内，开创了在中国直播外国体育比赛的先河。1984年，英格兰足总杯登陆广东电视台。1986年，广东电视台又以非常优惠的版权费转播了意大利、英格兰和德国顶级足球联赛，为中国球迷提供了欣赏世界顶级球赛的机会；1988年，购买欧洲足球锦标赛的中国大陆版权并进行实况转播。除自己转播外，广东电视台还将这些国际赛事的录像带寄给其他地方电视台。[2] 广东电视台也非常重视国内赛事转播。1979年1月21日，首届省港杯足球赛在越秀山体育场拉开帷幕，广东电视台与香港无线电视台合作直播了比赛。[3] 1979年12月30日，广东电视台从香港现场直播第二届省港杯足球赛实况，之后还多次邀请苏永舜、容志行等参与足球解说工作。[4] 1984年，使用一台单机在武汉利用微波线路向广东现场直播了首届中国足协杯的半决赛和决赛实况。1985年，在佛山现场直播世界杯乒乓球赛，取得了国外主办机构的信任。

1979年8月，山东电视台成功转播济南国际体操友好邀请赛实况，并通过微波回传CCTV向全国转播。

1979年，日本女排到成都进行访问比赛，四川电视台共现场直播7场。1980年至1985年，四川电视台现场直播和实况录像的比赛共36场。其间，凡在成都地区举行的全国性体育比赛和国际友好访问比赛，都由四川电视台及时进行转播和转录。[5]

1979年6月，浙江电视台与CCTV等联合转播了在杭州举行的第一届世界

---

[1] 郝勤. 体育新闻学 [M]. 北京：高等教育出版社，2004：42.

[2] 薛文婷. 体媒人物：新中国体育新闻传播口述史（下）[M]. 北京：清华大学出版社，2015：286-287.

[3]《广东电视台卷》编委会. 当代中国广播电视台百卷丛书：广东电视台卷：我们携手走过的岁月 [M]. 北京：中国广播电视出版社，1999：65-67.

[4] 广东省地方史志编纂委员会. 广东省志·广播电视志 [M]. 广州：广东人民出版社，1999：191.

[5] 四川省地方志编纂委员会. 四川省志·广播电视志 [M]. 成都：四川科学技术出版社，1996：237.

杯羽毛球比赛实况。1989年5月，首届"应氏杯"围棋锦标赛在杭州举行，浙江电视台第一次通过国际通信卫星现场转播体育比赛实况。[1]

1980年10月2日，北京电视台（开播于1979年5月，英文缩写为"BTV"）采用"跑带"（边录像边送磁带至发射机房播出）方式转播了国家队对北京队的足球表演赛，时间比实况转播晚20分钟。这是在转播车没有安装发射天线情况下的"实况转播"。同年11月2日，BTV采用同样的方式转播了中美花样滑冰表演赛。1981年11月4日，BTV租用国际通信卫星成功转播了在沙特阿拉伯举行的世界杯足球赛亚太地区四强复赛实况，并通过电视画面在北京解说播出，实现了首次卫星实况转播。1983年7月起，举办了"电视杯"围棋赛。

1984年6月23日凌晨两点，天津电视台首次卫星直播了第七届欧洲杯足球赛决赛，收视观众多达50万人，开创该台通过卫星传送电视节目的历史。1984年6月30日，天津电视台直播"长城杯"国际足球锦标赛，这是该台第一次向CCTV提供转播信号。1985年，"柯达杯"世界少年足球锦标赛在天津举行，天津电视台第一次通过国际卫星向海外发送赛事国际电视信号。1986年，首次通过北京电视台传来的国际信号，转播了世界杯足球赛部分场次。1987年3月29日，首次采用微波多点传送、现场直播与录像播出相结合的方式，完成第六届全运会马拉松比赛的转播任务。1987年8月8日，租用国际通信卫星转播在伦敦举行的英国联队迎战世界明星队的足球比赛，该台体育节目主持人通过视频信号进行现场评述，获得成功。[2]

1984年实现录像化后，辽宁电视台对在沈阳举办的重要体育赛事都进行转播，每年大约播出10场。1985年，辽宁电视台转播了多场亚足联举办的亚洲俱乐部冠军赛，如于5月5日转播了在香港进行的辽宁队与香港精工队的比赛，于5月26日直播了辽宁队主场对香港精工队的比赛。1986年，与CCTV联合直播在辽宁省体育馆进行的中国国际女排邀请赛。1989年，转播全国篮球联赛。1990年，转播第十一届女排世锦赛沈阳赛区的比赛。

陕西电视台于1985年8月转播了在西安举行的国际武术邀请赛的开、闭幕式及比赛实况，于1986年5月向全国实况转播了在西安举行的"黄河杯"中国国际女排邀请赛。

1985年，福建电视台社会教育部多次转播大型体育比赛。1月，第一次

---

[1] 钟桂松.浙江电视台简史（1960—2000）[M].北京：中国华侨出版社，2000：21-23.

[2]《天津电视台卷》编委会.当代中国广播电视台百卷丛书：天津电视台卷[M].北京：中国广播电视出版社，2000：19-20.

通过微波线路向全国直播福建女排与日立女排对抗赛。2月，在漳州市第一次通过微波线路向全省现场直播排球热心者与中国女排姑娘的联欢文艺晚会。3月，通过微波向北京、上海、河北传送中国女排在福州进行"榕城杯"女排赛的实况。

1985年，河南电视台转播了第一届全国青少年运动会开、闭幕式和足球、篮球等比赛。[1]

上海电视台对体育赛事的现场直播在1986年前后趋于成熟。1986年3月23日，为转播上海国际女子马拉松赛，上海电视台出动3辆转播车、2辆跟踪移动车、3辆升降车、各种汽车29辆，调动近300名记者和技术人员，在沿途设立21个拍摄点，并首次采用直升机参与直播。1986年6月第13届世界杯足球赛期间，上海电视台直播了两场中央电视台没有直播的比赛实况，这是该台首次通过国际通信卫星直播在国外进行的重大体育比赛。

1986年9月，安徽电视台首次使用省内微波传送节目，转播了在蚌埠市举行的第六届全省运动会的开、闭幕式及部分比赛。

1987年，中日围棋擂台赛在太原举行，山西电视台通过微波将比赛实况传送到CCTV，首次实现向全国现场直播体育比赛。1988年，该台同CCTV合作直播了全国女排锦标赛。[2]

不少地方电视台和CCTV一起转播大型赛事，有的还为国外电视机构提供信号。1985年，中国举办"柯达杯"世界少年足球锦标赛，北京、天津、上海、大连4个赛区接待了23支外国球队，共进行52场比赛。CCTV和上海电视台、天津电视台、大连电视台现场直播了全部比赛：面向国内现场直播10场比赛，通过卫星向阿根廷、墨西哥等国传送比赛实况和录像42场次。中国电视机构的第一次大规模国际性电视转播赢得各方好评。

地方电视台也联合转播一些赛事。例如，1988年10月6日，成立不久的全国省级电视台体育宣传协作会播放了在北京首都体育馆举办的"圣火1988"文体晚会。1989年7月23日，协作会成员电视台首次通过卫星直播了第14届亚洲

---

[1] 周绍成. 跨越之路：河南电视台发展史（1969—2009）[M]. 郑州：河南人民出版社，2009：71.

[2] 山西省史志研究院. 山西通志：第四十三卷　新闻出版志·广播电视篇[M]. 北京：中华书局，1998：332.

拳击锦标赛。[1]

第三节　重大体育赛事报道

改革开放后，随着重返国际奥委会等国际体育组织，中国开始全面参与国际体育竞争。奥运会、亚运会、全运会等大型综合性赛事，各国际单项体育组织举办的世界杯和世锦赛，都成为中国媒体的报道重点及发展契机。

一、奥运会报道

受冷战和台湾问题影响，新中国在1958年和国际奥委会断绝了关系，此后远离奥运会赛场长达20年之久。1979年10月，国际奥委会举行执委会，通过了恢复中国在国际奥委会合法席位的决议。因苏联于1979年入侵阿富汗，中国参加了1980年2月在美国普莱西德湖举办的第13届冬奥会，抵制了1980年7月在莫斯科举办的第22届夏季奥运会。直到1984年，中国代表团才重新出现在夏季奥运会的赛场，并一举夺得15枚金牌。中国竞技体育开始步入奥运会轨道。

（一）1984年第23届（洛杉矶）奥运会报道

1984年7月28日至8月12日，第23届夏季奥运会在美国洛杉矶举行。恢复国际奥委会合法席位后首次组团参赛的中国取得多项历史性突破，并以15枚金牌、8枚银牌、9枚铜牌的成绩位居奖牌榜第4位。其中，中国选手许海峰在男子自选手枪慢射比赛中以566环的成绩夺得洛杉矶奥运会的首枚金牌，这是中国人在奥运会历史上获得的第一枚金牌。

洛杉矶奥运会上，中国的65名记者见证并传播了体育的强大社会功效。[2]

新华社派出了一支由30人组成的大型前方报道组。因为要涵盖21个比赛项目，要兼顾文字和摄影报道、中文和英文报道，新华社的报道任务很重。但作为国际体育报道中的"新"面孔，新华社在人手少、缺乏经验、设备落后的情况下，在发稿的数量、质量和时效上取得重大突破。据统计，洛杉矶奥运会期

---

[1] 陈国强. 制度变迁与新闻实践：当代中国电视体育新闻研究 [D]. 上海：复旦大学，2007；魏伟. 国际广播电视体育史 [M]. 北京：中国广播电视出版社，2012：207-227.

[2] 王游宇. 当年，他们用笔尖实现"零的突破"：5位采访洛杉矶奥运会的中国记者回忆片段 [J]. 新闻记者，2012（8）：46-55.

间，新华社奥运会报道组播发中文稿件484条，英文稿件866条，图片1200余幅，并早于美联社、路透社发布中国夺得首金的消息。[1]

关于许海峰夺得奥运会首金的报道为新华社的洛杉矶奥运会报道取得了开门红。洛杉矶时间1984年7月29日11时10分，赛前并不被看好的许海峰以566环的成绩获得了男子自选手枪60发慢射冠军，夺得了洛杉矶奥运会首金，实现了中国在奥运会历史上金牌"零"的突破。最先用英语向世界报道这一消息的，是新华社年轻记者高殿民。比赛过程中，高殿民通过射击场新闻中心的电话随时和新华社设在主新闻中心办公室的编辑们保持联系。当听到中国射击队领队兼总教练张福确定许海峰夺冠的消息后，他迅速向英文编辑报告这一消息。值班编辑马上用英文发布快讯。之后，高殿民结合现场情景和积累素材，向编辑部发回一系列英文消息。晚上，他又回到主新闻中心办公室赶写中文稿件。因快速、及时、准确，高殿民关于许海峰夺冠的系列报道获得1984年全国好新闻特等奖。

作为现场唯一的中国摄影记者，新华社摄影部记者官天一凭借新闻敏感、摄影技术和心理素质，抓拍了许海峰夺冠、萨马兰奇为其颁奖等经典瞬间。

《人民日报》除在头版头条刊发重要奥运消息外，还设置半版《第二十三届奥运会》专栏，在洛杉矶奥运会期间共刊登140余篇文字报道、70余幅图表，处处流露出中国融入世界、世界欢迎中国的自豪感，例如，"这些'第一个''第一块'，不仅宣告了我国半个多世纪在奥运会的空白记录的彻底结束，而且标志着中国体育正在全面走向世界"[2]。

《羊城晚报》派资深体育记者苏少泉前往洛杉矶进行采访。深知采访机会来之不易的苏少泉奔波在各大赛场，以连续作战的方式，采用急电、快讯、专电、电话等多种形式，发回大量报道，每天见报字数少则5000字，多达10,000字，受到读者欢迎。[3]

《新民晚报》首次派记者到国外进行采访。特派记者卢璐采写了开幕式和女排、田径等赛事新闻，采访了荣高棠、袁伟民、周晓兰、朱建华等官员和运

---

[1] 章挺权.三十年奥运路[J].中国改革，2008（08）：10-11.

[2] 钟怀."第一个"[N].人民日报，1984-08-07（1）.

[3] 黄俭，沈全梅.体坛风云走笔端：记羊城晚报体育记者苏少泉[J].新闻记者，1984（9）：35.

动员。后方也组织精兵强将，采写了许多精彩稿件，整个报道有声有色。[1]

《体育报》的洛杉矶奥运会报道全面、专业、权威。1984年3月开始，《体育报》在每周一推出《奥运之页》专版，介绍奥运会知识，编发趣闻逸事，展望比赛结果，分析强队实力，报道中国备战情况及社会各界殷切期盼等。[2] 7月，《体育报》派以副总编辑张振亭为首的4人特派记者组前往洛杉矶，提出了"把报道搞深、搞活、搞新"的目标。[3] 前方记者组旋即发回一系列"洛杉矶专电"，并和后方编辑部进行"北京—洛杉矶专题通话"。为及时报道奥运会，《体育报》于奥运会期间改出日刊，每刊2版：头版重点刊登中国运动员夺得金牌和银牌的报道及贺电、国内外反响、奖牌统计、社论等；第2版则刊登赛事综述、中国运动员比赛情况、外国运动员夺冠报道、短论、花絮等。就体裁而言，除刊登消息、通讯、评论外，还刊登诗歌、散文、漫画等。就消息来源而言，日报大量刊登前方特派记者的"专电"，此外则为"本报讯"和"新华社电"。据统计，前方特派记者组自奥运会开幕后共发回244篇稿件。中国运动员夺冠的报道最为浓墨重彩。中国女排创造"三连冠"佳绩后，《体育报》头版大都是关于女排的报道，如《辉煌的胜利 艰苦的历程》（社论）、《"女排姑娘，人民感谢你们"》等。《体育报》的发行量在洛杉矶奥运会期间由70万份上升至84万份。

《广州日报》和《足球》报联合编辑6辑《奥运特刊》，共28版，除新华社电讯稿、编译稿、约稿外，还刊登了"本报特约记者"发自洛杉矶的"专电"。

中央人民广播电台派记者赴洛杉矶，向听众及时报道奥运会盛况和中国运动员不断取得胜利的喜讯，在听众中获得很高声誉。除《体育节目》及时报道前方记者发回的消息外，《新闻报摘》和《全国联播》也做了连续报道，体育新闻成为当时最受欢迎的内容之一。这一年，中央人民广播电台在全国范围内组织听众评选优秀节目，《体育节目》得票数位居第三位。[4]

中国国际广播电台派出5名记者，发消息85条，专稿40篇，部分报道被中

---

[1] 新民晚报七十年史：走出国门 交游海外 [OL].2004-08-30[2017-08-08].http://news.sohu.com/20040830/n221800991.shtml.

[2] 编者的话 [N]. 体育报，1984-03-05（4）.

[3] 本报记者组今日赴洛杉矶 [N]. 体育报，1984-07-14（1）.

[4] 中央人民广播电台研究室. 中央人民广播电台台史资料续编（1984—1987）[G]. 内部资料，1990：93-94.

央人民广播电台、中央电视台、《工人日报》等媒体采用。[1]

CCTV派出两个报道组，一组在香港使用香港电视台的信号，成功转播开、闭幕式和体操、游泳、跳水、篮球、排球、足球决赛等10场比赛实况；一组前往洛杉矶，拍摄制作中国代表团参赛报道。随着许海峰获得第一枚金牌，中国观众一下子沸腾起来，强烈要求增加转播时间。CCTV修改报道计划，从原定的每天转播40分钟逐渐增加到每天播出4小时。CCTV还播出30集专题报道《洛杉矶奥运会》、53条新闻和3篇评论。CCTV的实况转播、新闻报道及奥运专题，在国内产生巨大反响。[2]

（二）1988年第24届（汉城）奥运会报道

1988年9月17日至10月2日，第24届奥运会在韩国汉城召开。中国代表团此次仅收获5枚金牌、11枚银牌和12枚铜牌，成绩较洛杉矶奥运会有较大下滑。

中国派出由32家新闻单位126名体育记者组成的记者团，开辟了奥运会的"第二战场"。这是中国新闻史上首次派出上百人的记者队伍出国采访。[3]其中，中央电视台、中央人民广播电台以及中国国际广播电台共30多人，《人民日报》和《中国体育报》各6人。[4]

针对汉城奥运会，新华社准备充分。赛前，新华社播发了约20篇"奥运会赛前系列报道"，既有关于中国队的分析，也有关于其他国家奥运会表现的预测，体现了全球视野。奥运会期间，新华社派出37人的前方报道组，共发英文稿2000多条，西班牙文稿750条，中文通稿258条，还有几百篇4路报、大屏幕稿和中文专稿，传真图片375张底片。这是新华社第一次在前方同时用中文、英文和西班牙文3种文字向全世界发稿。新华社还应组委会要求，第一次向大会提供全部英文大广播稿件，与西方四大通讯社稿件一起供各国记者阅读参考。新华社播发的中文通稿，不仅被国内报纸广泛采用，也受到曼谷、纽约、巴黎等地中文报纸的欢迎。新华社的奥运会摄影照片，成像大，清晰度高，时

---

[1] 中国国际广播电台史志办公室．中国对外广播史上的新篇章：改革开放中的中国国际广播电台 [M]．北京：中国国际广播出版社，2000：106-110．

[2] 唐世鼎．中央电视台的第一与变迁（1958—2003）[M]．北京：东方出版社，2003：52-66．

[3] 马信德．1988年我国体育报纸事业发展概况 [M]// 中国社会科学院新闻研究所．中国新闻年鉴1989．北京：中国社会科学出版社，1989：25．

[4] 本报讯．采访奥运会的中国体育记者整装待发 [N]．人民日报，1988-08-28（3）．

效快，不仅没有遗漏中国运动员获得奖牌的项目，还及时记录了外国运动员打破世界纪录和奥运会纪录等的瞬间，被海内外报纸纷纷采用。和洛杉矶奥运会相比，新华社的技术装备前进了一大步，英文报道开始使用手提电脑写稿，提高了工作效率，但和西方通讯社相比还有差距，如中文稿还要靠人工输入电脑、传输速度较低等。[1]

中新社发稿168篇，仅就中国香港、澳门及美洲、东南亚各地华文报纸统计，采用率为98%。据不完全统计，首都12家报纸每天以8万字篇幅，持续半个多月报道汉城奥运会。其中《中国体育报》发稿最多，每天达3个版面，约25,000字。[2]《光明日报》《中国青年报》《北京日报》《羊城晚报》等报刊的奥运专栏如雨后春笋般破土而出。《广州日报》首次派记者采访奥运会。[3]《体坛周报》用全部4个版面报道汉城奥运会。虽然中国奥运代表团意外失利，但各报记者独立思考，各抒己见，加强了述评和评论，撰写了一批难得的奥运佳作。

《人民日报》派出6名记者赴汉城采访，并于奥运会期间在第4版及海外版各开辟一版《奥运会专辑》，下设《五色环下》《冠军速写》《奥运漫笔》《奥运热线》《精彩瞬间》等栏目，运用各种新闻体裁，真实、迅速、生动地报道奥运会赛况，尤其是中国运动员的赛场表现。《人民日报》还邀请几位漫画家为专辑创作漫画，丰富了内容，活跃了版面。[4]

为全面报道奥运会，《中国体育报》派出由总编辑鲁光带队的6人报道组前往汉城，另派2名记者前往广东、香港。前方报道组在奥运会开幕前半个月就前往汉城，通过专栏《汉城走笔》让读者了解韩国。奥运会期间，记者们分工合作，发稿量最多每天达3个版面。因整体成绩不佳，分析失利原因、总结经验教训的报道增多。[5] 奥运会结束后，特派记者联合撰写了题为《圣火熄灭后的思索》的综述，对"中国的得与失"给予了客观评价，被《新华文摘》全文

---

[1] 章挺权.脱・颖・而・出：新华社奥运会报道组汉城追记[J].中国记者，1988（11）：19-21.

[2] 马信德.1988年我国体育报纸事业发展概况[M]//中国社会科学院新闻研究所.中国新闻年鉴1989.北京：中国社会科学出版社，1989：25.

[3] 汤应武，李婉芬.广州日报60年[M].广州：花城出版社，2012：197.

[4] 本报将辟《奥运会专辑》[N].人民日报，1988-09-07（1）.

[5] 薛文婷，叶霞.《中国体育报》五届夏季奥运会报道述论[J].北京体育大学学报，2004（9）：1171.

转载。[1]

中央人民广播电台派出7人前方报道小组,除在《新闻和报纸摘要》中报道重要比赛外,还在整点新闻中及时报道比赛消息,并随时插播我国选手夺金消息。电台还增加分析性、述评性报道,加强了报道深度。据统计,奥运会期间,对中国大陆广播的两套节目和对中国台湾广播共播发自采自编的述评等言论性稿件45篇,较为全面、客观地分析了我国参赛选手面临的形势、失利的教训和成功的经验,以及我国体育的发展和与世界的差距,把握分寸恰当,受到好评。[2]

中国国际广播电台派出7名记者参与采访报道,共发消息126条、专稿96篇。华侨部还向美国纽约"美加华语广播网"传送专题新闻和8场比赛实况转播。[3]

此次奥运会,CCTV仍与香港电视台合作,但不再派人到香港制作,而是直接派人到现场。其中,现场直播和当日集锦以香港电视台制作为主,CCTV前方报道组主要拍摄和中国队有关的新闻和配加解说。汉城奥运会期间,CCTV共报道总时数为181小时的体育比赛,其中现场直播72场,实况录像播出35场。[4]

二、亚运会报道

从参加亚运会到举办亚运会,从中、日、韩三强争霸到中国一枝独秀,这一时期,中国在亚运会上风生水起,并超越日韩成为亚洲第一体育大国。这也是中国媒体和民众最为关注亚运会报道的时期。

(一) 1982年第9届(新德里)亚运会报道

1982年11月19日至12月4日,第9届亚运会在印度首都新德里举行。经过紧张激烈的角逐,中国队首次登上亚运会金牌榜首位,开创了亚运会的新纪元。

---

[1] 鲁光. 我的笔名叫鲁光 [M]. 北京:人民体育出版社,2008:140-142.

[2] 中国社会科学院新闻研究所. 中国新闻年鉴1989[M]. 北京:中国社会科学出版社,1989:8.

[3] 中国国际广播电台史志办公室. 中国对外广播史上的新篇章:改革开放中的中国国际广播电台 [M]. 北京:中国国际广播出版社,2000:106-110.

[4] 唐世鼎. 中央电视台的第一与变迁(1958—2003)[M]. 北京:东方出版社,2003:52-66.

新华社、人民日报社、中央人民广播电台、中央电视台、新影厂以及首都和地方的12家报纸、杂志派出94名记者，奔赴新德里进行亚运会报道。为满足各自受众要求，媒体记者在赛场外展开激烈竞争。

自10月24日报道团组成后，新华社加大亚运会报道力度，陆续发布中国各项目代表队的组成及备战情况、亚运会筹备情况、其他国家备战情况等。亚运会期间，新华社播发200多条文字报道、160余幅图片报道，报道重点是中国运动员获取金牌情况及成绩公报、亚运会奖牌统计等，体裁有快讯、消息、特写、述评、综述等。为将照片尽早传回北京，摄影记者每天奔跑在赛场、前方编辑部和暗室之间。[1]

《人民日报》非常重视新德里亚运会报道。11月13日，《人民日报》在每周一期的《体育》副刊上刊发6篇《写在我国参加第九届亚运会前夕》的文章，对几个国家的实力及中国队的成绩进行分析和展望。亚运会期间，在第7版设立亚运会专栏。《人民日报》派出3位前方记者，发回30余条本报专电，约占亚运会报道的1/3，体现了一定的独立报道意识。因中国代表团屡创佳绩并位居金牌榜第一名，《人民日报》于奥运会期间在头版刊登10余篇报道和1篇评论。

亚运会期间，上海《文汇报》出版7个专页，配合一、二版刊发的动态报道，很好地反映了我国运动员的精神风貌。为办出特色、办出风格，《文汇报》派出特派记者练性乾提前两周到达新德里，在专页中也大量选用特派记者撰写的专稿和编译的文章。编辑部通过"精编缩写"的方式提高版面的信息量，多时每版甚至能刊登20多条新闻。[2]《文汇报》还提前制订采访报道计划，使前方记者目标明确，忙而不乱。后方编辑部也组织了一个强有力的班子，多次给前方记者打电话、发电报，指导采访写作。借助新闻中心的国际电讯专线和真迹电报业务，记者在半小时内就可以将稿件传到报社。[3]

《新民晚报》记者苏少泉在16天时间里发回59篇报道。[4]

《体育报》于亚运会期间由周三刊改出日报，每天两版，除新华社稿件外，大量刊登前方"本报特派记者"的图文稿件。4位特派文字记者每天发回

---

[1] 胡越，刘心宁. 第九届亚运会的摄影采访[J]. 新闻大学，1983（1）：97-98.

[2] 刘文峰. 精心经营，别有洞天：评《文汇报》亚运会专页的版面[J]. 新闻记者，1983（1）：44-45.

[3] 练性乾. 赛场外的"赛场"：亚运会采访杂记[J]. 新闻记者，1983（1）：18-26.

[4] 黄俭，沈全梅. 体坛风云走笔端：记羊城晚报体育记者苏少泉[J]. 新闻记者，1984（9）：19-20，35.

六七千字的稿件，既有消息、特写，也有通讯，1位特派摄影记者也发回大量精彩图片。面对通讯不便、场地分散、时间紧张等不利因素，特派记者通过事先调查、现场记录、听取专业人士看法、取得相关数据、稿件短小精练等方式，及时全面地报道了比赛盛况和中国运动员为国争光的风貌。《体育报》还设置了《亚运会论坛》《亚运会形势》《专题通话》等栏目。

为有效整合报道资源，《广州日报》与《足球》报联合出版了第9届亚运会特辑。

中央人民广播电台在新德里亚运会期间充分发挥时效优势。亚运会最后阶段，中日两国获得的金牌数不相上下，全国人民迫切希望知道中国能否在金牌总数上超过日本。12月2日21点，中国女篮战胜南朝鲜队后不到3分钟，前方记者就把消息从新德里传回北京。编辑在不到20分钟的时间里写成一篇述评——《中国在亚运会上夺得金牌数第一已成定局》，相继在21：45的《体育节目》和22：00的《全国联播》节目中播出，是新闻单位中最早把中国运动员取得这个历史性胜利、中国成为亚洲体育强国的消息传向全国的。[1]

中国国际广播电台派出7人前方报道组前往新德里，通过卫星传送的方式，每天组织半小时以上的节目内容。

CCTV派出8名记者前往印度，除转播开幕式和足球决赛外[2]，每天把拍摄的胶片交由中国民航机组带回北京，经过洗印等工序后编辑成4—8分钟的专题片，播出时间通常要在赛事举行的3天之后。

（二）1986年第10届（汉城）亚运会报道

1986年9月20日至10月5日，第10届亚运会在汉城召开，中国派出385人的代表团参加20个项目的角逐。最初，赛况呈现出"中国一马当先，日本紧紧追赶，南朝鲜不甘落后"的三强争夺战。[3]比赛接近尾声之际，金牌争夺战进入白热化状态。最终，中国队获得94金，以1枚金牌的优势蝉联亚运会金牌总数第一。

---

[1]《当代中国》丛书编辑部.当代中国的广播电视[M].北京：中国社会科学出版社，1987：157.

[2] 注：印度的电视制作能力较差，电视信号是黑白的，卫星传送只能提供开幕式和足球决赛。

[3] 刘小明.三强鼎立比一花独放更好：亚运会金牌争夺战形势分析[N].人民日报，1986-09-24（3）.

因奥运会两年后在汉城召开，汉城亚运会受到全世界瞩目。前去采访的除数千名亚洲记者外，还有数百名欧美国家媒体记者。[1]中韩两国此时尚未建交，且中国在上届亚运会首登金牌榜首位，又是下届亚运会承办国，中国媒体对汉城亚运会自然格外重视。

新华社派出的前方报道组，在主新闻中心租下144m^{2}的办公室，并安装电脑和文传机、传真机。[2]亚运会期间，新华社播发500多条文字报道、120多幅图片报道。文字报道的数量是新德里亚运会的两倍，体裁也更加多样，除快讯、消息、通讯、特写、述评、综述外，还有新闻分析、短评、人物介绍、资料、花絮、侧记等，报道内容也不再仅仅局限于赛场上。

亚运会期间，《人民日报》在第3版《体育》栏增加了汉城亚运会的会徽标识，并在头版刊登重要赛事新闻。报社派往前方的记者刘小明、陈昭、黄振中、程至善等，发回了100多篇报道。面对东道主韩国的有力挑战，《人民日报》刊登了《微妙的战局，严峻的考验》《亚运会金牌争夺战进入最后阶段》等报道，凸显了竞争的激烈和中国体育的崛起。《人民日报》还以"本报亚运会报道组"名义发表述评，认为"亚洲体坛已形成了三强鼎立的新格局"。[3]

《体育报》在赛前开辟《探营记》和《亚运风云预测》专栏，介绍我国代表团的备战情况和对主要项目的形势分析。比赛期间，《体育报》改出4开4版，并开设《亚运会纪事》《在亚运村》《侯氏父子说亚运会》等专栏。针对金浦机场爆炸、中国乒乓球队团体失利、中韩金牌争霸这三大"事件"，《体育报》给予了充分报道。如在中国乒乓球队连续受挫后，及时赶写出《乒乓男队受挫记》《阴影——看乒乓球女队的比赛》等特写，同时配发《汉城各界反响强烈》《许绍发教练谈中国乒乓球队失利》《"狼"真的来了》等消息、通讯、评述，满足了读者需要。[4]亚运会期间，《体育报》每期零售量增加6万份左右。[5]

中央人民广播电台发挥时效快、制作便捷的优势，通过迅速发布赛场消息、对重要赛事的形势分析和记者述评，快速、准确、全面地报道中国选手在亚运

---

[1] 夏道陵，官天一.亚洲体育正在崛起：第十届亚运会述评[N].人民日报，1986-10-07(3).

[2] 王训生.第十届亚运会采访散记[J].新闻业务，1986（11）：15-17.

[3] 夏道陵，官天一.亚洲体育正在崛起：第十届亚运会述评[N].人民日报，1986-10-07(3).

[4] 朱中良.体育报对第十届亚运会报道的特色[M]//中国社会科学院新闻研究所.中国新闻年鉴1987.北京：中国社会科学出版社，1987：137.

[5] 鲁光.1986年我国体育报纸事业发展概况[M]//中国社会科学院新闻研究所.中国新闻年鉴1987.北京：中国社会科学出版社，1987：18.

会上的表现，受到听众赞扬。[1]

中国国际广播电台派出7人前方记者组，每日编发两条综合消息，分别将白天和全天比赛情况发回电台，后方编辑组再补充一些最新消息，基本满足了各部组的需要。[2]

CCTV通过在汉城与香港电视台合作的方式，完成每天的现场直播和当日集锦。前方报道组主要拍摄和中国队有关的新闻，并给直播和集锦配加解说。赛事期间，CCTV每天的播出量超过10小时，满足了观众需求。[3]

（三）1990年第11届（北京）亚运会报道

于1990年9月22日至10月7日在北京举行的第11届亚运会，是新中国第一次举办综合性国际体育赛事，对中国意义深远。就体育层面而言，北京亚运会完成了亚洲体坛从"中日韩三强争霸"到"中国一枝独秀"的转变，并为中国积累了举办大型赛事的宝贵经验。就政治层面而言，北京亚运会的成功举办帮助中国改善了不利的国际舆论环境，完成了加强国际交往的外交使命。

为保障亚运会报道顺利进行，北京亚运会组委会新闻部和广播电视委员会进行了很多成功尝试。为给约2400名外国及中国港、澳、台记者做好信息服务，亚运会组委会首创联络员制度。[4]组委会新闻部还委托北京市摩托运动协会组建一支新闻摩托快递队，帮助摄影记者把胶卷快速送回新闻中心。组委会建立的计算机联网系统资料详尽，能在10分钟内将赛场成绩显示在遍布京城的408台终端屏幕上，受到竞赛委员会和记者称赞。通过CCTV、北京长话大楼、北京地面卫星站向全世界转播亚运会实况的电视卫星线路图像清晰，没有出现信号中断现象。[5]北京亚运会新闻中心的正式工作人员有600多人，加上志愿者总人数超过1000人。新闻中心配备的20台传真机几乎没有空闲，每个场馆都设

---

[1] 刘桂兴.体育宣传[G]//中央人民广播电台研究室.中央人民广播电台台史资料续编（1984—1987）.内部资料，1990：94.

[2] 刘经哲.体育报道工作[M]//中国国际广播电台台史编辑组.中国国际广播史料简编（1947—1987）.北京：中国国际广播出版社，1987：282-285.

[3] 赵化勇.中央电视台发展史（1958—1997）[M].北京：中国广播电视出版社，2008：146.

[4] 李北大.联络员：记者的好帮手[N].人民日报，1990-10-03（3）.

[5] 本报讯."新闻战"中的"第一枚金牌"[N].人民日报，1990-09-28（1）.

有邮电所,记者赛后可以将手写稿件通过电报、电话或传真的形式传回报社。[1]

北京亚运会既是中国媒体向世界传播中国的机会,也是中国媒体向世界传播自己的机会。因此,中国新闻界投入力量之多、声势之大、水平之高、影响之广,创此前历次体育报道之最。亚运会期间,前来北京采访的约5000名中外记者中,中国记者就达2000余人。中国媒体的受众群也在此期间达到当时历史最高水平:在全国居民中,电视观众达到8.7亿,广播听众达到6.2亿,报纸读者达到5.2亿。与日常的受众拥有率相比,电视观众增加19%,广播听众增加6%,报纸读者增加9%。中国媒体北京亚运会报道的声势、规模和效果,标志着中国体育报道登上了新台阶。

新华社抽调146名业务熟练的编辑、记者投入这场战役性报道,加上通信技术和后勤服务人员,亚运会报道组达240多人。[2] 新华社亚运会报道分为3个阶段。赛前阶段,及时报道亚洲国家和地区对中国的信任、支持,宣扬各行各业和各界人士支援办好亚运会的感人事迹,讴歌参与亚运会工程建设的科技人员和广大工人的力量、智慧及奉献精神,报道亚运会工程设施及各国和地区积极备战亚运会的情况。赛事期间,围绕竞赛,本着"参与比获胜还重要"的理念,着重报道各国和地区运动员在场上的精神面貌、顽强拼搏,也报道运动员在场外的友好活动。赛后阶段,新华社连续发表多篇述评,对北京亚运会进行总结。新华社的北京亚运会报道有三个特点:第一,始终把握弘扬爱国主义和振奋民族精神的主题,扩大我国稳定团结、改革开放的国际影响,着力宣传亚洲人民和运动员之间的团结、友谊、进步;第二,尽东道主通讯社之责,扬东道主通讯社之势,及时、全面、充分地向海内外报道本届亚运会的筹备情况、重大活动、赛事进程和比赛成绩;第三,追求时效性。据不完全统计,新华社的快讯及绝大部分详讯均快于西方四大通讯社。[3]

中国先后创办了6种北京亚运会专刊:《亚运新闻》、《亚运快报》、《亚运专刊》、《中国体育报(晚报)》、《亚运之友》、*ASIAD DAILY*,分别由人民日报社、新华社、北京日报社、中国体育报社、科技日报社和中国日报社编辑出版,这是新中国媒体第一次在大赛期间出版专刊。其中,人民日报社共编辑出版17期《亚运新闻》,为对开4版,彩色印刷,共刊登51万字、200余幅图片,可谓图文

---

[1] 唐世鼎. 中央电视台的第一与变迁(1958—2003)[M]. 北京:东方出版社,2003:52-66.

[2] 本报讯."新闻战"中的"第一枚金牌"[N]. 人民日报,1990-09-28(1).

[3] 王训生. 更快·更好·更全——新华社亚运报道回顾[J]. 中国记者,1990(11):10-11.

并茂。[1]

《人民日报》以空前的报道规模和生动活泼的报道形式，对北京亚运会做了全方位、多视角、多层次、有重点的报道。1990年春季，《人民日报》率先开辟迎亚运专版，每月一至两块，每次一个主题，如亚运场馆、亚运集资、运动员训练等。亚运会期间，《人民日报》除在头版刊登亚运会重要新闻外，还将第2版、第3版设为亚运会专版。《人民日报》的亚运会报道紧紧抓住"团结、友谊、进步"的宗旨和爱国主义的主题做文章，并兼顾了国家和地区、比赛项目、各个单位、各项活动、各类人员报道的均衡。虽存在不足，如一些版面上有疏漏，有见地的体育评述文章尚显不够等，但报道总体上是成功的。[2]

《北京日报》及《亚运专刊》共刊登亚运会稿件810篇，约合30万字。《北京晚报》则每天用三个半版登载亚运会报道，合50万字。一些行业报也用大量版面报道亚运会，如《工人日报》每天一个半版，约合20万字。《经济日报》于赛前推出14篇《迎亚运体育与经济系列谈》，介绍和评析了亚运会筹备过程中的种种经济运作。[3]《解放军报》在亚运会期间推出39.5个专版，刊登稿件301篇、图片107幅。9月16日至10月7日，《湖南日报》4名前方记者共发回稿件129篇，赛事高潮时每天发稿7—11篇。[4]

《中国体育报》在正常出报的基础上增"晚报"版（9月20日至10月9日），共刊登亚运会稿件120万字、图片400多幅。《中国体育报》在报头和头版使用了套红技术。开幕式当天，刊登题为《亚洲体育发展的新起点》的社论，热情洋溢地祝贺第十一届亚运会的开幕。次日，罕见采用全彩印刷，并刊登多幅开幕式表演的彩色照片。

《体坛周报》特派记者采访北京亚运会，这是该报首次实地采访国际大型赛事。

中央人民广播电台专门成立亚运会宣传报道领导小组，组成185人的亚运会报道团，在亚运会新闻中心设立报道中心，很好地完成了亚运会报道任务。第一，办好新闻节目，发挥时效快、容量大的优势。第二，完成138小时的现

---

[1] 本报讯. 本报出版《亚运新闻》专刊 [N]. 人民日报，1990-09-22（1）.

[2] 人民日报亚运会报道组. 亚运报道回顾 [J]. 新闻战线，1991（3）：12.

[3] 李洪波. 经济日报：《迎亚运体育与经济系列谈》获好评 [M]// 中国社会科学院新闻研究所. 中国新闻年鉴1991. 北京：中国社会科学出版社，1992：197.

[4] 张兆汪. 湖南日报：掌握赛场瞬间变化，体现报道湘味特色 [M]// 中国社会科学院新闻研究所. 中国新闻年鉴1991. 北京：中国社会科学出版社，1992：196.

场实况转播。中央人民广播电台首次推出大型多点直播节目《亚运会赛场实况》（19：30—22：00），由各赛场解说员和记者报道赛场战况，同时由主持人实时播报最新消息，展现了广播迅速、灵活的特点。第三，办好亚运会专题节目。第四，全台配合。除新闻和专题外，其他教育性、文艺性、服务性节目也都根据定位主动配合。总之，中央人民广播电台充分发挥广播特色和全台整体优势，营造了良好舆论环境，并以规模大、时效快、品种多、质量高等特色，彰显了体育广播的魅力和中央级广播媒体的优势。[1]

中国国际广播电台也在北京亚运会期间显示了体育报道实力。国际台组织了108人的采访队伍和7人的后方编辑组，组织全台35个语言部组开办亚运特别节目，累计播出480小时，共播发新闻490条、报道411篇。国际台还首次使用4种语言（英语、朝语、日语和汉语广州话）对开、闭幕式和一些球类比赛进行19场次的直播，累计约58小时。国际台还于亚运会期间增加了对首都地区的外语广播，其中英语3小时、阿拉伯语1小时。[2]

北京亚运会是中国体育电视这一阶段力量储备的爆发，是中国体育电视人的一次集体亮相，给中国体育电视从业者留下了宝贵遗产，主要表现为国际理念的形成、专业人才的储备和节目形态的创新。

报道北京亚运会是中国电视机构第一次大规模直接参与国际信号制作。为高质量完成这一任务，CCTV 联合全国16家地方电视台和北京广播学院，出动23辆转播车、729名现场直播人员，在19个场馆转播307场比赛，向海外电视机构提供包括17个比赛项目和2个表演项目的公共直播信号，共计950小时。北京亚运会电视公用信号被亚洲媒体广泛采用。为表达对亚运会电视直播的高度评价，顾问委员会发起倡议，评选了国际信号的最佳节目，其中游泳、举重和径赛被推举为最佳直播项目，开幕式和体操的直播被给予特别奖励。亚运会电视公用信号的制作成功，说明中国有能力提供国际综合性运动会的赛事信号，具备了驾驭大型国际赛事报道工作的实力，为我国体育电视的进一步发展奠定了坚实基础。

CCTV 还向全国电视观众全面报道了北京亚运会。《体育新闻》栏目在距亚运会300天时推出60集《亚运纵横》，介绍亚运会的历史和北京亚运会的筹备

---

[1] 杨正泉．记第十一届亚运会的策划与报道（上）[J]．中国广播，2007（10）：58-61；杨正泉．记第十一届亚运会的策划与报道（下）[J]．中国广播，2007（11）：60-63.

[2] 中国国际广播电台史志办公室．中国对外广播史上的新篇章：改革开放中的中国国际广播电台 [M]．北京：中国国际广播出版社，2000：106-110.

情况。《体育之窗》栏目连续播出25集专题片《亚运大拼搏》，介绍亚运会的历史、举办地、各参赛队情况、中国代表团备战等，产生较大影响。亚运会期间，CCTV采用"框式播出模式"，即以演播室直播为节目框架，中间有直播、录像、专题、采访、新闻、评论等多项内容，加大了信息量，增强了可视性，拉近了观众距离。其中，《亚运赛场》节目，每天3个单元，在两套节目中共直播120多场比赛，录像播出35场比赛。据统计，从9月20日至10月7日，CCTV第1、2、3套节目共计播出亚运会节目335小时，比汉城亚运会时多播出165小时。[1]

地方电视台也发挥各自优势，积极报道北京亚运会。北京电视台成立了亚运会宣传报道领导小组，统一规划、协调各项宣传报道任务，在亚运会召开前后拍摄了14部约200集专题片，如《北京欢迎您》《心向亚运》等，亚运会期间每天播出亚运会节目时长约27—34小时。福建电视台于赛前推出23期亚运特别节目《亚运你我他》，于赛时播出16期现场直播节目《亚运直播室》，内设《亚运综述》《新闻人物》《亚运金牌榜》《亚运热线》等版块。广东电视台体育部于赛前采访制作系列片《亚洲行》，介绍了亚洲国家的体育、文化、风土人情等；于亚运会期间转播 CCTV 亚运会节目的总时数约为169小时，自办亚运节目的播出量约为114小时，《亚运之光》《亚运风云》《亚运人物》《亚运热线》等栏目内容丰富多彩，深受观众欢迎。[2]

受经费、名额等条件限制，地方电视台此前鲜少有机会报道国际综合性运动会，更不可能获得提供赛事信号的机会。通过北京亚运会，中国体育电视机构制作电视公用信号的能力，转播、报道重大赛事的水平得到了极大提升。此后，中央及地方电视台纷纷采用国际电视公用信号制作标准、"框式播出模式"，并创办一大批体育新闻节目和体育专题栏目。

在有的学者看来，北京亚运会为电视动员民族主义热情提供了一个绝好机会。从此，民族主义成为中国电视压倒性的意识形态框架：通过将民族文化象征投射到中国家庭，通过上演种种政治和文化奇观，通过调动大众的民族认同情感，通过在重要时刻将观众集合在国旗下的仪式，电视成为中国建构民族主

---

[1] 赵化勇. 中央电视台发展史（1958—1997）[M]. 北京：中国广播电视出版社，2008：137-147.

[2] 广东省广播电视厅总编室. 广东电台、电视台：以亚运精神，搞好亚运报道[M]// 中国社会科学院新闻研究所. 中国新闻年鉴1991. 北京：中国社会科学出版社，1992：198-199.

义话语和动员爱国主义精神的最有利场所。[1]

三、全运会报道

(一) 1979年第四届（北京）全运会报道

1979年9月15—30日，第四届全运会在北京举行。

新华社的全运会报道始于1979年2月的滑雪比赛以及3月后陆续开始的各项预赛，于7月组委会成立后逐渐加大力度，重点是报道筹备工作进展、各项预赛成绩、资料介绍及竞赛展望。正式比赛期间（9月16日至10月1日），新华社播发了260余篇文字报道和180余幅图片报道，内容除赛事动态外，还有比赛项目预告、成绩公报、破纪录公报、比赛全天综合、各代表团获奖情况等。除通稿外，新华社还向《新华日报》《解放日报》《浙江日报》和山东省报纸提供专稿。

《人民日报》除在头版刊登开、闭幕式新闻，破纪录公报外，还在第3版或第4版刊登全运会新闻。除少数几篇"本报讯"和《体育报》记者的评论性稿件外，均采用新华社稿件。

9月15日至10月1日，《体育报》以正刊加增刊的方式，逐日地、图文并茂地报道了全运会。报道形式有消息、评论、花絮、札记、诗歌、战况简报、奖牌榜、速写等，仅评论就有《竞赛精神赞》《全运会论坛》《管见集》3个栏目。

中央人民广播电台于9月13—30日开办了《第四届全运会专题节目》，播送全运会新闻、比赛特写、优秀运动员介绍、技术评论和现场实况解说录音剪辑，转播全运会开、闭幕式及足球、篮球、排球、乒乓球、冰球等比赛实况。电台还在新闻节目、体育节目、解放军生活、民族广播等节目里报道全运会。[2]

CCTV 现场直播了开幕式和一些重要场次的比赛。

广东电视台派出7人报道组前往北京，并首次利用录像设备制作18集《广东健儿在全运会上》。上海电视台派出两名记者赴京报道，并通过飞机将拍摄的新闻胶片于次日早晨运抵上海，经过冲印、剪辑后在晚上的新闻节目中

---

[1] 赵月枝，郭镇之.中国电视：历史、政治经济与话语 [M]// 传播与社会：政治经济与文化分析.北京：中国传媒大学出版社，2011：186.

[2] 新华社.中央人民广播电台举办全运会专题节目 [N].人民日报，1979-09-16（3）.

播出。[1]

（二）1983年第五届（上海）全运会报道

1983年9月18日至10月1日，第五届全运会在上海举行。这届全运会是新中国成立后第一次在首都以外的城市举行的全运会，也是我国运动员在洛杉矶奥运会前的一次总演习。为此，六七百名记者云集上海，不少新闻单位由总编辑亲自带队。[2]

正筹备成立体育部的新华社，从各部门抽调记者、编辑组成了一个70多人的报道组，其中过去长期从事体育报道工作的只有五六人。从9月8日到10月2日，新华社向全国的报纸、电台、电视台发稿412篇。开赛第一天，发稿29篇，包括18日预发的1篇、21：00以后发出的15篇。新华社消息通常是从体育场传到设在申江饭店的编辑部，再传到总社，继而播发全国，快则可以在几分钟甚至几秒钟内完成。[3]

自8月16日报道组委会成立，《人民日报》的全运会报道逐渐增多。开、闭幕式期间，《人民日报》刊登了约90篇全运会报道，除少数几篇新华社稿件外，绝大部分是"本报记者"发回的"本报电"或"本报讯"。

作为主办地媒体，上海《文汇报》和《解放日报》的全运会报道有声有色。其中，《文汇报》注重刊发独家新闻，如采访国际奥委会主席萨马兰奇、国家体委主任李梦华、上海市市长。[4]《解放日报》除在头版刊登重要全运会新闻外，还将第2版辟为全运会专版，从开幕到闭幕共刊发全运会稿件213篇，约13万多字。

为及时报道比赛盛况，《体育报》于9月19日至10月2日改出日报，每天两版，并设置《一日一评》《瞭望台》《观察家》《记者述评》《试试看随笔》等栏目。其中，《试试看随笔》共9期，由著名表演艺术家、作家黄宗英撰写，署名为"本报特约记者"。

---

[1] 沈健,李辉. 体育魅力尽现荧屏：与世界体育同步发展的上海电视台体育报道 [M]// 中国广播电视学会广播电视体育传播研究委员会. 全国优秀电视体育记者论文集. 北京：中国广播电视出版社，2000：298.

[2] 张煦棠. 发扬拼搏精神抓好独家新闻：五届全运会报道工作随感 [J]. 新闻记者,1983(7)：9-10.

[3] 李万瑞. 采访五届全运会追记 [J]. 新闻记者，1983（8）：17-18.

[4] 张煦棠. 发扬拼搏精神抓好独家新闻：五届全运会报道工作随感 [J]. 新闻记者,1983(7)：9-10.

《足球》报组织记者、编辑团队到上海就地出版7期《第五届全运会特刊》,每期发行15万份。这是《足球》报首次采取赛地报道形式。

中央人民广播电台组建了30多人的前方报道组,编发了20天的第五届全运会专题节目。报道组包括记者、编辑、播音员、审稿人,每天利用专用的微波线路将节目传送到北京,并于22:30向全国播出。这是电台建台以来第一次在外地举办每天固定时间的专题节目,时效和传音效果良好。电台还经常在节目中插播几分钟前刚刚结束的比赛成绩,由此成为本次报道中时效最快的新闻单位。[1] 全运会期间,电台广播了7场球赛实况,并改30年来一直采用的单人解说为双人解说,使现场解说和技术评论相结合。在转播足球、排球、乒乓球赛实况时,电台还邀请袁伟民等著名教练员现场评球。双人解说和专家评球的方式让人耳目一新,深受听众好评。

上海人民广播电台组织了20多人的全运会采访组,负责全部项目的采访。朱建华打破男子跳高世界纪录后不久,电台及时插播了这一新闻。[2]

CCTV转播了开、闭幕式和篮球、排球、足球等项目的决赛实况,[3] 主要使用上海电视台提供的信号,只派去两人进行协调。

作为东道主电视台,上海电视台承担着向全国现场直播、录播重要比赛及制作专题节目的重任。据统计,上海电视台共进行现场和录像转播70场次,其中向CCTV传送18场次,还向广东、河北、湖北、青海、黑龙江、北京、天津等省、市电视台提供部分比赛的整场录像和录像剪辑。每天还要向全国制作播送20分钟的《第五届全运会专题报道》。[4]

广东电视台派报道组到上海进行现场采访,并在广东体育科研所协助下每天制作一集30分钟的特辑。

(三) 1987年第六届(广州)全运会报道

1987年11月20日至12月5日,第六届全运会(简称"六运会")在广东省举

---

[1] 黄继辰.体育宣传[G]// 中央人民广播电台台史编写组.中央人民广播电台台史资料汇编(1949—1984).内部资料,1985:116-117.

[2]《上海广播电视志》编辑委员会.上海广播电视志[M].上海:上海社会科学院出版社,1999:307.

[3] 本报讯.中央电视台、中央电台将及时转播全运会盛况[N].人民日报,1983-09-16(4).

[4]《上海广播电视志》编辑委员会.上海广播电视志[M].上海:上海社会科学院出版社,1999:438.

行。考虑到北京亚运会，各媒体纷纷加大投入，对本届全运会进行重点报道。据统计，有近2000名文字、摄影、广播、电视等方面的记者、编辑和制作人员汇集羊城。[1]

新华社自春季开始即播发全运会新闻，重点是预赛报道和筹备工作。开、闭幕式期间（9月21日至12月6日），新华社共播发300余条文字报道和200多幅图片报道。

全运会期间，《人民日报》除在第1版刊登开、闭幕式，破纪录报道外，还将《科教·文化·体育》版设为《体育》版，发表约150篇全运会报道，稿件大都由本报记者采写。《人民日报》还设置《全运会漫议》《老将新传》《小荷篇》《赛场揽胜》《以我之见》《南粤放眼》等栏目，颇有特色。

1987年1月开始，《体育报》就设置了《第六届全运会特约专栏》，为全运会预热。全运会期间，作为第六届全运会会刊，《体育报》以对开4版、头版套红、图文并茂的日报方式出现，并获得大量广告赞助、栏目冠名，采编人员士气很旺。为此，报社派往广州80名记者、编辑，每天24小时与北京编辑部保持热线联系，传回北京4版稿件，再通过卫星将传真版传到广州，和当地报纸同时胶印出版。[2]

中央人民广播电台成立50人的前方报道组，在广州完成采编播录，其中实况转播14场，[3]每天还播出70分钟的全运会专题节目，共发259条新闻、55篇专稿。[4]报道呈现出以下特点：进一步发挥"快"的优势，随时插播重要新闻；采用"主持人"形式，编辑、记者、播音员一起评点比赛，形式活泼；在新闻写法上有创新。[5]

CCTV派出报道组，承担了在深圳进行的体操比赛的报道。除了新闻，CCTV还每天播出一集专题报道。由于报道组力量有限，专题报道的制作以广

---

[1] 马信德.1987年我国体育报纸事业发展概况[M]// 中国社会科学院新闻研究所.中国新闻年鉴1988.北京：中国社会科学出版社，1988：22.

[2] 马信德.1987年我国体育报纸事业发展概况[M]// 中国社会科学院新闻研究所.中国新闻年鉴1988.北京：中国社会科学出版社，1988：22.

[3] 杨正泉.记第十一届亚运会的策划与报道（下）[J].中国广播，2007（11）：60-63.

[4] 马信德.1987年我国体育报纸事业发展概况[M]// 中国社会科学院新闻研究所.中国新闻年鉴1988.北京：中国社会科学出版社，1988：22.

[5] 刘桂兴.体育宣传[G]// 中央人民广播电台研究室.中央人民广播电台台史资料续编（1984—1987）.内部资料，1990：94.

东电视台为主。有些专题报道采用了现场直播方式。

作为东道主电视台，广东电视台精心准备，勇于创新，对中国体育电视的发展产生了积极影响。第一，更新观念，大胆创新，充分利用先进的科技手段。为做好六运会报道，广东电视台于1985年专门派考察组赴日本神户考察世界大学生运动会。1987年，电视台引进3台转播车及一批电视设备。在人力、物力相当困难的情况下，建立能同时接收7路微波信号的新闻中心，通过8台电视转播车、20套单机、29套微波和贯穿全省的广播电视微波干线，将各地比赛信号送回新闻中心，供各电视台使用。广东电视台还组织全国各地10多位体育解说员负责各赛场的直播解说工作，并尝试了解说员、评论员与嘉宾交流解说的形式。开、闭幕式期间，广东电视台有460多人直接参加电视报道工作，完成现场直播119场、录播29场，制作和播出专题特辑31集、快讯338条、花絮41条、新闻150多条，为北京、上海、香港等地10家电视机构提供全部讯号。广东电视台还每天向CCTV提供3次新闻、一次25分钟的专题节目，另外传送18场现场直播，提供122条字幕快讯稿和107条图像新闻。第二，强化竞争意识，发挥电视优势，例如连续报道，全天播出；周密部署，确保重点节目顺利转播；启用热线电话等。第三，在节目形式和报道方法上大胆创新。广东电视台设置了每天播出4次的《六运快讯》，每次只有5分钟，简明扼要，时效性强。普通话版的《六运会专辑》是广东电视台与CCTV联合制作的节目，采用直播形式在《新闻联播》后直接从广州向全国播出，丰富了报道内容，提高了新闻时效。粤语版《六运会专辑》增加了人物采访、六运花絮、热线电话等版块，富有新鲜感和参与感。[1] 全运会前夕，广东电视台还联合全国20多家地方电视台共同制作20集大型系列片《六运前奏》，在CCTV、各省市电视台和香港无线、香港亚洲电视台播出。

其他地方电视台的全运会报道也卓有成效。福建电视台于赛前播出专题片《328块金牌——1979年至1986年福建体坛成就回顾》和13集特别节目《全运进军号》，于全运会开幕当天起推出16期《'87全运》系列节目，每天播出20分钟。安徽电视台文体部派出精干的3人报道组飞赴羊城，每天摄制20—30分钟节目，并通过航空快递送回合肥，次日向全省播出。山西电视台派记者随山西体育代表团采访，共拍摄5集系列专题片。上海电视台首创利用"移动字幕"在电视屏幕上及时发布重大体育新闻的方式，最快时离新闻事件发生才2分钟，成为

---

[1] 广东电视台总编室．广东电视台第六届全运会报道工作的特色[M]//中国社会科学院新闻研究所．中国新闻年鉴1988．北京：中国社会科学出版社，1988：156-157．

发布全运会重大新闻最迅速的上海媒体。天津电视台对六运会进行了全方位报道，也是第一个报道国际奥委会主席萨马兰奇公开表示支持中国举办奥运会的国内媒体。

第四节 调整与探索期体育新闻传播的特点

改革开放后，因为竞技体育的迅猛发展和新闻改革的初步探索，中国体育新闻传播呈现出新的面貌。其中，体育新闻部门的相继成立、体育栏目的普遍设置，标志着体育报道开始成为一种独立的新闻品种，并日趋专业化。

一、体育新闻部门纷纷成立

随着新闻事业和体育事业的迅速发展，受众对体育信息的需求不断增加，对体育新闻队伍的建设也提出了更高的要求。20世纪80年代初，我国各大媒体纷纷组建专门的体育部（组），建立专职体育记者队伍。体育新闻群团组织和体育新闻教育也应运而生。

（一）媒体相继成立体育部门

作为"消息总汇"的新华社，是较早设置体育部门的国内媒体。1981年，国际部设立科技体育组。1984年1月1日，体育部正式成立，与国内部、国际部、对外部、摄影部并列为新华社5大主体业务部门，体育新闻从此被列入新华社重点发稿项目。成立初期，包括记者、编辑、发稿干事，体育部共有18人，其中主任为王训生，副主任为章挺权。体育部统发对内、对外体育稿件，是当时全国综合性媒体中规模最大、人数最多的体育新闻部门。

综合性报刊也相继成立体育组或体育部。《人民日报》于1982年将体育报道任务统一交由教科文部体育组。1988年，《光明日报》体育组有两名记者：罗京生和夏浩然。[1]《广州日报》于20世纪70年代末在政法科教部设立体育组，1987年正式成立体育部，这一时期的体育部（组）同时负责《广州日报》体育报道和《足球》报，负责人是严俊君。1986年元旦，《新民晚报》复刊后第一次扩版，并调整编辑采访部门，设立了体育部。1986年创办的《钱江晚报》设

---

[1] 薛文婷. 体媒人物：新中国体育新闻传播口述史（上）[M]. 北京：清华大学出版社，2015：337.

立了体育新闻组，是浙江省媒体中较早设立体育部门的媒体。[1]

《体育报》在这一时期拥有国内最专业、最细分、最具规模的体育报道队伍。编辑部在1984年时设有总编室、思想评论部、球类部、运动部、群众体育部、副刊部、国际体育部、研究资料部、记者通联部，以及办公室、经理部和中国体育图片社。报社在上海、广东、四川、湖北、云南、安徽、黑龙江、甘肃、河北、新疆等省、市、自治区都派有记者，此外还有一支不可忽视的新闻力量——兼职记者队伍，由记者通联部负责。[2]

20世纪80年代初，《新体育》有记者、编辑三四十人，仅报道女排的记者就超过3个。[3]

中央人民广播电台的体育组于1984年底划归新闻中心，于1986年10月升格为体育部。[4]中国国际广播电台于1979年成立体育组，设专职记者5人，又于1983年起在各语言部组设立兼职体育记者。[5]

1978年，CCTV新闻部成立体育组。1979年，CCTV专题部成立体育组，成员除新闻部体育组外，还有社教部从事体育转播的人员。1983年，专题部体育组升格为体育部，下设新闻转播、专题和播音3个组，张家成任部主任。

省级电视台也纷纷成立体育部。1979年12月，广东电视台成立体育组，统筹负责体育新闻、体育专题和体育实况转播。1981年，广东电视台设置台长负责制下的12个部，其中之一是体育部。1982年4月，上海电视台社教部成立体育组，负责体育转播和体育专栏。1983年10月，体育组划归新闻部专栏科，并增加体育新闻采编任务。1985年11月，上海电视台成立体育部。1983年，四川电视台文艺部成立体育组，设体育编辑两名。20世纪80年代初，北京电视台体育节目组只有两人。1985年，北京电视台设有9部4室1中心，其中包含体育部。天津电视台于1982年在专题部设立体育组，于1988年成立体育部。安徽电视台于1984年成立文艺部，并在文艺部内设立体育组，1988年文艺部更

---

[1] 周守瑾. 改革开放打开"体育新闻窗"：回顾钱江晚报体育报道的创立之路 [J]. 新闻实践，2008（12）：20-21.

[2] 鲁光. 我的笔名叫鲁光 [M]. 北京：人民体育出版社，2008：113，125.

[3] 黄卫. 笔锋疾走半世纪，《新体育》里写沧桑 [N]. 城市快报，2005-11-26（8）.

[4] 刘桂兴. 体育宣传 [G]// 中央人民广播电台研究室. 中央人民广播电台台史资料续编（1984—1987）. 内部资料，1990：93-98.

[5] 张宏伟. 中国体育新闻史研究 [D]. 苏州：苏州大学，2008.

名为文体部。[1]

(二) 体育新闻队伍扩大和名记者诞生

因为体育新闻部门相继成立，专职体育新闻工作者大量涌现。1979年，全国专、兼职体育记者只有500余人。1989年初，从事体育报道的记者、编辑增至近2000人。[2]1991年底，全国专、兼职体育记者已有2000多人。其中，既有"文革"前投身体育报道的新闻工作者，也有刚刚大学毕业的年轻人。这一时期体育记者的业务素质和学历水平有大幅提升。1991年底，国家体委宣传司在全国范围内做了调查，350家新闻单位有专职体育记者1282人，其中大专以上文化程度的747人，中专程度的70人；高级记者41人，主任记者167人，记者473人，助理记者380人；286人接受过体育专业培训，425人受过新闻专业教育。

体育记者日渐成为我国新闻媒体中一支重要的采访、报道力量，从中涌现出一批人们耳熟能详的知名体育报人、体育记者、体育解说员。

时任《新体育》总编辑的郝克强说自己一生做过两件事：创办以《新体育》为代表的一系列体育杂志、举办一系列围棋赛事。1979—1992年，《新体育》杂志社举办了14届由职业棋手参加的"新体育杯"围棋赛，为围棋国手们提供了锻炼切磋和向公众普及围棋知识的机会。1984—1996年，《新体育》还与日本方面合办了11届中日围棋擂台赛，成就了聂卫平、马晓春、常昊等一批围棋国手，振兴了中国围棋。郝克强带领下的《新体育》杂志社还举办了其他赛事活动，在促进中国体育事业发展的同时，也扩大了《新体育》的影响。

鲁光这一时期拥有体育记者、体育报告文学作家双重身份，在新闻、文学领域享有盛名。作为体育记者，他在1981年以通讯《敲开世界冠军大门》获全国好新闻奖，1986年后以《体育报》社长兼总编辑的身份带领体育报人进行了大刀阔斧的改革。作为体育报告文学的领军人物，他创作的《中国姑娘》《中国男子汉》获全国优秀报告文学奖，长篇纪实文学《世纪之战——汉城奥运会实录》获全国长篇纪实文学奖。

同居广州的苏少泉（《羊城晚报》体育部主任）和严俊君（《广州日报》体育部主任），是这一时期地方体育新闻领域的代表性人物。苏少泉早在"文革"前就形成了注重知识性、趣味性、思想性的体育报道手法，改革开放后不但提出了"立足广东、面向全国、走向世界"的办报主张，还总结出了"横断面特

---

[1] 陈国强. 制度变迁与新闻实践：当代中国电视体育新闻研究 [D]. 上海：复旦大学，2007.
[2] 郑文杰. 第三届全国体育记协理事会闭幕 [N]. 人民日报，1989-03-28（3）.

写""中断面特写""章回体报道""匕首式评论"等写作手法，不断引导中国体育报道的新潮流。严俊君不但为《广州日报》的体育报道确立了专业化、特色化的目标，还成功创办《足球》报并将其打造成具有全国影响力的足球专业报纸。

重大赛事转播成就了一批知名体育解说员。其中，最负盛名的是宋世雄。宋世雄于1960年进入中央人民广播电台，于1961年第26届世乒赛期间转播女子团体赛实况并获得好评，于1970年后成为中央人民广播电台体育实况转播的主要解说员。1981年，宋世雄和张之到日本转播有中国女排参加的第三届世界杯排球赛，为此搜集了许多资料。11月16日，决赛在中日之间展开，宋世雄用生动、准确、富有感染力的语言把女排姑娘在赛场上的精彩表现甚至每一个动作都呈现在听众面前。当中国女排最终以17∶15的成绩取得胜利时，宋世雄向中国民众报道了这一特大喜讯："经过几代女排队员的努力，今天终于实现了贺老总的遗愿，拿下了三大球之一的女排世界冠军……诗人们，希望你们写首诗吧！作家们，希望你们写一篇文章吧！讴歌我们女排的姑娘们，咱们中国姑娘的拼搏精神！"他饱含激情的解说契合了时代氛围，赢得了听众好评。这一时期，具有全国知名度的体育解说员还有广东电视台的王泰兴、浙江电视台的金宝成、中央电视台的孙正平等人。

（三）体育新闻群团组织出现

1979年9月，全国第一个行业记者组织——中国体育记者协会（简称"中国体育记协"）成立，并成为中华全国体育总会、中华全国新闻工作者协会、国际体育记者协会、亚洲体育记者联盟的会员。为推动体育新闻事业发展，中国体育记协进行了卓有成效的工作，如着手体育新闻队伍建设、开展体育新闻学术研究和体育好新闻评选，并积极开展国际交流与合作，成为富有活力和凝聚力、影响力的社会团体。例如，1983年，中国体育记协举办了第一届优秀体育新闻评选活动，并编辑出版了《体育好新闻》一书（1984年出版）。[1]1985年和1987年，中国体育记协分别于北京、广州举办全国体育记者讲习班。1988年，为增进与国外同行的交流，中国体育记协再次举办体育新闻讲习班，并邀请英国《泰晤士报》著名体育记者约翰·古博德等国外体育媒体人授课。[2]中

---

[1] 中国社会科学院新闻研究所.中国新闻年鉴1984[M].北京：人民日报出版社，1984：541.

[2] 江正茂.英国著名体育记者在京讲学[N].人民日报，1988-10-11（3）.

国体育记协代表还担任亚洲体育记者联盟副主席和国际体育记协执行委员。[1]

中国体育记协陆续设置了一些二级学会，如全国日报体育新闻学会、全国晚报体育新闻学会、全国体育电视联合体、全国有线电视体育传播委员会、全国体育专业报刊学会、全国广播电台体育记者学会、全国体育摄影学会、全国体育新闻研究学会等。

为应对重大赛事报道需要，媒体体育部门也开始走向联合。1984年，由北京电视台发起、8家地方电视台参与的全国省级电视台体育节目协作会成立，利用了地方台的节目资源，丰富了地方台的体育节目。1988年2月，22个省级电视台成立了全国省级电视台体育宣传协作会，并进行节目交换、业务交流等活动。体育宣传协作会于当年10月6日在首都体育馆举办"圣火1988"文体晚会，并在22个省级协作电视台播放；于1989年7月23日首次通过卫星向协作电视台直播第14届亚洲拳击锦标赛实况；于1991年12月改称中国广播电视学会体育传播研究会。

（四）体育新闻教育应运而生

体育新闻事业的发展，在加剧传媒竞争的同时，也产生了对专业体育新闻传播人才的需求。

1985年，上海体育学院从1983级体育教育专业三年级本科生中选拔组建了体育新闻写作专项班，采用与复旦大学新闻学院合作培养的形式，对学生进行新闻理论和新闻写作等培训。这批学生毕业后，受到用人单位好评。1986年，上海体育学院向国家体委科教司呈报《关于我院"七五"时期增设体育新闻等三个本科专业的报告》。1987年，国家教委、国家体委组织专家论证，认可上海体育学院这一创举。同年，上海体育学院从体育教育专业的新生中选拔组建了体育新闻专业试点班。1988年，上海体育学院向国家教委呈报《关于体育新闻专业布点的请示》。1989年，经国家教委和国家体委批准，上海体育学院正式开办体育新闻专业，隶属基础理论部，招生规模为30人。[2] 我国体育新闻专业教育正式启航。

---

[1] 郑文杰. 第三届全国体育记协理事会闭幕 欢迎台湾体育记者采访亚运会 [N]. 人民日报，1988-03-28（3）.

[2] 杜友君. 三十而立：中国体育新闻教育30年 [M]. 上海：上海交通大学出版社，2016：8.

二、媒体普遍加强体育报道

改革开放的开始,以及经济体制的转型、体育事业的发展、新闻理念的更新,推动媒体普遍加强体育报道以及新型体育媒体出现。

(一)体育媒体增添新鲜力量

1. 新华社体育报道依然是国内媒体的重要新闻来源

改革开放前,新华社以外的媒体很少获得跨省采访和出国采访体育赛事的机会,新华社由此成为我国媒体体育报道的支撑力量,甚至是国际体育报道的唯一新闻来源。

改革开放后,政府逐渐放开对国内媒体出国采访的限制,加之媒体经济实力增强,于是越来越多的媒体走出国门采访重大体育赛事。1984年洛杉矶奥运会时,除新华社、《人民日报》、中央人民广播电台、中国国际广播电台、CCTV等国家级媒体和《体育报》《新体育》等国家体委机关报刊外,《新民晚报》《羊城晚报》等地方媒体也获得了出国采访的机会。1988年汉城奥运会时,去现场采访的国内媒体由洛杉矶奥运会时的15家增至32家,国内记者由60多人增至120多人。这一数字远远满足不了媒体需要,为此地方媒体不断提出出国采访诉求,并得到回应。1988年全国晚报体育新闻研讨会期间,《钱江晚报》体育记者向国家体委宣传司领导提出了出国采访的要求。会后不久,该记者便接到宣传司征询是否去芬兰和土耳其采访的电话。[1]

尽管获得了出国采访机会,但受名额和经费限制,地方媒体通常仅能派出少数几位记者采访重大赛事,无法涵盖全部赛事报道,因此,新华社依然是中国媒体体育报道的重要新闻来源。譬如,1986年世界杯足球赛期间,《新民晚报》除组织9人小组借助地面卫星通信站接收的实况转播进行屏幕前"采访"外,还派往新华社一名记者,以加快组发新华社从墨西哥发回的稿件。1988年汉城奥运会期间,国内10家报纸派人到新华社体育部选编发自汉城的专稿,新华社体育部还每天向8家报纸文传奥运会稿件。1990年北京亚运会期间,新华社日均向中央和省级新闻单位发稿52条,向地市级发稿31条,向广播电台和电视台发稿62条,专供《亚运快报》54条。不仅中央和省级新闻单位接收新华社的大

---

[1] 周守瑾.改革开放打开"体育新闻窗":回顾钱江晚报体育报道的创立之路[J].新闻实践,2008(12):20-21.

广播稿件，270多家地市报纸也采用新华社的地方广播稿件。[1]

因为组建体育新闻部门，开设体育专栏（专版或专题），增强自主意识，各媒体显著提升了自采体育报道的比例，减少了对新华社稿件的依赖。

新华社在重大赛事报道中与世界级通讯社展开了竞争，提升了外文稿件的落地率和被采用率。洛杉矶奥运会时，关于中国运动员获得洛杉矶奥运会首金的英文电讯是新华社第一个发出的。汉城奥运会上，新华社同时用中文、英文和西班牙文向全世界发稿，被国外媒体采用的范围和数量不断扩大。其中，仅8个拉美国家的报纸、电台、通讯社采用新华社稿件至少超过2640条次，日均114条次。北京亚运会期间，新华社承担了用中文、英文、阿文、西班牙文、法文和俄文对外发布赛事新闻的任务，其中多篇英文报道因内容丰富、报道面广、写作有深度，被美联社、法新社、合众社、路透社等国际通讯社转发，阿文稿件也深受阿拉伯各国记者欢迎。

2. 体育机关报刊迎来巅峰，体育市场报刊崭露头角

随着经济体制从计划经济转向有计划的商品经济，中国报业逐步形成了以党报为主体的多层次、多种类结构，体育报业市场也呈现出机关报和市场报两种体育新闻生产模式。其中，以《中国体育报》《新体育》为代表的机关类体育报刊在这一时期迎来了黄金时代，以《足球》报为代表的市场类体育报刊则摸索出了一条体制外生存的道路。

以《中国体育报》《新体育》为代表的体育机关报刊，在坚持机关报定位的同时，也进行了一些有益的商业尝试，并因报道的权威性、专业性和信息渠道畅通，拥有相当大的影响力和良好的经济效益。《中国体育报》在这一时期的市场化探索颇有成绩。1985年，《体育报》的发行量在60万份左右，但因售价低于成本，报纸存在发行越多亏损越大的问题，只能靠财政拨款补齐。这种"不正常"现象引发了负责人鲁光的思考。他认为，"当代办报，不能'书生'办报，而要经营家办报。要有两个头脑：政治头脑和市场头脑。要讲两个效益：社会效益和经济效益。一张报纸的经济效益，一种办法是靠发行量，另一种办法是靠广告"。为此，在鲁光担任报社社长和总编辑时期，《中国体育报》开始自负盈亏，按照市场价位定价，大量刊登广告，并策划和组织各种社会活动。1989年，因纸张价格上涨，《中国体育报》将售价从5分涨到2角，虽然发行量从65万份下降到32万份，却扭转了亏损局面。[2]

---

[1] 王讯生. 更快·更好·更全：新华社亚运报道回顾 [J]. 中国记者，1990（11）：10-11.

[2] 鲁光. 我的笔名叫鲁光 [M]. 北京：人民体育出版社，2008：114，122-125.

新闻改革和有计划的商品经济体制，为新型市场类体育报刊的出现创造了条件。《足球》报的创办虽然得到了《广州日报》和广州足协的支持，但经费完全自筹。《足球》报人非常具有市场意识。1981年，看到大批北方球队南下广东冬训却很少进行比赛，《足球》报就和外资企业万宝路公司合作举办了"万宝路杯"新年足球邀请赛，既宣传了"万宝路"，也让球队在锻炼队伍的同时获得了奖金，还让报社获得了经济效益、社会效益的双丰收。正是这种自负盈亏的市场机制，使读者成为《足球》的生命线，并促使报社不断开拓进取，最终站稳了市场。

3. 体育广播依然有声有色，但影响力下降

20世纪80年代，电视尚未普及，中央人民广播电台充分发挥先声夺人、即时传播的优势，在体育新闻报道、体育实况转播、体育专题节目3个领域做得有声有色，是体育爱好者获取体育信息的重要渠道。但随着电视崛起，体育广播的影响力有所下降。

4. 体育电视的符号优势逐渐显现

自1978年CCTV开始大规模实况转播赛事以来，体育电视的优势逐渐彰显，影响力逐渐增大。

中国的体育电视实况转播经历了从联合转播到独立转播的变化。从1958年开播到20世纪80年代初，CCTV一直采取和中央人民广播电台联合转播体育赛事的模式。譬如在1981年第三届世界杯女子排球决赛转播时，解说员宋世雄要同时报两个呼号——"中央人民广播电台、中央电视台，各位听众、各位观众"。地方电视台也大都经历了和广播电台联合转播体育赛事的过程。广州电视台（广东电视台前身）和广东人民广播电台联合转播赛事时，解说员王泰兴时常以"广东人民广播电台、广州电视台"的呼号进行解说。联合转播，既是电视创立之初的一种无奈选择，也是当时环境下的一种最好选择。在1981年孙正平调入CCTV专题部体育组之前，CCTV一直没有自己的专职体育播音员，每次转播都要借助中央人民广播电台的解说力量。20世纪80年代中期以后，因为赛事增多、媒体竞争加剧和特色凸显，电视解说和广播解说逐渐分离开来。伴随这种分离的，是孙正平、宋世雄、韩乔生先后以体育播音员（解说员）身份调入CCTV，王泰兴也从广东人民广播电台调入广东电视台。

体育电视实况转播还催生了一种新的赛事报道策略——屏幕观战。当时，国内媒体很少有机会、有实力去国际赛场进行现场采访，借助电视直播了解比赛进程并完成新闻采写便成了现实选择。1978年第11届世界杯足球赛决赛当天，新华社于比赛结束10分钟内发出的综合消息，便是通过观看CCTV转播完成

的。在此后的世界杯足球赛、世界篮球锦标赛报道中,新华社和一些新闻单位都把收看电视直播或去地面卫星站和长话大楼观看卫星传送的实况转播作为报道的重要辅助手段。[1] 这样的采写手段被称为"屏幕观战"或"看图写字""电视前采访"。屏幕观战式报道虽然有时空局限,却是20世纪八九十年代中国媒体经常采用的采访报道手段。1986年第13届世界杯足球赛期间,无论是否派有前方记者,中国媒体大都采用了屏幕观战方式。当时,CCTV第一次向全国完整播送全部52场比赛实况,但直播只有24场。对于直播场次,媒体只要收看电视即可。对于非直播场次,各地媒体或者收看国外和中国港、澳媒体直播,或者到北京长话大楼、CCTV观看内部接收信号。其中,江苏《扬子晚报》一方面派记者去广州收看香港电视凌晨3点对世界杯足球赛第一场比赛的实况转播,一方面组织力量收看CCTV早晨7点的第二场转播。[2] 1990年世界杯足球赛期间,CCTV直播了18场比赛。为及时报道赛事消息,中央人民广播电台体育记者每晚都要到电报大楼收看比赛信号。

除了赛事转播,体育电视新闻和体育电视专题栏目的创办,也彰显了体育电视声画兼备、形象生动的优势,吸引了受众,扩大了影响力。

(二) 媒体热衷于举办体育赛事和体育评选活动

这一时期,新体育社、CCTV和人民日报社等媒体发起了一系列围棋赛事。其中,新体育杂志社率先举办的"新体育杯"围棋赛和中日围棋擂台赛影响力最大,并引发了"围棋热",同时带动其他媒体相继发起围棋赛事。1987年,CCTV与中国围棋协会主办了CCTV杯电视围棋快棋赛。1989年起,日本NHK、韩国KBS和中国CCTV,以及日本棋院、韩国棋院和中国棋院轮流举办亚洲杯电视围棋快棋赛,参赛者为当年日本NHK杯、韩国KBS杯和中国CCTV杯的冠亚军及上届冠军,共7人。1988年,人民日报社参与举办了中国围棋名人战。在第1—7届中国围棋名人战比赛的同时,人民日报社还与日本朝日新闻社举办了中日名人对抗赛。[3] 在成就围棋国手、振兴中国围棋、推动围棋国际竞技和围棋运动发展的同时,这些赛事也扩大了媒体自身的影响。其

---

[1] 蔡君清. 你喜爱体育吗?[M]// 中国体育记者协会. 百名中国体育记者自述. 北京:人民体育出版社,2000:751-752.

[2] 周跃敏. 屏幕观战 看图写字:《扬子晚报》是怎样报道世界杯足球赛的[J]. 传媒观察,1986(9):39.

[3] 陈昭. 名人战:风雨16年(体坛焦点)[N]. 人民日报,2004-01-05(12).

中，CCTV 杯电视围棋快棋赛、亚洲杯电视围棋快棋赛、中国围棋名人战，都已成为传统比赛，迄今已成功举办了约30届，对围棋文化的传播起到了推动作用。

《北京晚报》于1984年发起了"百队杯"足球赛，并延续至今。第一届"百队杯"足球赛由学校组队，目的是丰富孩子们的暑期生活，推动中小学生足球运动的发展，以响应邓小平提出的"足球从娃娃抓起"的号召。首届比赛有100多支球队踊跃报名，成为当时全市乃至全国的一条重要新闻。此后，每年暑期都举办这种形式的中小学生足球比赛，并取名"北京晚报百队杯足球赛"。2019年，第36届"百队杯"足球赛参赛球队超过千支。

《新民晚报》也积极举办体育赛事。1985年，晚报社与上海市体委联合举办了"新民晚报杯"国际女排邀请赛，中国、古巴、日本的国家队和上海联队参加了比赛。这是《新民晚报》首次组织国际体育赛事。1986年，晚报社又联合体育、教育部门，发起了"新民晚报杯"暑期中学生足球赛，受到社会各界的欢迎和认可。1988年，《新民晚报》与日本《东京新闻》联合举办了中日围棋天元赛，这是《新民晚报》首次与外国媒体合作推出棋类活动。[1]

1986年，《中国青年报》与日本 TDK 公司合作举办了国际青年足球锦标赛。因得到国际足联主席阿维兰热的支持，锦标赛邀请到了巴西、法国、英国和泰国的青年足球队。

《足球》报也热衷于举办各类足球赛事。例如，1981年7月，与广州新华球厂联合举办"长虹杯"小型足球邀请赛，这是《足球》报第一次举办足球赛事。1982年1月，主办"万宝路杯"新春足球邀请赛，吸引了15万观众。这是我国第一次引进外资赞助的体育比赛，《足球》报还出版3期特刊，影响颇大。1984年，足球报社主办了我国首届室内5人制足球邀请赛，并受中国足协、亚足联委托，承办了第八届亚洲杯足球预选赛第四组比赛。

这一时期，体育媒体还发起了评选优秀运动员的活动。为促进体育事业发展，丰富人们业余文化生活，1979—2002年，《体育报》、《中国青年报》、中央人民广播电台、CCTV 等首都媒体发起举办了十佳运动员评选活动，影响很大。第一次评选活动历时4个月，收到来自全国各地的85,058封来信，[2]还出现

---

[1] 新民晚报七十年史：走出国门 交游海外 [OL].2004-08-30[2017-08-08].http://news.sohu.com/20040830/n221800991.shtml.

[2] 本报讯.最佳运动员评选揭晓 [N].人民日报，1979-12-28（4）.

了全家评选、全校评选以及献诗、作画等动人事迹,给运动员极大鼓舞。[1]1980年,各地寄来的有效选票共计174,367张。[2]1989年,有420多万人次参加评选活动。[3]此后,我国媒体和体育新闻组织又发起了十佳运动员评选工作。1984年,CCTV、《新体育》杂志社等共同举办了世界十佳运动员评选活动,这是我国第一次评选世界最佳运动员。[4]同年,中国体育记者协会首次举办亚洲十佳运动员评选活动,并把评选结果报送亚洲体育记者联盟,参加该联盟举办的评选1984年亚洲最佳运动员活动。1984年开始,《北京晚报》《羊城晚报》《新民晚报》《今晚报》发起了"飞龙奖"年度最佳运动员评选。[5]1981年6月,为推动学校体育工作的开展,《体育报》与《光明日报》《文汇报》联合举办了"千名优秀体育教师奖"评选活动,并于1982年2月在人民大会堂举行授奖大会。评选活动得到教育部和国家体委支持,[6]影响较为深远。

(三)技术改善促进体育媒体发展

改革开放初期,我国新闻传播技术落后,限制了体育报道的发展。1983年第五届全运会时,新华社开始使用电传稿,报刊记者还只能通过电话传稿。《天津日报》体育记者白金贵曾如此描述传稿的不便:"这边一个字、一个字地念,家里一个字、一个字地记,有时候一句话得念3遍。一篇500字的稿,本来几分钟就可以念完,有时候要发20多分钟,等的人急得要命。"[7]《钱江晚报》创刊时,传稿设备只有一台电话录音机,发稿时也是记者在电话那边念,编辑在这边录音,然后再一个字一个字地写出来。[8]1984年洛杉矶奥运会时,外国记者已经

---

[1] 本报讯.首都十个新闻单位联合举办评选1980年我国十名最佳运动员 [N].人民日报,1980-12-17(4).

[2] 本报讯.1980年全国最佳运动员评选揭晓 [N].人民日报,1981-01-21(1).

[3] 王加强."十佳"史话 [N].人民日报,1990-02-11(8).

[4] 本报讯.我国首次举办评选世界最佳运动员活动 [N].人民日报,1984-11-30(3).

[5] 本报讯.四家晚报评出今年最佳男女运动员 [N].人民日报,1986-12-21(3).

[6] 本报讯.体育报、光明日报、文汇报联合举办"千名优秀体育教师奖"评选活动 [N].人民日报,1981-06-29(4);新华社.全国千名优秀体育教师受奖 [N].人民日报,1982-02-17(4).

[7] 薛文婷.体媒人物:新中国体育新闻传播口述史(上)[M].北京:清华大学出版社,2015:249.

[8] 周守瑾.改革开放打开"体育新闻窗":回顾钱江晚报体育报道的创立之路 [J].新闻实践,2008(12):20-21.

开始用便携式电脑写稿,[1] 新华社记者却还在用钢笔或圆珠笔做报道。

通过重大赛事报道,媒体及记者越来越意识到通信技术的重要性,并寻求改变。1984年,《天津日报》政教部体育组购买了一台文传机,并带着它到全国各地采访,极大提高了工作效率。此后,体育组又安装了能拨打国际长途电话的电话机。借助传真机、长途电话等通信设备及毗邻北京的地理优势,体育组和全国各地媒体建立了良好的合作关系。[2]《钱江晚报》报社也给体育组配备了两台传真机。[3]

为在重大国际赛事中和其他国际通讯社竞争,新华社不断改进写稿、发稿设备。1985年,新华社开始使用固定电脑终端。1988年汉城奥运会时,新华社首次在国外重大现场报道中使用计算机发稿设备,使85%的新华社快讯第一个发出,4%并列第一发出。[4] 技术人员引进建立的外文计算机编辑处理系统,实现了英文发稿的"无纸编辑"。新华社记者结束了在重大现场报道中只能用笔写稿的历史。1992年巴塞罗那奥运会时,年轻记者开始用手提电脑写中文稿。奥运会后,总编辑南振中要求全社50岁以下的人必须学会电脑写稿。[5]

我国媒体这一时期主要依赖北京电信局国际长途台进行国外赛事信息的传递。汉城亚运会期间,北京至汉城只有3条线路。为确保记者尽快把消息发回北京,长途台专为亚运会设置工作台,并抽调人力保证24小时有人值班。[6]

---

[1] 注:外国记者当时用的手提电脑屏幕有一寸宽,只能显示三四行文字,写好后一按键就可发出。

[2] 薛文婷.体媒人物:新中国体育新闻传播口述史(上)[M].北京:清华大学出版社,2015:249.

[3] 周守瑾.改革开放打开"体育新闻窗":回顾钱江晚报体育报道的创立之路[J].新闻实践,2008(12):20-21.

[4] 注:汉城奥运会时,新华社记者使用了多文种计算机发稿系统,进行中、英、西班牙3个不同文种的发稿,增强了同西方大通讯社竞争的实力。见周燕群.三次飞跃:记新华社新闻通讯技术的发展[J].中国记者,1994(12):41.

[5] 薛文婷.体媒人物:新中国体育新闻传播口述史(上)[M].北京:清华大学出版社,2015:38.

[6] 吴骅,李力.赛场新闻一线传:记北京电信局国际长途台的姑娘们[N].人民日报,1986-09-28(3).

三、体育报道成为独立的、重要的新闻品种

改革开放后,随着竞技运动水平的快速提升,体育成了中国能和西方发达国家一较高下并时常高奏凯歌的重要领域,成了弘扬爱国主义、振奋民族精神的有力手段,体育报道也逐渐成为独立的新闻品种和媒体的支柱性报道。

(一)体育专栏、专版纷纷出现,体育报道量急剧上升

1980年以前,除晚报外,大多数综合性报纸都没有设置体育栏,电视台的体育栏目数量也很少。进入20世纪80年代,综合性报刊纷纷设置体育栏:通常是先在周末或副刊开设体育栏,继而推出每日刊出的体育新闻栏。这一时期知名的体育栏有《人民日报》的《国际体坛》《体育之角》和《体育》、《光明日报》的《体育场》、《中国青年报》的《体育爱好者》、《工人日报》的《体坛纵横》等。晚报通常比较重视体育报道,其中《新民晚报》设有体育版,《今晚报》设有一版体育新闻,《羊城晚报》《成都晚报》《西安晚报》设有体育专栏,《北京晚报》《沈阳晚报》则是体育与文艺共用一版。[1] 就地域而言,上海报纸比较重视体育,《解放日报》《文汇报》《青年报》《少年报》《劳动报》等都设有体育栏目。体育栏目的开设、体育报道的增加带给报纸很好的回报。1990年世界杯足球赛期间,《扬子晚报》的发行量增加了五六万份。[2]

中央和省级电视台大都创办了体育新闻或体育专题栏目,如CCTV的《体育之窗》《体育大世界》《体育新闻》,广东电视台的《体坛内外》等。其中,CCTV的《体育新闻》栏目虽然只有5分钟,却使中国的体育电视新闻有了独立的发展空间和节目形态。

体育专业报刊不断创办,发行量也不断扩大。20世纪80年代,《体育报》和《新体育》焕发了青春,发行量一度高达100多万份。新创办的体育专业报纸也呈现出良好的发展势头,其中地方综合性媒体创办的足球专业报刊发展势头迅猛:广州日报社创办的《足球》报、天津日报社创办的《球迷》报在1987年的发行量分别为120万份和65万份。

---

[1] 王俊璞. 多给体育新闻一些"天地"[J]. 新闻业务,1986(09):20-21.

[2] 朱仕农. 绿茵场外的"第二战场":第15届世界杯足球赛报道回顾[J]. 新闻通讯,1994(08):18-19.

（二）竞技体育报道全面展开

竞技体育是体育工作的重点和热点，也是体育报道的焦点。1981年10月，中国足球队在世界杯足球赛亚太区预选赛决赛阶段以3：0战胜亚洲冠军科威特队，中国球迷上街高呼"振兴中华"，在全国掀起了"足球热"。同年11月，中国女排赢得"三大球"的第一个世界冠军，在全国掀起了"排球热"。1982年新德里亚运会上，中国队首次登上亚运会金牌榜首位，开创了亚运会的新纪元。1984年洛杉矶奥运会上，中国运动员实现了奥运会金牌"零"的突破，在全国掀起了"奥运热"。1985年，聂卫平在首届中日围棋擂台赛上连克日方几员大将，帮助中国队获胜，在全国兴起了"围棋热"。1990年，北京成功举办第11届亚运会，积累了组织大型综合性赛事的经验。这一系列体育成就是中国20世纪80年代最激动人心的篇章之一，也是中国媒体竞相报道的重点。竞技体育新闻逐渐成为国人最喜爱的新闻品种之一。

就赛事类型而言，奥运会、亚运会、全运会、世界大学生运动会等综合性体育赛事，世界杯足球赛、世界排球锦标赛、世界乒乓球锦标赛等单项国际赛事，全国足球甲级队联赛等国内赛事，以及中国国家队的各类比赛，都是这一时期竞技体育报道的重点。

足球是世界第一运动，足球报道数量也最多。这一时期，支撑足球报道的主要是一年一度的全国足球甲级队联赛、四年一度的亚洲杯足球赛和世界杯足球赛。其中，世界杯足球赛逐渐成为国人和媒体最为关注的单项国际体育赛事。

1978年6月25—26日，CCTV第一次通过国际通信卫星实况转播了世界杯足球赛的半决赛和决赛，这是中国电视机构第一次转播世界杯足球赛。[1] 新华社则根据有关方面的指示精神，在决赛结束后发出了一条综合消息。这是新华社自"文革"以来公开播发的第一条有关世界杯足球赛的报道。[2]

1982年，CCTV通过"亚广联"购买了第十二届世界杯足球赛报道权，并派宋世雄等4人赴香港，通过卫星收录52场比赛，其中以看屏幕解说的方式直播24场比赛实况，以后期配音的方式编制19个赛事特辑。广州《足球》报则通过收看香港电视直播的方式出版了《82年世界杯特刊》。《北京晚报》推出了《世

---

[1] 唐世鼎.中央电视台的第一与变迁（1958—2003）[M].北京：东方出版社，2003：52-66.

[2] 蔡君清.你喜爱体育么？[M]//中国体育记者协会.百名中国体育记者自述.北京：人民体育出版社，2000：751-752.

界杯足球大赛》专栏。

1986年，中国大陆媒体首次派记者现场采访世界杯。前往墨西哥采访的大陆体育媒体至少有4家：新华社、《中国体育报》、《新体育》和《足球》报等。新华社体育部不仅派出前方记者——副主任章挺权，还在后方组织报道组通过屏幕观战方式撰写赛事消息或预测性新闻。《新民晚报》组织了9人报道小组，于世界杯期间编发30个专版，共刊登312幅照片、34幅漫画。《新体育》派出记者饶广平，出版了两期专题。[1]《足球》报特派记者严俊君等一行3人前往墨西哥，现场采访报道世界杯。CCTV借助香港电视台的力量，第一次向全国完整播送了全部52场比赛实况，其中直播24场，引起很大反响。

1990年第14届世界杯足球赛期间，CCTV在紧张筹备亚运会之余，播出了全部52场实况录像，其中直播18场，并在每晚19:30—20:00播出专题节目《意大利90足球集粹》，包括比赛评论、赛事剪辑、足球MTV、罗马热线等，颇具新意。[2]《新体育》推出了意大利世界杯足球赛特辑。《足球》《广州日报》再次派记者现场采访世界杯。[3]《体坛周报》也全面报道了世界杯。上海《解放日报》和《新民晚报》记者，则通过观看电视直播的方式撰写世界杯稿件。[4]

中国媒体也开始将目光投向高水平的国外足球职业联赛和足球洲际赛事。其中，广东电视台于1984—1988年率先对英足总杯、英甲、意甲、德甲、欧洲足球锦标赛等高水平足球赛事进行转播。1989年，CCTV购买了意甲的三年转播权，开始通过录像播放意甲联赛，吸引了众多球迷。《体坛周报》则于1990年底开始推出《欧洲各国联赛速报》，成为中国第一个系统报道欧洲足球联赛的媒体。1992年，《足球》与《广州日报》联合派出记者组采访了欧洲杯足球赛。

（三）体育报道水平提高

中国媒体普遍重视体育报道的时效性，其中，新华社在体育报道的时效性方面最为执着。1983年朱建华在第五届全运会中再次刷新男子跳高世界纪录后几分钟，喜讯即从前方报道组发回新华社总社，30分钟后即播发到全国各地，

---

[1] 刘蒙.《新体育》杂志不同发展时期的报道研究 [D]. 上海：上海体育学院，2009.

[2] 陈国强. 制度变迁与新闻实践：当代中国电视体育新闻研究 [D]. 上海：复旦大学，2007.

[3] 汤应武，李婉芬. 广州日报60年 [M]. 广州：花城出版社，2012：198.

[4] 胡廷楣."电视时代"的报纸体育新闻：第二十五届奥运会报纸新闻手法点评 [J]. 新闻记者，1992（11）：15-17.

继而播发到世界各地。[1]1990年北京亚运会时,当中国女子举重运动员邢芬把杠铃扔到举重台上时,设在新闻中心的亚运会报道组编辑随即按下发稿键,关于本届亚运会首金的英文快讯即刻发出,两分钟后中文稿件发出,接下去是消息、特写等。[2]《人民日报》称,新华社在快讯时效上已具备了和世界性通讯社抗衡的能力。新华社稿件的时效性受到人们瞩目。在记者云集的主新闻中心,新华社稿件栏前总围着人。许多同行把新华社电讯稿作为重要的消息来源或核实自己稿件的依据。[3]这一时期,新华社对内中文体育报道基本做到了上午的新闻上午发出,下午的消息晚饭前发出,当天的报道当天播发。[4]

随着体育记者的专职化,我国体育报道的专业性也有了很大提升。这一时期的体育报道也存在一些问题,譬如有的体育记者因外语水平差、采访能力弱,对大型运动会的总体把握、全面反映不够;[5]公式化、简单化、概念化新闻普遍存在;缺乏国际视野,对欧美职业体育知之甚少;金牌至上、成王败寇的惯性思维流行,竞技体育被烙上了"为国争光"的唯一标签,群众体育报道被冷落;[6]有些报道喜欢说"多少年来之最"或者"历史上第一次",但未认真核实,有哗众取宠之嫌。[7]时任国家体委副主任徐寅生认为,外行话、片面性、简单化是当时体育报道存在的主要问题,这和体育新闻工作者的素质有关。[8]国家体委副主任袁伟民也曾在全国体育记者讲习班上强调说,体育报道要克服"浅、浮、僵",力求"新、真、深",体育记者要做到"脑勤、眼勤、手勤、脚勤"。[9]

四、体育受众数量剧增

20世纪80年代,是中国重返国际体育赛场并不断取得突破的年代,也是体育爱好者和体育受众数量剧增的年代。1986年8月,《人民日报》对全国30个市、

---

[1] 李万瑞. 采访五届全运会追记 [J]. 新闻记者,1983(8):18.

[2] 张大为. 为让世界了解中国:新华社亚运报道散记 [J]. 中国记者,1990(10):10..

[3] 本报讯. "新闻战"中的"第一枚金牌" [N]. 人民日报,1990-09-28(1).

[4] 王训生. 更快·更好·更全:新华社亚运报道回顾 [J]. 中国记者,1990(11):11.

[5] 肖焕禹. 我国体育新闻传媒30年回眸与前瞻 [J]. 上海体育学院学报,2008(4):6-7.

[6] 张德胜. 体育媒体通论 [M]. 广州:广东人民出版社,2006:41.

[7] 萧鸣. 是"二十年来未有过的大败"吗?[N]. 人民日报,1988-12-18(3).

[8] 李贺普,邵建武. 徐寅生谈体育报道 [J]. 新闻业务,1986(5):21-22.

[9] 刘小明,江正茂. 克服浅浮僵,力求新真深 [N]. 人民日报,1987-09-16(3).

县的5061名读者进行抽样调查，结果显示爱读体育新闻的人在45%以上。[1]

受众对体育资讯的渴求，从《中国体育报》《足球》等体育报纸的发行量和《新民晚报》体育报道的受欢迎程度中可见一斑。1979年底，《足球》报发行试刊第一期，5万份报纸在广州市街头被抢购一空。[2]1984年，《足球》报摘登了部分读者的建议，如一周出两期，增加代印点以满足边远地区读者的需求等。[3]同年3月，《足球》报开始在大连售卖，一上市便被"抢购一空"。有读者在信中说，每期报纸到手，大家都你阅我借，爱不释手，因此"建议《足球》报社应适当考虑大连地区的供应量"[4]。1985年，为创刊5周年编辑的《足球》巨型纪念册出版后，广大足球爱好者纷纷汇款邮购或上门索购。[5]"5·19"事件后，在美国的中国留学生纷纷询问《足球》报通讯员，能否从大陆邮寄《足球》报，[6]报社更是每天收到数百封读者来信或来稿。[7]1986年初，《足球》和《广州日报》联合举办了"最受球迷喜爱的'国脚'"评选活动，全国球迷反应热烈，共寄送选票265,941张。[8]凡此种种，不难看出读者对足球信息的渴求，对《足球》报的喜爱。《足球》报前总编辑谢奕曾说："生活在当今娱乐和资讯都呈过剩状态的这一代年轻人，很难体会到那种娱乐和资讯匮乏时期每周只能'填饱'一次肚子所带来的满足，很难体会到父兄们那种激情与迷恋，很难理解对一份报纸居然可以有这样深的感情。"[9]《新民晚报》记者也曾撰文指出，在《新民晚报》半个多世纪的发展历史上，体育新闻的读者群"涵盖了老中青三代，也涵盖了各行各业，从工人到高级知识分子"[10]。

受众对体育信息的喜爱，在《体育报》等媒体发起的"十佳运动员"评选活动中可见一斑。在1980年的评选中，10万张选票一售而空，马上又赶印10万

---

[1] 国家统计局. 中国统计年鉴1993[M]. 北京：中国统计出版社，1993：279.

[2] 白国华. 在艰难中因爱而生 [N]. 足球，2009-01-01.

[3] 金石良言：本报创刊一百期摘登读者批评建议 [N]. 足球，1984-02-21（8）.

[4] 于丁. 渴望《足球》报扩大发行 [N]. 足球，1984-05-22（4）.

[5] 狄狄.《足球》纪念册供不应求 [N]. 足球，1985-04-23（1）.

[6] 齐嘉陵. 中国足球队的失利牵动着海外华人的心 [N]. 足球.1985-06-11（1）.

[7] 黛君施. 球迷之友 [N]. 足球，1985-07-23（8）.

[8] 古广明. 贾秀全当选"最受球迷喜爱的国脚" [N]. 足球，1986-02-04（1）.

[9] 谢奕. 永远坚挺的《足球》报 [N]. 足球，2009-01-01.

[10] 张攻非. 构筑立体报道的几根支柱：晚报体育新闻特色析 [N/OL]. 新民晚报，2004-09-06[2019-08-14].http：// news.sohu.com/20040906/n221901242.shtml.

张,仍然不能满足广大群众的要求。在纷纷扬扬的来信中,有的渴望得到一张珍贵的选票,有的呼吁扩大选票发售量,有的"抗议"只在大、中城市发售选票。举办方还收到了群众自制的、各具特色的选票:有的献上10首诗,写出心中的"最佳";有的寄来绘画,画出心中的"最佳";还有盲哑学生寄来了盲文信,说出心中的"最佳"。[1]最终,各地寄来的有效选票共计174,367张。[2]

  体育媒体也非常注重和受众进行互动、沟通。《足球》报于1984年增设了《球迷之友》专栏,由"正军师"等主持。因笔法幽默,能和读者促膝谈心,"正军师"深受读者喜爱。在1986年广州地区报刊读者咨询活动日上,很多读者想认识"正军师"。[3]《体育报》于1986年1月开始开辟《读者点题采访》专栏,在报纸和读者间架起了一座桥梁,深受欢迎。《读者点题采访》还为报社记者提供了采访题目和采访对象,使体育报道更契合读者兴趣,更有吸引力。[4]北京亚运会期间,《人民日报》开通了两条"亚运专线电话",共受话1.7万多人次。编辑部原本想了解读者的反映和评论,但热情的读者把它当作了咨询台、服务台、报告台和记录台,还提出了不少建议。《人民日报》还开辟《专线电话》栏目,回答群众的疑难问题。专线电话的开辟,密切了读者与报纸的联系,也增进了互相的了解。[5]

  这一时期,受众对体育资讯不断增长的需求与体育媒体有限的满足之间还存在一定差距。1986年底,一位读者对《足球》报进行了批评:"周报本来谈不上及时,独家新闻又少,文笔缺少辛辣味,评论不痛不痒,记者的文学修养也较肤浅,而且题材面较狭窄,开拓不够。"该读者还建议《足球》报选题方面活泼一些,视野开阔些,凸显独家新闻、幕后新闻、精彩比赛报道,有独创性、启发性的新闻评论等。[6]北京亚运会期间,因地处偏僻山区,交通不发达,文化设施落后,江西井冈山革命老区的农民只能通过收音机了解亚运会盛况。由于白天忙于收割,农民希望能在晚上九、十点钟重播亚运会新闻。有些地方的电视信号时常中断,农民们希望有关部门维修好电视发射台、转播台、差转

---

[1] 潘力.最珍贵的荣誉:来自最佳运动员评选办公室的报告[N].人民日报,1981-01-23(4).

[2] 本报讯.1980年全国最佳运动员评选揭晓[N].人民日报,1981-01-21(1).

[3] 本报记者.批者有情 批者有理[N].足球,1986-11-11(1).

[4] 李贺普.搭起与读者对话的桥梁:介绍《体育报》"读者点题采访"专栏[J].新闻业务,1986(6):41.

[5] 人民日报亚运会报道组.亚运报道回顾[J].新闻战线,1991(3):14.

[6] 江苏读者钱天文十一月的来信[N].足球,1986-12-23(8).

台设备,让亚运会新闻及时传到农家。[1]

五、体育新闻彰显巨大社会影响力

中国体育事业的蓬勃发展为体育新闻传播提供了广阔天地,体育新闻传播则在推动体育事业发展、弘扬爱国主义、振奋民族精神、传播体育文化等方面起到了促进作用。

(一)体育新闻对弘扬爱国主义、振奋民族精神具有重要作用

20世纪80年代初,国人既要对"文化大革命"进行反思,又要面对改革开放后中国与世界发达国家之间的巨大差距,由此陷入了思想迷茫和精神空虚,甚至产生了"三信危机"——信心危机、信仰危机和信念危机。国家和民族认同的重塑问题迫在眉睫。恰在此时,重返国际赛场的中国竞技体育不断高奏凯歌:女排"五连冠"、荣登亚运会金牌榜首、奥运会金牌"零"的突破、成功举办北京亚运会等,这为重振国人精神提供了契机,并成为媒体弘扬爱国主义、振奋民族精神的绝佳素材。女排"五连冠"时期的领队、中国奥委会前秘书长魏纪中坦言:"奥林匹克精神和理想,首先是爱国主义的,有着明确的民族复兴、国家富强的目的。"[2]

在此背景下,"民族复兴、国家富强"的意识形态主导了这一阶段体育及其体育新闻的生产。[3]1984年10月,中共中央在《关于进一步发展体育运动的通知》中指出,"体育关系到人民的健康、民族的强盛和国家的荣誉""要通过体育成就,进行爱国主义、集体主义、社会主义和共产主义的教育,进行为祖国荣誉顽强拼搏、奋勇进取、勇攀高峰的革命精神的教育,以加速四化建设,推进祖国统一大业"。中共中央宣传部和各级宣传部门也就体育宣传问题发出通知和指示。如1985年中共中央宣传部在转发国家体委党组《关于改进体育竞赛宣传的意见》的通知中指出,"(我国)体育正在全面走向世界。我们的体育宣传和一切宣传工作,都要站得高一些,想得深一些,要注意宣传的社会效果和对群众心理的影响"。国家体委也十分重视体育宣传工作,多次召开全国体

---

[1] 方世宏.盼亚运会新闻到农家[N].人民日报,1990-09-22(7).

[2] 魏纪中.我看中国体育[M].北京:生活·读书·新知三联书店,2005:103.

[3] 荆烽."举国体制"的媒介报道分析:兼论中国体育新闻场域的演变[D].上海:复旦大学,2010.

育宣传工作会议进行讨论和部署，并发布《关于加强和改进体育宣传工作的意见》等文件。

这一时期的体育新闻工作取得了良好的社会效果。正如有论者所言，中央和各地新闻单位对各种体育竞赛活动和我国体育战线取得的成就进行了大量报道，激发了国人的民族自豪感和自信心，鼓舞了海内外华人的爱国热忱。[1] 时任国家体委副主任徐寅生也对体育报道给予肯定："没有新闻媒介的预测、现场转播和赛后分析，光有现场的欢声雷动，是形不成体育热的。我国体育运动的'零的突破'，群众体育运动的蓬勃开展，都和体育新闻工作者的努力工作密不可分。""通过体育新闻的报道，引导人民追求健康的情趣，培养他们克服困难的勇气和韧性，进而对他们进行爱国主义教育，这也是精神文明建设的重要一翼。"[2]

有文章指出，在体育竞赛报道中，媒体要处理好三个关系。第一，处理好体育与政治的关系。体育不等于政治，不能把一场球的输赢机械地同政治相联系，但体育又担负着"为两个文明建设、为四化服务"的政治任务。为此，要把宣传体育精神和体育道德放在重要位置，要提倡"打出风格，打出水平""输赢是暂时的，友谊是永久的""运动成绩与精神文明双丰收"等观念，不要再用含义不确切且易被误解的"友谊第一、比赛第二"口号。第二，处理好爱国主义与国际主义的关系。报道国际比赛时，要把爱国主义和国际主义结合起来，避免大国主义和狭隘的民族主义思想和情绪，提倡为比赛双方鼓掌、尊重双方优胜者。第三，处理好胜与负的关系。要宣传"胜败乃兵家常事""世上没有常胜将军"等，不要只以"胜败论英雄"。[3]

（二）体育文化启蒙

因为与国际赛场长期隔绝，20世纪80年代初，国人对奥运会、亚运会、世界杯、世锦赛等重要赛事及一些竞技体育项目并不熟悉。为此，媒体在进行新闻报道时通常还要普及一些体育知识，起到了体育文化启蒙作用。新华社播发的部分体育资料见表4-5。

---

[1] 改进体育竞赛的宣传报道 [J]. 新闻业务，1985（9）：3.

[2] 李贺普，邵建武. 徐寅生谈体育报道 [J]. 新闻业务，1986（5）：21-22.

[3] 改进体育竞赛的宣传报道 [J]. 新闻业务，1985（9）：3.

表 4-5　新华社播发的部分体育资料

时间	题目
1978年亚运会	《资料：亚洲运动会》《资料：我国与亚运会》《资料：击剑史话》《资料：摔跤史话》《小资料：我国参加了哪些国际和亚洲体育组织》等。
1979年全运会	《"第一"的故事——我国体育珍闻拾零》《田径运动》《游泳，跳水》《击剑运动》等。
1983年全运会	《全运会简介》《新中国成立前的历届全运会》《新中国成立后的历届全运会》《武术》《射击》《艺术体操》《全运会上最年轻的项目——帆板运动》等。
1984年奥运会	《体育资料：从古代奥运会到现代奥运会》《体育资料：国际奥林匹克委员会》《体育资料：中国与国际奥委会》等。
1990年亚运会	《资料：藤球》《资料：亚运会表演项目——软式网球》等
其他	《国际资料：国际奥委会和奥运会》《资料：国际军事体育理事会简介》《体育资料：亚洲排球锦标赛》《资料：伤残人运动》《体育资料：戴维斯杯网球赛》《体育资料：冬季奥运会》《体育资料：室内五人足球赛》《体育资料：尤伯杯赛》《体育资料：汤姆斯杯赛》《体育资料：全英羽毛球锦标赛》《体育资料：亚洲杯足球赛》《体育资料：蓬勃发展的女子足球运动》《体育资料：世界青年足球锦标赛》《体育资料：尼赫鲁金杯足球赛》《体育资料：尤尼克斯杯羽毛球公开赛》《体育资料：柔道》《体育资料：世界大学生运动会》《体育资料：亚洲举重锦标赛》《体育资料：世界杯跳水赛》《小资料：我国武术运动员的等级制》《资料：马球》《资料：世界大学生运动会》《体育资料：世界杯田径赛》《资料：世界杯排球赛》《体育资料：世界杯女子排球赛》《体育资料：世界体操锦标赛》《体育资料：我国速滑的黄金时代》《资料：全国少数民族传统体育运动会》《资料：铁人三项赛》《资料：滑水运动》《资料：世界大学生运动会简介》等。

1990年北京亚运会时，有读者致信《人民日报》，肯定了媒体利用亚运会普及体育知识和弘扬体育精神的做法："第十一届亚运会可以说是普及体育知识和体育精神的大课堂。这个课堂东从太平洋西岸，西到'世界屋脊'，北起黑龙江畔，南至南海诸岛，学员十一亿，简直称得上是个超级大课堂。""六十年代初期，第二十六届世界乒乓球锦标赛造成乒乓球知识大普及，出现了乒乓热。八十年代，几次世界性女排比赛造成排球知识大普及，出现了排球热。这次亚运会丰富多样的大传播，必将大大增强全民族的体育意识。在中华大地上掀起一个前所未有的体育热！"[1]

---

[1] 潇雨.好一个大课堂[N].人民日报，1990-09-27（1）.

第五章 转型与勃兴期（1992—2002）

1992年是中国的又一个春天。这一年，邓小平的南方谈话和中共十四大的召开使中国正式确立了社会主义市场经济体制，改革开放进一步深化，中国社会随之发生了全方位的深刻变化。中国体育新闻传播事业也呈现出整体增长态势，走上发展的快车道。

第一节 社会环境

一、南方谈话推动中国改革开放走向深入

1992年初，88岁高龄的邓小平怀着对改革开放与中华民族命运的深厚关切，先后视察武昌、深圳、珠海、上海等地，并发表一系列重要讲话，史称南方谈话。其中心思想是坚持党的基本路线不动摇，抓住有利时机，加快改革开放步伐，集中精力把经济搞上去，把有中国特色的社会主义事业推向前进。邓小平在南方谈话中回答了长期困扰和束缚人民思想的许多重大认识问题，阐明了一系列重大的新思想、新观点，丰富、发展和完善了建设有中国特色的社会主义的理论，把改革开放和社会主义现代化建设推进到了一个新阶段。

1992年10月召开的中共十四大，以邓小平南方谈话精神为指导，开辟了建设有中国特色社会主义事业的新阶段，具有承前启后的重大意义。大会做出三项重要决策：抓住机遇，加快发展；明确以建立社会主义市场经济为我国经济体制改革的目标；确立邓小平建设有中国特色社会主义理论在全党工作中的指导地位。

1997年9月召开的中共十五大，首次提出和正式使用了"邓小平理论"这一概念，并在党章中将其确立为党的指导思想。十五大的另一突出贡献是

全面提出了党在社会主义初级阶段的基本纲领。

二、社会主义市场经济体制确立

十四大以后，我国社会逐渐完成了从社会主义计划经济向社会主义市场经济的转型。其中，最根本的转变是资源配置方式的转变，即由以行政手段配置资源为主转向以市场配置资源为主。

社会主义市场经济体制改革，涉及方方面面，包括权力的重新调整和利益的重新分配，是一个复杂而困难的转变。这一转变，深刻影响了中国的体育和新闻事业，影响了体育新闻传播的外部环境和内部生态。

三、新闻传播走向产业化、集团化

社会主义市场经济体制的建立，推动我国新闻体制改革进一步深入。全国几乎所有的新闻媒体都实行了"事业单位企业化管理"，并进一步走上产业化、集团化道路。资本运作等经营与管理手段也为新闻机构所接受，并初步建立了一套适应中国特点的新闻行政管理体制，即"双渠道、集中、分级"的管理体制，也就是新闻媒体接受党委部门和新闻行政部门双重领导，享有独立自主的法人地位，有权自设机构、自定编制、自聘干部及工作人员，并拥有工资、奖金的自主权。在市场经济条件下，为增强市场竞争力，各新闻媒体大胆引进竞争机制，对内部结构进行调整，提高了新闻从业人员的积极性，也提升了自身的经济实力和社会影响力。

我国媒体在这一阶段主要呈现出下面几个趋势：由国家拨款向市场化运作转变、由数量型策略向质量型策略转变、受众意识不断增强、由大众型传播向分众型传播转变、新媒体的出现及发展让传统媒体压力与动力并存。

这一时期是中国报业发展最为迅猛的时期，表现为数量增多、扩版增刊、发行提高、组建集团等。1994年，全国公开发行的报纸总数为2109种（是1978年的11倍）；1999年，报纸总数为2160种；2003年，报纸总数为2119种，其中全国性报纸213种、省级报纸766种、地市级报纸898种、县级报纸242种，报业结构趋于合理。中央及地方各家报纸纷纷扩版、增刊，旨在通过增加信息量来增加广告量，增强市场竞争力，一度形成扩版大战。继"周末热""扩版热"后，晨报、都市报等报纸新品种开始于20世纪90年代中期出现。随着市场化进程的加快，报纸实力越来越强，出现了大报兼并小报的势头。实力强大的党报开始走上组建报业集团之路，表明报业开始从粗放经营型向规模效益型转变，从单体化发展向集团化发展转变,并逐步形成跨地区、跨媒体的趋势。

广播电台数量增加,并呈现窄播趋势,涌现出大量专业台、系列台。1992年,广播电台为812座,人口覆盖率为75.6%。1995年,广播电台发展到1210座,各省、市、自治区和所有中等以上地区级城市以及不少的县城,都陆续办起了广播电台。广播体制改革也进一步深入。1992年底,东方广播电台率先问世,打破了上海人民广播电台主导经营的局面,进一步强化了竞争体制。广播媒体还结合自身特性,加强听众参与节目的播出,并根据不同类型受众进行细分,走"窄播"之路,出现了新闻台、交通台、文艺台、音乐台、儿童台、信息台等专业台和系列台,其中调频音乐广播和交通广播深受听众喜爱。

电视空前发展,影响日益增长,进入历史上的黄金时期。1992年,电视台为586座,电视人口覆盖率为81%。1993年,有线电视台已发展到500多座,入户终端超过1500万户。1999年,全国共有2000多家广播电视播出机构,其中省市级以上的电视台343家、教育电视台75家、有线电视台217家。2000年12月,国家广播电影电视总局下发《关于有线广播电视台和无线电视台合并的有关事项的通知》,各地电视机构掀起合并、重组热潮。1999年6月,无锡广播电视集团成立,标志着我国广播电视业也步入集团化道路。之后,北京广播影视集团、中国广播影视集团等先后成立。截至2002年底,先后建了15家广电集团。[1]

网络媒体诞生并获得初步发展。我国于1994年4月20日实现与互联网的全功能接入,成为互联网大家庭中的第77个成员。1995年1月,《神州学人》正式发刊,是国内第一份上网的中文电子刊物。1995年5月,我国开始向社会各界用户提供互联网全功能服务。国内的报刊、广播电台、电视台和通讯社等新闻媒体纷纷上网建站。新浪、搜狐、网易、雅虎、中华网和腾讯等商业门户网站纷纷上线。据中国互联网信息中心(CNNIC)发布的《中国互联网络发展状况统计报告》显示,中国互联网用户从1998年起,每半年用户量就会上翻一番,如1998年7月为117万人,2000年1月达到890万人。互联网的高速发展推动了新闻传播业的变革。

---

[1] 注:2004年12月,国家广电总局决定不再批准组建事业性质的广电集团,只允许组建事业性质的广播电视台或总台,此前已经成立的事业性质的广电集团,可以将集团改为总台,如果要继续保留事业性质,就一定要把经营性资产剥离,组建新的产业经营公司或集团公司。

四、体育事业走向规范化、制度化

这是中国体育在社会主义市场经济体制改革背景下不断探索并取得重要突破的时期。

1992年11月中旬,国家体委在广东中山召开以学习南方谈话和中共十四大报告、探讨体育改革为主题的全国体委主任座谈会。围绕体育改革的必要性及改革内容、方向等问题进行热烈讨论后,与会人员认识到,体育改革不是对原有体育体制和运行机制进行修补,而是按照社会主义市场经济的要求和现代体育运动的规律对原有体育体制进行根本性变革。

中国体育在这一时期的另一成就是法制法规建设。1995年,《全民健身计划纲要》《奥运争光计划纲要(1994—2000)》《中华人民共和国体育法》先后颁布实施,标志着中国体育走上了法治化、规范化和制度化的发展轨道。

(一)"普及与提高相结合,促进各类体育协调发展"战略方针的确定

群众体育和竞技体育的协调发展问题日益引起关注。1995年3月,全国人大八届三次会议《政府工作报告》明确指出:"体育工作要坚持群众体育和竞技体育协调发展的方针,把发展群众体育、推行全民健身计划、普遍增强国民体质作为重点。"1995年发布实施的《全民健身计划纲要》和《奥运争光计划纲要(1994—2000)》分别对应着群众体育和竞技体育。同年10月出台的《中华人民共和国体育法》规定,"体育工作坚持以开展全民健身活动为基础,实行普及与提高相结合,促进各类体育协调发展",从国家立法层面确立了群众体育与竞技运动等各类体育的发展关系,指明了依法治体、协调发展的方向。由此,"群众体育与竞技体育协调发展"的战略,完成了从体育系统的行业发展规划上升至国家建设与发展大政方针的跃升,成为新时期我国体育工作的基本准则。[1]

(二)体育行政体制改革

这一时期,我国体育管理体制在"坚持政府为主体、社会为补充"的发展思路指导下,逐步形成了以政府机制为核心和以市场化体育运行机制为重要组

---

[1] 杨文轩,卢元镇,胡小明.改革开放以来中国体育理论与实践的发展[J].华南师范大学学报(社会科学版),2003(4):136.

成部分的"双轨"并存的管理模式。

社会主义市场经济体制决定了体育管理模式要由计划经济基础上的行政高度集中管理过渡到适应市场经济体制的分权管理。在1993年《关于国务院机构改革方案的决定》和1998年行政机构改革的精神指导下，国家体委成立、组建了20个（1993年成立14个，1997年组建6个）运动项目管理中心，初步形成了体委宏观管理、管理中心和单项协会专项管理的新体制。1998年3月，国家体委改组为国家体育总局。机构改革后，国家体育总局从原有的计划经济体制下的高度集中的管理转变为对体育事业的领导、协调、监督和宏观调控，在管理方法上变单纯的行政手段为综合运用行政、经济、法律等手段来处理体育事务。[1]

（三）奥运争光计划和职业联赛开启中国竞技体育新篇章

自20世纪80年代"奥运战略"出台以后，中国竞技体育"为国争光"的目标更加明确和具体，即以在奥运会为核心的一系列国际大赛上夺取优异成绩为最高目标。由此，竞技体育"为国争光"逐步演变为具有可操作性的"奥运争光"。1995年《奥运争光计划纲要（1994—2000）》的正式颁布实施，巩固了竞技体育改革的成果，在促进竞技体育的科学化、社会化、产业化和可持续发展方面产生了积极作用，成为新时期竞技体育改革与发展的纲领性文件。在"以奥运会为最高目标，贯彻缩短战线、突出重点、集中优势、发挥各方面积极性"方针指导下，国家体委把我国开展的竞技运动项目分为国家重点投入项目、一般性投入项目和以社会投入为主项目。[2]1997年第八届全国运动会（简称"八运会"）开始，除武术外，全运会项目全部调整为奥运会项目。

中国体育代表团这一时期在奥运会上的成绩稳中有升。1992年巴塞罗那奥运会上，中国体育代表团获得包括16枚金牌在内的54枚奖牌，奠定了在奥运会上名列前茅的地位。同年，中国运动员在第16届冬奥会上夺得3枚银牌，实现冬奥会奖牌"零"的突破。1996年亚特兰大奥运会上，中国队获得16枚金牌。2000年悉尼奥运会上，中国体育代表团取得28枚金牌、59枚奖牌的优异成绩，金牌总数跃居第三，进一步确立和巩固了中国竞技体育在国际体坛的地位。

以足球为突破口，中国兴起竞赛职业化改革。中国足球联赛始于20世纪50

---

[1] 田雨普. 新中国60年体育发展战略重点的转移的回眸与思索[J]. 体育科学，2010（1）：3-4.

[2] 注：重点投入项目为在奥运会上取得单项前三名、集体项目前八名的项目；一般性投入项目为其他奥运会项目和亚运会上夺取金牌的项目；以社会投入为主的项目为其他项目。

年代，后几度停办和取消，在1979年重办后渐趋于稳定。1992年，中国足球队在奥运会足球预选赛中失利，未能晋级决赛阶段，引发了关于中国足球出路的热烈讨论。同年6月，中国足协在全国足球工作会议上提出足球率先进行市场化改革，决定举办足球职业联赛。1994年，国内足球职业联赛拉开序幕，采取职业化的主客场制。全国篮球和排球职业联赛也于1995年、1996年相继开幕。其后，乒乓球、围棋等职业联赛先后启动，体育产业快速发展起来。经过多年运作，中国初步建构起了以俱乐部为单位的职业联赛制度，推动了相关体育项目的发展。

（四）全民健身计划推动群众体育工作

国家体委于1995年颁布《全民健身计划纲要》，对群众体育的组织领导、目标任务、实施步骤做出明确规定，初步形成以"国民体质监测""群众体育现状调查"为基石，以全民健身路径建设、群众体育指导员制度为保障，以重点人群为主要对象的工作体系，使群众体育工作由虚变实。这一时期，我国群众体育取得卓有成效的进步，逐步实现了由"单位化"向"社区化"的过渡、由"福利型"向"消费型"的转变：社会体育指导员成为开展群众体育工作不可或缺的力量；逐渐形成由中央到地方的垂直型体育社团的层次结构；1998年至2000年，国家体育总局和各省投资兴建的健身路径分别为2200条和近7000条，缓解了体育健身场地、设施不足的困境；增强了群众的健身意识和体育消费意识，促进了体育人口和体育消费的增长。

（五）学校体育工作稳步推进

1993年，国家教委将原隶属于社会科学研究与艺术教育司的艺术教育处合并到体育卫生司，更名为体育卫生与艺术教育司。1996年，国家教委办公厅下发实验《"体育两类课程整体教学改革"方案》的通知，要求将原来单一的体育课教学改为学科类课程体育和活动类课程体育相结合的新的课程体系，旨在有效达到全面发展身心、培养体育能力的目的。教育部还针对性地开展系列广播操、象征性长跑、课间体育活动等，使学校体育工作进一步制度化、规范化，为体育课程与教学改革、学校体育课余活动开展、学校体育学术交流等创造了条件。

第二节　媒介体育报道

在社会主义市场经济条件下，在坚持媒体社会主义性质的前提下，市场成为新闻业发展的动力之源和重要导向。在激烈的市场竞争中，综合性媒体纷纷将体育新闻作为吸引受众、招揽广告的重要手段，体育专业报刊、体育电视频道获得快速发展，网络媒体也在重大赛事中初露峥嵘。

一、通讯社体育报道有新发展

1998年，新华社党组郑重宣布，已初步建成具有中国特色社会主义的世界通讯社，实现了几代人梦寐以求的夙愿。和世界通讯社建设步伐同步，新华社体育报道也有了新发展。

（一）体育报道成为新华社支柱性报道

1993年，新华社社长郭超人提出，体育报道将成为新华社新闻报道的"三大支柱"之一，[1] 明确了体育报道在新华社的重要地位和新华社的努力方向。1995年，新华社总编辑南振中提出，要"加速实现从'竞赛新闻部'到'体育新闻部'的转变"。从此，新华社体育报道的整体实力不断加强，体育报道队伍不断壮大，发稿数量逐年增加。2000年以前，体育部下设中文采编室、英文采编室、资料汇编室、发稿中心和办公室。2001年，体育部进行机构人事改革——撤销资料汇编室，设立记者采访室。[2]

1997年，新华社的供稿线路已拓展到七路，国内各类新闻用户总计已达2935家。其中，"一路报""二路报"主要提供当天重要的国际国内新闻，包括体育新闻；"三路报"设有《体育大观》栏目；"五路报"（即晚报专线）设有《体坛纵横》栏目。新华社1997—2000年体育报道数量统计见表5-1。

---

[1] 周雪蕾.体育新闻的时代特征与价值 [J].浙江体育科学，2000（1）：11.

[2] 体育新闻报道 [M]//《新华社年鉴》编辑部.新华社年鉴2001.北京：《新华社年鉴》编辑部，2002：295.

表 5-1　新华社体育报道数量统计（1997—2000）

稿件类型	中文通稿/大广播			中文专稿			英文通稿/大广播		
统计条目	总条数	总字数（万）	日均条数	总条数	总字数（万）	日均条数	总条数	总字数（万）	日均条数
1997	12,140	546	33	3102	182	9	11,983	26	33
1998	12,364	598	34	3676	190	10	14,461	31	40
2000	15,120	807	42				15,430	38	42

注：统计不包括直接签发的四路报（电台电视台报）、海外专线（包括曼谷等线路的中文稿）和直接签发的亚通网、非洲专线、亚太专线等英文稿，非洲专线、亚太专线等专线的发稿。2000年，四路报的总条数为15,230条，总字数813万字，日均42条；体育专线发稿总条数为5100条，总字数28万字，日均14条；海外中文专线的总条数为15,050条，总字数792万字，日均41条。资料来源于《新华社年鉴》。

要做好国内外重大赛事报道，仅仅依靠总社体育部的力量是不够的。为加强国内外分社的体育报道，体育部于1997年开始对各分社采取体育报道定额制，并评选优秀体育报道分社，对没有完成报道任务的分社则予以批评。1998年，新华社开始向体育发达地区增派专职体育记者，并首次对不发达或不重视体育报道的分社提出批评。1999年，在原有5个设有专职体育记者分社的基础上，又在6个分社增设专职体育记者。

为切实建成世界性通讯社，新华社加大了国际体育报道和英文体育报道的力度。新华社于1995年指出："要重视和加强国际体育报道。驻在国体育事业比较发达的分社应将体育报道分工落实到人。凡遇到重大体育赛事，应尽量派记者实地采访，注意发稿时效。体育部要加强对驻外分社体育报道的组织指挥和服务。"[1]1998年，体育部给各国外分社下达体育报道定额，并鼓励分社聘用当地体育报道员，增强体育新闻的采写力。[2]1998年，华盛顿分社全年的体育报道定额为英文600条、中文180条，[3] 实际完成英文1193条、中文490条。

为扩大世界影响力，新华社在大赛报道中明确要求中文报道可以不抢第一，英文报道则一定要抢发。1996年亚特兰大奥运会发生爆炸事件，新华社的

---

[1] 新华社1995年国外工作重点[M]// 新华通讯社人事局.新华社人事年鉴1995.北京：新华出版社，1996：18.

[2] 新华社1998年国外工作要点[M]//《新华社年鉴》编辑部.新华社年鉴1998.北京：新华社年鉴编辑部，1998：10.

[3]《新华社年鉴》编辑部.新华社年鉴1998[M].北京：新华社年鉴编辑部，1998：620.

英文快讯和美联社并列第一。1997年第八届全运会时，新华社规定要中英文稿件双手抓。国际奥委会自1997年开始订阅新华社英文电讯。1998年，新华社全年日均播发英文体育新闻稿件约40条，覆盖所有重大国际赛事及体育事件。当年的法国世界杯上，新华社英文稿件数超过中文稿件数。[1]2000年，体育部再次强调中英文稿件数量和质量的重要性。

这一时期，新华社体育新闻的对外报道有很大进展。体育对外报道主要是指向中国香港、澳门及东南亚、欧洲、美洲的华文报纸播发中文体育稿，通过英文和其他5种外文向海外用户播发外文体育稿。1996年，新华社向华文报纸播发中文体育稿11,885条（首次突破一万条），向海外用户播发的英文体育稿件也超过一万条。中国体育新闻在海外新闻媒体上的落地率一直较高，达到80%以上。亚特兰大奥运会时，新华社的中、英文奥运会新闻通过多个渠道在美国上网，阅读量多达几百万人次，扩大了中国的影响。[2]新华社播发的国内体育赛事消息被西方大通讯社转发的数量明显增加，播发的一些重要赛事报道已经成为外国通讯社不可缺少的消息来源。[3]

作为新华社的主要产品，体育新闻深受国内媒体欢迎。上海《文汇报》采用新华社稿件最多的是国际版，其次就是体育新闻。《新疆日报》的体育版一直是新华社的忠实用户。[4]

重大赛事一向是新华社体育部甚至新华社报道工作的重中之重。这一时期，新华社依旧保持集团化作战优势，在重大赛事时主动出击，抢占阵地。1998年，时任总编辑南振中指出，对重大体育赛事，新华社要严格按照党中央的要求精心组织报道。[5]新华社不仅注重集团化作战，还精心策划组织，运用多种手段全方位立体式地报道赛事。2001年大学生运动会（简称"大运会"）期间，体育部策划、组织了系列述评稿和名牌栏目，采用率高，落地情况好。其推出的《彩虹日记》栏目和"从大运会到九运会（奥运会）"系列述评稿，

---

[1]《新华社年鉴》编辑部.新华社年鉴1998[M].北京：新华社年鉴编辑部，1998：121.

[2]《新华社年鉴》编辑部.新华社年鉴1997[M].北京：新华出版社，1999：88.

[3] 高秋福在全国对外宣传工作会议上的讲话（1998年2月25日）[M]//《新华社年鉴》编辑部.新华社年鉴1998.北京：新华社年鉴编辑部，1998：121.

[4] 本刊记者.热情的肯定,诚挚的希望：部分报纸用户谈新华社稿件的运用[J].中国记者，1998（12）：22.

[5]《新华社年鉴》编辑部.新华社年鉴1998[M].北京：新华社年鉴编辑部，1998：24.

引起很大反响。[1]

新华社也非常重视非竞赛类体育活动和群众体育报道。1995年,《全民健身计划纲要》颁布后,新华社推出了《全民健身信箱》《全民健身》专栏,宣传体育政策,报道群众体育的开展。新华社于1997年强调要加强非竞赛新闻,于1999年强调要加大报道非竞赛新闻、全民健身新闻的力度。新华社还将非竞赛新闻类稿件作为体育部评定全年部级好稿的重要依据,并占据较大比例,以此鼓励记者从"竞技体育"转向"社会体育"。

(二) 试运营体育新闻专线

在市场化经济浪潮中,新华社也进行了一系列改革,如于1995年成立供稿中心,增加晚报专线,专稿、特稿专线,产业新闻专线等。

1997年,新华社提出要"继续完善分线发稿体制,强化为各类用户服务的功能",并在增加了"对专业报和产业报供稿专线"后,对开通体育专线进行了调研论证。[2]

1997年6月1日,新华社体育部试运营体育新闻专线,开始向24家用户提供体育专稿。1999年,体育新闻专线新增用户11家,总数达48家。2001年,体育专线日均发稿量约60条。2001年,因申奥成功、国家足球队世界杯预选赛出线以及开展足球反腐活动,各类媒体对新华社体育新闻的关注程度明显提高,新华社要求营销服务平台把体育专线的营销工作列为当年工作重点,力争在短时间内使专线的有效订户、经济收益大幅度增长。[3]新华社还于2000年3月1日开通体育照片发稿专线。

(三) 创办《体育快报》

新华社办体育类报刊,始于1990年的《亚运快报》。1992年、1996年奥运会及1998年世界杯足球赛期间,新华社又创办了《奥运快报》和《世界杯快报》。因全国唯一,加上信息量大,广告和发行都有很好的收益。

1998年11月,新华社正式出版4开16版的《体育快报》,一周两期。依托新华社的影响力和资源优势,《体育快报》不断拓宽报道面,努力提高质量,发

---

[1] 体育新闻报道 [M]//《新华社年鉴》编辑部. 新华社年鉴2001. 北京:新华社年鉴编辑部, 2002:293.

[2]《新华社年鉴》编辑部. 新华社年鉴1997[M]. 北京:新华出版社, 1999:4-5.

[3] 霍小光. 与新闻同步 新华社建立健全24小时发稿制度 [J]. 中国记者, 2001 (5):42.

行量一度十分可观。《体育快报》擅长战役性报道，集中有限的人力、版面，一次主攻一个主题，力求精深。2000年悉尼奥运会期间，《体育快报》成功推出35期《奥运快报》（包括试刊），并带动《体育快报》参与市场竞争，取得了社会效益和经济效益的双丰收。[1]2001年大运会期间，新华社又出版14期《大运会特刊》，以"市场和导向、通稿和专稿、场内和场外、前方和后方、图片和文字"五结合为报道思路，深受欢迎。[2]

2001年，围绕中国足球队冲击世界杯并且出线，中国体育报刊之间的竞争日趋白热化。2002年韩日世界杯结束当月，《体育快报》在出版最后一期后停刊。

二、综合性报刊加大体育报道力度

20世纪90年代是我国报纸体育报道的黄金时期。其中，综合性报纸大都设有体育版或体育栏，新生的都市报更是将体育报道作为打开市场、争取受众的重要手段。

（一）综合性日报加大体育报道力度

1995年1月1日，《人民日报》由8版增至12版，目的是扩大报道面，增加信息量，传递各个领域的新事物、新成就、新经验和新知识。[3]扩版后，《人民日报》通常将第8版设为独立《体育》版，有时将体育与其他内容合为一版，如《教育·科技·文化·体育》。2000年1月，《人民日报》于每周五增设4版《假日生活》周刊，并于其中设置《体育天地》专刊（双周刊），主要围绕体育休闲、全民健身方面的热点话题、百姓故事组织稿件。[4]《体育天地》一直刊行到2002年底。

1993年1月1日，《光明日报》由每日4版增至8版，体育报道也从原来的每周一期增至每天一期，栏目名称为《体育世界》。此时，体育组只有两名体育记者，因采写力量有限，除自采稿件和新华社稿件外，还要向《中国体育报》

---

[1] 2000年新华社社办报刊概况 [M]//《新华社年鉴》编辑部. 新华社年鉴2000. 北京：新华通讯社，2001：291.

[2] 《体育快报》2001年报道情况 [M]//《新华社年鉴》编辑部. 新华社年鉴2001. 北京：新华社年鉴编辑部，2002：358.

[3] 致读者 [N]. 人民日报，1995-01-01（1）.

[4] 致读者 [N]. 人民日报，2000-01-21（10）.

等媒体记者约稿。此后，体育组人员陆续增至4人。1999年，《光明日报》调整编辑方针，新办了每周六出版的体育专刊。

各省市机关报日益重视体育报道，尤其重视对本地举办的国内外赛事进行宣传报道。

1995年5月1—14日，第43届世乒赛在天津举行，吸引了国内外新闻界的关注，据悉有1000余名记者参与采访，其中境外记者209人。《天津日报》抓住机遇，加大世乒赛报道的力度和深度，不仅宣传了世乒赛，宣传了天津，也提升了报纸的体育报道质量。第一，宣传周期长，报道量大。自1992年12月报道世乒赛筹委会成立，1993年5月创办彩印《世界乒乓》报，到1995年5月世乒赛结束，《天津日报》《世界乒乓》共发文字稿2800多条，配发图片420多幅。赛时，《天津日报》每天以3个版面全方位报道世乒赛盛况。第二，报道面宽，全方位扫描。第三，发挥评论优势，加大报道深度。赛前，以评论形式向读者报道举办世乒赛的意义和目的；赛时，在头版开辟《仙客来随笔》专栏，对赛场内外细加评论；赛后，连发3篇评述，赞扬天津人的辛勤劳动和无私奉献。《天津日报》的世乒赛报道受到有关部门和国内同行赞誉。[1]

《黑龙江日报》于1990年6月开办《体坛广角》专栏，半版，初每周一期，后增至每周两期。专栏关注国内外体坛热点问题，主要通过3个渠道解决稿源问题：与新华社体育部签订供稿合同、向中央及省市新闻单位约稿、编发本报记者和通讯员的稿件。[2]

（二）晚报依然重视体育报道

这一时期，晚报经历了大起大落。1992年后，晚报以异乎寻常的速度蓬勃发展，出现了晚报热。1997年，晚报在中国走至极盛。据中国报业协会统计，该年度全国日报发行量超过100万份的综合类报纸共有5家，其中3家是晚报，即《新民晚报》《羊城晚报》《扬子晚报》；发行量超过50万份的晚报有《今晚报》《钱江晚报》等4家；还有22家晚报发行份数在10万—50万份之间。当年全国晚报协会的124家晚报，日发行量达到2100万份。但随着都市报于1995年后崛起，晚报市场份额迅速萎缩，下午出报的劣势也逐渐凸显出来。1997年12月1日，《羊

---

[1] 邹仆. 天津日报：第43届世乒赛新闻报道综述 [M]// 中国新闻年鉴杂志社. 中国新闻年鉴1996. 北京：中国新闻年鉴杂志社，1996：314-315.

[2] 梁学增.《黑龙江日报》"体坛广角"专栏 [M]// 张淑琴. 黑龙江体育年鉴1994. 哈尔滨：黑龙江科学技术出版社，1995：213-214.

城晚报》开始晚报早出，成为顶着"晚报"之名的"早报"。其后，《新晚报》《齐鲁晚报》《西安晚报》《武汉晚报》《金陵晚报》等陆续改为早晨出报。[1] 随着80%的晚报实行"晚报早出"，晚报和都市报的界限逐渐模糊。

晚报历来将体育报道作为"拳头产品"。20世纪90年代初，近50家晚报均设有体育专版。1995年底，全国144家晚报都有体育部、专职体育记者和体育专版。其中，《北京晚报》《今晚报》《新民晚报》《羊城晚报》《齐鲁晚报》每天刊发两个体育版。[2]

《新民晚报》不仅用两版篇幅报道体育，还于1994年兼并《体育周报》《围棋月刊》，并将其分别更名为《新民体育报》《新民围棋》，进一步壮大了体育报道的实力。

《钱江晚报》则积极策划赛事，促进体育报道的发展。1993年初，《浙江日报》和《钱江晚报》通过中国体育记者协会邀请施拉普纳率国家足球队访问杭州，并与江苏加佳队进行友谊赛。《钱江晚报》还请中国女排运动员陈招娣、曹慧英和张蓉芳与读者见面。此类独家贴近性信息，让《钱江晚报》的体育报道深受读者欢迎。[3]

1999年1月，《北京晚报》于每周五创办《体育周刊》，希望以内容翔实、突出重点、讲究时效、贴近生活的报道，为读者提供体育大餐、体育消费与服务指南。[4]

（三）都市报成为体育报道新的生长点

1995年1月1日，我国第一张都市报《华西都市报》创刊，隶属于四川日报社。其以"市民生活报"为定位，以城市居民为读者对象，坚持市场化的经营方式，形式为综合性日报，内容则"新、快、深、短、活、强"，有强烈的市民化和城市化特征。随着该报获得成功，各报社纷纷效仿。都市报风靡一时，不仅拉动了报纸出版业的增长，也成为自费市场和广告市场的主力，呈一时之盛。截至1998年底，全国36家广告收入超亿元的报社中，有30家是都市报。这

---

[1] 赵文丹. 重庆都市报发展史 [M]. 北京：法律出版社，2014：38-42，55-56.

[2] 马安泉. 我参与了百年奥运新闻大战 [J]. 青年记者，1996（5）：26-27.

[3] 周守瑾. 改革开放打开"体育新闻窗"：回顾钱江晚报体育报道的创立之路 [J]. 新闻实践，2008（12）：20-21.

[4] 操慧. 中国晚报文化研究：作为个案的《北京晚报》文化 [D]. 成都：四川大学，2005.

30家报社的广告收入为70亿元,占全国报业广告总收入的63.6%。[1]

为吸引读者,争取广告,都市报均高度重视体育报道,并将体育版作为打开市场、争取受众的主要手段之一。

《华西都市报》创立之初就设有一个体育版,涵盖项目多,体裁以消息为主。逢重要赛事,体育版会增至两到三版,如中国足球甲级A组联赛(简称"甲A")期间于周一增加甲A专版,于亚特兰大奥运会期间推出两版奥运专版,于法国世界杯期间推出三版世界杯专版等。作为地方报纸,《华西都市报》侧重国内体育新闻,重点报道足球职业联赛中的本土球队——四川全兴足球俱乐部和四川五牛队,初期对国际体育关注较少,偶尔会在《环球风采》《域外风采》等栏目里报道欧洲优胜者杯、F1赛事(世界一级方程式锦标赛)、NBA(美国职业篮球联赛)等。1998年开始,随着"迈向主流媒体"办报理念的提出和四川足球不复往日的辉煌,该报开始加大国际体育报道尤其是国际足球报道力度,先后设置《英超战报》《欧陆烽火》《意甲动态》《点击美网》《F1狂飙》等专栏或专版,吸引了众多体育读者。争做主流大报的《华西都市报》还现场报道奥运会、世界杯等重大赛事。2000年,《华西都市报》派出3人前方报道小组奔赴悉尼,推出每天4版的奥运会特刊;2002年,则派出几路记者采访韩日世界杯。[2]

创刊于1996年11月的湖北《楚天都市报》在足球报道上投入多,收获大。创办当年的12月,该报即推出《海埂春训录》专栏,派记者两赴海埂全程采访中国足球甲级B组联赛(简称"甲B")春训,以信息量大、文体不拘一格得到读者认同。1997年"十强赛"期间,报社记者四赴大连,发回一系列现场短新闻,被多家报刊转载。1998年,扩为16版的《楚天都市报》设置了足球专版,每日以整版篇幅关注湖北队。甲A联赛期间,该报以两版篇幅报道赛事,一版关注湖北队,一版关注其他球队。[3]

《南方都市报》创办于1997年,其推出的《五文弄墨》体育评论专栏和《世界杯特刊》《欧洲杯特刊》,吸引了众多体育迷的目光。其中,1998年4月4日推出的《五文弄墨》专栏追求个性奔放、自由犀利的另类文风。1998年6月1

---

[1] 方汉奇,丁淦林,黄瑚,等.中国新闻传播史[M].3版.北京:中国人民大学出版社,2014:324.

[2] 李娴.《华西都市报》体育报道研究(1995—2012)[D].北京:北京体育大学,2013.

[3] 刘长松.如何把足球做"圆":《楚天都市报》足球报道之回顾与思考[J].新闻前哨,1999(9):11-13.

日推出的《世界杯特刊》，采用"双封面"形式把特刊包在正报外面售卖。虽没有特派记者，文字和图片资源也很缺乏，但个性化的体育评论极大激发了读者的阅读兴趣，使报纸销量从5月底的不足6万份跃升为世界杯结束后的15万份。[1]2000年，推出《刺激2000·欧洲杯特刊》。《南方都市报》体育版一度成为珠三角地区最受欢迎的日报体育版。[2]

三、市场类体育专业报刊迎来黄金时代

20世纪80年代，新中国体育专业报刊迎来了第一次大发展，背景是改革开放后中国竞技体育"冲出亚洲，走向世界"引发的"体育热"。20世纪90年代，新中国体育专业报刊迎来了第二次大发展，背景是社会主义市场经济极大促进了中国体育的职业化和中国报刊的市场化。第一次大发展中，《中国体育报》《新体育》《足球》风光无限。第二次大发展中，《体坛周报》快速崛起并成为国内第一大体育专业报，《南方体育》掀起了体育报道的娱乐化风潮。1992—1997年四种体育报发行量统计见表5-2。

表 5-2 《中国体育报》《体坛周报》《足球》《球迷》发行量统计（1992—1997）

年份 报纸	1992	1993	1994	1995	1996	1997
中国体育报	32.2	60	26.39	24.22	24.22	22.14
体坛周报	8	18	24.7	48.3	75.82	107.71
足球	103	96	80	158	151	133
球迷	52	36.8	77.9	77	89	45

注：表中数据均来自《中国新闻年鉴》，单位为万份。

（一）体育专业报纸格局的变化

20世纪90年代中期，竞技体育的迅速发展和职业联赛的火爆兴起，激发了国人对体育信息的需求，也促进了体育报数量的增长。仅1994年，就有《新民体育》《中国足球报》《海峡体育报》《世界体育周报》《体育大市场》等体育专

---

[1] 张志安. 编辑部场域中的新闻生产：《南方都市报》个案研究（1995—2005）[D]. 上海：复旦大学，2006.

[2] 唐磊.《南方体育》为什么"倒掉"？[J]. 中国新闻周刊，2005（36）：33.

业报纸创刊，使体育报纸在1995年增至42家，逐渐形成了多层次、多样化的格局。由于发展过快、市场竞争激烈，许多体育报纸出现了因盲目跟进所产生的种种问题，加上1998年国家新闻出版署对全国行业报刊的整顿，一批制作粗糙、发行量小的体育报纸纷纷停刊或合并。但此后，又陆续有《青年体育》《体育晨报》《南方体育》《体育快报》《体坛导报》《北京足球报》等一大批新军加入。至2002年，体育报纸增至44种，达到了新中国体育报纸数量的最高峰。这一时期，体育报纸不仅数量多，且发行量大。就办报主体而言，除国家体委和各级体委外，很多综合性媒体创办了体育报纸，如新华社的《体育快报》、《中国青年报》的《青年体育》、《羊城晚报》的《羊城体育》、《新民晚报》的《新民体育》、南方报业集团的《南方体育》等。就报刊定位而言，除综合性体育报纸，还有体育专项报纸，其中尤以足球报纸数量最多、影响力最大。就影响力而言，《体坛周报》创造了200多万份的发行神话。

1. 《中国体育报》的影响力下降

进入1992年，中国的体育事业和新闻事业呈现出快速发展的态势。面对国家体委的宣传任务、广大读者的信息需求、各类媒体的激烈竞争，《中国体育报》[1]也尝试进行改革，如推出各种周刊、专刊等，但并未取得预期效果，吸引力和影响力逐渐下降。

1993年，《中国体育报》进行了一次大的改版。第一，拓展报道内容：从"纯体育领域"拓展到以体育为主，兼及文化、艺术、群众生活、社会热点等新天地。第二，调整版面栏目：头版为热点版，以热点新闻、热点事件、热点人物为主；第2版为综合新闻版；第3版为副刊版，撤换了一批专栏、专刊；第4版为国际要闻版。第三，试办两个特刊：为适应每周5天工作制，分别于周五、周日推出"内容广博，知识性、趣味性强，生活气息浓"的《新周刊》和《星期特刊》。[2]改版原本希望"贴近读者，贴近生活，贴近现实"[3]，但因增加了很多"与体育暂且无涉"的内容，[4]降低了体育报纸的专业化程度，与读者实际需求产生了偏差。

---

[1] 注：1992年，鲁光调任人民体育出版社社长，张振亭升任《中国体育报》总编辑。

[2] 顺应"市场"深化报道 调整版面 试办"特区"——本报面貌今年将有重大变革[N]. 中国体育报，1993-01-01（1）.

[3] 顺应"市场"深化报道 调整版面 试办"特区"——本报面貌今年将有重大变革[N]. 中国体育报，1993-01-01（1）.

[4] 开场白[N]. 中国体育报，1993-01-02（3）.

1994年,《中国体育报》进行微调。第一,停办《新周刊》特刊和《大视野》专版,周五改出普通刊。[1] 第二,《星期特刊》回归体育。第三,将《足球天地》周刊改为专栏,每日刊出。第四,在副刊版增加《健身》《体育市场》《东西南北》《资料》等专栏,其中《体育市场》专版旨在"对市场经济背景下的体育事业进行多角度、多侧面的反映"[2]。第五,推出《多彩月末》版。第六,推出《国际副刊》专版。

1996年1月,《中国体育报》再次改版:将一周7刊减为一周6刊(周日不再出刊),《星期特刊》更名为《周末特刊》并改为周五发行;推出对开8版的《竞技大舞台》特刊,下设《综合新闻》《明星》《NBA·赛车》《中国足球》《国际足球》《大看台》等专版。

1997年4月,《中国体育报》又在周四推出8版的《体育大视野》特刊,下设《综合新闻》《环球博览》《国际新闻》《球坛经纬》《运动广场》《休闲时尚》《体育市场》等专版。由此,《中国体育报》形成了每周3期普通刊、3期特刊的格局。

1999年1月起,《中国体育报》于每周一、四正常出报的情况下,分别增设4版的《足球周刊》和《篮球周刊》。《篮球周刊》的第一版为篮球要闻,其余版面则分别聚焦《CBA(中国男子篮球职业联赛)天地》《NBA广场》和《篮球经纬》。

1999年12月,中国体育报社、新体育杂志社、人民体育出版社、中国体育杂志社组建为中国体育报业总社,并正式挂牌。作为国家体育总局直属事业单位,中国体育报业总社担负着全面准确宣传体育工作方针,宣传"全民健身计划"和"奥运争光计划",普及体育健身知识,传播体育信息,坚持正确的舆论导向的任务。

这一时期的《中国体育报》依然实力雄厚、资讯丰富、人才济济,也勇于探索、积极改革,但在和《体坛周报》等市场类体育报刊的竞争中渐落下风,原因值得深思。

2.《足球》报稳步发展

中国足球最火爆之时,也是《足球》报最鼎盛之时。[3] 这一时期,走过了原始积累的《足球》报在与《体坛周报》等体育报刊的竞争中继续取得突破:

---

[1] 本报编辑部.《新周刊》告别读者 [N]. 中国体育报,1993-12-31(1).

[2] 编者.体育市场与君共勉 [N]. 中国体育报,1994-02-04(3).

[3] 李承鹏.那些人那些事 [N]. 足球,2009-01-01.

1993年1月，扩版增刊为16版、周二刊；1996年，期发行量突破200万份；2000年3月，采用先进的卫星传版系统；2001年1月，扩版增刊为24版、周三刊；2001年10月8日（中国足球队世界杯出线次日），36版铜版纸纪念特刊发行量高达250万份；2002年5月，全国分印点增至33个。

（1）注重国内足球报道

《足球》报历来重视国内足球报道，尤其重视中国足球职业联赛报道和国家队报道。1994年，随着中国足球职业联赛的开始，《足球》报在全国范围内组建了一支由数十人组成的特约记者队伍，继而又在各地建立记者站，培养随队记者，使联赛报道全面、专业、权威。

在国际足球报道方面，《足球》报着手较早，曾于1982年出版《世界杯特刊》，于1986年和1990年派记者现场采访世界杯。但对于欧、美足球职业联赛及洲际足球赛事，《足球》报没有投入太多精力，直到2001年才设立报道欧、美足球的专版。

（2）广纳足球报道人才，设置足球评论专版

《足球》报于1992年1月设立足球评论专版，邀请毕熙东、汪大昭、苏祥新、王俊、张路等北京著名足球记者对足坛事件发表评论，并于1993年1月将其命名为《京华新村》。《京华新村》开创了报刊体育评论专版的先河，一经推出便受到读者欢迎。此后，《足球》报又邀请四川、辽宁、上海等地的著名足球记者，陆续创办《海派之声》《东北虎啸》《川江号子》等评论专版，并形成竞争态势。1999年后，上述评论专版先是被整合为《京华新村》和《边城游侠》两大评论专版，继而又被整合为《聊斋》专版。

通过这些评论专版，《足球》报荟萃了国内足球报道、评论精英，一时间人才济济，并因此形成了"海纳百川"的活泼文风，成为中国足球舆论的引领者。这一时期，《足球》报每年都举办全国笔会，地点位于海南的足球度假村。

（3）舆论监督力度不断加强

作为一份拥有十多年历史的专业报刊，这一时期的《足球》报已完成原始积累，并开始发挥"意见领袖"作用，最具代表性的是"保卫成都"事件。四川全兴队是1994年甲A比赛中的黑马，但在1995赛季中后段却面临降级危局。考虑到四川球市的重要地位以及《足球》报在四川的发行，1995年9月28日，总编辑严俊君在《足球》报上发表社论《保卫成都》，号召四川球迷与球队共患难，呼吁裁判公平执法。之后，成都开始"全民救亡运动"并保级成功。这种"保卫"行动在如今看来不尽合理，但在当时却显示了相当的号召力，足见足球的重要性和《足球》报的影响力。

随着社会环境的变化和新闻理念的变革，中国新闻界的社会责任意识显著增强。作为中国足坛舆论领袖的《足球》报也展现出不同于体委机关报的"野性难驯"的一面，在主流声音之外也发表了一些不同的意见。1995年1月30日，《足球》报在《新年宣言》中提出要办"有野心"的"野报"："只要有利于中国足球的腾飞，我们决不吞吞吐吐，我们将与读者一起，畅所欲言。这就是《足球》报的'野'性。"[1]1996年1月，《足球》报提出要"广开言路，公开打假，向关心足球的领导们告'红状'，形成上到足协的领导、舆论界的总裁，下到球迷百姓的打假包围圈"[2]。随着办"野报"、告"红状"理念的提出以及1999年与广州市体委脱离关系，《足球》报的舆论监督力度不断加强，和足球界也屡有冲突。1997年十强赛期间，因为批评国家队主教练，质疑有关领导的中国足球"二流论"，《足球》报被国家队变相封杀。1998年，《足球》报连续刊登多篇揭露中国足坛黑幕的稿件。1999年1月，《足球》报刊登"足协十大失误"，被拒绝旁听年初足球工作会议。

（4）隶属关系和人事关系变动给报纸带来影响

1999年，为治理散滥、提高质量、优化结构，《中共中央办公厅、国务院办公厅关于调整中央国家机关和省、自治区、直辖市厅局报刊结构的通知》，要求各省、自治区、直辖市厅局保留一份指导工作的期刊，其余的划归当地出版社或党报，吸纳不了的则撤销。此时的广州市体委有一份自办的《珠江体育报》，还有一个和《广州日报》合办的《足球》报，按照规定，应将其中一份报纸划转出去。广州日报报业集团希望借此将《足球》报彻底纳入旗下，在将《足球》报法人代表严俊君调离后，与广州市体委分割了资产。由此，《足球》报从两家合作变为一家独有。隶属关系的变动对《足球》报而言有利有弊。有利的是，依托报业集团，《足球》报在人力和资金上没有了后顾之忧。不利的是，《足球》报在人事权、决策权、经营权方面的自主性和自由度降低。

创办人、总编辑严俊君的突然调离也给《足球》报带来了人事震荡。此后，广州日报报业集团先后任命谭江涛（1999—2001）、梁清（2001—2002）、谢奕（2002—2004）、刘晓新（2004至今）担任《足球》报总编辑。严俊君被调离和之后几年总编辑一职的频繁调整，对《足球》报带来的影响究竟有多大，不好

---

[1] 严俊君. 有"野"心，办"野"报 [M]. 足球，1995-01-04.

[2] 严俊君. 请出"石敢当"：致读者的开年话 [N]. 足球，1996-01-01.

断言，但《足球》报正是在这一时期被《体坛周报》超越的，却是不争的事实。[1]

3. 《体坛周报》造就报业传奇

《体坛周报》从创刊伊始就注重竞技体育报道，尤其注重国际体育报道。1992年后，在市场经济体制改革的浪潮中，《体坛周报》走上了一条有别于其他体委机关报的市场化道路，并迅速崛起，成就一段传奇。

（1）自负盈亏，走上市场化道路

作为湖南省体委机关报，《体坛周报》在创刊初期从湖南省体委获得的关注、支持和投入颇为有限。最初几年，区区5万元的办公经费根本不敷使用。

1993年开始，湖南省体委实行"放水养鱼"政策，不再负责《体坛周报》的工资和福利待遇，同时也不过问报纸经营。这种边缘地位在计划经济时代或许是致命的，但在市场经济条件下却使《体坛周报》获得了独立、自主的发展空间，拥有了根据市场需要、读者兴趣办报的自由。

（2）不断扩版增刊，提高时效性，增大信息量

为满足体育迷及时获取国内外赛事信息的需求，这一时期，《体坛周报》依托重大赛事，顺利实现扩版、增刊、提价。

1992年巴塞罗那奥运会上，中国代表团打了一个漂亮的翻身仗。《体坛周报》抓住这一机遇，以全面、独到的报道赢得了读者。1993年1月，《体坛周报》从4开4版扩为4开8版，同时将报价上调一倍。因内容充实，发行势头未受影响，当年期发行25万份。1996年10月，《体坛周报》由8版扩至16版。1999年3月，《体坛周报》由周刊改为周双刊，不仅使周发行量增长一倍，还提高了新闻时效，增加了发行收入，也强化了对读者的吸引力。2001年1月，《体坛周报》从16版增至24版，报价也随之从1.2元提高到1.5元，发行量并没有下降。2002年3月，《体坛周报》再度增刊，每周一、三、五出刊。2002年6月世界杯期间，《体坛周报》推出日报。

为扩大发行、保证时效，《体坛周报》开始在全国布局分印点。1994年1月，在沈阳设立第一个分印点，成为湖南省第一家在外省设分印点的报纸。此后，先后在西安、长春、哈尔滨、济南等地增设分印点。2001年，在全国已设有30个分印点，在8个城市设有工作站。

在改善硬件条件、掌握体育新闻规律的基础上，《体坛周报》在某些报道上敢于和日报抢时效。遇到读者关注的中国国家队比赛时，《体坛周报》可以

---

[1] 薛文婷，吕莎，李倩雯. 拓荒·辉煌·转型：媒介生态学视野下的《足球》报发展阶段分析 [J]. 北京体育大学学报，2014，37（2）：26-32.

将截稿时间延至出稿日的凌晨2点，比一般的日报都要晚，以方便记者发回最新报道。2000年8月，为加快对周末足球联赛的报道，《体坛周报》将周二出报调整为周一出报，通过时效优势牢牢锁定读者。

（3）确立竞技体育报道尤其是国际足球报道的核心地位

面对《中国体育报》和《足球》报，《体坛周报》走了一条差异化的道路。和《中国体育报》致力于全体育报道不同，《体坛周报》全力报道竞技体育，并以足球、篮球、围棋为重点报道项目。和《足球》报侧重国内足球报道不同，《体坛周报》着力树立自身在国际足球报道以及国际体育报道领域的优势地位。

随着市场经济体制的确立，全球化的概念开始进入中国。《体坛周报》敏锐地意识到了国际体育报道的巨大价值，并确立了将国际赛事尤其是欧洲足球作为报道核心的战略，受到体育迷欢迎。1990年12月，设置《欧洲各国联赛速报》栏目。1993年1月，随着第一次扩版，将《欧洲各国联赛速报》扩充为国际足球版上的《欧陆风云》，除介绍比赛结果，还增加特写和评论。1993年4月，为突出欧洲足球联赛和世界杯预选赛报道，将第8版设置为专门报道欧洲联赛的《欧陆烽火》。1994年美国世界杯足球决赛期间，在第一线聘请了3名专职记者、4名特约记者。1995年1月起，增设8版的《足球月报》特刊，为国内外足球赛事提供了更充足的报道空间和更深度的内容。[1] 1996年10月，推出8版《足球周刊》，其中国际足球报道占五六版，包括《亚非频道》《美洲鸟瞰》《欧洲精选》等。

1994年开始的中国足球职业联赛使得中国球市迅速火爆，《体坛周报》开始加大对国内足球职业联赛和国家队的报道力度。除在头版刊登汪大昭等的足球评论外，还刊登由赛事举办地晚报或都市报记者撰写的报道和简评，增加《联赛积分》和《射手榜》，关注甲B，使国内足球报道的分量不断增加。

《体坛周报》也是较早意识到NBA及篮球报道价值的媒体。早在1991年，开始报道NBA，徐济成、张斌、苏群等先后为其撰稿。1992年，推出《NBA大决战连续报道》，开国内媒体NBA总决赛连续报道的先河。1993年，开辟《NBA天地》专栏，刊登球队动态和常规赛战况。1996年，设置《NBA金版》和《华夏篮坛》版，满足了篮球迷的阅读需求。

《体坛周报》还设置《棋坛内外》专版，吸引了大批围棋、象棋爱好者。

（4）打造职业记者、编辑团队

《体坛周报》初创时只有编辑，没有记者，稿件主要靠约稿、采用或改写

---

[1] 足球月报 只有足球，没有广告 [N]. 体坛周报，1995-01-24.

新华社等媒体稿件、编译国外媒体报道。

1992年后，为第一时间获取国际体育赛事消息，《体坛周报》开始在国外聘请特约记者和撰稿人。1994年世界杯决赛阶段，《体坛周报》聘请3位旅美华人为特约记者，完成了对世界杯组委会主席罗森伯格、巴西队主教练佩雷拉等人的专访，为读者提供了高质量的独家报道。1996年后，《体坛周报》开始建立海外特约记者队伍，聘请了驻英、驻德和驻意大利特约记者等。2001年，《体坛周报》在10个国家驻有近20名特派记者。这些特约记者主要负责所在国职业联赛的常规报道，丰富了报纸的国际体育资讯。

在国内报道领域，《体坛周报》一面借助新华社等媒体的报道力量，一面开始着手建立自己的专职记者队伍：1998年，和周文渊正式签约，使其成为周报第一个专职记者；同年底，为马德兴办理人事调转手续。从兼职特约记者到专职签约记者，是《体坛周报》在用人制度上的一种创新。利用这一机制，《体坛周报》拥有了稳定的记者、编辑和评论员队伍。

（5）创造发行奇迹

凭借在欧洲足球报道领域奠定的优势地位，《体坛周报》步步为营，逐渐在发行量和影响力方面赶超了《中国体育报》和《足球》报。

《体坛周报》这一时期的发行量急剧上升：1992年，8万份；1993年，18万份；1994年，25万份；1995年，48万份；1996年，76万份；1997年4月1日，期发行量达到1,073,704份，历史性地突破100万份大关；1997年底，期发行量跃升到120万份，成为全国发行量最大的体育报纸；1998年4月7日，创造期发行量1,483,119份的新高；1999年改为周双刊后，周发行265万份；2001年6月25日，总发行量为1,574,512份，发行量超过5万份的城市14个、超过10万份的城市5个；2001年10月8日（中国足球队世界杯出线次日），32版正刊发行量为2,621,387份，32版纪念金页为2,457,084份，合计5,078,471份，单期与合计数均创历史之最。[1]

2000年，《体坛周报》的销售收入近20亿元，是国内外极少数主要依靠发行赢利而无须担心发行的报纸之一。2001年，是《体坛周报》的顶峰。《体坛周报》的快速崛起被新闻界称为中国当代报业发展的一个奇迹，并被认为是湖南文化产业中继湖南卫视之后又一个值得研究的现象——"《体坛周报》现象"。[2]

---

[1] 金泽.从《体坛周报》看体育类报纸发展[D].成都：四川大学，2005.

[2] 王勇.简析"《体坛周报》现象"[J].新闻知识，2001（11）：16.

《体坛周报》在其他领域也取得进展。1995年，在湖南省媒体中率先采用全电脑的采编出版系统，花40万元建立的专用电脑照排室使截稿时间延至出报日的凌晨2时。1996年1月，与大连出版社、《体育之春》杂志合作出版足球期刊《射门》。2000年，在北京成立办事处。2000年12月，建立卫星传版系统，实现北京、长沙两地零距离、零时差办公。2001年1月，设立北京会所，创办《足球周刊》和《棋道》等杂志。

4.《南方体育》掀起体育报道娱乐化风潮

2000年3月17日，《南方体育》创刊，24版，售价1.5元。出身于《南方都市报》《五文弄墨》专栏的主创人员明确提出了"体育娱乐化""以有趣抵抗无趣"的办报宗旨，在新闻选择、报道方式、版式设计等方面与传统体育媒体都有所不同，如版式上，运用留白和图片，改变了体育媒体黑板报式的版式；内容上，注重培养读者对三大球、三小球以外其他体育项目的兴趣等。

与众不同、特立独行的办报风格使《南方体育》迅速崛起，并跻身中国体育报刊三强之列。2000年6月，推出《刺激2000·欧洲杯特刊》。2000年9月，推出奥运特刊。2000年底，制作年终特刊《狂2000》。2001年3月，推出"赤裸甲A"足球宝贝策划，迅速吸引国人眼球。至此，《南方体育》的发行量已从创刊时的3万份增至70万份。2001年8月，扩至32版。2001年11月，受中国队第一次冲进世界杯决赛圈影响，报纸销量空前，影响力全面铺开。2002年1月，创办《500万周刊》。2002年4月，扩至48版，成为全国版面最多的体育报纸。2002年5月，开始拍摄"世界杯足球宝贝"。2002年12月，推出《FEEL派》新年特刊，结束与白马公司的合作。[1]

《南方体育》创刊伊始只做省内发行，后陆续在武汉、上海、北京等地开设8个分印点。到2001年底，《南方体育》稳定的发行量是40多万份，单期最大峰值是100余万份。[2]《南方体育》的创办给体育报业带来了冲击，包括扩版、提价。

《南方体育》的经营策略初为发行营利，后调整为广告营利。为此，报社在各地开设分印点并不断扩版，希望成为着重在广州、深圳、上海等经济发达地区发行的全国性报纸，以吸引高收入、高素质读者群体。《南方体育》迅速确立了在广州、深圳、上海的发行优势，并于上海推出只在本地发行的《炫周刊》，但在北京的发行一直不见改善。

---

[1]《南方体育》大事记[J]. 青年记者，2005（10）：8.

[2] 唐磊.《南方体育》为什么"倒掉"？[J]. 中国新闻周刊，2005（36）：33-35.

《南方体育》在实际操作中有些摇摆不定。《南方体育》创刊时并不侧重提供纯粹体育资讯，但因没有得到业界认同，加上内部质疑和读者反馈，开始在体育资讯方面加大投入，希望缩小与《体坛周报》的差距。但受机制和资金制约，这一差距反因《体坛周报》抬高采编成本而增大。广告经营方式也一变再变，先是舍弃本是南方报业强项的广告经营方式，交予广告公司代理。广告公司进驻后，报纸再度扩版，售价不变，以广告营利为主的思路似乎得到加强，但内容对体育报业市场的冲击非常有限。2002年世界杯期间，《体坛周报》强化了广告经营，使《南方体育》处于不利地位。此后，与合作方"分手"使报纸元气大伤。[1]

2001年的世界杯预选赛亚洲区十强赛后，《南方体育》由盛转衰。2002年世界杯时，报社派出20多名记者去现场采访，希望凭资讯取胜。因强势媒体"买断"了一些采访对象且中国队成绩不佳，加之采编团队不擅长打通采访对象和俱乐部，《南方体育》不仅没能扩大优势，反而在这一年亏损1000多万元。

《南方体育》内部也不断发生"人事动荡"，此外还存在编辑整合力量强、现场报道力量弱等问题，在综合性体育赛事中尤显不力。

5. 其他体育报纸

就地域来说，这一时期体育报纸比较集中的地方是北京、广东、上海、辽宁等地。就项目来说，足球类报纸的数量最多，影响力最大。《足球》《球迷》《球报》《中国足球报》等，依托中国足球职业联赛和中国国家队在1997年、2001年十强赛中的抢眼表现，都拥有相当的市场。具体参见表5-3。

表5-3　1992—2001年间创刊或更名的体育报纸概览

序号	报纸名称	创办单位	创刊时间	备注
1	《体育参考》	新华社广东分社	1992	周二报。
2	《现代体育报》	广州市体委	1992	
3	《体育文摘周报》	中国体育报业总社	1992	周报。
4	《球报》	辽宁日报社	1993-01-02	前身是创刊于1988年的《美报·球刊》。
5	《体育信使报》	安徽省体委	1993-01-02	2001年1月更名为《东方体育报》，隶属于合肥报业集团。
6	《足球周报》	大连日报社	1993-04	2006年1月更名为《北方体育报》。

---

[1] 张曙光.《南方体育》突围中的迷惘 [J]. 青年记者，2002（7）: 9-10.

续表

序号	报纸名称	创办单位	创刊时间	备注
7	《世界乒乓》	天津日报	1993-05	彩印，1995年停刊。
8	《五环时报》	江西省体委	1993-07	前身是《江西体育报》。
9	《海峡体育报》	福建省体委	1994-04-06	
10	《世界体育周报》	中国体育报业总社	1994	
11	《新民体育报》	新民晚报	1994-06-06	前身是《体育导报》。
12	《中国足球报》	中国体育报业总社，中国足协	1994-07-05	周报。
13	《体育大市场》	人民体育出版社	1994-04-30	周报，4开8版。
14	《羊城体育》	羊城晚报	1995-01	周报。
15	《体育生活报》	河北省体委	1995	前身是《体育之声》。
16	《体坛导报》	桂林日报社	1999-03-07	
17	《南方体育》	南方报业集团	2000-03-17	
18	《体育周报》	湖北日报报业集团	2000-01-01	周二报，彩印，4开16版。
19	《新世纪体育报》	贵州日报社	2000-04-01	前身是《贵州体育报》。
20	《青年体育》	中国青年报社	2000-03-06	周报。
21	《体育晨报》	山东省体委	2000-07	前身是《山东体育报》。

（二）体育期刊的发展

这一时期，尽管面临体育报纸、电视及互联网的挑战，我国体育期刊种类、数量仍呈上涨趋势，并呈现出读者细分化、内容时尚化、装帧高档化、定位高端化的发展趋势。据统计，1999年，我国共有体育期刊136种。其中，《新体育》和《足球俱乐部》的发行量在1994、1996、1997年超过25万。1994年，《新体育》杂志社与法国桦榭·菲力柏契集团（HFM）进行版权合作，创办了国内第一本彩色综合性体育杂志《搏》，影响和改变了国内大众体育期刊的运营与设计理念。

1.《新体育》稳定发展

面对体育期刊市场的细分化趋势，《新体育》调整思路，逐渐弱化原有的政策发布、理论研讨功能，适当增加竞技体育、休闲娱乐内容。1994年，《新体育》撤销综合体育部，并对杂志进行改版，确立了以竞技体育为报道主体的方针，同时改"泛化"报道为"精选"报道，即重点报道奥运会等重大赛事及足球、篮球赛事。

就足球报道而言，《新体育》的报道重点为甲A联赛、世界杯足球赛和欧洲各大足联联赛。1994年后，随着中国甲A联赛拉开大幕并迅速走向火爆，《新体育》刊登了一系列关于甲A联赛及足球明星的报道。在国际足坛方面，除每年介绍世界足坛热点外，逢世界杯足球赛、欧锦赛，杂志都会推出特辑或增加版面，并请权威人士、资深记者评说大赛风云，揭示体坛内幕。如1998年，分赛前、赛后两期对世界杯进行报道，呈现出轻松、娱乐的一面：赛前篇是32强大阅兵，文章题目生动鲜活，如《球风吹落了谁的长发》等；赛后篇则加大足球人物特写，如《外星人罗纳尔多》《永远的巴乔》等，以"激战法兰西"为主题的图片也给人以视觉上的冲击。

篮球方面，《新体育》设立了《NBA之窗》专栏，特邀徐济成对NBA赛场内外进行点评，如《新赛季前瞻》《解读未来之星》等。《新体育》还非常关注篮球明星的赛场表现和生活状态，如连载《乔丹自述》等。

1995年，创刊45周年的《新体育》荣获首届全国社科期刊最高奖。1998年，《新体育》设立《回音壁》版块，刊登读者来信，回答读者问题，进行受众调查。2000年创刊50年之际，《新体育》举办了寻找铁杆读者的活动，并让读者重温了五十载佳作。[1]

2.《搏》的创办深刻影响了国内大众体育期刊的理念

1994年9月，由《新体育》杂志社与法国桦榭·菲力柏契出版公司版权合作的季刊《搏》创刊。独特的国际背景，使《搏》从一创办起就带有浓厚的贵族气息：国际流行的大16开本，全铜版纸彩色印刷，精巧的图文设计，高品质的体育图片，112页的容量，10元的定价，使国内其他体育期刊望尘莫及，也吸引了众多体育迷。

《搏》初创时，无论是文字还是图片，都精益求精。它的作者队伍，集中了新华社、CCTV、《人民日报》、《中国体育报》及《新体育》等媒体有影响力的记者。每隔3个月，编辑部就会将这些著名记者请到一起，评点上一期刊物，讨论下一期选题。独特的选题会与强大的作者队伍，再加上编辑们的精雕细琢，使《搏》的文章兼具可读性、独家性与权威性，转载率很高。《搏》的图片与设计优势更为明显。国外图片全从英国全运（ALLSPORT）图片公司高价购得，在带给人强烈视觉冲击力的同时，更带给人美的享受。国内图片除选用大陆最优秀体育摄影记者的照片外，还约请香港摄影记者前来拍摄，创作出很多角度独特、颇富创意的图片。《搏》的设计在香港进行，设计师深谙国际期刊设计潮流，又具有独特的审美视角与品位，版式典雅大方。

因为文字和图片的独特性和稀缺性，尽管定价较高，《搏》依然一纸风行，

---

[1] 刘蒙.《新体育》杂志不同发展时期的报道研究[D].上海：上海体育学院，2009.

发行量最高时突破了10万本。

因为高昂的成本支出，刊物于1996年和1997年两度提价：1996年，将定价提高到12元；1997年，改季刊为双月刊，并将定价提高到15元。第一次的价格微调，读者的反响并不强烈。第二次提价、增刊，则让很多读者不得不忍痛割爱。与此同时，以《当代体育》为代表的国内其他体育期刊开始崛起。价格劣势，再加上竞争加剧，《搏》的发行量开始回落。

1999年，《搏》采取了对策：为提高时效性，变双月刊为月刊；考虑到读者的承受能力，将定价降至10元；出于成本考虑，页码减少到80页；设计风格更具动感与活力。但此时的《搏》在图片、设计、包装上已不具备优势：全铜全彩不再是《搏》的"专利"，全运公司的图片也不再由《搏》一家独用。

2000年底，《搏》再次寻求变革——改体育期刊为男性期刊，并采取渐进式变革，即先设置部分针对男性白领的栏目。这一渐进式变革不但没能为《搏》向男性刊物过渡夯实基础，反而使其定位模糊，既丧失了体育读者，也没能吸引更多的男性读者。《搏》不得不回归体育，为避免同足、篮球杂志冲突，加大了对极限运动类体育项目的报道。

2002年6月，桦榭·菲力柏契公司提前结束了同《搏》的合作。2003年，《搏》开始同元太广告公司合作，并提出新的定位——"职业联赛的搏击地"。《搏》还开始向体育产经领域渗透。

《搏》从整体上依然给人精美、大气、高品位的感觉，但优势已荡然无存。[1]

《搏》最终于2007年底停刊，但在中国体育期刊史上依然具有里程碑式的意义：突破了体育期刊的传统形象，带动了体育期刊的新一轮发展，提升了体育期刊的档次与品位。

3. 其他体育期刊

20世纪90年代，国内外职业联赛的火热进行对体育期刊的发展产生了巨大推动作用。在市场的作用下，越来越多的足球、篮球杂志先后问世：以报道综合体育为主的《当代体育》率先创造了正反两面（一面为足球，一面为篮球）的一刊双内容模式，之后又推出篮球版、足球版、综合版，直至最后取消综合版；随着CCTV《足球之夜》的火爆播出，出现了名为《足球之夜》的杂志；《体坛周报》利用足球报道优势，于2001年推出《足球周刊》。

面对竞争激烈的足球、篮球杂志市场，人们将目光投向了发展前景良好并拥有一批忠实爱好者的项目。由此，高尔夫、网球、钓鱼、健美、武术、

---

[1] 臻言.《搏》的十年之痒 [J]. 传媒，2004（3）：24-26.

象棋等单项体育杂志纷纷创刊。部分于1992—2002年间创刊的体育期刊见表5-4。

表5-4　1992—2002年间创刊的体育期刊概览

序号	期刊名称	主办单位	创刊时间	备注
1	《体育文化月刊》	山西省体委	1992	月刊。2003年停刊。
2	《体坛纵横》	上海市体委	1992	初为季刊，1995年改为半月刊，1998年改为月刊，2002年停刊。
3	《五环》	中国体育报	1992-01	初为双月刊，1996年改为月刊，2000年12月底停刊。
4	《中国体育教练员》	国家体委科教司	1993	季刊。
5	《环球体育》	海南国际新闻出版中心，环球新闻实业公司	1994	月刊，2005年起有"NBA灌篮"字样，2008年起改为《灌篮》。
6	《新民围棋》	上海市体委，新民晚报社	1994-07	月刊。
7	《搏》	《新体育》杂志社	1994	初为季刊，1999年改为月刊，2007年停刊。
8	《网球天地》	中国网球协会	1995	初为双月刊，2001年改为月刊。
9	《扬子象棋》	江苏省象棋研究会	1995	1998年停刊。
10	《象棋世界》	辽宁棋友杂志社	1999-01-01	
11	《足球之夜》	中央电视台体育节目中心，武汉出版社	1999-03	初为双月刊，后改为月刊、半月刊。
12	《NBA时空》	吉林科学技术出版社	1999-12	2004年后更名为《NBA体育时空》，2007年改为《全运动·NBA时空》。
13	《体育时空》	新疆维吾尔自治区体育局	2000-08-10	前身为《新疆体育》。
14	《足球周刊》	体坛周报社	2001-03-14	周刊。
15	《五环明星》	中国体育报业总社	2001	月刊，2006年停刊。

四、体育广播寻求突破

20世纪90年代以来，体育广播一方面面临着体育报刊、体育电视的严峻挑战，一方面分享着体育事业迅猛发展带来的内容资源和受众注意力，在报道内容和报道形式方面都有拓展。

(一) 中央人民广播电台

1. 体育专题节目

这一时期，中央人民广播电台不断调整和优化节目，除调整《体育节目》播出时间外，还新增了《体育沙龙》和《体育直播间》节目。

（1）调整《体育节目》

1992年，中央人民广播电台有3档体育节目。其中，第一套节目中有两档：早间《体育新闻》，每天5分钟（6：15—6：20）；晚间《体育节目》，周一至周六每天15分钟（21：45—22：00），周日30分钟（21：30—22：00）。第二套节目中，每天有15分钟的《体育节目》（12：15—12：30）。[1]

1993年10月，中央人民广播电台对节目做了调整和改动。《体育节目》由15分钟延长到25分钟，中午播出时间从第二套节目的12：15—12：30改到第一套节目的11：30-11：55；晚上播出时间为第一套节目的21：45—22：15，中间有5分钟整点新闻。改动中午播出时间的好处是延长了广播时间，可以多角度报道体育新闻，不足之处是失去了一批听众，收听效果不如从前。[2]1993年，在中央人民广播电台的十大名牌节目评选中，《体育节目》榜上无名。[3]1994年，第一套的《体育节目》又调整到12：30—13：00。[4]

面对影响力下降的情况，1994年，《体育节目》率先尝试"全员主持"，由编辑、记者担纲主持人。1995年，《体育节目》再次成为听众最喜爱的节目之一。[5]但节目形式的陈旧依然受到听众批评："我从1979年开始收听《体育节目》，十几年来给人印象最深的是这个节目在形式上总是老一套。"[6]

---

[1] 1992年中央人民广播电台节目表 [M]// 北京市地方志编撰委员会. 北京志·新闻出版广播电视卷·广播电视志. 北京：北京出版社，2006：198.

[2] 杨波. 中央人民广播电台简史 [M]. 北京：北京广播学院出版社，2000：94.

[3] 刘桂兴. 体育宣传 [G]// 中央人民广播电台研究室. 中央人民广播电台台史资料汇编（1988—1994）. 内部资料，1995：51.

[4] 中央人民广播电台1994年节目时间表 [M]// 杨波. 中央人民广播电台简史. 北京：北京广播学院出版社，2000：539.

[5] 张宏伟. 中国体育新闻史研究 [D]. 苏州：苏州大学，2008.

[6] 刘桂兴. 体育宣传 [G]// 中央人民广播电台研究室. 中央人民广播电台台史资料汇编（1988—1994）. 内部资料，1995：47-52.

2000年1月，中央人民广播电台第一套节目每日播出3档体育新闻：《体育新闻》（8：00—8：10）、《体育节目》（11：30—12：00和21：45—22：15）。第二套节目则设有《健身广场》（5：35—6：00，每日；16：35—17：00，周二、四、六）和《广播体操》节目（10：00—10：05，周一至周五）。[1]

（2）新增演播室谈话直播节目《体育沙龙》

1993年10月2日，中央人民广播电台新增体育直播谈话类节目《体育沙龙》，于每周日晚22：15—24：00播出。

作为中国广播电视界第一个体育热线直播谈话节目，《体育沙龙》采用主持人（由体育部记者担任）和特约嘉宾谈话、和前方记者连线的方式，对体育比赛、体育现象进行点评。为此，每期节目都会邀请体育界、文化界、科技界关心竞技体育和全民健身的专家、学者、爱好者、运动员、教练员等，到直播间或通过电话进行讨论。节目还开通热线电话，听众可以提出问题，可以各抒己见。这种面目一新的广播形式，立刻受到听众支持。节目组常常能接到包括中国新疆、青海、西藏、台湾以及澳大利亚等海内外听众的来电。1999年7月18日午夜，中央人民广播电台记者张彬从航行在北极圈以北的"雪龙号"破冰船上给直播中的《体育沙龙》节目打来热线，实现了人类第一次利用铱卫星通信系统实施的极地现场直播，在广播史上写下了辉煌的一页。[2]

（3）开播早间体育新闻节目《体育直播间》

2000年，中央人民广播电台强化新闻立台意识，在第一套节目早晨黄金时间推出了2.5小时的《这里是中国》大型新闻版块，以《新闻和报纸摘要》节目为龙头，带动了一批各有侧重却又内在关联的新闻节目，如《新闻纵横》《体育直播间》等。[3] 其中，于8：15—8：30播出的《体育直播间》栏目采用由主持人、记者直播"说"新闻的方式，及时报道国内外最新体育资讯。

2. 大型赛事现场直播

（1）无线电话创造体育赛事广播直播奇迹

用无线电话现场报道重要赛事的精彩片断，在广播史上是一个创举。1992

---

[1] 中央人民广播电台2000年1月节目时间表 [M]// 杨波. 中央人民广播电台简史. 北京：北京广播学院出版社，2000：543-544.

[2]《中国广播电视年鉴》编辑委员会. 中国广播电视年鉴2000[M]. 北京：中国广播电视年鉴社，2001：188.

[3] 中央人民广播电台. 中央人民广播电台概况 [M]//《中国广播电视年鉴》编辑委员会. 中国广播电视年鉴2001. 北京：中国广播电视年鉴社，2002：47.

年,第25届奥运会在巴塞罗那举行,中央人民广播电台没有在新闻中心租用到专线,也没有获得转播席位。前方记者被迫租用无线电话,和北京取得联系,保证发稿。没想到的是,通过无线电话,前方记者实现了现场直播报道——当技术部门把国际电话和播出机房接通后,记者在赛场可以通过"大哥大"报道比赛情况。奥运会期间,电台记者利用无线电话在记者席上现场报道了5场游泳比赛、4场跳水比赛及1场射击比赛,向听众同步报道了高敏获得女子跳水金牌等历史时刻,震撼了听众,也开创了中央人民广播电台记者用手持电话进行新闻报道的先河。1993年第七届全运会时,记者利用同样的手段现场报道了"马家军"破世界纪录的情况。[1]

1996年亚特兰大奥运会期间,晚上各项决赛时间正是中央人民广播电台专题节目广播时间。前方报道组再次进行大胆尝试,在记者驻地租用一部国际直拨电话,以便与后方联络并播报新闻。记者携带手持电话分赴赛场,根据中国运动员比赛时间排定直播顺序。待《奥运会专题》节目开播,后方主持人按预定方案组织前方记者报道赛场情况。由此,25分钟的专题报道基本上和现场比赛同步,将广播时效发挥到了极致,真正做到了"先声夺人"。

(2)热线电话使体育广播再上一层楼

电视声画兼备的优势及其迅速发展,使体育广播受到强烈冲击。压力之下,广播只能在开拓中求发展。1993年,第15届世界杯足球预选赛陆续在各大洲展开。5月,中国足球队到约旦参加亚洲区比赛,中央人民广播电台派记者前往采访。为满足听众要求,除转播外,电台还增加了"听众热线"并邀请权威人士坐镇直播间,以谈话形式和听众进行探讨,并回答听众问题。这次试播,取得了出乎意料的成功,听众参与热情高涨。同年9月的第七届全运会时,电台开办了《全运会午夜特别节目》,邀请官员、教练员、运动员,和听众一起围绕全运会赛事多侧面地探讨中国体育的发展,历时10天。节目受到听众喜欢,并被评为中央人民广播电台当年好新闻一等奖、中国体育记者协会主办的第7届全国运动会(简称"七运会")好新闻一等奖。[2]

(3)大板块直播

中央人民广播电台就两次申奥进行了大板块直播。1993年9月23日,决定

---

[1] 刘桂兴. 体育宣传[G]// 中央人民广播电台研究室. 中央人民广播电台台史资料汇编(1988—1994). 内部资料,1995:48.

[2] 刘桂兴. 体育宣传[G]// 中央人民广播电台研究室. 中央人民广播电台台史资料汇编(1988—1994). 内部资料,1995:49.

2000年奥运会举办权的国际奥委会第101次会议在蒙特卡洛举行。为报道这次申奥活动，电台推出了大型直播节目《奥林匹克之夜》（22：00至次日凌晨4：00），既有前方记者的现场报道、世界各地记者发回的消息，又有演播室嘉宾的精彩点评和烘托气氛的文艺节目，播出效果良好。2001年7月13日，电台采用大板块的节目形式推出了北京申奥特别节目《你好，奥运》。大板块直播报道让听众在长时间的收听过程中既感受到风格的一致，又感受到内容的丰富，非常符合广播媒体移动、伴随收听的特点。

2002年1月，第27届冬奥会在美国盐湖城举行，中央人民广播电台体育节目首次对冬奥会进行了大规模、全方位报道。其中，对中国短道速滑选手杨扬为中国摘得第一枚冬奥会金牌的赛况直播，给听众留下了难以磨灭的印象。中国驻美大使馆、中国冬奥会代表团等对中央人民广播电台冬奥会报道的时效性、完整性、现场感和评论的权威性给予了充分肯定，称之为"新闻冠军队"。[1]

（二）中国国际广播电台的体育报道

1993年5月9—18日，第一届东亚运动会在上海举行，中国国际广播电台英语广播对北京地区、珠三角地区、北美地区、东南亚地区直播了开幕式。由国内新闻中心、英语部、蒙语部、朝语部和日语部组成的13人报道小组共播发稿件107条（篇），其余为国内新闻中心采编。

1995年5月1—4日，第43届世乒赛在天津举行。中国国际广播电台派出由副总编辑带队的32人报道组，以"客观、全面、充分、及时报道大赛"为方针，突出"和平、友谊、繁荣、发展"的赛会主题，发67篇通稿、216篇地区（对象）稿，传回700多分钟音响，开办90多期专题节目。英语、朝语部成功直播了开幕式盛况。18名外语记者独家采访了国际乒联的主席、秘书长及75个国家和地区的230多名教练员、运动员、体育官员。[2]

2001年8月，第21届世界大学生运动会在北京举行。中国国际广播电台发挥外语优势，派出阵容强大的59人报道组，组织43种语言广播（38种外语、汉语普通话和4种方言广播），自8月20日至9月2日播出《大运会在北京》专题节目，全面报道大运会盛况，并突出"青春、友谊、和平"的主旨。国际台还使用英语、俄语、日语、法语、朝鲜语、广州话6种语言，成功直播大运会开幕式，

---

[1] 杨波.中央人民广播电台简史 [M].北京：北京广播学院出版社，2000：91-97.

[2] 中国国际广播电台史志办公室.中国对外广播史上的新篇章：改革开放中的中国国际广播电台 [M].北京：中国国际广播出版社，2000：106-110.

并进行网上同步直播,使国际台的直播工作上了一个新台阶。[1]

(三) 地方广播电台体育报道

1993年2月10日,上海人民广播电台在《990早新闻》中设立《990空中体坛》栏目,播报国内外最新体育赛事和体坛动态。1993年4月12日起,上海人民广播电台在每天的11:30—12:00推出全新的《990空中体坛午间直播》,不仅包括国内外体育新闻、背景报道,还有《热点追踪》《明星访谈》《赛场传真》《赛事评论》等版块。1993年5月9日,上海人民广播电台与中央人民广播电台和东方广播电台联合现场直播了第一届东亚运动会开幕式。东亚运动会期间,电台组织了10多人的报道组,多角度地报道了盛会。1993年9月23日,上海人民广播电台开办了《北京,好运》特别节目,并由特派记者自蒙特卡洛发回现场报道,节目时间从21点到次日凌晨3点,创下了当时上海电台体育类节目的时长新纪录。[2]

黑龙江人民广播电台除在新闻节目中及时报道省内外重大体育新闻、国际赛事外,还在系列台以听众电话参与的形式开办体育热点评论、体育竞猜等。1994年,电台有体育记者5人。[3]

辽宁人民广播电台于1994年开办《体坛演义》栏目,在辽沈地区具有一定影响力。《体坛演义》节目还于1995年首次实现异地直播,于1998年派记者远赴法国报道世界杯。[4]

1996年,天津人民广播电台体育组创办《体育大世界》直播节目,邀请到很多著名的运动员、教练员、裁判员,节目很快成为天津广播界的品牌栏目。[5]

---

[1] 国际台总编室.中国国际广播电台第21届大运会报道经验[M]//梁博祥.中国新闻年鉴2002.北京:中国新闻年鉴社,2002:354-355.

[2] 上海广播电视志编辑委员会.上海广播电视志[M].上海:上海社会科学院出版社,1999,308-310.

[3] 张淑琴.黑龙江体育年鉴1994[M].哈尔滨:黑龙江科学技术出版社,214.

[4] 姜丽彬.声音的记忆:辽宁人民广播电台60周年典藏(栏目篇)[M].北京:中国广播电视出版社,2005:36.

[5] 齐宝庆.绝知此事要躬行[M]//中国体育记者协会.百名中国体育记者自述.北京:人民体育出版社,2000:87-88.

五、体育电视强势崛起

20世纪90年代,中国电视业蓬勃发展,体育业突飞猛进,体育电视也迅速崛起。

(一)中央电视台体育报道逐渐走向成熟

1992年奥运会之后,CCTV的体育报道步入了快车道和成熟期,并开始向世界先进行列迈进。其主要标志是:在广岛亚运会建立自己的播出中心、开设体育频道、在亚特兰大国际广播电视中心跻身前十位、全方位报道第八届全运会。

1. 体育频道的筹备和播出

1992年奥运会之后,CCTV体育节目面临的首要问题,是观众日益增长的对体育节目的需求与CCTV综合频道中体育节目时间有限之间的矛盾。1994年初,CCTV领导要求体育部研究开设体育频道的可行性。当时,CCTV建立体育频道面临诸多困难,如体育赛事电视报道权缺乏、专业人员不足(体育部在1993年初只有26人)、经费紧张、制作力量有限等。面对困难,体育部全体人员没有退缩,反而被激发出了更加强烈的创作欲望和竞争意识。1994年3月,关于建立CCTV体育频道的报告经台领导批准。为克服困难,体育部采取了一系列措施。第一,设立众多单项栏目,为观众提供定向服务。第二,加大国内赛事报道。CCTV率先与国家体委有关部门签订长期协议,辟出固定时间,直播国内各项赛事。第三,采用制片人负责制,激发体育部工作人员的热情。第四,利用社会制作力量。第五,招聘一批热爱体育电视报道的工作人员,并对体育部工作人员进行定向培养,使编辑、记者、主持人尽快成为一两个体育项目的专门人才。

1995年1月1日,经过紧张筹备,CCTV体育频道正式播出,每天播出12小时(12:00—24:00),首播节目为8小时。体育频道最初仅在北京地区播出,1995年11月1日开始通过卫星向全国播出,播出时间提前到8:30,日播节目16小时,首播节目10小时。经过努力,体育频道拥有了一批高质量、有影响的优秀栏目,如《体育新闻》经常播出独家报道,《体育沙龙》邀请众多体育界人物与观众见面,《足球之夜》是"球迷每周的节目",《世界体育报道》被称为"最有文化的体育报道"。周末的体育栏目更是琳琅满目,每天还至少有5场以上国内外赛事直播。

国际体育组织很快注意到了CCTV体育频道。1997年底,世界上最大的几家体育节目代理公司告知CCTV体育部,在新的协议中将不再考虑把体育比赛的亚洲有线报道权独家卖给某个电视网。这标志着 CCTV 突破了国外体育电视网在亚洲的垄断,为今后的发展开辟了道路。

1998年5月,CCTV 组建体育节目中心,下设综合部、新闻部、竞赛部、交互电视筹备部,负责规划、采编、制作和播出国内外体育节目,管理、编排体育频道及其他频道的体育节目。体育频道还开播《现场直播》《健身房》等10多个节目。通过世界女篮锦标赛、四大洲花样滑冰锦标赛、"汤姆斯杯"和"尤伯杯"羽毛球锦标赛等国际大型赛事的转播,锻炼了队伍,提高了自制节目质量,增强了节目的可视性和信息量。

从1999年开始,根据"频道专业化、栏目个性化、节目精品化"的整体工作部署,CCTV 开始在有计划的改版中探索体育节目的发展之路。

2001年1月1日,体育频道改版,将原来的34个栏目整合为17个栏目。《体育新闻》每天播出两档节目,共45分钟。频道全年各类活动和赛事直播达1200场,平均每天播出超过3场比赛。

2002年3月22日,首届"中国电视体育奖"颁奖典礼在 CCTV 举行。此次评选共设12个奖项,由体育记者和体育专家进行评审。在电视颁奖典礼、设置奖项和选定颁奖日期等方面,注重与国际接轨,彰显大台风范。这是 CCTV 创新节目形式、开拓体育发展空间和体育市场的成功尝试。

2. 重大赛事报道水平不断提升

随着奥运会、亚运会、全运会报道的不断摸索,CCTV 逐步将大型赛事报道推向新的水平,并锻炼出一支高水平的体育报道队伍。

1994年广岛亚运会时,CCTV 首次将播出制作中心搬到国外,实现了重大国际赛事报道的跨越性转变:派出53人的报道队伍,在国际电视中心租用250m²工作区,设立独立的播出制作中心,并租用一条单独的卫星通道。这一系列举措,标志着 CCTV 技术上的成熟。16天时间里,CCTV 从广岛直接播出240小时的亚运会报道,成为具有较强制作能力的亚洲大台之一。

1996年奥运会时,CCTV 将播出制作中心搬到亚特兰大,并将报道深度、锻炼编播力量作为重点。

1997年上海全运会期间,CCTV 成功创造出"大杂志"这种大型体育赛事报道模式。另一亮点是在游泳、举重等6个场馆设立电视信号注入点,方便记者在现场做直播报道。[1]

---

[1] 赵化勇. 中央电视台发展史(1958—1997)[M]. 北京:中国广播电视出版社,2008:340-343.

1999年6—7月，第三届女子世界杯足球赛在美国7个城市举行。CCTV派出6人报道组，现场直播29场比赛，录播3场比赛，前方记者提供新闻20条，制作播出10集专题节目《铿锵玫瑰》，全方位、多层次、多角度地报道了赛事盛况。

2001年7月13日，CCTV体育频道遵循"展现新闻事件的全过程，平和引导观众心理，注重技术细节和背景介绍"的报道原则，对北京第二次申办奥运会的过程进行了14小时的直播。观众反馈说，直播节目激发了海内外同胞的爱国热情，有力配合了北京申奥活动。

2001年8—9月，第21届大运会在北京举行。这是北京申奥成功后首次举办世界性大型综合运动会，也是CCTV在北京亚运会后首次以东道主身份承担赛事转播工作。CCTV联合北京电视台、天津电视台共800多人对比赛进行全面转播。全球共有104家电视台转播了开幕式，35家电视台全程转播了运动会。CCTV在电视制作与提供对外电视服务等方面力求与国际接轨，为日后承办大型世界性体育盛会锻炼了队伍，积累了经验。

2002年2月8—24日，第18届冬奥会在美国盐湖城举行。CCTV派出20人报道团，转播比赛32场，累计100小时，包括短道速滑、花样滑冰、冰球、雪橇、冰壶、高山滑雪等项目，尤其侧重中国代表团有可能获得奖牌的优势项目。报道团通过阅读资料、深入采访，了解和收集到相关赛事规则、世界优秀选手背景介绍、中国队员战绩等第一手资料，为电视观众呈现出一个生动鲜活的冬奥会赛场。报道团还设有3组ENG（电子新闻采集），共传送新闻13小时。[1]

3. 报道国内职业联赛和主办体育赛事

国家体委的体育改革和CCTV筹备体育频道几乎同步，并迅速达成一致。1993年10月，中国足协提出在1994年实行主客场制的中国足球甲级联赛。一周之后，CCTV同意以每次2分钟广告时段置换的方式获得5年的甲A转播权，这在中国电视史上是第一次。

1994年1月20日，CCTV与13家地方电视台举行联席会议，讨论并决定全面报道国内赛事，帮中国足球尽快走出低谷的计划。1994年4—11月，全国14家电视台联合对全国足球甲A联赛进行大规模报道，共对全国现场直播22场比赛，综合13场实况，编辑25集专题报道，受到广泛好评。如此大规模地报道一项国内赛事，此前在体育电视史上是很少有的。1994年12月2日，CCTV与中国足协在北京签订了1995年全国足球赛事电视报道合作书，拥有132场全国

---

[1] 赵化勇.中央电视台发展史（1998—2008）[M].北京：中国广播电视出版社，2008：157，161，164-165.

足球甲 A 联赛、29场全国足球锦标赛、南北明星对抗赛及中国足球超级杯赛各1场，共计163场比赛的独家境内报道权。[1]

1998年，CCTV 与中国足协关于甲 A 转播权的5年协议期满，并就下一轮赛事转播权进行协商。1999年，经过一段时间的争执，在联赛开始前两天，CCTV 以1100万元的价格向中国足协购买了3年的甲 A 全国独家首播权。2002年，CCTV 和中国足协就转播权费用问题展开激烈交锋。僵持之下，CCTV 没有转播当年甲 A 联赛的前半段赛事。韩日世界杯后，CCTV 以每场16万元、总价700万元的价格购买了甲 A2002赛季的其余转播权。[2]

1995年，鉴于体育部在中国体育市场化改革中取得的成果，CCTV 领导指出，不能满足于单纯地报道体育比赛，要有计划地、逐步地组织部分项目的系列比赛，以适应频道发展的需要。由此，体育部开始组织比赛，突破口是乒乓球。1995年，一家外国公司与国家体委有关部门签订5年合约，购买所有国内乒乓球比赛的独家电视报道权。这一变化促使 CCTV 必须自己开辟市场，于是有了从1996年开始的"CCTV 杯"中国乒乓球擂台赛。这个由 CCTV 投资并操作，按照 CCTV 播出时间进行的每周一次的比赛，很快得到有关方面的认可。CCTV 还参与组织了中国女子足球锦标赛、中国排球联赛、中国羽毛球挑战赛、海峡两岸保龄球对抗赛等赛事，成为中国体育改革的一支重要力量。[3]

（二）地方电视台

1. 地方电视台体育报道

（1）地方电视台纷纷创办体育新闻、体育专题栏目

1993年1月，上海东方电视台开播，上海体育电视在竞争中焕发勃勃生机。

上海东方电视台建台伊始即把体育报道作为突破口和特色，并很快确立了在国内的领先地位。考虑到上海电视台体育部以周播节目为主，而受众对体育节目有时效性要求，上海东方电视台决定在内容、形式上与上海电视台进行差异化竞争。体育新闻方面，上海东方电视台于1993年1月推出日播的《国际体育新闻》栏目，并凭借大容量、大制作的特点与先进的传播手段收到良好的收

---

[1] 中央电视台研究室. 中央电视台年鉴1994[M]. 北京：人民出版社，1995：157.

[2] 薛文婷. 体媒人物：新中国体育新闻传播口述史（下）[M]. 北京：清华大学出版社，2015：124.

[3] 赵化勇. 中央电视台发展史（1998—2008）[M]. 北京：中国广播电视出版社，2008：337-345.

视效果，广告收入也创下全国之最。[1] 栏目方面，引进当时最好的体育节目资源，设置《健康教室》《体育新干线》《足球杂志》《东视拳击》和《网球杂志》等栏目。赛事方面，上海东方电视台更是敢为天下先，直播了世界拳王赛、英国足总杯、意甲联赛等国际体育赛事。1993年，上海东方电视台于2月7日直播了美国职业橄榄球"超级碗"，这是国内首次直播该项赛事；于第七届全运会时在四川和北京设立演播室，对赛事进行全面报道。1994年起，东方电视台直播了足球职业联赛上海队的全部主客场比赛。

受东方电视台体育新闻迅猛势头的影响，上海电视台于1994年7月在主频道开设《STV体育新闻》，通过卫星收录、图文传真等现代化手段，博采国际、国内和上海市体育要闻，经精心编辑，制作成时效快、信息量大、编排活泼、内容丰富的体育新闻节目。有着良好声誉的《体育大看台》节目于1993年改为每期30分钟，于1997年底增大国内外体育新闻的播出量，于1998年9月改版为一档每天在主频道黄金时间现场直播的体育新闻节目。

1993年9月1日，北京电视台文体频道每天的播出时间从8—10小时增至18小时。同年，北京电视台摄制播出了10集系列专题片《十亿颗心盼奥运》，报道北京各界为申办奥运做出的努力。[2] 考虑到原有体育新闻节目（每周2次，每次5分钟）远远不能适应国内外体育形势和体育爱好者的要求，北京电视台于1994年4月4日新开播《BTV体育新闻》，每天1次，每次10分钟。1993年前后，北京电视台还制作播出了一档名为《金牌看台》的栏目。

1994年1月，天津电视台将《体坛集锦》改版为《大千体坛》，成为一档集趣味性、知识性、服务性为一体的周播综合性杂志型栏目，同时推出一档周播的体育欣赏类栏目《缤纷赛场》，每期50分钟。[3] 天津电视台还于1997年3月开办《97全国足球甲级联赛》栏目，于1998年12月开办10分钟的日播栏目《天视体育新闻》。此外，还有《天视缤纷体坛》《天视足球报道》《天视竞技看台》

---

[1]《中国广播电视年鉴》编辑委员会.中国广播电视年鉴1994[M].北京：北京广播学院出版社，1994：177.

[2] 北京市地方志编纂委员会.北京志·新闻出版广播电视卷·广播电视志[M].北京：北京出版社，2006：332，432.

[3]《中国广播电视年鉴》编辑委员会.中国广播电视年鉴1994[M].北京：北京广播学院出版社，1994：240.

《天视体育杂志》等栏目。[1]

辽宁电视台于1990年开办《体育新闻》栏目。1995年,《体育新闻》栏目抓住上星契机,全新改版,于每晚22:10—22:20播出,以国际、国内、省内重大体育事件为报道内容。1991年11月,由辽宁电视台体育部发起,24家省级电视台联合摄制了体育电视系列片《中华民族体育》,成绩不俗。1997年7月创办的《周末体育》栏目,是辽宁电视台第一档大型体育专题版块栏目,于每周六、周日13:30 18:30播出。[2]

1994年1月,浙江电视台的《大赛场》栏目从每周2期增至5期。1998年,浙江卫视推出《浙江卫视体育》栏目,每周有4档10分钟的节目和2档50分钟的节目。《体坛视点》《新闻视线》《足球时间》《志红话题》等栏目也办得很有特点。[3]

贵州电视台于1994年创办《五环广场》栏目,侧重山区特色和民族特色。此外,还开办过《体坛纵横》《赛场内外》《黄金体育10分钟》《健身俱乐部》等体育栏目。[4]

四川电视台在20世纪90年代先后推出《体育长廊》《体育新闻》《体坛追击》等新闻类、访谈类节目。其中,1999年2月开播的《体坛追击》节目,融新闻性、知识性、艺术性、娱乐性于一体,先后邀请100多位世界冠军、亚洲冠军参与节目制作。因资金不足等原因,该栏目在制作70期后停播。[5]

(2)地方电视台加大赛事转播力度

1990年4月,上海电视台在国内率先取得世界拳王争霸赛的实况转播权,首次向大陆观众现场直播了世界拳坛最高级别的赛事。此后,上海电视台又实况转播了足球、排球和篮球的世界杯、世锦赛以及网球、拳击的国际公开赛和争霸赛。[6]

---

[1]《天津电视台卷》编委会.当代中国广播电视台百卷丛书:天津电视台卷[M].北京:中国广播电视出版社,2000:20-21.

[2] 史联文.辽宁电视台发展史[M].北京:中国广播电视出版社,2009:43,157,247.

[3] 钟桂松.浙江电视台简史(1960—2000)[M].北京:中国华侨出版社,2000:22-23,97-98.

[4] 贵州省地方志编纂委员会.贵州省志·广播电视志[M].贵州:贵州人民出版社,1999:257.

[5] 谭康.四川体育电视的发展历程简考[J].新闻爱好者,2011(12):114-115.

[6] 沈健,李辉.体育魅力尽现荧屏[M]//中国广播电视学会广播电视体育传播研究委员会.全国优秀电视体育记者论文集.北京:中国广播电视出版社,2000:307.

天津电视台在20世纪90年代实现了多项创举。1995年5月1—14日，天津电视台对第43届世乒赛开、闭幕式及大部分比赛场次进行实况直播，多达68场，总计102小时，创造当时全国单项体育赛事电视转播次数与时间的最高纪录。1999年10月，用24个讯道、二级切换，成功转播在天津举办的第四届世界体操锦标赛。[1]对甲A联赛，天津电视台经历了从主场直播到主客场全程直播、从简单直播到演播室包装直播的过程。[2]

辽宁电视台于1992年全程直播了在营口进行的省第六届运动会。1994年，直播意大利AC米兰队与辽宁远东足球队的比赛，并通过太平洋通信卫星向意大利传输信号。1995年，转播足球赛13场、篮球赛8场、排球赛6场。1997年，卫星直播沈阳队的甲B比赛和在上海举行的全运会比赛。1998年，卫星直播香港网球公开赛，并与其他省台组成联合报道组租用卫星转播在泰国曼谷举办的亚运会。[3]

浙江电视台也加大了体育赛事转播的力度。1993年5月，派电视车去上海转播东亚运动会举重比赛。同年11月，与CCTV合作直播中国羽毛球公开赛所有决赛项目。1995年，运用二级切换成功转播F1世界摩托艇锦标赛。1996年，转播在浙江进行的亚洲摔跤锦标赛。[4]

河南电视台于1991年9月和CCTV合作，实况转播了郑州国际少林武术节；于1993年9月现场直播了郑州国际少林武术节开、闭幕式；于1994年4月在焦作直播四国女排邀请赛，这是河南电视台第一次向全国直播国际性排球赛事。[5]

一些在国内举行的国内外单项或综合性大赛对当地电视台有很大推动作用：为提供公用信号，东道主电视台往往会在硬件、软件方面进行大的投入，从而提升了体育报道的水平和实力。1993年5月，首届东亚运动会在上海举行。上海电视台承担了电视转播和宣传的主要任务，在CCTV和有关省市电视台

---

[1]《天津电视台卷》编委会. 当代中国广播电视台百卷丛书：天津电视台卷[M]. 北京：中国广播电视出版社，2000：20-21.

[2] 天津市地方志编修委员会办公室，等. 天津通志·广播电视电影志（1924—2003）[M]. 天津：天津社会科学院出版社，2004：409.

[3] 史联文. 辽宁电视台发展史[M]. 北京：中国广播电视出版社，2009：158-159.

[4] 钟桂松. 浙江电视台简史（1960—2000）[M]. 北京：中国华侨出版社，2000：22-61.

[5] 周绍成. 跨越之路：河南电视台发展史（1969—2009）[M]. 郑州：河南人民出版社，2009：71.

的支持下，动用电视转播车11辆、摄像机102台、录像机178台、慢动作录像机28台、微波收发端机29套、光纤用收发光端机24套等，实况转播了运动会开、闭幕式和12个比赛项目共150多场，约303小时，并提供17路国际信号供海内外电视机构选用。其中，由CCTV转播55小时，通过卫星向韩国、日本、澳大利亚等国家和中国香港、台湾等地区传送节目共187次。[1]

1997年10月18日，大连电视台创立体育频道。

湖南电视台文体频道成立于1999年6月，其中拳王争霸赛、英超等转播有很高收视率。该频道在2000年转播各类体育赛事179场，时长372小时。[2]

（3）地方电视台联合报道奥运会等重大赛事

在CCTV主导奥运会、世界杯、亚运会等重大赛事转播权的情况下，地方电视台开始寻求在体育报道领域的合作。

1996年亚特兰大奥运会举办之前，地方电视台合作推出了30集系列片《遥望亚特兰大》，对奥运会各个项目进行盘点。奥运会期间，北京电视台、上海东方电视台、广东电视台、辽宁电视台组成一支13人的联合报道组，制作播出了《奥运新闻》《圣火'96——来自亚特兰大的报道》《亚特兰大一日风云》，在全国多家地方电视台播出。[3]

2000年悉尼奥运会前夕，地方电视台又推出《缤纷悉尼》节目，除报道中国队备战情况外，还到悉尼采访奥运会筹备情况。奥运会期间，四家电视台再次联合制作《圣火2000》。北京电视台还采用当天编剧、拍摄、编辑、播放的形式，打造了以奥运会为题材的纪实情景剧《旅澳一家亲》。

亚特兰大奥运会后，地方电视台在体育栏目制作方面也加强了合作。1997年1月，北京电视台、广东电视台和上海东方电视台体育部合作推出体育杂志栏目《中国体育报道》，每周一晚黄金时间在京、沪、粤三地播出，产生了较大影响力。节目围绕中国体育的热点问题做深度报道，理念是"观众想知道的与我们想让观众知道的"[4]。自2000年开始，《中国体育报道》开始走下坡路，

---

[1]《上海广播电视志》编辑委员会. 上海广播电视志 [M]. 上海：上海社会科学出版社，1999：439.

[2] 杨晖. 湖南电视台主要频道发展策略研究 [D]. 长沙：湖南大学，2001.

[3] 龚睿. 奥运新闻赛场上的"地方军"：简评四台联合报道组的奥运报道 [J]. 声屏世界，1996（11）：21.

[4] 卢晓峰. 观众想知道的与我们想让观众知道的：试论加强电视体育新闻的深度报道 [J]. 中国广播电视学刊，1997（7）：38.

原因在于观众对新闻时效的要求和赞助商在不同城市的分销要求。但《中国体育报道》在合作模式、人才培养、传播理念等方面对地方电视台的体育报道产生了重要影响。

2000年，13家地方电视台联手于每周日晚同时播出《中国足球报道》栏目。

2001年，为节约成本、共享资源，北京、上海、广东等地方电视台牵头成立了全国体育新闻协作网（CSN），最多时曾有20多家电视台使用CSN的节目素材。[1]

合作可以扬长避短、共享资源、降低成本，可以制作出更高质量、更有影响的节目，但因区域发展不平衡和各自的利益诉求不同，地方电视台体育报道之间的联合很难持久。

2. 地方有线电视台从自办体育节目到创办体育频道

技术的发展、受众的需要、政策的支持推动了我国有线电视的发展，体育节目自然成为有线电视台的重要组成部分。

（1）设置体育栏目

1993年7—9月，北京有线电视台成立"七运会"报道小组，共制作"七运会"特别节目《七运风采映京城》15期。北京有线电视台还开办了《申办奥运专题》节目。这两次体育报道是北京有线电视台自办体育节目的开端。[2]

1994年1月，太原有线广播电视台推出20分钟的周播体育节目《奥林匹克风》，下设《体育欣赏》《大赛场》两个版块。[3]

于1994年7月开播的天津有线电视台，设有一档周播体育栏目《体育之窗》，以购买节目为主，串编后播出，每期时长不固定。[4]

（2）创办体育频道

北京有线电视台于1992年5月4日开始试验播出一个自办频道、两个转播频道，其中一个转播频道就是ESPN（娱乐体育节目电视网），每天播出时间为

---

[1] 范昭玉. 中国电视体育联播平台（CSPN）的现状与发展策略研究 [D]. 上海：上海体育学院，2010.

[2] 北京市地方志编纂委员会. 北京志·新闻出版广播电视卷·广播电视志 [M]. 北京：北京出版社，2006：336，433.

[3] 山西省史志研究院. 山西通志：第四十三卷　新闻出版志·广播电视篇 [M]. 北京：中华书局，1998：426-427.

[4] 天津市地方志编修委员会办公室，天津市广播电视电影局，天津广播电视电影集团. 天津通志·广播电视电影志（1924—2003）[M]. 天津：天津社会科学院出版社，2004：436.

12∶00—24∶00，覆盖半径30公里。1993年2月22日，体育频道、影视频道现场直播了NBA全明星篮球赛。[1]

上海有线电视台体育频道于1993年12月12日开播，以"服务电视节目内容，提高全民体育素质"为宗旨，通过卫星转播、录播、现场直播等方式，向观众报道国内外体育赛事和消息。节目的特点是"全、快、大、多"：播出赛事完整、全面，播出时间快，播出量大，涉及体育项目多。其主要栏目有：《赛场风云》，每天播出两场比赛；《缤纷体坛》，介绍各种非正式比赛项目或体育休闲活动。有线体育频道以"串编为主"，主要通过购买方式解决赛事资源问题：从中国国际电视总公司获得；1993年6月，与ESPN达成协议，通过卫星收录对方节目，然后根据需要加以精编，用中文播出；与外省市电视台交换节目；向上海电视台节目库借片。有线体育频道也努力提升自制节目能力，如于1995年5月开播《有线体育新闻》，时长15分钟。[2]

上海有线电视台体育频道和CCTV体育频道的开播，引发了体育频道的开办热潮。1993年，广东有线电视台成立华南地区第一个专业体育频道，日播12个小时，但因资源不充足，制作力量不强，节目形态单一，受众局限于广东省部分地区。1999年10月1日，天津有线电视台开办体育频道，设置的体育栏目较为丰富。该频道自1999年11月3日开始在每周三、六上午直播NBA篮球赛，平均每年直播80余场。[3]四川有线电视台与ESPN亚洲合作，于1998年12月6日推出体育频道。1999年1月起，该频道每天播出节目时间达16个小时以上，成为西南地区首家省级体育电视频道。[4]1998年2月，新疆有线电视台开办体育频道。

因缺乏足够的赛事资源，地方电视台有线体育频道最初实际是差转台——通常会和ESPN进行合作，然后把ESPN插转到屏幕上，再配加中文解说。当时，ESPN拥有很多国际赛事的中国版权，因此观众可以从各地有线台观看NBA、欧冠、英超等比赛。

---

[1] 北京市地方志编纂委员会. 北京志·新闻出版广播电视卷·广播电视志 [M]. 北京：北京出版社，2006：336-433.

[2]《中国广播电视年鉴》编辑委员会. 中国广播电视年鉴1996[M]. 北京：北京广播学院出版社，1996：255-256.

[3] 天津市地方志编修委员会办公室，天津市广播电视电影局，天津广播电视电影集团. 天津通志·广播电视电影志（1924—2003）[M]. 天津：天津社会科学院出版社，2004：436.

[4] 谭康. 四川体育电视的发展历程简考 [J]. 新闻爱好者，2011（12）：114-115.

除了和 ESPN 合作，地方有线电视台体育频道也进行横向联合。1999年起，全国31家有线电视台体育频道成立了有线电视体育传播委员会（又称"有线电视联盟"），挂靠在中国体育记者协会。1999年7月，以中国女子足球队获得世界杯亚军为契机，由中国足协、中国体育报业总社、有线电视联盟主办的《足球纪事》专栏，于每周三晚20：00—21：30通过卫星在全国20多个省市有线电视台开播。[1]2000年，有线电视联盟先是买断了中国足协"中国之队"一年内所有赛事的国内转播权，继而购买了亚洲杯足球赛预赛的转播权。有线电视台的优势在于时段资源，即有充分的频道资源进行赛事转播，因此，有线台非常注重体育赛事转播权。[2]

3. 有线台与无线台的合并整合了地方电视台体育报道力量

2000年12月20日，国家广播电影电视总局下发了《关于有线广播电视台和无线电视台合并的有关事项的通知》，各地电视机构掀起合并、重组热潮。这一举动促成了地方电视台和有线电视台体育报道力量的整合。

2001年，北京电视台和北京有线电视台合并。北京电视台体育部的队伍扩大到100多人，并有了体育频道。

2001年6月，新疆电视台和新疆有线电视台、新疆经济台合并，原有线电视台体育频道更名为新疆电视台体育健康频道。

2001年7月，广东有线电视台体育频道和广东电视台体育中心合并为广东电视台体育频道，全天候24小时播出体育节目。

2001年10月，上海电视台、上海东方电视台、上海有线电视台的体育部门整合成立了上海文广体育频道，并以"全新的团队、更高的起点、更新的目标"闪亮登场。体育频道以"新闻为框架、赛事为龙头、专题为辅助"为制作方针，以"立足上海、联手华东、沟通京沪、面向全国、走向世界"为发展战略。这是上海文广新闻传媒集团首个对外播出的专业电视频道。

四川有线电视台体育频道于2002年更名为四川电视台体育频道。[3]

---

[1] 范昭玉. 中国电视体育联播平台（CSPN）的现状与发展策略研究 [D]. 上海：上海体育学院，2010.

[2] 龙雪晴. 合纵连横挑战央视 中国电视业等待"地震"[J/OL]. 赢周刊，2000-11-20[2016-09-13].http://finance.sina.com.cn/2000-11-20/23549.html.

[3] 陈国强. 制度变迁与新闻实践：当代中国电视体育新闻研究 [D]. 上海：复旦大学，2007；魏伟. 国际广播电视体育史 [M]. 北京：中国广播电视出版社，2012：248-265.

六、网络媒体初露峥嵘

自1994年中国正式接入国际互联网以来,网络引发了中国新闻传播领域的巨大变革。在这场变革中,体育网络传播一度扮演了先行者的角色,并在中国网络传播和体育新闻传播中占据重要地位。

(一)四通利方·体育沙龙是中国体育网络传播发轫的重要标志

1996年4月29日,中国最早的商业中文网站之一——四通利方在制作中文引擎时,为回答网友对四通利方公司RichWin Internet版软件提出的各种问题,成立了"四通利方论坛"。论坛除交流软件使用经验,也聊体育、留学等话题。为不干扰对RichWin主题的讨论,四通利方成立了"谈天说地""体育沙龙"等十几个论坛。

"体育沙龙"于1996年8月推出,是迄今所知中国最早的体育网络论坛。当时中国网民数量很少,到1997年4月,"体育沙龙"的日访问量不到一万次,帖子也只能保存300个。尚在攻读硕士学位的足球迷陈彤(后升任新浪网执行副总裁、总编辑,2014年离任)看到了互联网传播体育赛事消息的优势,申请做了"体育沙龙"的版主,并带领四通利方走上了一条以体育起家进而成为全球知名综合性门户网站的发展道路:1997年甲A联赛期间,陈彤通过电话、赛区网友和赛区通讯员网络将比赛信息及时发布到论坛上,"体育沙龙"的影响逐渐扩大;1997年5月世界杯足球外围赛期间,"体育沙龙"通过收看电视的方式对比赛进行文字直播;1997年世界杯预赛亚洲区十强赛期间,"体育沙龙"创建了直播室,采用网上音视频技术直播比赛,开创了赛事网络多媒体直播的先河,访问人数大幅上升。

让"体育沙龙"一举成名的是1997年十强赛期间的一则帖子。当年10月31日,中国足球队在大连输给卡塔尔队,失去了入围世界杯决赛圈的机会。次日凌晨,福州球迷兼网迷"老榕"在"体育沙龙"发出了《10·31:大连金州没有眼泪》的帖子,在48小时之内被阅读了两万多次,并被各地媒体转载。《10·31:大连金州没有眼泪》创造了当时网络阅读的最高纪录,也成为中国互联网历史上最有影响的中文帖子之一,"体育沙龙"迅速蹿红。[1]

(二)四通利方·竞技风暴开中国门户网站体育频道先河

"体育沙龙"的蹿红和《10·31：大连金州没有眼泪》的影响使国人意识到了网络的巨大力量,四通利方决定加大对网站的投入。同年,"体育沙龙"主办的以足球为主的网上多媒体杂志《竞技网刊》推出。1997年11月底,四通利方推出体育频道——竞技风暴,这是中国互联网历史上第一个体育频道,并迅速成为全球最大的中文体育资讯平台。1998年12月,四通在线完成了与美国华渊资讯的合并,创建新浪网,并于2000年在NASDAQ（纳斯达克）成功上市。四通利方·竞技风暴随之更名为新浪·竞技风暴。

其后,搜狐、网易、雅虎、腾讯等纷纷创立体育频道,奠定了门户网站体育频道在体育网络传播中的主导地位。

(三)法国世界杯为中国体育网络传播提供了契机

1998年法国世界杯为刚刚起步的中国网络传播提供了展示机会。据不完全统计,当时仅北京地区就有5家机构创办了世界杯网站,分别是《人民日报》、国家体育总局、四通利方、比特网和国中网。[2]

四通利方投入大量人力、物力建设的"法国98足球风暴"网站（1998年5月8日开通）,是法国官方站点指定的唯一中文站点。网站采取24小时滚动新闻模式,信息则由新浪与写手共同完成。小组赛阶段,"体育沙龙"驻上海、天津、山东等地的记者轮流报道比赛,统计出场阵容、进球情况、红黄牌、技术统计、赛况等。网站还翻译外电,邀请黄健翔撰写"健翔世界杯短评"。前方记者除发回大量现场报道外,还和新华社、CCTV、上海电视台、辽宁电视台、《足球》报等多家媒体记者合作。"体育沙龙"驻东京记者则提供日本、韩国的世界杯新闻,一些专栏作家也为"体育沙龙"撰写文章。四通利方还推出有奖竞猜、征文、研讨会等活动,甚至制作世界杯报道光盘,召开体育沙龙研讨会,

---

[1] 何三畏,陈彤. 为什么是新浪？[J]. 南方人物周刊,2005（8）：66-68；陈彤,曾祥雪. 新浪之道：破解门户网站新闻的奥秘 [OL].2005-02-22[2016-09-13].http://book.sina.com.cn/1107243742_thewayofsinacom/2005-02-22/3/166394.shtml.

[2] 龙利平,白今阳. ChinaByte、四通立方、ESPN……在'98世界杯的球场之外挑起激烈的竞争：网络文化新景观 [N]. 人民日报,1998-07-02（11）.

以增强与网友的互动，扩大社会影响。[1]凭借前方特派记者发回的第一手报道及与CCTV等国内媒体的合作，"法国98足球风暴"网站平均日点击量为200多万次，单日最高访问次数达到300万次以上，创造了当时中文网站的最高访问记录，无可置疑地成为法国世界杯报道中最有影响力的中文网站。其报道速度之快、信息量之大、内容之丰富，使传统媒体难以望其项背。

比特网（ChinaByte）也精心策划了"法国之夏"世界杯网站：开辟《女性看台》，给足球运动吹进一股清新的风；设置《漫画足球》《牛眼看球》等栏目，增加站点的娱乐性、可看性；《前瞻后顾》栏目，邀请既是球迷又是社会科学工作者的郑也夫等撰写文章，为网站增添人文色彩，同时约请足球业界人士、体育记者现身说法，提高站点的权威性。[2]

国中网独家提供的法新社信息和图片，也获得了极高的影响力。

（四）传统媒体体育站点的出现改变了体育网络传播的格局

传统媒体体育站点包括综合性媒体体育站点和体育专业媒体网站。综合性媒体体育站点中比较有代表性的是新华体育、人民体育、央视体育。新华网曾于2000年8月强势推出"新华奥运"专题，于2002年1月全面升级改版后推出体育频道——新华体育（www.news.cn/sports）。人民体育（sports.people.com.cn，原名体育在线）作为人民网的垂直网站，于1997年1月1日进入国际互联网。[3]央视网体育频道（http：//sports.cctv.com）由央视国际于2002年前后成立，不但有体育电视节目的视频精选，更有即时更新的体育新闻。就体育专业媒体网站而言，截至2004年，国内40余家体育报纸中已有半数建立网站。其中，由中国体育报业总社牵头创办的中国体育在线（www.cs-online.com.cn）于2000年6月20日开通，得到了中国体育报业总社所属《中国体育报》《新体育》等几十家报刊的授权，并代理其网上新闻发布。[4]体坛周报网（http://www.titansports.

---

[1] 高萍.四大商业门户网站体育新闻叙事研究（1996—2015）[M].北京：北京体育大学出版社，2016：100.

[2] 龙利平，白今阳.ChinaByte、四通立方、ESPN……在'98世界杯的球场之外挑起激烈的竞争：网络文化新景观[N].人民日报，1998-07-02（11）.

[3] 人民网体育在线正式推出新版[OL].2004-05-12[2017-08-13].http://www.people.com.cn/GB/1018/1121/31258/2492924.html.

[4] 中国体育在线开通，网络"开禁"从此开始[OL].2006-06-21[2017-08-13].http：//www.yesky.com/78/83078.shtml.

cn）创建于2001年7月1日，于2002年5月日韩世界杯开战之际进行第一次全面改版，首创中文网站报刊电子版"原版"上网方式，于2004年3月1日《体坛周报》扩版至32版之际再次全面改版。[1]

（五）2000年悉尼奥运会，中国体育网络传播上演"群英会"

2000年悉尼奥运会是第一次真正意义上的网络奥运会。在中国，也上演了一场门户网站体育频道、传统媒体体育网站竞相开通奥运会专题的"群英会"。

风头最劲的当属2000年7月12日开通的新浪网奥运网站（aoyun.sina.com.cn）。由于被中国奥委会授权为中国体育代表团及官方网站的唯一互联网合作伙伴，再加上与中新社、中国体育报业总社的结盟，新浪网前方记者达到20多人，在奥运新闻刷新的速度与数量上占尽优势：一项比赛结束后5秒出结果、30秒出图片、1分钟出报道、5分钟出详细报道。为承受一半中国网民同时访问带来的压力，新浪网连续两次扩容。奥运会期间，新浪网奥运专题网站的访问量连创新高，9月19日的日访问量超过1070万，创造了当时中文网络对单一事件报道的访问量新纪录。

主流新闻媒体奥运专题网站中，最具规模和影响力的是新华网（8月23日开通）和人民网（9月3日开通）：前者开通之际有国际奥委会主席萨马兰奇发来的签名贺信，后者则由国际奥委会执委何振梁亲自启动；前者设有9个频道，46个栏目，后者设有5大版块，31个栏目。新华网背靠前方人数众多的采访兵团，在文字和图片新闻发布上屡屡夺得第一。[2]

第三节 重大体育赛事报道

市场竞争环境中，奥运会等重大赛事报道被媒体视为展示实力、争取受众的战场和舞台，因此备受重视。

---

[1] 体育资讯网站（5）体育媒体电子版精选 [OL].2004-11-17[2017-08-13].http://arch.pconline.com.cn/comm/ywzf/kdfw/0411/492964.html.

[2] 薛文婷.变迁·格局·动力：中国体育网络传播发展研究 [M]// 中国体育科学学会体育传播分会，中国传播学会体育传播专业委员会.新媒体时代的体育新闻传播与教育：创新·融合·前瞻.北京：北京体育大学出版社，2010：115-122.

一、奥运会报道

四年一度的奥运会不仅为各路体育健儿提供了一展风采的舞台，也给了大众传媒展示传播能力的机会。这一阶段，因为中国代表团成绩上升、申奥热情高涨及媒体竞争加剧，越来越多的媒体派出精兵强将，配齐优良设备，留足时间空间，在奥运会报道中一较高低。

（一）1992年第25届（巴塞罗那）奥运会报道

1992年7月25日至8月9日，第25届夏季奥运会在巴塞罗那举行。中国派出一个庞大的体育代表团参赛，并在强手如林的角逐中打了一场漂亮的翻身仗，共获得16枚金牌、22枚银牌、16枚铜牌，再次名列金牌榜第4位。

中国有110多名记者（代表29家新闻单位）赴西班牙参加报道工作。媒体发挥各自的特点和优势，避免在报道中"撞车"。其中，新华社发挥集团作战优势，在报道面和时效上下功夫。CCTV利用穿插字幕的方式把奥运信息及时传递给国内观众，同时提升现场直播水平，把观众吸引到"第一时间"上。《中国体育报》发挥专业报的权威性，力求专、深。"单兵作战"的地方性报刊则扬长避短，将报道重点放在花絮、特写和采访重要人物及重要事件上。还有些报刊采取"联合作战"方式，体现了既竞争又合作的精神。

新华社将巴塞罗那奥运会视为建设世界性通讯社的重要契机。在奥运会宣传报道动员大会上，穆青提出要通过报道进一步扩大新华社的世界影响，郭超人指出要让全世界读者和观众看到新华社作为社会主义世界性通讯社的风格。新华社先派出5名记者奔赴巴塞罗那，发回大量有关报道，受到国内媒体赞誉。比赛前夕，37名编辑、记者组成的报道组一开赴巴塞罗那，就同西方四大通讯社展开竞争。据新华社技术部门监测，从巴塞罗那发出的关于奥运会重大新闻的英文快讯，新华社居第一位的占84%，与其他通讯社并列第一的占5%。在对内报道方面，新华社的报道具有无可比拟的优势。为方便用户及时选取奥运会新闻，新华社在奥运会期间实行全天24小时发稿。[1] 在16天的竞逐中，新华社前方报道组共播发5500条（幅）奥运报道稿件。其中，8人摄影小组发回总社700多底传真照片和数以千计的资料照片。文字报道也改变过去表现形式单

---

[1] 南振中.逐鹿巴塞罗那:新华社25届奥运会报道回顾[J].中国记者,1992（10）:12-14.

一的现象，除常用的快讯、详讯、人物介绍和花絮外，还有情景报道、述评、评论员文章等品种，并重点经营了《奥运之星》《奥运随笔》《奥运预测》《名家点评》等栏目，拓宽了奥运报道领域。前方报道组还认真经营评论、述评和新闻分析，努力提高报道的思想性和权威性，开阔了读者视野，扩大了媒体影响。[1] 新华社还出版《奥运快报》并取得成功。

平面媒体在电视媒体的冲击下也在不断探索。《人民日报》为"详细、生动、多角度、多侧面地报道赛场内外的热点新闻，各国健儿的风采，赛事分析及赛场趣闻"，创办了《奥运会专页》，开辟了多个专栏。《中国青年报》在只有一名前方记者的情况下，与香港新闻单位展开合作（派一名记者前往香港），并制定了根据不同情况"抢前点"和"抢后点"两种作战方针。奥运会期间，前方记者每天平均发回5000字以上的稿件，后方编辑除对稿件精雕细刻、充实升华外，还在版面、标题、图片的处理上下足功夫，将奥运报道的视觉形象、思想深度、趣味性很好地结合起来。[2] 没有获得采访证的《北京青年报》组成了一个报道组，通过电视前采访的方式出版了奥运专刊，还设置了很多栏目。[3]《新民晚报》辟出3个专版，是综合性报纸中奥运报道信息量较多的。一些地方报刊也创办了奥运特刊，如《温州日报》在没有前方记者的情况下推出2版《奥运特刊》，共计16期，刊发报道358篇，新闻图片77幅，除随日报赠送订户外，在市区的零售量每天达1.3万份，比平时增长20%。为办出特色，《温州日报》除采用新华社电讯稿外，还约请中新社、中国体育报社、新民晚报社等新闻单位的记者、编辑撰写专稿，并购置遥控式的电视机和荧屏照片复印机。[4] 上海《解放日报》《文汇报》和《新民晚报》为前方记者设置了随笔专栏，分别为《巴城走笔》《巴塞罗那手记》和《巴塞罗那日记》，以舒展的笔调来刻画比赛以外的内容。[5]

---

[1] 高云才. 五环旗下新闻大战：第25届奥运会报道透视 [J]. 中国记者，1992（9）：6-9.

[2] 毕熙东. 中国青年报：调动优势，迎接挑战 [M]// 中国社会科学院新闻研究所. 中国新闻年鉴1993. 北京：社会科学出版社，1994：167.

[3] 薛文婷. 体媒人物：新中国体育新闻传播口述史（下）[M]. 北京：清华大学出版社，2015：199.

[4] 戚俊伟. 温州日报：以专页形式报道奥运的成功尝试 [M]// 中国社会科学院新闻研究所. 中国新闻年鉴1993. 北京：中国社会科学出版社，1994：11.

[5] 胡廷楣."电视时代"的报纸体育新闻：第二十五届奥运会报纸新闻手法点评 [J]. 新闻记者，1992（11）：15-17.

《中国体育报》于赛前在头版推出23期《奥运专版》。奥运会期间,《中国体育报》派5名特派记者赴巴塞罗那报道奥运赛场风云和中国军团奋战过程,同时派2名记者赴香港采集、补充信息,投入奥运会报道的后方编辑、记者则多达60人。该报首次推出套红出版的《奥运特刊》,并开设读者热线,特约包括邱钟惠、施拉普纳在内的体育专家评点赛事。[1] 为适应时差,增强时效性,报纸临时改出下午版,并在北京增设零售点。[2]《奥运特刊》对报头和版式重新设计,每版设置相对固定的栏目,如《东方锣鼓》《预言家》《龙门阵》《笑星侃奥运》《画说奥运》等,标题制作也精益求精,力求出新,呈现出时效性强、信息量大、内容丰富、图文并茂的特点,受到读者好评。奥运会期间,《中国体育报》获得多家广告赞助和栏目冠名,发行量从每日30万份猛增至近50万份。[3]

中央人民广播电台根据自身优势、特点,着重在时效、综合和深度上做文章,共播出各类新闻稿件62万字。第一,利用时差,及时报道奥运赛况和其他重要事件。奥运会期间,电台除在《新闻和报纸摘要》《各地人民广播电台联播节目》中推出"奥运专题"外,还在每天早上6:00推出《25届奥运会专题节目》,充分发挥时效优势。[4] 第二,采用评论、新闻分析、综述、人物、专访、录音座谈、现场报道等形式,介绍有关背景,分析赛场赛事,从爱国主义、民族凝聚力等更高的层次上阐发体育精神。[5] 中央人民广播电台还创造了用无线电话现场报道重要赛事精彩片断的历史,充分发挥了广播的声音和时效优势。在高敏参加女子跳水决赛时,记者利用手持电话在记者席上现场转播最后一轮比赛,短短10分钟便把高敏夺标的场面介绍得一清二楚。[6]

---

[1] 告读者 [N]. 中国体育报,1992-07-22(1).

[2] 就北京新增本报零售点告读者 [N]. 中国体育报,1992-08-01(1).

[3] 薛文婷,叶霞.《中国体育报》五届夏季奥运会报道述论 [J]. 北京体育大学学报,2004(9):1171.

[4] 顾晓冬. 整体综合优势是广播最大的优势——观奥运会报道的联想 [J]. 新疆新闻界,1993(2):28-29.

[5] 1992年中央人民广播电台发展概况 [M]// 中国社会科学院新闻研究所. 中国新闻年鉴1993. 北京:中国社会科学出版社,1994:8.

[6] 刘桂兴. 体育宣传 [G]// 中央人民广播电台研究室. 中央人民广播电台台史资料汇编(1988—1994). 内部资料,1995:48;杨波. 中央人民广播电台简史 [M]. 北京:北京广播学院出版社,2000:91-92.

奥运会期间，中国国际广播电台承担着用38种外语和汉语普通话及4种方言对外报道的任务。为此，电台派出由国内新闻中心、英语部、拉美部、华语部等组成的5人前方报道组，由台领导、国内新闻中心等组成后方编辑组，共发新闻197条、专稿97篇，累计播出420小时的奥运节目，不仅突出了我国运动员取得的卓越成绩，也充分介绍了各国特别是发展中国家运动员的杰出表现，以及中国和世界各国运动员之间的友好交往。[1] 因为前方口头报道的语种从上届奥运会的1种（英语）增加到4种（英语、西班牙语、广州话和普通话），前方记者任务很重。其中一位记者每天除了要为华语部采制15分钟的奥运专题节目（用广州话和普通话分别传送回国），还要发通稿，17天时间里共播发24场现场报道、12个专访和报道、16个综合消息和13条奥运新闻。[2]

巴塞罗那奥运会是CCTV体育报道走向成熟的一个转折点。CCTV派出27人的前方报道组，在16天里累计播出250多个小时的奥运节目。报道在以下几方面实现了创新。第一，建立后方演播室，包装专题节目。当时尚没有能力在前方建立演播室的CCTV，建立了后方播出中心，将所有信号经过处理后再行播出，弥补了前方无法进行节目包装的不足。第二，开设《清晨奥运报道》，节目经重新制作后在《午间奥运报道》中播出。第三，《晚间奥运报道》和《巴塞罗那》专题，包含最新消息、现场采访、本台评论及预测等内容，其中8分钟的《奥运沙龙》是CCTV最早的电视评论节目之一。第四，创造CCTV历史上连续播出90小时的纪录，充分体现了电视媒介的优势。在赛事转播方面，上午和下午通常播放前一日的比赛录像，21：30以后现场直播重要场次的比赛。在报道中，CCTV"以我为主"，重点报道中国队的优势项目和夺金项目，充分呈现奏国歌、升国旗的场面，为观众展现了一幅幅真实而又激烈的竞赛场面。除增加报道量和保证时效，CCTV加强了报道深度，现场采访、演播室评述也有突破，积累了大型体育赛事报道的新经验。[3]CCTV还开辟了一档3—5分钟

---

[1] 中国国际广播电台史志办公室. 中国对外广播史上的新篇章：改革开放中的中国国际广播电台 [M]. 北京：中国国际广播出版社，2000：106-110；刘习良. 难忘的16天 [M]// 李松凌. 国际广播论文集. 北京：中国国际广播出版社，1996：507.

[2] 何满洪. 要发挥自我优势：奥运报道点滴 [M]// 李松凌. 国际广播论文集. 北京：中国国际广播出版社，1996：521-526.

[3] 罗琴. 1992年中央电视台发展概况 [M]// 中国社会科学院新闻研究所. 中国新闻年鉴1993. 北京：中国社会科学出版社，1994：10.

的专题节目《巴塞罗那风情》，讲述赛场之外的故事，如达利、毕加索等。[1]

(二) 1996年第26届（亚特兰大）奥运会报道

1996年是现代奥运会的百年诞辰。为此，国际奥委会197个成员全部到齐。中国也派出近500人的代表团，获得16金、22银、12铜的成绩，位列金牌榜和奖牌榜第4位。

经过第一次北京申奥的洗礼，中国媒体对亚特兰大奥运会有着极高的热情。以往，中国奥委会从国际奥委会获得的记者名额较少，除去中央新闻单位和京、津、沪、穗各大媒体外，能分配给其他新闻单位的少而又少。1995年开始，各级各类媒体开始就奥运会采访名额展开争夺。中国奥委会也频繁与国际奥委会联系，要求增加中国记者名额，终于年底又获得20个采访奥运会的记者名额。经过研究，中国奥委会给每天刊发两个体育版、日发行量突破40万份且有较好经济效益的5家晚报（《北京晚报》《今晚报》《新民晚报》《羊城晚报》《齐鲁晚报》）分发了奥运采访证。[2] 经过争取，浙江《钱江晚报》也破天荒地获得一个名额，这是浙江新闻界有史以来第一次获得奥运会正式采访资格。[3] 江苏《新华日报》也派了一名前方记者，这是江苏记者首次现场报道奥运会。[4]

新华社为亚特兰大奥运会报道投入300万元资金，并组成一个38人的前方报道组。据统计，从7月19日至8月4日，在271项可比的重大新闻事件报道上，新华社领先西方通讯社的有222项，占81%；与最快一家持平的有20项。新华社还实现了英文奥运新闻在美国上网，扩大了通讯社和中国的国际影响力。新华社派往亚特兰大的奥运摄影报道组也阵容强大、装备齐全，在报道体育竞赛、场内外花絮和突发事件时显示了非同以往的实力。据统计，摄影组共播发奥运新闻摄影稿1045底，其中传真照片874底，比以往历届奥运会发稿量都大，采用效果也好。[5] 摄影组还创造了许多第一次，为此后的国际报道积累了宝贵经

---

[1] 本刊记者. 是新闻，不是娱乐：访央视雅典奥运会报道制片人张兴 [J]. 中国记者，2004（8）：13-14.

[2] 马安泉. 我参与了百年奥运新闻大战 [J]. 青年记者，1996（5）：26-27.

[3] 周守瑾. 改革开放打开"体育新闻窗"：回顾钱江晚报体育报道的创立之路 [J]. 新闻实践，2008（12）：20-21.

[4] 张晓东. 亚特兰大奥运会采访归来 [J]. 新闻通讯，1996（10）：13-15.

[5] 徐佑珠. 亚特兰大的另一场竞技：新华社奥运摄影报道回顾 [J]. 中国记者，1996（10）：18.

验：第一次使用数码相机和笔记本电脑在新闻现场发送照片；第一次在国际报道中全部使用彩色胶卷并全部传输彩色照片；第一次在总社编辑部利用电脑系统的存贮功能，将20天内的700张彩色传真照片完整保留至奥运会结束，保证了向国内报刊及时提供照片，给用户较大的选择余地。[1]新华社还推出每天4开8版的《奥运快报》，在国内11个大中城市里设置代印点。《奥运快报》8点排版，10点印刷，12点上市，是一张名副其实的快报。因前方报道组可以在亚特兰大直接把稿件"写"到北京的编辑机里，继而快速进入组版机、激光照排车间，报纸头版能登出上午10:15的决赛成绩。《奥运快报》在标题和版面上也下了很多功夫。[2]

《人民日报》派往亚特兰大4位记者，设置一版的《奥运会专版》，并在头版刊登重要的奥运会消息和照片。《人民日报》的奥运会报道坚持"以我为主"，报道中国体育代表团的稿件占发稿总量的90%。在版面安排上，以中国选手夺金为主线。当中国运动员夺金时，消息和颁奖照片刊在一版，通讯和比赛照片登在《奥运会专版》，分工明确，重点突出，形成立体报道。版式设计、新闻体裁、照片运用、标题制作方面，报纸均有出新之处。如在专版上设置《新闻官手记》《青梅煮酒》《点金台》《奥运金牌榜》等栏目，还刊登精彩的大幅照片，《一跃群星黯，惊看明霞飞》等标题则别具匠心，引人注目。除政治性、权威性、准确性外，《人民日报》还注重接近性、多样性和创造性，既有高屋建瓴，又有短小生动，获得好评。[3]

第一次获得正式奥运会采访名额的几家晚报非常珍惜这次机会。前方记者能拼，后方编辑善搏，奉献给了读者一个个新闻性、时效性、准确性、权威性、知识性、趣味性、鼓动性和独特性的版面。[4]《钱江晚报》派记者去国外采访并直接发稿，提升了报纸在读者心目中的地位和威望，也开阔了体育记者的视

---

[1] 丁玫. 从海湾战争到亚特兰大：新华社国际传真照片的发展轨迹 [J]. 中国记者, 1996(9): 45.

[2] 张大为，梁二平，张新波.《奥运快报》：面向市场的成功尝试 [J]. 中国记者, 1996(9): 15-16.

[3] 李仁臣. 呼唤精神价值：人民日报奥运百年盛会报道浅谈 [J]. 新闻战线, 1996(9): 17-19；周炳成. 我国奥运报道的启示 [J]. 瞭望, 1996（43）：9.

[4] 马安泉. 我参与了百年奥运新闻大战 [J]. 青年记者, 1996（5）：26-27.

野，锻炼了独立作战能力。[1]《成都晚报》前方记者发回各种体裁的稿件约150条，近10万字。为抢到最新消息，前方记者租用了大哥大，来不及写稿时就给报社打国际长途，把最新信息传达给广大读者。[2]

《光明日报》《文汇报》《中国青年报》《北京晚报》《新民晚报》等也开设了《奥运专版》或《奥运专页》。江苏《新华日报》开辟了《奥运专版》，宣传中华体育健儿顽强拼搏的感人事迹，突出报道江苏运动员创造辉煌的比赛经过等。为达到这一目的，前方特派记者深入现场抓鲜活新闻，用消息、特写、通讯、访谈录、随笔等多种体裁来突出重点，记者平均每天发稿五六篇。一些没有获得正式采访证件的报社，也自行派记者前往亚特兰大采访，如《北京青年报》派了一名记者，负责做《金牌人物》。众多报纸都很注重读者的参与，除设有读者热线电话外，还在版面上为读者辟出一方绿地，供读者发表意见。

《中国体育报》的5名前方特派记者与后方报道组同心协力，继续推出《奥运特刊》，并对每版进行明确定位，如《风云揽胜》《亚城交响》《八方评说》《百年盛典》等。每版还设立固定栏目，如《今日烽火》《召唤英雄》等。《奥运特刊》因权威的信息、专业的分析、活跃的版面、清晰的图片，为广大体育爱好者所喜爱。

中央人民广播电台投入资金54万元，派出6名记者，除滚动播出整点新闻外，还设置了《奥运会专题》节目。[3] 专题节目时间正值奥运会各项决赛，前方报道组通过国际直拨电话和手持电话，在现场进行直播报道，将广播的时效优势发挥到极致。[4]

中国国际广播电台派出由副总编辑率领的前方报道组，和后方报道组一起播发新闻100多条、专稿140篇。[5]

去往亚特兰大的还有4位地方广播电台记者。因没有报道权，他们无法把录音机带到赛场。为完成现场报道，天津人民广播电台体育记者委托中央人民广播电台记者帮忙将录音机带到现场，并通过手机把采访内容发回国内，出赛

---

[1] 周守瑾. 改革开放打开"体育新闻窗"：回顾钱江晚报体育报道的创立之路 [J]. 新闻实践，2008（12）：20-21.

[2] 许勇. 奥运采访拾零 [J]. 新闻界，1996（6）：48.

[3] 朱侠. 亚特兰大：传媒聚焦竞风流 [J]. 新闻知识，1996（10）：6.

[4] 杨波. 中央人民广播电台简史 [M]. 北京：北京广播学院出版社，2000：92.

[5] 中国国际广播电台史志办公室. 中国对外广播史上的新篇章：改革开放中的中国国际广播电台 [M]. 北京：中国国际广播出版社，2000：106-110.

场时磁带经常被美国警察没收。[1]

　　亚特兰大奥运会报道是 CCTV 体育频道成立后第一次报道奥运会。CCTV 派到亚特兰大的人员是59人，在国际广播电视中心建立近300㎡的独立的报道中心，制作、播出约600小时的奥运节目。据日本广播协会（NHK）研究所统计，CCTV 的奥运会播出总量为世界第一。在国际广播电视中心，CCTV 制作中心的规模、报道数量、记者水平在亚洲仅位列日本 NHK 之后，在世界电视机构的奥运排行榜上也排在前十位。转播、新闻、专题，是 CCTV 奥运会报道的三大重点。转播方面，考虑到时差因素，体育频道用一半时间直播各项比赛，一半时间重播赛事，并在第一、二套节目选播若干重要场次比赛。[2] 新闻报道方面，CCTV 实现的突破是卫星双向直播。每天的早间新闻和午间新闻都有一段两地主持人的对话，形式活泼、新颖。CCTV 每天设立早、中、晚三档专题报道，6：30和12：30是以赛况报道为主的新闻性专题，20：05—20：55播放一些故事性强的深度报道。CCTV 还在"活"上下功夫：晚上黄金时间的《奥运亲人热线》节目，通过国际卫星实现了亚特兰大演播室和北京演播室信号的双向传送，促成了前方运动员和后方亲友的互动，也拉近了观众和英雄之间的距离；《奥运沙龙》以评点、预测、问答等形式，深层次地分析当日比赛的得失，并对第二天的比赛进行分析预测、收视引导；《昨日村中事》则通过微型摄像机拍摄下奥运村里的故事，使观众了解运动员在赛场外的生活。

　　广东、北京、辽宁、上海东方四家地方电视台组成的13人联合报道组奔赴亚特兰大，制作了《奥运新闻》《圣火'96——来自亚特兰大的报道》和《亚特兰大一日风云》，为地方观众提供了不同于 CCTV 的视角。《奥运新闻》采用进行式报道，便于观众了解最新赛况，譬如早晨报道熊倪暂列预赛第一，中午则报道熊倪终获金牌。立意求细求深的《圣火'96——来自亚特兰大的报道》专题采取边播出边制作的方式，保证了报道时效。当奥林匹克文化公园爆炸案发生后，《圣火'96——来自亚特兰大的报道》果断插入通过转摄当地电视画面进行的报道，表现了对突发事件的快速反应能力。[3] 北京电视台的《奥运大后

---

[1] 齐宝庆. 绝知此事要躬行 [M]// 中国体育记者协会. 百名中国体育记者自述. 北京：人民体育出版社，2000：84-85.

[2] 张兴. 中央电视台：趋向成熟的亚特兰大奥运电视报道 [M]// 中国新闻年鉴杂志社. 中国新闻年鉴1997. 北京：中国新闻年鉴杂志社，1997：339-340.

[3] 龚睿. 奥运新闻赛场上的"地方军"：简评四台联合报道组的奥运报道 [J]. 声屏世界，1996（11）：21-22.

方》《当日精彩镜头》等栏目也办得有声有色。

(三) 2000年第27届（悉尼）奥运会报道

悉尼奥运会时，我国体育代表团以28枚金牌、16枚银牌、15枚铜牌的成绩，一举跃入奖牌榜世界三强行列。

奥运会期间，正式派记者参与奥运会报道的省级党报达20多家。[1] 在赴悉尼采访的中国记者中，还有很多是非持证记者。譬如在赴悉尼采访的16名浙江记者中，只有《钱江晚报》一名记者拥有组委会颁发的正式采访证。[2]《体坛周报》的9人前方报道小组中，获得正式采访证的也只有颜强一人。

新华社派往悉尼的前方记者团有39人，约2/3采访过奥运会，其中4人曾连续采访5届奥运会。为发挥集团作战的整体优势，新华社组织160多个国内外分社采写奥运会配合报道，实现了从单一报道到立体报道的转变。据统计，从9月11日开始在前方新闻中心发稿，到10月1日奥运会闭幕，新华社前方报道团共播发中文通稿929条，图片新闻通稿522底；新华网专稿（包括快讯）2397条，新华网图片新闻专稿2784底，《奥运快报》专稿89条。发稿数量、报道规模大大超过亚特兰大奥运会。在同西方大通讯社、国内外新闻网站和国内传统媒体的竞争中，新华社也取得了丰硕成果。首先，在时效方面，新华社重大新闻播出的时效总体上领先西方几家大通讯社和国内网站。据统计，在奥运会300多个金牌项目的报道中，新华社对外英文全部播发快讯，大部分抢发新华网。其中对外英文广播领先几家大通讯社的占86%。中国夺金项目，全部领先。其次，原创新闻、独家新闻多于其他媒体，权威性高于其他媒体。报道团按照社党组提出的"要有相当数量的独家新闻和授权播发的权威性新闻"的要求，开设《团部热线》专栏，共播发40多篇报道，多属独家和权威性新闻。再次，在报道的内容、领域、深度以及形式上有所突破和创新。报道团紧紧抓住中国体育代表团优势项目，千方百计扩大报道领域，丰富报道内容。如对中国运动员夺金或有突破的项目，除播发快讯、消息外，还播发特写、评论、述评、综述、访谈，以及解释性报道和背景资料。重点经营的《为中国喝彩》《南半球奇迹》《三大球的忧虑》《新格局宣言》《网络时代的奥运会》等一批重点稿，收到较好社会

---

[1] 李中华.迎接挑战，冲出重围：有关悉尼奥运报道的一点收获和体会 [J].新闻爱好者，2001（1）：34.

[2] 康凯.奥运新闻，独家性从何而来？[J].新闻实践，2000（12）：51.

效果。[1]新华社还向《体育快报》和《奥运快报》提供一定数量的专栏稿和特稿，帮助其参与市场竞争。

《人民日报》派出由副总编辑李仁臣率领的6人前方报道组，每天发回30多条文字稿、数十张图片。"全方位立体作战"是《人民日报》悉尼奥运报道的显著特点。除《人民日报》海外版每天固定的奥运会专版外，还有华南分社的《奥运特刊》、环球时报社的《奥运早报》及中国奥运网。《人民日报》奥运专版的编辑原则是：紧扣赛事热点、文章言之有物、写法新颖独特、体裁力求多样、突出报纸特色、精心制作标题等。奥运专版既有人物专访、赛事评点等特色栏目，也有明日赛事指南、金牌榜等服务栏目，既有权威性、导向性，也有服务性、贴近性，很好地完成了报道任务。人民网的奥运会报道创造了几个第一：在国内第一个推出以奥运为主题的专业网站——中国奥运网，不仅服务于悉尼奥运会，还是北京申奥的重点报道网站；第一次采用动态的发布流程，为此后大访问量的测试提供了数据。[2]

各地报刊不仅推出奥运会特刊，还纷纷增加报道篇幅，有的甚至多达十几版。在北京，除《北京日报·奥运特刊》占一整版外，《北京青年报·世纪奥运》《北京晨报·奥运特刊》《北京晚报·奥运2000》的篇幅从几版到十几版，形成京城报纸奥运报道三足鼎立之势。上海报纸的奥运会报道也呈现竞争态势。《解放日报》《文汇报》《新民晚报》《劳动报》《青年报》《新闻报》均派记者奔赴悉尼，并辟出奥运专版。其中，《新闻报》推出8个彩版奥运特刊；《文汇报》和《新民晚报》分别设有资深体育记者马申和秦天的言论专栏，文字老辣，见解精辟，点评及时，受到读者好评。《劳动报》还派出了摄影记者。[3]在南京，《新华日报·奥运特刊》为1版[4]，《扬子晚报·奥运特刊》《金陵晚报·奥运特刊》《江苏商报·奥运特刊》为4版，《现代快报·快报奥运》为5版，各报还正式或非正式地派出了特派记者。其中，《扬子晚报》派出两位前方记者，精彩

---

[1] 欣华实.新华社：悉尼奥运报道述评[M]//中国新闻年鉴社.中国新闻年鉴2001.北京：中国新闻年鉴社，2001：327.

[2] 宗和.《人民日报》第27届奥运报道回顾[M]//中国新闻年鉴社.中国新闻年鉴2001.北京：中国新闻年鉴社，2001：325-326.

[3] 李天扬.版面上的"金牌之争"：上海综合性日报奥运金牌报道得失谈[J].新闻记者，2000（11）：38-40.

[4] 李凯.精心策划，特色鲜明：剖析《新华日报》"奥运报道"[J].新闻通讯，2000（12）：13-15.

的自采稿件和独家报道给奥运报道增色不少。[1]浙江日报报业集团的三大媒体各自推出精美奥运特刊，即《浙江日报·世纪奥运》《钱江晚报·飞越奥运》《浙江在线·精彩奥运》，并实现网上网下联动报道。[2]四川省共有9名记者奔赴悉尼，其中《华西都市报》派出3人前方特派小组。[3]《华西都市报》《成都商报》分别推出《奥运特刊》与《金色奥运》，因精心策划，在短短20天时间内发行量一路飙升，以绝对优势抢占了市场。[4]《河南日报》设置了两版《奥运专版》，受到读者欢迎。[5]

中国体育报业总社发挥四社合并的集团优势，派出12名记者前往悉尼，写出了独家、全面的报道。《中国体育报·奥运特刊》设有《竞技主页》《精彩点击》《环球视窗》《非常男女》等版面，其中第1版、第4版为彩色印刷，让人眼前一亮。《中国体育报》还和体育在线网站合作，在网上及时推出新闻报道，同时将体育明星的网络聊天内容搬上报纸版面。

《体坛周报》在奥运会期间不但扩版、增刊，而且提价：自9月1日从16版增加到24版；在每周双刊的基础上，于每周三出版奥运增刊；将报纸售价由1.2元提到1.5元。《体坛周报》9人前方报道组从悉尼发回大量独家报道。

中央人民广播电台的悉尼奥运会报道较以往有重大突破。第一，规模宏大，时效快。对中国运动员夺金的决赛关键时刻和颁奖仪式全部实现现场直播。第二，形式多样，重创新。《新闻和报纸摘要》《全国新闻联播》分别推出"奥运晨报"和"悉尼直播"专题，播报重要奥运信息和评论。大型联网直播《奥运特快——直通悉尼》、早间版块《奥运早报》和午间版块《体育节目·悉尼奥运会专题》，以快捷、鲜活、权威、参与性强的特点，全方位、多角度地报道奥运盛况。第三，引导及时，评论准。电台非常注重在报道中进行爱国主义教育和辩证胜负观教育。从开幕评论《站在新世纪的起跑线上》，到中期评论《攀登是硬道理》，再到闭幕评论《献给祖国母亲的厚礼》，言论始终强调大局意识、

---

[1] 李明. 扬长避短，凸现个性：谈谈《扬子晚报》"奥运"报道的特色[J]. 新闻通讯，2000（11）：17-18.

[2] 陈洁. 烽火"e奥运"，沙场秋点兵：浙江在线奥运报道扫描[J]. 新闻实践，2000（10）：15-16.

[3] 李娴.《华西都市报》体育报道研究（1995—2012）[D]. 北京：北京体育大学，2013.

[4] 赵针宇. 新闻策划的定义、作用及实施前提[J]. 现代传播，2001（04）：70-75.

[5] 李中华. 迎接挑战 冲出重围：有关悉尼奥运报道的一点收获和体会[J]. 新闻爱好者，2001（1）：34.

爱国意识、向上意识和前瞻意识。[1]

CCTV派出108人的前方报道队伍，租用两颗卫星，在国际广播电视中心（IBC）租用380m²工作区，搭建IBC主演播室和悉尼港实景演播室，在比赛现场设立单边注入点，实现1、2、5套节目全天播出或并机播出。自1999年9月15日开播《直通悉尼》到2000年10月13日播出《奥运健儿西部行》，CCTV共播出584小时的奥运会节目，其中直播160场比赛，录播30场比赛，制作新闻826条、专题节目210期，播出晚会两场。奥运会期间，CCTV"以我为主、兼顾其他"，综合运用悉尼主演播室、悉尼港实景演播室、赛场单边注入点及北京大演播室，实现了多角度、多层次、全方位的报道目标，在频道整体优势发挥、节目制作、新技术应用方面都有创新和突破。第一，报道全方位、立体化。CCTV将前期铺垫、赛事期间集中报道、后续追踪相互贯通，增强了报道的完整性。第二，奥运频道的整体优势得到充分发挥。奥运会期间，CCTV体育频道被整体包装为"奥运频道"，以轻松、娱乐、辉煌为总基调，以新闻、专题、比赛实况、节目预报、精彩回放、评论为基本类型，编排浑然一体。第三，新闻直播窗口与悉尼演播室对接，及时、全面报道赛事。对中国运动员夺冠的消息，除在各套节目迅速飞字幕外，还安排在各档新闻中及时播发。第四，专题节目注重纵深报道，并推出全新的新闻类娱乐节目。其中，《奥运晨风》以新闻、评论、收视指南为主，内容丰富，形式新颖；《直通悉尼》注重挖掘爱国主义和集体主义精神；《悉尼猜想》以开放的话题和轻松娱乐的风格吸引观众看奥运、谈奥运。第五，应用新技术，开通前后方信息通信系统，成功播出虚拟广告。悉尼奥运会期间，奥运频道的平均收视份额达到18%。[2]

悉尼奥运会是第一次网络奥运会。据统计，悉尼奥运会吸引了35亿以上电视观众，其中仅由悉尼奥组委主办的官方网站的访问量就有65亿人次，奥运会期间全世界有12,000个以奥林匹克为主题的网站。中国的网络媒体大多通过与传统媒体合作的方式报道悉尼奥运会。新华社的"新华奥运"和人民日报社的"中国奥运网"专题网站，依托传统媒体资源，以原创性报道吸引受众。

各网站奥运报道战役的战鼓早在奥运开幕之前就已擂响。新华社领导指示新华网要精心策划、周密部署、全面准备，把奥运网站办出与新华社地位相

---

[1] 中央人民广播电台. 奥运广播报道的历史性突破 [M]// 中国新闻年鉴社. 中国新闻年鉴2001. 北京：中国新闻年鉴社, 2001：327-328.

[2] 赵化勇. 展示整体实力 树立大台风范：在中央电视台奥运报道总结表彰大会上的讲话（摘要）[J]. 电视研究, 2000（11）：5-7.

称的高水平。[1]根据部署,新华网在8月23日正式推出"新华奥运"专题网站,并设置《奥运聚焦》《奥运中国》《记者专栏》《奥运群英》《奥运调查》等栏目。国际奥委会主席萨马兰奇致信新华社,祝贺"新华奥运"网站开通。作为"网上国家队",新华奥运在原创新闻、权威新闻、独家新闻竞争中处于领先位置。[2]据统计,前方记者团、后方工作平台向新华网提供的专稿数量分别为2397条和1600多条,新华网的日点击率和页面浏览率则稳定在2500万和530万次左右。

CCTV 互联网站于9月14日推出新版体育频道,把奥运报道放在首要位置,并及时发布、更新比赛新闻、奥运奖牌榜等。体育频道还设置独家音视频报道,凸显了特色与优势。[3]其《直通悉尼》栏目,依托同名电视节目,文字、图片、视频、音频多管齐下,显示出网络新闻超文本、高容量、多媒体的特色。

很多商业门户网站也借悉尼奥运会的东风,得到新闻报道实战的锻炼。2000年7月12日,新浪被中国奥委会授权成为中国体育代表团及官方网站唯一互联网合作伙伴。依靠独家资源,新浪奥运专题网站创造了42小时1070万浏览量的纪录,其5秒钟佳讯传国人的理念使"即时"报道取代了"及时"报道。

二、亚运会报道

1990年北京亚运会后,中国体育代表团在亚运会奖牌榜上一直遥遥领先,韩国媒体甚至说亚运会"成了中国人的独角戏"[4],中国观众对亚运会的关注程度有所降低。

(一)1994年第12届(广岛)亚运会

1994年10月2—16日,第12届亚运会在日本广岛举行。66家中国媒体的近200名记者采访了广岛亚运会,其中44家是地方新闻单位,这在以往是不多见的,体现了"地方军"在体育新闻竞争中的热情和实力。[5]

---

[1] 周锡生,刘宇,贾国荣,等.奥运记者自述报道准备与思路[J].中国记者,2000(9):20.

[2] 许基仁.用创新思维报道奥运[J].中国记者,2000(10):34-35.

[3] 赵化勇.展示整体实力 树立大台风范:在中央电视台奥运报道总结表彰大会上的讲话(摘要)[J].电视研究,2000(11):5-7.

[4] 高浩荣,韩国媒体猛夸中国[N].人民日报,2002-10-14(8).

[5] 郭庆华.广岛掠影:第一届亚运会采访散记[J].记者观察,1995(2):39.

新华社通过快讯、特写、通讯、述评、点评等体裁,对亚运会做了快、全、准的文字报道。

开幕前,围绕中日广岛亚运会风波,《人民日报》陆续发表了《台湾当局大搞"体育外交"目的何在?》《日本政府何去何从》等20余篇报道,对日本政府允许台湾当地官员出席亚运会开幕式的行为进行谴责,揭示了亚运会背后的国际关系及政治博弈。亚运会期间,《人民日报》设置了《亚运专版》。

《北京青年报》派一名记者奔赴日本广岛,并推出16期亚运会专版。前方报道侧重人物采访和赛场内外见闻,对应栏目分别为《英雄留名》和《广岛走笔》。采访的人物几乎全是金牌得主,采访引语突出了人物个性。[1]

广岛亚运会期间,中央人民广播电台前方记者发稿量较大且有一定质量。[2]

中国国际广播电台由副台长丛英民带队的8人记者组,共发稿164篇(条),其中通稿82篇(条)、对象稿82条(篇)。

CCTV派出53人的报道团队,在国际广播电视中心租用250㎡的工作面积,设置独立的播出制作中心,在16天里从广岛播出了240小时的亚运会报道。其中,第3套节目全天直播亚运会比赛,并通过演播室进行包装,节目名称为《广岛赛场》;第1套节目每天直播《亚运专题》和《广岛竞技场》,均为50分钟;第2套节目每天晚上直播一两场重要赛事;另外还有每天3次新闻直播,重要新闻随时插播。为充分利用演播室,CCTV还在《广岛赛场》设立《广岛演播室》版块,先后邀请中国体育代表团的官员,及中国体操队、游泳队、跳水队、举重队、射击队、射箭队、田径队等数十名金牌得主及教练接受直播采访。[3]

辽宁电视台与日本富士电视台联合制作了《决战在广岛》节目。

(二)1998年第13届(曼谷)亚运会

1998年12月6—20日,第13届亚运会在泰国曼谷举行。

曼谷亚运会期间,新华社在报道的时效、领域、深度上均有新突破。据统计,亚运会报道组共播发中文稿1910多条、英文1170多条、新闻照片810底,被海内外媒体广泛采用。新华社对女子马拉松赛、男子体操团体决赛、男子50公里竞赛等重大赛事,对内对外中文都尝试滚动发稿。前方记者不仅关注赛事

---

[1] 田禾.我采访广岛亚运会[J].新闻爱好者,1995(3):20-21.

[2] 刘桂兴.体育宣传[G]//中央人民广播电台研究室.中央人民广播电台台史资料汇编(1988—1994).内部资料,1995:47-52.

[3] 吕明俭.CCTV广岛亚运大战[J].体育博览,1994(11):6-7.

新闻，还注意采写非竞赛新闻，拓宽了亚运会报道领域。就亚洲体育走向、中国体育现状、亚洲金融危机与亚运会关系等热点问题，新华社也做出了全方位、有深度的评述。[1]

中新社派出5名记者赴曼谷采访，与后方密切配合，共发文字稿291篇、传真图片133幅，采用率在80%以上。报道贯彻了"以我为主"的原则，充分报道中国运动员的佳绩，并对港台选手给予关注，体裁多样，文风活泼，效果良好。[2]

《人民日报》推出《亚运专版》，设置了《曼谷聚焦》《每日一星》等栏目，图文并茂地报道了曼谷亚运会。

中国国际广播电台派出由华语环球广播中心、日语部、英语环球广播中心、俄语部、阿拉伯语部以及新闻中心和驻曼谷记者站记者组成的9人前方报道团，在后方组成7人编辑组，共编发新闻46条、专稿19篇，并为全国30家报刊提供新闻、专稿220篇（件）。《专访亚奥理事会主席法赫德》等报道被《人民日报》《羊城晚报》等报纸刊用。[3]

CCTV派出130人报道团，在曼谷建立具有主控、播控、配音、直播演播室等功能的前方报道中心，首次设立各个比赛现场的单边信号注入点，直播报道生动、及时，令人耳目一新。在第1、2套和体育频道中播出新闻、专题、现场直播共计330小时。CCTV第一次为大会组委会提供的垒球转播国际信号受到亚广联好评。[4]

地方电视台联合报道组、有线电视台联合报道组也派出强大阵容。[5]

CCTV还与新华社国中网联合创办第13届亚运会中文网站，内容主要来自新华社、法新社及CCTV记者的一线报道，确保了新闻的时效性、公正性和权威性。法新社还提供了大量有关亚运会的背景资料、现场新闻及丰富的图片

---

[1] 新华社1998年新闻报道综述 [M]//《新华社年鉴》编辑部. 新华社年鉴1998. 北京：新华社年鉴编辑部，1998：277.

[2] 1998年中国国际广播电台对外报道概况 [M]// 梁博祥. 中国新闻年鉴1999. 北京：中国新闻年鉴杂志社，1999：87.

[3] 中国国际广播电台史志办公室. 中国对外广播史上的新篇章：改革开放中的中国国际广播电台 [M]. 北京：中国国际广播出版社，2000：106-110.

[4] 赵化勇. 中央电视台发展史（1998—2008）[M]. 北京：中国广播电视出版社，2008：161.

[5] 宋澎. 另一个竞技场：第十三届亚运会采访札记 [J]. 新闻三昧，1999（4）：12-13.

报道,这是继1998年世界杯后法新社第二次作为国中网推出的大型体育站点的信息合作伙伴。[1]

(三) 2002年第14届(釜山)亚运会

2002年9月29日至10月14日,第14届亚运会在韩国釜山举行。在38个大项、419个小项的比赛中,中国代表团取得了150枚金牌的战绩,高居金牌榜和奖牌榜榜首。

釜山亚运会被中国体育代表团视为"中考",即为2004年和2008年奥运会练兵。各新闻单位也借机大力培养新人。釜山亚运会上,各国和地区代表团总人数近万人,前去采访的记者有8000多人,中国记者人数突破500人,且大多是新人。[2]

新华社派出90人的前方报道团队,对各项赛事进行了全方位报道。

《人民日报》推出《亚运专版》,下设《亚运新感觉》《人在釜山》《中国亚运之星》《调色板》《北京连线釜山》等栏目,且注重图片报道。

中央人民广播电台派出了以年轻记者为主力的报道队伍。报道中,体现广播节目制作和传输最新技术手段的数字音频工作站首次大显神威,年轻记者们也第一次在海外运用网络技术传回高清晰度报道,带给听众高品质的听觉享受。

中国国际广播电台派出15人的前方报道组,采访30余个国家的代表,采发620多篇(条)稿件、220多幅图片、40篇录音报道和众多音响素材等。国际在线网站发布2026条(篇)稿件、620幅图片,制作36条多媒体新闻和373页静态页面。国际台派出的15名记者全部掌握一门以上外语,涵盖英语、朝语、日语、阿语、俄语、泰语、马来语、印地语、波斯语、蒙语等10种外国语言,拥有其他媒体无法比拟的语言优势。中国国际广播电台曼谷亚运会报道的经验在于以下几点。第一,精心策划,充分准备,牢牢把握宣传口径。第二,团结一致,协同作战。报道组成员来自7个中心、11个语言部和体育部及驻韩国记者站,都负有本语言部的报道任务。为协同作战,行前台领导对报道组提出了明确的要求和分工。第三,充分发掘新闻点。记者们并不一味跟着赛事跑,而是抢新闻点,发掘更多的幕后新闻。报道组还根据事先制定的报道方针和选题,通过采访多方面人士,形成全面、丰富的报道特点。第四,利用各种媒体形式,展

---

[1] 网上亚运网上评 [J]. 互联网周刊, 1998 (17): 12.

[2] 刘小明. "第二战场"也练兵 [N]. 人民日报, 2002-10-09 (8).

现国际台多媒体的特色。[1]

  CCTV 派出238人的前方报道团，租用近800㎡工作间，搭建能完整转播两套节目的电视播出系统，节目播出总量达到320小时，居亚洲电视台之首。报道综合运用新闻、专题、访谈、转播、包装、交互电视等多种手段，将中国选手夺金得银的辉煌和中国民众的自豪感表现得淋漓尽致。其中，体育频道全天15小时直播亚运会比赛，共直播82场，录播73场，综合频道和经济频道也每天播出亚运会专题和比赛近5小时。CCTV 进一步完善公共信号与单边信号的结合。面对几十路电视公用信号，CCTV 的转播原则是：中国队夺冠比赛优先，各项目决赛优先，中国队参加的重要比赛优先，动态编排，前后接应。CCTV 还在田径、游泳、跳水、体操、射击、举重、排球、篮球、乒乓球和羽毛球项目的场馆混合区设置单边注入点，直播注入共55次，直播采访运动员、教练员160人次。[2]CCTV 还首次邀请王军霞、王涛、龚智超等9位世界冠军、著名运动员作为特邀记者，进行现场点评和解说，增加了报道的专业性、权威性。新闻节目除设置固定节目段外，还流动播出《亚运快讯》、字幕播报中国队夺金消息。专题节目则侧重揭示运动员的心理世界，更加富有人情味。访谈节目除邀请获奖运动员做一对一访谈外，还为特邀运动员嘉宾策划《釜山谈兵》节目，令人耳目一新。[3]CCTV 还推出交互电视，其中5个通道于每天9：00—21：00对亚运会赛事进行全面报道，1个通道对亚运会之外的国际赛事进行转播。[4]

  为及时、全面报道本届亚运会，人民网于9月26日正式推出亚运会专题网站。网站开辟了《新闻中心》《釜山评论》《金牌人物》《赛程》《百科书》《图库》《反兴奋剂》《直播》《有奖活动》等栏目，全天24小时进行实时报道。为使网友能更详尽地了解亚运会，专题网站为参加亚运会的44个参赛队伍和30多个运动大项建立了专题。人民网还分别与中国联通和中国移动合作，推出了手机短信亚运会专题服务。[5]

---

  [1] 黄永国.中国国际广播电台：第14届亚运会报道经验[M]// 阎焕书.中国新闻年鉴2003. 北京：中国新闻年鉴社，2003：228.

  [2] 岑传理.釜山亚运会报道再创辉煌[J].电视研究，2002（11）：28.

  [3] 张兴.回眸，展望：从釜山亚运会成功报道谈起[J].电视研究，2003（5）：24-25.

  [4] 赵化勇.中央电视台发展史（1998—2008）[M].北京：中国广播电视出版社,2008：162.

  [5] 李鸿飞，赵楠.人民网推出亚运会专题网站[N].人民日报，2002-09-28（8）.

三、全运会报道

（一）1993年第7届（北京）全运会

第7届全运会（简称"七运会"）于1993年9月4—15日在北京举行，四川和秦皇岛协办，有4000多名运动员参加。

新华社以文字报道和图片报道的方式，全面报道了七运会。

七运会期间，各报在栏目设计上都有自己的拳头产品。《人民日报·七运专页》上刊出的《7号看台》《七运大观》，《中国体育报》刊出的《中军帐的故事》《七运茶座》《京城十二彩》，《文汇报》刊出的《四合院》《王朔神侃》等专栏，都新颖别致、深受读者欢迎。这些栏目，或评说七运会中的新情况、新人物、新问题，或透露代表团的决策内幕、决策者的悲喜与情怀。文风或清新流畅，或诙谐幽默，使读者从不同侧面了解了七运会及中国体育、世界体育的林林总总，获得了新鲜的阅读满足。图文并茂是各报最为显著的版面特点。相当一部分照片不再仅仅是图配文、活跃版面，而是以摄影报道这一独立的新闻手段存在，起着文字报道无法代替的作用。[1]

考虑到每天15分钟的《体育》节目容纳不完赛事报道内容，中央人民广播电台于每晚22：00—24：00开办《全运会午夜特别节目》，历时10天。每天广播结束后，听众都兴犹未尽。一位听众来信说："《午夜特别节目》不单是体育报道，也是一个通过体育报道进行爱国主义教育、振奋人心、催人奋进的好节目。"[2]

七运会期间，中国国际广播电台国内新闻中心共发新闻53条、专稿28篇。华语部从9月3日开办《七运风采》专题，共播出14期，播出新闻70多条；英语部播出了11篇录音报道；朝语、阿拉伯语、斯瓦希里语、越语等语言部都在节目中播出了自采的消息或新闻稿。

为报道七运会，上海东方电视台派出赴京采访的8人小组，并于9月5—16日播出《京都七运纪事》特辑，下设《七运专讯》《七运赛场》《七运之星》《申城健儿在七运》等版块，每辑30分钟。专题片由8人小组在京完成，当天空运

---

[1] 杨桃源. 硝烟散后意未了：评第七届全运会新闻报道 [J]. 中国记者，1993（10）：16-17.

[2] 杨波. 中央人民广播电台简史 [M]. 北京：北京广播学院出版社，2000：93.

回上海播出。

天津电视台首次对这一全国性综合运动会进行每日报道。前方8人报道组在北京租用演播室进行专题制作，每天10分钟的节目通过连夜开车送磁带的方式于次日早晨和中午播出。

（二）1997年第8届（上海）全运会

第8届全运会（简称"八运会"）于1997年10月12—24日在上海举行。与此前历届全运会不同，除武术外，其他27项均为奥运会项目，以求与奥运会接轨。

参加采访、报道八运会的新闻机构和人数盛况空前。据八运会组委会新闻宣传部统计，向大会正式注册报到的中外记者人数多达1538人，分别来自国内外468家新闻机构。其中，来自香港特别行政区、澳门、台湾地区及国外的记者有152人，包括路透社、法新社、共同社在内的9个国家的41家境外新闻机构。加上由八运会组委会广播电视委员会接待的记者，采访报道八运会的记者人数超过2000人，超过此前历届全运会采访记者人数。

新华社集中力量，从10月4日起每天以《八运前奏》为题推出一两篇宣传八运会的重点报道。10月12日开幕后，奋战在现场的新华社八运会报道组，在日发稿量四五十篇的情况下，每天播发一篇重头稿件。

《人民日报》在体育版设置了《浦江观潮》《东方塔》《赛场风云》等栏目。《中国体育报》《广州日报》等进驻八运会主新闻中心，全方位宣传报道八运会。《光明日报》《中国青年报》《羊城晚报》等几百个新闻单位的记者活跃在八运会各比赛场馆。《河北日报》特辟《八运之声》专版，上有特色栏目《浦江观潮》。许多报社在新闻中心内推出自己的八运特刊，扩大报社影响，把这场没有硝烟的新闻战争推向了高潮。[1]

作为东道主，上海媒体"抢先一步"，围绕八运会倒计时80天、60天、40天、10天等节点组织宣传战役，推出重点报道和评论，宣传八运会的重大意义，介绍筹备工作的进展，创造了良好的舆论氛围。八运会组委会新闻宣传部在开幕前也先后到北京、深圳、哈尔滨、西安等7个城市举行新闻发布会，在香港特别行政区举行情况介绍会。

作为中共上海市委机关报，《解放日报》成立了由党委书记任组长的八运会报道组，进行了极具规模的报道。八运会期间，直接参与报道的记者、编辑有30多人，来自体育、摄影、文艺、党政和夜编5个部门。每天4版彩色的《八

---

[1] 郭礼华，邬鸣飞. 中外新闻媒体激战八运会[J]. 中国记者，1997（11）：56-57.

运特刊》随报奉送，使《解放日报》成为主新闻中心最受欢迎的报纸。从7月28日至10月25日，《解放日报》共发表各种体裁的新闻报道775篇、言论51篇、照片314幅，出版专刊共20期64个版面。[1]

上海《青年报》与八运会组委会新闻宣传部联合推出41期彩色《八运会快报》，以信息快捷、内容权威、印刷精美受到组委会的肯定、新闻界的关注和读者的喜爱。《八运会快报》是上海《青年报》向上海市和八运会申办的，口号是"不要一分钱，只要一次办报奉献八运会的机会"。青年报人在办《八运会快报》时确立了通过三条主线、三个重点来体现报纸立意和权威的思路：第一条主线，是着力宣传东道主承办八运会所做出的建树；第二条主线，是着力展示全国迎接八运、参与八运，万众一心奔向新世纪；第三条主线，是围绕运动会竞赛，弘扬"大体育"精神。[2]

在八运会倒计时50天时，包括中央人民广播电台在内的全国28家电台进行了全国广播联播《八运大家谈》，节目历时1小时，反响强烈。

八运会期间，中国国际广播电台报道组共采写新闻19条、专稿44篇。参加报道组的有国内新闻中心、英语部、俄语部、华语部等部门的6名记者。

在八运会组委会广播电视委员会的协调下，上海三家电视台联手CCTV等全国各地14家电视机构同心协力，完成了八运会28个大项目和开、闭幕式的直播场次达255次，涉及转播的比赛场馆25个。

CCTV体育频道全天16小时播出全运会赛事，一、二套节目安排部分重要比赛和专题。晚间采用适合体育频道特点的"大杂志"节目形式，将18：00—24：00这一时段进行整体安排，包括直播、新闻、采访、现场报道、评论、花絮等；新闻按照杂志式编排，扩大信息量；谈话节目进行实景录制；节目包装采用演播室主持人和节目预告相结合的方式。从技术设备方面看，CCTV在上海广电大厦租用了350㎡的工作面积，建立了一个演播室和两套播出系统，带去了两个卫星地面站；在游泳、举重等6个场馆设立单边注入点让记者做现场报道，在外滩、田径场等地设立分演播室。注入点、分演播室的记者和中心主

---

[1] 冯士能，黄京尧，郑源镐，等. 转变观念才能有所突破：对解放日报八运会报道的思考[J]. 新闻大学，1997（4）：40-42.

[2] 纪椿. 给我一个机遇，还你一个奇迹：青年报社申办《八运会快报》纪实[J]. 新闻记者，1997（12）：4-7.

持人的交流，使节目形式更加新颖，增加了可视性。[1]

作为东道主电视台，上海电视台、上海东方电视台、上海有线电视台承担着繁重的电视报道任务。其中，上海东方电视台与全国30家省级电视台合作，在赛前制作播出了30集专题节目《八运烽火聚申城》，介绍各省代表团的备战情况和八运会主要比赛场馆。上海有线电视台则与全国14家有线电视台联手，制作了12集电视专题片《八运前奏》。[2]

（三）2001年第9届（广东）全运会

第9届全运会（简称"九运会"）于2001年11月11—25日在广东举行，是北京申奥成功后也是进入新世纪后我国的一次重要运动会。赛会提出了"绿色九运、科技九运、人文九运"的理念，并改变集资模式，通过项目冠名、出售电视转播权等市场化运作，获得2亿多元收入。

为报道好这次运动会，《人民日报》专门成立了由教科文部、总编室、海外版、人民网、华南分社、《京华时报》6个部门30多人组成的报道组。在编委会领导下，《人民日报》共刊出19块专版，开辟了《天河夜话》《透视九运会》《局长访谈录》《南粤论剑》《小荷掠影》等栏目，报道了九运会盛况，反映了我国体育健儿顽强拼搏、勇攀高峰的精神风貌。《人民日报》体育组还与华南分社合出15期《九运特刊》。《人民日报》九运会报道获得了成功，主要表现为：第一，在办好纸质媒体方面，充分发挥党报体育报道的优势，做到以质取胜、高出一筹，做到新老交替、以老带新，体现创新意识；第二，在网络与纸质媒体结合方面，做到了双利、双赢；第三，策划组织、稿件质量、后勤保障到位。[3]

广东省委机关报《南方日报》对九运会报道投入了大量人力，前后共有近50名编辑、记者参加报道组工作，不仅在8月份创办《九运快报》特刊，在要闻版也刊登了大量的九运会新闻，形成了强大声势。第一，全面翔实，重点突出。8月11日，九运会组委会正式成立，《南方日报》当即推出第一期《九运快报》。开幕式后，《南方日报》以更大规模对相关新闻尤其是各项比赛从各个侧面跟进，对热点问题、突出成绩、重要人物等进行重点、系统、翔实的报道。

---

[1] 赵化勇.中央电视台发展史（1958—1997）[M].北京：中国广播电视出版社，2008：340-343.

[2] 郭礼华，邬鸣飞.中外新闻媒体激战八运会[J].中国记者，1997（11）：56-57.

[3] 宗和.人民日报：第九届全运会报道述评[M]// 梁博祥.中国新闻年鉴2002，北京：中国新闻年鉴社，2002：356.

九运会结束时,《南方日报》还站在北京奥运会的角度对九运会的成败得失进行了全方位审视。第二,独家众多,权威准确。例如,在九运赛事如火如荼之际,《南方日报》请省体育局局长在《九运快报》上开设《团长手记》专栏,每天点评广东军团表现,或评说某些公众关心的事件,提升了报道的权威性。第三,动静相宜,特色鲜明。《九运快报》共出版39期,每期4—12个版。采编思路前期是以动带静、以静为主,后期则以动为主、以静为辅。动静有机结合,使《九运快报》新闻性强、报道面广、报道深入。第四,广告增加,效益良好。[1]

九运会在全运会历史上第一次实施广播电视报道权的有偿转让,从而引发了争议。最终,包括中央电视台在内的27家电视台和广播电台购买了转播权,组委会收益近1000万元人民币。其中,中央电视台以450万元获得了全国报道版权,其他各台均为地方版权。北京等5家电视台购得有线频道的赛事转播权。江苏电视台以15万元的价格与其他18家电视台和中国新闻社购得现场报道权。香港电视广播有限公司和亚洲电视台购得香港地区非独家报道权。上海、北京、内蒙古等10家电台购买了赛事广播报道权。[2]

参加九运会报道的全国广播电台仅有10家。

CCTV派出350人的报道团,在体育频道和第一、二、四、九套节目中对全运会进行了周密报道,总播出量达到270小时,并出色完成了为大会提供乒乓球、羽毛球、游泳(含花样游泳)和跳水4项赛事公用信号的任务。其中,体育频道转播了全部28个大项的98场比赛,制作新闻节目约28小时、访谈节目约11小时、专题节目约34小时。第二套节目转播比赛160场。这次赛事报道还实现了中国电视的两个第一次:第一次成功使用虚拟演播室直播体育节目,第一次在大型综合运动会上采用"单边多点"(游泳、田径赛场设立分演播室)的报道形式。[3]

广东电视台联合北京、上海、山东、重庆、云南等几家电视台,在九运会

---

[1] 姚燕永. 南方日报:第九届全运会报道回顾[M]// 梁博祥. 中国新闻年鉴2002,北京:中国新闻年鉴社,2002:358.

[2] 周维华,一声. 九运会出售电视广播报道权引发的"地震"[J]. 视听界,2002(1):25-27.

[3] 赵化勇. 中央电视台发展史(1998—2008)[M]. 北京:中国广播电视出版社,2008:161-162.

开幕前联合制作了40集大型专题片《新新九运》。[1]

第四节 转型与勃兴期体育新闻传播的特点

市场经济建设步伐加快,职业联赛兴起,新闻改革深化,传播科技日新月异,推动传统媒体的体育新闻传播获得快速发展,与此同时网络体育新闻传播也崭露头角,体育新闻竞争日趋激烈甚至白热化。

一、体育新闻传播的传者队伍迅速扩张

(一)体育记者、编辑队伍扩大

体育的职业化进程、媒体人事制度的改革及体育报道的发展,使媒体的体育记者、编辑、解说员、主持人、经营管理队伍迅速扩大。

在电视领域,随着CCTV及各省市电视台体育节目尤其是体育频道的增设,体育电视记者、编辑、解说评论队伍迅速扩大。以CCTV为例,1993年,体育部只有26人,为创办体育频道,体育部自1994年开始面向社会进行招聘,招揽了不少人才,如罗刚、黄健翔、张虹、王京宏、罗宏涛等。此后,体育部又陆续招进了不少记者、编辑、解说员。

《体坛周报》在初创时期只有四五名编辑,只能将各地知名体育记者视为组稿对象或聘为特约记者,逐渐形成了"编辑在家,记者遍天下"的格局。其编辑班子的特点是年轻化、专业化、爱好体育,并各有所长。《体坛周报》还从意大利、西班牙、德国等足球强国聘用中国留学生、华侨或当地媒体记者担任该报的专职或兼职记者,如1994年美国世界杯足球赛期间,《体坛周报》在第一线聘请了3名专职记者、4名特约记者。[2]20世纪90年代后期,随着媒体竞争的白热化和经济实力的增强,《体坛周报》开始通过签约方式打造高水平的、稳定的记者、编辑、评论员队伍,如先后签约周文渊、马德兴、颜强、苏群等,为书写报业传奇奠定了坚实的人才基础。

---

[1] 谢毅,翟佳.地方电视台运动会报道模式与立场的变迁:以广东电视台为例[J].电视研究,2007(3):68-69.

[2] 瞿优远.体坛周报:走出体育专业报办报新路[M]// 中国新闻年鉴杂志社.中国新闻年鉴1995.北京:中国新闻年鉴杂志社,1995:329.

20世纪90年代加入体育新闻队伍的新一代体育记者,适逢社会主义市场经济及体育职业化,因此更具有市场意识和受众意识,更能将个人兴趣与职业要求结合起来,写出的报道更具个性与锐气。他们的体育报道、体育评论往往独到、犀利,在赢得受众的同时也赢得了市场。因队伍快速膨胀,部分新一代体育记者在敬业精神、职业道德、生活自律和报道业务等方面,也有不尽如人意之处。[1]

(二)体育记者专项化、明星化趋势

和老一代体育记者关注项目广泛不同,新一代体育记者往往对某一项目有浓厚兴趣和精深了解,对其他体育项目则较为陌生,从而成为只采访、报道某一项目的专项记者,如足球记者、排球记者、游泳记者等。因长期、专一报道某一项目,专项记者通常与该项目的运动员、教练员、管理者等保持良好关系,并拥有丰富的专项知识、项目报道经验,报道的专业化程度较高,容易得到受众认可,并提升媒体影响力。

体育记者专项化在体育专业报刊中表现得较为突出。以《体坛周报》为例,20世纪90年代,《体坛周报》的报道通常划分为足球、篮球、围棋和综合体育4部分。其中,篮球分为NBA和CBA,足球分为国际足球和国内足球,国际足球又细分为意甲、英超、西甲、德甲,国内足球细分为国家队和联赛;联赛中的主要俱乐部还要由专人负责。针对内容细分,《体坛周报》也着力打造自己专业化甚至专项化的记者、编辑团队,如专注NBA报道的苏群、负责足球报道的马德兴、负责足球评论的周文渊等。

就体育专项记者而言,在中国最受瞩目、最具影响力、数量最多的自然是足球记者。1994年,中国足球全面推行俱乐部制和联赛制,开启了中国体育职业化的新纪元。随着足球职业联赛创办以及1997年、2001年中国国家队两次强力冲击世界杯掀起的足球热潮,体育专业报刊、综合性报刊纷纷加大足球报道力度,配备或增加足球采编力量。1998年全国足球联赛前,仅在足协办理采访证的记者就多达7000人。[2] 在《体坛周报》和《足球》报,足球记者分工细致,如专门采访国家队的,采访甲A联赛的,采访甲B联赛的,采访中奥的,等等。即使是采访国家队的足球记者也有明确分工,如有人负责主教练,有人负责球员,有人负责领队,等。

---

[1] 郝勤. 体育新闻学 [M]. 北京:高等教育出版社,2004:46.

[2] 郝勤. 体育新闻学 [M]. 北京:高等教育出版社,2004:45.

随着 NBA 在中国的影响力逐渐扩大及 CBA 联赛的兴起，篮球成为体育报道的重点项目。由此，中国媒体又涌现了一批知名的篮球记者、篮球解说员，如新华社的徐济成、CCTV 的孙正平、《体坛周报》的苏群等。

凭借电视媒体的巨大优势、全国性的播出平台、对重大赛事资源的主导，CCTV 体育频道这一时期涌现了很多著名的体育记者、主持人、解说员，如马国力、师旭平、孙正平、宁辛、韩乔生、张斌、黄健翔、刘建宏、张虹、罗宏涛等。地方电视台也涌现了一批知名体育解说员，如北京电视台的宋建生、广东电视台的王泰兴、浙江电视台的金宝成等。

还有一些默默工作的记者、编辑，也为体育新闻事业的发展做出了突出贡献。新华社体育部高级编辑王俊璞曾指出，"编辑甘愿给记者的稿件输血"是新华社的优良传统之一。经过编辑编过的稿件，"就像是一件粗制的衣服变得十分合体，也似一些半成品食物变成美味佳肴"[1]。

(三) 体育新闻人才竞争激烈

社会主义市场经济体制让体育媒体拥有了更为灵活的用人机制。1992年后，《足球》报一面邀请北京、辽宁、上海、四川的著名足球记者开辟足球评论专版（或专栏），一面组建数十人的特约记者队伍报道足球职业联赛，继而又在各地建立记者站，培养当地球队的随队记者，使得报社人才济济。《体坛周报》自1993年开始着手打造特约记者队伍，1998年后开始打造专职体育记者、评论员队伍。在此期间，体育媒体开始了对人才的争夺。

2001年，因中国国家足球队再次冲击世界杯，体育报纸间的人才竞争、资源竞争达到了白热化。2001年7月，体育新闻人才争夺战上演了最极致的一幕——《体坛周报》从《足球》高薪挖来"足球第一女记者"李响。

"李响事件"发生在2001年"十强赛"期间和米卢时代。米卢，全名博拉·米卢蒂诺维奇，1944年生于南斯拉夫，此前曾连续4届带领不同国家的足球队打入世界杯16强，于2000年2月正式出任中国队主教练，目标是带队进入2002年世界杯决赛圈。为加强足球报道，广州日报报业集团为《足球》报派来一位精通英语的女记者李响。李响原是政文部记者，对足球一无所知，但凭借语言能力和沟通能力很快得到米卢的信任，获得了很多独家新闻。在此过程中，国家队南征北战，跌跌撞撞地进入"十强赛"。此时，"神奇教练"米卢能否带领中

---

[1] 王俊璞. 从报务员到高级编辑 [M]// 中国体育记者协会. 百名中国体育记者自述. 北京：人民体育出版社，2000：47.

国队杀入世界杯决赛圈,是中国球迷最关心的话题。但除李响外,米卢很少接受单独采访。如此一来,《足球》独占了米卢这一新闻资源,为"十强赛"报道投入相当财力、物力、人力的《体坛周报》则处于劣势。为扭转形势,《体坛周报》负责人决定不惜代价挖到李响,并为她准备了一份非常优厚的合约。李响权衡利弊,最终和《体坛周报》签约,成为其专职足球记者。[1]

和李响签约,给《体坛周报》带来了实实在在的利益。2001年"十强赛"期间,因为有了李响对米卢的独家采访,《体坛周报》成为最权威的媒体,并创造了期发行量2,621,387份的记录。不仅如此,这还是一次成功的市场化运作,不但提升了报纸的影响力和市场号召力,还直接打击了竞争对手。可以说,"李响事件"是《体坛周报》超越《足球》报的标志性事件,正如马德兴所说:"通过2001年十强赛这一仗,《足球》报也好,球迷也好,媒体也好,外界也好,都认可《体坛周报》超越《足球》报这件事儿了。"在李烨晖看来,"李响事件"还提高了体育媒体从业者的身价和体育媒体的人力成本:"当初号称有8000足记,为什么大家愿意当足球记者?因为收入高,全国各地的足球记者收入都高,后来还出现了像球员转会一样的签字费。这也最终造成了后来的体育媒体大浪淘沙。"[2]

(四)体育新闻教育兴起

中国的体育新闻教育可以追溯至上海体育学院于1985年开办的体育新闻写作专项班、于1987年开办的4年制体育新闻专业试点、于1989年开办的体育新闻专业。1993年,国家教委颁布《普通高等学校本科专业目录》,新闻学类包含了新闻学、广播电视新闻、国际新闻、广告学、播音、体育新闻6个专业,其中,播音和体育新闻是需一般控制设置的专业。1994年,上海体育学院正式成立体育新闻系,招生规模为40人。[3]1998年,为压缩专业数量、拓宽专业面向、减少教学总时数,国家教委颁布了新的《普通高等学校本科专业目录》,体育新闻从新闻传播学类的专业目录中消失,但人们依然习惯性地把新闻学专业体

---

[1] 欧阳觅剑. 从边缘到领先:体坛周报的资源策略与团队之道 [M]. 广州:南方日报出版社,2004:244-252.

[2] 薛文婷. 体媒人物:新中国体育新闻传播口述史(上)[M]. 北京:清华大学出版社,2015:263,297.

[3] 陈国强. 打造中国体育新闻人才的摇篮:中国体育新闻教育创办25周年研讨会综述 [J]. 新闻记者,2010(8):92.

育新闻方向称为体育新闻专业。1999年，教育部将专业设置审批权下放到各省市，一些体育院校和综合性院校纷纷上马体育新闻专业；2000年，北京体育大学、成都体育学院、广州体育学院开始招收体育新闻专业本科生；2001年，增设体育新闻专业的有武汉体育学院、天津体育学院等；2002年，西安体育学院设立体育新闻专业。[1]

1997年和2000年，成都体育学院、上海体育学院先后开始招收体育人文社会学专业体育新闻学方向的硕士研究生，开创了我国高等院校体育新闻高层次人才培养的先河。[2]

二、体育媒体竞争激烈及体育新闻传播格局改变

20世纪90年代，体育新闻传播格局发生巨大改变：新华社主导国际体育新闻的局面被进一步打破；综合性报刊体育报道呈现专版化、特刊化趋势，其中都市报体育报道发展迅速；市场类体育报纸迎来了黄金时代，机关类体育报刊影响力下降；体育广播不断探索新形式；体育电视频道的开播及体育赛事直播的常态化使体育电视日益强势；网络媒体的出现进一步加剧了体育新闻竞争。

（一）新华社主导重大国际赛事报道局面被打破

随着报刊、广播、电视媒体加强体育报道，媒体采用新华社体育报道的比例进一步下降。1994年，有论者指出，各报世界杯报道版面相当活跃，"过去千报一面、统一使用新华社通稿的局面打破了（在此之前，报道奥运会已经打破了，这次又前进了一步），世界性的体育报道出现了姹紫嫣红、异彩纷呈的新格局，无疑是件大好事"[3]。此后，各地体育电视频道陆续开播，网络媒体异军突起，新华社体育报道面临的压力进一步加大。

为提高"自采率"，某些报刊出现了"盗用"新华社体育稿件的现象。新华社记者曾愤而指出："国内许多媒体在认识上有一个误区：既然自己派出了记者，就应该'全包起来'，比赛消息、场外新闻、评论、综述，什么都要自

---

[1] 肖焕禹，方立. 我国体育新闻传播教育的现状、问题及发展方向[J]. 上海体育学院学报，2006（6）：65；张德胜. 体育媒体通论[M]. 广州：广东人民出版社，2006：5.

[2] 陈国强. 打造中国体育新闻人才的摇篮：中国体育新闻教育创办25周年研讨会综述[J]. 新闻记者，2010（8）：92.

[3] 王庚虎. 从世界杯报道看报纸的作用[J]. 新闻与写作，1994（11）：5-6.

己的记者做，让他们承担起通讯社记者的任务。一人外出，哪有精力完成这么多任务？于是，只好编辑部'帮忙'，将通讯社的稿件拿来，有的改头换面，有的索性一字不改，删去通讯社的名字，冠以'本报''本台''特派记者某某某'的字样。"[1] 可见，虽然新华社体育报道在各报的"可见度"下降，但仍以其无可比拟的全面性、独家性、权威性、专业性，发挥着消息总汇的作用。

面对媒体竞争，新华社体育部也迈开了向市场化进军的步伐，越来越注重抢发重要体育新闻、独家体育新闻，并通过每年评选一次国内与国际十大体育新闻活动，来彰显自己作为世界一流通讯社的地位及不可替代性。新华社记者杨明曾在博文中指出："桑兰受伤后，立刻成为关注焦点，她的伤势治疗、衣食住行，甚至一举一动都牵动着13亿国人的心。当时，国内媒体主要依靠新华社驻美分社，而我这个分社唯一的体育记者就肩负起了采访桑兰的任务。"[2] 2001年底，针对"足球黑哨"事件，新华社迅速组成以许基仁、杨明、方益波为成员的报道小组，通过为期两个多月的调查，掌握了很多内幕，并以内参和公开报道的方式予以披露，引起很大社会反响。

作为具有世界影响力的通讯社，新华社的英文体育报道也越来越受到国际媒体的关注，并被亚洲、非洲媒体大量采用。关于2012年的中国足球腐败案，几家国际通讯社就经常转发新华社的报道，其中一篇审理南勇的稿件被美联社全文转发。[3]

（二）综合性报刊体育报道专版化、特刊化，但遭受电视和网络的挤压

就综合性报纸的体育报道而言，这一时期既有喜悦，也有挑战。

喜悦的是，体育新闻与时政新闻、经济新闻、国际新闻、文化新闻一样成为综合性报刊不可或缺的内容之一，体育专版、赛事特刊已成为综合性报纸体育报道的常态。其中，都市报的崛起不仅加剧了综合性报刊体育报道的竞争，也让体育专业报纸倍感压力。一些综合性报刊也将赛事报道作为竞争的重要手段。1993年首届东亚运动会时，上海《青年报》在一缺经验、二缺

---

[1] 薛寿元.正确审度时势，恰当制定坐标：世界杯足球赛新闻竞争留下的启示 [J].中国记者，1998（8）：48-49.

[2] 新华社记者杨明博客还原12年前采访桑兰遭拒真相 [N/OL].扬子晚报，2011-05-12[2015-08-14].http://news.xinhuanet.com/sports/2011-05/12/c_121406112.htm.

[3] 薛文婷.体媒人物：新中国体育新闻传播口述史（上）[M].北京：清华大学出版社，2015：74.

印刷设备、三无绝对把握的情况下，创造了上海新闻史上出版彩色日报的历史纪录——共出版24期《东亚运快报》，其中12期为对开4版彩色日报。此后，上海青年报社又成功主办第三届农运会会刊《农运快报》（1996年）和《八运会快报》（1997年）。[1]

挑战在于，面对体育专业报纸的勃兴、电视赛事转播的优势、网络的互动传播，综合性报纸原有的体育报道模式、写作方式已无法满足读者需要。综合性报刊第一次感受到电视媒体的巨大压力是在1992年巴塞罗那奥运会期间。当时，CCTV创纪录地在16天比赛期间转播了250小时的比赛，让综合性报刊感受到了前所未有的压力。1998年法国世界杯期间，报纸除要直面CCTV直播全部比赛的压力，又遇到网络媒体的挑战。面对冲击，综合性报刊不得不探寻新的体育写作方式。巴塞罗那奥运会时，苏少泉曾在《火线札记》中写道："这次电视转播比历届要充分，国内观众观看的现场情景，比前线记者要多得多，记者不能满足于现场特写，必须千方百计去搜集电视里看不到的许多材料。"[2] 法国世界杯时，《扬子晚报》做了明确分工：凡电视、广播和互联网里能捕捉到的新闻都由后方编辑、记者完成，前方记者的任务就是抓现场，"写电视镜头和广播话筒无法涉及的、真正独家的新闻"。[3] 有的新闻记者对电视转播的比赛进行了切合文字特点的创作：发掘和放大微观——将细节放大，成为一篇作品的主干；集中以作宏观思考——将多场或数场比赛集中在一起以便看出新意；杂交——将现场与平日积累结合起来。[4] 体育电视的崛起，促使报刊体育记者重新寻找自己的位置，并推动了体育深度报道的发展。

（三）《体坛周报》造就体育专业报纸传奇

1992年至2002年，伴随着社会主义市场经济体制的确立、体育职业联赛的兴起、新闻改革的深化，新中国体育专业报刊走过了迅猛发展的"黄金十年"，

---

[1] 纪椿. 给我一个机遇，还你一个奇迹：青年报社申办《八运会快报》纪实 [J]. 新闻记者，1997（12）：4-7.

[2] 胡廷楣."电视时代"的报纸体育新闻：第二十五届奥运会报纸新闻手法点评 [J]. 新闻记者，1992（11）：15-17.

[3] 陈建军. 在竞争中求发展：'98世界杯足球赛采访启示录（一）[J]. 新闻通讯，1998（9）：36-37.

[4] 胡廷楣."电视时代"的报纸体育新闻：第二十五届奥运会报纸新闻手法点评 [J]. 新闻记者，1992（11）：15-17.

也走过了重新"洗牌"的"关键十年"。说其是重新洗牌的"关键十年",是因为这一时期《中国体育报》《足球》《体坛周报》《南方体育》等体育专业报纸多方角力,最终《体坛周报》相继超越了《中国体育报》《足球》报,并创造了单期发行260多万份的发行纪录。《南方体育》则"其兴也勃焉,其亡也忽焉",在掀起了一场娱乐狂潮后黯然离场。

这一时期最令人瞩目的是《中国体育报》和《体坛周报》在发行量、影响力方面的变化:创刊于1958年有"中国体育传媒国家队"美誉的《中国体育报》的发行量从1988年的60余万份下滑到1997年的20余万份、2001年的10余万份;创刊于1988年的《体坛周报》自1993年后则呈现"非线性加速发展",先后于1997年、2001年创造单期100万、262万份的发行纪录,成为中国发行量最大、影响力最大的综合性体育报纸。同处社会主义市场经济环境,同为"党的新闻事业",同为"机关报",同为综合性体育报纸,《中国体育报》和《体坛周报》缘何呈现出如此迥异的发展轨迹?对1992—2002年间的《中国体育报》和《体坛周报》的新闻生产进行比较,会发现:就组织机制而言,《中国体育报》奉行的是"体制中心"的"政治家办报",《体坛周报》奉行的是"体制边缘"的"企业家办报"。显然,企业家办报更契合市场经济。就服务理念而言,《中国体育报》奉行的是"从信源出发",《体坛周报》奉行的则是"从受众出发"。就内容生产而言,《中国体育报》奉行宣传逻辑,《体坛周报》奉行新闻逻辑。总之,因为在体制内的地位、作用、功能不同,《中国体育报》和《体坛周报》在1992年之后的服务理念、生产内容迥然不同:曾在计划经济时代、资讯匮乏年代创造辉煌的《中国体育报》,因其国家体育总局机关报的身份和"全面准确宣传体育工作方针""坚持正确舆论导向"的政治使命,以"政治家办报"和"从信源出发"为理念,其体育报道呈现出政策化、官方化、综合化、均衡化、本土化、正面化的特色,因不能满足年轻读者的需要逐渐在市场竞争中处于劣势;年轻的《体坛周报》得益于"体制边缘"的地位和湖南省体委"放水养鱼"的政策,以市场为导向,以"企业家办报"和"从受众出发"为理念,致力于竞技化、国际化、专业化的体育报道,获得了年轻读者的喜爱,逐渐确立了在体育报道领域的领先地位。[1]

《体坛周报》和《足球》报的竞争与赶超,是这一时期市场化体育报纸竞争白热化的缩影。最先取得市场化成功的《足球》报,因为种种原因被《体坛

---

[1] 薛文婷,毕剑琥.《中国体育报》和《体坛周报》新闻生产机制之比较[J].体育与科学,2013(3):77-82.

周报》超越。

值得注意的是，从1997年到2001年，体育报纸市场不断快速扩容，体育报业市场竞争加剧。2001年世界杯亚洲区预选赛期间，各报纷纷扩版增刊，派遣多名前方记者，使得经营成本迅速提高，为2002年后的行业"洗牌"埋下了伏笔。

（四）体育广播依然占有一定份额

20世纪90年代，中国报刊业和电视业突飞猛进，使广播业受到强烈冲击。相对报刊的专业深度、电视的声画并茂、网络的丰富翔实，广播在体育新闻报道中的优势并不明显。但凭借多年的积累、制作的便捷和声音的传情特色，以及不断的改革和创新，体育广播依然占有一定份额，并在形式上有所创新。

（五）体育电视频道的创办奠定了电视在体育报道中的优势地位

电视与体育的结合堪称天作之合。20世纪90年代，随着各地体育频道开播，电视声画兼备、即时同步的优势在体育赛事转播中表现得淋漓尽致，体育电视在体育新闻传播领域的地位也日趋重要。当时，我国体育电视领域的基本格局是：CCTV体育频道覆盖全国，居于领军地位；各地电视台体育部精办体育新闻和专题节目，并转播重要赛事；各地有线电视台体育频道多以ESPN为节目源，提供多种国际赛事转播。

CCTV体育频道的领军地位，源于其国家电视台的覆盖优势、政策优势、资源优势、资金优势和人才优势。其中，对重大赛事资源的主导优势至关重要。2000年，国家广播电影电视总局在《关于加强体育比赛电视报道和转播管理工作的通知》中规定："重大的国际体育比赛，包括奥运会、亚运会和世界杯足球赛（包括预选赛），在我国境内的电视转播权统一由CCTV负责谈判与购买，其他各电视台（包括有线广播电视台）不得直接购买。CCTV在保证最大观众覆盖面的原则下，应就地方台的需要，通过协商转让特定区域内的转播权。"据此，CCTV以国家电视台的身份主导了三大重要赛事在中国大陆的转播权，从而在体育电视报道中一家独大。CCTV体育频道的霸主地位也源于其对报道技术的孜孜以求、对报道形式的不断创新。以单边注入点为例。重大赛事期间，国际上有影响力的电视台都是既斥巨资购买报道权以取得电视公用信号，又投入人力、物力、财力以构建自己的单边信号。1997年八运会期间，CCTV首次尝试设置单边注入点，并获得成功。1998年曼谷亚运会期间，CCTV进一步演练单边注入点报道。2000年悉尼奥运会时，CCTV第一次将单边注入点引入奥运会报道，使观众得以看到中国运动员夺冠后第一时间接受中国记者采访，凸显了电视同步直播的魅力。

为在 CCTV 体育频道的强势和主导地位下谋求生存，并在赛事经济中分一杯羹，地方电视台以北京电视台、上海东方电视台、广东电视台为核心，尝试组成联合报道阵线，共同采集奥运会等重要赛事新闻，并联合创办节目，如1996年奥运会期间的《圣火'96——来自亚特兰大的报道》和1997年开办的《中国体育报道》栏目。

地方有线电视台体育频道对外依托 ESPN，对内则成立有线电视体育传播委员会，联合制作体育节目并购买赛事转播权，前者如于1999年创办《足球纪事》栏目，后者如于2000年转播中国之队四国足球邀请赛和亚洲杯预赛。

各地体育电视频道和体育电视节目总量的增加，导致了体育电视节目资源的竞争日趋白热化，并催生了中国体育电视的市场化意识，促进了各级各地电视台对赛事转播权的重视。1990年，CCTV 为泰森与拉德科的拳击比赛出价3000美元。1996年，泰森的经纪人用3场比赛从中国地方电视台获取了20多万美金。[1]1993年，中国队在世界杯足球赛外围赛第一阶段被淘汰出局，CCTV 放弃了转播第二阶段的比赛，此时北京、广东、上海等地电视台以极低的价格购买了比赛报道权，并取得了出人意料的高收视率。[2]

（六）体育网络异军突起、方兴未艾

作为第四媒体的互联网异军突起，在给传统媒体造成威胁的同时，又与传统媒体联合，不断产生新的传播方式，给体育新闻传播带来了生机与活力。

这一时期，中国政府规定，具备相应条件的综合性非新闻单位网站，经批准可以登载新闻单位发布的新闻，但不得登载自行采写和其他来源的新闻。据此，商业门户网站体育频道只有登载权，没有采访权，也没有获得奥运会的赛事转播权，只能采取和新闻媒体合作的方式进行体育报道。如悉尼奥运会期间，新浪网奥运网站通过与中新社、中国体育报业总社结盟的方式，在奥运新闻刷新的速度与数量上占尽优势，并创造了中文网络对单一事件报道的访问量新纪录。

---

[1] 龙耘，朱学东．走向21世纪的中国电视：台长、专家访谈录 [M]．北京：北京广播学院出版社，1998：487．

[2] 王伟．体育电视与体育产业化 [M]// 广播电视体育传播研究委员会．全国优秀电视体育记者论文集．北京：中国广播电视出版社，2000：47．

新闻单位网站的体育报道在这一时期还颇有优势,如悉尼奥运会期间,新华网和人民网纷纷开通奥运报道专题,并在文字和图片报道方面拥有相当的影响力。

总体说来,此时的网络体育传播尽管已在中国足球职业联赛、世界杯、奥运会等报道中小露峥嵘,也给报刊媒体带来了很大压力,但尚没有带来"致命"威胁。

(七)传播科技在媒体竞争中的作用显著

先进的科技手段在媒体竞争中起着越来越重要的作用。一些最先掌握并使用现代化传播科技的媒体,不仅提高了效率,还节省了经费,彰显了优势。

奥运会等重大赛事是推广新的传播科技及技术设备的最好舞台。1984年洛杉矶奥运会时,寻呼机投入使用,方便了记者与编辑之间的联系。1992年巴塞罗那奥运会时,记者开始用数码相机拍照,并用手机将照片传回,极大提高了时效。[1]1994年广岛亚运会上,新华社文字记者开始广泛使用笔记本电脑,且与编辑部联网,稿件写好后即可上版。没有配备电脑的其他媒体记者只能想尽各种办法,如依靠10支笔和1个小录音机完成写稿任务。[2]拥有电脑的记者还可以即时查询资料,及时发送稿件,摄影记者则可以采用照片数字传真技术。广岛亚运会时,有6家北京新闻单位可以向报社传送照片。[3]

1998年法国世界杯期间,中国赴法记者大都带有便携式电脑,并通过因特网快速、高效地了解赛事动态,查阅媒体报道,了解国内传媒对世界杯的报道方式和对突发事件的反应。[4]

1998年曼谷亚运会上,数码相机的广泛使用引人注目。为最大限度地争取时效,各大新闻媒体纷纷使用数码相机发稿。当刚刚购置了"尼康"最先进长焦距镜头的中国大陆记者琢磨着去哪儿冲胶卷的时候,中国台北记者已经实现了通过数码相机、电脑、无线电话现场传送照片。[5]日本共同社虽然运来了富士冲卷机,但为争取更快落地,多数情况下还是借用数码相机抢发稿件。日本

---

[1] 高殿民.雅典奥运会主要媒体报道的新变化[M]//中国体育新闻工作者协会.体育记者谈体育新闻.北京:人民体育出版社,2005:103-107.

[2] 田禾.我采访广岛亚运会[J].新闻爱好者,1995(3):20-21.

[3] 晨星.笔记本电脑的启示[N].人民日报,1994-10-03(4).

[4] 马永锋.看世界杯足球赛谈捕捉荧屏外新闻[J].记者摇篮,1998(12):34-35.

[5] 宋澎.另一个竞技场——第十三届亚运会采访札记[J].新闻三昧,1999(4):12-13.

时事通讯社也采用数码相机发稿,与共同社展开激烈竞争。美联社、法新社及路透社,也大量借助数码相机在全世界范围内的报纸版面上争抢落地。新华社共有8名摄影记者,其中有记者使用数码相机,负责抢发亚运会开幕及中国运动员入场照片。因租用的移动电话无法和便携式电脑相连,新华社记者无法像美联社、路透社摄影记者那样在看台上传回照片,只能在拍摄、编辑完毕后跑到体育场新闻办公室,借用工作人员电话将照片传回亚运会主新闻中心的新华社办公室,从而影响了时效。可见,"技术的先进,高科技的应用,在当今传媒中起到非常决定性的作用"。[1]

国内赛场也是媒体展示最新设备及其威力的重要场合。1997年八运会上,各报社、电台、电视台都带来了看家宝贝——手提电脑、600毫米摄影"大炮"、数码摄像机等,八运会主新闻中心也配置了DDD(长途直拨电话)、IDD(国际直拨长途电话)长途通信、数码传真机以及多媒体服务系统等设备,保证记者们以最快速度发回报道。[2] 在1998年的珠穆朗玛峰登山活动中,新华社西藏分社记者使用海事卫星、便携式电脑现场发稿,提高了稿件的数量和时效,也提高了新闻竞争力。[3]

《体坛周报》的发展,也得益于其对设备、技术的更新和投入。事业发展后,《体坛周报》用第一笔利润添置了电脑,成为湖南省新闻媒体中率先采用全电脑采编出版系统的报社。随着计算机技术的升级换代,每个记者都有了手提电脑。报社还花85万元购买进口电分机,投资近百万元购置卫星传版系统,以尽可能跟上科技发展的步伐。[4]

三、重大赛事推动体育新闻传播发展

1992年以来,国内外体育赛事风起云涌。除了奥运会、亚运会等国际综合性体育赛事,足球世界杯等单项国际体育赛事,欧洲足球锦标赛、亚足联亚洲杯等洲际赛事,英超、NBA等国外高水平职业联赛,国内足球、篮球、排球等职业联赛,都极大促进了中国媒体尤其是地方媒体的体育报道。就项目而言,

---

[1] 宋晓刚. 从亚运会看新闻摄影发展趋势 [J]. 中国记者, 1999(2): 45-47.

[2] 郭礼华, 邬鸣飞. 中外新闻媒体激战八运会 [J]. 中国记者, 1997(11): 56-57.

[3] 国内外分社情况 [M]//《新华社年鉴》编辑部. 新华社年鉴1998. 北京: 新华社年鉴编辑部, 1998: 418.

[4] 金泽. 从《体坛周报》看体育类报纸发展 [D]. 成都: 四川大学, 2005.

无论是国际单项体育赛事还是国内外职业联赛，足球、篮球一直是我国媒体体育报道的重头。就类型而言，有中国参与的国际重大赛事、没有中国参与的外国高水平赛事、国内职业联赛，无疑是这一时期体育报道的重要支撑。

（一）中国参与的国际重大赛事是体育新闻传播的重要推手

这一时期，中国参与的国际重大赛事很多。其中，最具影响力的综合性赛事是奥运会，最具影响力的单项赛事则非世界杯足球赛莫属。奥运会、足球世界杯报道对中国媒体的重要性不言而喻，仅仅是中国征战足球世界杯道路上的十强赛报道——1997年世界杯亚洲区十强赛（简称"1997年十强赛"）和2001年世界杯亚洲区十强赛（简称"2001年十强赛"）——即对中国体育报道产生了深远影响。

1997年十强赛，是中国开展足球职业联赛后第一次冲击世界杯，也是中国队在20世纪末最后一次冲击世界杯。因球员整体水平较高，中国队出线呼声一度很高，媒体为争夺市场也展开了一场前所未有的新闻大战。一时间，足球报道成为各媒体的重头文章，不仅数量多、位置好，且版面多。1997年十强赛期间，仅在上海设分印点、以足球报道为主的体育报纸就有7家，加上《体育时报》《现代体育报》《体育参考》《新民体育报》等，上海球迷可以阅读的体育专业报纸达13份以上。上海当地综合性媒体也纷纷报道十强赛："在1997年9月至11月中旬这段时间里，不仅三报四台的足球报道比较突出，甚至《青年报》《劳动报》《新闻报》等报刊，也为此不惜版面，花费了大量的人力物力。"[1]1997年十强赛还促进了网络体育新闻的发展，譬如四通利方·体育沙龙论坛创建直播室，采用音视频技术直播比赛，开创了赛事网络多媒体直播的先河。

2001年十强赛期间，中国队能否冲出亚洲，牵动着亿万国人的心。面对这一天赐良机，媒体间的竞争空前激烈与残酷，纷纷扩版增张，严阵以待。《体坛周报》无疑是2001年十强赛报道的最大赢家。赛前，其已经通过"李响转会"事件赢得国人瞩目。赛后，其又大力宣传李响及其出版的书籍《零距离》。十强赛期间，《体坛周报》则尽遣主力记者、特约记者到达沈阳，并租下一幢别墅作为前线基地。《体坛周报》还加强整体策划，在版面、栏目乃至号外、特刊的设置上，都体现出很强的策划意识。强大的团队、精心的制作，为读者带来了及时、全面、深入、独家的十强赛讯息，也带来了惊人的发行量。《足球》

---

[1] 李寿康，庄亚权. 我们到底留下了什么？：十强赛后谈足球报道[J]. 新闻记者，1998（2）：10.

报一向以专业积累充分、报道功底深厚著称。2001年十强赛期间,《足球》努力将专业性、权威性、全面性的优势发挥到极致;在报道手法、版面语言上,注重在细节上做文章;强化营销意识,以一系列活动促报道、打品牌,打造综合竞争优势;注意迎合年轻读者,在报纸风格上有所调整,主要体现在球迷版面和一些专栏文章上。《南方体育》则全力争取新生代读者市场,发行量在十强赛期间激增,在上海地区增长尤其迅猛,达到21万份。2001年十强赛中,各报在竞争与对抗中激发了创造力,其中不乏经典之作,显示出中国体育类报纸正在走向成熟。但也有论者认为,由于专业功力与文化底蕴不足,中国的足球报道整体上仍停留在就事论事、见山是山的层面上,尚未登堂入室、更上层楼。[1]

(二)国外赛事逐渐引起国内媒体关注

20世纪八九十年代,体育新闻界曾经有过这样的疑问:米兰与罗马的足球队相争,洛杉矶和芝加哥的篮球队交战,与我们有什么关系?这些比赛是否需要报道?[2] 实际上,20世纪90年代以来,欧洲足球、南美足球、NBA等国外赛事,不但成为中国媒体竞相报道的对象,甚至成为某些媒体的制胜法宝,同时吸引、培养了众多国内拥趸。

1. 欧美足球赛事报道

在国外赛事中,欧洲杯、美洲杯足球赛及欧美各国足球联赛是这一时期中国媒体的报道热点。最早购买英格兰足总杯、英甲、意甲、德甲等欧洲足球职业联赛转播权的是广东电视台,时间是1986年前后。借助地方电视台之间的节目交换或交流,这些职业联赛渐渐被更多的中国人所了解。1989年,CCTV购买了意甲的3年转播权,但主要是播放录像。这一时期,是国外职业联赛报道在中国的培育期。[3]

1992年后,中国电视机构越来越重视意甲转播权。1992年,意甲转播权花落广东电视台。CCTV则于1993年再次获得意甲转播权,并于1994年开始

---

[1] 徐方.《足球》《体坛周报》《南方体育》十强赛期间竞争手法总结分析[J]. 中国报业, 2001(12):48-54.

[2] 荆烽."举国体制"的媒介报道分析:兼论中国体育新闻场域的演变[D]. 上海:复旦大学, 2010.

[3] 薛文婷. 体媒人物:新中国体育新闻传播口述史(下)[M]. 北京:清华大学出版社, 2015:287.

直播意甲，使国内球迷可以同步感受到世界高水平球赛的魅力。在节目组的努力下，CCTV 的意甲转播受到全国各阶层观众和球迷的厚爱。据悉，常年收看意甲的观众和球迷超过3000万人，节目组平均每年收到来自全国各地的信件达一万多封。

1992年后，由英甲升格而来的英超在中国大陆的转播权相继被广东电视台、IMG（国际管理集团）和 ESPN 获得，然后通过分销的方式授权给一些地方电视台播出。[1]

就体育专业报纸而言，《体坛周报》是较早意识到欧美足球报道价值的媒体。

2.NBA 报道

作为美国最成功的三大职业联赛之一，NBA 是在全世界推广最为成功的篮球赛事，也是中国媒体最为关注的国外职业篮球联赛。

中国媒体关注 NBA 开始于20世纪80年代，兴盛于20世纪90年代，狂热于21世纪。1993年至2001年，NBA 在中国获得快速发展，原因包括中国媒体对 NBA 的大量报道、中国篮球联赛职业化改革需要、NBA 球队或球星与中国的联系日趋繁密、中国球员登陆 NBA 等。[2]

CCTV 是较早关注 NBA 的中国媒体。1986年，CCTV 从美国哥伦比亚广播公司购买的节目中就包括部分 NBA 内容，并在《体育世界》栏目中播出。美国 NBA 总部因此把1986年视为 NBA 进入中国的标志年。1989年，NBA 联盟总裁大卫·斯特恩来到北京敲开了 CCTV 大门，并从第二年开始免费向 CCTV 定期发送 NBA 比赛录像，中国球迷从此开始比较系统地收看 NBA 比赛转播。1994年，CCTV 先是于2月卫星直播 NBA 全明星赛，又于6月实况转播 NBA 总决赛。1994年总决赛成为众多中国球迷关于 NBA 记忆的开始。1995年，CCTV 体育频道首次派转播组到现场报道 NBA 总决赛。从1996年11月份开始，CCTV 每周通过卫星直播一场 NBA 比赛，录播一场 NBA 比赛。

《体坛周报》从1991年开始报道 NBA，于1992年5月推出《NBA 大决战连续报道》，开创国内报纸 NBA 总决赛连续报道之先河。《中国体育报》的 NBA 报道始于1993年前后。

新华社这一时期最知名的 NBA 记者是徐济成和杨明。1992年，徐济成

---

[1] 薛文婷.体媒人物：新中国体育新闻传播口述史（下）[M].北京：清华大学出版社，2015：287-288.

[2] 黄福华.NBA 在中国的传播与影响 [J].体育文化导刊，2008（8）：33-35.

青岛的一家报纸写了13篇《NBA 史话》,并开始在北京有线电视台解说 NBA。徐济成于1994年2月以解说嘉宾的身份出现在 CCTV 的 NBA 全明星赛直播中,从此成为 NBA 演播间的常客。1998年到2000年,被派往华盛顿分社做体育记者的杨明,采写了大量 NBA 报道,并开创了一种充满娱乐精神的"杨氏风格"写法。[1]

《人民日报》也于1992年开始报道 NBA,但数量不多,主要包括 NBA 赛况、NBA 明星、NBA 与中国,对总决赛和乔丹较为关注,对常规赛和季后赛只有零星几篇报道,另外比较关注 NBA 球队来华访问和中国球员王治郅、巴特尔登陆 NBA。[2]

(三)国内职业联赛是体育新闻传播的新动力

竞技体育职业化是20世纪末我国竞技体育一个引人注目的现象。1994年,中国足球率先推出职业联赛,激活了潜在的中国足球市场。此后,篮球、排球、乒乓球、网球、羽毛球等项目的职业联赛相继登场。职业联赛的兴起,为我国媒体提供了丰富的赛事资源、庞大的受众市场,从而促进了体育新闻的发展,激发了全国体育媒体市场的新一轮竞争。

足球职业联赛的开展、足球市场的火爆及市民对本地球队的关注,拉动了体育媒体市场,引发了媒体的体育新闻大战。调查显示,20世纪90年代后期,国内有将近3/4的媒体将足球作为相对固定的报道内容。足球专业报刊和以足球报道为主的综合性体育报刊更是风行一时。《体坛周报》《足球》和 CCTV 体育频道的《足球之夜》栏目等,正是在这种背景下走向巅峰的。足球职业联赛对地方电视台有着更为明显的促进作用。第一,参与甲 A 联赛转播的电视台数量多。甲 A 联赛是本土性的比赛,除 CCTV,参与信号制作的地方电视台有10余家,参与转播的电视台数量更多。第二,联赛时间长,轮次多,给予地方电视台的报道机会多。第三,报道甲 A 联赛的手段非常丰富,除了转播,还需要新闻、专题及其他形态的节目进行组合、匹配报道,对地方台是一次全面、整体、综合的锻炼。[3]

1995年底,主客场制的 CBA(中国男子篮球职业联赛,2004年之前为全

---

[1] 薛文婷. 体媒人物:新中国体育新闻传播口述史(上)[M]. 北京:清华大学出版社,2015:54.

[2] 韦福俊. 人民日报 NBA 报道研究 [D]. 北京:北京体育大学,2015.

[3] 陈国强. 制度变迁与新闻实践:当代中国电视体育新闻研究 [D]. 上海:复旦大学,2007.

国男篮甲级联赛）揭开帷幕，使篮球市场迅速升温，并迅速成为媒体的重要报道内容。

如果说奥运会、世界杯等重大赛事是CCTV体育频道生命线的话，职业体育联赛则是地方电视台体育报道的生命线。正如北京电视台体育节目负责人焦少波所说："对于地方电视台体育具有决定性影响的应该是1994年开始的中国足球甲级联赛。在此之前没有一个成熟的、系列化的、具有强烈地方色彩的体育赛事来支撑，各地方电视台体育部或者体育组也就拍一些新闻，做一些专题，偶尔弄些体育欣赏，没有其他的空间了，没有资源了。1994年以后，有了甲A，后来又有了篮球联赛，有了排球联赛，有了一大堆联赛。这些赛事决定了地方体育频道的生存价值。"[1]

四、体育媒体的受众意识显著增强

美国社会学家赫伯特·甘斯将新闻工作者分为"从信源出发"和"从受众出发"两类，他认为，新闻机构的职员可以被非正式地划分开来，一边是"从消息来源的视角"判断一则新闻故事取舍的新闻工作者，一边是"从受众的视角来审视之"的新闻工作者，"信源利益与受众利益之间的拉锯战主要是在新闻故事的生产过程中上演"。[2]

"从受众出发"是市场化报纸的服务理念。这一时期，《足球》《体坛周报》《南方体育》等市场类体育报纸大都树立了"从受众出发"的理念。如为了满足受众对国际足球赛事的兴趣，《体坛周报》率先刊登国际足球资讯等。这种理念使《体坛周报》拥有了一批忠实读者。知名体育记者姬宇阳曾经说过这样一段话："《体坛周报》为什么把字印得很小？就是为了满足学生球迷，因为他们经济不宽裕，希望报纸上登的东西越多越好，希望性价比更高。"[3]

这一时期的体育受众也出现了国际化、地域化、功利化、低龄化等特征。国际化，是指大学生和一些三四十岁的成年体育迷，是国际体育的坚定拥趸。地域化，是指受众往往因为地域、情感诸多复杂因素，在精神与行动上追随某

---

[1] 薛文婷. 体媒人物：新中国体育新闻传播口述史（下）[M]. 北京：清华大学出版社，2015：239-244.

[2] 甘斯. 什么在决定新闻 [M]. 石琳，李红涛，译. 北京：北京大学出版社，2009：109.

[3] 薛文婷. 体媒人物：新中国体育新闻传播口述史（上）[M]. 北京：清华大学出版社，2015：383.

一地域的运动队。功利化，是指一些体育迷关注体育报道是因为关心足彩或体彩的中奖概率。低龄化，是指十几岁的体育迷渴望通过媒体获得偶像讯息。[1]

五、体育新闻传播呈现出不同范式

社会主义市场经济体制的确立及体育改革、新闻改革的深化，使体育报道开始走向多元化。如果说20世纪80年代的体育新闻主要是宣传范式，20世纪90年代则增加了专业主义范式和娱乐至上范式。

（一）宣传范式下的体育新闻

新中国成立以来，中国媒体无一例外是"党的新闻事业"，主要职责是宣传主流价值观。这种情况下，体育新闻几乎等同于体育宣传，要讲政治："无论是中央新闻单位还是地方媒体，无论是综合性报刊还是体育专业报刊，无论大报还是小报，都要从讲政治的高度认识体育宣传，做到'以科学的理论武装人，以正确的舆论引导人，以高尚的情操塑造人，以优秀的作品鼓舞人'。"[2]

弘扬爱国主义是体育宣传的核心，这在主流媒体的重大赛事报道策略中有鲜明体现。1992年巴塞罗那奥运会时，中央人民广播电台强调要"从爱国主义、民族凝聚力等更高的层次上阐发一种精神"[3]。1996年亚特兰大奥运会时，《人民日报》的既定报道方针是"弘扬主旋律"，即"要坚持团结、稳定、鼓劲的方针，以正面宣传为主，以我为主，弘扬主旋律：爱国主义、集体主义、革命英雄主义，确保正确导向，满足读者需求……中国人看奥运，最关心的就是升国旗、奏国歌，就是我国健儿为国争光的壮举。满足中国读者的这种普遍需要，就成为奥运会报道的重点"。[4] 2000年悉尼奥运会期间，CCTV认真贯彻有关宣传精神，坚持"以我为主、兼顾其他"的方针，大力弘扬爱国主义精神：在赛事转播中，对中国队夺冠的比赛及奏国歌、升国旗的颁奖仪式全部进行直播；在解说和评论中，着力弘扬运动员顽强拼搏、为国争光的爱国主义精神和

---

[1] 张德胜.体育媒体通论[M].广州：广东人民出版社，2006：44-45.

[2] 中国体育新闻工作者协会.体育记者谈体育新闻[M].北京：人民体育出版社，2006：序.

[3] 中国社会科学院新闻研究所.中国新闻年鉴1993[M].北京：中国社会科学出版社，1994：10.

[4] 李仁臣.呼唤精神价值：人民日报奥运百年盛会报道浅谈[J].新闻战线，1996(9)：17-19.

超越自身、挑战极限的奥林匹克精神，激发了全国人民的爱国热情，振奋了民族精神。[1]2002年釜山亚运会期间，CCTV 的总体报道基调是"弘扬爱国精神，激发爱国热情，凝聚民族力量，振奋民族精神"，体现在报道中则是按照"以我为主"的宗旨，突出展现我国体育健儿通过奋勇拼搏而取得的骄人战绩。[2]

这种以爱国主义为核心的体育宣传范式，是传者与受众共同完成的。中国体育记者大都具有炽热的爱国主义情怀，并将爱国主义宣传视为使命，正如某论者所说："利用重大历史事件对全民特别是青少年进行爱国主义的宣传教育，是社会主义精神文明建设的一项重要内容，也是新闻工作者肩负的一项神圣使命。奥运报道的成功，为广大新闻工作者提供了启示。教育者先受教育，宣传爱国主义者必先具有炽热的爱国主义情怀，这是启示之一。"[3]这种爱国主义宣传也获得受众共鸣。2000年悉尼奥运会时，听众在给中央人民广播电台打电话时说，夺金牌和升国旗的插播，使人无论走到哪里都能置身于为祖国骄傲的激动之中。[4]

值得思考的是，宣传范式容易让体育记者形成思维定式——紧盯金牌，正如有记者所言，"内容那么丰富，色彩那么斑斓的体育盛会，到了我们眼里，只剩下一种单调的金色"。2002年釜山亚运会上，连中国体育代表团在记者通气会时也反复强调，中国代表团力争金牌和奖牌总数第一，但更看重锻炼培养新人，要赛出风格、比出水平，不能只把目光盯在金牌的数量上。[5]

（二）专业主义范式下的体育新闻

随着政治经济体制改革的深入和西方新闻传播理念的传入，中国媒体的职业化和专业化特色逐渐凸显出来，新闻专业主义成为越来越多媒体人努力的方向。在专业主义方面比较有代表性的体育报刊是《体坛周报》和《足球》。

《体坛周报》之所以能发展为全国发行量最大的综合性体育报刊，靠的就

---

[1] 赵化勇.展示整体实力，树立大台风范：在中央电视台奥运报道总结表彰大会上的讲话（摘要）[J].电视研究，2000（11）：5-7.

[2] 岑传理.釜山亚运会报道再创辉煌[J].电视研究，2002（11）：28.

[3] 周炳成.我国奥运报道的启示[J].瞭望，1996（43）：9.

[4] 中央人民广播电台.中央人民广播电台：奥运广播报道的历史性突破[M]//中国新闻年鉴社.中国新闻年鉴2001.北京：中国新闻年鉴社，2001：328.

[5] 刘小明.扬长避短 追求特色：《人在釜山》言论专栏写作体会[J].新闻战线，2002（12）：31-32.

是坚持不懈的专业化精神。第一，面向市场和受众。《体坛周报》的专业化精神，首先体现在它的市场转向上：从向体委负责转向向读者负责，从体育宣传转向体育报道，从体育政策解读转向提供体育信息，以此为公众提供"公共服务"，满足人们对体育行业报纸的专业化需求。第二，制作专业的媒介产品。专业化的新闻产品来源于专业化的报道方式，《体坛周报》在这方面不遗余力。例如，球迷出身的足球编辑李烨晖设计了一种准确报道足球比赛的方式：第几分钟哪位球员做了什么动作，场上形势如何，哪个球员在哪个位置上以什么方式得球，又以什么方式射门，每一个重要细节都交代清楚，从而让球迷对比赛有直观印象。当时，赛事转播较少，这种简洁、精准、规范的报道方式一出炉便受到球迷欢迎。《体坛周报》也逐渐确立了信息量大、语言简洁新锐的风格。第三，"倒二八"结构的资源配置。在西方传媒界，"倒二八"结构的资源配置方式一直盛行不衰，即用80%的人力、物力、财力去经营20%的核心品牌。《体坛周报》深谙此理，譬如在报道内容方面，紧抓足球、篮球、棋类三大报道领域，在足球报道方面也是先将当时比较稀缺的欧洲足球报道做到极致，继而将生产能力复制到整个足球报道领域，取得了事半功倍的效果。[1]《体坛周报》还追求提供有效信息和独家信息。当世界各地发生重大体育事件和赛事时，报社都会在第一时间派出记者做实地采访，如当李铁去英超埃弗顿时，马德兴随同前往并发回大量稿件。体育报道的专业化也体现在报道深度上。1994年开始，对于读者关心的全国和世界比赛，《体坛周报》总会在赛事前后推出有分量的独家特稿。例如，1994年冬奥会结束后发表的《中国冰雪项目启示录》和《中国无缘冬奥金牌的背后》，对中国冬季运动的发展进行了解析。[2]

  专业主义范式下的报刊更具有自主性。自主性，是指某个场域摆脱其他场域的限制和影响，在发展过程中体现出自己固有的本质。新闻场中的自主性，应当视为在新闻生产中对于新闻传播规律的遵循，以及新闻业免受政治、经济力量掣肘的独立性。2001年，《体坛周报》之所以能按照市场规律从《足球》报成功引进李响，从而"垄断"国家队主教练这一重要采访资源，就得益于其自主性和独立性。

  《足球》也是一份具有较强自主性和独立意识的报纸。在《足球》报人眼里，《足球》是"一份真正职业化的媒体"，"从来以思想解放著称，在议题设

---

[1] 李莎, 黄宣传. 《体坛周报》品牌建设的专业化精神 [J]. 新闻前哨, 2006（8）: 25-27.

[2] 毕剑琥. 《中国体育报》和《体坛周报》比较研究（1988—1997）[D]. 北京：北京体育大学, 2012.

置上有特别强的能力"[1]。《足球》的自主性和独立性，既得益于《足球》报人的职业追求，也得益于其体育系统外的党报背景，以及置身于《广州日报》和广州市体委双重领导下产生的转圜空间。1999年被完全纳入广州日报报业集团后，《足球》丧失了一部分自主性，从而在与《体坛周报》的竞争中处于下风。

一些在业界颇有影响力的体育记者、体育评论员也得益于这种独立性和自主性。《体坛周报》评论员周文渊说，自己是个直率的人，再加上不是体育系统的人，对体制里的人没有敬畏，也不需要仰视，可以想到什么就说什么。但在发表一些比较尖锐、敏感的文章时，他会使用笔名。譬如当因批评中国足球队导致文章被《体坛周报》"控制使用"时，他开始用笔名在《体育参考》上发表那些语言比较热辣的文章，因为《体育参考》隶属于新华社广州分社，"不怕"有关体育组织。[2]

（三）娱乐至上范式下的体育新闻

20世纪末，随着社会主义市场经济的发展和消费文化的盛行，体育新闻出现了娱乐化风潮。引领这股风潮的是《南方都市报》的《五文弄墨》体育评论专栏和《南方体育》。

《五文弄墨》专栏创办于1998年4月4日，以自由犀利的文风、独特个性的语言，造就了一种体育评论的独特风格。《五文弄墨》专栏在体育写作中大量引入文学、音乐、艺术等元素，使体育的外延扩大，造就了"体育搭台，人文唱戏"的新景观并获得成功。此后，《南方都市报》再接再厉，于1998年6月1日推出《世界杯特刊》，依然主打个性化体育评论，使报纸销量大幅跃升；于2000年6月扩版之际推出文体版块。[3]

《南方体育》由南方报业集团创办于2000年3月17日，明确提出了"体育娱乐化""以有趣抵抗无趣"的办报宗旨。作为体育报纸中的新成员，《南方体育》的专业积累与《足球》《体坛周报》有一定差距。为在竞争中崛起，《南方体育》在行文上摒弃了传统的体育报道和评论风格，代之以不羁的文风、犀利的批评，在版式上追求大开大阖、浓墨重彩的现代风，颇富冲击力；奉行"体育是生活"理念，传播新的生活方式；弘扬快乐哲学，争取青少年读者市场；注重营销推

---

[1] 谢奕. 永远坚挺的《足球》报 [N]. 足球，2009-01-01.

[2] 薛文婷. 体媒人物：新中国体育新闻传播口述史（上）[M]. 北京：清华大学出版社，2015：271-284.

[3] 唐磊.《南方体育》为什么"倒掉"？[J]. 中国新闻周刊，2005（36）：33.

广，以打造品牌、营造特色，如在国内首倡"足球宝贝"等。

概括来说，《南方体育》的报道重点不是体育赛事本身，而是和赛事相关的人、事、物，和体育相关的政治、经济、文化、社会，在形式上则强调故事性、情节性、趣味性等，即内容上侧重体育软新闻，形式上软化体育硬新闻。

受娱乐至上理念和《南方体育》影响，其他体育报纸也开始增加娱乐化元素。

第六章　繁荣与激荡期（2002年至今）

对中国人而言，2008年北京奥运会的成功举办注定要载入史册，并成为国人珍贵的集体记忆。北京奥运会的成功举办不仅圆了中华民族的百年奥运梦想，还推动了中国社会的发展；不仅弘扬了爱国主义，凝聚了民族精神，也提升了国民素质，增强了国际地位。围绕北京奥运会的筹办和举办，应对传播科技的日新月异，新中国体育新闻传播书写了一段繁荣与激荡并存的历史。

第一节　社会环境

新世纪以来，因为加入世界贸易组织（WTO），全面建设小康社会，筹备和举办北京奥运会，中国特色社会主义进入新时代，中国体育新闻传播的外部环境发生了巨大变化。

一、全面建设小康社会和中国特色社会主义进入新时代

2002年中共十六大以来，中国共产党人根据新的发展要求，深刻认识和回答了新形势下实现什么样的发展、怎样发展等重大问题，形成了科学发展观，中国进入全面建设小康社会、加快推进社会主义现代化的新阶段。在复杂的国内外形势下，中国抓住重要战略机遇期，成功应对各种挑战，着力保障和改善民生，构建社会主义和谐社会，促进社会和平正义，推动建设和谐世界，推进中国共产党的执政能力建设和先进性建设，在新的历史起点上坚持和发展了中国特色社会主义。

中共十八大以后，以习近平同志为核心的党中央团结和带领全国各族人民，对新时代坚持和发展什么样的中国特色社会主义、怎样坚持和发展中国特色社会主义这个重大时代课题进一步展开探索，创立了习近平新时代中国特色社会主义思想，明确了中国共产党带领中国人民在新时代的奋斗目标和战略部

署，统筹推进"五位一体"总体布局，协调推进"四个全面"战略布局，取得了改革开放和社会主义现代化建设的历史性成就。[1]

二、中国跃升为世界第二大经济体

2001年12月11日，中国正式加入世界贸易组织，标志着中国进一步融入世界经济一体化潮流，也标志着改革开放进入一个新阶段。2010年，经过30年的持续快速增长，中国的国内生产总值（GDP）超过日本，成为世界第二大经济体。尽管经济发展取得显著成就，但中国仍然是发展中国家，仍处于社会主义初级阶段。此后，为解决经济长远发展问题，中国政府开始推进经济结构调整和经济转型升级，使经济增长率从2011年的9.2%降到了2019年的6.1%，虽然较之几年前有所下降，但与其他国家相比依然处于高水平。

三、新媒体发展搅动新闻传播格局

进入新世纪，新媒体、数字化成为中国传媒发展的关键词，给传统新闻业带来了压力、挑战和机遇，并引发了新闻传播结构的深刻变化。从2011年新兴媒体的市场份额超过传统媒体开始，中国传媒产业格局经历了从2011年平面、广电、互联网、移动互联网四分天下逐渐到2013年传统媒体、互联网和移动互联网三足鼎立，再到2017年移动互联网主导的一超多强局面的变迁。[2]

在数字化传播快速发展的背景下，报业生存环境严峻，从繁荣逐渐走向衰落。2003年7月30日，国家新闻出版总署向全国下达《治理报刊摊派实施细则》，开始对报刊业进行新中国成立以来力度最大的一次整顿和变革，表明了政府将报刊推向市场的决心。由此，全国报纸数量从2002年的2137种降为2004年的1922种。在种数下降的同时，报纸的版面有所增加，日发行量也从2001年的4434.8万份上升到2008年的1.07亿份，连续6年成为世界最大的报业市场。[3]与此同时，中国报业的广告收入增幅出现下滑趋势，并出现了有关中国报业的"拐点论""寒冬论"和"消亡论"：2003年，中国人民大学新闻学院喻国明教授提出报业"拐点论"；2005年，京华时报社社长吴海民断言"整个报业的冬天"

---

[1] 当代中国研究所. 中华人民共和国简史（1949—2019）[M]. 北京：当代中国出版社，2019：116，142.

[2] 崔保国，刘金河. 中国传媒产业回顾与展望[J]. 新闻战线，2019（1）：20.

[3] 吴廷俊. 中国新闻传播史（1978—2008）[M]. 上海：复旦大学出版社，2011：259-266.

已经来临;清华大学新闻与传播学院教授刘建明则提出"报纸消亡论"。[1]2005年,我国报纸效益下滑明显——国内报业集团上半年广告实际收入平均下滑10%—30%,有的跌幅超过40%。[2]以2005年为"拐点",我国主要报纸的广告与发行量呈普遍下降趋势。因为北京奥运会,2008年可谓是我国传媒的盛典之年,但并没有将陷入困境的报纸拯救出来。当年8月,《中华新闻报》停刊。2009年10月,作为都市报代表之一的北京《竞报》退出早报市场。2012年,国内报业再次遭遇困境。其中,报纸广告刊例价下降7.5%。党报等主流媒体由于行政力量的推动,发行量未受大的影响,但晚报、都市报等靠市场发行的报纸"整体销量下滑"却是不争的事实。[3]2014年,全国报纸印刷用纸量比2013年减少近1/4,报业赖以生存的广告市场下降幅度达到两位数,有专家称报业遭遇"断崖式"滑落。[4]2015年,报业依然呈现"断崖式"下跌态势。全国各类报纸的零售总量比2014年下滑了41%,其中都市报类下滑幅度高达51%。读者数量和广告收入的双下滑使报刊经营举步维艰,停刊和休刊逐渐成为传统报刊业的"新常态"。据统计,约10家知名报纸于2014年停刊或休刊,2015年这个数字扩大为约30家。[5]此后,每年都有几十家报纸停刊或休刊。

广播电视进入整合提高时期。进入新世纪,政府有关部门不断推出新的政策措施,加强广电重点工程建设的力度,在保障广电业长足进步的同时,保证受众享有更完善的信息服务。以此为契机,广播电视经过一系列的改革调整,从新闻理念、事业发展到节目形态等方面都出现了新变化,如体制改革在艰难探索中前行,专业化、娱乐化趋势加强,民生新闻兴起,新闻直播常态化,广电媒体与新媒体实现融合,广播电视"村村通工程""西新工程""无线覆盖工程"等重点工程解决了近亿农民群众和边境少数民族群众看电视的问题。[6]在新媒体迅速发展的态势下,广电媒体感受到越来越大的压力,其中电视广告市场发展疲软,下滑趋势明显。2015年,电视广告收入首次被网络游戏市场超

---

[1] 王君超."报纸消亡论":十年论争与思考 [J]. 新闻与写作,2014(3):29-33.

[2] 刘建明. 关于报纸消亡的对话 [J]. 新闻界,2006(1):14.

[3] 奉丽群. 国内学界对"报纸消亡论"的回应与思考 [J]. 新闻世界,2014(8):350.

[4] 崔保国,何丹嵋.2014年中国传媒产业发展报告 [J]. 传媒,2015(12):14.

[5] 清华大学"传媒蓝皮书"课题组.《中国传媒产业发展报告(2016)》显示:传媒产业去年市场规模超一万亿 [N]. 中国新闻出版广电报,2016-05-10(5).

[6] 吴廷俊. 中国新闻传播史(1978—2008)[M]. 上海:复旦大学出版社,2011:363-373.

越。[1] 但随着媒体融合的深入推进，电视产业依然保有强大的生命力。2018年3月，中共中央决定将中央电视台（中国国际电视台）、中央人民广播电台、中国国际广播电台进行整合，组建中央广播电视总台，由中宣部领导。4月19日，中央广播电视总台正式揭牌。

新媒体是动态变化的，但万变不离其宗，其发展线索主要体现为数字化、网络化、移动化、融合化和智能化。据中国互联网络信息中心（CNNIC）第43次《中国互联网络发展状况统计报告》显示，截至2018年12月，我国网民规模达8.29亿，普及率达到59.6%。网络成了网民接收信息的第一通道，浏览新闻也成了网络主要行为之一。这一时期，网络媒体的基本阵营已经形成，网络新闻在重大事件中继续成长，网络媒体的舆论监督力量初显。2003年，网络在伊拉克战争报道、非典新闻发布、孙志刚案的关注等事件中，将沟通信息、表达和彰显民意等方面的作用发挥得淋漓尽致，网络媒体从此跻身主流媒体行列。2004年开始，中国网络媒体进入Web2.0时代，博客技术、RSS（网站聚合内容摘要）新闻服务、SNS（社交网络服务）社交网站、微博、网络视频等网络应用方式的变革，都对网络信息的生产与消费带来全方位影响。

随着手机技术的发展和相关应用的开发，手机作为一种大众传播媒体的属性日益显现。进入新世纪，手机渐渐进入大众传媒的行列，被称为"第五媒体"。截至2018年12月，我国手机网民规模高达8.17亿，网民通过手机接入互联网的比例高达98.6%。随着移动通信网络环境的不断完善、智能手机的进一步普及，移动互联网应用深入渗透到用户的各类生活场景，包括信息需求。手机报的出现，是中国传统媒体走向手机平台的开端，它的发展得益于短信业务的繁荣和WAP（无线应用协议）业务的普及。此后，微博、微信、各种新闻客户端的出现，使得文字、图片、视频、音频等媒体形态在手机平台上风生水起。

进入21世纪，随着文化体制改革试点工作的开展，中央出台了支持积极稳妥推进经营性文化事业单位转企改制的政策，相当多的报社尝试剥离改制，业外资本纷纷涌入新闻媒体。

新闻传播教育快速发展。据教育部高等学校新闻传播学类专业教学指导委员会统计，2007年，高等院校设有新闻学、广播电视新闻学、编辑出版学、广告学、传播学等新闻传播学一级学科各专业的单位700多个；[2] 到2015年底，新

---

[1] 清华大学"传媒蓝皮书"课题组.《中国传媒产业发展报告（2016）》显示：传媒产业去年市场规模超一万亿 [N]. 中国新闻出版广电报，2016-05-10（5）.

[2] 黄瑚. 中国新闻事业发展史 [M].2版. 上海：复旦大学出版社，2009：344-347.

闻传播学类专业布点数上升到1244个，在校本科生人数达到23万人，专业教师7000余人。[1]

四、体育事业进入前所未有的快车道

这是中国体育借举办奥运会之机全面发展的时期。其中，筹办和举办2008年北京奥运会，极大地推动了中国体育事业的综合发展和体育实力的全面提升，也极大激发了民众参与体育运动的热情。北京、张家口于2015年成功申办2022年冬奥会，再度给中国体育尤其是冰雪运动发展带来了动力和契机。

（一）竞技体育达到新境界

奥运会是衡量一个国家或地区竞技体育发展水平的最显著标志。新世纪以来，中国代表团在奥运会赛场上不断取得重大突破，尤其是在北京奥运会上，中国运动员获51枚金牌[2]、21枚银牌和28枚铜牌，创4项世界纪录，位列奥运会金牌榜第一位，并在游泳、击剑、射箭、蹦床、赛艇、帆板等项目上实现重大突破，使我国竞技体育水平达到前所未有的新境界。

随着北京、张家口申办、筹办2022年冬奥会，中国冬季运动项目、冰雪产业迎来了发展良机。

（二）群众体育快速发展

2003年，以科学发展观为指导，国家体育总局编制《体育事业"十一五"规划》，对竞技体育、群众体育等各类体育工作做出总体部署。2014年10月，国务院印发《关于加快发展体育产业促进体育消费的若干意见》，明确指出将全民健身升级为国家战略，形成了有利于群众体育发展的新局面。2016年10月，中共中央、国务院印发《"健康中国2030"规划纲要》，提出要完善全民健身公共服务体系、广泛开展全民健身运动、促进重点人群体育活动、积极发展健身休闲运动产业，为群众体育发展注入新活力。2019年，国务院办公厅印发《体育强国建设纲要》，强调要落实全民健身国家战略，助力健康中国建设。

在此背景下，我国群众性体育活动广泛开展。2006年，经常参加体育活动

---

[1] 王雄，高泽莹，谢昭坤. 网络与新媒体专业人才需求现状与培养策略[J]. 视听，2018（9）：222.

[2] 注：其中3枚金牌因相关运动员兴奋剂违规于2017年被国际奥委会收回。

的人数达到总人口的28%，社会体育指导员活跃在城乡社区，国民健康素质日益提高，初步形成了具有中国特色的全民健身体系。截至2013年底，全国共有体育场地169.46万个，场地面积19.92亿㎡，人均体育场地面积1.5㎡，分别比2003年增加了99%、50%、42%。[1]

（三）学校体育制定新标准

2002年7月，教育部和国家体育总局印发《国家学生体质健康标准（试行方案）》和《国家学生体质健康标准（试行方案）实施办法》，标志着我国学生体质健康标准的测试和评价进入新阶段。经过试行和修订，《国家学生体质健康标准》于2007年正式颁布。同年，中共中央和国务院下达了《加强青少年体育工作增强学生体质的意见》，指出"要全面实施《国家学生体质健康标准》，把健康素质作为评价学生全面健康发展的重要指标，广泛开展'全国亿万学生阳光体育运动'"。2014年，教育部修订了《国家学生体质健康标准》。

2005年，教育部组织、研制的《全日制义务教育普通高级中学体育（1—6年级）体育与健康（7—12年级）课程标准（实验稿）》，在各级各类学校普遍实行。经过反复修缮与探索验证，《义务教育体育与健康课程标准（2011年版）》正式发布，坚持"健康第一"的指导思想，重在激发学生运动兴趣，培养学生体育习惯，促进学生健康成长，深刻影响了我国学校体育教学的面貌。2017年，为顺应时代要求，落实立德树人的根本任务与中国学生发展核心素养的客观要求，新版《普通高中体育与健康课程标准》正式颁布，体育与健康学科核心素养应运而生，为我国学校体育事业的发展提供了新思路。

（四）体育产业快速发展

进入21世纪，我国体育产业发展迅速，规模不断扩大，结构趋于合理，逐步形成了以健身服务业、竞赛表演业、体育表演业为主体的产业体系。

2014年10月，为进一步加快发展体育产业，促进体育消费，国务院下发了《关于加快发展体育产业促进体育消费的若干意见》（国办发46号文），希望到2025年基本建立布局合理、功能完善、门类齐全的体育产业体系，使体育产业成为推动经济社会持续发展的重要力量。由此可见，体育产业在国民经济发展中的地位日益提高，并呈现出巨大潜力和广阔前景。

---

[1] 国家体育总局. 第六次全国体育场地普查数据公报[OL].2017-01-07[2017-12-30].http://www.sport.gov.cn/n16/n1077/n1467/n3895927/n4119307/7153937.html.

第二节　媒介体育报道

传播科技的突飞猛进使体育新闻传播的格局发生重大改变，如体育专业报纸遭遇"寒冬"，网络和移动网络媒体成为受众获取体育信息的重要渠道等。

一、通讯社体育报道不断扩大影响力

新世纪以来，新华社体育部不断创新报道形式，丰富报道内容，先后推出了"新华体育"微博、"新华体育"微信公众号等，并在Twitter（推特网）、Facebook（脸谱网）等海外社交媒体上推送信息。

（一）开通体育新闻专线

2002年5月10日，以韩日世界杯足球赛报道为契机，新华社正式开通体育新闻专线（自1997年6月1日开始试运营）。专线一经正式成立，当即发展用户121户。韩日世界杯期间，各家媒体纷纷采用新华社体育专稿。此后的日常报道中，体育部也积极开拓稿源，取得了较好的社会效益和经济效益。[1] 体育新闻专线的成立，是新华社完善自身发展的一次有益尝试，打破了以往作为"消息总汇"只向各大媒体提供体育通稿的惯例，在全国各地不断发展新用户，并根据用户需要提供更多体育报道，又根据地区经济的实际情况划分不同的收费标准，既满足了媒体需求，又增加了自身收入。

（二）重大赛事报道

新世纪以来，借助北京奥运会，加之自身国际影响力的增大，新华社体育报道越来越受到国际奥委会重视：新华社英文体育通稿是国际奥委会日常接收的国际性稿件之一；新华社奥运会报道的持证记者从1984年的30人增加到北京奥运会的284人、里约奥运会的119人，几乎占到中国平面媒体持证记者的一

---

[1] 新华社2002年新闻报道工作综述 [M]//《新华社年鉴》编辑部. 新华社年鉴2002. 北京：新华社年鉴编辑部，2002：220.

半；[1] 新华社自2010年南非世界杯起开始享受国际足联给予的世界顶级媒体待遇［所有记者门票、混合区采访证等都一次性发放，免去记者因媒体席不够无法入场采访的困扰，省去被列入"Waiting List（候补名单）"的煎熬］，前方持证记者从1986年墨西哥世界杯的3人增加到2018年俄罗斯世界杯的58人。

重大赛事期间，新华社非常注重英文报道。对于北京奥运会，新华社很早就着手准备，并打造重点栏目。2006年，体育部设立三个重点栏目和两个特设栏目，英文版的为 China Sports 和 Beijing Olympics，英文稿量连年攀升。北京奥运会期间，新华社播发5115条英文文字稿，关于金牌的英文快讯基本上都抢先于其他通讯社。2009年，新华社对欧洲等地区增派专职体育记者，英文报道则首次实现不间断发稿。新华社各分社也很重视英文体育报道，不断增加英文体育编辑和专职体育记者，加大海外雇员本土化力度，力求多发高质量稿件，提升了新华社的国际传播能力。

（三）名记者战略

2004年，新华社副社长兼常务副总编辑马胜荣在雅典奥运会报道总结大会上讲话时说："培养一批社会知名度高的名记者，是扩大新华社体育报道影响力的有效途径。"他指出，新华社在综合体育、篮球、排球、羽毛球、游泳、田径等领域和项目上拥有一批专家型记者，他们不仅长年跟踪各自领域和项目，熟悉相关人士，而且能进行专业化评述，引导读者了解事实、思考问题。他们的稿件不仅采用率高，还能引起同行和读者的高度关注。马胜荣指出，新华社要继续加大体育记者队伍培养：培养一批宏观把握能力强，策划、协调、应变能力强的文字、图片、网络、音频编辑；培养一批对分管项目赛事长年跟踪，熟悉项目特点和教练、运动员的一线骨干记者；培养一批著名摄影记者和专家型文字记者；等。[2]

的确，新华社从事体育报道的大多是"专家型记者"，对所负责的主项有多年采访经验和深厚积累。

---

[1] 注：1984年奥运会，新华社派出了30人报道团。此后，汉城奥运会37人、巴塞罗那奥运会35人、亚特兰大奥运会38人、悉尼奥运会39人、雅典奥运会80人、北京奥运会284人、伦敦奥运会116人、里约奥运会119人。

[2] 马胜荣同志在雅典奥运会报道总结大会上的讲话 [M]//《新华社年鉴》编辑部. 新华社年鉴2004. 北京：新华通讯社，2004：125-131.

（四）报道理念转型

这一时期，新华社体育报道也在发生转变，即从小体育到大体育、从简单报道到深度报道、从"中国视野"到"全球视野"、从单一媒体形态到多媒体形态报道的转变。

新华社体育部非常注重新媒体建设。2012年2月14日起，新华社体育部派人更新维护"新华体育"微博并值班发稿，粉丝数量在两个多月的时间里从2万余人增加到近14万人。以此为契机，体育部制定了《"新华体育"微博采编规程》，实现24小时发稿，设计"新华体育"标识，使"新华体育"微博粉丝数迅速增加，成为具有较高人气、在业界有较大影响的微博。体育部还在"新华体育"微博上适度运用"长微博"工具，及时发布并推介已经在传统线路上播发的深度稿件，促进了用户和读者对新华社传统稿件的了解。[1]

新华社体育报道还一直努力做到"四个均衡"，即中国选手与外国选手的均衡、明星与普通人的均衡、赛事与非赛事的均衡、运动会与城市发展的均衡。[2]

二、综合性报刊体育报道走向低迷

继2005年迎来"拐点"之后，中国报业在北京奥运会后继续萎缩，并陆续出现停刊现象。报纸的体育报道则在2008年达到顶峰后开始走向低迷。随着新媒体兴起，《人民日报》体育部等也相继推出微博账号、微信公众号。

（一）《人民日报》等综合性日报体育报道

新世纪以来，《人民日报》多次调整版面：2003年1月从12版增至16版，2009年7月增至20版，2010年1月增至24版，2019年1月减至20版。在此期间，除重大赛事，《人民日报》始终设有一个体育版。2004年1月，《人民日报》体育部开始尝试采编分离机制，目的是解决"新闻偏弱，独家不多"问题，也为了避免"关系稿、人情稿"弊病。从北京奥运会倒计时1000天开始，《人民日报》开始进入北京奥运会节奏：2005年11月至2008年6月，推出97期《全景奥运》专版，初为每周1版，后增至每周2版；2008年7月1日至8月25日，推出《奥

---

[1] 许基仁. 奥运报道的平衡法则：写在伦敦奥运会倒计时100天之际 [J]. 中国记者，2012（5）：29.

[2] 许基仁带你感悟体育新闻"最好的时代"[Z]. 北京体育大学卓越新闻讲堂，2016-04-14.

运特刊》，初为每日2版，后陆续增至4版、12版，无论是版面规模、稿件数量，还是彩版印刷，都是《人民日报》历史上前所未有的。2009年6月，《人民日报》教科文部体育组升级为体育部。

《北京青年报》不仅报道体育，还参与体育赛事的组织和运营。其中，对中国网球公开赛的开发和运营比较成功。2003年12月，北京青年报社和TOM集团合资成立北京中国网球公开赛体育推广有限公司（简称"中网公司"），分别控股51%和49%，并于2004年举办首届赛事。后经北京市政府申请，国家体育总局批准了"中国网球公开赛"的赛事名称，确立了该赛事国家冠名的特殊地位。2007年，北京青年报社收购境外公司持有的股份，完全拥有中网赛事的所有权和运营权。2009年起，中国网球公开赛全面升级为全球顶级赛事，其中女子赛事升级为WTA（国际女子职业网球协会）皇冠明珠赛事（仅次于四大满贯赛事，全球仅4站），男子赛事升级为ATP（国际男子职业网球协会）500赛事（仅次于四大满贯赛事、ATP1000赛事，全球11站）。作为北京城市名片，中国网球公开赛的品牌号召力、国际影响力不断提升。

（二）晚报体育报道稳定发展

面对竞争日益激烈的媒介环境，《新民晚报》的体育报道努力在内容和形式上寻求创新，如增版、推出特刊等。2004年5月，《新民晚报》实行了以"改版、改制、改人"为内容的改革，将体育版从2版增至4版，并细分为《足球》《综合》《国际》等，使版面定位更加清晰。每逢奥运会、世界杯、亚运会、全运会等重要赛事，《新民晚报》都会推出赛事特刊，如2008年北京奥运会期间的《新奥运》、2010年世界杯期间的《非常一月》等。《新民晚报》非常注重报道本地赛事（如网球大师杯赛、F1中国大奖赛等）和本地明星运动员（如姚明、刘翔等），发挥了体育报道的城市名片功能。《新民晚报》注重利用手机短信、运动员的博客、微博等组织报道，甚至发掘"独家"。[1]

《北京晚报》不但充分报道竞技体育，也注重对社会体育的报道，还热衷于组织、报道"百队杯"足球赛、北京晚报滑雪节等社会体育活动。2002年后，中国足球跌落谷底，"百队杯"足球赛举步维艰，甚至面临停办危险。虽然困难重重，但《北京晚报》始终在坚持。至2019年，"百队杯"已成功举办36届。"晚报杯"全国业余围棋锦标赛是《北京晚报》参与组织、主办的另外一项赛事。《北京晚报》举办的赛事除了涉及足球、围棋等传统体育项目外，也包括

---

[1] 昌小丹.《新民晚报》体育报道研究（1946—2012）[D]. 北京：北京体育大学，2013.

高尔夫等新兴体育项目。自2003年起,《北京晚报》联合厦门高帝高尔夫用品有限公司举办了"北京晚报'高帝杯'慈善高尔夫邀请赛",至2019年底已举办17届。2002—2009年间,北京晚报社还举办了七届北京晚报滑雪节。无论是"百队杯",还是"晚报杯",《北京晚报》一直致力于推动群众体育的发展,致力于让体育走进普通民众。

(三) 都市报体育报道

新世纪初期,都市报继续红火,不仅是拉动全国报纸出版业增长的重要力量,也是自费市场和广告市场的主力。据新闻出版总署统计,2005年全国共出版各种名称的都市报132种、晚报153种。[1] 在北京,《京华时报》《新京报》和《北京晚报》3份报纸的总发行量占北京地区发行量的81%,读者人数众多。北京奥运会后,完全依靠市场发行的都市报销量和广告整体下滑。2016年底,《京华时报》黯然停刊。围绕北京奥运会,都市报体育报道有很大发展。

进入新世纪,都市报已不满足于做一份小报,而是向主流大报方向迈进。2000年,《华西都市报》以"迈向主流大报"为目标进行了改革。2005年,该报又提出"新锐、责任、主流"的办报理念。从2002年韩日世界杯到2008年北京奥运会,《华西都市报》体育报道一直处于快速发展和进步之中。其中,北京奥运会报道是《华西都市报》资源动用最广、报道规模最大、持续时间最长的一次体育报道,并将该报的体育报道推向高峰。就运动项目而言,《华西都市报》创刊初期重点报道足球,此后又相继关注篮球、网球、围棋、高尔夫运动等。《华西都市报》重视刊登深度报道和独家新闻,如2009年设置《中国足坛最强反赌风暴追踪》专栏,2010年开办《第一时间 第一现场》专栏等。《华西都市报》的体育报道呈现出一定的娱乐化风格,并注重本土化,如设置《巴蜀体坛》《川军在线》栏目等。[2]

三、体育专业报刊经历动荡

在电视、报刊、网络的夹击之下,体育专业报纸在2002年世界杯之后迅速进入"寒冬":《21世纪体育报》《南方体育》等报刊陆续停刊。北京奥运会后,又有多家体育报纸相继退出历史舞台。

---

[1] 赵文丹. 重庆都市报发展史 [M]. 北京:法律出版社,2014:38-42.

[2] 李娴.《华西都市报》体育报道研究(1995—2012)[D]. 北京:北京体育大学,2013.

(一)体育专业报纸

1. 体育专业报纸不断萎缩

中国体育报纸的"寒冬"早在2002年世界杯后就已降临：7月24日，新华社停办《体育快报》；9月，创刊仅半年的《21世纪体育》宣布停刊。2003年，非典危机、金融海啸等再次重创体育媒体。[1]2004年原本是体育大年，亚洲杯、欧洲杯、奥运会齐聚该年，但体育报纸市场却日渐萎缩。除电视直播不可撼动的优势地位外，综合性报纸的体育版开始振兴，网络体育报道稳步发展，体育报遭遇了市场化以来的最大冲击。[2]这一年，中国足球协会将足球甲级A组联赛升级改组为中国足球协会超级联赛，简称"中超联赛"。被人们寄予厚望的中超联赛带给人们的却是假球、黑哨、赌球、炮轰足协等一系列负面事件，极大打击了国人对足球的热爱，也缩小了以足球报道为核心的体育报业市场。2005年，体育报业开始出现停刊潮：8月1日，《球报》停刊；8月30日，《南方体育》宣布休刊；秋季，《青年体育》停刊。随后，又有一些体育报纸宣告停刊，如《体育时报》《东方体育报》《足球11人》《体育参考》等。

此后，体育专业报纸进入一个相对稳定的阶段，并积蓄力量，准备借北京奥运会之机振作一番。遗憾的是，北京奥运会并没有给体育报纸带来太大机会。北京奥运会后，又有多份体育报纸停刊：2009年3月3日，《中国足球报》宣布休刊；2011年12月30日，湖北《体育周报》停刊；2018年1月1日，天津《球迷》休刊。[3]这一时期停刊或休刊的还有重庆《体育报》和《北京足球报》《海峡体育报》《世界体育报道》《体育天地》《体坛导报》《北方体育报》等。

新世纪以来，先后停刊或休刊的体育专业报纸多达20余家。

2. 新创办体育报纸

2004年，距离1994年CCTV直播NBA比赛已经10年，距离1995年CBA联赛创办已经9年，距离2002年姚明加盟美国休斯敦火箭队已经2年。在这期间，中国的篮球迷不断增多，篮球专业记者的人数和业务水平也不断提升，篮球报刊呼之欲出。

2004年7月15日，《篮球报》创刊，隶属于中国体育报业总社。初为周双刊，后为周刊，每刊20版，全国发行，报道内容涵盖中国的CBA、CUBA（中国

---

[1] 刘晓新.02世界杯如夜宴，李响蝴蝶效应造就冰川[N].足球，2009-01-04.

[2] 肖焕禹.我国体育新闻传媒30年回眸与前瞻[J].上海体育学院学报，2008（4）：6-10.

[3] 致敬与告别！2018年停刊的报纸.http://www.sohu.com/a/216360525_652806.

大学生篮球联赛),美国的 NBA、WNBA(美国女子职业篮球联赛),以及欧洲和其他地区的篮球赛事等。

《篮球先锋报》创刊于2004年10月8日,由广州日报报业集团旗下足球报社创办,每周一、四出刊,初发行几万份,2006年发行量达四五十万份,多时曾高达100多万份,一度在全国拥有25个分印点。[1]

《篮球报》《篮球先锋报》之所以能在体育报纸总体下滑的趋势下异军突起,源于中国篮球报纸的缺失、主创团队的业务专精,也源于姚明在 NBA 的成功和 NBA 季前赛于2004年10月登录中国,可谓生逢其时。其中,拥有更多灵活性的《篮球先锋报》迅速成为中国发行量、影响力最大的篮球报纸。

北京奥运会后,随着新媒体的影响力、渗透力日渐增强,《篮球先锋报》的发行量逐渐下跌。2011年姚明退役后,篮球报刊的生存日益艰难。2012年,《篮球先锋报》第一次出现亏损。2017年底,《篮球报》黯然停刊。

这一时期还有几份综合性体育报纸面世。2005年8月8日,新华日报报业集团在南京创办《扬子体育报》,每周一、五出版,每期24版,目的是借力当年10月在南京举行的十运会占据体育报刊市场。[2]《扬子体育报》一度成为华东地区最有影响力的专业体育报,期发行量曾达到20万,但在新媒体环境下也同样遭遇困境。2020年,新华日报报业集团将"扬子体育报转型"列为集团重点整改项目,希望进一步理顺机制,明确发展思路,整合内外资源,做好"体育+文章",打造"新华体育传媒"品牌。[3]2006年1月9日,大连日报社将创刊于1993年的《足球周报》更名为《北方体育报》,并在沈阳、长春、大连等城市试发行。[4]2010年,新闻出版总署推行报刊质量评估和退出机制,辽宁《北方体育报》被宣告"死亡"。[5]

3. 勉力维持的体育专业报纸

截至2019年,体育专业报纸已不足10家,包括《中国体育报》《体坛周报》

---

[1] 刘晓新. 逆势而动,勇敢者的游戏 [N]. 足球,2009-01-03.

[2] 荆烽."举国体制"的媒介报道分析:兼论中国体育新闻场域的演变 [D]. 上海:复旦大学,2010.

[3] 中共新华日报社委员会. 新华日报社(集团)党委关于省委巡视整改进展情况的通报 [OL]. 2020-04-25[2020-08-03].http://news.xhby.net/jtdt/202004/t20200425_6618529.shtml.

[4] 综合记事 [M]// 钱莲生. 中国新闻年鉴2007. 北京:中国新闻年鉴社,2007:631-644.

[5] 关键词二"退出机制":让刊号资源流动起来 [M]// 钱莲生. 中国新闻年鉴2011. 北京:中国新闻年鉴社,2011:682.

《足球》《东方体育日报》《篮球先锋报》等。它们大多依托报业集团，缩减人员、版面和投入，积极涉足新媒体，努力探寻媒体融合环境下的生存、发展之路。

（1）《中国体育报》及中国体育报业总社

新世纪以来，因为报纸的整体衰落，《中国体育报》的发行量也持续下降，且主要是单位订户。2006年初，《中国体育报》从总发行量7万份中随机抽样8206份订户资料进行分析统计，结果96%是单位订户，4%为个人订户。单位订户中，比重最大的是学校，其次是体育系统。[1]

随着外部生态环境改变，《中国体育报》也不断调整定位。经过尝试和摸索，《中国体育报》一度确立了"影响有影响力的人群"的思路和办一张给体育人看的报纸的定位。[2]2010年，遵循中国新闻出版总署要求，中国体育报业总社进行转企改制，从公益性事业单位转变为以市场为导向的企业单位。

新世纪以来，中国体育报业总社不断开拓新的业务领域，其中由报纸、期刊、影视和新媒体构成的媒体方阵依然是其核心业务。至2019年，中国体育报业总社旗下还剩下两份报纸：《中国体育报》和《中国体彩报》。

（2）《体坛周报》

2004年，欧洲杯足球赛、亚洲杯足球赛和雅典奥运会先后举行，《体坛周报》在每周一、三、五正常出版的基础上推出日报和特刊，分别为《欧战特刊》《亚洲杯会刊》和《雅典日报》。[3]当年，《体坛周报》品牌的评估价值为5.2亿元，并于6月荣获"2004年中国500最具价值品牌"荣誉称号，是全国唯一获此荣誉的专业报纸。同年，《体坛周报》还与中央人民广播电台《都市之声》联手打造《体坛在线》广播节目。

2008年前，《体坛周报》是湖南省乃至全国范围内最具市场化、专业化特色的综合性体育报纸，是国内最具赢利能力的体育报纸。2007年，该报销售收入近亿元，是国内外极少数主要依靠发行赢利的报纸之一。[4]

北京奥运会期间，蓄势待发的《体坛周报》没有取得预想中的回报，体坛人真切地感受到了体育报纸的寒冬。正如周文渊所说："体育媒体真正的寒冬是从2008年开始的。当时我们都觉得2008年是一个很大的机遇，都有搏一把的

---

[1] 张宏伟.中国体育新闻史研究[D].苏州：苏州大学，2008.

[2] 薛文婷.体媒人物：新中国体育新闻传播口述史（上）[M].北京：清华大学出版社，2015：162，179.

[3] 金泽.从《体坛周报》看体育类报纸发展[D].成都：四川大学，2005.

[4] 肖焕禹.我国体育新闻传媒30年回眸与前瞻[J].上海体育学院学报，2008（4）：6-7.

想法，报社的投入也很大，结果并不理想。""网络这个世界，吸引了越来越多的球迷、粉丝。那个时候，真的觉得很难。"[1]

如何应对新媒体，成为摆在体坛人面前的重要课题。为在新媒体热潮中占据一席之地，2008年5月，《体坛周报》先后推出体坛网和体坛手机报。2011年9月，体坛周报社转企改制为体坛传媒有限责任公司。2013年时，体坛传媒集团是一家以《体坛周报》为旗舰，向"体育·健康·生活"领域延伸的多媒体集团，旗下不仅拥有《体坛周报》，还拥有体育系列杂志《足球周刊》《高尔夫大师》《高球文摘》《扣篮》《全体育》《跑者世界》《足球周刊香港版》，健康系列杂志《健康女性》，生活系列杂志《新潮流》《户外》，汽车类杂志《汽车画刊》，以及体坛网（www.titan24.com）和手机体坛。2016年，《体坛周报》从周三刊改回周二刊（周一、周四出版）。至2019年，体坛传媒旗下还有1报8刊，即《体坛周报》和《足球周刊》《高尔夫大师》《扣篮》《跑者世界》《健康女性》《新潮流》《户外》《汽车画刊》。

（3）《足球》

2004年1月7日，《足球》报刊登了一篇题为《"国资委"阻击中国足球》的文章，以国资委内部会议记录为依据，指出国有资产退出足球市场将是大势所趋。中国足协随即指责《足球》报道失实，宣布取消报纸采访足协主办和承办赛事的资格。《足球》不甘示弱，否认报道失实，并称足协取消其采访资格缺乏法律依据。这一事件在全国新闻界、足球界掀起轩然大波。

面对竞争压力，《足球》报进行了很多尝试。2004年7月，考虑到北京奥运会，《足球》推出《劲体育》版块，全面报道各项体育赛事，希望成为国内最有影响力并兼容各种媒体形式的立体化体育媒体。北京奥运会后，完成历史使命的《劲体育》退出了舞台。《足球》报曾设置《星战》栏目，让体育明星跟娱乐明星互动，如让演员杨幂去采访羽毛球运动员等。

《足球》报于这一时期开始走多元化办报之路，并把目光首先瞄向篮球。继2004年创办《篮球先锋报》，《足球》报又先后推出时尚潮流装备杂志《型格》、汽车杂志《车间》。加上此前创办的足彩报纸《足球大赢家》，《足球》报一度形成了"三报两刊"的报刊格局。2008年第三届中国传媒新年会上，《足球》报荣获"07中国年度十大体育传媒奖"。[2]

---

[1] 薛文婷. 体媒人物：新中国体育新闻传播口述史（上）[M]. 北京：清华大学出版社，2015：282-283.

[2] 汤应武，李婉芬. 广州日报60年 [M]. 广州：花城出版社，2012：175，196.

面对商业门户网站体育频道的崛起,《足球》报开始和新媒体连接,如和门户网站进行内容合作;推出劲球网(http://www.goalchina.net/)和新媒体客户端;独立研发、制作基于新媒体技术、报社优质资源的产品平台,如粤传媒的购彩平台等。[1]

因为报刊生存环境的恶化,至2018年8月,足球报社只剩下三份报纸,分别是《足球》《篮球先锋报》和《足球大赢家》。2021年,《篮球先锋报》和《足球大赢家》停止出版纸质版,唯留电子版。

(二)体育期刊

1. 体育期刊概况

加入世界贸易组织后,中国期刊出版业处于动力和压力、机遇和危机并存的时期,并加大与国际传媒的合作。

由于体育运动的发展和体育爱好者的增加,我国体育期刊的数量和种类增多,报道范围更广,内涵也更丰富。2003年6月,我国体育类期刊约有110种。其中,科技类体育期刊38种,通常是体育院校和体育研究机构出版的学报,被称为小众体育期刊。以报道体育赛事、体育人物、体育产业等为主要内容的大众体育期刊约70余种,包括15种综合类体育期刊和57种单项类体育期刊。2007年前后,大众体育期刊增至近百种,其中综合性大众体育期刊10余种,如《新体育》《全体育》《体育画报》《体育博览》《环球体育》《体育世界》《中国体育》《体育时空》《体育春秋》《竞技》等;专项大众体育期刊80余种,包括《当代体育(足球版)》《足球世界》《足球周刊》《足球俱乐部》《足球之夜》《射门》《踢球者》等足球刊物,《当代体育(足球版)》《篮球》《NBA时空》《尚篮》《体育世界·扣篮》《篮球俱乐部》等篮球刊物,《时尚高尔夫》《高尔夫》《高尔夫大视野》《高尔夫大师》《高球先生》《中国高尔夫》等高尔夫刊物,《搏击》《中华武术》《精武》《武林》《武当》《武魂》《少林与太极》等武术刊物,《健与美》《健美丽人》《健美先生》等健美刊物,《运动与休闲》《山野》《户外》《户外探险》《户外生活》等户外刊物,《象棋研究》《中国国际象棋》《象棋》《围棋天地》《新民围棋》等棋类刊物,《中国钓鱼》《垂钓》《海峡钓鱼》等垂钓刊物,《方程式赛车》《F1速报》《车王》等赛车刊物,此外还有《网球天地》《羽毛球》《中国排球》《乒乓世界》《赛马》《田径》《跆拳道》《桥牌》《游泳》《门球之苑》《冰雪运动》《世界体育用品博览》等刊物。

---

[1] 薛文婷. 体媒人物:新中国体育新闻传播口述史(上)[M]. 北京:清华大学出版社,2015:220-224.

这一阶段，我国大众体育期刊主要呈现出如下特点：数量多、种类广、细分化、小众化，制作精良、定位高端，资本介入、版权合作。这一时期，和国外体育杂志的版权合作较为普遍，如《NBA时空》是美国 *HOOP* 杂志的中文版，《体育画报》同美国 *SLAM* 杂志进行版权合作，《全体育》与法国《队报》有版权合作，《高尔夫大师》则是体坛周报社与美国 *Golf Digest* 版权合作的产物。[1]

尽管我国体育期刊取得了一些令人瞩目的成绩，但在整体水平上也有不尽如人意之处，如大刊名刊少、形式单一、内容雷同、部分体育期刊缺乏个性等。[2]

2. 代表性体育期刊

（1）《新体育》及中国体育报业总社旗下其他体育期刊

进入新世纪，《新体育》在内容和形式上都进行了改变。2003年，《新体育》改黑白印刷为铜版纸彩色印刷，增强了视觉冲击力。随着姚明登陆NBA，《新体育》杂志每期都有姚明的消息，还设置《姚明妙语录》和《姚之页》版块，记录姚明的成长。体育专业评论多了起来，如于2003年推出时评性质的《李央十二剑》等。[3] 在网络媒体的冲击和体育期刊市场的专业化趋势下，综合性体育期刊的市场空间不断萎缩，《新体育》也步履艰难。

2013年，中国体育报业总社旗下共有25种体育期刊，分为3大类：一类是属于综合体育类的，有《新体育》《中国体育》《体育画报》《运动休闲》；一类是单项类的，如《乒乓世界》《羽毛球》《网球天地》《足球世界》《篮球》《田径》《围棋天地》《中华武术》《中国钓鱼》《健与美》《高尔夫》《桥牌》《车王》《游泳》《尚舞》《越野世界》《汽车周刊》；还有一类是时尚类的，包括《健康之友》《嘉人美妆》《心理月刊》《摩登绅士》。当时，《中国钓鱼》《健与美》《乒乓世界》《网球天地》《中华武术》《羽毛球》等单项体育期刊拥有较为稳定的阅读群体、良好的社会效益和经济效益。[4] 2014年，《心理月刊》和《摩登绅士》停刊，《中

---

[1] 张宏伟.中国体育新闻史研究 [D].苏州：苏州大学，2008；谢福成.《足球世界》杂志的历史、现状及发展对策 [D].北京：北京体育大学，2009；王玮威.论新世纪我国足球类期刊的现状及发展趋势：从《足球俱乐部》到《足球周刊》[D].合肥：安徽大学，2011.

[2] 张亦峥.体育期刊发展现状述评 [M]//《中国期刊年鉴》编辑部.中国期刊年鉴2003/2004.《中国期刊年鉴》编辑部，2004：179-185.

[3] 刘蒙.《新体育》杂志不同发展时期的报道研究 [D].上海：上海体育学院，2009.

[4] 薛文婷.体媒人物：新中国体育新闻传播口述史（上）[M].北京：清华大学出版社，2015：164.

国马拉松•领跑者》创办,中国体育报业总社旗下的体育期刊数量减少为24种。

(2)《足球周刊》

《足球周刊》于2001年3月14日正式创刊,是一份全彩足球期刊,也是体坛传媒着力打造的品牌。《足球周刊》创刊伊始就拥有了12万份的发行量,2002年借助中国足球队参加世界杯的东风曾创造期发30万份的新高。2003年,《足球周刊》由双周刊改为周刊,在北京、上海、重庆、深圳同步印刷,还发行粤语繁体版。

得益于《体坛周报》的全球化战略,《足球周刊》和《法国足球》、意大利《米兰体育报》、西班牙《足球先生》、南非 *Kickoff*、欧足联(欧洲足球协会联盟)官方杂志 *Champions* 等国外知名体育媒体建立了合作关系。2007年5月,欧洲体育杂志联盟(ESM)正式接纳《体坛周报》为其亚洲唯一的官方合作媒体,接受《足球周刊》成为集团正式会员。借助"入欧",《体坛周报》《足球周刊》扩大了在欧洲的影响力,获得了更多资源,也进一步提升了媒体实力。

四、体育广播频率开播

新世纪以来,随着电台"窄播"时代到来和北京申奥成功,京、沪、穗等地广播电台相继开通体育频率,为体育广播的发展注入了新的活力。中央人民广播电台的体育专题节目却在北京奥运会后停播。

(一)中央人民广播电台的体育报道

北京奥运会前,中央人民广播电台(英文名为CNR)调整了日播体育新闻性栏目《体育直播间》,开播了周播体育评论性栏目《体育评书》,形成了体育广播专栏三足鼎立的格局。[1] 北京奥运会后,随着中国之声改版,体育节目先后停播。

2004年1月1日,随着中国之声正式开播,CNR完成了8套节目的改版。其中,《新闻之声》(第一套节目)周一至周五每天3档体育新闻节目统一命名为《体育直播间》,播出时间为:8:00—8:15;16:35—16:50;22:05—22:20。面对台湾听众的《中华之声》(第五套节目)保留了《体育天地》节目,

---

[1] 注:初为《体育节目》《体育沙龙》《体育直播间》,后为《体育沙龙》《体育直播间》《体育评书》。

播出时间为12∶10—13∶00和20∶10—21∶00。[1] 与此同时，原新闻中心、社教中心的多个部门被重组为9个部门，原新闻中心体育部被合并到文体新闻部。

这一时期，《体育沙龙》依然是CNR的主打体育栏目。2002年4月9日开始，栏目试行音视频网上同步直播，将直播现场和采访素材、照片、嘉宾资料等相结合，进行多媒体互动，效果良好。2003年初，体育部对《体育沙龙》进行整合，推出5档创新栏目，即周一的《奔向奥运》、周三的《关注NBA》、周四的《体坛情缘》、周五的《散打决战》和周日的《竞技周末》，引领听众参与节目互动、关注体育发展。[2]2004年1月中国之声开播后，《体育沙龙》恢复为周六、日播出，时间为20∶30—21∶30。[3]

2006年1月7日，中国之声推出《体育评书》栏目，由梁宏达主播，播出时间初为每周六20∶35—21∶50，后调整为22∶00—23∶00。因独特的评书演绎方式和幽默风趣的风格，《体育评书》受到听众欢迎，于2008年被评为CNR名牌栏目。[4] 此前，中国之声曾于2005年十运会期间设置《老梁神侃十运会》节目。

面对电视媒体的传播优势和新媒体的迅速崛起，CNR面临着巨大的改革压力。作为CNR的主频率，中国之声一直在寻求突破，希望能提升国家广播电台的新闻权威性和舆论引导力。2008年8月，中国之声进行了一次大的变革：在"版块+轮盘"架构和全天不间断直播的节目理念指引下，取消了青年、军事、体育等专题栏目及相应的部门建制。在此背景下，几档体育栏目陆续从电波中消失，走过50余年历程的CNR体育广播专题节目成为历史。

在2008年8月25日启动的轮盘式改革中，中国之声取消了一天3档的《体育直播间》；体育新闻和其他新闻一道被并入半小时的新闻轮盘中，约占1.5分钟；文体新闻部的建制被撤销；体育记者被分配到中国之声的采访部和节目部，参与包括体育新闻在内的各类新闻的采访与制作。《体育评书》于2009年7月3日

---

[1] 中国之声开播 中央人民广播电台8套节目改版 [OL].2004-01-01[2016-08-15].http：//www.cnr.cn/news/200401010059.html.

[2] 中央台体育部节目推介《体育直播间》《体育节目》《体育沙龙》[OL].2003-09-30[2014-08-15].http：//www.cnr.cn/wcm/advertise/channal/t20030930_140955.htm.

[3] 中国之声开播 中央人民广播电台8套节目改版 [OL].2004-01-01[2016-08-15].http：//www.cnr.cn/news/200401010059.html.

[4] 胡志斌 . 广播电台体育报道节目特色探析 [D]. 长沙：华东师范大学，2007.

停播。《体育沙龙》于2010年停播。[1]

后几经摸索和调整，中国之声在早间新闻节目《新闻纵横》里设置《今日文体》版块，为听众报道重要赛事新闻。2018年6月1日起，中央广播电视总台央广中国之声、央视体育频道携手推出体育特别节目《决胜时刻》，每周一到周六，中国之声晚21∶00—22∶00播出。2020年7月1日起，节目改为22∶00—23∶00播出。

逢奥运会、世界杯等重大体育赛事，中国之声通常会开辟特别时段全天直播报道赛会盛况。2012年伦敦奥运会期间，中国之声赛事报道的播出时长达到每天7.5小时。

（二）中国国际广播电台的体育报道

2005年9月28日，以报道国际新闻为主的中国国际广播电台环球资讯广播开播，并在每周末晚8点推出一档周播体育评述类节目《巅峰体坛》，立足国际视角的体育评论让人耳目一新。2006年德国世界杯期间，《巅峰体坛》改为日播，收听率名列全频率前三名。2008年北京奥运会期间，每晚5小时的大型直播让《巅峰体坛》吸引了全国各地体育迷的关注。

2010年11月，《巅峰体坛》更名为《大话体坛》，每晚21∶00—22∶00首播，次日凌晨重播。当年，环球资讯广播和珠江经济频道一起全程直播了2010年广州亚运会。2012年伦敦奥运会期间，《大话体坛》第一次在海外搭设直播间。2013年9月，《大话体坛》在天津制作播出东亚运动会的多期节目。2014年，《大话体坛》于6月的世界杯期间制作9小时的超长直播，于8月在南京直播青年奥林匹克运动会开幕式，于9月在仁川全方位多角度报道亚运会。[2]2016年，《大话体坛》在里约奥运会国际广播电视中心（IBC）设置直播间。《大话体坛》在全国拥有百万听众。

（三）地方体育广播频率开播

体育广播频率的出现源于广播的窄播化、专业化趋势，也和我国体育事业的蓬勃发展尤其是北京申奥成功紧密相关。2001年7月，北京申奥成功。2002

---

[1] 薛文婷，梁悦，刘力菲.中央人民广播电台体育专题栏目之变迁[M]//哈艳秋."广播电视史学：机遇与挑战"学术研讨会论文集.北京：中国广播电视出版社，2015：106-116.

[2] 高佳.2015，大话体坛十岁了，你会与我们并肩走过下一个十年么？[OL].[2018-08-15]. http://www.wtoutiao.com/a/1159982.html.

年1月1日,北京体育广播、南京体育广播、楚天交通体育广播频率开播。此后,又陆续有沈阳人民广播电台体育健康台、上海体育广播、广东文体广播、大连文化体育广播、青岛音乐体育广播、山东体育休闲广播频率开播,详见表6-1。开办体育广播的都是体育活动开展比较普及的地区。

表6-1 新世纪我国体育广播频率开播情况

序号	体育广播频率	开播时间	备注
1	北京体育广播	2002-01-01	
2	南京体育广播	2002-01-01	
3	楚天交通体育广播	2002-01-01	后更名为楚天交通广播
4	沈阳人民广播电台体育健康台	2003-03-09	后更名为体育休闲广播
5	上海体育广播	2004-08-08	后更名为五星体育广播
6	广东文体广播	2004-08-08	
7	大连文化体育广播	2005-01	后更名为大连体育广播
8	青岛音乐体育广播	2005-09-15	
9	山东体育休闲广播	2008-07-17	后更名为山东体育休闲广播·山东旅游广播

上述体育频率按照体育专业化的程度可以分为两类,一类是纯粹的体育频率,一类是体育与文艺、交通、健康等相结合的混合频率。混合频率体现了"以强带弱"的组合特点,是广播频率专业化发展过程中的过渡产物,也反映了体育广播专业化程度不高、收听率偏低的问题。CSM(中国广视索福瑞媒介研究)的调查数据显示,2006年,上海体育广播和北京体育广播的收听率在本地区分列第12位和第10位,收听水平相对较低。北京奥运会期间,北京体育广播在北京地区各个广播频率的排行从第7位上升到第4位,足见重大赛事对体育广播的拉升作用。就影响力而言,北京体育广播、上海体育广播在全国体育广播中处在领先地位。

五、体育电视频道发展不均衡

20世纪末21世纪初是中国体育电视频道建设的"大跃进"时期。截至2003年底,国内省级或省会级以上的模拟体育电视频道共42个,其中省级电视台24个,呈现出一派"繁荣"景象。但除CCTV凭借制度、资源优势,北京、上海、广东的电视台凭借经济、地理优势,在体育电视竞争中遥遥领先外,其他地方电视台体育频道举步维艰,不得不进行调整,甚至被停办或被并入其他频道。到2007年10月,中国大陆模拟信号体育电视频道为28个,其中中央级1

个，省级16个，省会级7个，非省会级4个。除中央、北京、天津、广东、广州等是纯粹的体育电视频道外，其他体育频道大多是以体育节目为主的文体娱乐频道、体育健康频道、体育体闲频道等。[1]北京奥运会后，因体育产业发展，又有一些新的体育电视频道推出，如2009年1月，青海卫视推出"壹体育"频道。2012年1月，辽宁电视台的公共频道更名为体育频道。2013年8月，CCTV推出体育赛事频道，呼号为CCTV-5+，以全高清方式开路播出赛事实况、录像、集锦。2016年，内蒙古电视台创办内蒙古足球频道。

2019年，省级以上体育频道主要有中央电视台体育频道、北京电视台冬奥纪实频道、上海五星体育频道、广东电视台体育频道、辽宁电视台体育频道、山东电视台体育频道、天津电视台体育频道、福建电视台体育频道、新疆电视台体育健康频道、黑龙江电视台文体频道、内蒙古电视台文体频道、江苏电视台休闲体育频道等。

目前，体育电视频道之间的发展依然不平衡。综合来看，CCTV体育频道稳居体育电视市场的龙头；上海、北京、广东三地体育频道位居第二集团；天津、福建、山东等省级电视台体育频道为第三集团；经济不发达地区的省市级电视台体育频道投入少、制作能力低，为第四集团。此外，还有民营体育电视公司、境外体育频道和数字付费体育电视频道。

（一）中央电视台体育频道一家独大

以《国家广播电影电视总局关于加强体育比赛电视报道权和转播权管理工作的通知》为依托，以北京奥运会为契机，CCTV-5在新世纪的第一个十年继续快速发展，并不断向科学化、现代化、国际化的报道水准迈进。

1. 体育频道多次改版

2003年3月31日，CCTV-5以"让体育频道更好看"为目标、以"赛事第一"为原则进行改版。改版重点改进了频道的外在形式、制作方法、节目编排等，增设了《巅峰时刻》《轻松体育》《全明星猜想》《电子竞技世界》《直播周末》《顶级赛事》等6个栏目或版块。

2005年9月5日，以"突出赛事、加强新闻、改进编排、提升份额"为目标，CCTV-5再次实施改版，除实现24小时播出外，还在早晚增加了新闻播出量，包括7点的《体育晨报》和零点的《体育报道》，使新闻播出量达到155分

---

[1] 付丽. 新中国体育媒体发展研究 [D]. 北京：中央民族大学，2010；石娜. 中国体育电视格局的现状分析 [D]. 北京：北京体育大学，2008.

钟，频次增加一倍。体育频道还实行动态节目编排，以保证赛事优先、新闻优先、直播优先。《北京2008》《赛车时代》《人间体育》等特色和亮点节目的推出，使体育频道收视份额明显增长，收视成绩突出。

2006年2月，CCTV-5与中国乒乓球队合作推出《直通不来梅》节目，第一次现场直播了"中国乒乓球队出征世乒赛团体赛队内选拔赛"，结合及时的新闻报道，在赛事淡季打造了一个收视热点。随后，CCTV又将热点延续到4月24日至5月1日的世乒赛转播中。本着创新求变、采取措施、加强整体包装的原则，CCTV每天提前20分钟打开直播窗口，回顾赛况，深入分析当天参赛队实力，加强与观众的互动。

2008年1月1日至8月26日，为及时跟进和报道北京奥运会，体育频道正式改版为奥运频道。当年1月，频道着力创新节目形态，陆续推出《奥运城市行》《我的奥林匹克》《奥运进行时》《奥运经典》《奥运岁月》等节目，形成了奥运节目的集群效应。

2. 重大赛事转播

随着我国体育事业的蓬勃发展，国内各类体育赛事、活动接连不断，奥运会、世界杯、亚运会等国际大赛也不断考验着CCTV体育转播的综合实力。为此，CCTV-5确立了以赛事为重点的频道节目编排思路，使体育赛事转播精彩纷呈。

2004年，除举世瞩目的雅典奥运会、欧洲杯足球锦标赛等重要比赛之外，CCTV还拥有世乒赛、F1赛车和世界网球大师赛等一系列世界级赛事的报道权，体育频道全年顶级赛事的比赛日总和超过300天。第12届欧洲杯足球锦标赛期间，CCTV派出30人报道团，在欧洲杯国际广播电视中心（IBC）建立报道中心；在比赛场地租用现场评论席；派出5个报道小组活跃在8个城市的10个比赛场上；推出《欧战快报》《豪门盛宴》两档专题栏目，全程直播31场精彩比赛。

2006年，CCTV在重点赛事报道（如冬奥会、世界杯、亚运会等）、日常报道和转播中，继续贯彻创新理念，不断探索、尝试、推广新的报道模式。如创新台网联动机制，使赛事资源最大化。都灵冬奥会期间，前方报道组除关注中国运动员有望夺牌的项目外，还提供了一些能提高观众收视兴趣的比赛；直播比赛则以中国运动员参加的、对抗性强的、观众趣味浓的项目优先，对我国知名运动员和夺牌运动员进行全方位跟踪报道，有效吸引了观众。据16座城市收视统计，冬奥会期间，CCTV-5最高收视率达到1.1%，平均收视份额为2.93%。[1] 德国足球世界杯期间，CCTV从报道方式、赛事直播、包装体系等

---

[1] 江和平. 同道同梦 同心同德 [J]. 电视研究（2006体育专刊），2006：前言1.

方面进行了一系列创新和尝试：在《豪门盛宴》中推出"主持人+嘉宾评述+演艺环节+现场观众参与+直播比赛"的演播室综合节目报道方式；在《欢乐世界杯》和《球迷世界杯》中对"体育娱乐化"进行了有益探索；通过《晨光战报》《午间战报》和《体育新闻》等栏目，尝试了见闻式报道和赛事新闻解说报道方式；首次引入VIZRT（维斯公司）包装系统，解决了屏幕美化问题，也创造了广告空间。

2007年，CCTV-5先后转播了第六届城运会（中华人民共和国城市运动会）、第七届全国残疾人运动会、第二届亚洲室内运动会、第六届亚冬会（亚洲冬季奥运会）、上海特奥会（世界特殊奥林匹克运动会）和女足世界杯赛等诸多赛事。

北京奥运会之后，CCTV-5继续扩大在国内体育电视市场上的份额，拥有了众多国内外重要赛事资源。以2011年下半年为例，CCTV-5转播的比赛资源涵盖城运会、少数民族传统体育运动会、世界田径锦标赛、世界游泳锦标赛、世界杯男女排球赛、世界举重锦标赛、世界体操锦标赛、亚洲男女篮锦标赛、亚洲女排锦标赛、中国网球公开赛、WTA和ATP年终总决赛、乒乓球、羽毛球各项重大赛事以及F1、花样滑冰、斯诺克和常规的足球、篮球联赛等。

3. 积极备战北京奥运会

2005年7月，CCTV体育节目中心成立奥运策划组。2006年，奥运策划工作进入实质性阶段，以保证奥运报道筹备工作按计划、分步骤推进。2006年8月8日12：00—24：00，CCTV-5推出北京奥运倒计时两周年特别节目《好运北京》，并以此为标志全面启动奥运报道。

2007年，CCTV推出《我的奥林匹克》《奥运ABC》等栏目。8月8日晚，CCTV的综合频道、体育频道、新闻频道、综艺频道等多频道并机直播北京奥运会倒计时一周年庆祝活动和文艺晚会。据统计，全球有91个国家和地区的328家电视机构转播或部分使用CCTV的直播信号。大型特别节目《你就是火炬手》和《谁来解说北京奥运》等起到了为奥运转播预热的作用。

2008年1月1日，CCTV体育频道更名为奥运频道，在CCTV台标上增加了奥运五环标志，[1]并相继推出《五环夜话》《奥运故事会》《对手》《奥运经典回顾》等栏目和节目。

奥运火炬传递是北京奥运会开幕前的重要活动，也是奥运频道的第一个

---

[1] 注：2007年10月23日，国际奥委会正式授权CCTV-5自2008年1月1日起至9月30日可以以奥运频道命名，使用奥运五环标志。

重大报道任务。2008年3月24日，北京奥运会火炬在希腊点燃之后，开始了长达130天的境外和境内传递。3月31日，北京举行圣火抵达欢迎仪式暨火炬接力启动仪式。CCTV 多个频道对奥运圣火传递活动进行了充分报道。5月8日，CCTV 的综合频道、体育频道等，连续6小时并机直播了奥运火炬珠峰传递活动。共有113个国家和地区的297家电视机构转播或部分使用了 CCTV 的节目信号。[1]

4. 提高公用信号制作水平

电视公用信号制作是衡量一个国家电视台实力的重要标准之一。这一时期，以北京申奥成功为契机，CCTV 从人员配备上加大了对电视公用信号制作的投入，除组建并培养制作团队外，还参与到奥运会电视公用信号制作中来，极大提升了电视公用信号制作的能力和水平。

2004年雅典奥运会期间，CCTV 派出58人的信号制作团队，参与了乒乓球、羽毛球、现代五项（指射击、击剑、游泳、马术、赛跑）的奥运会电视公用信号制作。这一规模在中国电视史乃至奥运会电视公用信号制作史上都是第一次。这次公用信号制作得到了国内外同行的赞扬和认可，为 CCTV 日后广泛参与国际公用信号制作打下了良好基础。

此后，CCTV 体育信号制作队伍多次走出国门，如参与2005年第三届西亚运动会、2005年第四届东亚运动会、2006年第十五届多哈亚运会、2006年第十八届英联邦运动会、2007年第二届亚洲室内运动会、2007年第十四届亚洲杯足球赛等大型体育赛事的国际公用信号制作，公用信号制作水平日臻成熟。

2008年，CCTV 圆满完成了北京奥运会乒乓球、羽毛球、现代五项、篮球、排球、网球的电视公用信号制作。在素有体育电视界"奥斯卡奖"之称的信号制作奖项评选中，CCTV 制作的乒乓球国际公用信号荣获了国际奥委会颁发的"奥林匹克金环奖"的"最佳制作"银奖。CCTV 还承担了在北京奥运会期间举行的特设国际武术赛事的电视公用信号制作任务。

2012年伦敦奥运会时，除乒乓球、羽毛球、现代五项外，国际奥委会奥林匹克转播有限公司还将体操项目交给 CCTV 电视公用信号制作团队。而体操与田径、游泳并称为奥运会国际电视公用信号制作的三大难关。[2]

---

[1] 赵化勇. 中央电视台发展史（1998—2008）[M]. 北京：中国广播电视出版社，2008：153-168，337-345.

[2] 薛文婷. 体媒人物：新中国体育新闻传播口述史（下）[M]. 北京：清华大学出版社，2015：139-145.

2016年，CCTV承担了里约奥运会体操、羽毛球以及里约残奥会田径项目的国际公用信号制作，再一次向世界展示了"央视制作"的实力和魅力。[1]

（二）北京、上海、广东三地电视台体育频道运行良好

在省级（含直辖市）电视台体育频道中，北京、上海、广东三地电视台的体育频道，因当地经济发达、赛事资源丰富、文化积淀深厚等因素，发展势头良好。

1. 北京电视台体育频道的差异化发展

BTV-6在国内地方电视体育频道中的地位举足轻重，在节目播出量、覆盖范围、广告收入等方面都名列前茅。在BTV全台评比中，综合收视率、收视份额、管理水平等各方面因素，体育频道曾于2012年名列第一。经过多年发展，BTV-6逐渐形成了"职业体育为龙头，国际赛事选精品，优秀栏目塑品牌，群众体育成规模，新媒体有突破"的发展方略。

在职业体育方面，凭借北京的国安足球队、金隅篮球队、汽车排球队的出色表现及随之而来的主队优势，BTV-6逐渐寻找到了独特的差异化发展道路。在赛事转播中，BTV-6一方面强调视角的公平、公正，一方面也不讳言评论时的主队意识，获得了不错的收视回报。20年的投入和专注，也让BTV拥有了在国内地方电视台中首屈一指的足球转播团队。

2009年后，BTV-6借助与几处奥运场馆合作，推出了"朝阳公园海洋沙滩狂欢节""鸟巢欢乐冰雪季""北京百姓足球超级联赛"等特色体育活动，并将之打造成北京市的品牌活动，推动了北京市群众体育的发展，也弥补了赛事资源的不足。[2]

北京奥运会后，BTV-6通常年播出赛事量在1400场以上，设有《体坛资讯》《天天体育》《足球100分》等栏目。其中，《足球100分》主打国内足球，以中超联赛特别是北京国安队为主要报道对象，给京城球迷带来他们最喜爱和最关注的赛事专题报道。2007年5月开播的《快乐健身一箩筐》，以健身专家与主持人轻松谈论的方式，引领着京城的健身时尚。

2019年5月10日（北京冬奥会倒计时1000天），北京广播电视台冬奥纪实频

---

[1] "央视制作"剑指里约：2016全国体操锦标赛央视展开体操制作大练兵[OL].2016-09-13[2019-05-11].http://www.cctv.cn/2016/05/11/ARTI8A8KQ9Q4bIQ3WNgEAZv6160511.shtml.

[2] 薛文婷. 体媒人物：新中国体育新闻传播口述史（下）[M]. 北京：清华大学出版社，2015：243.

道（BTV冬奥纪实）正式上线播出，体育频道同步停止播出。作为全新体育卫视，BTV冬奥纪实频道在全国26个省、市、自治区落地，覆盖近3亿电视观众。该频道实行24小时播出，围绕冬奥会和冬残奥会筹办进程、体育资讯、奥运故事、冬奥组委信息发布解读、冰雪运动知识技能等内容，推出日播冬奥新闻节目《2022》、高端人物访谈节目《我与奥运》、评论节目《冬奥大家谈》、系列纪录片《双奥之城》、科普服务节目《冰雪微课堂》等精彩内容。冬奥纪实频道还充分展现全民健身运动在中国的蓬勃发展状况，多方面呈现百姓喜闻乐见的精彩体育比赛。原体育频道深受观众喜爱的《天天体育》《足球100分》《健身圈》等节目被调整至冬奥纪实频道播出。[1]

2. 上海电视台五星体育频道注重赛事版权运营

上海五星体育频道成立于2001年10月，是在整合上海电视台和上海东方电视台体育部、上海有线电视台体育频道资源的基础上组建而成的。五星体育频道具备得天独厚的广告资源、受众资源和赛事资源，在新闻、栏目、赛事方面积累了很多经验。

新闻方面，除综合性体育新闻节目，五星体育频道曾创办篮球、足球等专项体育新闻节目，体现了对项目专业化的重视：2004年5月1日起，每天播出3档足球新闻《天天足球》；2004年11月14日起，每天直播两档10分钟的篮球新闻节目。

栏目方面，五星体育频道注重整合版权资源，对CBA、中超等领域进行精耕细作。针对CBA，频道曾设有侧重赛事介绍的《G品CBA》和集赛事、人物、背景资料、深入调查于一体的《篮球风云》栏目。中超期间，频道曾推出《数字中超》和《中超集锦》。[2] 为整合自身拥有的国内外足球版权资源，2006年1月1日，频道在周一晚上推出了2小时的直播节目《五星足球》，平均收视率为1%。此外，还曾设有以首席主持人唐蒙命名的周播评论类栏目《唐蒙视点》和赛车类栏目《超级马力》。

五星体育频道注重开发拥有转播权的赛事。在CBA2003—2004赛季，体育频道做到了统一字幕、统一风格、统一标识、统一色块，提升了传播效果。五星体育频道还在转播过程中进行特别包装（如制作宣传片、赛前探营、现场连线、赛后采访等），在CBA赛场设立单边注入点，加强前场主持与后方主持

---

[1] 王君璐.北京广播电视台冬奥纪实频道正式上星播出[OL].2019-05-10[2019-08-08].http：//www.xinhuanet.com/2019-05/10/c_1124479088.htm.

[2] 李辉.中国体育的电视化生存[M].上海：学林出版社，2007：186.

的配合,并使之成为一种常态。转播小组还在开场之前、中场休息、比赛结束增加评球版块,加强与球迷的联系,为主持人提供个性化的表达空间。

五星体育频道的快速发展归功于集团层面的高度重视。获得 CBA 以及中超联赛全国版权就是集团战略的具体体现:2003年,SMG(上海文广新闻传媒集团)成为 CBA 的电视整体合作伙伴;2004年,SMG 成为中超的整体电视合作伙伴。中超项目是 SMG 体育频道跨领域、跨地域、跨产业战略思路的重要一步。2004年,中国足协将甲 A 联赛升级为中超并希望以市场方式运作电视转播,最终以1.5亿元将2004—2006年的中超电视转播权授予 SMG。SMG 则对中超进行了整体宣传规划,参与电视转播,制定制作标准,设计电视节目,进行多媒体合作及新媒体开发。为此,SMG 成立全国中超电视播出联盟,成立专业化、国际化的制作、播出团队,在北京成立制作中心,购买先进设备,成立专门的商业运作实体。在实践中,SMG 体现了"多平台、多媒体、多赢"的特色,形成了品牌效应,上海电视台体育频道获得了对赛事转播权进行运作的经验,并实现了从单纯制作播出机构向内容集成商、供应商的转变。[1]

2019年,除赛事转播外,五星体育频道设有《体育新闻》《五星足球》《G品篮球》《健身时代》《弈棋耍大牌》《运动不倒问》《中超赛事集锦》《ONE 冠军赛集锦》《IMBA 五星电竞杂志》《超 G 竞彩》《棋牌新教室》等栏目。

3. 广东电视台体育频道尝试进行付费电视

2001年7月,广东有线电视台体育频道和广东电视台体育中心合并为广东电视台体育频道,全天候24小时播出体育节目。频道下辖新闻、竞赛、专题、评论、足球、编播、综合7个部门以及广州金视体育有限公司。广东电视台体育频道曾每天设置5档新闻节目——《体育闪报》《午间体育新闻》《体育世界》《晚间体育新闻》《午夜体育新闻》,还重点打造《体坛三棱镜》《体育世界》《绿茵共同体》《疯狂扑克》《四海钓鱼》《潇洒一杆》《劲速体育》《围棋报道》《体坛星语》《运动广场》等栏目。在赛事转播上,广东电视台以足球比赛为主,且分为粤语和普通话解说,其中粤语转播的收视率高于普通话转播。[2]

广东电视台体育频道进行过创办收费足球电视频道的尝试。2006年10月,广东电视台控股的天盛传媒集团以6000万美金的巨额转播费,从英超联赛委员会获得2007—2010年间超过380场英超比赛在中国的全媒体转播权。此后,天盛传媒集团和广东电视台合作创办、推广付费电视频道——欧洲足球频道,希

---

[1] 付丽. 新中国体育媒体发展研究 [D]. 北京:中央民族大学,2010.

[2] 魏伟. 国际广播电视体育史 [M]. 北京:中国广播电视出版社,2012:299-300.

望在英超转播、付费电视方面走出一条新路。英超步入了为期两年的付费时代。由于政策限制、收视习惯等问题，付费电视的计划没有得到球迷响应。2009—2010赛季，天盛传媒集团采取有线付费与分销地方台开路播出相结合的方式。2010—2011赛季开始，中国大陆的英超转播再次回归免费时代。除引进欧洲足球职业联赛，广东电视台还购买了其他很多赛事的版权。广东电视台体育频道还结合区域特点，参与推出具有本土特色的"广东五人制足球赛"和"广东省铁臂王擂台赛"等。在2008年北京奥运会、2010年广州亚运会和2011年世界大学生运动会期间，为配合比赛进行，广东电视台体育频道制作了大量相关栏目，取得了不错的收视效果和社会影响。[1]

2019年，除赛事转播外，广东电视台体育频道设有《十分好球》《晚间体育新闻》《体坛内外》《中超故事》《英超前瞻》《篮球大本营》《世界网球杂志》《运动有态度》《体育产业信息》《劲速天地》《足球星视界》《运动健康小讲堂》等专题栏目。

（三）第三集团电视台体育频道的尝试

这一时期，举步维艰的地方电视台体育频道进行了大胆尝试，如打造体育联播平台、成立足球频道等，但大都以失败告终。

1.CSPN的尝试及其失败

从诞生之日起，地方电视台体育频道就面临着人才、资金、赛事资源、广告经营等方面的局限和困难。为争夺赛事资源，打破CCTV-5的垄断，辽宁电视台体育频道、江苏电视台体育休闲频道、山东电视台体育频道、湖北电视台体育频道、新疆电视台体育健康频道携手神州天地影视传媒有限公司，于2008年1月1日推出了中国电视体育联播平台——CSPN（China Sports Programming Network的简写，于2007年10月1日试播）。随后，以欧洲杯为契机，江西电视台、内蒙古电视台在2008年4月前后加盟。作为CSPN成员之一的新疆电视台体育健康频道还于2008年3月1日起在湖南省长沙、常德、衡阳和岳阳等市落地。

CSPN以"中国最大体育联播平台"为定位，初衷是想把体育频道做得更专业化，并为各地方台提供一种全新模式。为此，CSPN首创"联合引进、联合制作、联合播出"模式，在北京制作基地统一制作节目，然后发回各成员频道播出。

在节目制作方面，CSPN在中国电视界率先提出"中央厨房"制作理

---

[1] 魏伟.国际广播电视体育史[M].北京：中国广播电视出版社，2012：300.

念，并建立由"中央厨房"统一采购、统一制作、统一播出的新模式。为此，CSPN斥巨资在北京大兴建设了集传输、播控、制作于一体的全网络化数字制作基地，并抽调各台精干力量300多人。

在节目配置上，CSPN以"新闻为龙头，赛事为支撑，自办栏目为亮点"。新闻方面，CSPN卫星汇接SNTV、路透、XHTV等全球新鲜资讯，矩阵式设立《体育早报》《体育午报》《体育时报》《体育晚报》，倡导"我在世界"的国际化新闻理念。赛事方面，CSPN倾力打造第一赛场，曾斥巨资购买3500小时首播版权，设置《巅峰赛事》《精品赛场》等栏目，为观众呈现中超、欧冠联赛、英超、西甲、意甲、CBA、NBA等赛事。栏目方面，CSPN创办《天下球》《神州话体育》《菲菲带我飞》《魅力体育》《绿茵集结号》《啦客体育》《艾尚体育》等，将体育与生活、娱乐、时尚相结合，力求满足不同年龄段和各类人群的收视需求。

在广告经营上，各加盟台将一定时段交给神州天地影视传媒有限公司下属的神创天地广告公司统一代理，并根据所在省份的GDP、人均购买力、节目覆盖面等指标进行广告收益的年度核算。这种模式，优势是资金来往透明，便于财务掌控，劣势是灵活性差，不能充分盘活频道资源。在CSPN各成员台内部，单台投放广告价格差额较大。如2009年的18：45—21：25时段，湖北电视台体育频道每5秒、10秒、15秒的广告价格分别为2500元、4700元和8400元，山东电视台体育频道则为3600元、7200元和12,000元。[1]

为吸引观众注意，CSPN大打"明星牌""本土牌""独家牌"和"差异牌"。例如，于2008年欧洲杯期间邀请黄健翔加盟；在赛事直播中借助加盟台地缘优势力推"本土牌"；推出拥有独家版权的欧洲冠军联赛、世界俱乐部杯转播等；对欧洲足球联赛、NBA等与CCTV直接竞争的节目采取错时段播出等。

作为中国唯一由多家省级电视台体育频道同步播出的跨区域体育专业联播平台，CSPN诞生之初备受关注。2008年，CSPN因转播欧洲杯、直播奥运会赢得无数赞誉。第一，与《体坛周报》、新浪等强势媒体联合，增加影响力。第二，利用明星效应。节目组邀请黄健翔担纲解说，并邀请一批知名嘉宾参与节目。第三，采用最新技术。CSPN引进了皮埃罗赛事分析系统，不但方便插播广告，还可以捕捉到传统摄像机无法拍到的画面和角度，并即时标出球员运动轨迹。有调查显示，近七成球迷在2008年欧洲杯期间选择了CSPN。2009年，

---

[1] 范昭玉.中国电视体育联播平台（CSPN）的现状与发展策略研究[D].上海：上海体育学院，2010.

CSPN直播了第十一届全运会。同年，CSPN被《新周刊》评为"最值得体育迷期待电视机构"。

与此同时，公司也不断传出负面新闻，原有的独家赛事资源逐渐失去，加盟台也由7家减少到5家：2009年2月，江苏电视台体育休闲频道终止与CSPN的合作；2010年12月，辽宁电视台体育频道被整合取消，CSPN的成员频道回到初时的5个，覆盖省份也减为12个。

此后，CSPN依然努力拓展市场：2010年6—12月，与湖北卫视合作搭建全国首个卫视体育夜间平台（0：00—6：00）；2013年11月，与重庆卫视合作开辟两个体育赛事整合联播节目带；2013年12月，与PPTV聚力达成战略合作，涵盖从制作、发行、广告经营、开发推广、赛事运营到其他体育本体产业开发等各方面。[1]

尽管有种种举措，但CSPN的凝聚力未见显著提升，骨干流失严重。2014年，CSPN无声无息地消失了。

一个曾被视为中国体育电视传媒新变局讯号的联播平台为何遭遇瓶颈？BTV体育频道负责人焦少波认为，播出平台共性和各地电视台个性需求之间的矛盾是CSPN最难解决的问题。[2] 有学者指出，CSPN存在理念误区、模式问题、体制桎梏和经营问题。[3]

2. 单项体育频道的尝试

大连是中国著名的足球城，足球报道自然是大连电视台的报道重点。为更好地报道大连乃至国内外足球赛事，大连电视台于1997年10月18日创立了体育频道，但主要是依托ESPN信号，自制节目数量有限且质量堪忧。2001年开始，广电系统掀起了频道专业化改革的浪潮，大连开始筹划组建广电集团，大连电视台也开始考虑体育频道的出路。

经多方论证，大连电视台于2002年4月1日正式成立足球频道。这是中国大陆第一个单项体育频道。足球频道以足球赛事转播为龙头，转播的足球比赛主要有国内的甲A联赛、足协杯、部分女足联赛、甲B（赛德隆队）、乙级队（三

---

[1] PPTV与CSPN达成合作 涵盖版权制作发行等[J].电子技术与软件工程,2013(24)：12.

[2] 薛文婷.体媒人物：新中国体育新闻传播口述史（下）[M].北京：清华大学出版社，2015：248.

[3] 俞凡.CSPN模式的失误与出路[J].电视研究,2010(9)：49; 许林.CSPN的困境初探[J].中国传媒科技，2013（20）：19，28.

德队)等,国外的有西甲联赛、英超联赛、日本联赛和韩国联赛。栏目方面,则有《足球圈》《足球城》《足球人生》。作为中国第一个足球专业频道,大连电视台足球频道开播之初反响良好。[1]

但因足球赛事版权昂贵,加之 ESPN 提高费用,不堪重负的大连电视台足球频道于2005年8月29日改为文体频道。和体育相关的栏目有《天天文体》《体育专题》《每日健身》《车行天下》。以足球为主的大型体育直播赛事是文体频道精心打造的荧屏亮点。[2]2019年,大连文体频道设有《体坛大汇》《英超世界》等体育栏目,也会转播大连足球参与的中超赛事。

2014年9月,内蒙古自治区被国家列为全国首个足球改革试点省区。2016年,经国家批准,内蒙古足球频道正式开播,成为全国第一个宣传足球改革发展的专业数字电视频道。2017年8月,经中共中央宣传部同意、国家新闻出版广电局批准,内蒙古足球频道更名为足球频道,收视范围由内蒙古扩展为全国。2018年3月29日,足球频道上星播出,实现高清信号全国覆盖,在普及推广足球运动、发展足球产业等方面发挥了重要作用。[3]

(四)境外体育电视机构

按照《境外卫星电视频道落地管理办法》,经批准,境外卫星电视频道可以在三星级以上涉外宾馆饭店、专供境外人士办公居住的涉外公寓等规定及特定范围落地。2011年,准许在国内三星级以上涉外宾馆等单位落地的境外卫星电视频道有33个,其中体育频道3个,分别为欧亚体育台、ESPN 和卫视体育台。这些机构或频道除有限落地外,还尝试以销售赛事版权、出售体育电视节目等方式与中国电视媒体合作。一段时间内,国内体育电视媒体的海外赛事转播权多从境外体育电视机构购买,如欧洲五大联赛、NBA、温网、美网的亚洲转播权均由 ESPN 控制。

在进入中国的境外体育电视机构中,ESPN 最具知名度和影响力。ESPN 创办于1979年,1986年开始在亚洲拓展业务,后与 STAR Sports 成为竞争对手。考虑到资源和成本问题,双方于1996年合作成立了由迪士尼公司和新闻集团各占一半股份的 ESPN STAR Sports(ESS),业务主要在亚洲。由此,ESS 拥有了两个体育电视机构——ESPN 和 STAR Sports。

---

[1] 刘作庚,陈国强.一个足球频道的昨天、今天和明天 [J]. 媒介,2002(12):64-66.

[2] 陈国强.制度变迁与新闻实践:当代中国电视体育新闻研究 [D]. 上海:复旦大学,2007.

[3] 热烈祝贺足球频道正式上星开播 [N]. 中国体育报,2018-04-02(4).

和地方电视台体育频道拥有播出平台但缺少赛事版权资源不同,境外体育电视机构拥有赛事版权资源,但缺乏播出载体。因此,自1994年以来的一段时间内,ESPN主要以节目提供者身份与国内有线电视台合作。截至2003年底,ESPN与国内30多家电视台体育频道合作,提供节目达到平均每天4小时。合作方式多种多样,有的是整频道输出(带ESPN台标),当地电视台只插播一些体育新闻或足、篮球等全国联赛;有的是版权分销,ESPN负责提供若干重大赛事的公用信号。早期合作大多采取贴片广告形式,给ESPN带来一定的经营压力,后大多采取月费加跟片广告的方式。随着ESPN在中国体育受众心目中影响日益扩大,ESPN也逐渐提高节目价格,使地方台购买ESPN节目的年使用费由几十万元涨到了两百万元左右。因在印度取得了板球转播权并成为印度最受欢迎的体育频道,ESPN曾尝试在中国走本土化经营和联合制作模式,如ESS曾与湖南电视台联合制作足球节目。[1]

21世纪以来,ESPN与地方台的合作之路越走越窄,这里面既有ESPN在节目运营方面的问题,也有我国的经济环境、新闻体制、地方台体育频道运营方面的原因。总之,双方发现没有充分实现当时的愿望:地方台没能通过合作增加收入,促进自身发展;ESPN没能实现落地目标,在华业务也一直处于亏损状态。于是,双方黯然分手,ESPN也悄然淡出中国市场。[2]

2016年2月,腾讯宣布与ESPN达成合作,成为其在中国大陆地区的独家数字合作伙伴。根据协议,腾讯可以以中文呈现ESPN的独家中文资讯,包括赛事转播、专题集锦、周边内容等资源。[3]同年4月,ESPN中文官方站正式上线,提供NBA、NCAA(美国大学生篮球联赛)、国际足球、视频等项目的优质内容。

(五)民营体育电视机构

民营体育电视机构是指在中国大陆范围内除国有和境外体育电视机构外进行体育电视节目制作和发行的机构,通常向电视台提供体育栏目,或与电视台联合制作体育栏目。2003年,民营体育电视机构制作的体育节目总时长约500小时,制作的节目多为成本较低的体育娱乐节目,如《体育界》年制作时长约

---

[1] 石娜.中国体育电视格局的现状分析[D].北京:北京体育大学,2008.

[2] 谭康.ESPN何以败走中国:ESPN淡出中国媒介市场的原因分析[J].电影评介,2007(17):80-81.

[3] 携手ESPN腾讯正在颠覆中国体育市场[OL].2016-02-04[2017-08-16].http://mt.sohu.com/20160204/n436891767.shtml.

180小时,《体育星风暴》年制作时长约50小时。

参与体育电视节目制作的公司中,较突出的是北京光线传媒有限公司和奥太体育传媒推广有限公司。2001年9月15日,光线传媒以每年2000万元的经费推出了一档日播体育资讯节目《体育界》,每期30分钟,采用卫星同步传输方式在全国60余家电视台播出。《体育界》采用消息、人物追踪、访谈评论等形式,强调体育电视节目的娱乐化、故事化和明星化。但由于没有解决在北京和上海这两个中心城市落地的问题,再加上节目资源等问题,《体育界》于2004年停播。2005年1月1日,奥太体育传媒倾力打造的《时尚体育界》栏目在上海电视台体育频道开播。2005年3月,美嘉传媒有限公司依托海外合作伙伴的制作经验与节目资源,与国内媒体合作,参与打造了专业围棋数字频道"弈坛春秋"。

民营体育电视机构在我国体育电视领域较为弱势,因为既不占有赛事资源,也没有播出渠道,只能向电视台做发行。2003年初,京、沪两地电视台对贴片广告的政策调整,再次挤压了民营电视机构的生存空间。以北京电视台为例,2002年,30分钟的节目可以获得2分钟贴片广告时间,2003年则缩减为45秒。总之,因为政策因素、资金压力、资源匮乏、人才紧缺,民营体育电视机构处境艰难。[1]

(六)数字付费体育电视频道

数字电视是指从演播室到发射、传输、接收的所有环节都是使用数字电视信号来传播的电视系统。数字信号大数据流的传递保证了数字电视的高清晰度,克服了模拟电视的先天不足。2003年和2004年,国家广播电影电视总局先后发布《广播电视有线数字付费频道业务管理暂行办法(试行)》《关于推进广播电视有线数字付费频道运营产业化的意见》,对数字付费频道的开办和运营、服务与监管等做出规定,核心要素是付费频道对社会资本开放,但对外资进入和境外节目内容做了限定。

随着全国各地有线电视数字化进程的大规模推进,数字体育频道也快速发展。国家广播电影电视总局批准的第一批十个付费数字电视频道就包括两个体育频道。随后,CCTV 的风云足球、高尔夫·网球,上海电视台的劲爆体育等数字付费体育频道雨后春笋般创建起来。截至2018年2月,全国覆盖的付费电视频道98家,其中体育频道19家;省内覆盖的付费电视频道24家,其中体育频道1家。截至2021年1月,全国覆盖的付费体育频道增至24家(见表6-2)。这些

---

[1] 石娜. 中国体育电视格局的现状分析[D]. 北京:北京体育大学,2008.

付费体育电视频道中不乏精品。譬如，阿根廷足球甲级联赛、巴西足球甲级联赛等赛事的引进，使风云足球独家直播赛事量不断上升，达到平均每周8—10场比赛。上海文广新闻传媒集团的劲爆体育频道，以足球、篮球、网球等国内外综合赛事为核心，全力打造独家体育赛事平台，具有鲜明的海派个性。

表6-2 付费体育电视频道名录[1]

序号	开办主体	频道名称	覆盖范围
1	中央广播电视总台	风云足球	全国覆盖
2	中央广播电视总台	高尔夫·网球	
3	中央广播电视总台	央视台球	
4	中国广播电视网络有限公司	冰雪体育	
5	中国广播电视网络有限公司	马拉松	
6	中国广播电视网络有限公司	每日健身	
7	中国广播电视网络有限公司	体育赛事	
8	北京广播电视台	车迷	
9	北京广播电视台	四海钓鱼	
10	辽宁广播电视台	游戏竞技	
11	辽宁广播电视台	电子体育	
12	辽宁广播电视台	网络棋牌	
13	吉林广播电视台	篮球	
14	上海广播电视台	游戏风云	
15	上海广播电视台	魅力足球	
16	上海广播电视台	劲爆体育	
17	上海广播电视台	极速汽车	
18	河南广播电视台	武术世界	
19	湖南广播电视台	乒羽	
20	湖南广播电视台	快乐垂钓	
21	广东广播电视台	高尔夫	
22	重庆电视台	汽摩	
23	呼和浩特市广播电视台	足球	
24	贵州广播电视台	天元围棋	
25	北京广播电视台	弈坛春秋	省内覆盖

注：广东电视台曾开办欧洲足球付费频道，天津电视台曾开办高清搏击频道。

数字电视体育频道拥有覆盖全国的优势，为地方电视台体育频道提供了一

---

[1] 付费频道名录（截至2021年1月）[OL].2021-01-21[2021-03-03].http://www.nrta.gov.cn/art/2021/1/21/art_70_54863.html.

个缩小与 CCTV 差距的机会，也为民营体育电视机构带来机遇。与模拟电视时代换取广告贴片时间不同，数字电视时代的利润来自电视收费分账，观众选择成了决定生存的唯一标准。[1]

六、体育网络传播蓬勃发展

新世纪以来，我国网民规模迅速扩大，体育网络传播也迅猛发展。

北京奥运会是我国体育网络传播发展的重要契机。2005年11月，搜狐斥资数百万美元成为北京奥运会独家互联网内容服务赞助商，这是现代奥运会第一次设立互联网赞助商类别，标志着体育赛事传播网络时代的开端，也打响了中国网络媒体的奥运争霸战。2007年，新浪、腾讯、网易组建奥运报道联盟，与搜狐抗衡。随后，国际奥委会做出将新媒体作为独立转播机构列入奥运会转播体系的决策，并将中国内地和澳门地区北京奥运会唯一官方互联网/移动平台转播权授予央视国际（CCTV.COM）。[2]

在此前后，冬奥会、世界杯足球赛等也相继向网络媒体开放采访权和转播权。2006年，新浪获得都灵冬奥会中国互联网第一张正式采访证，这是世界大赛首次向网络媒体发放采访证。2006年德国世界杯期间，新浪和搜狐分别获得5张和8张正式采访证，并派出独立采访团队进行现场采访。国际足联不仅取消了对互联网使用图片的限制，还首次以网络视频模式转让赛事资源，向全世界超过100个国家的网站提供每场比赛4分钟的集锦视频，实现了国际赛事视频版权输出的巨大跨越。

世界体育组织也相继与中国网络媒体展开合作。2006年，国际篮联中文官网落户腾讯。根据协议，腾讯负责承建并维护其官网，还承建了2006年世锦赛官网，也由此获得了该项赛事的图片授权及球星、教练等有限采访权。[3]

（一）商业门户网站体育频道在体育网络传播中占据主流

这一时期，影响力最大的是商业门户网站的体育频道，比较知名的有新浪

---

[1] 石娜.中国体育电视格局的现状分析[D].北京：北京体育大学，2008.

[2] 刘连喜.央视国际网络建设新媒体的实践[OL].2003-10-09[2015-08-16].http://sports.cctv.com/news/script/net/20031009/100679.shtml.

[3] 高萍.四大商业门户网站体育新闻叙事研究（1996—2015）[M].北京：北京体育大学出版社，2016.

竞技风暴、搜狐体育、腾讯体育、网易体育等。商业门户体育网站的内容主要包括体育新闻、赛事直播、专题报道、体育评论、体育博客、互动空间等。

依托重大赛事，是商业门户网站体育频道树立品牌的良机。搜狐除于2005年11月获得北京奥运会独家互联网内容服务赞助商资格外，还于2006年通过与东方宽频（世界杯互联网视频中国大陆地区官方授权机构）合作的方式获得了世界杯版权。腾讯体育的脱颖而出始于2006年德国世界杯报道。北京奥运会前夕，腾讯奥运会报道团队与中国奥运代表团的5大金牌队伍（乒乓球队、羽毛球队、体操队、举重队和游泳队）签约，核心是获取冠军运动员赛后第一时间的独家专访权。北京奥运会期间，腾讯网除邀请诸多新科奥运冠军做客《金牌第一时间》外，还邀请前奥运冠军、世界冠军、国家队教练实时在线解说比赛，并独立制作《盛事龙门阵》等原创视频节目，深受网民欢迎。2010年南非世界杯时，腾讯与68个国际巨星签约，还为梅西、卡卡开通独家中文博客，并在CCTV播放以其作为形象代言人的广告。视频方面，腾讯选择以嵌套CNTV（央视网）播放器的方式直播赛事，并强化自制视频内容，还邀请刘建宏、段暄做前方嘉宾，请作家余华、池莉、阿来到前方看比赛、做嘉宾，最终获得了9000多万元的广告收入。2012年伦敦奥运会时，腾讯体育除购买CNTV视频版权外，延续了签约明星运动员、做冠军专访的做法，还为中国奥运代表团近200位参赛运动员开通微博。其原创视频栏目《奥运父母汇》获得1200万元的独家冠名。[1]

随着重大赛事转播平台地位的确立，网络在赛事运营，赛事转播中的地位、优势和重要性日益凸显。商业门户网站关于赛事转播权的争夺也日趋激烈。以NBA转播权为例。门户网站中最早转播NBA的是搜狐。2006年，搜狐首次直播NBA的2006—2007赛季，并尝试介入NBA数据库与NBA实时数据直播系统，使观众能动态跟踪每一位球员的场上表现和球队动态。2006年底，搜狐又与NBA签订合同，承办NBA中文官网。2010年，新浪以每年700万美元的费用获得NBA在中国大陆的3年网络版权，每天可以播放一场NBA比赛。2013年，新浪以每年2000万美元的费用获得NBA "2+1"（两年合同，第三年有优先续约权）的续约合同，除比赛直播外，NBA官方社区也落户新浪。当时，腾讯、乐视也拥有部分NBA网络版权，但场次少，选择权限小。2016年1月，

---

[1] 薛文婷. 体媒人物：新中国体育新闻传播口述史（上）[M]. 北京：清华大学出版社，2015：300-302.

腾讯以5亿美元的价格同 NBA 签下5年的网络独家转播合同。[1]2016年新赛季开始，腾讯开始实行付费与免费并行模式及会员制：全体用户可以免费收看包括全明星、东西部决赛和总决赛在内的赛事，每天至少一场直播；会员可以收看由 NBA 官方授权在腾讯平台播出的全部场次直播，还可以随时观看精彩集锦点播、比赛回放。[2]数据显示，2018—2019赛季中，4亿9000万球迷通过腾讯平台观看了 NBA 赛事直播和视频节目，更有超过2100万球迷观看了该赛季 NBA 总决赛第六场比赛的直播，创当时中国数字媒体平台的单场 NBA 赛事收视人数之最。2019年7月，NBA 与腾讯共同宣布，腾讯将继续作为"NBA 中国数字媒体独家官方合作伙伴"至2025年。[3]关于中超转播权的争夺同样激烈。2015年，腾讯、新浪、网易和搜狐，以每家不超过800万元人民币的价格从中超公司获得了转播权。2016年，乐视体育和体奥动力达成资本合作，以27亿元获得中超联赛2016和2017赛季在中国、美国、新加坡等国家的独家新媒体转播权。2017年，因乐视系陷入资金链危机，乐视体育失去中超独播权。获得中超联赛2017赛季独家新媒体版权的是苏宁体育，其旗下的 PPTV 拥有（电脑＋移动＋互联网电视）全场次转播权。今日头条获得中超联赛2017—2020年短视频分发权。[4]2018年至2020年，PPTV 连续成为中超独家新媒体合作伙伴。

（二）传统媒体体育网站着力打造特色原创基地

传统媒体体育网站依托强大的采编团队、规范的采编运作、专业的信息发布、多年的人文积淀，力图打造各具特色的体育原创基地，并试图从传统媒体"网络版""电子版"实现向真正意义上的网络媒体转变。

体育专业媒体一方面推出、建设自己的网站，一方面与商业门户网站的体育频道进行内容合作。中国体育报业总社除运营中体在线外，还于2018年5月推出新体育网全媒体平台（http://www.new-sports.cn）。新体育网以推进体育强国建设为使命，本着移动优先、突出微视频、报业总社融合联动的理念，以微

---

[1] 徐伟平. 网络巨头加码 体育产业步入发展快车道 [N]. 中国证券报，2016-02-24（A10）.

[2] 腾讯体育会员核心权益 [OL].[2017-08-16].http://sports.qq.com/vip/.

[3] 钱瑜，白杨. NBA 版权战胜出 腾讯体育能否负重变现 [N/OL]. 北京商报 .2019-07-29[2019-08-08]. https://baijiahao.baidu.com/s?id=1640398456525077118&wfr=spider&for=pc.

[4] 刘素宏，马婧，杨砺. 乐视体育失去中超版权 客服称暂不补偿 [N/OL]. 新京报 .2017-03-04[2018-08-16].http://finance.sina.com.cn/chanjing/gsnews/2017-03-04/doc-ifycaafm5047306.shtml.

博、微信、微视频、客户端为主要载体，围绕全民健身、竞技体育、体育产业、体育文化、体育国际交流等各方面，打造国内一流的体育新闻网。[1]《体坛周报》于2001年与华体网合作开通了《体坛周报》网站，在2004年欧锦赛和奥运会期间与TOM在线进行了阶段性合作，在2006年德国世界杯前夕又与之联手推出了"TOM体坛网站"，进行深度战略合作。2008年5月1日，《体坛周报》以"源自体坛周报，超越体坛周报"为宗旨，携《足球周刊》《扣篮》等内容优势及采编团队，推出体坛网（http://www.titan24.com/），目标是打造中国最大的体育新闻原创基地和垂直体育门户网站。《体坛周报》曾和腾讯体育等网络媒体进行内容合作。

综合性媒体的体育部门主要依托母体实现内容上网，如人民日报社的人民网体育、新华社的新华网体育、中央人民广播电台的央广网体育、中央电视台的央视网体育等。其中，央视网体育主要依托CCTV丰富、独家的体育视频优势，努力打造体育视频第一基地。

体育专业媒体和综合性媒体体育部门的网络之路走得并不顺畅。制约传统媒体新媒体之路的是媒介差异和版权保护困境，正如《体坛周报》前总编辑李烨晖所说："《体坛周报》和其他报刊不同，有大量的原创内容。假设所有网站都不许转载，只在体坛网上有，我相信体坛网绝对是一个很好的平台。但现在的情况不是这样的，任何一条新闻出来，一秒钟之内所有的网站就自由抓取，都流出去了。"[2]

（三）体育组织网站是体育组织发布信息、提供服务、宣传形象、开展交流的重要平台

随着互联网的发展及优势的展现，各级各类体育组织也纷纷创建官方网站。作为"门户"，体育组织网站除提供服务、形象宣传、互动交流外，还在体育信息发布方面发挥着举足轻重的作用，是其他媒体非常可靠的消息来源。体育组织网站主要包括官方体育机构网站、体育俱乐部网站和赛事官方网站。

官方体育机构网站是指各级体育行政部门网站，包括国家体育总局、各省

---

[1] "互联网+"时代，新体育网"三微一端"强势来袭，号召国人开启全民运动新型生活方式[OL].2018-05-18[2018-08-16].http：//www.sohu.com/a/232054689_526112.

[2] 薛文婷.体媒人物：新中国体育新闻传播口述史（上）[M].北京：清华大学出版社，2015：267.

市体育局及直属单位创办的网站，以发布体育活动信息、行业新闻和体育政策法规，传播体育文化为主。

体育俱乐部也都建有网站，并将其建设成发布信息、塑造形象、联络球迷、营销等的重要平台，如北京国安足球俱乐部官方网站、广州足球俱乐部官方网站等。

赛事网站通常由赛事主办方创办，在赛事组织、赛事信息发布方面发挥着重要作用。如第29届奥林匹克运动会网站（https://www.beijing2008.cn）设有《赛程赛果》《奖牌榜》《参赛选手》《项目资料》等版块，为网友提供全方位的北京奥运会信息；北京2022年冬奥会和冬残奥会组织委员会网站（https://www.beijing2022.cn/）也设有《新闻速递》《项目介绍》《冬奥百科》《场馆巡礼》《志愿者》《冬奥教育》等版块内容。

（四）体育门户网站是一支重要力量

体育网络传播的迅猛发展，也催生了体育门户网站，如华奥星空网。北京华奥星空科技发展有限公司（简称"华奥星空"）于2003年由中国奥委会、中华全国体育总会共同成立并控股，目标是要构建中国数字体育互动平台，打造数字体育产业。2004年雅典奥运会时，华奥星空携手30多家地方电视台、新浪、中国移动，打造了"奥运345"传播大平台，如和北京电视台等30多家地方电视台联合推出视频直播节目《冠军访谈》，和《中国体育报》，和新浪推出"合作频道"，收到了良好效果。2008年北京奥运会时，华奥星空发挥资源优势，以和地方电视台、搜狐、中国体育报业总社合作的方式，联合推出了视频访谈节目《冠军面对面》，在全国50多个电视台播出。一段时间内，华奥星空是一家以互联网为载体、整合体育系统资源并将其产业化、实业化的国有控股公司，是致力于开发体育产业资源的互联网运营平台，除经营华奥星空网外，还运营中国奥委会官网、中华全国体育总会官网和几十家运动协会官方网站及多个大型赛事的网站。

虎扑体育网创建于2004年，初为篮球社区，后逐渐发展为覆盖篮球、足球等众多领域的专业全体育媒体平台，为广大网友提供最新体育资讯和一流的在线互动体验服务。

和其他体育网站相比，体育门户网站的构成不够稳定。20世纪末一度很受欢迎的体育门户网站"鲨威体坛"和中国足球新闻网，或被收购，或被淘汰，显示出体育门户网站独立生存能力和赢利能力的不足。

（五）体育移动新媒体风头正劲

随着大数据、移动新媒体和多媒体技术的勃兴，互联网已经从门户时代转向移动时代。2015年政府工作报告中，李克强总理首次提出"互联网+"战略，将移动互联网、大数据等信息技术向全社会予以推广，进一步促进了社会的信息化、网络化发展。

移动新媒体是所有具有移动便携特性的新兴媒体的总称，包括手机媒体、平板电脑、掌上电脑等。其中，手机媒体因贴身性、高普及性、高互动性、多媒体性和无线移动性等特点，和体育传播高度契合。手机短信、手机报、手机电视等产品被快速应用到体育传播场景中。譬如，2001年8月在北京举行的第21届世界大学生运动会为刚刚起跑的短信服务商提供了机会，仅一项与大运会有关的手机短信游戏"闯关夺宝"每天就有10万人参与，使短信平台被迫进行数次扩容。2007年8月8日至2008年9月30日，中国移动与国内主流媒体合作推出《奥运手机报》，通过彩信和短信向用户提供及时的奥运会资讯服务。中国移动还于2008年5月1日推出手机报业务的奥运英文版，于3月之后推出奥运夺金热点项目深入报道版。2006年德国世界杯期间，中国移动联合上海文广集团推出世界杯中国地区手机电视节目，用户可以进入移动梦网《掌上世界杯》栏目欣赏比赛期间的即时快报、实时评球及每场比赛4分钟视频集锦等内容。[1]

随着移动互联网和智能手机技术的日新月异，体育移动传播渠道逐渐发展为移动网页、社交媒体、手机客户端等，体育媒体也陆续推出移动服务产品。如《体坛周报》于2008年5月10日正式推出手机报，2010年6月1日正式上线手机客户端，2013年7月4日推出微信公众号，2016年3月上线"体坛加"手机客户端。目前，比较活跃的体育手机客户端有腾讯体育、新浪体育、PP体育、虎扑体育、暴风体育、懂球帝、央视体育等。

第三节　重大体育赛事报道

北京奥运会，是中国走向世界、世界了解中国的一个里程碑，也是中国体育史、中国体育新闻传播史上的一个高峰。经历了北京奥运会的磨炼和洗礼，

---

[1] 付丽.新中国体育媒体发展研究[D].北京：中央民族大学，2010.

中国媒体的重大赛事报道愈加成熟、理性、专业。

一、奥运会报道

新世纪以来，因为传播技术的日新月异，奥运会报道的新形态、新手段层出不穷。在此过程中，CCTV 和新华社以大兵团作战成为中国奥运会报道的绝对主力，一些经济实力较为雄厚的媒体也纷纷派出记者，或单兵作战，或联合出击，逐级形成了"两强扛鼎，群雄争功"的报道格局。

（一）2004年第28届（雅典）奥运会报道

2004年8月，第28届夏季奥运会在希腊雅典举行。由于是北京奥运会的前哨战，中国派出407名运动员的庞大队伍，并以32枚金牌的优异成绩登上金牌榜第二位。

奥运会赛场之外的新闻大战依旧激烈，采访雅典奥运会的记者超过2万人。中国媒体更是投入大量人力、物力。据悉，国际奥委会向中国颁发了367张记者证，[1] 远超悉尼奥运会时的264张，但实际前去雅典采访的中国记者多达一两千人。没拿到或仅拿到几张官方记者证的媒体，想方设法通过其他途径派记者去雅典进行报道。

雅典奥运会时，国际奥委会参照世界性通讯社的标准，首次直接向新华社发放80个采访名额。[2] 新华社则首次以文字、图片、音频、视频4种报道形式全面报道奥运会，并开通"新华短信"与受众及时互动，利用网络对奥运会进行现场报道，打造了多媒体立体效果，呈现出时效快、稿量大、覆盖面广的特点。英文报道方面，新华社为各项目配备了专职英文记者，改变了此前奥运会报道英文记者严重不足的局面，在滚动消息、报道深度、覆盖面等方面打了翻身仗，在时效、数量、质量上也可以与西方大通讯社相抗衡。新华社通过精心打造重点栏目、重点报道的方式，凸显了报道影响力。新华社前后方设立的重点栏目较有特色：文字有《五星红旗！我为你自豪》《记者视点日记》等；图

---

[1] 注：其中CCTV 获得了154张有效证件，新华社派出的80人报道团人手一证，来自20个省市的48家报刊单位获得了58张记者证。见陈芳.367名记者出征雅典 [J]. 中国记者，2004（8）：14.

[2] 本刊记者.力争创新全面报道提高整体质量——新华社副社长、新华社雅典奥运会报道团团长马胜荣谈奥运报道 [J]. 中国记者，2004（8）：11-13.

片有《哈哈镜》《精品屋》等；图表有《奥运看台》《新华漫说·奥运漫笔》等；音频有《每日赛事评述》《团部热线》等。重点报道有中国体育代表团抵达雅典、中国代表团升旗、开幕前系列综述、开幕式、杜丽夺得第一块金牌、张怡宁获得奥运百金、中国台北代表团取得奥运金牌零的突破、刘翔夺冠、闭幕式、结束阶段系列评述等，受到用户高度评价。为完成报道任务，新华社报道团建立了金字塔式的三层次结构组织报道：宏观指挥层是指报道团的每日例会，中观指挥层是指各分片编辑部所进行的记者安排、报道策划，微观指挥层是指现场合理调度记者。新华社还在赛前制定了细密的报道计划和细则，编印《雅典奥运会报道手册》，并首次制定了"文字记者报道任务、格式、规程和流程"。新华社充分利用自身的全球信息采集优势，调动各部门、各分社的积极性和主动性，并利用先进的技术设备、有效的工作机制使其"无缝"连接。新华社的稿件质量和服务态度得到了中外用户的肯定，稿件被国内媒体争相转载。智利环球通讯社社长迪亚斯指出，新华社的西文奥运会报道信息量大、覆盖面广、时效快，实现了对用户的承诺。新华社的营销平台抓住奥运会报道这一契机，在奥运报道期间新发展用户350家，合同金额增长1040万元。新华社雅典奥运会报道也存在一些不足，如专特稿用户对独家性、排他性内容的需求和体育专线200多家用户的利益存在矛盾；编辑部的"热策划"和应变指挥能力有待加强；个别栏目因定位不清、内容交叉、难以操作等原因被弃用；等。[1]

各大报纸纷纷开辟雅典奥运特刊，奥运版面也显著增加。其中，《人民日报》第一次推出两版的《奥运特刊》。《北京青年报》策划的奥运特刊《风行雅典》和《京华时报》策划的24版彩印奥运特刊《神话纪》在北京读者中影响较大，两报广告收入在奥运会期间也涨幅较大。《神话纪》特刊的定位是"文化的和娱乐的"，操作方式是：6名前方记者紧密关注中国奥运军团动态，除夺金现场外，重点关注赛前准备、赛后总结、教练员作战方案、运动员心理调节等细节，为读者提供多角度、全方位的信息资讯；后方以体育编辑部成员为主，借其他部门强援之力，组成新闻、活动和服务3大策划组，有条不紊、周密细致地完成报道任务。《京华时报》还与新华社签订在北京地区的独家供稿协议，力争全方位收集信息资源，报道力度前所未有。[2]《新京报》推出每天16版的《狂

---

[1] 马胜荣同志在雅典奥运会报道总结大会上的讲话 [M]//《新华社年鉴》编辑部. 新华社年鉴2004. 北京：新华通讯社，2004：125-131；关于表彰第28届奥运会报道工作的通报 [M]//《新华社年鉴》编辑部. 新华社年鉴2004. 北京：新华通讯社，2004：166-167.

[2] 胡豫琴. 我国报纸的奥运报道策划研究 [D]. 北京：北京体育大学，2005.

奥》特刊。在报业竞争异常激烈的成都,《华西都市报》和《成都商报》都派出阵容强大的记者队伍飞赴雅典奥运赛场,并推出特刊,前者名为《梦回雅典中国龙》,后者名为《雅典奥运》。[1]

《中国体育报》推出8版《奥运特刊》。《体坛周报》于8月11—30日推出24版的《雅典2004日报》,设有《主赛场》《大球场》《五环志》等版块。《足球》报推出的《雅典奥运特刊》设置了《眼界》《前线》等专版及颇具特色的《希腊漫记》等专栏。

雅典奥运会期间,再次出现了由多家媒体组成的联合报道团,如"中国晚报奥运采访团"和"雅典奥运报道联合体"。"中国晚报奥运采访团"由《北京晚报》《新民晚报》《扬子晚报》《羊城晚报》等20家左右主流晚报在内的55名体育记者组成。以此为支撑,《新民晚报》推出《奥运交响》特刊,并设置《雅典演义》《文化解读》《奥运上海》《赛前诸葛》等版面,推出《高兴聚焦》《季颖纪实》《孙雯视角》等专栏。[2]"雅典奥运报道联合体"由《北京青年报》《成都商报》《现代快报》《香港商报》等13个省市、地区的都市报和搜狐、北京人民广播电台联合组成。[3]联合体于2003年底成立,目的是整合资源,降低成本,力争覆盖奥运会赛场内外新闻。赛前,联合体召开3次理事会,并两赴雅典进行考察、接洽,还组织两次"奥运探营行动"。2004年8月,仅有四五张采访证件的联合体派出约35名记者赴雅典协同作战,其中《北京青年报》派出10多名记者,《成都商报》派出四五名记者,其他报社大多派出一两名记者。联合体购买多张比赛门票,还一直与希腊有关部门接洽,争取得到临时的、部分授权的采访证件。联合体成员通过发稿平台共享新闻资源,共担采访成本。联合报道团的出现和发展,使媒体奥运报道用稿模式由"二元模式"(依赖CCTV和新华社)向"多元模式"(CCTV、新华社、媒体自采、联合体)转变。如《北京青年报》每天推出的16版奥运特刊中,8版采用的是雅典奥运报道联合体的稿件。17天中,该报采用新华社稿件约270篇,联合体稿件约310篇。

8月13—30日,中央人民广播电台新闻综合频率全线出击,强档推出每天4

---

[1] 明铭.新闻照片里的奥运景观:对《华西都市报》和《成都商报》奥运特刊之比较研究[J].西南民族大学学报(人文社科版),2005(5):193.

[2] 王芸.《新民晚报》奥运报道研究:以1984—2008夏季奥运会为例[D].上海:上海体育学院,2011.

[3] 郭婷婷.十三家媒体联手报道雅典奥运会[N/OL].北京青年报,2004-04-07[2015-08-16]. http://news.sina.com.cn/c/2004-04-07/07122244800s.shtm.

次滚动播出的特别报道《直通雅典》,全天候、高密度、多角度、多形式地报道赛事盛况。节目还开辟《梁悦快评》和《建奇视点》专栏,用独特视角评述赛事,受到听众好评。直播期间,共收到听众发送的参与短信130多万条,平均每秒200条,高峰时段每秒300多条。[1]

雅典奥运会期间,CCTV不但播出了1400多小时的奥运会直播和转播节目,还派出两支信号制作队伍共58人,参与了乒乓球、羽毛球、现代五项3个项目的电视公用信号制作,并以专业素养赢得主播机构AOB及奥组委、国内外同行的赞扬和认可,为日后广泛参与国际公用信号制作打下良好基础。这是中国首次参与奥运会电视国际公用信号制作。

为做好雅典奥运会报道,CCTV派出160人的前方报道组,在国际报道中心租用400m^2使用面积,建立两个直播系统,租用6条卫星线路,并在中国运动员具备夺金优势的游泳、跳水、乒乓球、羽毛球、举重、射击、体操赛场以及开、闭幕式主场馆申请了直播单边报道点和评论席。[2]奥运会期间,CCTV通过综合频道、经济频道、国际频道、体育频道、新闻频道和2个付费频道,连续17天不间断播出,相继推出赛事直播、120集奥运冠军专题片、150集《巅峰时刻》、150集《中国军团》、200个宣传短片等,奥运会播出总量达1474小时,是悉尼奥运会时的两倍。其中,体育频道标志下方叠加了象征奥运会的五环标志,这是CCTV继悉尼奥运会后再次以奥运频道的整体形象播出。[3]CCTV的雅典奥运会报道取得了骄人的收视成绩。截至8月28日,全国收看奥运会和奥运会相关专题节目的电视观众达9亿人次,其中通过CCTV收看奥运会节目的观众有8.6亿人次以上。CCTV在雅典奥运会报道方面做出了很多努力。第一,变不利为有利,在节目编排上下大功夫。考虑到雅典和北京5小时的时差,CCTV一面坚持安排重要赛事的直播,一面充分利用时差对比赛进行立体报道。第二,形成全台的转播和报道合力。第三,精心制作节目,以观众需求为最高要求。除充分利用公共信号做好精彩赛事转播外,还有十几个采访组向观

---

[1] 陈建奇.与世界同步 与时代同行:中央人民广播电台奥运报道工作概述[M]// 易剑东.新闻春秋第十辑.奥运传播暨体育新闻传播史研讨会论文集.北京:中国广播电视出版社,2009:29.

[2] 刘中胜.2004雅典奥运CCTV电视报道音频系统的设计思考[J].现代电视技术,2006(4):30.

[3] 赵化勇.中央电视台发展史(1998—2008)[M].北京:中国广播电视出版社,2008:159-162.

众提供鲜活的独家新闻和深入的专题报道。第四，做好包装、预告和收视引导。第五，发挥独家电视转播优势，做好广告营销和节目推广，提高收视率，实现社会效益与经济效益的双赢。[1] 总之，CCTV 在雅典奥运会报道中体现了整合化、专业化、媒介化、人文化、平民化传播的新理念。[2]

地方电视台于雅典奥运会期间也进行了联合报道。联合体赴雅典进行前方报道的有 40 多人，其中一部分负责制作名为《圣火 2004·追梦雅典》的全国公共版节目和只供北京电视台、广东电视台播出的名为《圣火 2004·雅典故事》的节目，一部分负责每天为地方台制作长达三个半小时的节目。[3]

雅典奥运会时，因为希腊和北京有 5 小时时差，网络扮演了第一时间向中国受众传播奥运会赛事信息的重要角色。

商业门户网站对雅典奥运会倾注全力。其中，新浪设置了奥运频道，还与华奥星空联合设置了雅典奥运嘉宾聊天室，邀请到了包括刘翔和女排姑娘在内的一共 27 名金牌选手赛后第一时间做客聊天室，与网民交流夺金心得。搜狐网则邀请评论员和奥运冠军坐镇，力图为网友打造"最有思想的报道大餐"。[4] 新浪、搜狐等商业门户的雅典奥运会报道获得了成功，日点击率纷纷过亿，相当于平日体育频道点击率的 6 倍。新浪奥运频道的访问量在开幕当天就蹿升到 1.3 亿页读数，在 23 日更是达到 1.5 亿页读数（创当时中文互联网纪录）。当刘翔以平世界纪录的 12 秒 91 夺得男子 110 米栏冠军后，新浪奥运频道的网友留言数在 10 小时内达到 32,000 多条，创当时全球互联网网民留言的最高纪录。[5]

雅典奥运会网络报道呈现出下面几个特点。第一，强化前景信息和背景信息，使报道更有深度。如开辟《奥运专题回顾》《奥运资料库》等栏目，使受众了解历届奖牌榜、运动员资料等历史信息。开发前景性信息资源可以有效增强信息传播效果，如对"中国体操为何失利""2008 奥运会如何办得更好"等问题的讨论，提高了新闻的可读性和价值性。第二，开辟视频直播，挖掘网络特质。如设置《直播室》《冠军视频》《奥运 FLASH》《视听奥运》等栏目，方

---

[1] 周经. CCTV 之雅典奥运报道 [J]. 中国广播电视学刊, 2004 (9): 23-24.

[2] 吴风. CCTV 雅典奥运会报道的传播学解读 [J]. 电视研究, 2004 (10): 17.

[3] 北京电视台记者房学峰悼念郑立: 我们永远的老师 [OL].2004-08-14[2017-08-16].http://2004.sina.com.cn/cn/other/2004-08-14/63894.html.

[4] 张宸, 张坚栋. 喜悦与遗憾: 国内媒体雅典奥运报道评析 [J]. 新闻与写作, 2004(10): 19.

[5] 闵大洪.2004 年的中国网络媒体 [OL].http://www.people.com.cn/GB/14677/3070327.html.

便受众获取信息。第三,信息呈现方式有创新。网页版块的有效组合和色彩的合理运用,发挥了导航功能,并使得重点突出、主次分明。第四,设置网上调查,吸引受众参与,提高网站点击率和注意力。如"网友心中最耀眼的每日奥运明星"等调查,互动性强,反馈及时,深受网站运营商和网友喜爱。网络论坛(BBS)为受众提供了流露情感、表达观点的场所,发挥了"社会减压阀"作用。当刘翔勇夺男子110米栏冠军时,网上网下欢呼一片,形成了"全民看奥运"的盛景。[1]

被称为"第五媒体"的手机首次参与奥运会全程报道,主要报道形式为手机短信。其中,联通"奥运直通车"整合了新浪、TOM等内容服务提供商的资源优势,并组合了中新社、体育频道联盟等多家媒体,为用户及时传递第一手奥运赛事信息。"新华短信"共发奥运短信、彩信和WAP稿件6117条,新增有效用户16万,用户总数达到281万,实现销售收入80万元。[2] 手机短信参与奥运会报道,丰富了奥运报道形式,也方便受众更方便、快捷地获得奥运信息。

(二) 2008年第29届(北京)奥运会报道

2008年8月8—24日,第29届夏季奥运会在北京成功举办。来自204个国家和地区的11,000多名运动员参加了28大项302小项的角逐,创造了43项新的世界纪录和132项新的奥运纪录。中国以51枚金牌位居金牌榜第一位,成为首个登上奥运会金牌榜首的亚洲国家。对中国而言,北京奥运会的成功举办提升了国际声望,增强了社会凝聚力,展示了改革开放成果,加速了社会发展进程,是中国体育事业和现代化建设的一座里程碑。

作为一届"举世瞩目""无与伦比"的奥运会,北京奥运会也是世界媒体的竞技场——国内外共有1.6万名注册记者、2万多名非注册记者参与报道。作为主办国和东道主媒体,中国各新闻机构对北京奥运会报道给予极大重视,在体育部门基础上组建跨部门的奥运报道团队,极力打造整合化、立体化传播。无论是通讯社的快速、电视的直观、广播的便捷,还是报纸的深刻、新媒体的

---

[1] 赵巍.网络媒体:奥运报道中的"黑马":以雅典奥运会新闻报道为例[J].新闻前哨,2004(10):28-29.

[2] 马胜荣同志在雅典奥运会报道总结大会上的讲话[M]//《新华社年鉴》编辑部.新华社年鉴2004.北京:新华通讯社,2004:125-131.

兼容,中国媒体都以庞大的受众数量在世界体育传播史上留下了浓重一笔。[1]

新华社于2006年10月26日被国际奥委会授权为北京奥运会东道主通讯社（Host News Agency），并被授权组建奥林匹克国家摄影队。[2] 这是国际奥委会首次将东道主通讯社与奥林匹克国家摄影队这两项重要工作授权给同一家通讯社。[3] 作为国家通讯社、东道主通讯社和奥林匹克国家摄影队，新华社在国际奥委会正式注册的新闻采编和技术人员共284人，非注册记者62人。

新华社非常重视北京奥运会的报道工作，从北京申奥成功开始就启动奥运报道筹备工程，着手培养体育报道人才。2008年，新华社领导对奥运会报道提出3条指导原则：第一，北京奥运会报道是新华社与西方大通讯社和国际著名媒体同台竞技，关乎在"西强我弱"舆论态势下增强国家软实力、扩大新华社国际影响力的重大问题，要志在必得、势在必胜。第二，要在这场国际舆论的大角逐中争取主动，抢占上风，各项工作必须以一流的、职业化的标准来衡量。第三，要在"电视上看不到、别人想不到、想到也做不到"上下功夫，做到高人一筹、不可替代。北京奥运会期间，新华社的发稿量极大。从7月25日报道团进驻奥运会主新闻中心到8月24日奥运会闭幕，播发奥运中文稿件7600多条、英文稿件6900多条，法、西、俄、阿、葡5条语文专线日均发稿是平时的4倍；播发中文图片42,000张、英文图片26,972张，法、西、俄、阿图片稿日均发稿是平时的8倍；制作音视频新闻节目1446条，超过4700分钟；其文字稿件、图片图表稿件、音频稿件被国内用户采用率分别为99%、62%、83%；对外中英文文字、图片稿件被境外媒体平均采用率为30%。在报道时效、质量、广度、深度等方面，新华社忠实履行职责，为北京奥运会提供了强大的舆论支持，营造了良好的舆论氛围，受到了中央充分肯定，也赢得了国际奥委会的信任与赞誉，并得到了海内外媒体用户和受众的好评。国际奥委会主席罗格对新华社7种文字24小时不间断播发奥运会新闻给予高度评价，说新华社为世界人民了解北京奥运会提供了丰富的新闻资讯。新华社对开幕式、奥运会首金、所有28个大项和302个小项奖牌的产生过程、刘翔退赛、新的世界纪录诞生、各场次新闻发布会等重要节点的报道，与西方三大通讯社和国内外网络、手机等新兴媒体相比都毫不逊色。新华社还精心策划重点报道，打造了一批主题重大，兼具权威性、深刻性、不可替代性的精品力作。其中，社评《永恒的经典 历史的

---

[1] 新华社总编室.勇夺北京奥运会新闻报道的完胜[J].中国记者，2008（9）：16.

[2] 新华通讯社.新华社80年辉煌历程[M].北京：新华出版社，2011：210.

[3] 新华社总编室.勇夺北京奥运会新闻报道的完胜[J].中国记者，2008（9）：18.

丰碑——写在北京第29届奥林匹克运动会闭幕前夕》，被中央和地方媒体广泛采用。面对复杂的国际舆论环境和"西强我弱"的总体舆论态势，新华社着力加强中英文对外报道力度，抢占舆论引导的主动权和制高点：针对外电炒作的热点问题，组织权威发布和澄清式报道，并广泛采访外国运动员、教练员和奥委会官员、媒体记者，用直接引语进行正面报道；结合新闻发布会，积极主动设置议题，围绕各代表团赛前集训、志愿服务、北京古城保护、前门大街对外开放、反兴奋剂等组织报道，平衡海外舆论。新华社还从报道的"流向""流量""流程"3方面，积极应对场内外突发事件，进行及时准确、公开透明的报道，确保了海内外舆情的平稳。

作为"奥林匹克国家摄影队"，新华社摄影记者全程跟踪中国队的重要赛事和运动员在赛场外的活动，并兼顾非洲、拉美、东南亚等发展中国家的运动员，做到了每位金银铜牌获得者都有比赛和领奖照片，绝大部分出场运动员都有照片，尤其注意拍摄只有机会参加预赛甚至首轮比赛的发展中国家运动员，既满足了亚非拉国家媒体的需求，也为应对突发事件做好资料准备。对跳水、体操、网球、田径、赛艇、皮划艇等场次和金牌产生密度大的项目，新华社安排了现场编签小组，直接在赛场抢发照片。赛事高潮阶段，新华社每天签发4000多张奥运会照片，创下历届奥运会发稿新高和单日发稿新高。新华社对奥运会全部302块金牌产生的图片报道，75%以上发稿时效超过法新社和路透社；关于中国队获得金牌的图片报道，95%以上领先外国通讯社；对发展中国家代表团的图片报道广度和总量，也均超过外国通讯社。[1] 总之，北京奥运会期间，新华社秉承"大外宣""大奥运"观念，统筹国内国际两个大局，体现了国家通讯社的实力，扩大了自身和国家的影响力。

中新社组织了200多人的报道团队参加北京奥运会报道，为海外华文媒体提供了包括电讯通稿、新闻图片、网络新闻、视频新闻、周刊报道、专稿专电、专稿特版在内的全方位立体服务。其中，向54家海外华文媒体提供《奥运特刊》达5000个版，是中新社成立以来组织的规模最大、时间最长的一次战役性报道，受到普遍好评。[2]

为及时、全面地报道第一次在家门口举办的奥运会，平面媒体推陈出新，除推出多版奥运特刊、在头版刊登重大奥运会新闻外，有的还打破出报规律，如变周报为日报、增出号外等。关于号外的名目很多，譬如开幕号外、闭幕号

---

[1] 新华社总编室. 勇夺北京奥运会新闻报道的完胜 [J]. 中国记者，2008（9）：16-19.

[2] 吴廷俊. 中国新闻传播史（1978—2008）[M]. 上海：复旦大学出版社，2011：490.

外、中国首金号外、××省首金号外、××夺金号外、金牌突破历史纪录号外、志愿者微笑感动世界号外、奥运志愿者集结出发号外等。[1]

《人民日报》站在东道主报纸、党报、大报的立场，以唱响一个口号、统筹两个奥运、弘扬三大理念、发挥四个优势、把握五个关系为总体思路，积极有力地报道北京奥运会。为报道好奥运会，《人民日报》专门成立了编委会领导下的奥运报道领导小组，下设编辑组、采访组、策划组、评论组和保障组，制定了"计划到口、仼务到人、稿件到版"的详细方案，组织包括记者、编辑、后勤服务人员在内的280多人全程参与奥运报道工作，创报社历来重大宣传报道战役之最。《人民日报》的奥运会报道时间长，规模大，力度强，整体思路明确，权威优势彰显，体现了党报特色和大报风范，赢得了多方赞誉。从北京奥运会倒计时1000天开始，《人民日报》开始进入北京奥运会节奏——推出《全景奥运》专版。2008年7月1日至8月25日，推出《奥运特刊》。奥运会期间，《人民日报》的奥运报道共使用版面288块，刊发报道和文章1042篇，图片（含漫画、图表等）1062幅，评论186篇，无论是版面规模、稿件数量，还是彩版印刷，都是《人民日报》前所未有的。《人民日报》紧扣纸媒特色，彰显大报风范，在舆论引导、言论写作、文章采写、版面编辑等方面都表现出高水平。第一，在舆论引导方面，有序引导公众理解奥运，热点事件引导水平高，而不是盲目炒作。刘翔退赛后，《奥运特刊》一版头条刊发了《今日伤离别，明朝再奋起》，并配发评论《依然是心目中的英雄》和《网民看刘翔》，从正面引导公众情绪，基调把握准确，受到中央领导肯定。第二，在言论写作方面，注重权威性、时效性和针对性。当雅典奥运会射击冠军杜丽在开赛首日失手后，立即发表《"意外"展现的中国表情》等署名评论，引导读者不以成败论英雄，减轻运动员的思想压力。第三，在文章采写方面，设计栏目有创意、成规模；文章写法推陈出新、佳作迭出；采访方面则赛事重现场、赛外重角色、人物见精神。第四，在版面编辑方面，标题精练有文采，图片视觉元素丰富，版式突出设计感、现代感、整体感。《人民日报》的形式安排也有特色，有创新。第一，发行号外，出版特刊，全力报道奥运。开幕式当晚，《人民日报》出版10万份号外，对开两版，铜版彩印，版面精美，编辑精心，反应迅速。第二，预告赛事，介绍知识，增强服务性。第三，报网一体，报报联动，整合资源，如稿件及时上传人民网，再由报纸编辑选择加工；《人民日报》及其海外版、《环球时

---

[1] 王卫明，曾绯. 崭新语境下的新变化：管窥我国报纸的伦敦奥运会报道[J]. 新闻与写作，2012（9）：49.

报》、《京华时报》等资源共享；首次与视觉中国网进行合作以拓宽图片稿源等。《人民日报》还充分发挥人民网和《环球时报》《京华时报》等社属报刊的力量，实现全方位报道。[1]

《光明日报》《经济日报》也增发了奥运会开幕式号外，并于奥运会开幕次日推出特刊，全面报道奥运会。[2]

为全力报道北京奥运会，地方媒体依然采取联盟方式。其中，来自全国50余家晚报的150余位记者、编辑在北京成立了全国晚报奥运报道团，《华西都市报》等全国15家主流都市报与搜狐网联合组建了"全国奥运媒体联盟"，《南方都市报》《楚天都市报》等11家都市报联合组成"捷报奥运联盟"。[3]借助报道联盟，地方媒体的北京奥运会做得有声有色。主场作战的《北京晚报》于2008年1月1日开始推出两版奥运专版：《决胜奥运》和《享受奥运》。奥运会期间，《北京晚报》也推出了奥运特刊。《新民晚报》的《新奥运》特刊于8月8日亮相，头版设有《五环联想》言论专栏，每天刊登一篇大处着眼、细处开掘的评论。天津日报报业集团于2008年6月17日至8月24日推出《奥运津报》特刊，随《天津日报》及其子报同步发行。《奥运津报》还出版了33期号外。[4]《华西都市报》的奥运会报道也有声有色。赛前，《华西都市报》曾与搜狐奥运频道联合推出《你好08奥运周报》，与联想集团和CCTV联合举办"奥运火炬手"四川选拔活动，开启"奥运追梦——华西都市报·奥运城市全球行"大型寻访活动等。《华西都市报》还于2008年4月18日改版之际将体育版更名为《奥运中国》，于8月1日更名为《奥运来了，看我的》，于8月7日派奥运报道小组到达北京。依托报道小组和全国奥运媒体联盟，《华西都市报》于8月7日推出12版《骄奥中国》特刊，其中4版为"焦点"，4版为"文娱"，1版为"特稿"。[5]

专业体育报纸在经历了2005年的"寒冬"之后，无不将北京奥运会视为

---

[1] 人民日报社奥运报道领导小组.实现"有特色、高水平"的目标：人民日报社奥运报道纪实[J].中国报业，2008（10）：7-12.

[2] 文飞红.全国新闻宣传工作2008年综述[M]//钱莲生.中国新闻年鉴2009.北京：中国新闻年鉴社，2009：60.

[3] 荆烽."举国体制"的媒介报道分析：兼论中国体育新闻场域的演变[D].上海：复旦大学，2010.

[4] 王健.《奥运津报》的新思路[M]//钱莲生.中国新闻年鉴2009.北京：中国新闻年鉴社，2009：407.

[5] 李娴.华西都市报体育报道研究（1995—2012）[D].北京：北京体育大学，2013.

"起死回生"的契机。作为国家体育总局的宣传主阵地,《中国体育报》首次以12版(开幕当天24版)全程彩印的新面貌与读者见面,前方发稿87万字,加上后方写作量,每日完成原创稿件近6万字,以"讲故事、拼独家"为理念,圆满完成了报道任务。《体坛周报》由每周3期改出每期64版日报,还成立了包括50多家国外媒体150多名持证记者的国际体育记者纵队。《足球》《篮球先锋报》则被纳入《广州日报》奥运报道组,全媒体、全天候报道奥运会。[1]

作为持权转播商的中央人民广播电台,以世界眼光、开放胸怀发起组建了140家广播电台参与的"全国奥运广播联盟",还积极打造联盟报道中心,开发全国广播新闻共享平台[2],共享奥运赛事的转播权和报道权,实现了中国新闻史上最宏大的奥运联合广播,提升了广播的整体影响力,塑造了中国广播的新形象。其间,32家联盟成员台的170多名采、编、播人员进驻了中央人民广播电台的奥运广播联盟报道中心。联盟台成员不但共享直播信号,还共享赛事节目。作为北京奥运会持权转播商,中央人民广播电台派驻前方记者达100多人,包括36名注册记者、11名非注册记者(给全国奥运广播联盟成员台15个记者名额),其余为外围记者。8月8—24日,中央人民广播电台圆满完成持权转播商公用信号制作,传送奥运赛事及相关节目共计5034小时39分钟;40路国际声传送奥运赛事及相关信号的立体声音频,共计4000小时。[3]

北京奥运会期间,中央人民广播电台建立了多媒体、跨平台、广覆盖的传播媒介网络。中央人民广播电台共投入10个频率进行全景式报道,累计转播奥运赛事280余场,播出记者现场连线2600多次、奥运新闻约27,000条次、专题3106篇,播出总量约2992小时。其中,中国之声和奥运之声并机播出《梦圆北京》赛事大直播,以全球视野、人文关怀、全面报道、全景展示、引导舆论、服务大众的鲜明特点,彰显国家电台的权威性、公信力及影响力。经济之声、都市之声、中华之声、神州之声等频率,也都发挥各自特色,多方位、多角度地展现奥运会。中央人民广播电台还在前后方搭建了国际广播中心工作平台、台内多媒体奥运报道中心、全国奥运广播联盟报道中心、网络立体报道平台4

---

[1] 荆烽."举国体制"的媒介报道分析:兼论中国体育新闻场域的演变 [D].上海:复旦大学,2010.

[2] 注:通过共享平台,140家联盟台可以上传各自的文字、音频稿件,也可以下载、使用其他台的稿件。

[3] 北京奥运会、残奥会宣传报道综述 [M]// 赵玉明.中国广播电视年鉴2009.北京:中国广播电视年鉴社,2009:17-21.

大报道平台,在6个场馆租用现场转播评论席,实现了多点直播、广播与网络多媒体整合化互动传播。中央人民广播电台以内合外联、通盘谋略为总体思路,实现了广播界多个奥运报道的新突破,如第一次在6大场馆设置评论席,第一次在台内建立全国奥运报道中心并引入40路公共信号,等。中央人民广播电台还推出了"奥运之星评选""奥运冠军竞猜"等创新推广活动,提升了广播影响力,实现了两个效益双赢。中国之声8月的收听率、市场份额比7月分别上涨13.10%和21.08%,广告销售也大幅增长。[1]中央人民广播电台旗下媒体也大力度报道北京奥运会。其中,《中国广播报》推出4期24个版的《全彩奥运》特刊,聚焦赛事报道和媒体大战。中国广播网以图文为基础,以音视频为核心,以互动、评论为特色,推出《中广直播间》《记者在现场》等7个视频专栏、25个视频专题,《奥运一线》《奥运达人》等5大栏目,立体化地报道了奥运会。[2]

作为中国对外宣传主力军、主渠道和北京奥运会持权转播商,中国国际广播电台发挥资源特征,制定了"发挥多语种、多媒体优势,全力做好大奥运外宣"的报道思路。早在2006年8月8日,中国国际广播电台就开播了奥运广播,以联合国6种官方语言及日语、朝语、德语等9种语言全天24小时播出。[3]北京奥运会期间,中国国际广播电台整合全台无线广播的43种语言、在线广播的53种语言、32个驻外机构、12家环球网络电台、11家整频率海外调频台、约150家境外合作电台、4个对内外宣频率、约40种外文报刊,推出多语种播出、多媒体联动、内合外联的全方位、立体化的奥运报道大平台,每天发布原创稿件超过100篇,使海量的奥运赛事信息得以全面、及时传播。中国国际广播电台在网站上开设了53种语言的奥运专题,成为全球语种最多的奥运媒体平台。据统计,国际在线多语种网站在奥运会期间共发布奥运消息2.3万条,图片2.7万张,日均在线收听1100万人次,创历史新高。[4]

在北京奥运会报道中,北京人民广播电台倾全台之力,依托8个专业广播

---

[1] 孙树凤. 绘就中国广播奥运传播精彩篇章:中央人民广播电台北京奥运报道的五大创新[J]. 中国广播,2008(10):4-7.

[2] 北京奥运会、残奥会宣传报道综述[M]// 赵玉明. 中国广播电视年鉴2009. 北京:中国广播电视年鉴社,2009:17-21.

[3] 国际台多媒体发展办公室. 中国国际广播电台对内外宣广播概况[M]// 赵玉明. 中国广播电视年鉴2007. 北京:中国广播电视年鉴社,2007:80.

[4] 北京奥运会、残奥会宣传报道综述[M]// 赵玉明. 中国广播电视年鉴2009. 北京:中国广播电视年鉴社,2009:17-21.

频率和北京广播网,在赛事报道上追求高水平,在外围报道上追求有特色,突出承办城市特色,全景呈现奥运盛况。2008年1月1日,以北京体育广播正式使用"奥运之声"呼号为标志,北京人民广播电台进入奥运时间。北京人民广播电台成立了奥运报道领导小组,抽调14个部门的151人参加奥运报道工作,并围绕奥运报道组织了40多场培训。北京人民广播电台的奥运会报道分为两部分,其中赛事报道主要由体育广播承担,非赛事报道由其他频率联合完成。奥运会期间,北京体育广播奥运之声设置了《全景奥运·直播北京》大型直播特别节目,并将全天广播分为6个版块,每个版块3小时,下设《奥运金牌榜》《赛事冲击波》《煮酒论英雄》《记者总动员》《村里的故事》等栏目,内容丰富,形式多样。据统计,奥运之声每天现场直播5—6场重点赛事,总计转播150多场体育赛事,现场直播节目在320小时以上。新闻广播、交通广播、外语广播、首都生活广播等专业广播则根据各自的频率特点,纷纷辟出专门时间转播体育广播和中央人民广播电台中国之声的赛事直播节目。北京人民广播电台还派出100多名非赛事报道记者,围绕城市运行、服务保障工作,及时提供天气、交通、票务等实用资讯,确保市民顺利出行、观赛。北京人民广播电台还探索台网合作模式,形成了传统广播与网络广播优势互补、互动便捷的特色。[1]央视索福瑞调查数据显示,奥运会期间,北京人民广播电台11个无线广播频率和7个有线调频占北京广播市场份额65.8%,其中,交通广播、文艺广播、体育广播奥运之声、新闻广播分列北京地区广播收听率排名第1—4名。[2]

上海人民广播电台广播新闻中心派出15人的报道小组赴京采访,并在北京设立直播室,进行赛事解说、新闻直播。广州人民广播电台派出4名记者前往北京进行奥运报道,并将第一套频率《风云962》更名为《奥运风云962》。[3]

北京奥运会造就了中国体育电视新的高峰:一方面,中国体育电视人承担了7个项目的公用信号制作,并获得了高度认可;一方面,CCTV凭借电视转播权取得了极大的经济效益和社会效益,地方电视台也纷纷制作奥运节目,争夺观众眼球。CSM奥运受众监测和研究显示,奥运会期间,96.8%的观众通

---

[1] 汪良.充分发挥奥运承办城市广播媒体的作用[M]//赵玉明.中国广播电视年鉴2009.北京:中国广播电视年鉴社,2009:316-317.

[2] 张矛矛.新中国体育广播发展研究:北京奥运会视野下的回顾与展望[D].北京:北京体育大学,2009:93.

[3] 哈艳秋.当代中国广播电视史[M].北京:中国国际广播出版社,2018:390-391.

过电视收看奥运赛事。[1]

北京奥运会期间，中国体育电视人承担了乒乓球、羽毛球、现代五项、排球、篮球、网球、足球共7个项目的电视公用信号制作任务，成为自巴塞罗那奥运会以来承担公用信号制作项目最多的主办国。除由北京电视台、广东电视台、上海电视台、辽宁电视台、天津电视台负责足球项目，浙江电视台和江苏电视台各制作一块场地的羽毛球和乒乓球比赛，武汉台、厦门台等参与乒乓球和羽毛球项目外，CCTV派出的266人的制作团队，承担了除足球以外6个项目的公用信号制作任务，共计418场737小时。北京奥运会的电视公用信号制作获得了极大赞誉，中国制作团队的敬业精神、队伍风貌、专业水准也受到了BOB赛事制作经理的高度肯定。在信号制作奖项评选中，CCTV制作的乒乓球国际公用信号获得了国际奥委会颁发的"奥林匹克金环奖"的"最佳制作"银奖。[2] 残奥会的电视公用信号制作第一次全部由举办国电视台承担。其中，CCTV共完成残奥会10个项目超过540小时的公用信号制作，被全球近200个国家和地区的持权转播商使用。北京奥运会电视公用信号制作的成功完成，使CCTV的赛事转播向信号制作标准化、队伍建设专业化、节目技术融合化、运作形态国际化的方向发展，大幅度提升了CCTV的国际公共信号制作水准，实现了多队伍、高等级并发制作以及从"小球"到"大球"赛事制作难度的顺利过渡。[3]

作为东道国主播台和中国大陆地区唯一持权转播商，CCTV整合全台资源，实现了全球最大规模的奥运会电视转播，并首次实现新媒体对奥运赛事的全程转播，首次大范围应用数字化、网络化高新技术，完成建台50年来规模最大的一次国际大型综合体育赛事报道任务。CCTV投入综合频道、经济频道、奥运频道、少儿・军事・农业频道、社会与法频道、新闻频道，以及一个高清频道和两个付费频道，全面转播、报道了北京奥运会。其中，直播开、闭幕式及奥运赛事809场，录播1135场，覆盖了全部28个大项，记录了我国运动员获得51块金牌的精彩瞬间，累计播出时间超过2796小时。北京奥运会时，CCTV

---

[1] 王晓东，李峰，赵鸽燕.北京奥运会电视报道概况的解析与思考[J].北京体育大学学报，2009（5）：32.

[2] 薛文婷.体媒人物：新中国体育新闻传播口述史（下）[M].北京：清华大学出版社，2015：144.

[3] 姜柏宁.奥运会赛事转播的再次实践：中央电视台承担2012伦敦奥运会公共信号制作任务的介绍[J].现代电视技术，2012（10）：25.

首次采用多点布局的奥运转播体系，在 IBC（国际广播电视中心）、CCTV 新址、CCTV 现址设立 3 大报道中心，在 18 个比赛场馆设置现场评论席，在 7 个比赛场馆设置 8 个单编综合制作系统，在 37 个场馆设置混合区单编点，投入节目、技术、行政系统人员 3000 余人（编播岗位 943 个），全方位报道奥运赛况。报道中，CCTV 坚持平民视角、国际化视野、中国元素和内宣外宣相结合，取得了良好的收视效果。据 CTR（央视市场研究）奥运赛事调查显示，8月8—24日，累计有超过 11 亿观众通过 CCTV 奥运转播频道收看奥运赛事。奥运会报道中，CCTV 发挥旗下网络、手机、移动媒体等新媒体平台的特色和优势，使多形式、立体化的新媒体报道和电视报道互为补充，丰富了表现力，提升了影响力。[1]

北京电视台以巨大的热情、缜密的筹划，全方位地投入北京奥运会报道中，树立了首都电视台的风范和形象。为确保内部资源的有机整合和充分利用，BTV 于 2007 年成立了奥运报道领导小组，并确立了 2 个主打频道，2 个赛事延播、重播频道，1 个双语服务时段的报道格局。2 个主打频道，指的是 BTV-1 和 BTV-6。2 个赛事延播、重播频道，指的是公共频道和奥运高清频道。1 个双语服务时段，指的是每晚在生活频道提供国际化服务。北京奥运会期间，BTV 连续 17 天两个频道 24 小时不停机，总直播时长近 600 小时。其中，BTV-1 在精品赛事与全景新闻、动态化报道与国际化服务全面兼顾的原则指导下，推出了《光荣与梦想》特别报道，并确立了"动态编排、无缝衔接"的节目架构。BTV-6 则以赛事转播和赛事新闻报道为主，强调竞技、专业，分为赛事直播时段和重播时段。赛事直播时段每天播出 13 小时左右，以精彩赛事直播为主，还加入新闻、点评、预测、嘉宾评论、金牌访谈、观众参与等内容。[2] 总体而言，BTV 以"浓缩赛事信息，聚焦感人故事"为基本思路，通过全面、立体、生动的奥运会报道，传播了奥林匹克精神和中国文化，取得了良好的传播效果。

CSPN 在成立之初就是以北京奥运会为重头戏的。为更好地报道北京奥运会，CSPN 专门成立了"奥运项目组"，负责策划、实施北京奥运会和残奥会报道工作。奥运会开幕前，CSPN 推出大型娱乐节目《欢动2008》，在 7 家成员台的基础上，联袂安徽电视台文体频道等多家电视台相关频道，在近 20 个省市联合播出，还在搜狐网同步播出。奥运会期间，CSPN 精心推出了 1 个直播日、1 档奥运娱乐节目、4 大奥运专题、8 档奥运新闻。

---

[1] 赵化勇. 充分发挥东道国主播台作用 努力塑造国际一流大台形象：中央电视台奥运报道的实践与思考 [J]. 中国广播电视学刊，2008（9）：6-7，10.

[2] 刘爱勤. 承载光荣，成就梦想 [J]. 中国广播电视学刊，2008（9）：16-17.

北京奥运会时，国际奥委会首次将互联网、手机等新媒体作为独立转播机构，与传统媒体一起列入奥运会转播体系。网络媒体成为持权转播商，扩大了奥运传播的覆盖面，提升了网络传播的影响力。AC尼尔森的调查显示，网络媒体已经与电视媒体一样成为用户获取北京奥运会第一手信息的主要途径之一。

2007年12月18日，央视网与国际奥委会签约，成为北京奥运会的官方互联网/移动平台转播机构，独家拥有中国内地和澳门地区的奥运会新媒体转播权益。作为持权转播商，央视网实施了"台网联动"和"网络联盟"战略，把电视特色与网络特色、自建平台与联盟平台充分结合起来。在"网络联盟"方面，CCTV以每家三千万至五千万元的价格和新浪、搜狐、腾讯、网易、PPStream、酷6、PPlive、悠视网组建联盟，还和人民网、新华网等174家网站进行公益性联合推广，成就了最大规模的新媒体奥运会联合传播。据统计，2008年8月8—16日，央视网等拥有奥运转播权网站的日均访问人数为1.38亿，其中央视网日访问量高达3.57亿，流量增长居各网站首位。[1]AC尼尔森调查数据显示，8月9日北京奥运会首枚金牌决出时，有近47%的公众通过电视获知了这一消息，44%的公众通过互联网渠道获知。其中，新浪、腾讯、网易、搜狐4大门户瓜分了此次奥运首金报道超过8成的网络流量。

央视网于2008年8月8—24日全程转播奥运会赛事3800小时，其中自主直播赛事918场1500小时，转播电视频道赛事2300小时，是国内外唯一全程直播所有奥运会赛事的新媒体。央视网精心策划了"中国夺金""巅峰决战""奥运英雄榜""奥运影像馆"等主题点播频道，还开通了28个轮播频道，按最新赛事、最热赛事、热门项目等进行分类。央视网在台网联动、原创内容生产方面也取得了突破，如通过网上调查、票选、评议等服务，对《早安奥林匹克》《全景奥运》《荣誉殿堂》等电视栏目进行了互动传播；独家打造"24小时播不停"的多媒体资讯频道，利用多种形式实现奥运资讯的滚动式播报等。总之，央视网直播总时长3800小时；制作点播视频节目9732段，总时长4013小时；发布文字新闻4万多条，图片5万多张；发布残奥会相关新闻5000余条，图片近万张，视频283小时。奥运期间，央视网日均页面访问量达3.18亿人次，是开赛前一

---

[1] 郭勇．初探奥运会与电视经济 [J]．电视研究（体育频道2008北京奥运报道专刊）（下），2008：151．

周日均访问量的3.5倍。[1]

人民网、新华网等中央重点新闻网站均在首页开设奥运会、残奥会专题或专区，及时、大量刊发奥运信息。奥运会、残奥会期间，人民网共发布新闻近10万条。新华网播发中外文文字稿14万条，图片13万张。各重点新闻网站充分发挥网络的互动作用，通过推出原创评论、嘉宾在线访谈等方式，加强网上引导，并开设网民留言专区。[2]

新浪、搜狐、腾讯、网易等商业门户网站充分发挥各自的特点和优势，运用新的传播技术和手段，变传统的等待用户浏览为主动向用户推送消息的方式，以最快捷的方式将重要消息送达受众。其中，腾讯以即时通讯软件QQ进行重大消息的主动推送，新浪利用在网页弹出新闻，搜狐则利用搜狗拼音输入法迅速跟进。

搜狐是最早与北京奥运会结缘的中国门户网站：2005年11月，搜狐斥资数百万美元成为北京奥运会独家互联网内容服务赞助商，这是现代奥运会第一次设立互联网赞助商类别，在互联网行业产生巨大轰动；2006年10月19日，搜狐与华奥星空合作，将运动队、运动员的信息及资源纳入奥运矩阵；2008年6月24日，搜狐与央视网签约，获得北京奥运会赛事的互联网转播权。借助奥运会独家网络赞助商的特有优势，搜狐得以独家接入奥运会官方信息系统（INFO2008）和比赛评论员系统（CIS），将最权威的官方比赛数据转化为网友最关注的赛事赛程、比分直播、奖牌榜、快讯、资料库5大核心产品，以领先其他网站至少1分钟的速度发布在搜狐奥运赛事信息系统上，做到了比赛数据与赛场同步。搜狐首席执行官张朝阳还利用自身的名人效应化身北京奥运官网首席记者，并开设一系列个性化节目，赢得广泛关注和好评。除安排大量人手驻扎各奥运场馆随时提供最新信息外，搜狐、华奥星空还联合北京电视台独家制作了《冠军面对面》《搜狐鸟巢直播间》等视频节目，重点挖掘运动员的感人故事，效果不俗。

面对搜狐抢占独家网络赞助商先机这一事实，新浪、腾讯、网易也不甘示弱，先是于2007年结成"奥运报道联盟"（凤凰网、TOM网等网络媒体随后加

---

[1] 汪文斌. 联盟互动 借船造势 打造网络新媒体传播平台：央视网奥运报道之回顾与思考[J]. 电视研究，2008（12）：25-26；北京奥运会、残奥会宣传报道综述[M]// 赵玉明. 中国广播电视年鉴2009. 北京：中国广播电视年鉴社，2009：17-21.

[2] 文飞红. 全国新闻宣传工作2008年综述[M]// 钱莲生. 中国新闻年鉴2009. 北京：中国新闻年鉴社，2009：62.

入），继而于2008年7月15日联合获得奥运转播权。新浪在北京奥运会报道中采取了赛事报道结合奥运故事的模式，通过挖掘新闻深度及人物故事、赛事花絮、博客资源，在用户数和流量两项指标上成绩斐然。刘翔退赛事件发生后，由新浪发起的调查在24小时内吸引了60多万用户投票，新闻评论更是在12小时内一举突破25万大关，刷新了多项互联网行业纪录。新浪的影响力不仅体现在网民层面上，也体现在对媒体的影响力上。凭借名人博客，新浪组建了奥运媒体报道专家团，充分调动体育明星、奥运冠军、社会名人、行业专家、草根网友等博客资源，多角度呈现奥运会：黄健翔、米卢、马德兴、董路等对精彩瞬间进行点评；杨威、邹凯、仲满、何雯娜等选手在夺金后第一时间登录新浪发表博文；韩寒、潘石屹、郑渊洁等撰写大量的精彩奥运博文。因数量和覆盖面均远超竞争对手，新浪博客的流量在北京奥运会期间获得大幅提升。腾讯则充分利用即时通讯软件 QQ 的消息自动弹出功能的优势，将重大赛事消息在30秒内发送至3亿网友面前。这种变被动等待为主动推送的方式，将报道时间优势直接转化为用户知晓时间的优势，在报道及时性方面抢占了先机，也对门户网站的竞争格局产生了影响。奥运会期间，腾讯 QQ 第一时间推送的金牌弹出资讯窗口受到诸多国际品牌的争夺。腾讯还与中国奥运代表团金牌队伍签约，并策划推出《金牌第一时间》等冠军访谈节目。奥运会闭幕前，腾讯共采访到26位新科奥运冠军，其中22位选择腾讯作为他们第一家做客的网络媒体，独家做客腾讯网的冠军有8位，极大提升了腾讯奥运会报道的含金量。此外腾讯还制作《盛事龙门阵》《建宏一点谈》《买买.COM》《名将播报》等原创视频节目，深受网民欢迎。

尽管各大门户网站在北京奥运会期间存在网络拥堵、视频内容不丰富、无法下载等问题，但借助在家门口的奥运会仍积累了丰富的赛事报道运营经验，如报道模式创新、差异化竞争等，为网络媒体的后继发展奠定了基础。[1]

手机媒体在北京奥运会报道中也展示了独特魅力，主要呈现为手机报、手机图像和视频、手机电视等传播形式。

北京奥运会期间，针对庞大的外出或移动人群，手机报应运而生，并赢得了受众青睐。手机报以彩信与短信相结合为主要模式，以每天数条的发送频率和急剧扩大的订制用户，不断增强影响力。中国移动于2007年8月推出的《奥运手机报》覆盖全面，图文并茂，亮点频出。奥运会开幕后，《奥运手机报》

---

[1] 王静.北京奥运报道中门户网站的竞争策略分析：以搜狐、新浪、腾讯为例[J].新闻界，2009（2）：45-47.

呈现出"1+15"的结构，即以"综合版"为核心，开设足球、举重、乒乓球、排球、体操、射击、羽毛球、篮球等15个分项版，覆盖了奥运会所有热门比赛项目。《新华手机报》紧扣奥运会赛事，推出了《奥运快报》《激情奥运》《有话要说》等栏目，清新明快，短小精悍，能迅速吸引读者进入阅读状态。《人民手机报》注重介绍奥运历史，推出了《全景奥运》《奥运传奇》《奥运百科》等栏目，或让人莞尔一笑，或让人增长见识，颇具特色。上海东方网等推出34期手机彩信奥运特刊，在全市8000辆公交车和1000座楼宇中发布关于奥运会的各类滚动快讯字幕近800次。[1]

手机电视在北京奥运会期间第一次商用，却迅速成为传播奥运赛事信息和奥林匹克文化的新平台。CCTV手机电视推出20路直播频道和各类点播专题，通过收看提醒、专题推送等技术手段，向手机用户提供收视服务。奥运会期间，CCTV手机电视的日均访问量高达2153万，是7月份的21倍，收视份额占据手机电视全网业务的79%。[2] 中国移动与央视国际合作，全程直播了近3800小时奥运赛事，并在第一时间抽取各项比赛的精彩瞬间，方便用户按兴趣点播，重温夺金时刻和运动员风采。

北京奥运会期间，CCTV新闻频道发起了互动参与的"CCTV奥运手机观察员"项目，受到好评。CCTV选拔了530名拥有奥运会门票的手机用户，让其身穿CCTV新闻频道的T恤，佩戴"奥运手机观察员"的胸牌，用手机拍摄与奥运相关的图片或视频，通过央视手机网传送至60分钟大型互动节目《今日我之最》，并在央视网上开设专栏展示全部作品。除自己寻找选题外，央视网每天会设置"奥运志愿者的故事""寻找奥运中国红"等主题，调动观察员的热情，并弥补视角过于分散的缺点。[3]

手机腾讯网开通了"手机看奥运"专题，通过整合腾讯网奥运前方最新报道，以及Q友们自发用手机在奥运会现场撰写的手机QZone（QQ空间），多角度地完成了奥运报道，获得网友好评。因不受时间、地点限制，现场用手机写Qzone成为奥运冠军夺冠后表达激动心情的最佳方式，陈燮霞、张湘祥、

---

[1] 文飞红.全国新闻宣传工作2008年综述[M]// 钱莲生.中国新闻年鉴2009.北京：中国新闻年鉴社，2009：62.

[2] 汪文斌.联盟互动 借船造势 打造网络新媒体传播平台：央视网奥运报道之回顾与思考[J].电视研究，2008（12）：25-26.

[3] 杨欣.论手机媒体在体育报道中的应用：以2008年奥运报道为例[J].现代视听，2008（12）：29-31.

程菲、张春红等奥运冠军手机 QZone 悉数在列。手机 QZone 也开设了"奥运·征文"专题，网友们在奥运会现场纷纷用手机写日记记录自己的奥运感受、观赛感言、赛评和上传比赛现场图片，等等。手机腾讯网提供的"免费新闻订阅"功能，还可以将奥运新闻通过手机腾讯网或手机 QQ 第一时间推送给用户。数据显示，奥运期间手机腾讯网奥运频道日访问用户数超过1500万，日 PV（页面浏览量）超过2亿次。[1]

（三）2012年第30届（伦敦）奥运会报道

2012年7月27日至8月12日，第30届夏季奥运会在英国伦敦举行。中国以38枚金牌、27枚银牌、23枚铜牌的成绩，位居金牌榜、奖牌榜第二位。

伦敦奥运共有12,000名注册记者和8000名非注册记者。其中，来自中国各家媒体共计243名持证文字和图片记者、超过800名持证广播电视记者前往伦敦，近千名非注册中国记者同样活跃在伦敦奥运会赛场内外。[2]据统计，截至8月13日，奥运会期间中国内地传统平面媒体有关中国体育代表团的报道量为31,043篇，网络新闻媒体271,261篇，论坛、博客38,936篇，新浪微博上有关奥运话题的总讨论量更是达到了3.93亿，境外媒体关于中国体育代表团的报道总量也达到了3万余篇。通讯社、报刊、广播、电视、网络、移动网络等不同媒体，结合文字、图片、视频、论坛、微博等各种表现形式，构成了我国奥运会报道的整体生态。[3]其中，以微博为代表的自媒体和移动媒体的全新应用，成为伦敦奥运会传播的最大亮点。

新华社享有国际奥委会单独下发采访名额的待遇，组成了116人的前方报道团出征伦敦。报道团秉承新媒体与传统报道并重的理念，整合资源，整体策划，力争双赢。为此，报道团所有采编人员都在新华网微博上开通实名微博，并通过这一手段向受众快速传递奥运会资讯和感想。奥运会期间（7月28日至8月13日），新华社累计播发中文稿件3400篇、英文稿件2100篇、中文图片17,500张、英文图片12,000张、中英文视频新闻2300条、体育微博17,000条，被

---

[1] 手机腾讯网奥运报道流量夺冠 [J].IT 时代周刊，2008（18）：59.

[2] 注：注册记者来自90多家媒体，只有 CCTV 和新华社规模超过百人，多数媒体只有1个记者名额，属于孤军作战。见汪大昭.伦敦奥运会上的中外记者 [J].新闻战线，2012（9）：109.

[3] 中国体育报业总社新媒体中心.2012年伦敦奥运会中国媒体报道研究报告 [J].新闻与写作，2012（9）：6.

国内媒体广泛采用，被西方三大通讯社和 BBC（英国广播公司）等英国主流媒体大量转载。新华社对开幕式、孙杨夺冠、羽毛球风波、刘翔退赛等重要事件进行了重点报道，对姚明、李宁等重要嘉宾进行了多媒体专访，在一些关键节点上实现英文快讯全球首发，移动媒体客户端和视频报道发稿及时充分，"新华体育"微博连续推出高质量报道。面对国外少数媒体对中国运动员取得优异成绩的偏见和质疑，前方报道组敢于发声，善于发声，及时发声，产生了良好社会效果。[1] 总之，作为奥运会报道最大内容提供方，新华社奥运会报道呈现出时效性、专业性、平衡性、准确性、权威性的特点。[2]

受时差影响，伦敦奥运会约80%的金牌在北京时间下半夜产生，凸显了报纸的时效劣势。面对时效难题及电视和网络媒体的挤压，一些报纸不得不淡化赛事消息类内容，转而寻找人物访谈、赛事分析、新闻评论等第二落点，以弥补互联网快餐式传播的不足。同时，平面媒体加强行业间资源共享、优势互补，组建了全国日报联盟、全国捷报联盟等报道联合体，[3] 并通过与新媒体积极互动，寻找自身在奥运会报道中的定位。各地报刊还纷纷加大对本地运动员的关注和报道力度，呈现出较强的地方特色和都市特色。[4] 一些报纸仍旧推出奥运号外，如《齐鲁晚报》连续推出17期奥运号外，全铜版印刷，正面为金牌快报，背面为历届奥运会简况。《鲁中晨报》推出开幕号外、闭幕号外。杭州的《城乡导报》、内蒙古通辽的《科尔沁都市报》、山东烟台的《今晨6点》等发行开幕号外。[5]

《人民日报》推出4版的《奥运特刊》，设置《今日定格》《奥运观察》《伦敦夜话》《奥运门道》等栏目，采用大标题、大图片，视角更加宏观开阔。《解放军报》推出19期奥运专刊《英伦风云》，在独家观点、独家视角、独家话题

---

[1] 体育新闻编辑部 [M]//《新华社年鉴》编辑部. 新华社年鉴2012. 北京：新华通讯社，2013：245-247.

[2] 中国体育报业总社新媒体中心. 2012年伦敦奥运会中国媒体报道研究报告 [J]. 新闻与写作，2012（9）：10.

[3] 赵峰. 时差与时间差：透过伦敦奥运会报道看纸媒时效性所遇到的挑战与对策 [J]. 新闻前哨，2012（10）：52-53.

[4] 中国体育报业总社新媒体中心. 2012年伦敦奥运会中国媒体报道研究报告 [J]. 新闻与写作，2012（9）：10-11.

[5] 王卫明，曾绯. 崭新语境下的新变化：管窥我国报纸的伦敦奥运会报道 [J]. 新闻与写作，2012（9）：48.

上下了一番功夫。[1]

《北京晚报》推出16个版面的奥运特刊《伦吧》，并确立"主题化制作、全景式报道、纵深式解读"的指导思想，主攻纵深报道和延伸阅读。这一指导思想要求前方记者和后方编辑放弃面面俱到的采编方式，集中兵力主打焦点，要求有精准的预判和丰富的经验。譬如用"伦敦眼""中国红""世界风"为版名，利用晚报上午截稿的时差优势，将各个比赛日中最引人关注的焦点赛事、焦点人物、焦点事件进行梳理，有序地呈现给读者。《北京晚报》努力发挥经验优势，组合出击打专业战，如采写原创新闻、专业深度解读等。《北京晚报》还邀请体育界专家、奥运会冠军等担任评论版《九鼎堂》特聘评论员，设置记者手记专版《伦敦客》等，满足了读者要求，实现了和新媒体的融合。[2]《湖北日报》以集团体育新闻中心为后盾，以前方的6名记者报道组和全国日报联盟为依托，推出20期特刊《英伦奥战》，在栏目设置、标题制作、图片选择、报道搭配方面，体现了报纸的人文精神、服务理念和精品意识。加入全国捷报联盟的武汉《楚天都市报》出版19期《逐梦英伦》特刊，共计201个版面。上海文汇新民联合报业集团采取联合行动，派出17位特派记者见证并记录了伦敦奥运会。

《体坛周报》为伦敦奥运会投入大量人力、物力。当年2月开始，体坛传媒集团便派出50人的报道团队奔赴世界各国，为奥运会报道预热。奥运会期间，《体坛周报》推出18期《奥运日报》，共计592版，刊登991篇文字稿、955幅图片、189个图表。日报由奥运新闻、射门、扣篮三个版块构成，主要版面有《中国金》《伦敦金》《伦敦眼》等，特色栏目有《奥运之声》《浪迹天涯》《巅峰对话》等。《奥运日报》内容广泛，坚持独家新闻；设置名人评论专栏，增强报纸权威性。其中，参与撰写稿件的文化名人及特约评论员共37人。国外媒体记者的专栏则由法国、英国、韩国等媒体记者撰写。[3]

面对新媒体的巨大影响力，报纸纷纷启动奥运报道与微博、二维码等新媒体形态的融合。《广州日报》《江南都市报》《长沙晚报》等除为读者奉上奥运赛场内外报道外，还随报印刷二维码提供最新全媒体赛况报道。报纸不但通过

---

[1] 刘化迪，柴华.英伦"突围"：2012年伦敦奥运会报道感悟[J].军事记者，2012（9）：12-13.

[2] 袁虹衡.主题化制作 彰显实力与特色：北京晚报的奥运报道策略[J].新闻与写作，2012（9）：34-36.

[3] 凡菲，常丽.《体坛周报》在伦敦奥运会报道中的突破与创新：基于媒介融合背景下的探析[J].哈尔滨体育学院学报，2013（5）：41-42.

微博发布奥运新闻,还将微博中的精华内容搬上版面。《北京晚报》与腾讯微博合作推出"＃微文有奖评说奥运＃"互动话题,并将其精华展现在《微博汇》版的《识微见解》栏目上。腾讯微博提供的数据显示,针对这次持续17天的征文活动的总话题量超过百万条,增进了媒体与受众的黏合性。读者关注"新京报体育"的腾讯微博和新浪微博,写下对奥运会的点评,并@新京报体育,就有机会在《新京报·狂奥》特刊的《微言论道》栏目中发表。[1]

在电视的强势转播和互联网的高效互动优势下,广播在奥运传播中的地位、影响力受到较多影响,但在开车一族、老年人群体中依旧发挥积极作用。面对挑战和竞争压力,中国广播媒体努力创新,组建中国广播联盟奥运前方报道组,搭建中国广播联盟节目共享平台,是伦敦奥运会中国广播报道的特点之一。

中央人民广播电台的伦敦奥运会报道呈现出鲜明特点。第一,组建中央人民广播电台暨中国广播联盟前方报道组,其中中央人民广播电台10人,来自联盟成员台12人。报道组每天召开例会,总结当天采访发稿情况,明确次日分工合作安排,以实现采访资源全联盟共享。伦敦奥运会期间,中国之声共播发来自前方报道组的报道约780条次(连线560条次,录音220条次),比赛现场直播300多场次。第二,共建中国广播联盟节目共享平台,为106家联盟台提供资源服务。前方记者均以"中国广播联盟奥运报道记者×××"的称谓统一包装,兼顾了平台的共性需求和各台的个性需求,彰显了团队作战优势。伦敦奥运会期间,前方记者共采制发回录音报道536篇,被中央人民广播电台中国之声采用212条次;为30多家联盟台进行现场连线2400多次。第三,首次在境外设立中央人民广播电台直播间,随时插入赛事直播,累计达300多次。第四,中国之声连续18天推出赛事特别报道,"六条主线"全面创新、凸显特色。其一为直播线:开通特别直播《伦敦龙传奇》,同步赛场,多点直播,拉动高峰时段收听率,每天合计直播8.5小时,总计直播145.5小时。其二为24小时滚动线:《奥运金牌榜》《伦敦竞技场》《此时此刻》等,全力打造44档奥运元素资讯,捕捉全天奥运资讯。其三为评论线:发挥广播优势,播评结合,纵横视角,打造评论型记者,观察员评论画龙点睛。其四为前方记者报道线:以前方记者名字命名栏目,同步赛场,现场解说。其五为新媒体互动线:首次尝试微信互动,使直播节目"有声有色"。其六为大型活动线:举办《闯关英雄——中国之声大

---

[1] 王卫明,曾绯.崭新语境下的新变化:管窥我国报纸的伦敦奥运会报道[J].新闻与写作,2012(9):49.

型全民奥运竞技》节目,以吸引白领受众,推广中国之声品牌。《中华之声》《神州之声》《华夏之声》《香港之声》等均开设奥运专栏,受到欢迎和好评。[1]

中国国际广播电台由环球资讯广播牵头,在前方报道团队和各语言部门、各媒体窗口紧密配合下,创造了多个首次。第一,首次在境外设立直播间,直接参与国际媒体竞争。依托自身百余家海外机构和15位特派记者,环球资讯广播打造了国内广播界人数最多、语种最全的奥运报道团队,并通过设在IBC的直播间每天推出5小时的奥运特别节目。第二,使用多语种采访报道。国际台除每名记者均能够熟练使用英语采访外,还从驻俄罗斯、法国、意大利等记者站抽调记者进行采访报道。奥运会期间,国际台采访的外国选手有上百名,涉及几十个国家和地区。同时,编发《记者说世界》《环球记者连线》等各类伦敦奥运会报道400多篇,绝大部分为环球资讯广播和国际在线采用,部分由语言部门根据各自需求重新加工后使用,并被国内合作媒体广泛采用与转载。第三,秉承"中国立场、世界眼光、人类胸怀"的报道理念。国际台前方报道团队及全台语言部门和媒体窗口,按照受众关注度和关联度确定报道重点、报道角度,同时追求形式上的生动与活泼、观点上的理性与平衡,营造有利于中国的舆论环境。为与其他媒体进行差异化竞争,国际台前方报道团队在聚焦中国军团的同时,也把视角扩展到整个奥运大家庭,从政治、经济、文化等多层面审视奥运,如"伦敦奥运会聚焦全球运动员体现文化差异"等专题策划,有力诠释了奥林匹克的精神内涵。第四,有效进行多媒体联动,实现资源的大范围、跨媒体整合。前方记者都开通个人微博,每天上传现场采访的图片、趣闻和对焦点事件的评论,取得良好效果。环球资讯广播官方微博也在第一时间报道焦点新闻和焦点事件,得到多方转发和评论。环球资讯广播与国际在线网站也进行了有效互动,并推出了移动客户端。[2]

上海五星体育广播全力以赴,以12档特色栏目覆盖伦敦奥运会的方方面面。其中,《940体坛风云》《空中体坛》《940加油站》3档新闻节目及时、全面地报道奥运会。《辣椒奥运会》《足球上海滩》《篮球嘉年华》《非常奥运会》等,各具特色地发布奥运会信息。《强强三人组》移师818广场进行现场直播,和听众讨论奥运话题。《俊男侃天下》新增两大栏目,一是与前方记者连线,二是

---

[1] 中央人民广播电台总编室.中央人民广播电台第30届奥运会报道综述[M]//赵玉明.中国广播电视年鉴2013.北京:中国广播电视年鉴社,2013:17-18.

[2] 国际台国内外宣广播中心.中国国际广播电台第30届奥运会报道综述[M]//赵玉明.中国广播电视年鉴2013.北京:中国广播电视年鉴社,2013:18-19.

由其他体育媒体记者介绍伦敦的衣食住行。沪语的《奥运轧三糊》在奥运会期间由周播改为日播。[1]

北京体育广播第一次在境外设置直播间,每天早晚各进行一次现场直播报道,每次90分钟。

应国际奥委会奥林匹克转播有限公司(OBS)邀请,CCTV组成3支共311人的信号制作队伍,完成乒乓球、羽毛球、现代五项、竞技体操、艺术体操、蹦床共6个项目的国际公用信号制作。其中,首次进行的体操赛事(含蹦床、艺术体操)公用信号制作,得到OBS业内专家的高度肯定。[2]

为报道好伦敦奥运会,CCTV除正式启用新台址作为后方转播报道基地外,还在伦敦国际广播中心建立1000㎡的前方报道中心,在开、闭幕式及田径、游泳、体操、乒乓球、羽毛球、篮球、排球、射击、赛艇等重点项目设立现场评论席、混合区直播点等单边报道资源。作为国内独家持权转播机构,围绕奥运前奏、奥运开幕、奥运赛程、奥运闭幕,CCTV投入综合频道、体育频道、军事·农业频道、新闻频道、财经频道、高清频道、3D试验频道、高尔夫·网球频道等8个频道进行赛事转播、报道,中文国际频道和各外语频道进行全程跟进报道,赢得观众好评。第一,创造"三个之最",实现"三个首次"。境外奥运报道规模最大:8个频道共转播各项奥运赛事1052场,播发新闻9547条,总播出时间超过1900小时。境外奥运报道人员最多:前方报道团队和公用信号团队共730人参与报道,后方报道团队以及技术、行政、后勤、经营等各系统有力协同。报道技术手段最先进:在境外建立完整的外场制作播出系统,并与国内总部远程共享素材。首次在中国网络电视台直播全部奥运会赛事;首次全程采用3D(三维)技术转播赛事,实现电视转播技术的重大突破;首次承担并圆满完成信号制作中难度最大的体操比赛公用信号制作任务,受到相关国际组织的高度评价及观众的一致好评。第二,多频道合力形成以赛事直播为主的多样化奥运报道,立体呈现全景奥运。除赛事转播外,CCTV还通过特别报道的形式,关注奥运精神,提升奥运报道的精神内涵,如《晚间新闻》开设《奥运时间·面孔》专栏,以"这些年被遗忘在巨星背后的人"为题,对敢于拼搏、勇于拼搏但因种种原因没能站上冠军领奖台的选手作了特别报道。第三,坚持

---

[1] 姜艳.国内体育媒体媒介融合研究:以五星体育传媒2012年伦敦奥运会报道为例[D].上海:上海体育学院,2013.

[2] 姜柏宁.奥运会赛事转播的再次实践:中央电视台承担2012伦敦奥运会公共信号制作任务的介绍[J].现代电视技术,2012(10):25-30.

正确舆论导向，确保奥运播出安全。伦敦奥运会期间，CCTV着力弘扬爱国主义精神、奥林匹克精神、拼搏精神，以客观公正、实事求是的态度，宣传中国体育事业的发展和进步，报道民众对中国运动员的关心和支持，驳斥一些西方媒体对我国运动员和体育事业的无端批评和质疑。第四，转播报道及时、全面，评论解说精彩、专业。在新闻报道方面，注重第一时间报道和综述性报道相结合，赛后第一时间访谈中国运动员，让观众与运动员共同感受奥运人生。在评论解说方面，由体育频道经验丰富的赛事评论员，与特邀嘉宾姚明、郎平、周雅菲、李小鹏、杨凌等搭档，使解说呈现出坚持客观原则、突出专业特色和权威视角、展现爱国情怀和奥林匹克精神、贴近观众的特点。第五，加强海外传播，凸显国际影响。[1]

上海五星体育电视频道联合数字体育频道"劲爆体育"精心策划，巧用资源，前后联动，推出《五星奥运赛场》《决战伦敦》等具有海派特色的奥运节目。伦敦奥运会期间，五星体育电视频道收视率飙升至1%，是平时的4倍。[2]

伦敦奥运会前夕，中国网络媒体间上演了一场奥运会新媒体视频权限大战。2009年3月，CCTV宣布与国际奥委会正式签署协议，"垄断"了伦敦奥运会的中国电视转播权、新媒体版权及音像制品版权。2011年9月，CNTV（中国网络电视台，现央视网）宣布，不向其他网站出售伦敦奥运会新媒体的直播、点播权。2012年2月，CNTV的政策开始松动：各大门户网站可以购买伦敦奥运会的3种视频转播资源包。2012年6月25日，网易率先宣布获得CNTV奥运会视频权益。紧接着，搜狐、腾讯、新浪均表示签约CNTV。考虑到伦敦奥运会赛事大都在北京时间的晚上和半夜进行，四大商业门户网站都只购买了点播权。

各大网站的伦敦奥运会报道有两大特点。一是均在视频报道上下功夫，其中CNTV主推赛事直播视频，商业门户网站主推原创视频栏目，2012年由此被称为奥运报道的视频年。二是微博互动热烈。Hitwise统计结果显示，包括新浪、腾讯、搜狐和网易微博用户在内，奥运会期间微博访问量累计达到7.1亿次。其中，新浪微博用户群体庞大、意见领袖众多，是影响最大、使用最多

---

[1] 中央电视台.中央电视台第30届奥运会报道综述[M]//赵玉明.中国广播电视年鉴2013.北京：中国广播电视年鉴社，2013：19-20；罗明.伦敦奥运会报道彰显电视的力量[J].电视研究，2012（9）：4-5.

[2] 娄艳.国内体育媒体媒介融合研究：以五星体育传媒2012年伦敦奥运会报道为例[D].上海：上海体育学院，2013.

的微博平台。腾讯则因为 QQ 用户基础量大、体育明星微博多，体育微博颇具特色。国际上也是如此，伦敦奥运会因此被国际奥委会官方描述为历史上"最社交化"的一次奥运会，被 CNN（美国有线电视新闻网络）称为"第一届微博奥运会"。

CNTV 的"5+ 体育台"完整直播了 32 个大项、302 个小项总计 5600 小时的赛事，全程直播赛事 3000 场，制作点播视频 1.5 万条，发布图文资讯 15 万条。CNTV 还推出新媒体大型原创盛典《5+ 北京奥运夜》，邀请孙楠、齐秦等文艺明星和李小双、刘璇等体坛名将共同为奥运健儿加油；邀请田亮、小萨马兰奇等国内外名人，在伦敦、北京演播室同步进行《5+ 奥运下午茶》在线访谈。据统计，CNTV 各终端整体覆盖用户达 4.9 亿人，手机电视、移动客户端等多终端视频播放次数达 6.1 亿次，形成了全媒体、广覆盖的立体报道格局。[1]

作为中国体育代表团的官方合作伙伴，新浪的伦敦奥运会专题设有《新闻》《视频》《微博》《数据》4 大版块，于奥运会期间累计发布文字新闻 36,769 条，高清图集 1,680 个，高清图片 20,129 张，视频新闻 5,812 条，新闻跟帖评论 5,488,269 条。[2] 新浪的伦敦奥运会报道主打原创视频和微博互动。就视频而言，因版权问题，新浪除推出比赛视频点播外，还主推自制原创奥运视频节目，如《冠军面对面》《健翔读报》《奥运大郭饭》《奥运英雄榜》《金牌全纪录》等，囊括了赛场内外、赛前幕后的精彩片段。新浪伦敦奥运会专题的《微博》版块推出"今天你不能错过的人""今天你不能错过的微博"等话题以及《奥运微访谈》《中国军团微博》等栏目，用即时快捷的方式让更多的人关注奥运、参与奥运。新浪微博的影响力主要来自于官方微博、名人微博及网民互动。来自第三方机构 Hitwise 的分析报告显示，7月28—8月12日，新浪微博占据国内四大门户微博 PC 端用户总停留时间的 70.6%；截至 8 月 13 日 8 点，新浪微博上有关奥运的话题共有 3.9 亿条；孙杨夺冠、开幕式、林丹夺冠、刘翔赛事等几个关键的时间点，成为新浪微博 PC 端用户的访问量高峰。[3]

腾讯注重原创视频节目，制作的《金牌第一时间》《奥运父母汇》等 10 档

---

[1] 中央电视台. 中央电视台第30届奥运会报道综述 [M]// 赵玉明. 中国广播电视年鉴2013. 北京：中国广播电视年鉴社，2013：19-20.

[2] 中国体育报业总社新媒体中心.2012年伦敦奥运会中国媒体报道研究报告 [J]. 新闻与写作，2012（9）：11.

[3] Hitwise：2012年7月28日—8月12日伦敦奥运 PC 端用户在中国门户微博停留时间数据[OL].2012-08-13[2019-08-08].http : //www.199it.com/archives/62804.html.

原创视频栏目，以"快速的资讯播报、准确的情感表达、犀利的赛事视角"获得网民关注。腾讯与羽毛球、乒乓球、跳水、排球等多支金牌运动队进行全面合作，拥有包括刘翔在内的181人全明星阵容的独家访谈与微博资源。腾讯还拥有白岩松、刘建宏、孙正平、崔永元等27位CCTV名嘴的独家微博。赛事期间，中国代表团中有35位金牌得主、21位银牌得主和14位铜牌得主赛后通过腾讯微博第一时间发表"获奖感言"，来自中国运动员的现场"微播报"超过6000条。其中，林丹的夺冠感言获得170万的转播量，高居奥运微博量首位。腾讯还组建媒体联盟，如与《体坛周报》达成独家战略合作，与BBC、美联社、新华社等国际权威媒体，以及国内14个电视频道、24个广播电台、《楚天都市报》、《南方都市报》等建立合作关系。

网易于2012年2月举行伦敦奥运会战略发布会，提出"奥运看网易，运动有态度"战略，并主推以网易新闻客户端为主的移动互联网资讯平台，力争以"传统互联网+移动互联网"无缝结合的方式，打造一个24小时资讯不间断的奥运盛宴。赛事期间，为确保用户能在第一时间了解赛场消息，网易在包括网易新闻、网易邮箱、网易阅读、网易应用等多款移动终端产品以及wap（无线应用协议）站平台上，全天候进行奥运内容的推送。

伦敦奥运会期间，移动新媒体成为受众获取信息的主要渠道之一，其中手机上网和手机客户端最有特色。国内各媒体纷纷利用各自的新闻客户端，向用户实时推送奥运比赛信息、奥运短评等。因容量有限，手机媒体更多扮演提供碎片化信息的角色，用户在了解基本信息之后，再通过互联网、报纸、电视等了解详情，并通过微博等自媒体进行互动交流，形成奥运传播的整体生态链。[1]

（四）2016年第31届（里约）奥运会报道

2016年8月5—21日，第31届夏季奥运会在巴西里约热内卢举行。中国以26枚金牌、18枚银牌、26枚铜牌的成绩，位居金牌榜第三位。

随着4G（第四代移动电话行动通信标准）移动通信技术的发展、Wi-Fi（无线网络）的普及、媒体融合时代的到来，里约奥运会报道在"两微一端"的基础上又增添了很多新手段、新技能、新形态，如智能机器人写稿、VR（虚拟现实）技术、移动直播等，促使新闻传播走向智能化、移动化、社交化、全媒体化、多平台化等。智能化方面，今日头条媒体实验室研发的AI机器人

---

[1] 中国体育报业总社新媒体中心.2012年伦敦奥运会中国媒体报道研究报告[J].新闻与写作，2012（9）：17.

Xiaomingbot（张小明），通过对接里约奥组委的数据库信息，实时撰写乒乓球、网球、羽毛球和女足等赛事报道，在开赛一周内便生成超200篇简讯和资讯。这是国内第一批可以报道奥运赛事的人工智能机器人。[1] 机器人不但能写稿，还可以做主播。8月7日凌晨，百度的人工智能机器人"度秘"首次上线篮球实况解说功能。8月17日晚，度秘与杨毅共同解说了男篮首场四分之一决赛，实现了全球首次人机同台解说。东方卫视的微软小冰在主播奥运新闻时播报内容风趣幽默，点评赛事简练到位。微软小冰凭借大数据技术多次预测比赛结果，也预测对了比赛奖牌榜的前三位。[2] VR技术在里约奥运会广泛应用。暴风体育在奥运会期间制作了VR节目《里约暴风眼》，包括明星访谈、风土人情等，充分发挥VR优势，为受众带来不同的视觉感受。[3]

新华社派出119名注册记者，并推出一些新的报道形式，如微信公众号等。[4] 其中，新华社客户端从8月1日开始推出"新华社记者带你直击里约奥运会"的24小时现场报道，奥运图文、视频直播在移动和电脑端同时呈现，《说唱奥运》《里约下午茶》等新媒体栏目超过15个。新华社在客户端和新华网等平台推出的系列视频《里约奥运会的正确观看姿势》，以动画形式科普了射击、跳水等奥运项目。[5]

中新社海外中心承办了中新社与巴西南美侨报社联合在里约出版《奥运快报》的采编制作业务。作为在里约奥运村中发行的唯一华文报纸，共出版21期，编制版面260个。中新网官微的"里约奥运加油"话题标签页阅读量累计达25.6亿。[6]

人民日报社前后方联动，组成全媒体编辑团队和技术支撑团队，搭建由报纸、网络、微博、微信、客户端等构成的立体奥运报道框架，为广大受众报道了一届精彩的奥运会。其中，《人民日报》每天推出两版彩色奥运特刊，《以女排精神激荡中国力量》等系列评论员文章广泛传播，激发强烈爱国情感；人民

---

[1] 张绪鸿，王卫明. 从里约奥运看大型赛事报道新变化 [J]. 中国记者，2016（9）：38-40.

[2] 蔡笑元. 媒体融合后的里约奥运新闻 [J]. 青年记者，2016（25）：58-59.

[3] 刘兰. 体育网络视频栏目的形态分类与内容特征：从里约奥运网络报道看体育网络视频栏目新趋势 [J]. 电视研究，2016（10）：13-15.

[4] 央媒发力里约奥运 前后方协作、融媒体报道成亮点 [J]. 中国有线电视，2016（8）：998.

[5] 袁舒婕. 奥运让媒体融合"嗨"起来 [N]. 中国新闻出版广电报，2016-08-16（5）.

[6] 中国新闻社资料中心. 中国新闻社2016年概况 [M]//. 钱莲生. 中国新闻年鉴2017. 北京：中国新闻年鉴社，2017：148-151.

网体育频道开设《奥运双城记》栏目，直接对话报社前方记者，带来奥运现场的直观感受；《人民日报》客户端开设演播厅直播重要比赛，且每次中国运动员夺金后都会送出红包；总编室公众号"一撇一捺"联合报社"中央厨房"打造视频栏目《啊~五环》，辣评奥运会；《人民日报》微信公众号于8月7日推出新媒体版号外，庆祝中国首金诞生，不到一小时阅读量即超过10万。这是《人民日报》历史上首个新媒体号外。8月9日，"号外增刊！为'洪荒之女'傅园慧"出炉，搭配着傅园慧接受采访的动图，文章下方的留言区被迅速刷爆。[1]

《北京晚报》除在头版刊登重要新闻外，还推出两版图文并茂的《约吧》特刊。晚报除依托3位前方特派记者外，还依托全国晚报体育新闻学会里约奥运联合报道组，并组建后方专家团队专业评析体育热点。《里约评评看》《金牌我来猜》等受众参与类栏目，吸引各年龄段的受众参与到活动中来。《金牌我来猜》栏目在半个月时间里收到2000余位京城读者的信件，在有奖征文邮箱收到500余篇投稿。[2]

《羊城晚报》以"与用户一起消费奥运"为思路，融通介质资源、产品形态与流程操作，进行了一系列的创新性实践。第一，机制创新：组建"创业式"报道团队，即按内容生产、平台渠道的需求整合优质资源，组建项目团队，边干边整合资源、优化配置、完善机制、疏通流程。第二，文本创新：抢时效、挖深度。在数媒平台设置数十个原创栏目，每天动态更新、即时播报，把资讯第一时间精准推送给用户。第三，媒介创新：移动音视频节目成为网络"爆款"。《羊城晚报》发挥资源优势，创建多功能演播中心，开创视频（Young TV）、音频（酱紫FM）节目的日常化生产。为适应移动端传播，奥运视频特辑《约么？里约》将时长限定在5分钟，以幽默风格传递奥运资讯，迅速成为一档高传播力、高口碑的新闻衍生节目。[3]

《钱江晚报》两位前方记者除为晚报供稿外，还承担着"浙江新闻"客户端、"浙江24小时"客户端、"钱江晚报"官微、钱江晚报体育部官微"天天球友会"等新媒体的供稿任务。两位记者除携带笔记本电脑外，还准备了手机、Wi-Fi

---

[1] 蔡笑元. 媒体融合后的里约奥运新闻 [J]. 青年记者，2016（25）：58-59.

[2] 刘大伟. 体育让报纸和读者"动"起来：以北京晚报为例 [J]. 新闻与写作，2016（10）：103-105.

[3] 孙爱群，孙朝方，鲁钇山，等. 羊城晚报《约么？里约》三重创新 引来过亿阅读量的秘诀 [J]. 中国记者，2016（11）：90-92.

和360度全景照相机，时刻准备拍照、发稿。[1]

《华西都市报》除推出奥运特刊《星约，里约》外，还于8月2—22日每天中午推出一小时直播专题"西妹看奥运"，由主播邀请知名嘉宾与网友就奥运话题进行互动。为推广直播，报社还在微博上创建话题"#我在里约奥运会#"。[2]

《体坛周报》没有推出日报，而是将报纸、新闻客户端及视频直播紧密结合，将传统报道与新媒体报道深度融合，并打造新闻资讯旗舰产品"体坛+"APP（应用程序），以全新方式出击奥运。[3]

里约奥运会期间，中国广播联盟成员台通力合作，实现共赢。在中央人民广播电台（CNR）的全力支持下，中国广播联盟派出北京台、上海台、江苏台、浙江台、广东台、广西台的6位记者，与CNR的14位记者以及其他联盟成员台的10多位记者，共同组成中国广播奥运报道团，由CNR前方总指挥统一指挥。中国广播联盟还与CNR新媒体中心合作，在中国广播云平台上开设"2016里约奥运专题区"，为60多家成员台上传160多条音频稿件。经联盟秘书处协调，CNR还和北京、上海、天津、山东、大连、南京等10多家省市成员台并机直播女排决赛（中国女排对阵塞尔维亚女排），反响热烈。

CNR全媒体、多兵种联合作战，在传统广播和新媒体各项指标上全面提升，创下多项历史新高。第一，搭台里约，前方报道一体化运行。CNR在IBC搭建专属工作间，承担着赛事直播、嘉宾访谈、信号回传等各项直播报道任务。主持人梁悦、方亮、张闻等在里约直播间直播了游泳、举重、篮球、羽毛球、乒乓球、女排等赛事，发挥了广播特点。第二，各频率设置个性化专栏，多视角、全方位报道奥运会。中国之声抓住时差优势，开设早间版和晚间版奥运特别直播节目《里约大挑战》，每天上午时段的《央广新闻》也穿插转播赛况。民族之声、维吾尔语频率、藏语频率、哈萨克语频率，则以5种少数民族语言跟踪报道奥运赛事，并对开、闭幕式等进行重点报道。第三，多媒介融合升级，实现广播节目内容优势与多媒体终端传播优势的融合。如让前方记者通过手机对混合区采访、新闻发布会、赛场内外花絮进行视频报道，并同步解说和实时互动。第四，积极引导舆论热点，传播正能量。赛事期间，《新闻和报纸摘要》播发多篇广播评论，以客观冷静的视角有效引导舆论，如《体育大国金牌减少

---

[1] 王刚.在里约奥运会当一个"全"记者[J].传媒评论，2016（8）：54-55.

[2] 赵晓梦.直播：何以让都市报体验"飞一般的感觉"？[J].中国记者，2016（11）：70-71.

[3] 张绪鸿，王卫明.从里约奥运看大型赛事报道新变化[J].中国记者，2016（9）：38-40.

不是坏事》《中国体育需要加强国际话语权》等。[1]

北京体育广播派出12人的报道组（分为采访组和直播组），由总编辑带队指挥。重点直播节目6小时，分布于早、午、傍晚及夜间4大版块，其中午间节目在里约进行直播。北京体育广播的伦敦奥运会报道有声有色。第一，做好赛时节目设计、节目流程与日常节目的差异化布局。赛事期间，北京体育广播以"激情奥运、里约绽放"的统一声音形象安排各时段节目，并建立"中央厨房"，由专人收集前方报道，制作成不同长度、风格、规格的录音成品，供体育广播各时段及其他广播频率使用。第二，将宏大主题进行差异化转换。北京体育广播尝试把爱国主义、民族精神等宏大主题转化为有温度的故事，以新的视角、新的方式吸引听众，如《奥运家书》以最朴素的生活语言展现温暖的奥运故事。第三，拓展信息来源。如播出8名中国籍志愿者提供的微信录音，内容涵盖乒乓球、射击、自行车、游泳等比赛信息和赛事运营信息。据索福瑞数据显示，北京体育广播8月份的收听率、市场份额比前7个月的平均数值分别上升20%和18%。[2]

里约奥运会期间，除CCTV承担体操、羽毛球及残奥会田径项目的电视公用信号制作外，北京电视台、广东电视台承担了乒乓球项目的电视公用信号制作任务[3]，厦门电视台参与了羽毛球公用信号制作[4]。

作为中国内地和澳门地区独家电视和新媒体转播商，CCTV派出396人的报道团队及几十名驻外记者，在里约搭建3个演播室，通过综合频道、体育频道（奥运频道，CCTV-5）、体育赛事频道、财经频道在内的多个电视频道及央视网、体育频道官方微博、微信和新版客户端，采用电视与新媒体联动传播模式进行全面报道。第一，精心组织，精准落实，做到里约奥运会转播安全优质、出新出彩。譬如，统筹安排各播出频道赛事资源：CCTV-1聚焦高关注度赛事，CCTV-5聚焦奖牌故事，CCTV-5+关注户外项目和球类比赛，CCTV-2播出赛

---

[1] 中央人民广播电台总编室.以全媒体里约奥运传"声"，看广播重大赛事报道再发力[J].中国广播，2016（10）：34-37.

[2] 吴易洋.广播奥运报道的差异化布局：以北京体育广播（FM102.5）的奥运报道为例[J].新闻与写作，2016（10）：101-102.

[3] 李广宙，吴昊.论标准技术流程里的艺术呈现：里约奥运乒乓球音频公共信号制作[J].现代电视技术，2017（3）：106-111.

[4] 王格盛.厦门广电里约奥运电视公用信号制作纪实[OL].2016-09-13[2019-08-08].http://www.xinhuanet.com/zgjx/2016-09/13/c_135684112.htm.

事集锦，提供精准、专业、到位的解说评论，做到有的放矢，唱响主旋律，传播正能量。第二，坚持正面宣传为主，聚焦赛场热点，全面报道奥运盛况。央视里约奥运会报道牢牢把握"体现爱国主义情怀，展现精彩奥运"的总基调，全方位报道中国代表团表现，强化故事化表达，客观报道国际赛事，稳妥报道赛场热点事件。第三，坚持电视与新媒体融合化制作、一体化传播，全景呈现里约奥运会。譬如，围绕"两微一端"形成奥运会新媒体报道阵营，重点打造具有独立发展潜力和技术创新特点的 CCTV-5 手机客户端。CCTV-5 官方微博利用与新浪微博良好合作的优势，打造了专属于 CCTV-5 的短视频播放技术。据不完全统计，CCTV-5 官方微博发布的奥运精彩短视频累计播放总量已经超过 1.3 亿次，"里约奥运会"话题的阅读量达到 200 亿次，讨论量将近 600 万条。总之，CCTV 坚持正面宣传的主基调，坚持弘扬爱国主义、集体主义，积极展现拼搏奋进的体育精神，报道精彩纷呈，形式多样，吸引人，鼓舞人，感染人，产生了积极效应。据统计，全国累计约有 7.75 亿观众通过央视相关频道收看里约奥运会。[1]

为维护和强化自身在国内体育媒体市场的地位，保证电视的广告收益，CCTV 在电视的奥运广告招商工作基本完成后才开始分销新媒体转播权。最终，腾讯体育、阿里体育均以1亿元左右的价格获得了奥运赛事点播权（所有播出都要至少延迟半小时），咪咕视频／直播获得了通过手机 APP 直接观看由 CCTV 提供的奥运赛事实时转播节目的版权。[2]

央视网强化"观赛、互动、融合"功能：在转播央视各频道直播奥运赛事外，同步直播 45 路奥运清流信号，是历届奥运转播直播频道之最；首次尝试 VR 全景转播，独家订购 OBS（奥林匹克广播服务公司）提供的 VR 信号，开设 VR 全景专区；主打"奥运＋融合""奥运＋原创""奥运＋互动""奥运＋微视频"等"奥运＋"理念系列产品，推出"奥运＋"频道、"定制你的奥运＋"H5 页面投票及奥运独家微视频等。[3]

作为中国奥委会唯一的互联网服务合作伙伴，腾讯的前方报道团队规模达

---

[1] 江和平. 安全优质 精彩纷呈：央视里约奥运会转播报道回望 [J]. 电视研究，2016(10)：4-6.

[2] 易剑东，洪建平. 从里约奥运看媒介融合时代央视体育的传播创新 [J]. 电视研究，2016(10)：7-8.

[3] 江和平. 安全优质 精彩纷呈：央视里约奥运会转播报道回望 [J]. 电视研究，2016(10)：4-6.

100人以上，并凭借强社交平台属性和技术优势，成为里约奥运会期间报道体量最大、频率最高、覆盖面最广的中国网络媒体。据统计，里约奥运会期间，腾讯全平台奥运相关视频播放量超过81亿，用户覆盖量达到7.5亿，移动端占比达到75%，腾讯网自制的10档原创视频节目播放量更是突破15亿。"全民直播"是腾讯在里约奥运会期间的最大特色。纵向时间轴上，从出发前集训的"突击"直播，到开幕前携手运动员探访奥运村，再到赛程中各个节点的重要访谈，海量直播内容让腾讯变身360度直播传送站。横向产品渠道上，腾讯新闻客户端、腾讯体育客户端、天天快报、腾讯视频客户端、企鹅直播平台、手机QQ、腾讯网等移动+PC（个人电脑）全平台同步打通，方便中国网民随时获取奥运资讯。"全民直播"离不开腾讯在资源优势、原创内容和运营实力方面的综合布局：组建包括运动员、退役冠军、网红的百人"直播天团"；《第一时间》《专业看奥运》等自制直播节目，结合真人秀、脱口秀形式，展现了运动员的拼搏历程和背后故事。[1]

新浪的伦敦奥运会报道打通了 PC 门户、微博、手机新浪网、新闻 APP、体育 APP 这5大平台，以"视频+社交"为服务框架，推出了"新动里约"系列报道。除关注其签约的运动队、运动员在里约奥运会上所取得的优异成绩外，新浪体育还以"不止为冠军"为主题，制作了数十张主题海报，传递了不以金牌论英雄的观点，凸显了人文关怀，引发了社交圈的互动传播。[2]

搜狐以"我的奥运一起玩"为主题，重金投入视觉化呈现，邀请众多名嘴大咖观赛和点评，独家自制了《奥运早新闻》《明说奥运》等全景式视频节目，并在搜狐新闻客户端、手搜网、搜狐网、搜狐视频和视频客户端同时传播。[3]

里约奥运会期间，体育网络视频节目绽放异彩。其中，谈话类视频栏目多以主持人的个性魅力为依托，并着力打造栏目的独特性。体育明星的视频直播节目拥有超高人气。赛场上表现出色的傅园慧、张继科等，成为多家直播平台追捧的对象。傅园慧在映客进行首次直播时，粉丝量在开播半小时内突破800万人，围观人数在节目结束时升至1067万人。社交媒体上的视频直播也形式多

---

[1] 腾讯里约奥运方法论 [J]. 声屏世界·广告人，2016（10）：90；潘曙雅，戴幼卿. 里约奥运会国内外媒体的创新报道 [J]. 新闻与写作，2010（10）：75-78；蔡笑元. 媒体融合后的里约奥运新闻 [J]. 青年记者，2016（25）：58-59.

[2] 新浪里约奥运战略总结分享推广 体育不止为冠军 [OL].2016-08-24[2017-08-17].http://sports.sina.com.cn/others/others/2016-08-24/doc-ifxvcsrm2405051.shtml.

[3] 蔡笑元. 媒体融合后的里约奥运新闻 [J]. 青年记者，2016（25）：58-59.

样，如游泳运动员刘湘在新浪微博中直播了训练、备战过程。类似直播展现了运动员的真实一面，由于较强的互动性让观众更有参与感，更容易引发二次传播。[1] 综艺视频节目也是体育网络视频的重要内容，如腾讯体育的《大牌驾到》、芒果 TV 的《芒果女神看奥运》等。体育资讯视频既包括固定栏目，如搜狐体育的《奥运早新闻》、腾讯体育的《奥运早晚报》，也包括赛事精彩瞬间、赛场花絮等短小视频。[2]

里约奥运会期间，新媒体用户不断向移动端转移。据统计，微博上奥运相关视频90%的播放量来自移动端。[3] 因为感受到了这种移动化趋势，几乎所有媒体都通过 APP、微信等移动媒体发布奥运会消息。《今日头条》《天天快报》《一点资讯》等聚合类资讯 APP 纷纷开设奥运频道。传统门户网站也不甘示弱，发力点除了 APP 和手机网，还有官方微博和微信公众号。新华网、人民网、央视网等"国家队"自不必说，省级新闻网站也在奥运会的移动传播方面有出色表现。如中国江西网在"以 PC 端为基础，重点发力移动端"的思想指导下，除在 PC 端首页显要位置制作精美的奥运专题外，还在江西手机报和手机江西网开设奥运专区。为争夺注意力，微信公众号各出奇招："侠客岛"以风趣、理性的文字为岛友们解读奥运会，如《讲真，为什么中国乒乓能无敌到寂寞》等；天津日报报业集团精心打造的微信公众号"昊体育"，以"哏都"的语言和极具天津特色的方式受到用户喜爱。[4]

二、亚运会报道

新世纪以来，中国体育代表团在亚运会金牌榜上一骑绝尘，民众对于亚运会已不复往日的热忱。但因为亚运会有为奥运会练兵、培养和锻炼新人、推动亚洲体育发展等作用，中国媒体依然重视。其中，2010年广州亚运会吸引了众多中国媒体及民众的关注。

---

[1] 陈滋昂. 浅析里约奥运会中新媒体的运用及优势 [J]. 新闻研究导刊, 2016（18）: 349.

[2] 刘兰. 体育网络视频栏目的形态分类与内容特征: 从里约奥运网络报道看体育网络视频栏目新趋势 [J]. 电视研究, 2016（10）: 13-15.

[3] 艾渝. 纸媒资讯类短视频探索: 以里约奥运短视频发布为例 [J]. 采写编. 2017(1): 140-141.

[4] 袁舒婕. 奥运让媒体融合"嗨"起来 [N]. 中国新闻出版广电报, 2016-08-16（5）.

（一）2006年第15届（多哈）亚运会

2006年12月1—15日，第15届亚运会在卡塔尔首都多哈举行，运动员总人数为8050人，文字和摄影记者总人数为1700人，广播、电视人员为4450人。[1]因是北京奥运会前中国体育代表团一次最为重要的集中"演兵"，国内媒体对多哈亚运会倾注了极大热情，几乎所有省市的日报、都市报都派出了记者。

多哈亚运会期间，新华社派出95人参加报道，围绕"和谐亚运、和谐世界"等主题策划重点稿件，按照国内外用户和读者的需求组织报道，共播发中文稿件2122条，英文稿件2869条。[2]

《人民日报》派出由10名年轻记者组成的采访组赴卡塔尔进行采访，在体育新闻版设置了《连线多哈》《多哈故事》《激情多哈》《当日之星》等栏目。《重庆晨报》在制订多哈亚运会报道计划时主要着眼于两方面：为北京奥运会报道演练队伍；在报道转型的背景下探索大型赛事报道的新手法。为此，《重庆晨报》派出两名前方特派记者，推出亚运特刊，并设置《第一现场》《非常赛点》《多哈故事》等固定版块。考虑到电视直播及读者对亚运会的关注程度，《重庆晨报》重点报道读者最为关注的项目和比赛，尽可能挖掘新闻的故事性。报道组通常在头天晚上确定次日的报道重点，然后让特派记者有选择地前往赛场。前方记者也打破常规的报道方式，以亲历式甚至第一人称的方式来突出现场感。[3]《辽沈晚报》派出两名特派记者前往多哈。他们不时发回一些独家报道，为报纸增色不少。[4]

中央人民广播电台中国之声于奥运会期间在《新闻和报纸摘要》《全国新闻联播》中开辟了《亚运之声》专栏，并以整点、半点新闻为主打，以早晚两大直播版块《多哈直通车》为延伸，突出新闻性、时效性、互动性和娱乐性，形成了全方位、立体式的报道格局。经济之声、都市之声、中华之声、神州之

---

[1] 张旭东.多哈亚运会网络媒体整合报道分析：以搜狐网络报道为例[J].体育成人教育学刊，2007（2）：7.

[2] 体育新闻编辑部[M]//《新华社年鉴》编辑部.新华社年鉴2006.北京：新华通讯社，2006：198-199.

[3] 蒋敬诗，周帆.在激烈的媒体竞争中做出特色：《重庆晨报》第十五届亚运会报道体会[J].新闻导刊，2007（1）：50.

[4] 郑艳青.扬长避短 彰显个性：谈《辽沈晚报》多哈亚运报道的特色[J].记者摇篮，2007（1）：33.

声、对台广播等也都开辟了亚运报道专栏。

2006年8月8日开播的中国国际广播电台奥运广播，向多哈派出了包括日语、朝鲜语、印度尼西亚语、泰语、英语、阿拉伯语、印地语、俄语等语种记者在内的14人报道组，全方位报道了多哈亚运会。[1]

CCTV派出一支151人的高素质制作队伍，承担了多哈亚运会篮球、排球、乒乓球、羽毛球、击剑和武术6个项目的电视公用信号制作任务，共制作514场比赛，合计541小时，占亚运会信号制作总量的1/5。这是中国电视史上第一次大规模派队伍到国外参加亚运会国际电视公用信号制作。CCTV的信号制作和工作态度得到各国专家、同行的公认和好评。组委会电视转播有限公司董事长称赞CCTV制作队伍"忠实地执行了信号制作标准，为其他国家做出了榜样"。[2]

为全面报道多哈亚运会，CCTV利用综合频道、体育频道（亚运会期间更名为亚运频道）、高清频道、网球·高尔夫频道等5个频道进行交叉、互补转播与报道。其中，亚运频道推出的《荣耀亚洲》节目，采用"主持人＋嘉宾评述＋现场观众参与＋直播比赛"的大型综合类资讯直播节目报道方式，成功营造了多哈亚运会比赛的"第二现场"，初步建立起综合运动会报道的"网状思维"结构，以区别于单项赛事的"线性思维"模式。CCTV还创新节目形态和节目包装，全方位、立体化地报道多哈亚运会，如设置结构导演、字幕导演等新岗位，在赛事直播中采用交叉直播和平行的多视窗直播形式；尝试制作欣赏性的亚运会赛事集锦；在《亚运午间专题》栏目中贯彻以人物为核心处理赛事和资讯的新理念，尝试互动、字幕信息和评书、网络等新元素；在《体育新闻》栏目中用宣传片的方式提供赛事、金牌数量等信息。[3]CCTV还制作了许多精彩的亚运会专题节目，如《全景亚运》《印象多哈》等，从不同角度反映亚运会的历史与文化、赛况和运动员表现、多哈的风土人情等。CCTV还邀请9位前奥运、世界冠军加盟前方报道组，以专业、细致、全面的解说为亚运

---

[1] 国际台多媒体发展办公室.中国国际广播电台对内外宣广播概况[M]//赵玉明.中国广播电视年鉴2007.北京：中国广播电视年鉴社，2007：80.

[2] 程志明.多哈亚运会向雅典奥运会看齐：电视国际公用信号制作标准浅析[J].现代电视技术，2007（2）：34.

[3] 赵化勇.中央电视台发展史（1998—2008）[M].北京：中国广播电视出版社，2008：160.

会报道增添了亮色。[1]

央视国际获得了多哈亚运会的网络电视、手机电视、IPTV（互联协议电视）视频报道独家版权。央视国际开通了多哈亚运会网页，把各个体育项目分解成独立视频，供网络用户点播。央视国际还牵手新浪网共同推出了亚运直播套餐。

作为2005—2008年中国体育代表团互联网内容独家合作伙伴，搜狐全面跟踪报道了中国体育代表团，并在第一时间为代表团发布官方消息，直播代表团的新闻发布会、庆功会等活动，为代表团建立最详尽的人物资料库。搜狐注重和其他媒体协同作战，包括中央人民广播电台、北京电视台、上海电视台等17家广播电视媒体，《东方体育日报》《今日早报》等26家报纸媒体。搜狐体育还与河北电台、中国移动奥运之声合作推出了特别节目《亚运直通车》。搜狐还利用P2P（点对点）视频技术，对赛事进行了"视频+图片+动漫"的多媒体报道。视频的大量采用是搜狐多哈亚运会报道的一个重要变化：就赛事来说，有赛事前瞻、赛后访谈；就栏目来说，有《团队追踪》《赛事播报》《后方探访》等；就来源来说，有亚运会组委会提供的，也有CCTV提供的。

多哈亚运会期间，各大网站纷纷打出博客牌。其中，央视国际适时推出亚运报道博客群，包括奥运冠军博客和央视记者博客，以第一视角传播赛场新闻和幕后花絮。新浪开通的前线运动员博客几乎把知名运动员"一网打尽"，亚运博客大赛提高了网友在亚运活动中的交互作用。搜狐推出了《博客谈亚运会》栏目，主要包括主持人博客和运动员博客，一些草根博客也受到关注。

网络媒体还充分利用交互功能，吸引网友和观众参与互动。央视与新浪UC（一种即时通讯软件）合作开通了网友互动节目，每天设计一个亚运热门话题，通过演播室里的聊天互动实现了网络与电视媒体的双向对接。搜狐在体育社区里开展了多哈亚运会征文、网友PK等栏目，提高了网民的参与意识。[2]

多哈亚运会报道中，央视网站还衍生出手机频道，开通了手机看亚运和无线亚运模块，把概念化的手机电视与体育直播结合起来，丰富了新媒体传播的内涵，提高了电视媒体服务端的多源服务品质。[3]

---

[1] 赵步云. 央视多哈亚运会报道：先进传播理念的彰显 [J]. 新闻实践，2007（1）：22-23.

[2] 张旭东. 多哈亚运会网络媒体整合报道分析：以搜狐网络报道为例 [J]. 体育成人教育学刊，2007（2）：7-9.

[3] 张成良. 从多哈亚运跨媒体报道看新媒体的兴起 [J]. 东南传播，2007（7）：80-81.

(二) 2010年第16届（广州）亚运会

第16届亚运会于2010年11月12—27日在广州隆重举行。这是继北京亚运会后亚运会首次重回中国，也是北京奥运会后在中国举办的又一国际级综合性运动会，是继北京奥运会、上海世界博览会后中国日益上升的国际影响力的又一"符号"。广州亚运会组委会（简称"亚组委"）宣传部部长罗京军曾指出，与往届亚运会相比，广州亚运会是一场体现亚洲多元文化的文化盛会。[1] 为此，亚组委将开、闭幕式定位为"立足中华文化、融合亚洲文化、彰显岭南文化"，并创造性地大量采用亚洲各地的代表性符号。

广州亚运会汇集了亚洲奥林匹克理事会（简称"亚奥理事会"）所有的45个会员国，共设了26个奥运会项目和16个非奥运会项目，有近万名运动员参加比赛，赛事规模创历届亚运会之最。创历届亚运会之最的还有媒体阵容。据广州亚组委统计，参与广州亚运会报道的国内外媒体共计862家、9049人，其中平面媒体847家、3185人，包括境内媒体320家、1500人，境外媒体527家、1685人。[2] 对于这场在家门口举办的亚运会，国内媒体自然不遗余力。

新华社的广州亚运会报道团多达150人，其中，总社120人，广东分社30人，阵容强大。新华社以中文、英文、法文等多种语言，全景式、多符号、全媒体、多角度地报道了广州亚运会盛况。据统计，播发中文稿1600多条、英文稿1600条，文字报道单篇最高被336家媒体采用。新华社报道总体呈现如下特点：第一，抓突发事件报道，首例兴奋剂事件和中亚女骑手坠马受伤的中英文快讯均做到全球首发，可预知的开幕式和重要赛事的中英文快讯时效基本都领先西方大通讯社和国内媒体及网站。第二，做好重点报道和深度报道，推出《二十载亚运跨越》《海心沙奇迹》等重头稿件。第三，注重高端访谈，加强与外交部和亚组委等相关部门的沟通联系，实现对国际奥委会主席罗格、亚奥理事会主席艾哈迈德亲王等的专访，体现了权威性。第四，紧跟赛事进程，依托《体坛热点》《亚运特稿》《体育时评》等重点栏目，精心组织赛事重点报道。第五，重视对外报道尤其是英文报道，针对海外关注热点、焦点播发一批中英文稿件，

---

[1] 罗艾桦，贺林平.盛宴这样出炉（热点聚焦）[N].人民日报，2010-11-13（6）.

[2] 褚亚玲.亚运报道e时代：以广州日报报业集团亚运会全媒体报道为例[J].新闻记者，2011（1）：66-69.

有效影响了海外舆论。[1]

《人民日报》一直关注广州亚运会的筹备情况，曾推出4版的《第16届亚运会倒计时100天特刊》。亚运会期间，《人民日报》推出每天两版的《亚运特刊》（首期5版），对广州亚运会进行了全方位报道，并恪守"激情盛会，和谐亚洲"理念，对外国代表团和运动员给予客观、友好的报道，对亚洲体育文化也给予关注。

作为主办城市的媒体，广州日报集团派出108位注册记者分驻53个比赛场馆，在亚运城主媒体中心设立全媒体直播室，并发挥旗下各媒体力量，以实现"天罗地网全媒体、内和外联亚运会"的报道理念。其中，《广州日报》推出《盛会2010》亚运特辑，并以 Gold（金质）、Zeal（激情）、Arena（赛场）、Star（明星）等作为版面定位，突出了亚运会的国际性；《信息时报》推出特刊《亚运时时报》，直击精彩赛事；《羊城地铁报》开辟《亚运快线》专版；《足球》和《篮球先锋报》分别报道亚运会的足球和篮球赛事，足球手机报则每天出版；开、闭幕式期间，"大洋网亚运专题"发布8000余条新闻、1000余条视频，直播多场新闻发布会。《广州日报》还成功承办《亚运官方中文会刊》和亚运会官方杂志《广州2010》，并将其打造为展现广州赛会组织能力和岭南文化的载体。[2]

《体坛周报》精心策划，在正常出报的基础上，每期推出16版《亚运专刊》，对亚运会进行全面跟踪报道。[3]

中央人民广播电台以广州亚运会中国大陆地区唯一无线电持权转播商身份，与广东人民广播电台合作，联合中国广播联盟171家成员台，组成了我国广播史上首个"全国亚运广播联盟"，以大联合、大规模、全覆盖的报道模式，全景式地报道了亚运会。联盟汇集了270多名来自全国各地的广播记者。

中央人民广播电台调动中国之声、对台湾广播等频率，中国广播网、央广手机台等新媒体资源，《中国广播报》《中国广播》等报刊资源，全方位地报道了亚运会盛况。[4]

---

[1] 体育新闻编辑部 [M]//《新华社年鉴》编辑部. 新华社年鉴2010. 北京：新华通讯社，2010：242-244.

[2] 褚亚玲. 亚运报道e时代：以广州日报报业集团亚运会全媒体报道为例 [J]. 新闻记者，2011（1）：66-69.

[3] 李旻，郁庆定，黄卓.《体坛周报》广州亚运会报道的性别差异分析 [J]. 成都体育学院学报，2012（1）：52-53.

[4] 全国亚运广播联盟全景报道广州亚运会 [J]. 中国广播，2010（12）：8-9.

中国国际广播电台派出了由137人组成的强大报道阵容，用61种语言向全球报道亚运会。无线广播的累计播出时间超过1700小时。除环球广播频率24小时直播赛事新闻外，其他小语种频率每天至少有两小时的赛事报道。[1]

广州广播电视台投入4个电台频率报道亚运会。[2]

2008年12月31日，广州亚运会组委会按照亚奥理事会对亚运广播电视主播机构的要求，参照北京奥运会的运行模式，成立了广州亚运会转播有限公司（简称 GAB）。与 GAB 签约的有 CCTV、亚洲－太平洋广播联盟（ABU）、韩国的 MBC&KBS 电视台和日本的 NHK&TBS 电视台等8个持权电视转播商。为做好转播工作，GAB 组织了49个团队进行42个比赛项目的电视国际公用信号制作，包括4个国际团队（负责田径、游泳、高尔夫和球项目）和45个国内团队。与 GAB 签约的国内电视机构有33个，如 CCTV、北京电视台、广东电视台、广州广播电视台、上海电视台等。GAB 共动用了47部转播车、2套 EFP（电子现场节目制作）系统，其中31部为高清转播车。据统计，有超过20亿人收看了广州亚运会转播。

作为中国大陆唯一持权电视转播商，CCTV 派出600多人的转播团队（包括参加公用信号制作的200多人），其中技术团队220人，在 IBC 建立1900㎡的现场报道中心，搭建3个高清演播室。[3] 亚运会期间，CCTV 共投入 CCTV-5、CCTV-1等7个频道报道赛会盛况：展现中国运动员奋勇拼搏的精神风貌；关注台、港运动员的优秀表现；关注亚洲各国和地区运动员的精彩表现；深入挖掘赛场故事，注重服务性报道；等。[4]CCTV 还在20多个比赛场设立现场评论席，在一些场馆设置单边注入点，在亚运村国际区和国际广播中心顶层平台设立两个单边报道点，以方便采访运动员、教练员和官员。[5]CCTV 新闻频道也首次派出前方报道组（近60人，配备13个 ENG 组）。开幕时，CCTV 首次出现两套解说班底：一套、三套、五套的并机直播，由朱军、董卿主持解说；新闻频道

---

[1] 时东辰．人民日报亚运报道研究（1974—2006）[D]．北京：北京体育大学，2011．

[2] 崔俊铭．广州亚运会报道中电视媒体的差异化竞争研究：以广州地区电视媒体为例 [J]．今传媒，2011（4）：68-70．

[3] 何海英．大型体育赛事现场报道中心高效低成本运行的新尝试：2010广州亚运会中央电视台现场报道中心新闻访谈演播室系统 [J]．现代电视技术，2011（2）：21．

[4] 廖江衡．中央电视台全方位多角度报道广州亚运会 [J]．电视研究，2010（12）：图片纪事．

[5] 崔俊铭．广州亚运会报道中电视媒体的差异化竞争研究：以广州地区电视媒体为例 [J]．今传媒，2011（4）：68-70．

的直播，由白岩松主持解说。这是CCTV第一次在大型赛事直播中使用两套解说，满足了观众不同的审美需求。白岩松的解说更是"一炮走红"。[1]

身为广州亚运会的东道主媒体，广东电视台对广州亚运会的转播和报道力度空前，如斥资近千万租买设备、租赁场地、购买节目版权。除承担部分公用信号制作外，广东电视台联合北京电视台、上海电视台、广州电视台等多家媒体，对广州亚运会进行联合报道。在联合报道中，广东电视台负责在亚运会IBC搭建前方联合报道中心和前方演播室，建立节目制作系统。[2]亚运会期间，广东电视台以体育频道为主，其他频道（卫视、新闻、珠江、公共）为辅，前方、后方和移动演播室联动，对亚运会进行了全方位、立体式报道。[3]其间，广东电视台新闻中心设立了"亚运新闻直播室"，在卫星频道、珠江频道、新闻频道的19档新闻节目中每天直播近6个小时的亚运新闻节目。作为广州亚运会转播版权授权频道，为避免与CCTV-5的直播节目冲突，广东电视台体育频道选择直播或转播一些广州地区市民比较喜欢的体育项目。

为报道好家门口的亚运会，广州电视台于当年7月投入5000多万元资金，新建或改造50多个亚运工程。亚运会期间，广州电视台投入9个演播室、4个播出频道。作为精选亚运节目频道，竞赛频道通过直播和重播的不间断播放来展现亚运会，满足了各层次观众的收视要求。[4]

BTV-6（北京电视台体育频道）200人全力投入，高质量地完成了每天15个小时的"星耀亚洲"大型直播。在广州，100多名编辑、记者和技术人员奔赴一线，创新性地设置了水上移动演播室，完成了每天30分钟的视频对播，传回了超过1200分钟的现场新闻，并完成了沙滩排球、跆拳道、空手道3项比赛的国际公用信号制作任务。10余名持证记者每人兼顾多个比赛项目，每天往返于10多个比赛场馆。在北京，体育频道全频道联动，多种节目形态相互呼应。其中，《亚运京广线》《体坛资讯》《天天体育》3档新闻类节目奉献了超大信息

---

[1] 刘亮.中央电视台新闻频道亚运会开幕式报道演播室改造方案[J].广播与电视技术，2011（2）：56-57.

[2] 王晖.2010年亚运会广东电视台IBC前方报道中心整体设计及实现[J].现代电视技术，2011（2）：26-27.

[3] 本刊编辑部.同心协力打造亚运史上最好转播：第十六届亚运会电视转播回顾报道[J].现代电视技术，2010（12）：36-39.

[4] 崔俊铭.广州亚运会报道中电视媒体的差异化竞争研究：以广州地区电视媒体为例[J].今传媒，2011（4）：68-70.

量,《快乐亚运一箩筐》以全新视角畅谈亚运会。亚运会期间,BTV-6的平均收视率提高了63%。

门户商业网站充分利用自身资源,全力报道广州亚运会。其中,新浪拥有中国亚运军团合作伙伴独家资源,联手广东电视台体育频道共同推出《冠军访谈》节目,邀请中国运动员在夺冠后第一时间分享夺冠感受和体育故事。作为赛事官网,网易在资讯量、流量、专题策划、访问速度等指标上领先,成为多数网友获取赛事信息的首选网站。

广州亚运会期间,微博凭借传播及时、方便快捷等特点,成为网民热捧的网络应用平台。网民、运动员、专家等群体通过微博互动,热议亚运,极大提升了广州亚运会的关注度,微博也首次实现了与大型体育赛事的深度融合。借助微博,运动员成了信息发布的主体。

微博催生了互联网媒体营销大战。新浪、网易、腾讯等纷纷借力广州亚运会打造各自的微博影响力,在用户规模、热点赛事的传播和讨论等方面进行全方位竞争。新浪微博推出"微享亚运"专题,从日记、访谈、服务、榜单、运动员、志愿者等多个角度记录亚运会进程,体现了记录、分享、现场的理念。据不完全统计,在广州亚运会的16天里,有331位亚运会运动员、8256位亚运志愿者、442位亚运记者入驻新浪微博,与亚运相关的微博数量接近4400万条。[1] 在用户规模上,新浪微博一家独大,但在热点赛事的传播和讨论上,其他网络媒体与之在微博上展开了激烈竞争。数据显示,43%的网民通过网易微博了解110米栏决赛信息;[2] 截至11月25日,腾讯"微博全民亚运"平台汇聚体育界明星300余人,上亿网民参与互动沟通,微博累计互动广播数高达490多万条。[3]

手机媒体在广州亚运会中的表现也颇为亮眼。其中,广州日报手机报增加了亚运专刊,设有《亚运主播室》《亚运抢先读》《图说亚运》等栏目。《广州日报》还推出联通亚运快讯、各种客户端、移动阅读本。广州日报手机大洋网、广州日报3G门户亚运专区也全程跟进报道。广州日报手机新媒体还推出金牌竞猜、亚运拍客等亚运互动游戏,为用户提供多样的亚运体验。手机用户也可

---

[1] 全民微博记录亚运会 [N]. 重庆晨报,2010-12-09.

[2] 魏力. 报告称网易微博在亚运热点事件显现优势 [OL].2010-11-29[2017-08-17].http://www.techweb.com.cn/internet/2010-11-29/722786.shtml.

[3] 文远竹. 试议微博在广州亚运会宣传报道中的应用 [J]. 中国编辑,2011(1):48-51.

以收听"《广州日报》139说客",随时了解亚运金牌产生情况。[1]

(三) 2014年第17届（仁川）亚运会

2014年是体育大年,既有索契冬奥会、巴西世界杯,也有南京青奥会和仁川亚运会。按媒体的重视程度而言,仁川亚运会既不如冬奥会和青奥会,也比不上世界杯。开幕式前,新华社发文称,中国民众对亚运会已鲜有热情企盼和强烈关注欲,部分人甚至连开幕式都忽略。[2] 闭幕式前,《人民日报》记者发文,认为新世纪以来,特别是北京奥运会之后,"国人对亚运的关注度不可避免地衰减",[3] 新华社也发出"亚运会正离我们渐行渐远"的慨叹,认为亚运会面临"二次创业",需要"转型、变革与重生"。[4]

新华社成立了包括70名注册文字、摄影、音视频记者和编辑的仁川亚运会前方报道团,力求全面报道亚运会,突出反映中国健儿和各国选手积极进取、公平竞赛的精神面貌和亚洲体育文化交流的友好氛围。报道团于9月16日至10月5日在主新闻中心的新华社亚运会发稿中心播发稿件。[5] 围绕开幕式,新华社播发了《体育时评:共享亚洲体育的荣光》《韩流来袭 闪耀亚洲》《为了和平,起航!》《第十七届亚运会在韩国仁川开幕》《原始方式的回归 水火同燃的惊喜》《开幕式总导演:比其他亚运会更特别 电视画面留遗憾》等稿件。新华社将新媒体融合作为此次报道的重点和亮点,除组织一支专业的新媒体采编队伍外,还为新媒体报道量身定做了一些栏目和采编流程。除了新华网,新华社还通过微博、微信及客户端进行新闻发布。[6]

《人民日报》在体育版推出"第十七届亚运会特别报道"专题,并设置了《风云透视》《亚运观潮》《星光闪耀》等专栏。

《北京晚报》派出两位记者前往仁川进行一线采访,并推出亚运会专版《仁川演兵》,全面、生动地报道了亚运会盛况,尤其是中国运动员的表现。《北京

---

[1] 褚亚玲.亚运报道e时代:以广州日报报业集团亚运会全媒体报道为例[J].新闻记者,2011(1):66-69.

[2] 王昊飞,陶冶.《亚洲雄风》和"熊猫盼盼"带来的亚运之乐去哪了？[Z].新华社,2014-09-19.

[3] 薛原.三个视角看亚运变迁（亚运观潮）[N].人民日报,2014-10-03(6).

[4] 王成.渐行渐远的亚运会[Z].新华社,2014-10-04.

[5] 公鉴（关于仁川亚运会发稿和报道栏目设置事宜）[Z].新华社,2014-09-16.

[6] 新华社派出亚运报道团 着力新媒体融合报道[Z].新华社,2014-09-16.

晚报》还推出《亚运观战指南》，为读者观看亚运会提供帮助。[1]

CCTV 派出274人的前方报道团队，在国际广播电视中心租用993m² 的转播区域并搭建两个演播室，[2] 投入 CCTV-1、CCTV-2、CCTV-5、CCTV-5+ 共4个频道，用 CNTV、微博、微信、客户端等各种多媒体手段进行报道。作为亚运会报道主战场，CCTV-5为观众准备了丰盛的"亚运大餐"。其中，《亚运晨报》《体育新闻》等在前线播出的新闻栏目，充分彰显"我在现场"的元素。《亚运风云会》则和亚运会明星、代表团官员、国外选手等进行朋友式的交流。每晚90分钟的《全景亚运会》栏目，包括《亚运印象》《亚运攻略》《亚运 N 角度》《亚运漫游记》等版块。[3]CCTV 还融入了更加多元的新媒体报道手段。如 CNTV 除将电视台的赛事直播资源延伸到网络端，还推出《我在现场》《亚运之星》两档原创谈话类节目；官方微博发布亚运相关话题847条，粉丝增长28万人；官方微信日均浏览量达到2万次，用户增长5万多人。[4]

CNTV 没有对外分销亚运会视频的网络直播权限，而是独家网络直播了亚运会的开、闭幕式及所有比赛。[5]

新浪、搜狐、腾讯、网易四大商业门户网站都开辟了仁川亚运会专题，以文字、图片、视频、互动等形式对亚运会进行全景式报道。四大商业门户网站均设置了视频专栏。譬如，腾讯在视频版块设置了《中国金牌》《亚运策划》《绝对焦点》等栏目。商业门户网站还充分利用自身优势和资源，以便在竞争中居于有利位置。作为中国奥委会唯一互联网战略合作伙伴，腾讯派驻了一支38人的前方报道团队。凭借庞大的新闻报道团、多位重量级嘉宾，腾讯获得了很多第一手资料，并在仁川亚运会专题中开辟《星耀亚洲》《星工场》《笑点》《看台》等原创栏目，发布前方记者制作的500篇原创稿件。腾讯还联合《南方都

---

[1] 陈嘉堃，李戈.《北京晚报》亚运报道组出征，您欣赏《仁川 style》[N]. 北京晚报，2014-09-17.

[2] 朱海涛. 从仁川亚运会领悟全媒体时代电视事业发展趋势 [J]. 现代电视技术，2014(12)：25-27.

[3] 仁川亚运会 央视军团要"绽放激情"[OL]. 新华网.http：//news.xinhuanet.com/sports/2014-09/10/c_126972289.htm.

[4] 张天. 央视体育频道仁川亚运会报道的议题结构和形态分析 [D]. 北京：北京体育大学，2016.

[5] 朱海涛. 从仁川亚运会领悟全媒体时代电视事业发展趋势 [J]. 现代电视技术，2014(12)：25-27.

市报》《成都商报》《京华时报》等国内15家主流都市报,并与《体坛周报》和华奥星空进行深度合作,在仁川报道中尽显优势。新浪则充分利用体育明星微博和亚组委官方微博。例如,"@2014仁川亚运会组委会"官方微博,从筹备、圣火传递、场馆建设、赛事直击、开幕式和闭幕式报道等方面,对仁川亚运会进行跟踪"微报道",共发布218条微博,且绝大多数为原创,拥有粉丝265万。新浪主页的《体育明星微博》版块也吸引了众多粉丝,在仁川亚运会上一炮而红的宁泽涛,在首次夺金后的一天之内暴涨10万粉丝。[1]

(四) 2018年第18届(雅加达)亚运会

第18届亚运会于2018年8月18日至9月2日在印尼雅加达举行。

新华社组成70人的前方报道团,于雅加达亚运会主新闻中心设立了新华社亚运会发稿中心。其报道涵盖了亚奥理事会、国际单项体育组织和雅加达亚运会组委会的会议、活动和新闻发布会,各参赛代表团的动态新闻,开幕式、闭幕式、第一块金牌诞生、焦点赛事等重要节点的重点报道,对各场景各时段都通过文字、图片、视频和新媒体等方式予以及时、充分报道。[2]

《人民日报》在体育版设置了"第十八届亚运会特别报道"专题,并推出了《风云透视》《亚运漫笔》《动感亚运》《星光闪耀》等栏目。

北京京报集团派出3人全媒体记者采访组,他们除每天在纸端呈现亚运会报道外,还通过报纸的微博、官方微信等新媒体平台,利用图片、文字、视频等多种手段全方位报道雅加达亚运会。[3]浙江日报报业集团派出4名注册记者前往雅加达。报道团队发挥集团整体优势,在保持各自传统特色的情况下,实现浙江日报、浙江在线、浙江新闻客户端的资源共享、新闻联动,多角度、全方位地展现亚运会风采,为中国运动员加油助威。[4]作为雅加达亚运会山西省注册记者,山西日报报业集团山西新闻网特派记者以图片方式报道了亚运会。这是山西新闻网继采访省运会、全运会、仁川亚运会等赛事

---

[1] 孙海玥. 四大门户网站对仁川亚运会的报道特色研究 [D]. 沈阳:辽宁大学,2015.

[2] 新华社雅加达亚运会前方报道团. 公鉴(关于雅加达亚运会报道)[OL].2018-08-15[2019-08-09]. https://baijiahao.baidu.com/s?id=1608832978624661078&wfr=spider&for=pc.

[3] 陈嘉堃. 中国代表团上午举行升旗仪式 京报集团采访组出发为您直击亚运会 [N/OL]. 北京晚报,2018-08-17[2019-08-09].https://www.takefoto.cn/viewnews-1545177.html.

[4] 张钰婕. 浙报记者今启程赴印尼采访亚运会 他们重点关注啥赛事? [OL].2018-08-16[2019-08-09].http://zjtyol.zjol.com.cn/tyjsb/201808/t20180815_8024923.shtml.

后，又一次派记者采访重大体育赛事。[1] 作为雅加达亚运会河北唯一注册记者，河北日报报业集团特派记者在亚运会期间发回多条全媒体报道。[2]《钱江晚报》也派出两位前方特派记者。[3]

CCTV派出由体育频道、技管中心、技制中心、播送中心、央视网等部门及单位组成的324人前方报道团。亚运会期间，CCTV-5和CCTV-5+进行了全面、权威、及时的报道，前后方演播室24小时不间断播出赛场内外的消息。[4]

浙江广电集团派出40余名采编播技术人员，组成前方报道和转播团队，全方位、多角度地呈现亚运会盛况。由民生休闲频道、广电制作中心、浙江卫视共同组成的转播团队，负责亚运会4个大项（摔跤、柔术、克拉术、桑博）37个小项超千场赛事的电视国际公用信号的制作和转播。这是集团继北京奥运会和广州亚运会后，再一次参与国际大型综合性体育赛事的技术转播工作，也是浙江媒体首次赴境外转播体育盛事。集团亚运会转播工作获得亚组委好评，也为2022年杭州亚运会转播打下了坚实基础。按照集团部署，浙江卫视、民生休闲、公共新闻等频道推出多档亚运会专题专栏，第一时间传递亚运赛况，重点关注浙江籍运动员，同时聚焦浙江元素在本届亚运会上的精彩亮相，尤其是作为下届亚运会东道主杭州在雅加达举行的各项活动以及闭幕式上的"杭州时间"表演。[5]

根据亚奥理事会授权，中央电视台拥有雅加达亚运会中国大陆地区独家新媒体转播权及分授权权利。其通过央视网等PC端、央视影音等移动端全程转播了亚运会比赛，并呈现了精彩的亚运会相关节目。

新浪、搜狐、腾讯、网易等门户网站及新华网、人民网等媒体网站，大都设置了雅加达亚运会专题。各媒体平台、体育组织也充分利用微信、微博、客

---

[1] 山西新闻网记者现场直击雅加达亚运会 [OL].2018-08-31[2019-08-09].http://k.sina.com.cn/article_2169891005_8155e8bd02000gs2i.html.

[2] 河北日报报业集团特派记者抵达雅加达采访报道亚运会 [OL].2018-08-17[2019-08-09]. http://hebei.hebnews.cn/2018/08/17/content_6995176.htm.

[3] 钱报记者抵达雅加达，正式开启亚运会报道模式 [OL].2018-08-17[2019-08-09].https://baijiahao.baidu.com/s?id=1609008688951436937&wfr=spider&for=pc.

[4] 李扬.从雅加达亚运会在线包装现场应用案例探析现场运营与维护的系统化管理与规范化运行 [J]. 现代电视技术，2018（10）：45.

[5] 浙江省新闻出版广电局（版权局）.浙江广电集团：首赴境外转播赛事 全力热身杭州亚运 [OL].2018-10-09[2019-08-09].http://www.zrt.gov.cn/art/2018/10/9/art_629_22666.html.

户端等移动端进行亚运会信息传播。

三、全运会报道

（一）2005年第10届（江苏）全运会

于2005年10月12—23日在江苏举行的第10届全运会（简称"十运会"），是我国首次采用申办形式确定承办单位的综合性大型运动会，也是北京奥运会前对全国竞技体育水平和办赛能力的一次检阅和演习。

因被视为"奥运预演"，十运会迎来了全运会历史上最激烈的"新闻大战"。近3000名记者在赛场内外展开竞争，包括来自美联社、路透社、法新社、共同社、英国广播公司等国外媒体的记者120多人，来自港澳台地区的记者50多人（香港45人）。[1]

新华社精心组织十运会报道，坚持正确的舆论导向、影响力标准和为用户服务的宗旨，发稿不仅数量大、时效快、品种多、文风活、采用好，而且运用评论、组稿等形式推出了较多有影响的重点稿件和重点栏目，扩大了新华社报道的影响力。其呈现出来的特点如下：第一，在积极做好正面报道的同时，不回避问题，对突出的赛风赛纪问题进行揭露和批评；第二，尝试建立分层次指挥架构，为组织指挥好北京奥运会报道积累经验；第三，锻炼一批缺少体育大赛报道经验的外语后备人才；第四，加强英文和中文对外报道，播发的一些英文稿被外国通讯社转发；第五，加强内参报道，采写的"揭秘跆拳道黑幕"内参稿产生强烈反响，推动了有关工作的改进。[2]

《人民日报》在体育版开设了《全运会纵横》《动感十运》《金陵夜话》《今日看点》《热点直击》等栏目。其中《全运会纵横》从历史沿革、办赛模式、项目布局、衔接北京奥运会、改革举措、赛风赛纪等多个角度，对全运会进行了全方位解读。

江苏省委机关报《新华日报》于开幕式前以要闻版和动态江苏版对十运会进行全方位的预热报道，于开幕后则采用全彩版《十运特刊》，图文并茂地展

---

[1] 石永红，王力. 十运会赢得世界关注目光 [OL].2005-10-03[2015-08-17].http：//www.js.xinhuanet.com/xin_wen_zhong_xin/2005-10/03/content_5275107.htm.

[2] 体育新闻编辑部 [M]//《新华社年鉴》编辑部. 新华社年鉴2005. 北京：新华通讯社，2005：180-181.

现十运会赛况。[1]

《南方日报》和《广州日报》根据各自定位，选择了不同的报道策略。《南方日报》以精选信息立身，以独到见解立言，用必读性来吸引读者。其推出的两版《十运烽火》注重对新闻信息进行选择与处理，努力发出权威的声音。《广州日报》走的是信息规模的路子，推出的"十运龙虎会"专题报道设置了《火线》《透视》《观点》《视觉》等6个版面，版面美观，信息量大。[2]

上海《文汇报》推出《试锋》特刊，并确立了"在文化的高度看体育、从奥运的高度看全运"的报道主题。《文汇报》还率先提出上海体育"精品战略"的新思路和服务全国、服务奥运的新理念——上海要着力培养具有世界影响力的优秀运动员，不必在意全运会金牌的得失与多少。[3]上海《新民晚报》推出《十运烽火》特刊，重点关注上海本地运动员的消息。

《黑龙江日报》的十运会报道任务是真实展现黑龙江省运动员的赛场英姿，准确反映黑龙江省体育健儿的精神风貌。为做到有的放矢，体育部记者深入各训练中心进行采访、调查。在前期准备的基础上，报社明确了十运会报道策划的总体思路，即以人为核心，展现对人的情感的尊重、对新闻背后人的内心世界的揭示，体现人文关怀与人文内涵的报道特征。[4]

《辽宁日报》的十运会特刊，确定了以新闻人物为主打的策划理念，在关注明星和夺金选手的基础上，对没有拿到冠军甚至比赛失利的运动员也给予了关注，并注重对人物内心世界的开掘，力争以情动人。为此，前线记者赛后紧盯教练员和运动员，在赛场、新闻发布厅、运动员驻地进行采访，并将笔触深入运动员的内心世界，感受他们的真实人生。[5]

在十运会的广播电视报道中，江苏省广播电视总台扮演了重要角色：制作电视公用信号2400小时，创造历届全运会之最；建设近8000㎡ IBC用房，接

---

[1] 王灿发，侯欣洁.党报创新大型赛事报道的成功探索：剖析"新华日报"十运会报道特点[J].传媒观察，2005（12）：6-7.

[2] 高鸿辉，张朝霞.独树一帜的十运会专题报道：以广州两报纸为例[J].今传媒，2005（11）：32-33.

[3] 叶志明.在文化的高度看体育 从奥运的高度看全运：关于十运会报道[J].新闻记者，2005（12）：23.

[4] 耿香华.对"十运会"报道的两点体会[J].新闻传播，2006（5）：66.

[5] 戴春光.主打新闻人物这张牌：十运会特刊关于人物报道的有益尝试[J].记者摇篮，2006（1）：33-34.

纳19家入驻广播电视机构，解决全部单边需求，加上5家非入驻电视机构共接待1200多名采访报道人员（包括境外媒体）；组织邀请外省转播车13辆，共计27台（套）转播车（系统），近2000人投入公共信号制作；搭建集数字化、网络化、媒资化于一体的IBC技术平台；高清录制开幕式和赛事，并在南京城域网、全运会组委会等重要场所播放，开体育赛事高清制作、城域网播出之先河；IBC"一站式服务，一体化管理"获得好评；《国际广播电视中心（IBC）运行服务手册》《电视转播技术运行手册》《广播电视信号传输及运行保障手册》等，保障了全运会广播电视报道的规范化管理。[1]

中央人民广播电台（CNR）派出27人的前方报道团，并在全天节目中推出大时段报道，仅在中国之声频率每天就安排了早、午、晚三档长达7小时的《十运第一线》直播节目。CNR做出很多新的尝试，如精确安排各赛场间多点直播连线的时点，以便将最精彩的片段呈现给听众；尝试将节目在网络上同步播出，并打通节目、网络、听众、网友间的互动通道等。CNR还用丰富的报道内容和报道形式强化广播的"表现力"。在报道内容上，既有随时插报的新闻快讯，又有大信息量的综合报道；既有对多个赛场赛况的多点直播，又有对重点赛事的全程直播；既有比赛后的人物专访，又有对重点赛事和新闻事件的深度点评。在报道形式上，既有录音报道，又有记者口播；既有现场直播，又有专家述评。CNR还设置广播特点突出的谈话性栏目，如在夜间版推出《外行看热闹》《老梁神侃十运会》两个特色栏目，前一小时众人畅谈，后一小时专业人士总结，既关照了听众的参与热情，又不失专业深度。[2]

江苏省广播电视总台与中央人民广播电台、国际广播电台联手，成功直播了开、闭幕式和5场球类决赛，创下了江苏广播史上体育赛事报道的新纪录。[3]

CCTV派出由456人组成的报道团，并通过综合频道、体育频道、国际频道进行多场电视直播。CCTV前方播出系统由传统的磁带编播改为首次大规模应用网络制播系统，实现了节目的全程无磁带制作和播出，在大型运动会上全流程使用网络制播系统在全世界尚属首次。[4]

---

[1] 江苏省广电总台科技开发与应用：十运会广播电视转播和信号制作传输 [M]// 赵玉明. 中国广播电视年鉴2006. 北京：中国广播电视年鉴社，2006：296-297.

[2] 中央台中国之声十运会后方报道组. 思考"十运"报道 [J]. 中国广播，2006（1）：62-65.

[3] 孙昌凤. 十运会广播转播技术方案概述 [J]. 视听界（广播电视技术），2005（6）：79-80.

[4] "十运会"报道亮点频出 [J]. 电视研究，2005（11）：15.

江苏广播电视总台通过置换获得了全运会转播权，并通过新闻综合频道、体育休闲频道进行多场电视直播。十运会期间，体育休闲频道和赞助单位共同组建了"十运频道"，除赛事转播外，还有相关新闻、访谈及评论类节目，突出了专业媒体的特点。[1]

北京、上海、浙江、福建、广东等20多家省、市、自治区电视台购买了转播权，并派出千余人的采访制作队伍。[2]除北京电视台与江苏电视台进行合作外，地方电视台大都各自为战。[3]

（二）2009年第11届（山东）全运会

2009年10月16—28日在山东济南举行的第11届全运会（简称"十一运"），适逢新中国成立60周年、全运会创办50周年，拥有很高的参与度和关注度。本届全运会的一大创举是设立全运村，包括运动员村和媒体村，为运动员和媒体记者提供了方便。

全运会期间，500余家中央和地方媒体的4000多名新闻记者齐集济南，全世界100多家电视台进行了播报。[4]其中，山东媒体组成了1061人的山东记者采访团（上一届全运会的山东记者团人数为78人）。[5]

为拼抢新闻，广播、报刊、网络媒体分别组建报道联盟，如由全国各地广播电台组成的"全国全运广播联盟"，由《解放日报》《新华日报》等20余家日报组成的"全国日报十一运报道联盟"，由近60家晚报参加的"中国晚报十一运报道联盟"，由第十一届全运会官方网站和大众网承办、全国65家网站共同响应的"十一运会全国网络媒体联盟"，由《济南时报》等11家都市报与腾讯网共建的"捷报联盟"等。从竞争到联合和融合，跨媒体的互动合作呈现出良好的发展态势。

新华社按照奥运模式组织报道，强化多媒体报道意识，创新报道内容和形

---

[1] 王春朴,孙然,王思聪. 闪耀频道特色 延伸品牌形象："十运频道"的宣传包装理念 [J]. 视听界，2006（1）：72-74.

[2] 胡可可. 体育文化与电视文化的完美结合：收看十运会电视直播的启示 [J]. 视听界，2006（1）：70-72.

[3] 谢毅,翟佳. 地方电视台运动会报道模式与立场的变迁：以广东电视台为例 [J]. 电视研究，2007（3）：68-69.

[4] 王红军. 十一运：从1到23959亿 [N]. 第11届全运会会刊，2009-10-29（3）.

[5] 张清晨. 十一运山东记者采访团成立 [N]. 济南日报，2009-09-24（8）.

式,稿件数量大、质量高、采用好,产生广泛影响。据统计,新华社共播发中文稿4500多条,英文稿477条。《中国体育"艰难转身"》《探索后奥运时代的新全运模式》等重点稿件主题宏大、立意高远、内容权威、写作精良,提高了新华社体育报道的影响力。其播发的刘子歌破世界纪录等英文报道,被三大国际通讯社转发。体育部记者还担任主持人、嘉宾,积极参与新华社电视栏目《图说十一运》《新华社记者眼中的全运会》《全运访谈》的报道。[1]

《人民日报》在体育版推出"第十一届全运会特别报道"专题,下设《全景全运》《齐鲁走笔》《东岳观潮》等栏目。

山东的《齐鲁晚报》《济南时报》和《山东商报》分别推出《好运中国》《全运号》和《全运动》特刊,拼创意,拼策划,拼实力,拼能力,抢"天时",占"地利",夺"人和",将丰富的信息迅速及时地传递给受众。[2]

上海《新民晚报》推出全运会特刊《齐鲁点兵》,设置了《全运热线》《全运广角》《全运点将》《全运轶事》等专栏。

中国广播联盟成员台与全运会组委会联合组建了全国全运会广播联盟,由中央人民广播电台和山东人民广播电台共同承办。来自中国广播联盟49家成员台的近300名工作人员,奔赴17个地市赛场进行报道,并通过节目平台提供给全联盟共享。在联盟秘书处的组织协调下,联盟与中央人民广播电台中国之声联手打造了两档特别节目:《泰山论剑》和《烽火齐鲁》。参与联盟的成员台记者除完成各自的电台任务外,每天还以连线方式为赛事综述节目《烽火齐鲁》提供节目资源。[3]

CCTV派出700人的记者队伍,30个现场摄像采访组,在济南奥体中心搭建4个演播室,并第一次设立全开放式外景演播室。CCTV共投入3个频道(CCTV-1、CCTV-5、CCTV-7)直播比赛。CCTV-5推出大型资讯特别节目《全景·全运会》和户外演播室访谈节目《全运·风云会》。《全运·风云会》以全运会赛事为背景,以当天参赛选手和历届全运会冠军为核心,以现场访谈为形式,现场感强,气氛热烈。节目录制现场在济南奥体中心广场,这种植根户外

---

[1] 体育新闻编辑部 [M]//《新华社年鉴》编辑部. 新华社年鉴2009. 北京:新华通讯社,2009:246-247.

[2] 宿文娜. 同城都市报十一运报道研究:以《齐鲁晚报》《济南时报》和《山东商报》为例 [D]. 济南:山东大学,2010.

[3] 中国广播联盟全运会报道彰显联合力量 [J]. 中国广播,2009(11):1-2.

制作谈话节目的形式是央视体育报道的一次创新。[1]

山东全运会期间，CSPN推出"公版"节目。一方面，CSPN拥有占据主场优势的山东电视台，并与其并机直播赛事；一方面，CSPN通过旗下的6个成员台进行大范围联播。CSPN还在搜狐网设置CSPN全运会网络专区。"公版"节目由山东、辽宁、湖北、新疆4家成员台的133名成员共同制作，其中来自山东电视台全运频道的人员多达103人。为顺利报道全运会，山东电视台配备了全新的五讯道EFP，可以同时容纳几十路信号的发送。"公版"节目主要包括每天6档新闻节目、访谈节目《泉运汇——金牌访谈》，以及集锦类赛事混切。"公版"新闻节目是泛化的全国动态新闻，兼顾各成员台所在省代表团夺金点。在赛事转播上，CSPN白天时段进行赛事混切，对较受观众欢迎的赛事、精彩内容予以重点报道；晚间时段则根据含金量和运动员的表现，对赛事进行合理编排。因制作团队主要来自山东台，且山东是东道主，"公版"晚间赛事报道比较突出山东队，各成员台可自行替换本省参与的赛事。山东电视台作为主播台拥有所有转播和报道权益，其他成员台转播个性化赛事需要单独购买版权。由于大多数省级电视台都参与了公共信号制作，转播权价格整体较低。作为成员台的辽宁、湖北、内蒙古等体育频道，除播出"公版"节目外，也针对本省运动员制作个性化节目。其中，辽宁电视台派出两辆转播车，除参与公共信号及"公版"节目制作外，另有120多人制作自己的新闻和专题节目。[2]山东电视台体育频道于2009年1月1日更名为山东全运频道，济南市娱乐频道于全运会期间更名为娱乐全运频道。

直接在前方设立报道中心的电视机构有10余家。

作为第十一届全运会官方互联网/移动平台转播机构，CCTV组织了公益性联合转播，确定了160家公益性传播合作伙伴、两家移动电信运营商，联合新浪、搜狐、腾讯、网易等商业网站，以嵌套方式呈现央视网的全运内容。此次全运会还成立全运会历史上第一个"网络媒体联盟"，由全国65家网站共同参与，包括中央重点新闻网站、知名商业网站和各省地方重点新闻网站。在采访报道中，网络媒体联盟的成员共享新闻资源，协同调配采编力量。通过联合传播计划，央视新媒体传播覆盖了全国90%份额的互联网用户市场及全部的

---

[1] 丛新强，吴斌．十一运会央视报道亮点分析[J]．现代视听，2009（11）：38-40．

[2] 范昭玉．中国电视体育联播平台（CSPN）的现状与发展策略研究[D]．上海：上海体育学院，2010．

手机电视用户市场。[1]

央视网借鉴奥运会报道模式，推出视频平台、资讯平台、互动平台和服务平台，对全运会进行多终端、多语种的传播。央视网开设了赛事直播频道（即"全运会直播大厅"），并提供CCTV全运会赛事视频及栏目视频点播服务（"全运会点播大厅"），以及"全运会解说国家队"博客群、"全运会明星运动员空间"和全民参与的"全运会论坛"，并通过边看边聊工具、博客、社区、论坛等，吸引观众参与互动。央视网还提供海量资讯和特色专栏节目，如《24小时播不停》《我在现场》《全民话全运》等。开幕式结束后，央视网页面总访问量达1.18亿，2.5万网友通过直播"边看边聊"留言。

山东全运会期间，手机电视、手持电视有了新发展。全运会采用与电信运营商联合传播的通讯制式和与CMMB（中国移动多媒体广播）结合的广播制式，提供手机视频直播、点播和视频手机报等服务，首次实现了利用随身携带的手持电视收看全运赛事直播的历史。据统计，CCTV手机电视总访问量达到385.11万人次，覆盖全球142个国家和地区。[2]

（三）2013年第12届（辽宁）全运会

第12届全运会（简称"十二运"）于8月31日至9月12日在辽宁省举行，口号是"全民健身、共享全运"。为倡导节约、开创全运会新风气的工作要求，国家体育总局和全运会组委会做出重大改革，如少建体育场馆、控制规模等，体现了"节约朴素、全面参与、回归体育"的全运精神。

活跃在第12届全运会上的记者约有3000名，包括澳门、台湾地区记者以及外国记者，其中来自辽宁的注册记者有800多位。[3] 十二运期间，微博成为运动员表达观点的重要渠道，成为媒体的新闻线索来源，也成为传统媒体扩大影响力、传播力的重要手段。

新华社在全运会报道中推出了《全运观察》《全运追踪》等集成服务栏目，运用消息、评论、通讯、背景链接、专家解读、图片、图表等体裁和形式，连续播发"节俭开幕式""橄榄球风波"等25组71条组合式报道，突出全程性报道特点，受到用户和受众欢迎。新华社体育部不仅用"新华体育"微博账号发布微博稿件，还与新媒体中心合作开通新华通全运会集成报道专题，探索前后

---

[1] 丛新强，吴斌. 十一运会央视报道亮点分析[J]. 现代视听，2009（11）：38-40.

[2] 于小雪. 解读十一运会的新媒体报道[J]. 现代视听，2009（11）：35.

[3] 朱妮. 第十二届全运会电视报道特点研究[D]. 武汉：武汉体育学院，2014.

方全流程集成运作模式，首次实现了所有文图稿件直接从前方编辑部签发到新华通页面，效果良好。[1]

《人民日报》在体育版推出13期"第十二届全运会特别报道"专题，下设《全运视野》《辽沈夜话》专栏。《沈阳日报》《辽沈晚报》也各推出13期特刊，《沈阳日报》每期都在头版设置至少一个关注议题，有时还配发评论员文章。《人民日报》《沈阳日报》注重发挥党报的喉舌作用，分别开设《辽沈夜话》和《百日谈》评论专栏，很好地引导了舆论。[2]

《湖北日报》改变以往全运会预赛不作报道重点的做法，设置了《全运前哨》专栏，并安排12名记者全程跟随湖北省20余个重点项目团队，转战国内20多座城市，刊登了几十篇新闻稿件。赛事期间，《湖北日报》推出15期《辽望全运》专版，加大了全运会报道力度。[3]

江苏《新华日报》推出13期全运会特刊。为让报道出新出彩，报道组营造适度激励的气氛，群策群力，充分激发年轻人的创新精神，使特刊每天呈现一个新的创意，每天打造一个新的版容。[4]

《体坛周报》在正常出报日推出了8期16版的《全运专刊》，并在每期头版都刊登一幅富有视觉冲击力或极富情感内涵的大幅图片。[5]

以中央人民广播电台（CNR）为首的中国广播联盟紧密合作，特设前方指挥部，调动联盟成员台30余家41人次前往采访报道全运会。CNR 中国之声和中国广播联盟在全运会期间推出特别直播《全民全运直播间》专题，共播出9期，时长8小时。《全民全运直播间》定位高端访谈，邀请参加全运会的代表团官员、教练、运动员及媒体同行做客直播间，重温赛场内外的精彩瞬间，畅谈体育运动的巨大魅力，共话"全民参与、共享全运"的理念与内涵。联盟秘书

---

[1] 体育新闻编辑部 [M]//《新华社年鉴》编辑部. 新华社年鉴2013. 北京：新华通讯社，2014：333-334.

[2] 刘琪. 框架理论视野下报纸媒体第十二届全运会的媒体呈现 [D]. 沈阳：沈阳体育学院，2014.

[3] 杨明，王二龙. 找准大型体育赛事报道切入点：以《湖北日报》第12届全运会报道为例 [J]. 新闻前哨，2013（12）：32.

[4] 沈东. 从要表现到想表现的飞跃：《新华日报》全运特刊报道激励化管理实践 [J]. 传媒观察，2014（4）：50-52.

[5] 李维国.《体坛周报》第十二届全运会图片报道的特色分析 [J]. 科技视界，2014(16)：129.

处还组织各联盟成员台的记者、主持人走进《全民全运直播间》，与主持人共话赛事，播报赛场最新实况。

中央人民广播电台（CNR）中国之声、中华之声、华夏之声以及辽宁广播电视台综合广播、交通广播、乡村广播等频率，对开、闭幕式进行了全程多台多频率并机现场直播，并首次在全运会开、闭幕式的现场直播中引入观察员，同步进行现场评论，提升了现场直播的安全系数，也改变了单一的播报风格。

CNR以全媒体阵容全景式呈现辽宁全运会。中国之声、中华之声、神州之声、华夏之声、香港之声、民族之声等频率累计播发录音报道约100条、连线报道约200条、各类原创消息约1000条、评论20篇，采访运动员、教练、组委会及体育局等方面嘉宾超过200人次。其中，中国之声每天的全运会节目呈现规模化、递进式的报道态势。央广网、你好台湾网、中国民族广播网等新媒体平台均开设专题，对全运会进行全面报道。

中国国际广播电台用汉语、英语，通过国际在线（中文网、华语广播网、英文网、天地视频网）对全运会开、闭幕式进行了音视频和图文直播。环球资讯广播、轻松调频广播及多语种对外广播和网站在第一时间播发相关消息、快讯、详讯、录音报道、图文报道等。中文国际在线制作推出了全运会专题及直播页，先后发布了《小将挑大梁 全运创新风》等分析性报道。

各地人民广播电台也全力报道全运会。北京人民广播电台以体育广播为主组成50人的报道团队。上海文广集团技术运营中心赴辽宁圆满完成全运会赛艇和皮划艇项目的公共信号制作任务。大连广播电视台在60m²高清演播室录制全运会访谈节目。[1]

本届全运会电视公用信号制作，是全运会历史上首次进行全高清电视转播，首次制作3D公用信号[2]，首次使用全程质量监控系统（PQC），首次编写《电视转播运行手册》。参与制作公用信号的30个转播团队代表了当时国内某个单项赛事电视转播的最高水准，除9个CCTV团队外，其他均是各省市在某项

---

[1] 中央人民广播电台总编室，中国国际广播电台总编室，中央电视台体育频道.第12届全国运动会、第6届东亚运动会报道[M]//赵玉明.中国广播电视年鉴2014.北京：中国广播电视年鉴编辑部，2014：6，18-20.

[2] 注：十二运首次实现了3D直播。中央电视台、辽宁广播电视台和索尼公司密切合作，在录播了女排比赛的基础上，在赛时期间成功直播男篮的6场比赛，填补了国内3D直播体育赛事的空白。

赛事转播上有充足经验的团队。[1]其中，CCTV的350人信号制作团队，严格按照国际水平、专业标准，高质量完成了开、闭幕式及田径、跳水、游泳、篮球、体操等项目400小时的信号制作，展示了一流水平。在开幕式转播中，信号制作团队还成功运用直升机进行航拍，首次实现了空地三方实时通话和实时对接。

CCTV成立了全运会报道指挥部，派出了530人的报道团队，指挥、协调综合频道、体育频道、体育赛事频道、新闻频道等，对十二运进行全方位转播、报道。全运会期间，CCTV共转播赛事331小时，播发各类新闻1600条。CCTV坚持旗帜鲜明、导向正确，为全国观众展现本届赛事"节俭办赛""回归体育""全民健身"等特色和亮点，实现"展示我国体育成就、促进全民健身、共享全运"的报道目标。在精心编排、大量转播各项赛事的同时，CCTV还通过《全运聊起来》《全运风云会》等栏目表达观点，对弃赛等有违体育精神的做法做出迅速反应，对舍"绩"救人等感人事迹展开充分报道，赢得了赞誉。CCTV还充分利用新媒体和平面媒体共同报道全运会，形成全媒体传播态势。[2]

辽宁电视台筛选了18名骨干人员组成电视公用信号制作小组，负责10场足球赛事及1250分钟公共信号的制作工作。辽宁电视台还新建全运会体育频道，组建50多人的报道团队每天完成超过60小时的报道工作。为了以最新鲜的内容、最新颖的视角、最专业的态度为电视观众提供优质报道，体育频道在栏目内容和制作方法上大胆创新，如分配10多组记者到事件现场进行实时报道，成立多个评论组、编辑组，推出全明星访谈节目《全会星汇》，通过和选手、教练的现场访谈，让观众了解到真实丰满、有血有肉的体育人。[3]

十二运期间，沈阳广播电视台在IBC搭建了3讯道演播室，并承接橄榄球、水球的公用信号制作任务。[4]

新华社、人民日报社和CCTV等主流媒体，除在官网上全方位报道全运会外，还通过微博、微信账号，传播新闻，刊登评论，扩大影响力。其中，中国网络电视台体育台（CNTVS+）全程转播全运会赛事，网民可以通过直播、

---

[1] 赫鑫. 十二运确立全运会电视转播公用信号制作新标准 [J]. 记者摇篮，2014（5）：50.

[2] 中央人民广播电台总编室，中国国际广播电台总编室，中央电视台体育频道. 第12届全国运动会、第6届东亚运动会报道 [M]// 赵玉明. 中国广播电视年鉴2014. 北京：中国广播电视编辑部，2014：18-20.

[3] 朱妮. 第十二届全运会电视报道特点研究 [D]. 武汉：武汉体育学院，2014.

[4] 赵兵. 沈阳广播电视台全运会赛事转播技术运用 [J]. 现代电视技术，2015（1）：74.

点播等多种途径收看比赛。"央视体育"客户端全新上线报道全运会,标志着CCTV开始采用移动互联网应用产品对大型综合体育赛事进行报道。[1]

(四) 2017年第13届 (天津) 全运会

第13届全运会于2017年8月27日至9月8日在天津市举行。本届全运会推出多项创新举措,如增设19个群众体育项目,邀请高水平华人华侨运动员参赛,不设金牌榜、奖牌榜,允许跨省市联合组队,邀请教练员与获奖运动员一同登台领奖等,成为创新力度最大、赛事项目最多、参赛人员最多的一届全运会。

来自国内约400家媒体的2700多名记者,全方位多角度地报道了天津全运会。其中,中央媒体20家、1064人,地方媒体344家、1596人,境外媒体37家、94人。[2] 由天津市新闻摄影学会承担并组建的全运会官方摄影队共发稿3400余幅,采用率达50%以上。[3]

新华社对全运会报道工作做了周密安排,并派出强大报道团队,通过文字、图片、视频和新媒体等多种方式予以及时、充分的报道。

《人民日报》在体育版推出"第十三届全运会特别报道"专题,下设《全运观察》《海河夜话》《津门撷趣》等专栏,并在头版刊登全运会开、闭幕式,习总书记会见全国体育先进单位和先进个人代表等要闻。

山东《大众日报》推出13个整版的特别报道和客户端专题报道,突出地方特色,彰显党报品质,赢得各方认可。第一,全运会报道立意高,筹划早,方案周详,创新点多。第二,全运会报道的宣传造势早,典型人物和事件把握得当,示范引领效果明显,与时事互动同频共振。第三,和山东省体育局信息互通,使记者能在第一时间牢牢掌握第一手新闻线索。第四,实现报纸与客户端和融媒体中心的有机联动。第五,报道团队具有过硬的业务素质和丰富的报道经验。第六,报道得益于报业集团融媒体的转型改革。总之,通过报端微一体化报道,《大众日报》的全运会特别报道图文并茂,有声有色,展现了山东运

---

[1] 中央人民广播电台总编室,中国国际广播电台总编室,中央电视台体育频道.第12届全国运动会、第6届东亚运动会报道 [M]// 赵玉明.中国广播电视年鉴2014.北京:中国广播电视编辑部,2014:18-20.

[2] 全运村迎来入住"小高峰"主新闻中心各媒体工作有条不紊 [OL].2017-08-27[2019-08-09].http://news.enorth.com.cn/system/2017/08/27/033616695.shtml.

[3] 祁小龙.主场作战:合力记录全运会精彩瞬间 [J].中国记者,2017(10):2.

动员的蓬勃朝气和山东体育事业的丰硕成果。[1]

中国广播联盟在全运会期间组织全国15个成员台、200多名记者参与报道，报道内容通过央广云平台供联盟212家成员台共享；并组织北京、天津、上海、山东、内蒙古和南京、大连等7家省市级成员台并机推出《我在全运》直播节目。中央人民广播电台中国之声、中华之声、华夏之声与天津广播电视台新闻广播、中国广播联盟成员台并机直播了开、闭幕式实况，央广网同步进行网络直播。中央人民广播电台中国之声还在《直播中国》和《新闻和报纸摘要》中设立了《一起上全运》《全民全运会》《我在全运》专栏。[2]

天津广播电视台搭建了国际广播电视中心IBC系统，为各驻地媒体机构和转播机构提供场地空间、设备使用、信号使用及赛事媒体资料使用等系统服务。共有47个大项350个小项的比赛视频从天津48个运动场馆传送回IBC，400多个场次的比赛转播信号经由IBC的赛事采编系统进行集中统一收录和存储，可满足25台场记站点同时进行场记操作，并为12家持权转播商和其他非持权转播商提供素材检索和下载服务。[3]

CCTV-5创新报道方式，精彩呈现赛事热点、亮点。第一，创新运行模式，统筹赛事资源和各制作团队节目，调动直播、新闻、录像、集锦、短片、宣传片、新媒体等多种形式，提升报道吸引力。第二，新闻报道出新出彩，首次尝试连线报道直接对接赛事直播，打通新闻节目与赛事转播。第三，深化融媒体报道，首次利用4G网络直播乒乓球比赛，研发互动节目《全民体育粉》，推出"我的战袍送给你"活动等。"央视体育""央视新闻"推出的全运会微博话题阅读、讨论量超4.9亿次。微信平台发布的全运会文章阅读、点赞量超过62万次。[4]CCTV还启用虚拟现实技术，除宣传片、开幕式精彩节目和花絮外，VR制作内容还涉及跳水、游泳、田赛、体操4类赛事。

网络、移动终端等新媒介形式充分展示了互动的便利性。如新浪体育设置全运会专栏，并增加微博直播及现场直播环节，受众能及时针对现场节目和赛况与主持人展开交流；网易则通过比赛竞猜和抽奖的形式与受众开展互动，受

---

[1] 于晓波. 在体育赛事中彰显党报品牌价值与情怀：以大众日报天津全运特别报道为例[J]. 青年记者，2017（36）：57-59.

[2] 张涛. 全运惠民 健康中国 从声音中感受赛场风采[J]. 中国广播，2017（9）：4-5.

[3] 岳志玮. 天津第十三届全运会IBC综合采编平台技术分析[J]. 现代电视技术，2017（11）：34.

[4] 廖江衡. 第13届全运会报道创新聚合赛事亮点[J]. 电视研究，2017（9）：1.

众可以根据自己的收视喜好获得订制化的收视内容服务。[1]

CCTV通过深化融合报道，运用大数据、云计算、虚拟现实等新技术、新手段，实现了电视与新媒体融合化制作、一体化传播，精彩呈现了各项赛事，形成了电视与新媒体的同频共振，有效提升了宣传报道效果。新媒体传播的主力军是CCTV5移动客户端。面对全运会的新媒体报道需求，CCTV5移动客户端全运会版经过精心策划于8月19日上线，助力赛事热点、亮点的精彩呈现。其中，新增"微5圈"页面，打造体育频道记者的自媒体平台，聚合话题页面，营造"大V带你看全运"的和谐场景。直播功能是全运会版的重中之重。客户端通过对直播列表页、直播底层页的调整，增强了用户观看直播的体验。从用户数据上来看，截至9月8日，CCTV5移动客户端累计独立用户总数超过830万，全运会期间新增用户约24.86万。[2]

全运会期间，粉丝数150多万的天津日报法人微博颇为成功，"#2017天津全运#"新浪微博话题阅读数达到1276万。微博成功吸引粉丝的原因在于：第一时间发布赛事消息；充分发挥注册记者作用，发布大量混合采访区和新闻发布会现场的视频，图文并茂，声形兼备，展现运动员赛场之外的风貌；开幕式后设置"#2017天津全运#"话题，带动微博阅读量一路加速上扬。[3]

第四节　繁荣与激荡期体育新闻传播的特点

进入21世纪以来，传播科技的飞速发展深刻改变了信息传播的方式，系统重塑了媒介生态和传播格局。中国体育新闻传播也呈现出繁荣发展和激荡变革的局面。

---

[1] 刘西锋.新闻价值视域下的体育赛事分析：以十三届全运会为例[J].新闻战线，2018(4)：121-122.

[2] 李英斌.CCTV5移动客户端面向全运会的设计与应用[J].现代电视技术，2017（12）：86-88.

[3] 耿堃.利用大型体育赛事提升党报微博影响力：以天津日报法人微博的全运会报道为例[J].新闻战线，2018（7）：139-140.

一、体育媒体人纷纷转型

(一) 体育记者从传统媒体转向新媒体

如果说20世纪90年代是足球记者的天下的话，新世纪头10年堪称篮球记者的时代，表现为篮球记者的队伍扩大、知名度提升，以及篮球报道的比重增加。这和姚明在 NBA 的上佳表现有关。姚明是中国篮球史上里程碑式的人物。2002年6月，姚明以选秀状元身份加盟了美国休斯敦火箭队。他用高超的篮球技能、良好的个人修养在强手如林的 NBA 赛场占有了一席之地，成为闪耀在NBA 赛场的中国名片。姚明的横空出世和明星气质极大促进了中国篮球报道的发展，篮球记者群体也随之扩大。

由于新媒体崛起，转型、创业、运营自媒体成为体育媒体人的一大潮流。其中，从传统媒体转向新媒体的知名体育媒体人引人注目，如入职腾讯体育的王永治、许绍连，加盟网易体育的颜强，先后投身乐视体育、企鹅体育的刘建宏，加盟香蕉体育的段暄等。王永治曾任新华社北京分社体育记者、新华社《体育快报》业务总监，有丰富的体育报道经验和体育资源。2005年6月，王永治正式加盟腾讯网，担任体育频道总监。此后，他组织了腾讯体育的德国世界杯、北京奥运会、南非世界杯、伦敦奥运会、巴西世界杯等重大赛事报道，为腾讯体育的后来居上做出了贡献，也实现了自身从传统媒体记者到新媒体运营人的转型，并一度升任腾讯网总编辑。2019年3月，王永治宣布退休。知名足球记者、体坛周报社副社长颜强，2012年离职《体坛周报》并出任网易副总编辑，2015年从网易离职；2016年创业足球项目"肆客足球"正式上线。著名解说员刘建宏于2014年8月从 CCTV-5辞职，加盟乐视体育并担任首席内容官，2018年4月从乐视体育离职，2018年8月至2020年3月任腾讯旗下企鹅体育总裁。2015年12月，足球解说员段暄出任香蕉计划体育 CEO（首席执行官）。随着自媒体兴起，一批拥有丰富报道经验和稳定粉丝资源的资深体育媒体人开始推出、运营自媒体，其中一些成绩斐然，如"杨毅侃球"和"苏群"两个微信公众号在体育自媒体中一直名列前茅。此外，还有一大批体育记者、编辑从传统媒体转投新媒体，每年毕业的大学生中也有相当一部分入职体育新媒体。

全媒体和媒体融合的媒介环境，对体育媒体人提出了更高的素质要求。

（二）体育新闻教育继续发展

2003年以来，体育新闻教育方兴未艾，开设体育新闻专业的院校及招生人数继续增加：2003年，新办体育新闻专业的有南京体育学院；2004年，开始体育新闻专业招生的有首都体育学院、沈阳体育学院；2009年，哈尔滨体育学院开办体育新闻专业；2016年，山东体育学院开办新闻学专业。一度设置体育新闻专业（方向）或开设相关课程的高校有20余所，[1]但此后一些非体育类院校相继停办体育新闻专业，譬如北京联合大学曾于2002年至2004年招收新闻学专业体育新闻方向学生，后因专业调整停办。目前，从事体育新闻传播类及相关专业人才培养的主要是体育院校，如表6-3所示：

表6-3 全国14所体育院校新闻传播学类及相关本科专业设置和招生人数统计

序号	学校	学院	文学门类	艺术学门类	
			新闻传播学类	戏剧与影视学类	设计学类
1	北京体育大学	新闻与传播学院	新闻学（体育新闻方向，120人）；网络与新媒体（60人）	播音与主持艺术（体育解说，20人）	——
2	上海体育学院	体育新闻传播与外语学院	新闻学（体育新闻方向，80人）	播音与主持艺术（体育解说，30人；电竞解说，20人）	——
3	成都体育学院	新闻与传播学院	新闻学（体育新闻方向，120人）	广播电视编导（体育电视节目制作方向，50人）	——
4	武汉体育学院	新闻传播学院	新闻学（63人）	播音与主持艺术（103人）；广播电视编导（94人）；	视觉传达设计（59人）
5	天津体育学院	体育文化学院	新闻学（体育文化传媒方向，30人；新媒体方向，30人）	——	——
6	首都体育学院	管理与传播学院	新闻学（体育新闻方向，26人；冰雪运动方向，20人；双培，8人）		
7	西安体育学院	体育传媒系	新闻学（38人）	播音与主持艺术（180人）	

---

[1] 陈国强.打造中国体育新闻人才的摇篮：中国体育新闻教育创办25周年研讨会综述[J].新闻记者，2010（8）：92.

续表

序号	学校	学院	文学门类	艺术学门类	
			新闻传播学类	戏剧与影视学类	设计学类
8	广州体育学院	体育传媒学院	新闻学（体育新闻方向，60人）	播音与主持艺术（普通话方向，55人；粤语方向，20人）；广播电视编导（停招一年）	——
9	沈阳体育学院	管理与新闻传播学院	新闻学（60人）；网络与新媒体（60人）	——	——
10	哈尔滨体育学院	体育人文系	新闻学（40人）	——	——
11	南京体育学院	体育系	新闻学（80人）	——	——
12	山东体育学院	体育传媒与信息技术学院	新闻学（45人）	——	——
13	河北体育学院	体育艺术系	——	播音与主持艺术（20人）	——
14	吉林体育学院	——	——	——	——

注：根据各学校官网2018年本科招生计划目录整理而成。其中，北京体育大学于2013年—2017年进行广告学专业招生，于2020年开始播音与主持艺术专业招生。武汉体育学院于2009年创办广告学专业，后改为视觉传达设计专业。

体育院校的新闻传播学类、戏剧与影视学类、设计学类专业，无论是否明确设置体育类方向（如体育新闻方向、体育解说方向等），大都在培养方案、课程体系中强调体育特色。有的还申请成为特色专业，如成都体育学院的新闻学（体育新闻方向）就是四川省特色专业。

经过30余年的发展，我国体育新闻教育经历了从无到有、从少到多、从仓促上马到规范发展的过程，为新闻机构培养了一批体育记者、编辑、主持人、解说员、经营管理人员，有力支持了体育新闻传播事业的发展。

新世纪以来，各体育院校也纷纷加大了硕士研究生、博士研究生等高层次体育新闻传播人才的培养力度。

硕士研究生培养方面，第一，各体育院校依托体育人文社会学二级学科，招收培养体育新闻传播类研究方向的硕士研究生。如继成都体育学院、上海体育学院之后，广州体育学院、北京体育大学、武汉体育学院、首都体育学院、沈阳体育学院、南京体育学院、西安体育学院、天津体育学院、哈尔滨体育学院、山东体育学院相继开始体育人文社会学二级学科体育新闻传播类研究方向硕士研究生的招生培养工作。第二，一些体育院校获得了新闻传播学的硕士学位授权。如上海体育学院先后获得新闻学二级学科和新闻传播学一级学科硕士学位授权；成都体育学院先后获得新闻学二级学科、新闻传播学一级学科和传播学二级学科硕士学位授权；武汉体育学院获得新闻传播学一级学科硕士学位授权。第三，一些体育院校成功申请了新闻传播类专业硕士学位授权点。2014年，北京体育大学、上海体育学院、成都体育学院、广州体育学院、首都体育学院、沈阳体育学院、武汉体育学院、天津体育学院获得了新闻与传播硕士专业学位授予权。2021年7月，国务院学位委员会办公室公布《2020年学位授权审核结果公示》，新增北京体育大学为新闻传播学一级学科硕士点，南京体育学院为新闻与传播专业学位硕士点。一些非体育类院校也开设了体育新闻传播类硕士研究方向，如中国传媒大学在新闻与传播硕士专业学位下设置了体育新闻与传播研究方向。第四，一些体育院校在体育学硕士一级学科下自主设置了体育新闻传播学硕士二级学科，如沈阳体育学院、广州体育学院和武汉体育学院。进行体育人文社会学二级学科体育新闻传播类研究方向博士生招生培养工作的高校有4所：上海体育学院、北京体育大学、成都体育学院和武汉体育学院。

（三）体育新闻传播分会成立

2004年11月，为适应我国体育事业的发展，尤其是北京奥运会申办成功后体育新闻传播事业的发展，在中国体育科学学会的支持下，经有关部门批准，中国体育科学学会体育新闻传播分会正式成立，挂靠在成都体育学院。

作为第一家以推动国内体育新闻传播研究和学术交流为宗旨的科研团体，体育新闻传播分会以一年一度的"全国体育新闻传播研讨会"（见表6-4）为平台，在推动我国体育新闻传播研究、促进我国体育新闻传播学的学科建设和人才培养工作、定期开展国内外学术交流、加强会员单位及个人间的学术联系等方面发挥了重要作用。

表6-4 全国体育新闻传播学术会议统计

序号	届数	承办单位	时间	会议主题
1	第一届全国体育新闻传播学术会议	成都体育学院	2005.07	体育新闻传播学的学科建设与人才培养

续表

序号	届数	承办单位	时间	会议主题
2	第二届全国体育新闻传播学术会议	上海体育学院	2006.07	体育新闻传播创新与发展
3	第三届全国体育新闻传播学术会议	首都体育学院	2007.07	2008年北京奥运会新闻传播
4	第四届全国体育新闻传播学术会议	沈阳体育学院	2009.01	我国体育新闻传播专业的建设与改革；"后奥运"时代体育新闻传播的现状与未来
5	第五届全国体育新闻传播研讨会	北京体育大学	2009.11	新媒体时代的体育新闻传播与教育：创新·融合·前瞻
6	第六届全国体育新闻传播研讨会	天津体育学院	2010.10	体育宣传和大众传媒在建设体育强国中的地位和作用
7	第七届全国体育新闻传播研讨会	西安体育学院	2011.12	体育新闻传播面临的机遇与挑战
8	第八届全国体育新闻传播研讨会	武汉体育学院	2012.10	大型赛事媒体运行服务暨体育解说评论
9	第九届全国体育新闻传播研讨会	上海体育学院	2013.09	移动·分享·融合·创新——全媒体时代之体育传媒变革与人才培养
10	第十届全国体育新闻传播研讨会	成都体育学院	2014.10	全球化与体育文化传播
11	第十一届全国体育新闻传播研讨会/第十届全国体育科学大会	浙江大学	2015.11	科学引领 创新发展
12	第十二届全国体育新闻传播研讨会	广州体育学院	2016.12	媒介融合——创新创业与新闻人才培养
13	第十三届全国体育新闻传播研讨会	南京体育学院	2017.12	融合·分享·纪录
14	第十四届全国体育新闻传播研讨会	北京体育大学	2018.11	新时代·新奥运·新视野——体育文化的历史传承与国际传播
15	第十五届全国体育新闻传播研讨会/第十一届全国体育科学大会	南京大学和南京体育学院	2019.11	体育发展的科技力量
16	第十六届全国体育新闻传播学术研讨会	武汉体育学院	2020.11	后疫情·后革新·后媒介："后"时代中的体育新闻传播

体育新闻传播分会非常重视参加中国体育科学学会组织的全国体育科学大学等学术活动，以促进体育新闻传播学和其他体育学科的交流与合作。2007年，

第八届全国体育科学大会首次设立体育新闻传播学分会场。这是体育新闻传播学在体育学领域的第一次公开亮相，具有里程碑意义。2011—2019年，体育新闻传播分会和成都体育学院联合举办了5届国际体育新闻传播高端论坛，实现了国内与国际体育新闻传播研究的接轨。2016—2020年，分会还举办了3届青年学者论坛，促进了学术交流与思想碰撞。[1]

分会重视发挥科研作用，为中国体育事业发展提供服务。2008年北京奥运会前夕，分会承担了国家体育总局宣传司的课题"北京奥运会体育宣传分析研究"。北京奥运会期间，受国家体育总局、中国奥委会委托，体育新闻传播分会成立了北京奥运舆情监控小组，对十几家境外媒体的舆论进行监控和分析，制作了5期《北京奥运舆情简报》，受到嘉奖。[2]

体育新闻传播学界还努力拓展，组建了其他学会组织：2006年12月，中国传播学会体育传播专业委员会在北京成立，挂靠在北京体育大学；2015年，中国高校影视学会体育影视专业委员会正式成立，上海体育学院为主任会员单位。

中国体育记协及其下辖的全国日报体育新闻学会、全国晚报体育新闻学会、全国体育摄影学会等二级学会，继续在体育新闻传播实践和研究领域发挥重要作用。

二、体育网络传播迅猛发展

新世纪以来，网络传播技术日新月异，极大搅动了媒介市场，也促进了媒介融合。就体育新闻传播而言，体育网络传播的迅速崛起改变了原有的体育新闻传播格局，也深刻影响了传统媒体体育报道的形态。

（一）通讯社体育报道依然是国内媒体体育报道的重要来源

新华社体育报道主要包括对内中文报道、对外中文报道、对外英文报道，其英文体育报道比较注重平衡，如洲际的平衡、项目的平衡等。作为具有世界影响力的通讯社，新华社的体育新闻稿件不但被国内媒体大量采用，其播发的

---

[1] 薛文婷．中国体育新闻传播学学科发展和建设的历史回顾与展望[J]．北京体育大学学报，2020（6）：20-34．

[2] 中国体育科学学会．中国体育科学学会史（1980—2010）[M]．北京：人民体育出版社，2010：414-419．

英文体育报道也越来越受到国际媒体的关注，并被亚洲、非洲媒体大量采用。

此前，因为定位为外宣媒体，中新社体育报道的影响力主要在海外华文世界。新世纪以来，借助网络的发展，中新社的体育报道会在中新网上第一时间呈现，对内的影响力逐渐扩大。中新社的稿件分为通稿和网稿。其中，通稿主要针对海外华文媒体，关注较多的是明星运动员和中国优势项目。考虑到海外华侨、华人的阅读兴趣和习惯，中新社的体育报道更客观，更灵活。

重大赛事期间，新华社通常集团作战，力求进行全方位报道。中新社因人力有限，一般会有选择地做一些报道，力争在新闻至高点上发出自己的声音。伦敦奥运会时，中新社围绕3件突发且有争议的事件（羽毛球消极比赛、叶诗文被质疑、刘翔因伤退赛）组织稿件，并采取了相对客观的处理方式，效果良好。

总体而言，随着网络媒体和移动媒体的发展，受众的阅读习惯已经并仍在发生改变，但新华社体育报道依然是国内媒体的重要新闻来源。新华社体育部也"居危思危"，一方面让自己的报道紧扣时代步伐，一方面通过新华网、新华社客户端及"新华体育"微博、"新华体育"微信公众号、推特和脸谱等海内外社交媒体进行体育信息传播，同时努力提升自身队伍的职业素养，坚守体育新闻的专业性，捍卫新华社体育报道在深度和广度、准确性和权威性等方面的优势。

（二）综合性报刊体育报道的影响力下滑

以2005年为"拐点"，我国主要报纸的广告数量与发行量呈普遍下降趋势。2014年以来，报纸的广告数量和发行量开始遭遇断崖式滑落，停刊或休刊的报纸数量不断增加。受此影响，综合性报刊尤其是晚报、都市报的体育报道在经历了十余年的快速发展尤其是北京奥运会的高潮之后开始缩减版面，力量投入和影响力都大不如前。与此同时，综合性报刊体育部门也在积极探索体育报道的新媒体运营。

（三）体育专业报纸整体遭遇寒冬

2002年韩日世界杯以来，体育报刊仅靠发行就能赢利的时代已然不在，并出现了停刊潮。此后，虽经历了北京奥运会前后的一番振作，但面对新媒体的崛起，体育专业报纸难挽颓势。

2002年以来，已有约20份体育报纸停刊。其中，既有创造过百万发行量的《球报》、《球迷》、根正苗红的《中国足球报》，也有风行一时的《南方体育》、惊鸿一瞥的《21世纪体育》。数量如此之多、影响如此之大的体育报刊在如此集中的时间段内相继停刊，引发业内一片惊呼和深入思考。

关于体育报刊的凋落和停刊，很多论者给出了原因。有学者认为，公众对竞技体育的审视疲劳，电视、网络、都市报刊体育版的全面夹击，假球、黑哨、赌球等体育界丑恶现象频出，恶性竞争、自食其果是体育报刊遭遇寒冬的主要原因。[1] 有论者指出，体育报纸衰落的原因不外乎新媒体体育新闻的冲击、体育报纸激烈的同质化竞争、体育职业化程度不够导致受众面难以扩展等。[2] 新闻出版总署报刊司安立则认为，体育报刊的相继停刊与体育报刊业整体萎缩和大环境有关，也与报刊社内部的机制死板、人才流失、经营不当等有关，更与体育报刊的不正当性竞争、内容同质化有关。[3] 下面，拟从媒介生态改变、体育环境恶化、体育报刊非理性发展、报纸自身桎梏等方面，探寻体育报刊凋落的原因。

首先，媒介生态的改变，尤其是新媒体体育报道的异军突起，严重挤压了体育专业报刊的生存空间。《南方体育》停刊之际，主编龚晓跃认为，导致报纸停刊的直接原因是"互联网和综合性日报的冲击"，并提醒其他体育报刊及早从资讯的供应商向观点的供应商、生活方式的供应商转变。[4] 早在网络媒体崛起之前，都市报体育版已经让体育专业报刊感受到了压力："这些都市报价格便宜，买3份报的价格相当于一份体育报，而且内容包罗万象，三四个体育版的体育新闻都经过筛选，均是读者关心的焦点和体育项目中的热点，很多体育报刊的读者被都市报抢走了。"[5] 和综合性日报相比，新媒体崛起对体育专业报刊的冲击几乎是致命的。在足球评论员周文渊眼里，"体育媒体真正的寒冬是从2008年开始的"。他说，当时，体育报刊都将北京奥运会视为一个机遇，为此投入了大量的人力、物力、财力。遗憾的是，北京奥运会成就的是网络媒

---

[1] 金汕．体育报刊为何相继停刊？[J]．蓝盾，2006（1）．

[2] 荆烽．"举国体制"的媒介报道分析：兼论中国体育新闻场域的演变 [D]．上海：复旦大学，2010．

[3] 新闻出版总署报刊司安立．2005年报刊管理工作综述 [M]// 阎焕书．中国新闻年鉴2006．北京：中国新闻年鉴社，2006：75．

[4] 体育传媒恶战江湖 南方体育今天宣布停刊 [N/OL].2005-08-30[2017-08-19]．北京娱乐信报．http：//www.huaxia.com/wc/_ftt/566669.html．

[5] 贺遐．找准定位，向服务型报纸转型：《中国体育报》50年变迁引发的思考 [D]．北京：中国人民大学，2009．

体，而不是体育报纸。这不是因为体育报纸做得不够好，而是"市场环境变了，原来那些套路不管用了，人家不买你的账。网络这个世界，吸引了越来越多的球迷、粉丝"。[1]

其次，体育环境的恶化使受众疏离了体育报刊。体育报刊在遭遇电视、综合性日报、新媒体夹击的同时，又遭逢体育环境的恶化，尤其是国家队足球水平的倒退和足球的假、赌、黑盛行。

再次，体育报纸非理性增长和恶性竞争。在最鼎盛时期，国内拥有40余家体育专业报纸，在新华社体育记者杨明看来，这是"畸形而且失控的"，"在中国，大众化的体育传媒最多一两家是比较正常的，其他只能是陪太子读书，因为市场份额就是这么大"。因数量多且同质化严重，在经历过世界杯出线的狂热、世界杯报道的亏损并遭受诸多媒体挑战后，一些体育专业报刊停刊也就势在必行、顺理成章了。恶性竞争也是体育报刊难以为继的原因之一。杨明曾指出："大家互相挖墙脚，互相拆台，恶意抬高工资，甚至买断采访源。这种恶性竞争使得专业体育传媒之间相互伤害，导致运作成本提高，一旦读者不买账，就只能自食其果了。"[2]

最后，报纸自身问题，如体制僵化，行政束缚，人员涣散，分配不公，资金不足，定位不准，受众面狭窄，发行能力差，等。在《足球》报总编辑刘晓新看来，《南方体育》停刊很大程度上是因为在2002年世界杯期间迷失了方向，即没有坚持自身特点，而是和竞争对手拼资讯、拼资源，但资讯并不是其优势。[3]

上述原因除导致很多体育专业报纸停刊外，依然困扰着时下的体育报纸。

（四）体育广播寻求突围

新世纪以来，体育广播既有亮点，也有遗憾。

亮点在于地方人民广播电台于2002年后相继创办体育频率。其中，北京体育广播以"大体育"概念立台，致力于为听众提供权威体育资讯、发布体育新闻、实时转播重大赛事。2012年伦敦奥运会期间，其在北京广播市场19个

---

[1] 薛文婷. 体媒人物：新中国体育新闻传播口述史（上）[M]. 北京：清华大学出版社，2015：282-283.

[2] 体育传媒恶战江湖 南方体育今天宣布停刊 [N/OL].2005-08-30[2017-08-19]. 北京娱乐信报. http://www.huaxia.com/wc/_ftt/566669.html.

[3] 李岩，周继明，舒桂林，等. 众口评说：怎一声叹息了得 [J]. 青年记者，2005（10）：15.

频率中收听率增幅排名第一,达到23.17%,收听率和市场份额排名上升至第5位。[1]2014年2月,其市场份额为3.11%,收听率为0.15%。[2] 上海五星体育广播也形成了高密度、高质量的球赛转播及国内外大赛全方位报道的特色。2011年,在上海听众最喜欢收听的节目类型中,五星体育广播排在第7位,市场份额为6.9%。五星体育广播听众的收听时间长,有问卷调查显示2011年平均每次收听时长在2小时以上的听众占调查总体的34%。[3] 听众对上海体育广播的忠诚度一度是上海广播频率中最高的。[4]

遗憾的是,北京奥运会后,为彰显"新闻"性、打造"中国第一新闻广播",中央人民广播电台中国之声取消了体育部建制和拥有几十年历史的体育栏目,失去了积累多年的体育资源,降低了在体育界的话语权和影响力。[5] 自北京奥运会后,中央人民广播电台在重大赛事时往往依托中国广播联盟组建联合报道中心,除扩大广播影响力外,自身体育报道力量不足也是原因之一。2018年体育特别节目《决胜时刻》的开播,彰显了体育广播节目的不可或缺。

(五)体育电视频道依然拥有传播优势,但发展不均衡

在当前的中国体育电视版图上,中央电视台体育频道、地方电视台体育频道、境外体育电视机构、民营体育电视机构及正在蓬勃发展的数字付费电视体育频道,组成了体育电视生态圈。

中央电视台因拥有政策、资源、人才、覆盖率、储备、无形资产等方面的优势,长期稳居体育电视收视市场榜首位置。地方电视台体育频道中,生存与发展状况良好的是广东、北京、上海三地,其他地方电视台体育频道生存状况堪忧。造成中央和地方收视严重失衡的原因,首先,在于体制,即各级体育电视频道之间竞争地位不对等。由于政策及卫星资源等原因,我国地方电视台体

---

[1] 张松华,边建,顾楠楠. 龙腾不列颠:北京体育广播伦敦奥运报道简析 [J]. 中国广播,2013(1):69.

[2] 北京电台收听分析(2014年2月)[OL].2014-03-20[2016-08-19].http://gbgg.rBC.cn/scfx/201403/t20140320_709853.htm.

[3] 洪超. 五星体育广播节目现状与发展研究 [D]. 上海:上海体育学院,2013.

[4] 上海人民广播电台五星体育广播 FM94.0介绍 [OL].[2016-08-19].http://www.mjceo.com/radio/3779/introduction.html.

[5] 薛文婷,梁悦,刘力菲. 中央人民广播电台体育专题栏目之变迁 [M]// 哈艳秋."广播电视史学:机遇与挑战"学术研讨会论文集. 北京:中国广播电视出版社,2015:106-116.

育频道只能覆盖本地，受众群很难有大的增长。在节目购买方面，受政策限制，地方电视台体育频道无法按照市场规律参与购买奥运会、世界杯等优质赛事版权。其次，优质赛事资源过于集中。赛事转播是最优质的体育电视资源。CCTV很早就意识到了赛事转播权的重要性，并凭借国家电视台的地位获得了政策支持。2000年1月，国家广播电影电视总局在《关于加强体育比赛电视报道权和转播权管理工作的通告》中规定："重大的国际体育比赛，包括奥运会、亚运会和世界杯足球赛在我国境内的电视转播权统一由中央电视台负责谈判和购买，其他各电视台不得直接购买""国内重大体育比赛，包括全运会、城运会和少数民族运动会的转播，由中央电视台牵头召集各有关电视台进行协商，制定出合理的补偿方式及电视信号制作标准，并由中央电视台负责谈判和购买电视转播权，其他各电视台不得直接购买""各教育电视台不得转播体育比赛（学生体育运动会除外）"。这些规定，使CCTV主导了重要的国内外赛事资源，在体育电视的市场竞争中占据优势地位。再次，地方电视台体育频道自身素质不高也是其陷入生存困境的主要原因，如在制度层面，体制僵化，缺乏活力；在业务层面，观念落后，制作水平低，缺乏创造性，更无品牌经营理念；在经济层面，没有足够的资金支撑；等。

鉴于经济因素和竞争压力等原因，地方电视台体育频道一直在尝试联合制作，这其中既有体育新闻节目、体育专题节目、赛事转播的联合，也有重大赛事报道和体育频道的整体联合。在赛事转播方面，地方电视台一方面从CCTV争取关于奥运会、世界杯、亚运会等报道的相关权益，一方面在其他赛事转播权方面进行有益尝试。第一，介入当地体育项目运营。如2002年上海电视台体育频道通过网球"大师杯"总决赛把转播水平提高了一个档次。北京电视台与几处奥运场馆合作推出了"朝阳公园海洋沙滩狂欢节""鸟巢欢乐冰雪季""北京百姓足球超级联赛"等特色体育活动。第二，地方电视台购得赛事版权继而进行版权运营。如上海文广新闻传媒集团（SMG）于2004年以3年1.5亿元的价格独家买断中超转播权，继而又以每年1400万元的版权费与中国足协续约5年（2007—2011）。2005年，SMG还获得了世界摩托车锦标赛（Moto GP）在中国大陆的电视转播合作协议。

为满足民众收听收看体育比赛的需求，保障体育比赛的正常传播秩序，营造重视体育、支持体育、参与体育的舆论氛围，国家新闻出版广电总局于2015年12月发布《关于加强体育比赛电视报道权和转播权管理工作的通告》，除规定奥运会、亚运会和世界杯足球赛（包括预选赛）"在我国境内的电视转播权统一由中央电视台负责谈判与购买，其他电台电视台不得直接购买"外，"其他国内外各类体育赛事,各电台电视台可以本着公平、公正、公开流转的原则直接购买或转让",以实现体育赛事版权的有序竞争。和2000年国家广播电影电视总局出台的通告相比,地方电视台可以购买奥运会、亚运会和世界杯足球赛(包括预选赛)之外的所有赛事版权,这是一个不小的进步,必将对我国今后的赛事转播市场产生深远影响。

广告收入方面,各体育频道之间也严重失衡。其中,CCTV、上海、北京、广东等电视台体育频道占据了国内体育电视频道广告收入的主要份额,许多地方电视台体育频道根本无法赢利。随着新媒体崛起,体育电视频道的广告市场进一步受到强力挤压。

(六)体育网络传播迅速崛起

随着新的网络传播技术的出现,体育网络传播不断出现新渠道、新形态,如体育博客、体育微博、体育微信、体育微视频、体育客户端等。奥运会、世界杯等重大赛事则成为凸显体育新媒体传播优势、检验新的网络传播技术、扩大体育网络传播影响力的重要契机。

1. 获得赛事视频转播权是体育网络传播发展的重要里程碑

获得奥运会视频转播权,是网络媒体发展历程中的一个重要里程碑。国际奥委会对网络视频转播经历了从限制到有限放开再到正式确认的过程。2000年,为防止网络传播对电视转播带来利益威胁,国际奥委会决定不向网络媒体销售视频转播权。2001年,国际奥委会宣布给予来自世界上10个国家的17家体育网站采访报道盐湖城冬奥会的权利。[1]2004年,鉴于网络媒体的发展态势与影响力,国际奥委会发布了《第28届雅典奥运会互联网指南》,指出在通过互联网最大限度地推广奥林匹克运动和支持国家奥委会的利益时,也尊重奥林匹克宪章的相关条款和转播权持有者、奥林匹克赞助商等的权利。国际奥委会对少数几个国家和地区放开了雅典奥运会的视频内容,前提是不能影响电视转播商的利益。2005年11月7日,北京奥组委宣布搜狐为北京奥运会"互联网内容服务赞助商",这是奥运会历史上第一次设立互联网赞助类别。2006年意大利都灵冬奥会期间,新浪网拿到了中国互联网的第一张奥运会采访证。2007年,国际奥委会正式授予新媒体赛事视频转播权。当年12月18日,央视网正式与国际奥委会签约,成为北京奥运会中国大陆的官方互联网/移动平台转播机构。

在中国,CCTV主导了奥运会的新媒体转播权。众所周知,国家广播电影

---

[1] 王青. 奥运契机下看商业网站的采访权 [J]. 东南传播,2008(4):25-26.

电视总局于2000年颁布通知，规定奥运会、世界杯、亚运会等重大赛事的中国境内电视转播权统一由CCTV负责谈判购买。2008年，国家版权局、工业和信息化部与国家广电总局又联合发文，要求网络媒体和移动平台必须从CCTV的网络传播中心（CNTV）取得授权。关于重大赛事的新媒体版权，CCTV经历了从分销到独播到有限分销的变化。最初，CCTV倾向于向其他新媒体分销版权，一来可以增加收入，二来这些新媒体渠道对CCTV的收视率没有形成太大冲击。2008年，央视网实行版权分销，携手新浪、搜狐、腾讯、网易等商业网络媒体进行奥运会视频直播和点播服务。但很快，新媒体的迅猛发展严重威胁到电视收视率，CCTV不再愿意分销新媒体版权。因此，2012年伦敦奥运会时，CCTV的新媒体版权分销方式直到开幕式前夕才确定。因售价高昂，四大商业门户网站只购买了视频点播权。因CCTV选择独播巴西世界杯，2014年被称为"央视对版权保护最为严格的一年"[1]。2016年，CCTV在电视的里约奥运广告招商工作基本完成后才开始分销新媒体转播权。最终，腾讯体育、阿里体育购买了赛事点播权，咪咕视频/直播获得了通过手机APP观看奥运赛事实时转播节目的版权。[2] 关于2018年足球世界杯，CCTV先是宣称不分销新媒体版权，继而于开赛前夕指定咪咕视频、优酷成为新媒体官方合作伙伴，授予其赛事直播、视频点播等多项权益。

除了奥运会、世界杯，中国网络媒体越来越多地加入赛事转播权的争夺中，且大都采取付费直播的运营模式。尤其是2014年国务院出台政策，放宽赛事转播权限制之后，许多新媒体公司纷纷开始圈占体育赛事版权。

除产业发展和政策利好，体育赛事网络付费直播有诸多内在驱动力。第一，技术发展提升观赛体验。第二，支付变得更加便捷。第三，受众选择性更多。第四，多终端体验，满足球迷随时随地观看视频直播的需求。第五，与社交结合，创造更多想象空间。第六，用户心态转变，愿意为优质内容付费。[3]

2. 体育网络传播形态日新月异

随着Web2.0时代的到来，体育网络传播逐渐迎来了以用户参与为主要特

---

[1] 马伟民. 网站跟随世界杯"进化"移动端成决战核心 [N/OL]. 每日经济新闻，2014-07-04.http://tech.sina.com.cn/i/2014-07-04/00309475127.shtml.

[2] 易剑东，洪建平. 从里约奥运看媒介融合时代央视体育的传播创新 [J]. 电视研究，2016（10）：7-8.

[3] 晁星. 腾讯5亿美金拿下NBA做付费直播 前行者已"尸骨累累"[OL].2015-11-21 [2017-08-16].http://tech.ifeng.com/a/20151121/41510451_0.shtml.

征的自媒体时代，传播形态日渐多元，传播内容愈加丰富。

　　博客因其个性化、迅捷性、原创、随时发布、互动参与等优点，成为传统体育报道方式之外一种新的信息传播途径和模式。1998年的"吉拉德报道"让世界惊异于网络公民新闻的爆发。2005年9月，新浪推出博客服务，通过名人影响力很快成为中国博客第一品牌，引领了门户网站中国第一代UGC（用户生成内容）。体育界名人通过博客发布体育方面的信息，成为这一时期网络体育新闻传播的一个新特色。博客在2006年的世界杯和亚运会上大放异彩。2006年德国世界杯期间，公众通过博客分享和参与了世界杯传播。涉及体育的博客群体中，既有运动员、教练员的博客，也有体育记者的博客，还有草根博客。[1]2007年3月，新浪博客流量居新浪各频道第一。北京奥运会时，博客处于大众互动形式的核心地位。

　　微博的出现将网民带入社交网络时代，也给体育报道带来深刻影响。第一，传统体育媒体纷纷开设微博账号，发布体育信息，与受众密切互动。第二，民众通过微博在重大赛事期间发挥独特作用。2010年的南非世界杯和广州亚运会上，各大商业门户网站积极推进微博的开发使用，开启了微博传播体育赛事的新时代。南非世界杯期间，因每天第二场球开赛时间是凌晨2：30，躺在床上刷微博成了最舒服的观赛方式，新浪微博甚至出现了因使用量过大导致微博服务器死机的现象。广州亚运会期间，与亚运相关的微博数量大大超越南非世界杯，成为名副其实的"微博亚运会"。2012年伦敦奥运会时，微博成为互动平台的主要工具。伦敦奥运会由此被国际奥委会官方描述为历史上最社交化的一次奥运会，被美国CNN称为"第一届微博奥运会"。

　　手机新闻客户端自2010年前后在我国一经出现便呈现出强劲的发展势头。新浪体育客户端于2013年4月25日上线，至当年年底以370万活跃用户数位居体育资讯类APP榜首。目前，新浪体育、腾讯体育、PP体育、虎扑体育、央视体育、暴风体育、懂球帝、直播吧等体育类移动客户端是体育用户获取体育资讯、进行交流互动的重要新媒体平台。

　　微信于2011年由腾讯推出后迅速成为中国大陆最受欢迎的社交媒体。体育媒体类、运动健身类、项目推广类、赛事资讯类等体育微信公众号层出不穷，成为国人获取体育信息的重要渠道。

　　中国体育网络传播的发展，离不开商业力量和传播科技的推动。新世纪以

---

[1] 关妮，张炜.网络媒体大型体育赛事的报道探析：以新浪、搜狐、TOM体育频道的亚运会报道为例[J].声屏世界，2007（6）：20-21.

来,奥运会、世界杯等大赛已成为新媒体公司检验新技术的试验田,新媒体升级换代所带来的技术红利也反哺着新媒体平台。在中国体育网络传播迅猛发展的过程中,中国政府的体育议程和信息议程也发挥了重要作用。其中,体育议程主要体现为确立举国体制,制定奥运战略,开展全民健身,发展体育产业,举办重大赛事,等;信息议程主要体现为制定信息化战略,发展信息技术,推动信息产业,等。网民诉求则是中国体育网络传播发展的原动力。在中国接入互联网的十几年间,中国网民规模呈现出"爆炸性"的发展态势。而体育新媒体人口的增长和稳定正是源于体育网络传播对网民信息、交流、健身、运动、娱乐等诉求的满足。

三、体育报道内容更加多元

(一)体育赛事转播权的争夺凸显了体育赛事报道的重要性

2015年,具有稀缺性、独占性的体育赛事版权再度成为传统媒体和新媒体竞相争夺的内容。这首先源于政策层面的鼓励:2014年起,政府连续推出相关改革措施,其中《关于加快发展体育产业促进体育消费的若干意见》明确指出要放宽赛事转播权限制。这一利好消息极大地刺激了中国体育产业市场。阿里体育、乐视体育、万达体育、体奥动力、苏宁体育等,纷纷进行产业布局,并将获取优质赛事版权作为重要一环。此后,咪咕、优酷、爱奇艺等也开始介入赛事版权市场。其次,是不同媒体间的竞争和联动。2015年的亚洲杯足球赛在澳大利亚举行,其版权在中国进行了扁平化的分销处理:电视转播权除被CCTV购买外,也被北京、上海、广东、天津4个地方电视台体育频道分享;网络转播权则被乐视体育、新浪体育、搜狐视频等新媒体平台获得。因策划了大量自制节目,并配备了具有专业足球背景的解说团队,新媒体平台与电视平台的差距正在缩小。如今,拥有不同模式和特点的媒体平台正在寻找和塑造自己在产业链上的位置及优势。

这其中,乐视体育的昙花一现引人深思。乐视体育于2014年3月在乐视网体育频道的基础上成立,拥有版权的赛事一度涵盖22个大项、280个小项,包括足球的欧洲五大联赛、亚洲杯、中超,篮球的NBA、CBA,高尔夫的英国公开赛、美国大师赛等,其中购买中超新媒体版权的费用高达27亿。2017年,因乐视系陷入资金链危机,乐视体育陆续失去中超独家直播权等赛事版权,人才也逐渐流失。2019年,乐视体育被吊销营业执照。

（二）篮球、网球、冰雪运动等项目的关注度显著提升

就运动项目而言，足球依然是这一时期体育报道的重中之重。足球报道的种类繁多，从国内足球到世界足球，从常规性的职业联赛到周期性的欧洲杯、亚洲杯、世界杯，都是中国媒体聚焦的中心。

与此同时，由于姚明在NBA获得成功和李娜登顶世界网球冠军宝座，篮球、网球也相继成为体育新闻报道的热点项目。

姚明于2002年以选秀状元身份加盟美国休斯敦火箭队，迅速跻身NBA球星之列，并于2016年入选篮球名人纪念堂，于2017年当选中国篮协主席，于2019年当选亚洲篮联主席。凭借球场上的统治力和球场下的亲和力，姚明成了中国形象的最佳代言人，也推动了中国篮球报道的发展：第一，姚明及其参与的NBA赛事，成为中国媒体的重要报道内容；第二，催生了一大批篮球期刊，如《篮球先锋报》《篮球报》《体坛周报·扣篮》等。2011年7月，姚明宣布退役。缺少了姚明身影的NBA赛场依然星光闪耀，但却不复当年对中国球迷和媒体的吸引力。2017年，姚明成功当选中国篮协主席并着手推动中国篮球改革，再次吸引了媒体和受众的注意力。

李娜是另一位具有世界知名度和影响力的中国运动员。李娜于2000年初出茅庐，一度退役，于2004年复出后逐渐步入职业生涯的正轨，屡次刷新中国网坛甚至亚洲网坛的纪录：2011年，李娜在法网夺冠，成为中国乃至亚洲第一个获得大满贯单打冠军的网球选手；2014年，李娜第3次跻身澳网公开赛决赛并收获女单冠军。作为中国网球史和网球职业化改革中的标志性人物，李娜不仅成绩骄人，而且个性十足，在成为体育新闻报道的热点和焦点人物的同时，也带动了网球运动及网球报道的发展。2019年8月，郑赛赛获得WTA圣何塞女网赛冠军，成为李娜之后第二位夺得WTA顶级赛冠军的"中国金花"。

借助刘翔、孙杨、张继科、林丹、中国女排等优秀运动员、运动队的精彩表现，田径、游泳、乒乓球、羽毛球、排球、围棋等项目也持续受到媒体关注。

2015年北京—张家口成功申办第24届冬奥会后，冰雪运动报道迅速升温。

（三）体育新闻传播越来越彰显人文理念

新世纪以来，随着"绿色奥运、科技奥运、人文奥运"理念的广为传播，以人为本的人文理念逐渐深入人心，并体现在新闻传播领域。

北京奥运会期间，CCTV的眼光已不再局限于金牌选手，而是更多地关注体现奥林匹克精神的方方面面。2009年山东全运会期间，CCTV将"人"作为

全运会报道最核心的要素,在内容取材、叙事方式、节目形态、互动方式上都取得很大突破,如《全运风云会》着重突出运动员的故事、细节等。这种"人文理念"下的体育赛事报道主要表现为:讲述"个体故事";弱化冠军情结,强化运动员的体育精神;淡化比赛过程,彰显运动员的个性魅力;等。[1]

关注群众体育,也是媒体彰显人文理念的一种体现。2013年开始,CCTV-5联合国家体育总局推出了《谁是球王》系列民间赛事,如于2013年3—7月举办的中国乒乓球民间争霸赛、于2013年10月至2014年4月举办的中国羽毛球民间争霸赛、于2014年8月至2015年2月举办的中国足球民间争霸赛、于2015年6—9月举办的青少年校园足球竞赛活动、于2018年举办的"新时代"杯全国青少年校园足球大赛等。CCTV还推出了《谁是棋王》《谁是舞王》等体育电视娱乐节目。系列赛事以体育为核心,以全民健身为目标,以百姓喜爱的运动项目为主体,为普通民众搭建了运动舞台,实现了全民健身与竞技运动的结合,体现了体育报道的人文精神。[2]

(四) 本土化与国际化

这一时期,中国媒体体育报道的本土化和国际化并存。就报刊性质而言,机关报本土化特色明显,市场报则普遍追求国际化。就覆盖范围而言,地方性媒体着力本土化,全国性媒体突出国际化。

在职业赛事报道中,《体坛周报》等市场化程度较高的媒体一直秉持着全球化战略和国际化视野,主要表现为以下几个方面:第一,独家的国际体育报道;第二,强大的驻外记者团队。《体坛周报》最初是以聘请海外特约记者的方式来报道国际体育的,2000年后开始打造海外专职记者队伍。这些海外专职记者不但为《体坛周报》提供独家国际体育报道,为《足球周刊》供稿,还负责与国外媒体联络。第三,和国际体育组织、外国专业体育媒体合作。为提升形象,拓宽报道资源,《体坛周报》开始与国际赛事主办者、赛事举办地权威媒体展开全方位合作。2005年,国际足联宣布《体坛周报》成为其在中国大陆的官方媒体支持伙伴和2006年世界杯官方合作媒体。2007年5月,欧洲体育杂志联盟(ESM)接纳《体坛周报》为其亚洲唯一的官方合作媒体,接受《足球周刊》为其正式会员。《体坛周报》还与法国的《队报》和《足球》、西班牙的《阿斯报》和《马卡报》、意大利的《米兰体育报》、德国的《踢球者》、阿根廷

---

[1] 蔡慧. 十一运会电视报道的突破与创新 [J]. 现代视听, 2009 (11): 27-31.

[2] 辛少英. 全民健身视域下的体育电视娱乐节目开发研究 [D]. 北京:北京体育大学, 2014.

的《奥莱报》等欧美权威体育报纸确立合作关系，为欧洲足球赛事报道创造了条件。《体坛周报》还在2005年9月与世界顶尖高尔夫杂志《高尔夫文摘》合作，倾力打造了《高尔夫大师》杂志。

北京奥运会的举办给了中国与世界接轨的机会，也拓宽了中国媒体的国际视野。北京奥运会期间，CCTV的奥运赛事报道越来越强调国际视野，即充分报道各国运动员参赛情况，报道外国运动员的拼搏之路，凸显奥林匹克精神。如《荣誉殿堂》节目邀请德国体操运动员丘索维金娜、法国代表团官员隆巴德等走进演播室，共话北京奥运会。中文国际频道推出《奥运中国》特别节目，英语频道推出特别节目《北京十七日》，法语频道推出30分钟特别直播节目《相聚在北京》，西语频道精心设计了介绍中国文化、社会、经济发展的特色节目。中国奥委会名誉主席、国际奥委会委员何振梁称赞CCTV奥运会报道有高度、有力度、有广度，在选择采访对象时"不唯金牌论""不唯大国论"，弘扬了奥林匹克精神。中国国际广播电台采用53种语言，积极报道各国选手在北京奥运会上的出色表现和拼搏精神，如《本台评论奥运视点》围绕境外舆论关注的热点焦点问题展开评论；专访西班牙、白俄罗斯、克罗地亚等10多个国家的元首；邀请英国广播公司、俄罗斯之声电台等5家国外媒体的负责人观摩奥运会开幕式并接受专访。

国际视野的拓宽，扩大了中国体育报道的国际影响力。北京奥运会期间，中国国际广播电台奥运会报道被200多家境外媒体转载、播发4万多条；美国NBC（全国广播公司）、韩国KBS（韩国广播公司）、法国电视2台、德国电视2台等25家境外媒体30多次拍摄采访了CCTV设在IBC的工作区，并称赞CCTV的奥运报道。中国国际广播电台80多万境外听众通过来信、来电、手机短信、网上互动等形式，表达对北京奥运会和国际台报道的好评。[1]

四、受众中心地位确立

进入21世纪，因为体育传播科技的进步，体育受众在媒介接触、接受心理等方面发生了显著变化。

新世纪初，体育新闻受众呈现出的特点和20世纪90年代相比没有太大变化。2003年，一项关于北京、上海、广州三地的调查结果显示，95%的人对

---

[1] 北京奥运会、残奥会宣传报道综述[M]//赵玉明.中国广播电视年鉴2009.北京：中国广播电视年鉴社，2009：17-21.

体育感兴趣，其中19%的人对体育非常感兴趣。体育电视频道的核心受众为15—54周岁的男性，教育层次和收入水平较高。[1]

进入新世纪的第二个10年，体育新闻受众发生了诸多改变。就媒介接触而言，网络已经成为受众获取体育信息的第一渠道。体育新闻受众也不再仅仅是体育新闻的接收者和消费者，而是通过博客、微博、微信、论坛、留言等方式，成为体育资讯的生产者和传播者。就接受心理而言，网络付费电视已经被很多年轻体育受众接受。2007年，当天盛传媒集团和广东电视台合作创办付费电视频道欧洲足球频道时，很多观众还不习惯或不愿意付费收看英超赛事。据统计，通过天盛收看英超的大陆观众实际只有3万人，而此前免费时代的中国英超观众多达3000万。2015年8月的英超揭幕战，新英体育官网及移动客户端在线付费用户突破50万人，新英体育旗下的新视觉收费电视频道则有320万付费订阅用户观看。截至2015年11月，新英体育网付费用户接近200万，约占2亿中国英超球迷的1%。虽然付费收视人数依然不甚理想，但其缓慢的增长依然体现出体育新闻受众心态的改变。球迷中的新生力量，并不像他们的父辈那样带有强烈的免费观赛的习惯，而是愿意为优质赛事内容付费。[2]

五、体育新闻传播中的认同与冲突

认同是自我与他者之间的一种关系的认定，不仅事关个体，也是共同体得以存在、延续、发展的精神纽带和"合法性来源"。[3]在中国，体育一直被视为塑造形象、建构认同的重要平台。不过，新世纪以来，随着中国政治、经济的崛起尤其是北京奥运会的成功举办，中国媒体和民众越来越具有国际视野，对体育的态度日趋理性和平和，对体育的思考愈加开放和多元，并由此在多个层面上出现了认同的冲突。这种冲突在2012年伦敦奥运会期间发生的几例焦点事件中有突出表现，如叶诗文遭遇西方媒体质疑、羽毛球女双因消极比赛被取消参赛资格、周俊三次试举失败等。

---

[1] 白斌，潘青山. 电视体育频道的受众市场分析 [J]. 声屏世界，2006（4）：57-58.

[2] 晁星. 腾讯5亿美金拿下NBA做付费直播 前行者已"尸骨累累"[OL].2015-11-21[2017-08-16].http://tech.ifeng.com/a/20151121/41510451_0.shtml.

[3] 闫帅旗，杨月和. 文化认同：新时期国家认同建构中的重要向度 [J]. 法制与社会,2010（25）：152-153.

(一)国家认同:自我认同与他者认同、民族意识与国际意识的冲突

对于国家认同,有学者除了强调本国民众的认同外,还强调了"他国"或曰"国际社会"对一个国家的认同的重要性:"国家认同,就是在有他国存在的语境下,人们构建出归属于某个'国家'的'身份感'。对个人来说,国家认同指个人在心理上认为自己归属于该政治共同体,意识到自己具有该国成员的身份资格。对国家来说,指其独特属性以及由此而来的保持该独特属性的权利得到他国的承认。只有同时得到本国国民和国际社会的认同,国家才能得以存续。"[1] 国家认同之所以需要国际社会的认同,源于现代民族国家的形成与国际体系、国际社会的形成同步,源于"在任何给定的情形下,认同的本性就是如何确定自我的边界"[2]。正如亨廷顿所言:"Identities 由自我界定,但又是自我与他人交往的产物。他人对一个人或一群体的看法影响到该个人或群体的自我界定。"[3] 按照社会学家"镜中之我"的理论,一个人对自我的认识其实是其他人对自己看法的反映,是在想象别人对自己的评价中形成自我的观念,体现了一种"我看人看我"(费孝通语)的互动过程。[4]

"叶诗文遭遇西方媒体质疑"和中国媒体/民众关于"羽毛球女双因消极比赛被取消参赛资格"事件的报道,正体现了世界范围内自我认同和他者认同的冲突以及自我认同中"民族意识"和"国际意识"的冲突。

1. 世界范围内自我认同与他者认同的冲突

伦敦奥运会上,孙杨、叶诗文创造了中国游泳的历史,成为举世瞩目的焦点。其中,孙杨的运动天赋在2009年罗马游泳世锦赛、2011年福冈游泳世锦赛中已得到世界认可,而初出茅庐、年仅16岁的叶诗文在女子400米混合泳决赛中以4分28秒43的成绩夺冠并打破世界纪录后,却因最后50米自由泳比男子400米混合泳冠军——美国选手罗切特快0.17秒而饱受"服用兴奋剂"的质疑。BBC主持人克莱尔问解说嘉宾:"马克,一名游泳选手的速度突然比往常快出

---

[1] 郭艳. 全球化时代的后发展国家:国家认同遭遇"去中心化"[J]. 世界经济与政治, 2004(9):39.

[2] 刘国强. 媒介身份重建:全球传播与国家认同建构研究 [M]. 成都:四川大学出版社, 2009:56.

[3] 亨廷顿. 我们是谁:美国国家特性面临的挑战 [M]. 程克雄,译. 北京:新华出版社, 2005:22.

[4] 苏晓龙. 当代中国国际意识的变迁与国家认同的重构 [D]. 济南:山东大学, 2009.

许多，这得涌现出多少疑问啊？"[1]世界游泳教练协会主席、美国游泳队教练约翰·伦纳德也毫不隐讳："我们不会随便说她用违禁药，但我想说从历史上看，一旦我们看到一些难以想象的事情，最终都被证明与使用违禁药物联系在了一起。叶诗文的精彩表现让我想起了当年的一些东德游泳运动员。"美联社记者甚至当面提出了"中国运动员（20世纪）90年代出现过使用兴奋剂的问题，对于你这个十几岁的小女孩一下子打破世界纪录，人们都在怀疑，你怎么回应？"[2]这样的问题。即使在英国奥委会主席莫尼汉勋爵和国际奥委会新闻发言人马克·亚当斯表明叶诗文通过药检之后，作为世界权威学术杂志的《自然》依然在网站上发表《为什么奥运会上的卓越表现引发怀疑》一文，说叶诗文表现"异常"，即使通过了官方药检，也不能完全排除使用兴奋剂的可能。英国《镜报》、美国《时代》和《华尔街日报》等媒体，则以此为契机抛出了"中国选手像是机器人""叶诗文在奥运会上的惊人表现是在中国残忍训练体制下生产出的产品"等指摘。

面对西方媒体对叶诗文的质疑，中国媒体和民众极为愤慨，纷纷谴责西方媒体的责难和偏见。2012年8月1日，CCTV新闻频道第一时间报道了叶诗文通过兴奋剂检查的消息，并集国际奥委会新闻发言人、国际奥委会医务委员会主席、中国体育代表团、中国记者、奥运会注册外国记者等各方言论，回击西方媒体的傲慢与偏见。《环球时报》《光明日报》《人民日报》也纷纷撰文，批评西方媒体："一些西方媒体毫无依据地散布对她和中国运动员的不利言论，说到底来自于它们根深蒂固的偏见以及对中国人获得成就的不情愿。"[3]"奥运会开幕以来，随着各项比赛的展开，英国媒体先是对中国游泳运动员取得的佳绩酸溜溜地说三道四，进而又连篇累牍、毫无根据地猜测游泳运动员叶诗文可能服用禁药。可是，这些挞伐之声言犹在耳，英国运动员在自行车赛场出现了假摔事件。而此时，英国舆论和西方媒体或对此视而不见、默不作声，或称假摔为利用规则之举甚而大加赞赏。"[4]"'追根究底'和'平衡报道'一向是西方媒体自认的强项，为何到了这里如此不对等？以这样的态度去看待奥运会，看待

---

[1] BBC主持人质疑叶诗文神奇速度 引各方争议 [OL].2012-07-30[2012-09-01].http://news.cntv.cn/20120730/116162.shtml.

[2] 胡锐凯. 傲慢者，偏见者，闭嘴！ [N]. 成都日报，2012-08-01.

[3] 社评. 刁难叶诗文，西方舆论太小心眼了 [N]. 环球时报，2012-08-01.

[4] 王锡栋. 奥运赛场的傲慢偏见和双重标准 [N]. 光明日报，2012-08-08.

中国选手的表现，到底谁才是封闭狭隘的一方？"[1]

在这一事件中，无论是西方媒体的质疑，还是中国媒体的反击，都已超越运动员个人和体育竞技本身，指向运动员所属的国家层面，指向体育背后的政治层面。与其说西方媒体是在质疑叶诗文，毋宁说是在质疑中国（涵盖政治制度、体育）。这种质疑由来已久，或许就是西方国家认同霸权的一种体现。所谓认同霸权，是指在非西方国家认同的塑造过程中，西方国家凭借其强势地位，按照其设定的标准，将自己的主观认知强加于非西方国家，以达到维护西方利益的目的。[2] 西方国家媒体基于资本主义制度优越于社会主义制度的立场，对中国的国家制度、政治理念、社会文化有着根深蒂固的排斥感与不认同感，并将其延伸到包括体育在内的中国社会各个领域，从而出现了对待中国的双重标准。正如中国媒体所言："英国媒体质疑的还不只成绩本身。在英国与叶诗文几乎齐名的跳水男孩汤姆·戴利，被视为国家英雄，BBC 最近播出关于他的纪录片，题目就叫《为不列颠而跳水》。然而当英国媒体面对叶诗文时，却对她为国家荣誉而战颇多微词。"[3]

2. 中国民众自我认同中"民族意识"与"国际意识"的冲突

"国际意识"是相对于"国家意识"或"民族意识"的派生词汇。朱锋认为："传统意义上所说的国际意识，指一个民族看待世界和自身关系的系统的理念和方法，就是一个国家的人民在国际系统中客观、准确、合理地定位自己、看待别人，并设定自己的目标与通往目标的道路的系统认识。国际意识也可以分为三个层次：认知世界的意象（world imagery）、了解他国的知觉（foreign perception）以及自我的期许（self-expectation）。"[4] 在国家认同中，国际意识和他者认同是紧密相关的。可以说，国际意识体现了主动自觉地了解外部世界并把本国的发展放到整个世界背景下来思考和谋划的胸怀。

在伦敦奥运会7月31日举行的羽毛球女双小组赛最后一轮，已获得小组出线权的 A 组中国组合于洋 / 王晓理和韩国组合金荷娜 / 郑景银、C 组韩国组合河贞恩 / 金旼贞与印度尼西亚组合波莉 / 乔哈里，在比赛中出现了"消极比赛"的不和谐画面，遭到了现场观众的质疑。8月1日，世界羽毛球联合会（简称"世

---

[1] 薛原. 为何"选择性失明"（奥运观察）[N]. 人民日报，2012-08-07（13）.

[2] 郭艳. 试论发展中国家的双重认同危机 [J]. 国际论坛，2007（1）：13.

[3] 央视回击叶诗文事件：官方已辟谣 外媒也鸣不平 [OL].2012-08-01[2012-08-30].http：//sports.cnr.cn/list/201208/t20120801_510430173.html.

[4] 朱锋. 爱国：中国人的骄傲与忧思 [J]. 中国与世界观察，2005（1）：57.

界羽联")发布公告,宣布涉嫌消极比赛的8名羽毛球女双选手违反了运动员行为条例,未尽全力去赢得比赛,做出了明显有辱于或有害于羽毛球运动的行为,取消其继续参加伦敦奥运会比赛的资格。

虽然中国体育代表团迅速发表了尊重世界羽联处罚决定的声明,但中国媒体和民众对国际羽联的处罚决定产生了较大分歧。截至当年8月3日上午8时,在近4000名网民参与的新华网"你如何看待运动员'消极比赛'"的调查中,超4成网友认为是"制度设置缺陷,不应取消资格",约31.1%的网友认为运动员"违背了体育道德和奥运精神",约20.9%的网友认为"为了更好的成绩,做法可以理解"。[1]中国媒体也出现了两种论调:批评中国羽毛球队战术部署和批评国际羽联规则不合理(见表6-5)。

表6-5 中国媒体关于"中国羽毛球女双消极比赛被取消比赛资格"的代表性报道

	批评国羽战术部署失当	批评国际羽联规则不合理
1	新华社:《中国队该醒悟了!》	《成都日报》:《过分谦恭便是懦弱》
2	新华社:《国羽输球又输人 丢人丢到家了!》	《成都日报》:《奥运羽毛球最灰暗一天》
3	《深圳特区报》:《"假打"并非一朝一夕》	《新文化报》:《申诉并不是斤斤计较》
4	《北京晨报》:《李永波 看球时请坐端正》	《成都日报》:《世界羽联最该道歉!》
5	《河南商报》:《该请林书豪为李永波们上一课》	《山东商报》:《规则不合理何谈奥运精神》
6	《长江日报》:《羞愧吧 别再狡辩!!》	《山东商报》:《更该骂的是世界羽联》

在对中国羽毛球队的批评中,新华社于8月1日播发的两篇评论文章被众多媒体转载,产生了重大影响。其中,《中国队该醒悟了!》一文站在"奥林匹克精神和公平竞争的体育道德"的高度,在指出"伦敦奥运会羽毛球比赛规则饱受质疑,被认为是诱发此次消极比赛的起因,世界羽联必须反思和整改"后,认为"这不能成为我们自我开脱的理由":"在奥运圣火映照下,中国体育人应该坚守信仰,应该分清是非,应该恪守底线。金牌背后,一个民族的尊严和品格更加重要!"《国羽输球又输人 丢人丢到家了!》一文则站在"现场观众"和"国家形象""体育精神"的角度,对中国体坛"主动求输"的现象给予了批评:"受'唯金牌论'的影响,我们竞技体育界的个别官员和教练,把比赛的输赢看得重于一切,为了金牌,常常做出令运动员形象受损,缺失体育精神的事情。其实,我们的运动员往往是无辜的,他们也是受害者。"对新华社的这两篇评论文章,既有叫好的:"《国羽输球又输人 丢人丢到家了!》《中国队

---

[1] 新华调查:网友如何看待"消极比赛"两种观点占上风[OL].2012-08-03[2012-08-30]. http://news.163.com/12/0803/13/8803KL5C00014JB5.html.

该醒悟了!》两篇重磅评论,在当时引起轰动,多家媒体纷纷转载,成为当时事件中的代表言论之一。"[1] 也有"口诛笔伐"的:"批评运动员没道德,批评运动员没体育精神,更甚的是,把民族尊严都给联系起来了,你是不是唯恐天下不乱?"[2]

在对国际羽联的批评中,CCTV 著名评论员白岩松在新闻频道《奥运1+1》栏目中的言论最具影响力:"我现在看到很多人抢起道德的棒子,开始把这个棒子往运动员身上打,质疑你为什么故意输球,太没有体育精神,等等。但是如果让羽联,甚至奥委会一些老爷们定下的荒唐的规则,出现了巨大问题,可是责任却让运动员来承担的话,我觉得一切都是不合理的。"对白岩松的观点,也是赞誉声与批评声同在:"正是央视和白岩松的及时引导,使国内少了对前方运动员情绪性的苛责,多了份宽容和理解,并引导国人理性思考'制度之病'。"[3] "一向以犀利、到位的评论风格著称的白岩松看来在这件事情上'剑走偏锋'了。其实,除了对中国选手'护短'的情绪之外,他的观点也代表了中国体育界不少人长久以来的一种思路,无非就是'金牌至上'的锦标主义和所谓'合理利用规则'的竞技实用主义。"[4]

在"羽毛球运动员消极比赛被取消参赛资格"事件中,中国媒体与民众的观点不同,态度迥异,一定程度上体现了中国民众在国家认同层面上"国际意识"和"民族意识"的差异和冲突。正如新华社记者所说:"这种辩论就是一种社会价值观冲突的缩影。"[5] 自1983年确定建设世界性通讯社目标以来,新华社经历了从"内外有别""内外并重、以外为主""对内引导国内舆论,对外影

---

[1] 中国体育报业总社新媒体中心.2012年伦敦奥运会中国媒体报道研究报告 [J]. 新闻与写作,2012(9):10.

[2] 七问新华社 [OL].2012-08-02[2012-08-30].http://c.360weBCache.com/c?m=0cee1d7670ea8652720f-c533a1576f74&q=%E4%B8%83%E9%97%AE%E6%96%B0%E5%8D%8E%E7%A4%BE&u=http%3A%2F%2Fblog.sina.com.cn%2Fs%2Fblog_a3be7b9501018427.html.

[3] 韩业庭.向观众交了一份满意的答卷:中央电视台伦敦奥运报道工作纪实 [N]. 光明日报,2012-08-20(1).

[4] 东方体育日报:白岩松的愤怒是在护短 [OL].2012-08-03[2012-08-30].http://2012.sina.com.cn/cn/bd/pl/2012-08-03/075836559.shtml.

[5] 新华社. 国羽闹剧引热议 凸显国人意识进步 [OL].2012-08-02[2012-08-30].http://2012.sina.com.cn/cn/bd/pl/2012-08-02/051833728.shtml.

响世界舆论",到"传播中国、报道世界"的变化,[1]越来越多地从"国际社会"的角度思考问题,报道问题。其两篇评论文章都是从普世的"体育精神""体育道德"视角出发,就是明证。与新华社等媒体从"国际意识"出发不同,一些中国媒体则基于"民族意识""国家意识",自觉地站在中国的立场上,维护中国选手的利益,维护中国的国家形象,冲突由此产生。

(二)价值认同:"金牌至上论"与"淡化金牌论"的冲突

"金牌至上论"是"举国体制"的必然结果:"在长期以来的举国体制模式下,政府对体育项目的投入浩大,一切都是围绕着大型比赛转,其中奥运会乃重中之重,并以金牌多寡作为重要考核指标。由于金牌数量决定着考核业绩,自然就会产生'金牌至上'的功利思维。"[2]"金牌至上论"使运动员沦为奖牌的"奴隶",无法享受体育竞技的乐趣,也束缚了社会体育的发展,使中国体育事业呈现出一种畸形的繁荣:一方面,竞技体育蓬勃发展,运动员在国际赛场上摘金夺银;一方面,社会体育基础薄弱,民众身体素质每况愈下。

经历过北京奥运会洗礼的中国民众,对待金牌更加理性,更加务实。在网易体育截至2012年7月10日的"关于哪个国家能夺得2012年奥运会金牌榜第一"的调查中,有超过15万人投票,其中选择美国的高达96%,选择中国的不足4%。与其说民众对中国奥运军团不自信,不如说中国民众的体育观发生了转变——要金牌,更要健康。中国奥运代表团成立当天(2012年7月10日),CCTV在晚间新闻中呼吁中国代表团放弃"唯金牌论",享受"竞技体育之美"。[3]白岩松则称:"中国人太多是电视机前的体育迷。我期待的是,我们都能成为体育的参与者,而不是观看者。在'后北京奥运时代',更多的人尤其是孩子投入体育,关注健康的生活方式,而不仅仅是金牌,才是该有的认知。"[4]

但观念的转变绝非一朝一夕的事儿。各大媒体上铺天盖地的首金报道、金牌榜、金牌故事、夺金点、金牌预测等炫目字眼,体现了中国人难以自拔的"金牌"情结。7月29日,17岁的湖南运动员周俊在伦敦奥运会女子53公斤级举重比赛中三次抓举失败——这是中国女子举重队在奥运参赛史上的首张"白卷",举国哗然。媒体在聚焦这一事件时,出现了对运动员的质疑和谴责声。有的报

---

[1] 吴廷俊. 中国新闻传播史(1978—2008)[M]. 上海:复旦大学出版社,2011:465-466.
[2] 黄竞竞. 淡看奥运金牌从伦敦开始 尽情去享受比赛的快乐[N]. 天天新报,2012-07-27.
[3] 王东,吴东. 从伦敦奥运会看中国记者的职业责任[J]. 新闻与写作,2012(9):27-28.
[4] 黄竞竞. 淡看奥运金牌从伦敦开始 尽情去享受比赛的快乐[N]. 天天新报,2012-07-27.

刊甚至将周俊称为中国女举"最耻辱一败",体现了"胜者王侯败者寇"体育理念的根深蒂固。无独有偶,7月30日凌晨,举重运动员吴景彪在男子56公斤级决赛中夺得银牌,之后屡次鞠躬,多次道歉,说"有愧于祖国""有愧于中国举重队",再次凸现了中国体育界"千银不如一金"的观念。所幸的是,中国媒体和民众随后展开了"吴景彪该不该道歉?道歉背后又有多少不为人知的心酸?"的讨论和思考。《人民日报》也在《既已尽力 何言有愧》的评论中,如实描述了比赛过程,准确分析了选手实力,得出了"输给这样强劲的对手,不能算是意外"的结论,起到了一定的引导作用。针对周俊事件,《人民日报》在深入报道了中国举重在选拔机制、省市平衡、补偿照顾等方面的问题之外,也对失利的周俊给予了一定的人文关怀:"这次失利,让中国举重队和某个省丢掉了枚'计划内'的奥运奖牌,而周俊的未来才让人更加担心。丢掉的奖牌还可以重新夺回,但一名年轻选手崩塌的信心,岂是轻易就能重新建立的?"[1]

但也有媒体人对"淡化金牌论"不以为然。针对刘翔"奥运会反正就是一场游戏"的言论,中央电视台体育评论员韩乔生认为,中国人还达不到把奥运会当成游戏的境界:"我觉得,金牌肯定要力争,不然违背了奥运会'更快、更高、更强'的精神,奥运会毕竟还是竞技体育的范畴,是最终通过金牌的争夺来体现的,武断地否认体育运动的竞争性,显然不妥。"[2]

中国媒体与民众关于"金牌至上论"和"淡化金牌论"的冲突,是工具理性和价值理性的冲突。中国体育要想健康发展,既要注重工具理性,也要追求价值理性,既要争取奖牌,也要追求人的全面发展和身心和谐。[3]

---

[1] 李中文. 做足奥运报道,有力引导舆论 [J]. 新闻与写作,2012(9):21.

[2] 韩乔生. 奥运是场游戏? 中国选手达不到这境界 [OL].2012-07-13[2012-08-29].http://2012.sohu.com/20120713/n348081563.shtml.

[3] Qing Luo, Wenting Xue,"Constructive or Confrontational? Chinese Media Reporting on London 2012," *The International Journal of the History of Sport*,2013,Vol.30,No.15,1709–1722.

结　语

李彬教授认为，新闻传播史的研究要实现三方面的转换：从微观的考据向宏观的把握转换，从表象的观察向深层的透视转换，从事实的描述向意义的阐发转换。[1] 在研究中，作者主要对新中国70余年体育新闻传播发展历程进行了微观的考据、表象的观察和事实的描述，同时也希望有宏观的把握、深层的透视和意义的阐发。为此，作者在研究过程中提出了几个问题并尝试作答。

一、关于体育新闻传播国家认同、民族认同建构功能的考察

在媒介社会学研究取向的变化中，隐含着关于新闻与社会实在之间关系的认识论命题，其中最主要的是反映论与建构论。反映论是一种具有唯物倾向的认识论，理论基础来源于人类对理性能力的确认以及19世纪科学主义哲学的出现和在此基础上形成的实证主义传统。对媒介传播来说，反映论关注的是媒介内容是否确切地反映了社会实在。建构论的主要观念则认为，人类对社会实在的认知和表述，不是一种镜子式的被动反映，而是一种主动的参与建构，理论基础来自于人们对现代性的反思、对人类理性能力的怀疑以及20世纪后现代哲学思潮的兴起。[2]

社会建构主义深刻地影响了以塔奇曼为代表的新闻建构论。塔奇曼指出，"新闻帮助建构一种共享的社会现象，因为在描述一个事件的过程中，新闻定义并建构了这一事件"。[3] 传播学者古德诺认为，新闻与其说是对世界上所发生事件的镜像反映，不如说是对有关社会现实的职业化建构，即新闻不是被新

---

[1] 李彬. 历史是新闻的定稿 [N]. 中国图书商报，2001-02-15.

[2] 张斌. 新闻生产与社会建构：论美国媒介社会学研究中的建构论取向 [J]. 现代传播，2011(1)：23.

[3] 塔奇曼. 做新闻 [M]. 麻争旗，刘笑盈，徐扬，译. 北京：华夏出版社，2008：174.

闻工作者简单传递，而是被新闻工作者再生产。[1]

那么，新中国体育新闻传播是否具备建构功能？建构了什么？该如何看待这种建构？这是本节希望能够探讨和思考的问题。

中国的新闻传播事业，从古至今主要是在政治功能的框架下变迁和发展的。中国古代报纸，最主要的功能就是传递朝廷的政令信息。在近代，外国人的在华办报活动虽然在中西方文化交流、促进中国近代报业发展方面产生了一些积极作用，但本质上是一种殖民主义文化侵略活动。早期中国近代报业史，则是一部中国人要求摆脱外国势力对传媒的控制，争取言论自由，从而表达国家民族意识的斗争史。[2] 民国时期的国民党报刊、共产党报刊以及民间报刊，也都"将忧国忧民、关注国内外形势并积极发挥舆论作用，视为自己的使命"。[3] 新中国成立以来，作为"党和人民喉舌"的新闻事业，更是将政治功能放在首位。

中国的体育新闻传播也非常重视发挥政治功能。在近代，体育救亡是中国体育新闻传播鲜明的政治主题。在当代，建构国家认同和民族认同是中国体育新闻传播的主要政治功能。

（一）关于国家认同、民族认同建构

认同原本是一个哲学与逻辑问题，由弗洛伊德移植到心理学研究中，后被广泛运用于人文和社会科学研究领域。认同具有多种含义，在不同学科中也有不同理解。亨廷顿在《我们是谁》一书中指出，认同"有多重意义，难以界定"，但"又不能不用"。[4] 王希恩则认为，认同是社会成员对自己某种群体归属的认知和感情依附。[5] 尽管定义不同，但"在任何给定的情形下，认同的本性就

---

[1] 张梅. 从社会建构主义到新闻建构论 [J]. 福建师范大学学报（哲学社会科学版），2011(1)：149-153.

[2] 卓南生. 从近代华文报业的演变看华文报的特征与使命 [N]. 新加坡联合早报，2003-02-16.

[3] 陈昌凤. 中国新闻传播史：传媒社会学的视角 [M]. 2版. 北京：清华大学出版社，2009：88.

[4] 亨廷顿. 我们是谁：美国国家特性面临的挑战 [M]. 程克雄，译. 北京：新华出版社，2005：20.

[5] 王希恩. 民族认同与民族意识 [J]. 民族研究，1995(6)：17.

是如何确定自我的边界"。[1] 因为区分"我者"和"他者"的边界不同,就会生产出多种多样的认同,如社会认同、性别认同、政治认同、文化认同、自我认同、民族认同、国家认同等。

国家认同和民族认同是社会成员因隶属于国家、民族而产生的归属认知和感情依附,是集体认同中最重要的两种认同。国家认同和民族认同既有差异性,又有一致性。差异性表现为:第一,认同的客体不同。国家认同的客体是"国家"。按照哈贝马斯的理解,现代意义上的"国家"是一个法学概念,具体所指是对内对外都代表着主权的国家权力,而空间上则拥有明确的领土范围,即国土;社会层面上指的是所有从属者的结合,即全体国民。[2] 民族认同的客体是"民族",是以共同血缘意识和祖先意识为核心,并具有共同历史与文化特质的人群共同体。第二,认同的基础不同。民族认同强调的是血缘和文化传统的重要性;国家认同则建立在以宪法为核心的公民身份基础上。一致性表现为:第一,民族认同是国家认同的基础和前提;第二,国家认同可以保护民族认同,并借助民族认同中的血缘和文化传统因素来取得。[3] 从性质上来看,民族认同更多的是一种文化认同,而国家认同则是一种基于政治合法性和意识形态的政治认同。在民族成员的认同层次结构中,国家认同处于最高的级序,优先于各种民族认同形式。[4]

关于媒介建构国家/民族这一"想象的共同体"的功能,安德森曾有过这样的阐述:"这些被印刷品所联结的'读者同胞们',在其世俗的、特殊的和'可见不可见'当中,形成了民族的想象的共同体的胚胎。"[5]

在新中国70余年波澜壮阔的历史长河中,体育人书写了一个又一个传奇,譬如容国团夺得中国体育史上第一个世界冠军,中国登山队从北坡登顶珠穆朗玛峰,"小球转动大球",女排"五连冠",许海峰摘得奥运第一金,刘翔创造110米栏历史,姚明成为NBA的中国名片,中国成功举办北京奥运会,李娜成为世界网球冠军,等。这些体育史上的传奇也成为中国媒体建构国家认同、民

---

[1] 刘国强.媒介身份重建:全球传播与国家认同建构研究[M].成都:四川大学出版社,2009:56.

[2] 哈贝马斯.包容他者[M].曹卫东,译.上海:上海人民出版社,2002:127.

[3] 张宝成.民族认同与国家认同之比较[J].贵州民族研究,2010(3):1-6.

[4] 高永久,朱军.论多民族国家中的民族认同与国家认同[J].民族研究,2010(2):32-34.

[5] 安德森.想象的共同体:民族主义的起源与散布[M].吴叡人,译.上海:上海人民出版社,2005:43.

族认同的重要素材。下面主要以《人民日报》的女排"五连冠"报道为例，结合其他时期的典型体育报道，来揭示中国体育新闻传播是如何建构国家认同、民族认同的。

（二）关于体育新闻传播建构国家认同、民族认同功能的描述

1981年11月，异军突起的中国女排在第三届世界杯女子排球赛中力挫日、美、苏，摘取桂冠，这是中国首次在集体球类项目中夺冠。此后，中国女排又相继在1982年第九届世界女排锦标赛、1984年第23届奥运会、1985年第四届世界杯女子排球赛、1986年第十届世界女排锦标赛中夺冠，成为第一支在世界女子排球历史上连续五次夺魁的队伍。"三连冠""四连冠""五连冠"也随之出现在国人的语汇中。

对于中国女排取得的这一优异成绩，中国媒体以空前的热情予以关注。中央电视台、中央人民广播电台发挥时效和符号优势，通过国际通信卫星向国内现场直播比赛实况，制造了"万人空巷""彻夜狂欢"的传播效果。报刊等平面媒体则以大版面、多数量、高规格，积极建构这一事件的重要性。以首次夺冠为例：《人民日报》不仅在头版对中国女排从小组赛到决赛的全部7场比赛进行了报道，夺冠次日更是罕见地以整个头版的篇幅报道女排，首获世界冠军的长消息还采用了红色大标题，赛后一个月内仅在头版位置就刊登了26篇相关报道。"每一份到达读者手中的报纸都是整个一系列选择的结果。"[1]"新闻报道不仅赋予自然事件以公共事件的存在方式，还赋予其特征，因为新闻报道通过对事件特殊细节和'特色'的选择性披露，帮助公众形成了关于事件的定义。"[2]选择、赋予的过程就是建构的过程。《人民日报》等媒体不仅建构了女排夺冠的重要性，也建构了国人对国家和民族的认同。

1. 新中国体育新闻传播对国家认同的建构

关于国家认同，有研究者认为其包括以下几层渐次递进的意思：异同感、归属感、忠诚感、理想感和立场感。[3] 就笔者看来，改革开放前尤其是新中国成立初期，因为中国体育尚处在破旧立新阶段，中国媒体主要从异同感、归属感上建构国家认同；改革开放后，随着中国体育事业的腾飞，中国媒体主要从

---

[1] 张斌. 新闻生产与社会建构：论美国媒介社会学研究中的建构论取向 [J]. 现代传播，2011(1)：25.

[2] 塔奇曼. 做新闻 [M]. 麻争旗，刘笑盈，徐扬，译. 北京：华夏出版社，2008：179.

[3] 苏晓龙. 当代中国国际意识的变迁与国家认同的重构 [D]. 济南：山东大学，2009.

归属感、忠诚感和理想感三方面对国家认同进行了建构。

(1) 关于国家异同感的建构

认同本质上是个比较性的概念，正如赵汀阳所说："人只有需要区别于他人才有必要给自己定位，而且，自己的定位只有以他人为条件和参照才成为可能。"[1] 艾瑞克·霍布斯鲍姆则指出："集体认同是从消极意义上界定的，也就是从与其他人对立的角度来定义的。'我们'之所以认为我们自己是'我们'，是因为我们与'他们'不同。如果不存在与我们相区别的'他们'，我们就不必称'我们'是我们自己。没有外人就不存在内部人。"[2] 同样，国家认同也必须以有他国存在为前提。人必须有关于"我国""他国"的区分，必须感受到自己拥有某些与"他国"国民不一样的特性，而正是特性给予自己一种身份感。[3]

新中国成立初期，面对以美国为首的西方资本主义国家的政治孤立和"台湾当局"的觊觎，新中国媒体通过批判"旧体育"和资本主义体育、肯定"新体育"和社会主义体育的方式，对新中国及其社会主义制度进行了积极建构。

第一，批判"旧体育"，宣传"新体育"，建构新中国体育与旧中国体育、新中国与旧中国的不同。新中国成立初期，中国媒体时常将新中国体育与国民党时期的体育进行对比，以此来说明新中国的体育是人民的体育，新中国是人民的中国。譬如"在国民党反动统治的年代里，人民大众的体育是遭受着种种摧残的，国民党政府对于最大多数人民的健康是根本漠不关心的……我们所提倡的体育是民族的、科学的、大众的体育，就是新民主主义的体育""随着中华人民共和国的诞生，我们就必须给予中国的体育一个新生命。使它能为国防与生产服务，使它成为民族的、人民大众的、科学的教育工具。能保卫祖国和增进祖国人民的健康和幸福"。[4]

第二，批判资本主义体育，赞美社会主义体育，建构社会主义体育和资本主义体育、社会主义和资本主义的不同。策略是采取"扬苏抑美"的方式——对苏联等社会主义国家体育的报道是正面的、肯定的、赞扬的，对美国等资本主义国家体育的报道则是负面的、否定的、批判的，以此来建构社会主义制

---

[1] 赵汀阳. 没有世界观的世界：政治哲学和文化哲学文集 [M]. 2版. 北京：中国人民大学出版社，2005：63

[2] 霍布斯鲍姆，周红云. 认同政治与左翼 [J]. 马克思主义与现实，1999(2)：36.

[3] 苏晓龙. 当代中国国际意识的变迁与国家认同的重构 [D]. 济南：山东大学，2009.

[4] 体育大会开幕典礼上聂荣臻市长讲演词 [N]. 人民日报，1949-10-23(1).

度的优越性。如《人民日报》在苏联体育报道的标题和正文中频繁出现"冠军""第一""优胜""胜利""领先""占先""成功""优异成绩""前沿""名列前茅""世界纪录"等字样。而"共产党领导""社会主义制度""共产主义理想"则被视为苏联体育事业发展并取得突出成就的根源,如"苏联的体育运动能够在较短的时间以内,获得如此辉煌的成就,是与社会主义制度的无比优越性分不开的,是与苏联共产党和苏联政府对体育运动的关怀分不开的,是与苏联共产党领导苏联人民建成社会主义社会并向共产主义社会迈进的伟大胜利分不开的"。[1] 为建构对共产党领导、社会主义制度和共产主义理想的认同,《人民日报》还将苏联与其他资本主义国家进行比较,并凸显社会主义国家的体育成就,如"苏联体育事业的成就,已使社会主义国家的体育运动远远地超过了一切资本主义国家而稳固地站立在世界最高的水平上面"[2]"在运动场上出现了东风压倒西风的局面"。[3]

(2) 关于国家归属感的建构

归属是指"一个存在物经由辨识自己与他物之共同特征,从而知道自己的同类何在,肯定了自己的群体性"。[4] 当归属群体的层次定位在国家时,这种归属感就是国家归属感。

社会主义改造完成后,随着中国竞技体育事业的初步发展,中国运动员开始在国际赛场上崭露头角,如陈镜开打破最轻量级挺举世界纪录、容国团获乒乓球世锦赛冠军等,中国媒体报道中时常出现"我国运动员""新中国运动员""祖国""国家之光"等词语。1958年后,新中国因与大多数国际体育组织中断联系而远离了国际赛场,只能以"破纪录"的方式与西方国家展开竞争,并树立大国形象。对应中国体育界破纪录的追求和国人对破纪录的期待,《人民日报》等媒体关于破纪录的报道从1956年开始增多。中国媒体最关注的是中国运动员创造的世界纪录,也非常关注西方媒体对中国运动员打破世界纪录的报道。中国媒体热衷报道"破纪录",并凸显"我国""中国""祖国"等词汇,旨在突出中国体育事业的进步,增强运动员和国人对新中国的归属感,如"他(陈镜开)在观众的鼓舞下,干净利落,成功地举起了这个重量。随即会场上

---

[1] 贺龙. 苏联的体育运动是推动共产主义建设的力量 [N]. 人民日报,1954-09-08(3).

[2] 学习苏联的先进体操运动 [N]. 人民日报,1953-09-22(3).

[3] 运动场上东风压倒西风 苏联田径队击败美国队 [N]. 人民日报,1958-07-30(1).

[4] 苏晓龙. 当代中国国际意识的变迁与国家认同的重构 [D]. 济南:山东大学,2009.

升起了中国的五星红旗,乐队高奏中国国歌,宣布中国运动员的胜利"[1]"当比赛总裁判授予陈镜开金质奖章和奖状时,会场上升起了中华人民共和国国旗,并奏中国国歌,各国运动员和观众欢呼不止,并纷纷向陈镜开祝贺"。[2]

尽管中国竞技体育在20世纪五六十年代取得了一些成绩,但真正的腾飞则是在改革开放之后,其中最让世人和国人瞩目的当属中国女排在80年代的"五连冠"。中国媒体通过体育报道建构对国家的归属感,也表现得淋漓尽致。

第一,通过"我国""祖国""我们"等称谓建构对国家的归属感。在中国媒体关于女排"五连冠"的报道中,关于国家的称谓主要有三种:"中国""我国""祖国"。其中,"中国"这一相对客观、中性的称谓,主要用于"中国女排""中国女子排球队"这样关于名称的表述。除此之外,媒体在报道语言和引用语言中大量使用"我国""祖国"这样的称谓,如"中国女子排球队赢得第三届世界杯赛冠军的喜讯传遍祖国大地,十亿人民欢欣鼓舞""京津沪群众热烈庆贺我国女排荣获世界杯赛冠军,决心用更大干劲搞好生产搞好工作"。"我国"即"我的国家"或"我们的国家"之意,带有非常明确的归属感。"祖国"是个古词,指祖籍所在的国家、根源所在的国家,在国家观念上是对血缘关系的推衍,后来又增加了"自己的国家"的今义。据考证,国人称呼自己的国家为"祖国"是从清末留日学生开始的。[3] 此外,在传统文化心理中,人们通常把"一片固定疆土"称为祖国,并赋予其生生不息和传宗接代的含义,予以崇拜、爱惜和捍卫。人们也因此把祖国喻为母亲,因为母亲是繁衍生命最直接的载体。在中国女排首次夺冠后,《人民日报》先后在两首歌颂女排的诗歌中将"祖国"誉为"母亲":"谁都是中国母亲的孩婴,祖国和党是我们的家庭。"[4]"女排姑娘,用万顷汗水,为祖国写下璀璨的诗篇!祖国呵,母亲!一切为了您,这欢乐的主旋律永远回旋……"[5] 可见,"祖国"不仅具有明确的归属感,还带有强烈、炽热的感情色彩。不仅如此,媒体还将"祖国""我国"与"十亿人民""全国人民""女排""郎平"紧紧联系在一起,并大量使用"我们""我女排"这样的代词,在运动员与国家、运动员与民众、民众与国家、传者与受众、

---

[1] 陈镜开 黄强辉双获冠军 [N]. 人民日报,1958-03-10(7).

[2] 陈镜开首创世界纪录 [N]. 人民日报,1957-08-08(6).

[3] 杨慧,王向峰. 中华民族共有的最高诗情:"祖国母亲"考辨 [J]. 社会科学辑刊,2007(1):221.

[4] 胡乔木. 中国女排之歌 [N]. 人民日报,1981-11-30(8).

[5] 晏明. 夺冠之歌:给中国女子排球队 [N]. 人民日报,1981-11-18(8).

受众与受众之间建立了一种广泛的内在的联系，从而在受众内心唤起了一种对于国家的归属感。

第二，通过"自我中心主义"建构对国家的归属感。亨廷顿说："群体的自我中心主义会让人有理由证明自己比别人强。"[1]如美国媒体的国际新闻关注的是那些要么跟美国人有关，要么和美国利益有关的新闻故事。在女排"五连冠"报道中，中国媒体也采取"自我中心主义"，着力报道中国女排参与的赛事或对中国女排夺冠有重大影响的比赛。1984年洛杉矶奥运会期间，因日本志在"打败中国女排"且实力不可小觑，中国媒体除报道中国女排外，还报道了《阵容强大的日本女排陪练团》《日本女排展开"间谍战"，在洛杉矶市布下严严实实的侦察网》等报道。1985年世界杯赛期间，鉴于古巴队是中国女排夺冠的最强劲对手，《人民日报》相继刊登了《访古巴女排教练》《令人震惊的"加勒比旋风"——苏古女排之战观后》《"星外来人"——路易丝：惊人的弹跳，凶猛的扣杀》等报道。在这里，无论是日本女排还是古巴女排，都是作为"他者"——中国女排的竞争对手出现的。这种心理造出了"敌人"的理念，使受众产生了对"我者"——中国的归属感，因为"只要能在心理上跟另一批人为敌，我们自己就会加强凝聚力，从敌我对比之中得到满足"。[2]

中国媒体建构的是怎样一个中国呢？就女排五连冠报道而言，中国媒体积极建构的是共产党领导下的社会主义制度的中国。以首次夺冠报道为例：中国排球代表团团长陈先在接受新华社、《人民日报》、《体育报》、《新体育》记者采访时，将中国女排夺冠的主要原因归结为"社会主义制度的优越性和党的正确领导"。《人民日报》等媒体还刊登了女排教练袁伟民、国家体委顾问荣高棠的讲话摘要，荣高棠在讲话中直接阐明了社会主义制度的优越性和党的领导作用："全国冠军队不去拿冠军，抽出主力队员帮助别人练习，这在资本主义国家能够办到吗？我们的国家可以办到，这就是社会主义制度好啊！""有人说打球没有党的领导也行，这不对。我们女排每次重要比赛之前都是先开党员会，接着开团员会。"党和国家领导人也强调女排夺冠对社会主义建设的激励作用，如宋任穷在题为《中国青年要有这样的志气》的文章中说，女排夺冠是革命意志的胜利，是集体主义的胜利，各行各业都要向女排学习，用优异的成绩为建

---

[1] 亨廷顿. 我们是谁：美国国家特性面临的挑战[M]. 程克雄，译. 北京：新华出版社，2005：24.

[2] 亨廷顿. 我们是谁：美国国家特性面临的挑战[M]. 程克雄，译. 北京：新华出版社，2005：23.

设社会主义的物质文明和精神文明贡献力量。[1]《人民日报》还通过民众来建构对"社会主义制度"和"党的领导"的认同。如复旦大学学生表示，要学习中国女排为国为民争光的精神，发奋读书，努力把自己培养成为社会主义四化建设的有用之材。复旦大学校长苏步青则说："通过我国女排的胜利，更能激发起我们对党对社会主义的热爱。"[2]这些报道虽然不具备强制特征，却可能引发从众、模仿、暗示等心理效应，从而为民众认同心理的发生、发展提供参照。

（3）关于国家忠诚感的建构

归属感的进一步发展是对国家的热爱、奉献和效忠，即忠诚感，体现为对国家历史、文化、传统的尊重和热爱，对国家制度、法律、政策的支持和服从，以及愿意为国家利益奉献和奋斗的热忱。

早在20世纪五六十年代，媒体已经开始通过国旗、国歌等国家象征物的媒介再现及"为国争光"等典型话语建构对国家的忠诚感。"五连冠"时期乃至今日，媒体采取的依然是类似的建构方式。

第一，通过国家象征物的媒介再现建构对国家的忠诚感。"国旗、国歌和国徽是一个独立国家用以宣布自己的认同和主权的三个象征，由此它们立刻赢得了尊敬和忠诚。他们自身也反映了一个国家的整个背景、思想和文化。"[3]国旗、国歌是世界各国爱国主义教育的重要组成部分，也是国际赛事仪式的重要组成部分，尤其是颁奖仪式的重头戏。在女排五次夺取世界冠军的历史时刻，升国旗、奏国歌的场景一再上演，而媒体也以各自的方式再现这一场景并努力建构国人对国家的热爱和忠诚。《人民日报》在中国女排夺冠报道中都会出现"国旗"或"五星红旗"、"国歌"或"义勇军进行曲"的字样，并在其前后出现"庄严""鲜艳""雄壮""嘹亮""高高升起""徐徐升起""冉冉升起"等字样。这些词汇无疑会在读者心底唤起一种想象，唤起一种神圣、庄严的感觉。在有关"国旗""国歌"的报道中，媒体建构国人国家忠诚感的视角是多样的，既有女排队员的自豪——"在世界杯的排球赛场上，第一次升起五星红旗，第一次响起我们的国歌，我们第一次尝到世界冠军的滋味。我们站

---

[1] 新华社. 邓颖超宋任穷撰文赞扬中国女排 各行各业都要学习女排精神[N]. 人民日报，1981-11-18(1).

[2] 新华社. 决心用更大干劲搞好生产搞好工作[N]. 人民日报，1981-11-18(4).

[3] 霍布斯鲍姆，兰格. 传统的发明[M]. 顾杭，庞冠群，译. 南京：译林出版社，2004：13.

在领奖台上,眼里含着喜悦的泪水,从内心感到做一个中国人的自豪。"[1] 也有国人的骄傲:"当庄严的五星红旗在日本大阪市府立体育馆升起时,我们都情不自禁地高声唱起国歌,我们为做一名新中国的少年儿童而自豪",[2] 既有党和国家领导人的赞誉——"听奏起国歌,看升起国旗。这一天盼来了,捧着奖杯,怎禁得激动的泪泉横溢",[3] 还有媒体人的兴奋——"在庄严的中华人民共和国国歌声中,五星红旗高高升起。这是光荣的时刻,这是欢乐的时刻"。[4]

第二,通过"爱国主义"话语建构对国家的忠诚感。列宁曾对爱国主义做过精辟的论断:"爱国主义就是千百年来固定下来的对自己的祖国的一种最深厚的感情。"[5] 女排夺冠大大激发了国人的爱国主义,媒体也在报道中大量使用"为国争光""爱国主义"这样的语汇,在赞扬中国女排的同时,积极建构国人对国家的忠诚。媒体主要以三种方式建构女排和国人的爱国主义。第一,通过女排教练员、运动员直接引语的方式进行建构。女排首次夺冠后,《人民日报》刊登了《女排英雄的心声》一文,撷取的都是女排姑娘们饱含爱国激情的语言,如"能够为祖国、为人民争得荣誉,这就是我们运动员最大的幸福,最大的快乐""我们的目标和愿望就是要拿世界冠军,打出好名次,为祖国争光"。第二,通过各级各类组织的贺电以及党和国家领导人的讲话,对女排姑娘们"为国争光的行为"给予充分赞誉。如国务院在贺电中说:"你们刻苦锻炼、顽强战斗,获得了冠军,为祖国争了光,为人民立了功。"第三,媒体以报道和评论语言直接进行建构。众所周知,本报评论员文章体现的是编辑部的立场、观点和态度。在女排首次夺冠后,《人民日报》在题为《学习女排,振兴中华》的本报评论员文章中指出:"群众的爱国热情是极可宝贵的,要细心地加以保护和发扬。我们特别要求各级领导干部要利用这次机会,进行一次爱国主义的教育,把群众的爱国热情引导到现代化建设中去。"

(4)关于国家理想感的建构

认同不仅牵涉到"我是谁"的问题,而且牵涉到"我想成为一个什么样的人"这种和普遍道德意识相关的规范性问题。赵汀阳提出:"自我认同是个把

---

[1] 新华社. 中国女排写信感谢全国人民的祝贺和勉励,决心与人民一起为振兴中华拼搏[N]. 人民日报, 1981-12-11(1).

[2] 新华社. 女排精神激励着亿万颗心[N]. 人民日报, 1981-12-05(4).

[3] 胡乔木. 中国女排之歌[N]. 人民日报, 1981-11-30(8).

[4] 本报评论员. 学习女排,振兴中华[N]. 人民日报, 1981-11-17(1).

[5] 中共中央编译局. 列宁全集(第28卷)[M]. 北京:人民出版社, 1955:168.

自己理想化的表述，它经由表达'是什么'的知识论断暗中演变成表达'想是什么'或者'相信是什么'的价值预期[1]。"

就理想感而言，《人民日报》的女排"五连冠"报道通过"以女排为榜样，为四化做贡献"的主题，积极建构"四个现代化"（即工业、农业、国防和科学技术现代化）的中国。第一，积极报道国人被女排夺冠激发的建设热情。对此，《人民日报》相继刊登了《京津沪群众热烈庆贺我国女排荣获世界杯赛冠军，决心用更大干劲搞好生产搞好工作》《以女排为榜样，为四化做贡献——中国女排的胜利鼓舞了广大群众的生产、学习热情》等报道。第二，刊登本报评论员文章，引导国人学习女排精神，进行现代化建设："用中国女排的这种精神去搞现代化建设，何愁现代化不能实现？振兴中华，不能空谈。对于这次比赛的胜利，我们不能只是高兴一阵，庆祝一番就完了，最重要的是学习中国女排的精神，并把这种精神落实到自己的工作中去。"[2] 第三，刊登以"学女排，见行动"为主题的报道，如《她们重新穿起工作服》《精心操作埋头苦干》《"到祖国最需要的地方去！"》等，号召广大群众持之以恒，经久不渝，加快"四化建设的进度"。

2. 新中国体育新闻传播对民族认同的建构

在"民族国家"理念影响下，多民族国家在建构国家作为一个法律上的政治共同体的同时，也往往致力于建构一种国家层面的包含国内所有族类共同体的更高层次的国家民族。[3] 中国媒体的女排"五连冠"报道在建构国家认同的同时，也在建构一种"国家民族"认同——"中华民族"认同。

（1）关于"中华民族"的建构

中国不仅有56个相互区别的民族实体，还有一个更高层次上的"中华民族"，这就是费孝通提出的"中华民族多元一体格局"："中华民族是包括中国境内56个民族的民族实体，并不是把56个民族加在一起的总称，因为这些加在一起的56个民族已结合成相互依存的、统一而不能分割的整体，在这个民族实体里所有归属的成分都已具有高一层次的民族认同意识，即共休戚、共存亡、共荣辱、共命运的感情和道义。这个论点我引申为民族认同意识的多层次论。多元一体格局中，56个民族是基层，中华民族是高层。"费孝通还指出："中华民族作为一个自觉的民族实体，是近百年来中国和西方列强对抗中出现的，但

---

[1] 苏晓龙. 当代中国国际意识的变迁与国家认同的重构 [D]. 济南：山东大学，2009.

[2] 本报评论员. 学习女排，振兴中华 [N]. 人民日报，1981-11-17(1).

[3] 高永久，朱军. 论多民族国家中的民族认同与国家认同 [J]. 民族研究，2010(2)：28-29.

作为一个自在的民族实体则是几千年的历史过程所形成的。"[1]

中国媒体在女排"五连冠"报道中，积极建构"中华民族"的认同。如在《人民日报》女排首次夺冠的94篇相关报道中，出现"汉族"的次数为0，出现"中华民族"字样的报道却多达43篇，如"中华健儿有信心、有志气在世界体坛上称雄，中华民族一定能振兴！""我们这个国家，是充满拼搏精神的国家，我们中华民族是敢于为美好理想拼搏的民族"。

关于"中华民族"，学界有广义和狭义之分。狭义的"中华民族"，其人民基础严格限制在版图之内，即中华人民共和国版图之内的所有中国公民，包括广大港、澳、台人民及侨居在国外未放弃中国国籍者。广义的"中华民族"则将不拥有中国国籍的海外华人也纳入其中。[2] 就女排"五连冠"报道而言，中国媒体建构的主要是狭义的"中华民族"。譬如宋世雄在女排实况转播时通常以"各位听众、各位观众，台湾同胞们、海外侨胞们"为称呼语。而邓颖超在女排"三连冠"后写给女排的信中指出，女排"为中华民族争了光"，这"是中国各族人民包括台湾海峡两岸各族人民和所有爱国侨胞的光荣"。《人民日报》除了在一般意义上使用"中华民族"的称谓之外，还非常关注香港、台湾等地民众和海外华侨的反应，刊登了《香港同胞欢呼雀跃，纷纷致电祝贺》《海外赤子一片心》《太平洋水深不及侨胞爱国情》等新闻，对女排夺冠为他们带来的自豪感进行了报道。

（2）关于"女排精神"的建构

"女排精神"是中国女排通过努力拼搏而形成的一种向上的精神力，它所蕴含的意义早已超越体育范畴，成为中华民族的精神财富。较早讴歌女排精神的是中国著名报告文学作家鲁光。他在报告文学《中国姑娘》中，讴歌了女排姑娘"坚韧不拔的精神""英勇顽强的精神"和"为祖国荣誉而搏的精神"。刊登《中国姑娘》的《当代》杂志本应在1981年10月出版，但到11月世界杯排球赛开始时却还耽搁在印刷厂里。[3] 但负责中央电视台世界杯排球赛现场解说的宋世雄在赛前搜集资料时，得到了《中国姑娘》的复写稿，并在女排夺取桂冠时赞美了姑娘们的拼搏精神："诗人们，希望你们写首诗吧！作家们，希望你们写一篇文章吧！讴歌我们女排的姑娘们，赞美中国姑娘的拼搏精神！"

随着女排夺冠消息的传播和学习女排浪潮的掀起，"女排精神"开始在媒

---

[1] 费孝通. 中华民族多元一体格局[M]. 北京：中央民族大学出版社，1999：序3.

[2] 周建新. 关于"中华民族"称谓的思考[J]. 贵州民族研究，2000(3)：4-5.

[3] 孔章圣. 红色魔女有知音：叫响"中国女排精神"的前前后后[J]. 翠苑，2000(5)：4-6.

体上频繁出现,并叫响神州大地。仅《人民日报》就在女排首次夺冠后的19篇文章中出现了"女排精神"字样:女排夺冠次日,在题为《体委、体总、全总、团中央、青联、学联、妇联分别致电,祝贺中国女排获世界杯冠军》的报道中,全国妇女联合会(简称"妇联")率先使用了"女排精神"这一提法:"向你们学习,向你们致敬,让'女排精神'在我国四化建设的道路上永放光辉!"其他组织则在贺电中高度赞扬了中国女排"顽强战斗、勇敢拼搏的精神""团结战斗的精神"等。时任全国妇联主席的邓颖超还在《体育报》上发表题为《各行各业都来学习女排精神》的文章,祝贺中国女排的胜利,勉励各行各业的人民群众都来学习"中国女排的精神"。《体育报》还在首次夺冠次日以头版套红出版的方式"向为祖国荣誉拼搏的中国女排英雄致敬",并发表题为《民族精神的凯歌》的社论,赞扬女排姑娘"打出了国威,打出了中国人民的志气,打出了中华民族的精神"。《人民日报》还刊登了马萧萧撰写的三篇文章,题目分别是《为祖国何惜年华——一赞女排精神》《吹尽狂沙始到金——二赞女排精神》《生命光华在于搏——三赞女排精神》,认为"女排精神"显示了"八十年代中国青年奋发向上的精神风貌"。郎平也在"三连冠"后说:"今后我们不管是胜是败,都要保持团结合作的精神,这是体育精神,也是中华民族的精神。"[1]

(三)关于体育新闻传播建构国家认同、民族认同功能的阐释

1. 建构国家认同、民族认同是时代的需求

新中国成立初期,中国共产党、社会主义中国得到了人民群众的高度认同。这种认同来自抗日战争中共产党的主张和表现,来自解放战争中两条道路的较量,来自新中国成立后短短几年内发生的变化。但后来,一方面,党的指导思想逐渐"左"倾,日益倾向于依靠不断发动各种政治运动来塑造国家认同;一方面,广大干部群众对党和国家的认同逐渐集中到毛泽东个人身上,并发展为个人崇拜。"文化大革命"期间,人们对国家的政治认同是扭曲的,对国家的文化认同也遭到了侵蚀。[2] 改革开放初期,国人既要对"文化大革命"进行反思,又要面对中国与世界发达国家之间的巨大差距,由此陷入了前所未有的思想迷茫和精神空虚,甚至产生了"三信危机"——信心危机、信仰危机、信念危机。国家认同、民族认同的建构和重塑问题迫在眉睫。1981年3月20日深夜,广播里传来消息:在世界杯排球赛亚洲区预赛的关键战役中,中国男子排球队

---

[1] 梁丽娟. 归国途中 [N]. 人民日报,1984-08-15(2).
[2] 苏晓龙. 当代中国国际意识的变迁与国家认同的重构 [D]. 济南:山东大学,2009.

先输两局，后连扳三局，以3∶2的战绩赢得比赛，取得参加世界杯排球赛的资格。北大校园一片欢腾，学生们拥出宿舍楼，最后索性跑到街上游行，并高喊"祖国万岁""中国万岁""团结起来，振兴中华"等口号。其中，"团结起来，振兴中华"这句口号得到快速传播，成为改革开放初期的历史最强音。[1] 之后，中国女排横空出世，在最能象征国家整体实力的集体项目中登上了世界最高领奖台，为重振国人的精神提供了契机，并成为媒介建构国家认同、民族认同的绝佳素材。女排首次夺冠的那一夜，激动的人们聚集在天安门广场，彻夜高呼"中国万岁，女排万岁！"。在之后不到一个月的时间内，中国女排收到贺信、贺电和各种纪念品达3万多件。除表示庆贺外，国人谈论更多的是"精神""国魂""理想""信心""希望"。可以说，在全国人民着力进行改革开放，建设社会主义四个现代化的特别时期，女排姑娘在竞赛场上的优异表现迎合了时代的需要、国家的需要和民众的需要，成为鼓励民众建设四化的精神动力，成为媒介建构国家认同、民族认同的绝佳素材。正如社会学家王春光所说："改革开放早期阶段，国人猛地意识到与世界的差距，而变得有些失落和彷徨。因此在这一背景下，'女排精神'广为传颂，其实就是在向国人和全世界庄严宣告中华民族崛起的信心和能力。"[2]

2. 建构国家认同、民族认同是新中国体育新闻传播的重要政治功能

体育以及体育新闻传播的国家认同、民族认同建构功能早在新中国成立初期就引起了国人的关注。1959年容国团夺得第25届世界乒乓球锦标赛冠军和1961年中国乒乓球队夺得男子团体冠军、男女单打冠军的优异成绩，在国内掀起了持续至今的"乒乓热"，大大鼓舞了国人的自信。容国团"人生难得几回搏"的名言也带给国人很多激励。

改革开放后，随着中国体育的蓬勃发展和中国融入世界的姿态，中国媒体通过对我国体育事业蓬勃发展和运动员体育成就的报道，通过国歌、国旗等象征符号和"祖国""中华民族"等关键词的使用，展示了中国和中华民族的崛起，宣扬了爱国主义和拼搏精神，在国家认同、民族认同的再现与建构中扮演了重要角色。1981年3月，当中国男子排球队3∶2战胜南朝鲜队时，新华社在题为《"团结起来，振兴中华！"》的特写末尾写道："'团结起来，振

---

[1] 恢复高考30年回顾：知青请愿要上学 [OL].2009-09-01[2010-08-19].http://news.qq.com/a/20090901/003238_1.htm.

[2] 中国女排：八十年代的全民超女 [N/OL]. 信息时报，2008-10-09[2010-08-19].http://news.sina.com.cn/c/2008-10-09/040414547412s.shtml.

兴中华！'这是富有光荣革命传统的北大学生的喊声。这是十亿中国人民的共同心声。"[1]1982年12月，中国代表团首次超越日本位列亚运会金牌榜首位，《人民日报》在头版发表评论员文章称："这个巨大的成就，给正在贯彻十二大精神，努力开创社会主义现代化建设新局面的我国各族人民极大的激励和鼓舞。"[2]1984年洛杉矶奥运会期间，《体育报》发表了《为"零"的突破拼搏，为中华崛起奋进》《我们的中国心》《国魂颂》等一系列报道。

北京奥运会是新中国历史上的重要里程碑，其"无与伦比"的成功以及中国运动员取得的举世瞩目的成绩，自然成为建构国家认同、民族认同的最佳契机。中国媒体在报道奥运赛事的同时，充分利用媒介的议程设置功能，通过对与奥运活动相关事件的精心选择、整理、过滤，通过一系列奥运话语，实现了国家认同、民族认同的再现与建构。据研究，超过九成的中国民众因为北京奥运会感到了强烈的民族自豪感，认为奥运会很好地提高了国际声望，树立了良好的国际形象，振奋了民族精神，激发了爱国主义。[3]

还以女排为例。2004年，当中国女排时隔18年后在雅典奥运会上再夺世界冠军时，何振梁曾饱含深情地说："只要所有的中国人都有女排这样的精神，不服输，不放弃，我们的国家会更加强大，女排精神是我们民族的自豪。"2011年，《人民日报》在纪念建党九十周年的报道中指出："奋力拼搏的中国女排精神，值得我们中华民族永远珍惜秉承，发扬光大！"[4]2015年9月，中国女排以10胜1负的战绩重登世界杯冠军宝座，媒体评论说："女排是三大球中唯一夺得过世界冠军的球队，承载着国人太多的荣耀记忆。"[5]2016年里约奥运会上，以小组第四艰难出线的中国女排在淘汰赛中愈战愈勇，逆转巴西，苦战荷兰，力克塞尔维亚，第三次站上奥运会最高领奖台，第九次站在世界之巅。瞬时，女排夺冠的消息和对女排精神的赞颂占据了通讯社、报刊、广播、电视、新媒体的头条。《北京晚报》不但在当日刊登夺冠消息、人物特写、读者观点，还于次日发表读者来稿《"女排精神"就是"中国精神"》和该报记者撰写的《女排精神：诞生 1981—1986 30年磨砺锻造第一段传奇》《女排精神：传承 2001—

---

[1] 毕靖，徐光耀."团结起来，振兴中华！"[N]．人民日报，1981-03-22(2)．

[2] 不骄不馁 永远向前：祝贺第九届亚运会圆满闭幕[N]．人民日报，1982-12-04(1)．

[3] 柯惠新，王兰柱，等．媒介与奥运（北京奥运篇）：一个传播效果的实证研究[M]．北京：中国传媒大学出版社，2010：92．

[4] 中国女排五连冠[N]．人民日报，2011-03-31(5)．

[5] 李长云．女排姑娘，威武霸气[N]．人民日报，2015-09-07(23)．

2004 陈忠和开启第二个黄金时代》《女排精神：创新 2013—2016 郎平锻造中国女排年轻一代》，系统回顾了中国女排的辉煌之路。这些文字无一不在建构着对国家和民族的认同，譬如"'女排精神'在20世纪80年代照亮了50后、60后甚至70后，'女排精神'今天必将凝聚80后、90后乃至00后。'女排精神'其实就是'中国精神'，我本自然，舍我其谁？"[1] "35年来，中国女排一直拥有光荣传统，35年来，中国人用顽强和智慧追求着民族复兴的梦想，中国女排的写照就是一部中华民族不懈奋斗的心灵史诗"。[2] 2019年，中国女排再次问鼎世界杯，新华社发表时评，称赞女排精神，建构国家认同："始终有一种感动，叫女排精神。始终有一种骄傲，叫五星红旗。始终有一种告白，叫祖国万岁！"[3]

3. 建构国家认同、民族认同是世界各国体育新闻传播的重要功能

体育作为国际政治因素出现，是从1896年首届现代奥运会允许运动员和运动队展示本国国旗和其他象征物开始的，此举在世界范围内形成了奥运会和国家独立主权的重要联系。从此，国际体育比赛不单纯具有运动学意义，还具有政治学意义：同意国家间的竞赛意味着相互承认，拒绝体育竞赛意味着否认他国的独立主权；体育比赛的结果象征着政治和意识形态的优劣、综合国力的强弱等。可以说，借助体育赛事尤其是国际体育赛事建构和强化国家认同、民族认同，已成为世界各国的共同做法，而这种建构通常要借助于媒体的力量。有西方学者在关于英国媒介的研究报告中指出，国家这一抽象的集体因"过于庞大而很难由个体把握"，归属的感觉和集体中"我们"的感觉不得不持续地被可以证明身份的机会所再生产，而媒介正是进行这种再生产的潜在机构，体育则为这种情绪的滋生提供了重要的象征性事实。[4] 有研究表明，英国媒体的1996年欧洲杯电视报道加强了对"我"或者"我们"的区别于他国的英国认同的强烈情绪，而不是作为欧洲人的"我们的镜像"。在这方面，即使是作为世界霸主的美国也不例外。北京奥运会期间，由于中国以51枚金牌取代美国占据了金牌榜第一的位置，一向采用金牌数排名法的美国，利用传媒帝国的全球影响力广为宣传与号召，扮演了奖牌数排名法的召集者和主要支持者的角色。有

---

[1] 姜雪飞. "女排精神"就是"中国精神"[N]. 北京晚报，2016-08-22(27).

[2] 孔宁. 女排精神：创新 2013—2016 郎平锻造中国女排年轻一代 [N]. 北京晚报，2016-08-22(25).

[3] 李丽，谭畅. 体育时评：有一种精神叫女排不言败 有一种自豪叫祖国在心中 [OL].2019-10-02[2021-01-30].http：//www.xinhuanet.com/2019-10/02/c_1125068933.htm.

[4] 李春华. 体育在国家认同形成与强化中的功能 [J]. 武汉体育学院学报，2007(7)：23.

学者指出，从分析竞技格局、判断奖牌榜走势及制定相应的国家战略，到政界暗示、权威媒体示范及媒体系统的共谋，再到精心策划实施系列"软攻略"及寻求国际力量的支持，美国在北京奥运会奖牌榜争夺所表征的国家认同上实现了逆转，维护了世界霸主的国家形象认同。[1]

国家认同、民族认同建构之所以成为新中国和世界各国重大国际赛事报道的重要功能，源于国际体育赛事二元对立的竞争本质。这种竞争直接在个体心中塑造了"我国"与"他国"、"我族"与"他族"的区隔。国际体育赛事也因此成为建构国家认同、民族认同的重要的、理想的渠道。一位国外学者甚至这样阐述："所谓'民族／国家'的概念是围绕着其自身的体育代表而建构起来的，这一概念通过媒体机构在其内部和外部被广泛传播，从而成为在人类情感世界的深处连接媒体和体育的重要文化象征。"[2]

新中国的新闻传播媒介始终承担着国家认同、民族认同和社会凝聚力的主流意识形态建构功能，而新中国尤其是改革开放后的体育事业的蓬勃发展以及在国际赛场上的辉煌成就，使之成为整合社会、建构认同的绝佳素材。通过体育报道，中国媒体不但建构着国人对于共产党领导的社会主义中国的归属感，还建构着国人对国家的忠诚感和理想感；不但建构着对中华人民共和国的认同，还建构着对中华民族及其民族精神的认同。

（四）关于体育新闻传播建构国家认同、民族认同功能的反思

国家认同、民族认同是一种意识形态。媒体的国家认同、民族认同建构在增强国家凝聚力和民族自豪感的同时，也具有一定的局限性，如和国家认同、民族认同相伴而生的爱国主义、民族主义易使人产生偏狭和排他心理，强化体育的工具理性，忽视体育的价值理性；凸显体育报道的政治功能，忽视体育报道的人文关怀；强化体育报道的宣传色彩，淡化体育报道的信息属性；强化传者的主观意识，淡化新闻的客观属性；造成体育报道的片面性，忽视体育报道的客观性和全面性；等。下面重点分析一下国家认同、民族认同建构对体育的工具理性的强化及对体育的价值理性的忽视。

德国社会学家马克斯·韦伯曾提出现代社会人类社会行为中以目的为趋向

---

[1] 黄璐,王金福,付晓静.北京奥运会奖牌榜的政治战略与国家身份建构[J].首都体育学院学报,2009(5)：558.

[2] 伯顿.媒体与社会：批判的视角[M].史安斌,主译.北京：清华大学出版社,2007：347-348.

的"工具理性"和以价值为趋向的"价值理性"。在韦伯看来：工具理性是指行动是由追求功利的动机所驱使，行动者纯粹从效果最大化的角度考虑；价值理性则强调动机的纯正和选择正确的手段去实现意欲达到的目的。

中国竞技体育领域的"金牌至上论"，是"工具理性"的集中体现。这种工具理性，将胜利与国家、民族捆绑在一起，虽然在民众中掀起了一浪高过一浪的"体育热"，对社会体育的推动却是有限的。作为"党和人民喉舌"的中国新闻事业也秉持"工具理性"，热衷于通过体育报道建构国家认同、民族认同，泛政治化特点明显。问题是，一味将体育的胜负与国家的发展、民族的振兴联系在一起，过分强调体育对民族精神的塑造功能，一来容易产生本民族、国家优越于其他民族、国家的心理，二来只能接受本民族、国家胜利的结果，无形中会增加运动员、教练员的心理压力，甚至使运动员异化为建构国家认同、塑造民族精神的工具。

体育的外在形式是竞争，但思想内核是人的全面发展，因此体育新闻传播要体现人本意识，这是体育的人文精神和新闻"以人为本"理念的双重要求。但在一段时期内，我国的体育报道过于看重金牌，过于强调集体主义、爱国主义、民族主义和运动员责任，却忽视了运动员的个体价值，忽视了受众的心理需求，与体育人文精神相去甚远。曾经有一段时间，运动员的一切选择都要服从国家、民族和集体的利益，包括婚恋。1988年，赵瑜在《强国梦》中提到这种"爱的压抑"，并提出疑问："中国的运动员为什么不可以像正常人那样谈恋爱结婚了？"[1] 中国媒体还经常刊登类似于"在场内腰痛得不听使唤，依然坚持了下来"这样的报道。当时，轻伤不下火线是惯例，伤病缠身也要努力拼搏，"人的全面发展""重在参与""快乐"等体育理念鲜有表达。这样的舆论环境使国人对体育运动员的要求越来越苛刻。20世纪80年代，中国女排失利后，"鼓励安慰、出谋献计的固然大有人在，但是横加指责，甚至出言不逊的也不在少数。郎平发挥不好的时候，有些观众就嘘声不断，甚至在比赛结束之后还骂骂咧咧的"。[2]

幸运的是，随着对体育本质的理解越来越深入，人们越来越重视体育的价值理性和人文价值。北京奥组委提出的"人文奥运"的理念，就是要关注参与体育的主体——人，体现在新闻报道中就是要把体育中的人作为报道中心，尤其要关注运动员身上的价值与美。这种人文视角给了体育报道一种独特的立

---

[1] 赵瑜. 强国梦 [J]. 当代，1988(6)：11.

[2] 启程前的沉思 [N]. 体育报，1986-08-22.

场、切入点及价值标准。北京奥运会期间,《中国青年报》刊发了一篇评论,提出要"节制赞美那些'忍痛比赛者'":"是的,奥林匹克精神鼓励运动员追求'更快、更高、更强',鼓励运动员超越身体极限,并为了这种目标不惜做出牺牲——但这种超限和牺牲不能以损害运动员的身体健康为代价。奥林匹克精神之上还有更高贵的原则:生命高于一切。失去冲金机会,下一次还可以再争取;而健康一旦失去则永远不能弥补。竞技体育的本质正在于追求健康的体魄、健全的人格和生命的快乐。人类伟大的身体不能被体育所异化。"[1]

可见,中国体育要想健康、持久地发展,必须同时追求工具理性与价值理性,在追求胜利、争取金牌的过程中,也要积极追求人的全面发展,追求身体和心灵的双重完善。

总之,我们既要认识到体育新闻传播建构国家认同、民族认同的功能、作用,又要警惕和防止其成为狭隘的民族主义的注脚,警惕其对体育价值理性的忽视,警惕其对体育报道真实性、客观性、全面性和公信力的损害。同时,随着中国政治、经济实力的增强和社会、时代的发展,体育的功能及在国人社会生活中扮演的角色已然改变,体育新闻传播在国家认同、民族认同建构中的地位及方式也随之发生了变化,这是需要我们进一步深入研究的问题。[2]

二、新中国体育新闻传播叙事模式的嬗变

新中国体育新闻传播已经走过了70余年的历程,并因应社会变迁发生着阶段性的改变。本研究基于内部和外部考察将新中国体育新闻传播划分为六个发展阶段,也有论者从某一方面阐述新中国体育新闻传播的嬗变,如"新中国成立以来,我国体育新闻报道的叙述主体经历了由政治宣传者到社会精英分子再到客观报道者的主要立场变化"[3]"曾经形而上的、狂热的政治神话悄然退场,消遣式的文本模式受到欢迎"。[4]新中国体育传播经历了从前三十年"显著政

---

[1] 曹林. 节制赞美那些"忍痛比赛者"[N]. 中国青年报,2008-08-15.

[2] 薛文婷. 认同建构视野下的《人民日报》女排"五连冠"报道分析[J]. 北京体育大学学报,2012(9):28-33.

[3] 施海泉. 体育新闻报道形态变迁:理解新中国体育发展历程的一个向度[J]. 广州广播电视大学学报,2009(1):79.

[4] 马廷魁. 从政治泛化到大众狂欢:我国体育报道的流变及转向[J]. 新闻大学,2006(4):104.

治外交功能"到后三十年"国家形象建构功能"的演变等。[1]还可以从哪个视角来描述这种变迁呢?

在开创了"传播领域内最全面的叙事理论"的美国叙事修辞理论家华尔特·菲希尔看来,所有形式的信息传播都可以当作叙事来理解。[2]新华社原社长、我国当代著名新闻记者穆青也指出:"新闻是一种叙事文。"[3]而无论是结构主义叙事学,还是后结构主义叙事学,都很重视叙事模式研究,只是侧重点不同:"后结构主义与结构主义对于叙事的研究角度既有一致性,又有不一致性,其一致性在于都涉及叙事模式,都需要对某种叙事模式进行抽象。所不同的在于,后结构主义叙事学研究更强调从历史文化语境的变化角度看待叙事模式,其理论关注点聚焦于叙事特征是如何被环绕在其周围的种种权力关系、文化成规、意识形态符码所规定着、制约着。"[4]受此启发,并结合多年来的观察与思考,笔者认为,从历史文化语境出发,分析体育新闻传播叙事模式的嬗变及各种模式的价值取向、主要特征、历史根源,是一个可行的路径。

为此,本节以唯物史观为方法论指导,以文献资料法、逻辑分析法为主要研究方法,从政治维度、本体维度、经济维度、文化维度四个方面,对新中国体育新闻传播叙事模式的历史嬗变进行了分析。

(一)政治维度的宣传模式(新中国成立至今)

1. 体育新闻传播叙事宣传模式的内涵

宣传是运用各种有意义的符号传播一定的观念,以影响人们的思想,引导人们的行动的一种社会行为,基本职能是传播一种观念(理论、方针、政策、伦理道德、立场态度)。[5]

新中国的体育新闻传播一直奉行宣传模式。其中,国家体委于1954年将编审司改为宣传司,总管全国的体育宣传工作。1982年,时任国家体委副主任的荣高棠发表了《体育与宣传》一文,提出了影响深远的"体育需要宣传,宣传

---

[1] 赵雅文,王松,任杰.论体育作为政治传播载体的功能变迁:1949年以来我国体育事业发展各阶段体育传播观念的发展[J].新闻大学,2014(6):32-38.

[2] 小约翰.传播理论[M].陈德民,等,译.北京:中国社会科学出版社,1999:305.

[3] 穆青.新闻散论[M].北京:新华出版社,1996:76.

[4] 余岱宗.叙事模式研究:结构主义与后结构主义[J].海南师范学院学报(社会科学版),2005(2):81.

[5] 李良荣.新闻学概论[M].5版.上海:复旦大学出版社,2013:50.

需要体育"的观点。2006年，时任国家体育总局局长的刘鹏如此阐释"体育宣传"："体育宣传是加强社会主义精神文明建设的重要载体，是满足人民群众不断增长的体育文化需求的重要渠道……无论是综合性报刊还是体育专业报刊，无论大报还是小报，都要从讲政治的高度认识体育宣传。"[1]

我国的体育宣传模式主要受到行政权力、新闻理念、意识形态的规制，如媒体要接受各级宣传部门的业务指导或行政管理，如报道以宣传价值为主要取向，如着力弘扬爱国主义、集体主义、英雄主义、民族精神、拼搏精神、奉献精神等。体育宣传模式，意即传者以宣传价值为主要衡量标准，对体育事实进行选择性报道，以达到宣扬某种政治观点或体育理念的目的。宣传价值，指的是事实本身所包含的有利于传播者、能够证明和说明传播者主张的素质，包括与新闻媒介所持政治主张、价值标准的一致性、针对性、普遍性、典型性和适宜性等。

2. 体育新闻传播叙事宣传模式的主要表现

（1）弘扬爱国主义，振奋民族精神

弘扬爱国主义，振奋民族精神，是我国媒体进行体育宣传时的基本价值取向。国家体委原副主任荣高棠曾撰文指出："体育宣传是向人民进行爱国主义和共产主义教育的重要手段。"[2] 中宣部原常务副部长徐惟诚也曾谈到体育宣传的主旨："我们就是要把召开亚洲运动会，作为凝聚人心的一个载体，作为振奋民族精神、发扬爱国主义的一个重要活动，作为在世界上广交朋友、打破国际上的敌对势力对我们制裁的一个重要措施。"[3]

为此，无论是20世纪50年代的容国团夺冠、60年代的登顶珠峰、80年代的女排"五连冠"、90年代的成功举办北京亚运会，还是21世纪以来的北京奥运会惊艳世界、李娜两夺大满贯桂冠、中国女排再创辉煌、北京—张家口成功申办冬奥会等，都成为我国媒体大力宣扬爱国主义、民族精神的契机。譬如1988年汉城奥运会期间，中央电视台的报道方针就是"要大力宣传中国体育健儿在奥运赛场上的奋勇拼搏、为国争光的英雄事迹，达到激发全国人民爱国主义热情的目的"。[4] 1996年亚特兰大奥运会时，中央电视台的报道方针是"大力宣

---

[1] 中国体育新闻工作者协会. 体育记者谈体育新闻 [M]. 北京：人民体育出版社, 2006：序.

[2] 荣高棠. 体育与宣传 [J]. 新闻战线, 1982(1)：9-10.

[3] 徐惟诚. 为建设和改革创造更好的舆论环境：在新华社国内工作会议上的讲话摘要 [J]. 中国记者, 1990(6)：6-7.

[4] 岑传理, 田永明. 奥运启示录：电视新闻论集 [M]. 北京：人民出版社, 1993：16.

传中国体育健儿在奥运赛场上奋勇拼搏为国争光的英雄事迹，达到激发全国人民爱国主义热情的目的"。[1]

（2）宣扬体育政策，彰显体育成就

作为党和政府的喉舌，无论是通讯社、报刊、广播、电视、网络，都积极宣传我国的体育政策，及在竞技体育、群众体育、学校体育、体育产业、体育文化等领域取得的突出成就。《中国体育报》等隶属于各级体育部门的媒体，还要完成所属体育组织的宣传任务，如体育政策解读、体育会议报道等。

（3）维护国家利益，服务中国外交

体育在我国的对外交往中扮演着重要角色。冷战时期，我国的国际体育报道甚至成为国际交往的风向标。譬如随着中苏关系从同盟加兄弟，到走向分裂与对抗，到实现正常化，《人民日报》的苏联体育报道呈现出意识形态认同（1949—1965）、意识形态斗争（1966—1980）、意识形态淡化（1981—1991）的阶段性变化。[2]

改革开放后，体育在中国国际交往中的重要性有所下降，但媒体在进行体育宣传时依然要符合国家的外交战略。北京奥运会时，《人民日报》为做好东道主，体现世界性，特别注重把握"国内报道与国际报道""内宣与外宣"的关系，如在头版的《奥运之星》专栏每天至少报道一位国外运动员，在特刊每天整版报道外国运动员等，取得了良好的宣传效果。

（4）塑造爱国榜样，树立民族英雄

改革开放后，随着女排"五连冠"和中国运动员在奥运会等国际顶级赛事中获胜，一批又一批运动员站到世界最高领奖台，并赢得举国瞩目、世人赞誉，譬如"神枪手"许海峰、"棋圣"聂卫平、"体操王子"李宁、"飞人"刘翔、"铿锵玫瑰"中国女足、"中国骄傲"女排姑娘等。对于他们，我国媒体不吝笔墨，浓墨重彩地将之塑造成爱国榜样或民族英雄，如"郎平如今封神，不仅是针对她自己，更是让我们拥有了这样一位英雄，关键是她改变了人们过去固有的思维——睁开眼看世界"等。[3]

---

[1] 张兴.中央电视台：趋向成熟的亚特兰大奥运电视报道[M]//中国新闻年鉴杂志社.中国新闻年鉴1997.北京：中国新闻年鉴杂志社，1997：339-340.

[2] 薛文婷，徐子齐，程亚利.冷战背景下《人民日报》苏联体育报道的阶段特征研究[J].北京体育大学学报，2015(7)：1-7.

[3] 孔宁.女排精神：创新2013—2016 郎平锻造中国女排年轻一代[N].北京晚报，2016-08-22(25).

3. 体育新闻传播叙事宣传模式的根源

体育不是政治，却与政治紧密相关。冷战时期，体育甚至成为政治的附庸或马前卒，美国抵制莫斯科奥运会和苏联抵制洛杉矶奥运会就是明证。冷战结束后，政治依然困扰着体育。里约奥运会前，包括田径、举重等项目在内的100多名俄罗斯运动员遭到禁赛。很多人认为，这是一起政治干扰体育或体育运动政治化的典型案例。

新闻传播的政治属性，也是不言而喻的。阿尔都塞曾从结构主义的角度把上层建筑分为强制性国家机器和意识形态国家机器，又将意识形态国家机器分为通讯的意识形态国家机器（出版社、无线电、电视等）和文化的意识形态国家机器（文学、艺术、体育运动等）。

由此，就不难理解体育新闻传播的意识形态色彩和宣传功能了。有论者说，正是基于强大的民族精神的感召力，体育才得以成为一种社会整合因素，并赋予体育文化传播以意识形态的合法性。[1] 美国学者也曾这样揭示棒球媒体的政治形态：受众沉迷于体育新闻报道及对报道内容的集体无意识认同，（棒球新闻）最终成为实现政治目的和国家意识形态传播的道具。[2]

（二）本体维度的专业模式（改革开放至今）

1. 体育新闻传播叙事专业模式的内涵

本体指向终极的存在，展示事物内部的根本属性，与"现象"相对。关于新闻本体，新闻学者杨保军给出的结论是"在事实论视野中，新闻本体就是客观存在的新闻事实，而在信息论视野中，则是客观存在的表征新闻事实的事实信息"。[3] 本研究采用的是信息论视野中的新闻本体概念，因为提供信息是新闻媒介的首要功能已成为新闻界的共识。作为新闻本体的信息和新闻专业主义理念密不可分。正如郭镇之所言："新闻工作者发展出来的追求信息的新闻专业模式，是（19和20）世纪之交出现的现象。"[4]

信息概念和新闻专业主义理念于20世纪80年代的传入，促进了我国体育新

---

[1] 杨珍，崔赟. 20世纪80年代以来国外体育传播研究的主要议题：基于文化研究的视角[J]. 新闻界，2013(13)：14.

[2] 黄璐，陈新平，李颖. 西方体育媒体研究专著述评[J]. 体育学刊，2010(1)：107.

[3] 杨保军. 关于新闻本体的几个基本问题[M]//郑保卫. 新闻学论集（第22辑）. 北京：经济日报出版社，2009：107-108.

[4] 郭镇之. 舆论监督、客观性与新闻专业主义[J]. 电视研究，2000(3)：71.

闻传播专业模式的发展。体育专业模式，意即传者以新闻价值为主要衡量标准，对体育事实进行选择性报道，以达到及时传递体育信息、客观反映体育现实的目的。新闻价值，指的是事实本身包含的引起社会各种人共同兴趣的素质，包括时新性、重要性、接近性、显著性、趣味性等。

2.体育新闻传播叙事专业模式的主要表现

体育专业模式主要表现为新闻的专业性（新闻专业主义）和体育的专业性。

（1）新闻专业主义

关于新闻专业主义，郭镇之认为其核心理念是客观新闻学和新闻媒介、新闻工作者的独立地位与独特作用。[1] 吴飞认为其包括三项基本内容：客观公正、自由独立、服务公众。[2] 黄旦则将其理念概括为五个方面：新闻媒介的主要功能是传播新闻，同时还要干预和推动社会；在性质上，媒体是一个独立专业，因此，它必须是自主的，尤其在政治上不依赖任何派别，更不做政府的喉舌；媒介的目的是为公众服务，并反映民意；媒体的运转是靠自己的有效经营，尤其是广告收入；媒体的约束机制是法律和职业道德自律，尤其是后者。[3]

新闻专业主义在我国体育新闻传播领域突出表现为三方面：提升信息质量、报道客观公正、媒体独立自主。

第一，提升信息质量。

信息，是指能够消除受信者随机不确定性的东西。广义的信息质量，是指哲学本体论意义上的质、量合一，质、量不可分离。狭义的信息质量概念，是指认识论意义上的可以分别考察、分别研究的信息的"质量"与"数量"，可表述为"信息的质与量"或"信息的质量与数量"。体育专业模式，既体现为体育信息的量的增多，也体现为体育信息的质的提升。

首先，增加体育信息的量。按照信息所指对象、内容及形式、形态、载体的不同，信息量可分为异指量、同指量、相对重复量和绝对重复量4个方面：异指量，是指信息所指对象不同的信息数量；同指量，是指信息所指对象相同但信息所指内容不同的信息数量；相对重复量，是指信息所指内容相同但形式、形态、物质载体不同的信息数量；绝对重复量，是指信息所指内容和形式、形

---

[1] 郭镇之.舆论监督与西方新闻工作者的专业主义 [J].国际新闻界，1999(5)：33.

[2] 芮必峰.描述乎？规范乎？：新闻专业主义之于我国新闻传播实践 [J].新闻与传播研究，2010(1)：57.

[3] 黄旦.传者图像：新闻专业主义的建构与消解 [M].上海：复旦大学出版社，2005：32.

态乃至载体均完全相同的信息在不同生命体和物理时空中重复存在的数量。[1]用上述信息量概念考察我国体育新闻传播，可以发现：改革开放前，我国媒体体育报道的条数少、篇幅小，体育信息量较少。改革开放后，原有媒体纷纷加大体育报道力度，新的体育报刊、体育电视频道、体育广播、体育网络媒体等不断涌现，极大增加了体育信息量。

其次，提升体育信息的质。信息质，即信息内容的品质状况及其程度。就体育报道而言，既可以从时新性、显著性、重要性、接近性、趣味性等新闻价值要素，也可以从报道的广度、深度、高度、效度等方面来考量信息质。改革开放前，我国的体育报道时常被纳入时政轨道和宣传模式，信息质量不甚理想。改革开放后，我国媒体体育报道的信息质显著提升：在时新性方面，从及时走向即时；在广度方面，涵盖了国际性赛事和社区性体育、竞技体育和非竞技体育、赛事信息和非赛事信息、正面报道和批评报道等；在深度方面，述评性、分析性、解释性、调查性等体育深度报道不断涌现；在高度方面，越来越多的体育报道跳出"就事论事"的窠臼；在效度方面，为受众提供了很多"欲知""应知""未知"的体育信息。

第二，报道客观公正。

新闻客观性是新闻专业主义的核心理念，指的是专业新闻生产的一套标准，包括事实、中立、平衡，对应着具体的新闻生产手段，如指出信息来源、采用中立口吻、体现正反双方观点等。我国媒体的体育报道，在改革开放前大多带有鲜明的阶级性和政治性，在改革开放后则越来越强调真实、客观、公正。新华社体育部要求体育记者站在中立立场，客观评价赛事及胜负。中新社体育报道的原则也是客观、平衡："尽可能地接近事件本身的真相，尽可能地减少主观性对于新闻报道的干扰。"1994年广岛亚运会期间，因为"让球"风波退出乒坛并加入日籍的小山智丽（原名何智丽）代表日本出战，并先后击败中国队的乔红和邓亚萍，夺得乒乓球女子单打冠军。一时间，舆论哗然。《光明日报》的体育记者罗京生平心静气地观看了比赛，心平气和地采访了很多人，客观地做了报道。正因为客观，无论是何智丽打官司，还是有关何智丽的书籍、文章，都引用了这篇报道里的内容。[2]

---

[1] 张辑哲. 论信息形态与信息质量（下）：论信息的质与量及其意义[J]. 档案学通讯，2006(3)：20-22.

[2] 薛文婷. 体媒人物：新中国体育新闻传播口述史（上）[M]. 北京：清华大学出版社，2015：42，126，340.

第三，媒体独立自主。

新闻场中的自主性，应当视为在新闻生产中对于新闻传播规律的遵循，及新闻业免受政治、经济力量掣肘的独立性。20世纪八九十年代，《足球》和《体坛周报》获得快速发展的重要原因就在于拥有相对的独立性和自主性。《足球》报人也以《足球》是一份由"野人"创办的"野味"十足的"野报"而自豪："作为一份体制外的报纸，《足球》报从来以思想解放著称，在议题设置上有特别强的能力。十强赛后组织全国作者商榷'二流论'，甲A环境恶化时连篇重磅系列报道，反对取消联赛升降级的《阎掌门你不该这么做》，米卢执教时期坚决'保米'，都在体育媒体中观点鲜明、独树一帜。"[1]

（2）体育的专业性

提供真实、准确的事实性体育信息和正确、深刻的意见性体育信息，是体育报道中体育专业性的重要表现。其中，真实性、准确性涉及客观性，即信息内容对信息所指对象的反映、表现是否真实、准确及其程度；正确性和深刻性涉及主观性，即信息中的观点、看法、见解等是否正确揭示了客观规律及达到的深刻程度。

首先，注重事实性体育信息的真实性和准确性。

事实性体育信息是对体育事实的真实表述。在体育报道中，时间、地点、人物、事件、原因、结果，是比较容易采集的事实性信息。但体育记者要真实、准确地报道这些信息，第一，要懂得体育的一般知识，如了解体育的起源、历史、性质、功能、作用，了解体育文化和体育的一般规律，了解重要的国内外赛事，等。第二，要了解赛事概况，如报道平昌冬奥会的记者，要了解冬奥会的历史、平昌冬奥会的申办及筹办、项目构成、参赛国实力等。第三，要懂得运动项目的具体知识，如项目的起源、发展、规则、技战术、场地器械装备要求、以往成绩、国内外发展概况等。第四，要了解本国、本地区的体育实力，优、劣势项目及知名教练员、运动员等。第五，要有运动人体科学、运动心理学等体育相关知识。20世纪八九十年代，我国涌现了一批拥有相当专业知识或专业背景的专家型体育记者，如马德兴于南非世界杯亚洲区预赛中，凭借对赛事资料的搜集和分析，爆出了卡塔尔队外援埃莫森不具备参赛资格的重大新闻；金宝成考取了体操国际裁判资格证，在北京奥运会的体操解说中以精准估分获得观众好评，被称为"史上最牛解说员"。

其次，追求意见性体育信息的正确性和深刻性。

---

[1] 谢奕. 永远坚挺的《足球》报 [N]. 足球，2009-01-01.

意见性体育信息对于确立媒体地位、提升报道专业性具有重要作用。其中，述评性、评论性文章和解释性、调查性报道是媒体传播意见性体育信息的重要方式。20世纪90年代，《足球》报刊登了大量体育评论和深度报道，成为具有相当影响力的体育媒体。其中，"京华新村""海派之声""东北虎啸""川江号子"等评论专版，汇集了众多知名体育记者、体育评论员，为中国的体育管理体制改革、职业体育机制建立、足球产业发展等建言献策，营造了建设与批判并存的强大舆论场。其他媒体的体育记者也努力用专业分析、深度调查为中国体育保驾护航：《体坛周报》的周文渊于中国足球市场一片火爆之时，预见性地写下了《中国足球呼唤廉政风暴》《中国足协需要改革》等一系列文章，直指中国足球存在的多重隐忧；2001年底，针对"黑哨"事件，新华社组成了以许基仁、杨明、方益波为成员的报道小组，通过调查掌握了很多内幕，发表了一系列报道和内参，引发了社会的广泛关注，并促使最高人民检察院出台了一项司法解释，为此后的司法介入铺平了道路。

3. 体育新闻传播叙事专业模式的根源

体育新闻传播叙事专业模式的形成，得益于20世纪80年代信息概念和新闻专业主义的引入。它们的引入对中国新闻业带来了巨大影响，其中最重要的是带来了"新闻与宣传关系的大讨论"，让事实和意见从此分开，让新闻媒体从宣传本位、传者本位转向新闻本位、信息本位、受众本位，让体育新闻工作者开始了对职业化和专业化的追求。正如有学者说，在我国，"从最初的民族自强，到后来的革命建国，再到党性原则和国家建设，社会目标和政治属性一直被置于新闻专业属性之前，新闻传播只是伟大现代工程的一个构成部分，并不具备行业独立的合法性和必要性。然而，从20世纪80年代开始，新闻界开始集体性地清算这种传统的新闻实践理念，而'新闻专业主义'则成为他们最好的理论武器"[1]"如果说1990年亚运会之前的各次体育重大战役是以宣传效果为主要衡量目标的话，本届奥运会报道却是一次少见的注重新闻规律的大战。这次新闻大战，赛的是点子，比的是功力，追求的是前后方协调，体现的是从业人员素质"。[2]

体育新闻传播叙事专业模式的形成，也得益于新闻改革和市场化竞争。《足

---

[1] 王维佳. 追问"新闻专业主义迷思"：一个历史与权力的分析 [J]. 新闻记者，2014(2)：17.

[2] 毕熙东. 中国青年报：调动优势，迎接挑战 [M]// 中国社会科学院新闻研究所. 中国新闻年鉴1993. 北京：中国社会科学出版社，1994：167-168.

球》报之所以能成长为一张具有全国影响力的报纸，靠的是"传统新闻单位体制外的资金投入、体制外信息渠道、体制外编辑记者、体制外激励机制、体制外社会资源"。[1] 这种"体制外的运营"，离不开改革开放的大环境，离不开新闻舆论环境和市场环境的改变，也离不开体育界的深化改革。

（三）经济维度的娱乐模式（社会主义市场经济体制确立至今）

1. 体育新闻传播叙事娱乐模式的内涵

体育新闻从出现伊始似乎便与新闻娱乐化有关。众所周知，19世纪末美国"黄色新闻"的特点之一就是重视体育新闻。普利策还把体育与绯闻、犯罪视为传媒吸引受众的三大法宝。

我国当代体育新闻娱乐化的显著标志，是2000年《南方体育》的创办。其"以有趣对抗无趣、以热情抵抗冷漠、以丰富抵抗贫穷"，在国内首倡"足球宝贝"，首开 Sunshine Girl 专栏，率先引入西方"性感足球"观念。借助上述娱乐化手法，《南方体育》吸引了众多注意力，一度跻身国内"三大体育专业报"之列。有论者说，《南方体育》最典型的意义就在于把新闻娱乐化及其对快乐的追求发挥到了一种极致。[2]《南方体育》的成功使其他媒体纷纷效仿，争相娱乐化。2001年9月，北京光线传播推出《体育界》节目，口号就是"体育娱乐化""体育明星化""体育故事化"。一向以专业性示人的《足球》报也尝试增加娱乐元素，如设置《星战》栏目，让体育明星跟娱乐明星互动等。新世纪以来，随着新媒体的蓬勃发展、自媒体的异军突起、用户原创内容模式的大行其道，体育新闻传播的娱乐化态势愈演愈烈。如里约奥运会上，宁泽涛的颜值与身体被高频消费，傅园慧的"表情包"火遍朋友圈。

体育娱乐模式，意即传者以娱乐价值为主要衡量标准，对体育事实进行选择性报道，以达到吸引眼球、娱乐大众、获取经济利益的目的。

2. 体育新闻传播娱乐模式的主要表现

体育新闻的娱乐化，主要体现为流行体育软新闻，软化体育硬新闻：硬新闻通常指题材严肃，着重于重要性、时间性、思想性、指导性和知识性的新闻；软新闻指那些人情味较浓、写得轻松活泼、易于引起受众感官刺激和阅读视听兴趣的新闻。

---

[1] 谢奕. 永远坚挺的《足球》报 [N]. 足球，2009-01-01.

[2] 罗亚. 制造快乐：走向娱乐的新闻技巧 [D]. 上海：复旦大学，2005.

（1）内容上，流行体育软新闻

体育新闻娱乐化在内容方面的呈现，就是体育软新闻流行，或者说关注的焦点不再是体育赛事，而是与赛事有关的各种趣闻，如赛前状况、比赛花絮、体育明星等，尤其热衷于体育明星的私生活。2002年世界杯期间，《广州日报》曾以《世界杯比球更要比头》为题做了一个有关球员发型的专版；《中国体育报》刊登了一篇题为《什么颜色的球衣能赢》的文章，介绍的是世界杯32强队服；《南方体育》则刊登了一篇《世界杯，忍受没有性的生活》的文章。

（2）形式上，软化体育硬新闻

体育新闻娱乐化的另一体现是对体育硬新闻进行软处理，如在表现技巧上强调故事性、情节性、趣味性、人情味和悬念设置，以加强贴近性，增强吸引力，强化感官刺激。

中国媒体对体育报道形式的创新及趣味性的关注很早。20世纪50年代，《新民晚报》的冯小秀就曾以章回小说的形式报道围棋比赛。80年代，《羊城晚报》的苏少泉在体育新闻写作中融即兴性、知识性、趣味性、思想性于一体。90年代，新华社的杨明创造出了诙谐幽默、亦庄亦谐的"杨派NBA"写法。1998年，《南方都市报》推出《五文弄墨》体育专栏并在写作中大量引入文学、音乐、艺术等元素，并以自由犀利的风格、独特个性的语言造就了一种独特的体育新闻风格。此后，随着《五文弄墨》主创人员移师《南方体育》，这种发端于体育随笔的写作方式广泛蔓延，在整体上改造了传统体育的叙事方式：文学等体育外元素大量进入、写作风格更为随意和个性。

体育新闻的娱乐化不仅体现为报道的娱乐化，还体现为栏目的娱乐化、体裁的娱乐化、语言的娱乐化等。

（3）内容与形式的异化

自《南方体育》创刊以来，中国的体育新闻娱乐化进程加快，但随之在2001年甲A和十强赛、2002年韩日世界杯、2003年西班牙皇家马德里足球队来华等报道中出现了庸俗化、色情化、暴力化等异化问题，引发了质疑和反思。

庸俗化，主要是指媒体过多关注体育明星的隐私、绯闻等花边新闻，并以此吸引眼球。如"皇马来华"时，有媒体刻意报道运动员的私生活。色情化，主要是指在报道中突出运动员或相关群体的性感元素，如"性感体育明星""性感女友""性感球迷"等。凸显暴力，也是体育新闻娱乐化的惯用手法。"屠戮""斩杀""歼灭""干掉""雪耻"等带有暴力性的词语，在体育报道中随处可见，有些干脆直接出现在标题中，如《德国战车碾碎哥斯达黎加》《巴西替补屠杀日本》等，不一而足。体育新闻的暴力化，还体现为战争叙事和江湖叙事的滥用。

3. 体育新闻传播叙事娱乐模式的根源

体育新闻娱乐化的成因是多方面的,如受众的心理需求、媒体的经济欲求、社会舆论的认可等,但究其根本,内因在于体育、新闻本身具有的娱乐功能,外因在于消费文化和市场经济的推动。正如有论者所说,"是市场力量的介入促成了新闻生产及传播在内容和形式上有别于传统的呈现"[1]"在传媒市场化浪潮席卷全球的环境下,媒体在选择和制作新闻信息时,传统意义上对新闻价值的判断标准不断向市场理念妥协,新闻专业主义意义上的严肃新闻越来越不受受众关心和喜欢,取而代之的是那些轻松的、不需深入思考的社会新闻、体育和娱乐新闻"。[2]

(四) 文化维度的人文模式(申办北京奥运会至今)

1. 体育新闻传播叙事人文模式的内涵

人文精神的重点是以人为本。体育人文精神,就是关注身体运动中人的价值,认为体育应该提升人的价值,维护人的尊严,塑造人的身心,促进人的发展。

体育新闻传播叙事人文模式,意即传者以人文价值为主要衡量标准,对体育事实进行选择性报道,以达到尊重生命体验、促进人全面发展、建设和谐健康社会的目的。

2. 体育新闻传播叙事人文模式的表现

(1) 关注竞技体育中的人

竞技体育报道的人文模式,就是从重点关注竞技成绩、竞技过程转变为重点关注运动员的身心健康、精神世界、人生体验、命运遭际、相关权益等,就是既关注胜利者,也报道失意者;既关注其在赛场内的表现,也关注其在赛场外的付出;既关注其时下的辉煌,也关注其成长的艰辛。为了体现人文关怀,媒体还强调尊重运动员的隐私权。

改革开放初期,刚刚回归国际赛场的中国非常关注竞赛成绩。代表团、运动队、运动员成绩滑坡或遭遇败绩时,时常遭到媒体和国人的严厉批评,甚至被斥为"历史罪人"。1988年汉城奥运会时,带伤出战的李宁遭遇惨败,等待他的是国人和媒体的口诛笔伐,有人甚至给他寄刀片和系好的塑料绳扣。20

---

[1] 罗亚. 制造快乐:走向娱乐的新闻技巧 [D]. 上海:复旦大学,2005.

[2] 夏临. 我国"新闻娱乐化"现象研究综述 [J]. 东南传播,2015(1):129-131.

世纪90年代以来，中国媒体开始理性、宽容地对待运动员在竞技比赛中的失利，"胜负乃兵家常事""重在参与"等开始频繁被提及，对运动员命运、权益的关注也越来越多。有论者认为，1998年的"桑兰事件"后，我国媒体开始反思个体生命与国家荣誉孰重孰轻等问题，开始从过去对国家"宏大叙事"的津津乐道转向关注运动员个人的利益和权益。[1]2006年都灵冬奥会时，参加双人自由滑比赛的张丹在完成一个高难度动作时重重摔在冰面上，致使双膝和大腿受伤，但她在场边稍做处理后重回赛场，和张昊以近乎完美的表现完成了余下的比赛并赢得银牌。在张丹重回赛场的那一刻，新华社前方报道团马上让现场记者采访教练员，了解张丹带伤参赛是组织要求还是个人坚持。按照以往的宣传逻辑，中国媒体应大力弘扬这种"轻伤不下火线"的拼搏精神，但在当时的新华社记者眼里，重要的不是竞赛成绩，而是运动员的健康和运动生命。同样是2006年，全国女子举重冠军邹春兰当搓澡工事件，引起了媒体对退役运动员生存状况的关注和调查，并呼吁社会给予运动员更多的学习机会和人文关怀。2001年以来，随着北京奥运会的申办、举办及"人文奥运"理念的提出和广泛传播，媒体和社会越来越多地从人文视角看待体育事件和体育现象。正如《人民日报》体育部主任李中文所说："人文关怀的话题，这几年在奥运报道中有越来越多的体现，这是一种进步。"[2]

（2）关注群众体育及其中的人

人文模式的体现之一是关注群众体育，因为竞技体育（职业或专业）毕竟是少数人的游戏，群众体育却关涉到所有人的身心健康和生活品质。其实，新华社体育部自20世纪90年代就开始寻求从体育竞赛部向体育新闻部的转变，即除了竞技体育，还要报道全民健身、体育产业、体育文化、体育科技、体育医学、体育教育等；除了关注冠军，也要关注普通人等。

人文模式不但关注群众体育，还关注不同人群尤其是弱势人群的体育，如农民体育、幼儿体育、老年人体育、残疾人体育等。其中，北京残奥会的成功举办及媒体报道，推动了媒体和社会对残疾人体育的关注。如中央电视台除呈现运动员身体上的竞技对抗活动外，更侧重表现残障运动员的心灵故事、成长经历、乐观向上的精神世界，还通过同步手语播报、增加即时信息字幕提示、

---

[1] 马廷魁.从政治泛化到大众狂欢：我国体育报道的流变及转向[J].新闻大学,2006(4)：104.

[2] 李中文,李天骄.人文关怀也应有平常心：以里约奥运报道为例[J].新闻与写作,2016(10)：95.

邀请中国残奥代表团的教练和相关专家提供专业的赛事解说等方式，创造了中国电视史上最大规模的一次无障碍传播，体现了宏大深厚的人文关怀以及对人性光辉的崇高礼赞。[1]

3. 体育新闻传播叙事人文模式的根源

体育新闻传播的人文模式首先得益于体育人文精神的形成。在过去相当长的时间里，因过分强调政治需求，我国体育忽视和压抑了个体和人性。改革开放后，随着综合国力的增强和对外体育交流的增加，国人对体育的理解发生了深刻变化，开始从人类文化的高度冷静、理性地认识体育的本质和内涵。新世纪以来，中国体育正在发生两个重要转变：从政治需求转向全体中国人的根本需要；从社会群体的强制性需求转向个体幸福生活的主动需要。[2]我国政府于1995年颁布《全民健身计划纲要》，并于2014年将"全民健身"上升为国家战略，体现了对体育人文精神的重视和倡导。北京于2000年申办2008年奥运会时提出了人文奥运主题，并于2002年制定了《人文奥运行动计划》，于2005年印发了《人文奥运行动计划实施意见》。借助北京奥运会的申办、筹办、举办报道，以人为本理念逐渐深入人心。

体育新闻传播的人文模式也得益于以人为本新闻传播理念的提出。2008年6月，胡锦涛在人民日报社考察工作时指出："必须坚持以人为本，增强新闻报道的亲和力、吸引力、感染力。坚持以人为本，是做好新闻宣传工作的根本要求。"以人为本，第一次作为新时期新闻工作的指导思想被提了出来。[3]以人为本新闻传播理念的确立，极大地促进了媒体的人文报道和体育人文叙事。

（五）小结

"叙事模式的推导总是联系着某种价值观念，不同的价值、文化观念，不

---

[1] 廖卫民. 人性光辉的传播力量：2008北京残奥会电视报道评析 [J]. 浙江传媒学院学报，2009(3)：16-19.

[2] 胡小明. 新世纪：中国体育的理论创新 [J]. 体育文化导刊，2002(1)：4.

[3] 程少华. 从宣传本位、新闻本位到以人为本：我国新闻事业定位的发展与拓新 [J]. 青年记者，2010(19)：9-10.

同的政治经济权力网络，催生出不同的故事模式。"[1] 与此同时，"一种新的叙事模式的出现，并不必然意味着另一种叙事模式的终结"。[2] 因此，伴随着社会的变迁，我国体育新闻传播既呈现出"宣传模式—专业模式—娱乐模式—人文模式"的历时性变迁，也表现为时下"宣传模式＋专业模式＋娱乐模式＋人文模式"的共时性存在（见图1）。这种历时性和共时性存在，是社会政治、经济、文化等各种因素合力的结果，也体现了社会变革、受众诉求、媒体利益等的相互交织。值得注意的是，在当下的体育新闻传播领域，四种叙事模式不但共存，且互相渗透、融合，如宣传模式、娱乐模式、人文模式也大都以专业体育信息为支撑。正如有学者所说："纯粹的模式只在理论上存在，作品中所出现的永远是几种布局的混合形式。""对绝大多数的新闻来说，给定一种结构模式，也只能是指以某种结构模式为主导的混合形式。"[3]

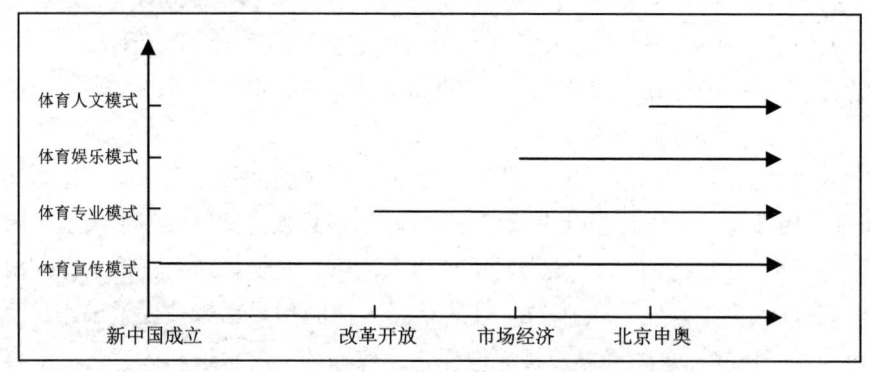

图1 新中国体育新闻传播叙事模式的嬗变与共存

上述四种模式的兼容并包，让体育新闻传播叙事更加丰富、多元。其中，专业模式应是主流叙事，因为社会需要新闻媒介首先是因为它能满足人们获取信息的需求。宣传模式依然重要，因为体育功能的转移并不意味着其"工具"作用的消失，而是指它作为政治工具，不再强调为专政和阶级斗争服务，而是转向维护国家利益和人民安康。[4] 同样，尽管我国新闻界已从"宣传本位"转

---

[1] 余岱宗. 叙事模式研究：结构主义与后结构主义. 海南师范学院学报（社会科学版）[J].2005(2)：80.

[2] 许道军，葛红兵. 叙事模式·价值取向·历史传承："架空历史小说"研究论纲 [J]. 社会科学，2009(3)：176.

[3] 黎明洁. 叙述学视角下的新闻写作改革研究 [D]. 上海：复旦大学，2004.

[4] 胡小明. 人文体育观的渐入与生物体育观的淡出 [J]. 中国学校体育，1999（2）：65.

向"新闻本位",但并非否定新闻的宣传功能,而是强调新闻媒体具有信息传播、舆论宣传、提供娱乐、文化教育等多重功能。当然,为提升传播力、引导力、影响力、公信力,主流媒体要创新宣传手段,改变话语方式。娱乐模式不可或缺,但要谨防异化。人文模式和精英文化的人文价值观最相契合,显著提升了体育报道的内在品质。[1]

---

[1] 薛文婷. 体育新闻传播叙事模式的嬗变与共存 [J]. 北京体育大学学报,2018(8):33-40,52.

主要参考文献

[1] 庞卓恒.史学概论[M].北京：高等教育出版社，2006.

[2] 杜维运.史学方法论[M].北京：北京大学出版社，2006.

[3] 鲁滨孙.新史学[M].何炳松，译.桂林：广西师范大学出版社，2005.

[4] 余英时.史学、史家与时代[M].桂林：广西师范大学出版社，2004.

[5] 伊格尔斯，王晴佳.全球史学史[M].杨豫，译.北京：北京大学出版社，2011.

[6] 安德森.想象的共同体：民族主义的起源与散布[M].吴叡人，译.上海：上海世纪出版集团，2005.

[7] 斯塔夫里阿诺斯.全球通史[M].董书慧，王昶，徐正源，译.7版.北京：北京大学出版社，2005.

[8] 杨先材.中国历史：中华人民共和国卷[M].北京：高等教育出版社，2001.

[9] 沈志华.中苏关系史纲：1917—1991年中苏关系若干问题再探讨[M].增订版.北京：社会科学文献出版社，2011.

[10] 方汉奇.中国新闻事业通史：第三卷[M].北京：中国人民大学出版社，1999.

[11] 方汉奇.中国新闻传播史[M].北京：中国人民大学出版社，2002.

[12] 方汉奇.中国新闻传播史[M].3版.北京：中国人民大学出版社，2014.

[13] 赵玉明，艾红红.中国广播电视史教程[M].新1版.北京：中国广播电视出版社，2009.

[14] 赵玉明.中国广播电视通史[M].新1版.北京：中国广播电视出版社，2014.

[15] 吴廷俊.中国新闻史新修[M].上海：复旦大学出版社，2008.

[16] 吴廷俊.中国新闻传播史（1978—2008）[M].上海：复旦大学出版社，

2011.

[17] 黄瑚．中国新闻事业发展史[M]．2版．上海：复旦大学出版社，2009．

[18] 哈艳秋．"广播电视史学：机遇与挑战"学术研讨会论文集[M]．北京：中国广播电视出版社，2015．

[19] 哈艳秋．当代中国广播电视史[M]．北京：中国国际广播出版社，2018．

[20] 李彬．全球新闻传播史：公元1500—2000年[M]．北京：清华大学出版社，2005．

[21] 李彬．中国新闻社会史[M]．2版．北京：清华大学出版社，2009．

[22] 李彬．新时代新闻论[M]．北京：清华大学出版社，2019．

[23] 陈昌凤．中国新闻传播史：传媒社会学的视角[M]．2版．北京：清华大学出版社，2009．

[24] 王润泽．中国新闻传播史新编[M]．北京：中国人民大学出版社，2015．

[25] 黄旦．传者图像：新闻专业主义的建构与消解[M]．上海：复旦大学出版社，2005．

[26] 刘国强．媒介身份重建：全球传播与国家认同建构研究[M]．成都：四川大学出版社，2009．

[27] 赵月枝．传播与社会：政治经济与文化分析[M]．北京：中国传媒大学出版社，2011．

[28] 李良荣．新闻学概论[M]．5版．上海：复旦大学出版社，2013．

[29] 小约翰．传播理论[M]．陈德民，叶晓辉，译．北京：中国社会科学出版社，1999．

[30] 伯顿．媒体与社会：批判的视角[M]．史安斌，主译．北京：清华大学出版社，2007．

[31] 塔奇曼．做新闻[M]．麻争旗，刘笑盈，徐扬，译．北京：华夏出版社，2008．

[32] 甘斯．什么在决定新闻[M]．石琳，李红涛，译．北京：北京大学出版社，2009．

[33] 新华通讯社．新华社80年辉煌历程[M]．北京：新华出版社，2011．

[34] 郭招金，章新新．中国新闻社五十年史稿[M]．香港：香港中国新闻出版社，2003．

[35] 杨波．中央人民广播电台简史[M]．北京：北京广播学院出版社，

2000.

[36] 中国国际广播电台史志办公室. 中国对外广播史上的新篇章：改革开放中的中国国际广播电台 [M]. 北京：中国国际广播出版社，2000.

[37] 中国国际广播电台台史编辑组. 中国国际广播史料简编（1947—1987）[M]. 北京：中国国际广播出版社，1987.

[38] 赵化勇. 中央电视台发展史（1958—1997）[M]. 北京：中国广播电视出版社，2008.

[39] 赵化勇. 中央电视台发展史（1998—2008）[M]. 北京：中国广播电视出版社，2008.

[40] 唐世鼎. 中央电视台的第一与变迁（1958—2003）[M]. 北京：东方出版社，2003.

[41]《当代中国》丛书编辑部. 当代中国的广播电视 [M]. 北京：中国社会科学出版社，1987.

[42]《当代中国的广播电视》编辑部. 中国的电视台 [M]. 北京：北京广播学院出版社，1987.

[43] 于广华. 荧屏岁月记 [M]. 北京：人民出版社，1993.

[44]《中国女记者》编辑委员会. 中国女记者（3）[M]. 北京：新华出版社，1993.

[45] 中华人民共和国史广播电视编辑部. 当代中国广播电视回忆录：第3集：周恩来与广播电视 [M]. 北京：中国广播电视出版社，1995.

[46] 李松凌. 国际广播论文集：第3辑 [M]. 北京：中国国际广播出版社，1996.

[47] 龙耘，朱学东. 走向21世纪的中国电视：台长、专家访谈录 [M]. 北京：北京广播学院出版社，1998.

[48] 孙玉胜. 十年：从改变电视的语态开始 [M]. 北京：生活·读书·新知三联书店，2003.

[49] 姜丽彬. 声音的记忆：辽宁人民广播电台60周年典藏（栏目篇）[M]. 北京：中国广播电视出版社，2005.

[50] 钟桂松. 浙江电视台简史（1960—2000）[M]. 北京：中国华侨出版社，2000.

[51] 周绍成. 跨越之路：河南电视台发展史（1969—2009）[M]. 郑州：河南人民出版社，2009.

[52] 史联文. 辽宁电视台发展史（1959—2009）[M]. 北京：中国广播电视

出版社，2009.

[53]《天津电视台卷》编委会. 当代中国广播电视台百卷丛书：天津电视台卷 [M]. 北京：中国广播电视出版社，2000.

[54]《广东电视台卷》编委会. 当代中国广播电视台百卷丛书：广东电视台卷 [M]. 北京：中国广播电视出版社，1999.

[55]《江苏电视台卷》编委会. 当代中国广播电视台百卷丛书：江苏电视台卷 [M]. 北京：中国广播电视出版社，1998.

[56]《陕西电视台卷》编委会. 当代中国广播电视台百卷丛书：陕西电视台卷 [M]. 北京：中国广播电视出版社，1998.

[57] 汤应武，李婉芬. 广州日报60年 [M]. 广州：花城出版社，2012.

[58] 赵文丹. 重庆都市报发展史 [M]. 北京：法律出版社，2014.

[59] 伍绍祖. 中华人民共和国体育史（1949—1998）：综合卷 [M]. 北京：中国书籍出版社，1999.

[60] 李秀梅. 中华人民共和国体育史简编 [M]. 北京：北京体育大学出版社，2001.

[61] 谷世权. 中国体育史 [M]. 北京：北京体育大学出版社，2003.

[62] 荣高棠. 当代中国体育 [M]. 北京：中国社会科学出版社，1984.

[63] 谭华. 体育史 [M]. 北京：高等教育出版社，2009.

[64] 黄汉升. 中华人民共和国体育科技发展史 [M]. 北京：科学出版社，2002.

[65] 易剑东. 中国体育经济史 [M]. 北京：中国科学文化出版社，2003.

[66] 傅砚农. 中国体育通史：第五卷（1949—1979年）[M]. 北京：人民体育出版社，2008.

[67] 郝勤. 中国体育通史：第六卷（1980—1992年）[M]. 北京：人民体育出版社，2008.

[68] 曹守和. 中国体育通史：第七卷（1993—2005年）[M]. 北京：人民体育出版社，2008.

[69] 傅砚农，曹守和，赵玉梅，等. 中国体育思想史：现代卷 [M]. 北京：首都师范大学出版社，2008.

[70] 国家体育总局. 改革开放30年的中国体育 [M]. 北京：人民体育出版社，2008.

[71] 熊晓正，钟秉枢. 新中国体育60年 [M]. 北京：北京体育大学出版社，2010.

[72] 中国体育科学学会. 中国体育科学学会史（1980—2010年）[M]. 北京：人民体育出版社，2010.

[73] 国家体委政策研究室. 体育运动文件选编（1949—1981）[M]. 北京：人民体育出版社，1989.

[74] 谢武申，王鼎华. 共和国体育元勋 [M]. 北京：人民体育出版社，1990.

[75] 《贺龙传》编写组. 贺龙传 [M]. 北京：当代中国出版社，2007.

[76] 国家体育总局政策法规司. 新中国体育60年理论研讨会文集 [M]. 北京：北京体育大学出版社，2009.

[77] 魏纪中. 我的体育生涯 [M]. 北京：新华出版社，2008.

[78] 鲁光. 我的笔名叫鲁光 [M]. 北京：人民体育出版社，2008.

[79] 马国力. 马上开讲：亲历中国体育电视30年 [M]. 北京：中国传媒大学出版社，2012.

[80] 师旭平. 廓除疑云：师旭平体育随笔选 [M]. 北京：知识产权出版社，2013.

[81] 郝勤. 体育新闻学 [M]. 北京：高等教育出版社，2004.

[82] 张德胜. 体育媒体通论 [M]. 广州：广东人民出版社，2006.

[83] 柯惠新，王兰柱，等. 媒介与奥运（雅典奥运篇）：一个传播效果的实证研究 [M]. 北京：中国传媒大学出版社，2006.

[84] 柯惠新，王兰柱，等. 媒介与奥运（北京奥运篇）：一个传播效果的实证研究 [M]. 北京：中国传媒大学出版社，2010.

[85] 李辉. 中国体育的电视化生存 [M]. 上海：学林出版社，2007.

[86] 易剑东. 大型赛事报道与媒体运行 [M]. 杭州：浙江大学出版社，2008.

[87] 肖焕禹. 体育传播学 [M]. 北京：人民体育出版社，2011.

[88] 魏伟. 国际广播电视体育史 [M]. 北京：中国广播电视出版社，2012.

[89] 杜友君. 三十而立：中国体育新闻教育30年 [M]. 上海：上海交通大学出版社，2016.

[90] 薛文婷. 中国近代体育新闻传播史论（1840—1949）[M]. 北京：北京体育大学出版社，2010.

[91] 薛文婷. 体媒人物：新中国体育新闻传播口述史：上、下 [M]. 北京：清华大学出版社，2015.

[92] 中国体育记者协会. 百名中国体育记者自述 [M]. 北京：人民体育出版

社，2000.

[93] 中国体育新闻工作者协会 . 体育记者谈体育新闻 [M]. 北京：人民体育出版社，2006.

[94] 张海峰 . 体育新闻眼 [M]. 北京：北京体育大学出版社，2011.

[95] 宋世雄 . 宋世雄自述：我的体育世界与荧屏春秋 [M]. 北京：作家出版社，1997.

[96] 岑传理，宋世雄 . 金话筒的诉说：电视体育节目的解说与主持 [M]. 北京：中国经济出版社，2000.

[97] 蒋祖煊 . 在另一个赛场：直击体坛周报现象 [M]. 长沙：湖南大学出版社，2002.

[98] 欧阳觅剑 . 从边缘到领先：体坛周报的资源策略与团队之道 [M]. 广州：南方日报出版社，2004.

[99] 中国广播电视学会广播电视体育传播研究委员会 . 全国优秀电视体育记者论文集 [M]. 北京：中国广播电视出版社，2000.

[100] 易剑东 . 新闻春秋　第10辑　奥运传播暨体育新闻传播史研讨会论文集 [M]. 北京：中国广播电视出版社，2009.

[101] 中国体育科学学会体育传播分会，中国传播学会体育传播专业委员会 . 新媒体时代的体育新闻传播与教育：创新·融合·前瞻 [M]. 北京：北京体育大学出版社，2010.

[102] 北京市地方志编纂委员会办公室 . 北京志·新闻出版广播电视卷·广播电视志 [M]. 北京：北京出版社，2006.

[103]《上海广播电视志》编辑委员会 . 上海广播电视志 [M]. 上海：上海社会科学院出版社，1999.

[104] 天津市地方志编修委员会办公室，等 . 天津通志·广播电视电影志（1924—2003）[M]. 天津：天津社会科学院出版社，2004.

[105] 吉林省地方志编纂委员会 . 吉林省志：卷四十二　新闻事业志·广播电视 [M]. 长春：吉林人民出版社，1991.

[106] 辽宁省地方志编纂委员会 . 辽宁省志·广播电视志 [M]. 沈阳：辽宁科学技术出版社，1998.

[107] 山东省地方史志编纂委员会 . 山东省志·广播电视志 [M]. 济南：山东人民出版社，1993.

[108] 山西省史志研究院 . 山西通志：第四十三卷　新闻出版志·广播电视篇 [M]. 北京：中华书局，1998.

[109] 河北省地方志编纂委员会.河北省志:第82卷 新闻志[M].北京:中华书局,1995.

[110] 河南省地方史志编纂委员会.河南省志:第五十四卷 新闻报刊志 广播电视志[M].郑州:河南人民出版社,1994.

[111] 湖北省地方志编纂委员会.湖北省志·新闻出版(上)[M].武汉:湖北人民出版社,1993.

[112] 四川省地方志编纂委员会.四川省志·广播电视志[M].成都:四川科学技术出版社,1996.

[113] 贵州省地方志编纂委员会.贵州省志·广播电视志[M].贵州:贵州人民出版社,1999.

[114] 广东省地方史志编纂委员会.广东省志·广播电视志[M].广州:广东人民出版社,1999.

[115] 广西壮族自治区地方志编纂委员会.广西通志·广播电视志[M].南宁:广西人民出版社,2000.

[116] 天津市地方志编修委员会.天津通志·体育志[M].天津:天津社会科学院出版社,1994.

[117] 福建省地方志编纂委员会.福建省志·体育志[M].北京:方志出版社,1993.

[118] 四川省地方志编纂委员会.四川省志·体育志[M].成都:四川科学技术出版社,1998.

[119]《江西省体育志》编纂委员会.江西省体育志[M].北京:方志出版社,2003.

[120] 浙江省体育志编纂委员会.浙江省体育志[M].北京:方志出版社,2003.

[121] 高萍.四大商业门户网站体育新闻叙事研究(1996—2015)[M].北京:北京体育大学出版社,2016.

[122] 中央人民广播电台台史编写组.中央人民广播电台台史资料汇编(1949—1984)[G].内部资料,1985.

[123] 中央人民广播电台研究室.中央人民广播电台台史资料续编(1984—1987)[G].内部资料,1990.

[124] 中央人民广播电台研究室.中央人民广播电台台史资料汇编(1988—1994)[G].内部资料,1995.

[125] 中央电视台研究室.1955—1983年中央电视台大事记[G].内部资料,

1984.

[126] 中国国际广播电台史志办公室. 中国国际广播电台内部文件资料汇编：第一集 [G]. 内部资料，2000.

[127] 北京市广播电视局《当代》编辑组. 北京市广播电视历史资料汇编 [G]. 内部资料，1986.

[128] 陈国强. 制度变迁与新闻实践：当代中国电视体育新闻研究 [D]. 上海：复旦大学，2007.

[129] 张宏伟. 中国体育新闻史研究 [D]. 苏州：苏州大学，2008.

[130] 张矛矛. 新中国体育广播发展研究：北京奥运会视野下的回顾与展望 [D]. 北京：北京体育大学，2009.

[131] 苏晓龙. 当代中国国际意识的变迁与国家认同的重构 [D]. 济南：山东大学，2009.

后 记

岁月弹指间，自2003年开始撰写奥运会报道史方面的论文算起，笔者坐中国体育新闻传播史研究这个"冷板凳"已经近20年了。2010年之前，忙着爬梳中国近代体育新闻传播的历史，并于2007年12月完成博士学位论文《中国近代体育新闻传播历史研究（1840—1949）》的答辩，于2010年1月出版专著《中国近代体育新闻传播史论（1840—1949）》。2010年至今，主要从事新中国体育新闻传播史研究，并于2015年出版书籍《体媒人物——新中国体育新闻传播口述史》（上下册），于2019年完成本书初稿。

借此机会，简要梳理一下求学为学之路，算是给自己一个交代，也方便阅者了解本书。

笔者资质平庸，求学之路也并不顺畅。因家境清寒，在初中毕业时入读了能享受国家生活补助的牡丹江师范学校。幸运的是，笔者在那里遇到了一些好老师，并因成绩优良和服务学校（在校广播站做4年播音员），于1990年被保送至齐齐哈尔师范学院数学教育专业并再次进入校广播站。大学毕业时，恰逢新闻改革，原本计划投身数学教育事业的我，阴差阳错地以青少节目主持人的身份进入齐齐哈尔电视台，从此和新闻结缘。1998年，为弥补非新闻科班出身的缺憾，笔者考取了北京广播学院新闻学专业新闻史方向的硕士研究生，师从哈艳秋教授。硕士期间，面对诸多出身名校、聪敏好学的同窗，笔者倍感压力，唯有"旦旦而学之"，希望能"将勤补拙"。

2001年，在浓厚的申奥氛围中，本着对体育新闻传播蓬勃发展和大学教师身份的美好期许，笔者应聘到北京体育大学体育传媒系任教，承担了新闻学专业"中外新闻事业史"等课程的教学工作。当时，国内的体育新闻传播教育和研究刚刚兴起。为做一名称职的大学教师，笔者于2004年参加了由中国新闻史学会组织的"中国新闻史高级师资班"，聆听了中国新闻史学界诸多专家、学者的讲座，感知了新闻史学者的光荣与梦想、新闻教育的责任与使命。同年，笔者开始追随著名新闻史学家赵玉明教授，攻读中国传媒大学广播电视新闻学专业广播电视新闻史方向的博士学位。读书期间，除时时聆听导师教诲外，主修了"新闻学前沿""现代科技与新闻传播""哲学前沿""美学前沿""中外文化比较""中国广播电视史研究"等课程，受益匪浅。经过导师和开题组专家的把关、指导，笔者确立了博士学位论文的题目——《中国近代体育新闻传播历史研究（1840—1949）》，并于2004年底开始资料搜集、文本阅读、谋篇布局、观点提炼等工作。其间，既经历了"求之不得，寤寐思服"的焦灼，也收获了"踏破铁鞋无觅处，得来全不费功夫"的喜悦。

在赵玉明教授的悉心指导下，2007年底，笔者完成了博士学位论文并通过了盲审，进行了答辩。令人惊喜的是，论文得到了盲审专家和答辩委员会的好评："本文以中国近代体育新闻传播为研究对象，运用新闻传播学、体育学的基本理论与方法构架理论体系，搜集、掌握了大量鲜为人知的史料，并对其进行了考订、梳理和编次，全面、系统地勾勒出中国近代一百年间体育新闻传播的发展脉络、演进路径。其中，对中国近代体育新闻传播的历史分期、阶段特征，奥运会等重大赛事报道的发展，以及中国近代体育专业期刊、报纸体育专栏、体育广播的探源等方面的论述，具有开创性。论文资料丰富，内容翔实，有对社会背景的介绍，也有对具体报道的分析；有全景式扫描，又有细节性考证；有对中国近代体育新闻传播的阶段划分、阶段特征的阐述，也有对近代体育新闻传播启蒙与救亡主题、体育新闻传播与社会互动以及体育新闻传播地域不均衡性的分析，高屋建瓴，点面结合，显示出作者在史料搜集和整理方面的功力，也反映了作者理论综合的能力……该文体例完整，观点明确，思路清晰，行文流畅，符合博士论文的写作规范和科研范式，是一份认真严肃之作，较全面地体现出作者的学术功力和研究能力。"2009年，《中国近代体育新闻传播历史研究（1840—1949）》被评为中国传媒大学优秀博士学位论文，并被推荐参加北京市和全国优秀博士学位论文评选。2010年10月，笔者获得了由教育部和国务院学位委员会颁发的"2010年全国优秀博士学位论文"证书，赵玉明教授则获得了"全国优秀博士学位论文指导教师"荣誉证书。

"全国优秀博士学位论文"的获得，是对笔者几年来致力于体育新闻传播历史研究的肯定。同时，这篇论文也凝聚着导师赵玉明教授的心血，凝聚着很多教授过我、指导过我、鼓励过我、帮助过我、关心过我的人的心血，对此笔者铭记在心。博士学位论文的撰写及获奖，使我对科研有了一些感悟：第一，培养研究兴趣，因为"知之者不如好之者，好之者不如乐之者"；第二，追求学术创新，因为"学林探索贵涉远，无人迹处有奇观"；第三，培养严谨学风，因为"板凳须坐十年冷，文章不著一字空"。

"全国优秀博士学位论文"这一荣誉，既是对笔者过往研究的肯定，更是对笔者未来研究的鼓励。2010年，笔者制订了关于中国体育新闻传播史研究的"三部曲"计划：在《中国近代体育新闻传播史论（1840—1949）》基础上，完成《新中国体育新闻传播史》和《中国体育新闻传播史》。幸运的是，继"新中国体育新闻传播史"课题于2011年获得"高等学校全国优秀博士学位论文作者专项资金"资助立项（编号201013）后，"中国体育新闻传播史"课题也于2012年获得国家社会科学基金一般项目立项（体育学类，编号12BTY041）。

2012年，经过一段时间的酝酿、论证，笔者开始投入新中国体育新闻传播史研究中。为书写一段"信史"，笔者先从"新中国体育新闻传播口述史"做起，于是有了2013—2014年在腾讯体育和华奥星空播出的50集原创视频栏目《体媒人物》，有了2015年出版的80余万字书籍《体媒人物——新中国体育新闻传播口述史》。口述史项目采访了50位体育传媒人，涵盖了通讯社、报刊、广播、电视和新媒体，前后历时3年。曾自忖是否耗时过多、用力过猛，但看到腾讯体育《体媒人物》节目约1200万次的点击量，得知一些老师将《体媒人物》作为教学参考书籍，想到在书写本书时或者直接引用或者间接论证，也就释然了。

此后几年间，笔者就在新中国体育新闻传播的资料搜集、文献阅读、史料辨析、脉络梳理、结构搭建、观点提炼、文字撰写中艰难度日。说其艰难，有如下数端。

其一，任务繁重，身心俱疲。自2012年成为"双肩挑"教师以来，既要兼顾行政管理工作，又要承担教学科研任务，时感分身乏术。为此，只能牺牲睡眠时间、运动时间、交友时间、照顾家人时间，在完成教学任务和行政管理工作后，见缝插针地进行关于新中国体育新闻传播史的研究工作，常有心力交瘁之感。

其二，史料繁多，难以周全。史料对历史研究至关重要，甚至有"史学即史料学"的说法。对新中国体育新闻传播史研究而言，目前能找寻、阅读的直接史料和间接史料，文献史料、实物史料和口述史料浩繁却又不够全面，需要耗费大量的时间。受精力、条件限制，笔者无法在短期内全面占有并阅读史料，只能有所选择。如就报刊史料而言，虽然国家图书馆馆藏甚多，但笔者方便阅读且主要阅读的是《人民日报》（数据库）、《中国体育报》和《新体育》（学校图书馆馆藏）等报刊的体育报道文本，且大都是泛读，相对于新中国报刊及体育报道文本来说实在是沧海一粟。第一手资料缺失，只能靠第二手资料来弥补，但业界或者并不十分注重对体育新闻传播实践的总结，或者没有公开发表，这些都为本研究带来了困难。

其三，初心美好，力有不逮。对于新中国体育新闻传播史研究，笔者还是抱有一定期许的，即希望能在中国近代体育新闻传播史研究的基础上，在认识的深度、理论的高度、视野的宽度、叙事的生动方面上一个台阶。奈何"力有所不逮，技有所不及"，徒生了很多烦恼。

"虽不能至，然心向往之。"尽管艰难，几年间，笔者还是本着"少年易老学难成，一寸光阴不可轻"的古训，下了一番笨功夫，使本研究呈现出了一些特点。

全面覆盖，史论结合。本研究覆盖了日常体育报道和奥运会、亚运会、全运会等重大赛事报道，覆盖了通讯社、报刊、广播、电视、新媒体等各种媒体，覆盖了传者、受众、媒介、内容、效果等传播诸要素，较为全面、系统地勾勒了新中国体育新闻传播的面貌。本研究在对史料删繁就简、去芜存菁的基础上，借鉴新闻传播学、体育学、历史学、社会学、叙事学等多学科理论和成果，努力做到史论结合、论从史出：不但有对新中国体育新闻传播发展变迁的细致描述，也有对其政治建构功能、叙事模式嬗变的深入分析。

层次清晰，结构合理。本研究把新中国体育新闻传播置身于广阔的社会背景中，以历史变迁为经，以体育新闻传播与社会环境互动为纬，从三个层面进行了研究：宏观层面，对新中国体育新闻传播的外部社会环境进行了阐述，对其发展阶段进行了划分，对其功能作用、叙事模式进行了分析；中观层面，从传者队伍、媒介格局、报道内容、受众需求、功能效果等角度对各阶段特征进行了分析；微观层面，对代表性媒体体育报道、重大赛事报道进行了考察。

领域拓展，方法创新。本研究是第一部新中国体育新闻传播史著作，是对新闻传播史、体育史研究领域的拓展和补充。其中，对新中国体育新闻传播的历史分期、阶段特征，重大赛事报道的发展，以及国家认同和民族认同建构功能，宣传模式、专业模式、娱乐模式、人文模式的嬗变与共存等论述，具有开创性。本研究在研究方法上也有所创新，如通过对新闻文本的细读深读，对报道内容的统计分析，作为历史亲历者、创造者的一线体育媒体人的口述历史，为体育新闻传播史的研究和书写增加了深度和精度，凸显了人物和细节。

自然，因"力有所不逮"，本研究也留下了一些遗憾和不足之处，如研究没有突破传统史学模式；考辨不够周详，视野不够开阔；行文较拘谨，书写不生动；没有对冬奥会、足球世界杯等重大赛事报道进行系统考察；等。

庄子云："吾生也有涯，而知也无涯。"杜维运教授说："史料有其无限性，史学家穷毕生的岁月，无法搜集到所有的史料。""由于无法将所有的史料搜集齐备,史学家由归纳所得的结论,没有绝对的肯定性。"[1] 王润泽教授曾撰文介绍《中国新闻传播史》教材的不同撰写思路:第一版(2002年)是"以革命史为逻辑进行书写的",第二版(2009年)是"用现代化范式来构建的",第三版(2014年)是"站在新闻本体的角度进行书写的",并认为"对于史学来讲,构建一套框架体系并不容易"。[2] 这给了笔者些许勇气——本研究尽管有诸多值得推敲和斟酌之处,但"抛砖引玉"未为不可。唯愿各位方家不吝赐教,以便笔者在后续研究中能做得好些。

最后,要对关心、鼓励、帮助和支持我的人深表谢忱。

感谢中国传媒大学的赵玉明教授。赵老师是我的授业恩师,于2019年国庆前夕不但以耄耋之年为我作序,还帮我指正谬误,并谆谆叮嘱我要不忘初心,牢记使命。痛心的是,赵老师因病于2020年8月30日凌晨驾鹤西去。犹记得赵老师在我入学之初嘱我要"板凳须坐十年冷",在毕业之际赠我"学林探索贵涉远"。古人云:师者,所以传道授业解惑也。赵老师不但传授了我专业知识,还为我树立了师者典范。谨以此书献给我敬爱的导师——赵玉明教授。

感谢清华大学的李彬教授。李教授所著的《全球新闻传播史》《中国新闻社会史》视野开阔、史论结合、文笔生动,使我对新闻传播史的教学和科研有所顿悟。李彬教授喜欢提携后辈,对我的体育新闻传播史研究一直鼓励有加,几年前不但为《体媒人物——新中国体育新闻传播口述史》一书作序,还将书稿推荐给清华大学出版社的纪海虹老师。2019年9月,我忐忑不安地向李彬教授奉上书稿并请他作序。李教授婉拒了作序的请求,却慨然赠送一份大礼——将本书纳入他和赵月枝教授主持的"中国新闻学丛书"。本人深感荣幸。为了让拙作经得起推敲,李彬教授又不厌其烦地发来各种文献资料,并给出修改建议。因才疏学浅,虽几经努力,一些问题仍没有得到最终解决,在此只能愧对李彬教授了。

感谢北京体育大学的校外博士生导师易剑东教授。易教授曾是我的直接领导——北京体育大学管理学院体育新闻教研室第三任主任和北京体育大学体育传媒系首任主任,虽然只比我年长两岁,却是我从事体育新闻传播史研究的引路人。十多年前,他调离北京体育大学,但依然以校外导师、学界专家身份,关心学院的人才培养、专业建设和学科发展,并以朋友身份支持我的科研和行

---

[1] 杜维运. 史学方法论[M]. 北京:北京大学出版社,2006:56-57.

[2] 王润泽,陈颖川. 媒体转型时期新闻学教育更应夯实文史哲基础[J]. 教育传媒研究,2017(3):15.

政工作。这次，他欣然为本书作序，流露出来的体育激情、学术热情和史学情怀一如往昔。

感谢北京体育大学的张玉田、付红星、庞明慧、洪建平、邢学波，中央民族大学的杨曙光，北京教育学院的孙科，中国传媒大学的刘书峰等老师。他们或者参与了我主持的科研项目，或者为本书撰写提供了建议和意见。

感谢我的硕士研究生。他们大都以重大赛事报道、媒介体育报道、体育新闻传播现象为学位论文选题，本人在指导他们撰写论文的过程中也加深了对新中国体育新闻传播的认知。这是一个教学相长的过程。他们中的一些人还曾和我一起去国家图书馆查阅资料，一起在北京体育大学图书馆地下仓库里整理报刊。其中，徐子齐、武婷、章嘉奕、吴昊、李倩雯、廖志东、韦福俊、刘力菲、程亚利、陶晨，还是"体媒人物"项目的中坚力量。没有他们，就没有50集网络视频节目《体媒人物》的播出，没有《体媒人物——新中国体育新闻传播口述史》一书的出版。

感谢我的博士研究生。谢振华和张麟曾通读本书书稿，并提出意见、整理参考文献。

感谢家人，给我关爱、理解和支持。

感谢北京体育大学，给了我平台和机会。感谢校领导，给了我关心和鼓励。感谢新闻与传播学院和各职能部门的同事们，给了我支持和帮助。感谢学生们，给了我力量和希望。

感谢教育部领导和新闻传播学界专家，给予我全国优秀博士学位论文作者这个荣誉，并给予本研究立项资助。

感谢中信改革发展研究基金会、河南大学新闻学院与河南大学出版社推出这套"中国新闻学丛书"，并不嫌拙作鄙陋，愿意接纳出版。

李彬教授在谈及自己从理论到历史、从外国到中国的学术兴趣和科研方向转向时说："中国新闻传播史领域大有文章可做，而且从新的理论、新的视角和新的方法看，还有大片有待开垦的学术处女地，疆域辽阔，土壤肥沃。"[1] 笔者在《中国近代体育新闻传播史论（1840—1949）》的后记中也说："在我眼里，中国近代体育新闻传播史就像是一个宝贝，藏身在一些发黄的故纸堆中，等待着人们的发现。"[2] 时至今日，笔者依然认为体育新闻传播史是个富矿，还有很

---

[1] 李彬. 中国新闻社会史 [M]. 2版. 北京：清华大学出版社，2009：539.

[2] 薛文婷. 中国近代体育新闻传播史论（1840—1949）[M]. 北京：北京体育大学出版社，2010：334.

多可以研究、值得研究的问题，需要去挖掘，去探究。王国维先生说，做学问"必经过三种之境界"，分别为"昨夜西风凋碧树。独上高楼，望尽天涯路""衣带渐宽终不悔，为伊消得人憔悴""众里寻他千百度，蓦然回首，那人却在灯火阑珊处"。虽然迄今可能尚未企及"望尽天涯路"之第一重境界，但"苔花如米小，也学牡丹开"，笔者愿意在体育新闻传播史这方土地上继续耕耘，因为历史研究不仅关乎过去，也关乎时下和未来。

薛文婷

北京市海淀区紫成嘉园

2021-2-13